# 경제법론 III

# 경제법론 III

홍명수

景仁文化社

## 발 간 사

경제법론 2권을 출간한 후에 썼던 글들과 당시에 싣지 못했던 글들을 수정·보완하고, 묶어서 경제법론 3권을 발행한다. 주로 최근에 제기되었던 현안이나 쟁점들을 다루었지만, 경제질서와 경쟁정책의 근본적인 문제에 관한 글들도 포함하고 있다.

새로운 이슈가 계속해서 발생하고, 그때 마다 일정한 입장을 취하는 과정을 거치게 되지만, 돌아보면 결국 우리 경제질서에 대한 이해가 구체적인 입장의 차이로 이어진 것을 확인하게 된다. 이러한 점에서 헌법상 경제질서에 관한 논의를 시작하는 글로 한 것은 이 책에서뿐만 아니라 앞으로 수행할 연구의 기초로 삼고자 하는 의도를 담은 것이다.

이 책을 준비하는 과정에서 세심하게 교정을 보아준 이성민 조교, 그리고 출판을 도와주신 경인문화사의 신학태 편집부장과 문영주 편집부원에게 감사의 마음을 전한다.

2013년 9월
부암동에서
홍명수

# 목 차

## 제1편 경제질서

### 1. 헌법상 경제질서와 사회적 시장경제론의 재고
Ⅰ. 들어가며 _ 15
Ⅱ. 독일에서 사회적 시장경제론의 전개 _ 17
Ⅲ. 한국에서 사회적 시장경제론 _ 26
Ⅳ. 경제질서의 헌법적 기초 _ 39
Ⅴ. 맺으며 _ 53

## 제2편 독점규제법

### 2. 독점규제법상 중소기업정책의 반영
Ⅰ. 서론 _ 57
Ⅱ. 중소기업에 대한 독점규제법의 적용제외 _ 60
Ⅲ. 독점규제법상 대기업과 중소기업의 공정경쟁 실현 _ 76
Ⅳ. 제도 개선의 제안 _ 82

### 3. 독점규제법상 임원 개념
Ⅰ. 서론 _ 85
Ⅱ. 임원 개념 개정 논의의 검토 _ 86
Ⅲ. 일본 독점금지법상 임원 규정의 의의 _ 91
Ⅳ. 결론 _ 93

## 4. 시장지배적 지위 남용으로서 거래거절

Ⅰ. 서론 _ 97
Ⅱ. 거래거절의 의의 _ 99
Ⅲ. 거래거절의 위법성 판단 _ 119
Ⅳ. 결론 _ 126

## 5. 통신시장에서 시장지배적 지위남용 규제

Ⅰ. 서론 _ 129
Ⅱ. 통신 시장에서 관련시장의 획정 _ 131
Ⅲ. 통신 시장에서 지배적 지위의 판단 _ 143
Ⅳ. 통신 시장에서 지배적 지위남용의 판단 _ 152
Ⅴ. 결론 _ 160

## 6. 독점규제법상 경제력집중 억제 정책의 전개 과정과 향후 과제

Ⅰ. 서론 _ 163
Ⅱ. 경제력집중 억제를 위한 규제의 전개 과정 _ 165
Ⅲ. 이명박 정부의 경제력집중 억제 정책 _ 181
Ⅳ. 결론 - 정책 과제 _ 189

## 7. 출자 규제의 정당성 판단

Ⅰ. 서론 _ 199
Ⅱ. 출자 규제의 의의 _ 201
Ⅲ. 출자 규제 근거로서 경제력집중의 폐해 _ 211
Ⅳ. 구체적인 정당성 판단 _ 218
Ⅴ. 결론 _ 223

## 8. 부당한 공동행위에 있어서 비진의 의사표시
### -대법원 1999. 2. 23. 선고 98두15849 판결의 검토-

Ⅰ. 서론 _ 225
Ⅱ. 사건의 경과와 대법원 판결의 내용 _ 226
Ⅲ. 카르텔 합의의 계약법적 기초 _ 231
Ⅳ. 비진의 의사표시의 의의와 카르텔 규제 _ 236
Ⅴ. 결론 _ 238

## 9. 부당한 공동행위 성립에 있어서 경제적 단일체 문제

Ⅰ. 서론 _ 241

Ⅱ. 경제적 단일체 개념의 의의와 기능 _ 243

Ⅲ. 경제적 단일체에 관한 비교법적 분석 _ 248

Ⅳ. 독점규제법상 경제적 단일체 개념의 적용 _ 254

Ⅴ. 결론 _ 263


## 10. 독점규제법상 행정지도에 의한 카르텔 규제의 법리적 고찰

Ⅰ. 서론 _ 265

Ⅱ. 카르텔의 성립과 위법성 판단 _ 269

Ⅲ. 법령에 따른 정당한 행위로서 적용제외 가능성 검토 _ 278

Ⅳ. 결론 _ 287


## 11. 불공정거래행위에 관한 대법원 판결 분석(2010)

### -거래상 지위남용 사건을 중심으로-

Ⅰ. 서론 _ 291

Ⅱ. 삼성화재 사건 _ 292

Ⅲ. 동양전자상사 사건 _ 303


## 12. 독점규제법상 부당 고객유인행위 규제에 관한 대법원 판결 검토

Ⅰ. 서론 _ 315

Ⅱ. 사건의 경과와 대법원 판결의 내용 _ 318

Ⅲ. 대법원 판결의 검토 _ 327

Ⅳ. 결론 _ 342


## 13. 끼워팔기 등 불공정거래행위 -대법원 2006. 5. 26. 선고 2004두3014 판결-

Ⅰ. 판결개요 _ 345

Ⅱ. 평석 _ 352


## 14. 부당지원행위 사건 -대법원 2004. 3. 12. 선고 2001두7220 판결-

Ⅰ. 판결개요 _ 361

Ⅱ. 평석 _ 365

## 15. 현저한 규모에 의한 지원행위의 규제 법리

I. 논의의 기초 _ 371
II. 현저한 규모에 의한 지원행위의 의의 _ 374
III. 현저한 규모에 의한 지원행위의 부당성 판단 _ 380
IV. 결론 _ 396

## 16. Leegin 판결이 남긴 것

I. 서론 _ 399
II. Leegin 판결의 내용 _ 401
III. Leegin 판결의 의의와 비교법적 영향 _ 419
IV. 독점규제법상 재판매가격규제와 Leegin 판결의 의의 _ 428

## 17. 독점규제법상 표준특허 관련 행위의 규제

I. 서론 _ 433
II. 표준특허 및 표준화 기구의 의의와 경쟁정책 _ 435
III. 표준특허 등에 관한 비교법적 규제 분석 _ 440
IV. 독점규제법에 의한 규제 가능성 _ 447
V. 결론 _ 453

## 18. 자진신고자 감면제도의 적용제외 사유

I. 서론 _ 455
II. 자진신고자 감면제도의 의의 _ 457
III. 자진신고자 감면제도의 적용 제외 검토 _ 464
IV. 결론 - 적용 제외의 개선 _ 470

## 19. 엔지니어링 산업에서 하도급거래의 실태분석

I. 서론 _ 473
II. 설문의 구성 및 엔지니어링 사업자 현황 _ 478
III. 원사업자로서 하도급거래 현황 _ 482
IV. 수급사업자로서 하도급거래 현황 _ 492
V. 결론 _ 515

# 제3편 규제산업

## 20. 통신서비스의 이용자와 소비자 개념

I. 서론 _ 523
II. 통신서비스의 이용 주체 _ 525
III. 전기통신사업법상 소비자 개념의 도입 _ 534
IV. 입법적 제안 _ 540

## 21. 전기통신사업법상 이용자 차별 규제의 법리적 고찰

I. 서론 _ 543
II. 이용자 차별 규제의 법적 근거와 이용자 차별의 의의 _ 546
III. 이용자 차별의 부당성 판단 _ 559
IV. 결론 _ 569

## 22. 방송통신산업에서 결합판매 규제의 검토 -가격 규제를 중심으로-

I. 서론 _ 571
II. 결합판매의 의의와 부당성 판단 _ 573
III. 약탈적 가격책정의 규제 _ 579
IV. 가격압착의 문제 _ 584
V. 결론 _ 587

## 23. IPTV 도입에 따른 시장획정

I. 서론 _ 589
II. IPTV의 경쟁정책상 의의 _ 591
III. 융합 환경에서 시장획정의 전제적 고찰 _ 601
IV. 관련시장 획정에 있어서 고려되어야 할 요소들 _ 607
V. 결론 _ 615

## 24. 스마트폰의 확대에 따른 통신법상 경쟁정책 문제

I. 서론 _ 617
II. 통신단말기 시장의 변화와 경쟁정책적 의의 _ 619
III. 배타적 거래의 경쟁제한성 평가 _ 625
IV. 통신법상 규제 가능성 검토 _ 629
V. 결론: 규제체계의 개선과 종합 _ 635

25. 통신산업에서 개인정보의 보호와 영업적 이용의 한계
Ⅰ. 서론 _ 641
Ⅱ. EU 프라이버시지침과 미국 통신법상 개인정보 보호 _ 644
Ⅲ. 통신산업에서 개인정보의 보호 _ 653
Ⅳ. 규제체계의 개선 _ 669


# 제4편 소비자보호법

26. 경쟁정책과 소비자정책의 관련성 고찰
    -독점규제법과 소비자법의 관계를 중심으로-
Ⅰ. 서론 _ 677
Ⅱ. 독점규제법과 소비자법의 관계 _ 679
Ⅲ. 독점규제법상 소비자의 이익 실현 _ 686
Ⅳ. 소비자법체계에서 공정거래 실현 _ 693
Ⅴ. 결론 _ 704


27. 일본 소비자계약법상 소비자단체소송 검토
Ⅰ. 서론 _ 707
Ⅱ. 소비자계약법의 입법취지와 내용 _ 708
Ⅲ. 소비자계약법상 단체소송제도의 검토 _ 713
Ⅳ. 소비자단체소송제도의 한계와 시사점 _ 721


# 제5편 국제경쟁법

28. 한·미 FTA 체결이 경쟁정책에 미칠 영향
Ⅰ. 서론 _ 727
Ⅱ. 자유무역협정과 경쟁정책 _ 729
Ⅲ. 한·미 FTA 경쟁 조항의 내용 _ 734
Ⅳ. 한·미 FTA 경쟁 조항의 쟁점 검토 _ 737
Ⅴ. 결론 _ 745

# 제1편
# 경제질서

# 1. 헌법상 경제질서와 사회적 시장경제론의 재고

## I. 들어가며

한 나라의 경제가 기능하는 방식 또는 구조를 의미하는 경제질서는 기본적으로 규범적인 가치판단과 무관할 수 없다. Douglass North가 적절히 지적한 것처럼 사회적 제도는 구성원의 경제적 행위를 결정하는 유인체계를 형성하며,[1] 미시적 행동과 이들의 균형은 규범적 틀 안에서 이루어진다. 따라서 논의의 실질과 타당성을 기하기 위하여 경제질서에 관한 논의가 규범 영역에서 벗어날 수 없지만, 논의 전개과정에서 실제 운용되고 있는 경제현실과의 지속적인 관련성을 유지하는 것에도 주의를 기울일 필요가 있다. 이러한 점은 두 가지 측면에서 구체적인 의미를 갖는다. 우선 실제 경제가 운용되고 있는 현실과 규범적으로 제시된 경제질서와의 간격이 있을 경우에, 이를 좁히려는 시도는 경제질서에 대한 이해를 새롭게 하는 계기로 작용할 것이다. 또한 현재 드러나는 경제 운용상의 문제를 시정하기 위하여 새로운 경제 모델을 제시할 경우에, 이 모델이 헌법상 경제질서로서 수용가능하며 규범적으로 정당화될 수 있는지의 판단 과정이 불가피

---

[1] Douglass North, Institution: Institutional Change and Economic Performance, Cambridge Univ. Press, 1990, 3면.

함을 시사한다.

경제질서에 관한 기존의 논의를 보면, 우리 경제가 기본적으로 자본주의 시장경제에 기초하고 있다는 점에 대해서는 최소한의 합의가 주어지고 있다. 즉 각각의 논의는 자본주의시장경제를 전제로 하고, 이에 대한 일정한 수정의 범위와 그 원리를 중심으로 전개되고 있는데, 그 과정에서 특히 사회적 시장경제론은 논의의 핵심에 위치한다. 물론 사회적 시장경제론에 대하여 이론이 없는 것은 아니며, 우리 경제의 설명 방식으로서 사회적 시장경제론의 한계를 지적하고 대안을 제시하는 견해도 유력하게 전개되고 있다. 그러나 사회적 시장경제론에 대하여 어떠한 입장을 취하든지 간에, 논의의 출발점으로서 독일에서 형성된 사회적 시장경제론 자체에 대한 내용적 이해를 충실히 하는 것은 여전히 중요한 의미가 있다. 한국에서 사회적 시장경제론이 독일의 논의를 수용하는 과정에서, 의도적이건 아니건 간에 논의의 핵심적 표지의 상당한 부분이 간과되었으며, 이로 인하여 경제운용의 지도원리로서의 기능과 질서원리로서의 정합성에 대한 설명이 충분하게 제시되지 못한 측면이 있다. 이러한 이론상의 공백을 메우는 작업은 사회적 시장경제론에 기초한 경제질서에 대한 이해를 제고하는 것뿐만 아니라, 사회적 시장경제의 대안 또는 재구성을 위한 논의가 우리 헌법상 기초로 삼아야할 부분에 대한 주의를 환기시킨다.

이하에서의 논의는 우선 독일에서 형성된 사회적 시장경제론의 의의를 살펴보는 것에서 시작하고자 한다. 즉 사회적 시장경제론의 구성 요소와 지도 원리 그리고 1960년대 이후에 나타난 내용상의 변화를 확인할 것이다(II). 이어서 우리 헌법에서 사회적 시장경제론을 검토한다. 우리나라에서 구체화된 사회적 시장경제론의 의의를 살펴보고, 또한 이에 대한 비판론도 아울러 논의할 것이다(III). 이상의 논의에 기초하여 헌법상 경제질서의 기초적 구성 요소에 해당하는 것을 분석하고, 이를 토대로 새로운 경제질서에 관한 일정한 제안을 하는 것으로 마무리하고자 한다(IV).

## II. 독일에서 사회적 시장경제론의 전개

### 1. 사회적 시장경제의 형성

#### (1) 사회적 시장경제론의 배경

사회적 시장경제는 2차 세계대전 이후 독일의 재건과정에서 경제질서의
기본 원리로 형성되었다. 2차 세계대전 이전 독일의 경제질서에 관한 경
험은 극히 혼란스러운 것이었다. 오늘날까지도 가장 분명하게 표현된 이
상적인 경제질서 조항의 하나로 평가받는 바이마르 공화국 헌법 제151조
제1항은 "경제생활의 질서는 모든 사람에게 인간다운 생활을 보장하여 주
기 위하여 정의의 원칙에 적합하지 않으면 안 된다. 이 한계 내에서 개인
의 경제적 자유는 보장된다"는 규정을 두었다. 그러나 실제 경제운용은
정부의 '체계 없는 개입주의'로 특징되는 무원칙한 것이었고,[2] 세계적 공
황이라는 외부적 상황과 맞물려 경제적 혼란을 수습할 수 있는 조정능력
을 상실한 채 국가사회주의의 지배로 넘어가게 되었다.

국가사회주의 시기의 대부분은 국제적 긴장관계와 전쟁 상황에 있었고,
따라서 영역적 확대와 전쟁 수행의 국가적 목적이 경제정책의 기조를 이
루었다. 법제적인 뒷받침은 1933년 제정된 강제카르텔법(Zwangskartellge-
setz)으로 대표되는데, 동법에 의하여 국가는 대부분의 산업에 걸쳐서 카
르텔을 강제로 창설할 수 있었고 이를 통하여 경제활동의 대부분을 국가
가 통제하는 것이 가능하게 되었다.[3] 이와 같은 경제운영 방식이 자본주
의 경제의 전형과 본질적으로 구분되는 것인지에 대해서는 논의의 여지가
있다. 무엇보다 파시즘적인 경제운영에서 국가에 의한 강제적인 자원 배

2) Otto Schlecht, 안두순 등 6인 공역, 사회적 시장경제-독일식 시장경제의 이론적
논리와 실무적 저력-, 비봉출판사, 1993, 30면 참조.
3) Fritz Rittner, Wirtschaftsrecht, C. F. Müller, 1987, 5면.

분과 통제 방식이 자본의 이해와 본질적으로 상충되지 않았다는 점을 근거로 자본주의의 본질적 징표가 유지되었던 것으로 보는 견해도 참고할 만하다.[4] 그러나 경제주체들 간의 협력과 고권적 통제가 제도화되고, 이에 의하여 민간 부문의 자율적 조정 여지가 실질적으로 제한된다는 특징은, 적어도 자본주의 시장경제의 특수한 유형의 하나로 이 시기에 대한 이해를 가능하게 한다.[5] 국가사회주의에 의해 기초된 중앙통제방식의 이념적 정당성은 종전과 함께 상실되었지만, 중앙통제방식 그 자체의 청산이 당연히 이루어졌던 것은 아니다.

종전 이후 독일의 경제는 패전으로 인하여 경제기반이 완전히 붕괴되고, 물자부족, 인플레이션, 실업 및 빈곤 등이 극심한 경제적 혼란 상황에 놓이게 된다. 물론 종전 이전에도 극단적인 군수산업의 편중과 광범위한 생필품의 부족 등으로 이미 독일 경제의 한계가 드러나고 있었지만, 전쟁 말기 전역이 독일 내로 이동하여 주요 산업 기반이 대량으로 파괴됨으로써 전후 상황은 더욱 악화되었다. 국민총생산은 1936년의 40% 수준으로 감소하였으며, 상업용 건물의 20% 및 총가옥의 20-25%가 전파되고, 수송망의 40% 및 생산시설의 50%가 파괴되었다. 또한 1937년 영토의 25%가 다른 나라에 귀속되었는데, 이때 상실한 지역은 주요 곡창지를 포함하고 있었다. 반면 구 독일지역에 거주하던 이주민과 동독지역 탈출자의 증가로 서독지역의 인구는 종전보다도 14% 정도 늘어남으로써 생활고가 극도에 달하였고, 총인구의 60% 정도가 영양실조에 시달리는 등 빈곤문제는 심각한 사회 문제로 대두되었다.[6] 따라서 전후 독일 정부는 파시즘적인

---

4) Paul Sweezy, 이주명 역, 자본주의 발전의 이론, 필맥, 2009, 456면 이하 참조.
5) Knut W. Nörr, Die Republik der Wirtschaft - Teil I Von der Besatzungszeit bis zur Groβen Koalition, Mohr Siebeck, 1999, 7면에서는 법적 규제를 통한 사업자 간의 협력과 통제를 경제 내적인 조직화의 첫 번째 징표로 보고 있는데, 이러한 특징은 비록 자본의 이해관계 측면에서 동일한 평가가 가능하다 하더라도, 법제도적 측면에서 민간 부문의 우선적 지위를 인정하는 경우와 구별할 수 있는 근거가 된다.

경제질서와 전시수행체제로서 실행된 경제운영 방식을 대신할 새로운 경제질서 구축의 과제를 안고 있었지만, 현실적 경제수요를 충족시킬 수 있는 경제재건 역시 시급한 당면과제가 되었다. 즉 새롭게 형성되는 경제질서는 장기적인 관점에서의 정당성뿐만 아니라 구체적이고 실질적인 성과를 현실경제에서 제시할 수 있어야 하였다.

## (2) 질서자유주의 학파 주도의 이론 정립

이러한 상황에서 새로운 경제질서로서 사회적 시장경제의 형성은 흔히 질서자유주의 학파 또는 프라이부르크 학파로 불리는 그룹에 의하여 주도되었다.[7] 동 학파는 1920년대 이후 독일의 경제정책 실패의 경험에 근거하여 경제질서가 지나치게 낙관적인 고전적 자유방임주의에 바탕을 두어서도 안 되지만, 또한 개인의 자유가 박탈된 전체주의적인 중앙관리 경제체제를 지향할 수 없다는 사고를 대표하였다. 이론 형성은 1930년대 Mises나 Hayek에 의한 방법론적 개인주의가 반영된 자유주의 사상에[8] 영향을 받은 Eucken, Böhm 등에 의하여 주도되었는데, 내용적으로 경쟁이 유지되는 시장경제를 최적의 경제질서로 이해하면서, 다만 고전적 자유주의(자유방임적 자본주의)가 보여준 한계를 극복하기 위하여 경쟁이 유지될 수 있는 제도적 환경의 조성을 국가의 책무로서 강조하였다. 이러한 질서정책적 사고에 전후 사회정책적 사고를 접목하여 사회적 시장경제라는

---

6) 김적교·김상호, 독일의 사회적 시장경제, 한국경제연구원, 1999, 43-44면 참조.
7) 한편 이들의 정책 중 경쟁적인 시장구조는 서방연합국의 점령정책의 일환으로서 독일에 요구되고 있었던 것이기도 하다. Fritz Rittner, 주 3)의 책, 7-8면 참조.
8) 2차 세계대전 이전 Ludwig von Mises나 Friedrich Hayek로 대표되는 오스트리아 학파의 자유주의적 사고는 특히 경제 분석에 있어서 방법론적 개인주의로 특징지을 수 있는데, 경제적 현상을 개인의 행동에 귀결시키고 이를 분석 대상으로 삼는 것을 경제적 분석의 출발점으로 한다. Steven N. Durlauf & Lawrence E. Blume, The New Palgrave Dictionary of Economics vol. 1., Macmillan Publisher, 2008, 315-316면 참조.

새로운 경제질서가 형성된다.

특히 이러한 결합은 이념적인 차원에서 뿐만 아니라, 현실적인 차원에서 구체화될 필요가 있었다. 이와 관련하여 Müller-Armack이 사회적 시장경제를 하나의 합일테제(synthese)로서 이해한 것은 그 전형을 보여준다. 이에 의하면, 시장경제의 높은 생산력은 사회적 보호를 위한 일반적 수준의 제고를 의미한다는 점, 경제에 대한 통제는 이러한 문제를 해결하는 것을 사전적인 명제로 삼는다 하더라도 오히려 이러한 목적의 달성에 본질적인 한계로 작용할 수 있다는 점 그리고 시장경제에 기초할 경우에만 자유와 사회정의 이념이 진정으로 통일될 수 있다는 점이 사회적 시장경제론의 정당성을 뒷받침하는 근거가 되었다.9) 이로부터 사회적 시장경제는 시장 영역에서 경제적 자유의 원칙과 사회 영역에서 사회적 형평의 원칙의 결합으로 정식화되었다.10)

이상의 사회적 시장경제의 이론 구성은 다음의 두 가지 핵심적 원리, 즉 시장과 사회를 영역적으로 분리하고 또한 분리된 영역을 통일하는 두 원리에 기초한다. 시장 영역과 사회 영역의 분리는 Eucken의 경제질서에 관한 이해로부터 확인할 수 있는데, 개인의 자율에 따라서 조정이 이루어지는 시장경제에 대하여 기능의 실효성과 인간의 존엄성에 기여하는 경제질서(eine funktionsfähige und menschenwürdige Ordnung der Wirtschaft)로서 우월한 의미를 부여하고,11) 이를 가능하게 하는 제도적 기반으로 사적 소유, 계약 자유, 자기책임 등과 같은 법제도를 전제한다.12) 그러나 시

---

9) Alfred Müller-Armack, "The Social Aspect of the Economic System", Horst Friedrich Wünsche supervised ed., Standard Texts on the Social Market Economy, Gustav Fisher, 1982, 17-21면 참조.

10) Egon Tuchtfeldt, "Die Philosophischen Grundlagen der Sozialen Marktwirtschaft-Gedanken zur Weiterentwicklung der sozialen Irenik Alfred Müller-Armack-", Zeitschrift für Wirtschaftpolitik Bd. 31, 1982, 9면.

11) Walter Eucken, Die Grundlagen Der Nationalökonomie, Springer Verlag, 1989, 239-240면.

장은 모든 영역에서 타당할 수 없는데, 특히 두 가지 측면에서 시장의 한계가 드러난다. 우선 노동도 하나의 상품으로서 거래되지만, 노동력의 주체가 인간이라는 점에서 특별한 보호의 필요성이 있는데, 시장의 조정기능이 이러한 보호필요성을 당연하게 충족시킬 수 있는 것은 아니다. 또한 시장은 경쟁에 의하여 조정되지만, 이러한 메커니즘이 경쟁이 제거되는 상태, 즉 독점을 지양하지 못하며, 이러한 상태에 이르게 되면 개인의 자율적 장으로서 시장의 본질적 기능은 제한될 수밖에 없다. 이러한 경우에 국가의 개입이 정당화 되며, 질서정책적 관점에서 이때의 개입은 시장질서 형성을 위한 조정으로 특징지을 수 있다.[13] 즉 사회적 보호 필요성에 따른 다양한 부조 정책과 독점화된 시장에 대한 규제 정책은 시장의 기능에 의존하지 않고, 가격체계 외부의 사회적 교정에 따른다는 점에서 영역적으로 분리되고, 이러한 분리는 시장 경제의 운용을 위하여 불가피한 것이며, 또한 이를 보완하는 의미에서 기능적인 통일을 이룬다.

## 2. 사회적 시장경제론의 변화

사회적 시장경제는 1949년 전후 서독 지역에서 있었던 최초의 의회선거 과정에서 기민당(CDU; Christlich Demokratische Union)의 경제정책을 상징하는 표제로서 제시되었다. 정책적 측면에서 사회적 시장경제는 사민

---

12) Walter Eucken, "A Policy for Establishing a System of Free Enterprise", Horst Friedrich Wünsche supervised ed., Standard Texts on the Social Market Economy, Gustav Fisher, 1982, 121-130면 참조.

13) Walter Eucken, "The Social Question", Horst Friedrich Wünsche supervised ed., Standard Texts on the Social Market Economy, Gustav Fisher, 1982, 274-275면에서는 개별 경제주체가 일상적인 경제과정을 지도하여야 하지만, 이들이 경제과정이 이루어지는 구조(framework)를 스스로 결정할 수는 없으며, 여기에 국가의 과제가 존재한다고 보고 있다. 한편 이러한 관점은 시장을 자생적 질서(catallaxy)로 이해하는 Hayek적인 사고와 대비된다.

당(SPD; Sozialdemokratische Partei Deutschlands)의 자유주의적 사회주의 그리고 기민당 내부에 존재하였던 기독교적 사회주의가 공통적으로 갖고 있었던 중앙집권적인 경제정책을 모두 지양하고, 조정 기제로서 개인의 자율에 우선적인 의의를 부여하면서, 동시에 사회적인 요소를 포함하는 내용으로 구성되었다. 기민당이 선거에서 승리한 이후 사회적 시장경제는 구체적인 경제정책의 지표로서 기능하였다. 특히 사회적 시장경제론의 지지자였던 Ludwig Erhard가 최초 내각의 경제부장관에 취임한 것을 계기로 사회적 시장경제는 독일 경제의 기본적 질서로서 확고한 위치를 차지하게 되었다.[14]

이후 사회적 시장경제의 구체적 내용은 정치적 변동에 따라 일정한 변화를 거치게 된다. 그 중 가장 커다란 변화는 1966년 사민당 주도의 대연정이 성립된 이후 '계몽된 시장경제'(aufgeklärte Marktwirtschaft)의 등장이다. 새로운 사회적 시장경제론의 전개와 관련하여, 이를 가능하게 하였던 두 가지 요인에 대한 이해가 필요할 것이다. 우선 Müller-Armack에 의하여 주도되었던 사회적 시장경제의 이론적 심화 과정 또는 현실화 과정이 중요하다. 이전 질서자유주의에 입각한 시장경제론이 엄격한 질서 형성의 사고에 머물렀다면, Müller-Armack은 질서 형성뿐만 아니라 이에 이르는 과정까지 포괄할 수 있도록 사고 범위를 확대하였으며, 이러한 관점에서 양적인 국가개입의 필요성을 승인할 수 있었다. 또한 질서정책의 핵심인 시장경제 정책이 사회 정책에 우선한다는 사고에 대하여, Müller-Armack은 자유와 사회적 보장 사이에 균형을 추구하고 이러한 맥락에서 양 영역의 분리를 이해하였으며,[15] 이러한 이론적 변화는 국가에 의한 경

---

14) Erhard는 종전 이전에 작성한 글에서 전후 독일 경제에서 기업가들이 유효한 자본 없이 구매력 없는 시장을 위해서 생산활동을 하게 될 것이지만, 그럼에도 불구하고 이들의 자율에 기초한 민간 부문의 역할에 의존할 수밖에 없음을 주장하였다. Ludwig Erhard, "The Economic Needs of Postwar Germany", Horst Friedrich Wünsche supervised ed., Standard Texts on the Social Market Economy, Gustav Fisher, 1982, 6면 참조.

제 개입 범위의 확대를 정당화 하는 근거가 되었다.

　다른 한편으로 1966년 대연정을 주도한 사민당에서 사회적 시장경제론의 수용을 가능하게 한 정책 변화에 대해서도 주목할 필요가 있다. 1959년 사민당이 채택한 고데스부르크 강령(Godesburg Grundsatz-Programm)은 이러한 변화를 집약적으로 보여준다. 동 강령은 사회주의가 목표로 하는 사회를 모든 개인이 자신의 인격을 실현하고 공동체의 책임 있는 구성원으로서 정치적, 경제적, 문화적 삶에 참여할 수 있는 사회로 기술하고, 특히 "사회주의는 민주주의를 통해서만 실현될 수 있고, 민주주의는 사회주의를 통해서만 완성될 수 있다"는 원칙을 확인함으로써 마르크스주의(공산주의)와의 결별과 민주적 사회주의의 지향을 명확히 하였다.[16] 이러한 원칙을 경제 영역에 적용하면서, 자유 경쟁을 사회민주적 경제정책의 본질적 조건으로 이해하고, 유효한 경쟁이 이루어지는 자유 시장에 우월한 의미를 부여하였으며, 이는 "가능한 한 경쟁을, 필요한 한도에서 계획을"(Wettbewerb soweit wie möglich - Planung soweit wie nötig)이라는 표현에 집약되었다. 또한 강령의 내용 중 경제 부문에서 국가 기능에 관한 서술도 주목할 만한 것인데, 조세, 재정, 통화 등의 정책을 통하여 국가가 지속적으로 경제에 영향력을 행사할 필요성이 있음을 전제하고, 국가에게 경제의 주기적 전망에 기초한 경기 정책(eine vorausschauende Konjunkturpolitik)의 책임을 부과하고 있다.[17] 명백히 Keynes적 사고에 연결되는 이러한 정책 과제는 국가의 경제 기능에 대한 특정한 성격을 규정하고 있을 뿐만 아니라, 자본주의에 대한 일정한 관점, 즉 일반적 불균형성에 대한 인식을 반영하고 있는 것이다.

　물론 사민당의 경제적 지향과 Keynes 이론이 정확히 어느 지점에서 접

---

15) Josef Schmid, Daniel Buhr, Christian Roth & Christian Steffen, Wirtschaftspolitik für Politologen, UTB, 2006, 159-162면 참조.
16) Vorstand der SPD, Grundsatzprogramm der SPD, J. H. W. Dietz Nachf, 1959, 7면.
17) 위의 자료, 13-14면.

목된 것인지에 대해서 논의의 여지는 있다.[18] 그러나 사민당 주도의 대연정 하에서 Keynes의 총수요관리정책과 기존의 질서정책이 통합됨으로써 사회적 시장경제의 내용적 전환이 이루어지고, 이에 의하여 총량적 거시정책의 정당성이 사회적 시장경제 하에서 승인될 수 있는 이론적 기초가 마련되었다는 점은 분명하다.[19] 이를 법제도적으로 뒷받침하기 위하여 1967년 기본법 제109조 제2항의 개정에 의하여 국가 재정에 있어서 전체 경제적인 균형의 필요성(den Erfordernissen des gesamtwirtschaftlichen Gleichwicht)을 고려하여야 할 의무가 부과되고, 이를 구체적으로 실현하기 위한 안정성장촉진법(Gesetz zur Förderung der Stabilität und des Wachstums der Wirtschaft; StabG)의 제정이 이루어졌다.

이러한 정책 전환의 예상되는 결과로서 경제 영역에서 국가 기능이 확대되었으며, 이론적 측면과 정책 실현(지속성)의 관점에서 새롭게 구성된 사회적 시장경제론에 대한 비판도 제기되었다. 특히 사회적 시장경제론의 형성을 주도하였던 Müller-Armack의 비판은 유력한 의미가 있는데, 이에 의하면 사회적 시장경제에서 강조되는 개인의 자유, 정의, 인간적 연대 등의 가치가 사민당이 제시한 사회적 시장경제론의 이데올로기에 의하여 침해될 수 있으며,[20] 국가의 조절(Lenkung) 기능에 대한 과도한 기대에 의하여 개인의 자율에 의한 실현이 부차적인 것이 되고 성과 측면에서 정부 실패의 가능성이 간과될 수 있다.[21] 또한 구체적인 정책 실현에 있어서 국가의 임의적인 집행이 시장경제질서의 왜곡을 초래할 수 있으며, 특히

---

18) Keynes 이론을 자본주의의 한 경향으로서 일반적인 불안정성에 초점을 맞출 수도 있으며, 또는 유효수요 방식의 조정을 통한 자본주의의 교정 가능성의 제시로 이해할 수도 있을 것이다. Paul Sweezy, 주 4)의 책, 482-483면 참조.
19) 김적교 · 김상호, 주 6)의 책, 61면.
20) Alfred Müller-Armack, "Fortschreibung der Sozialen Marktwirtschaft", Heinz Sauermann & Ernst-Joachim Mestmäcker hrsg., Festschrift für Franz Bhöm, J. C. B. Mohr, 1975, 456면 참조.
21) 위의 글, 456-457면 참조.

선의의 사회적 조치나 노동정책이 유해한 사회적 결과, 즉 시장의 왜곡뿐만 아니라 의도하였던 사회적 목표에 배치되는 결과를 낳은 것으로 분석하고 있는 Stützel의 지적도 참고할 만한 것이다.[22]

이후 사회적 지출의 증대로 인한 재정 압박이 누적된 상황에서, 1980년 기민당 정권의 등장은 사회적 시장경제의 운용이 시장원칙의 우선성을 인정하는 방향으로 선회하는 계기가 되었다.[23] 이러한 정책 전환은 공공지출 부문의 비중 감소와 같은 가시적인 결과를 낳았지만, 초기 사회적 시장경제 모델로 회귀한 것으로 보기는 어려울 것이다. 예를 들어 총량적 조절이 단기적 경기순환 대책으로서 갖고 있는 한계에 대한 인식이 부각되고, 인플레이션과 실업 또는 국제수지 균형과 국민경제 성장 같은 동시적 달성이 어려운 정책 목표를 추구하는 과정에서 정책 결합의 불가피성이 강조되면서, 총량적 거시정책의 신중한 실행이 요구되었지만, 총량 조절 자체를 폐기하는 것으로 나아가지는 않았다.[24] 이러한 기조는 1998년 사민당 집권과 2005년 기민당 집권 등의 정치적 변동에도 불구하고 근본적인 변화 없이 유지되었다.[25] 한편 전 세계적인 금융 위기를 극복하는 과정에

---

22) Wolfgang Stützel, "Safeguarding the Social Market Economy by a Systematic Regulative Policy", Horst Friedrich Wünsche supervised ed., Standard Texts on the Social Market Economy, Gustav Fisher, 1982, 282-288면 참조.

23) Fritz Ullrich Fack, Derek Rutter tr., The Social market economy: an introduction, Weisbecker, 1979, 66-70면 참조.

24) Otto Schlecht, 주 2)의 책, 136면 이하 참조.

25) Gerhard Schröder가 이끌었던 사민당 정권은 제3의 길(Der Dritte Weg)을 정책 방향으로 제시하였는데, 특히 효율성 제고와 고용 확대의 강조는 기존의 사회민주적 정책으로부터 상당한 변화를 의미한다. 예를 들어 효율성 제고와 관련하여 시장에서 경쟁의 압력에 의하여 효율성을 증진시키는 것 외에 다른 가능성을 갖고 있지 않은 사업자의 자율에 우선적 의의를 부여하는 방식으로 정책의 기본 방향을 제시하였는데, 이는 기민당에 의하여 추구되었던 시장 우선 정책과 기본적으로 동일한 관점에 있는 것이다. Michael Ehrke, Der Dritte Weg und die europäische Sozialdemokratie, Friedrich Ebert Stiftung, 1999, 16-17면 참조. 한편 사민당의 제3의 길로 대표되는 정책 기조는 2007년 함부르크 강령(Hamburger

서 조세 감면 정책을 통한 기업 활동의 촉진을 목적으로 2009년 제정된
성장촉진법(Wachstumsbeschleunigungsgesetz)은[26] Keynes적인 총량조절
정책이 여전히 유효한 정책 수단으로 자리하고 있음을 보여준다.


## III. 한국에서 사회적 시장경제론

### 1. 한국에서 사회적 시장경제론의 의의

#### (1) 의의

주지하다시피 독일의 이론체계를 수용한 한국에서 사회적 시장경제론
은 헌법상 경제질서의 원리로서 이해되고 있다. 대표적인 정의에 따르면,
사회적 시장경제는 사유재산제의 보장과 자유경쟁을 기본원리로 하는 시
장경제질서를 근간으로 하되, 사회복지·사회정의·경제민주화 등을 실현
하기 위하여 부분적으로 사회주의적 계획경제(통제경제)를 가미한 경제질
서를 말한다.[27]

이에 관한 규범적 해석은, 구체적으로 "모든 국민의 재산권은 보장된
다"라고 규정한 헌법 제23조 제1항으로부터 생산수단의 사적 소유의 함의
를 갖는 사유재산제를 도출하고,[28] "모든 영역에 있어서 각인의 기회를
균등히 하고, 능력을 최고도로 발휘하게 하며"라고 규정한 헌법 전문, 직
업선택의 자유에 관하여 규정하고 있는 헌법 제15조 제1항, 그리고 "대한
민국의 경제질서는 개인과 기업의 경제상의 자유와 창의를 존중함을 기본

---

Programm)을 통해서 사회적 요소가 대폭 강화되는 방향으로 변경되었다.

26) Gesetzentwurf der Fraktionen der CDU/CSU und FDP, BT-Drs. 17/15 vom 9.
    November 2009.

27) 권영성, 헌법학원론, 법문사, 2010, 163면.

28) 김철수, 헌법학개론, 박영사, 2007, 300-301면.

으로 한다"라고 규정한 헌법 제119조 제1항에 의하여, 경제주체 간의 기본적인 조정 메커니즘이 시장에 의하여 이루어지는 시장경제를 상정하고 있다.[29]

나아가 사유재산제와 시장경제가 결합한 자본주의적 시장경제에 기초하여, 경제 영역에서 국가적 개입의 헌법적 정당성을 긍정함으로써 경제질서를 종합적으로 완성하고 있다. 즉 "국가는 균형 있는 국민경제의 성장 및 안정과 적정한 소득의 분배를 유지하고, 시장의 지배와 경제력의 남용을 방지하며, 경제주체간의 조화를 통한 경제의 민주화를 위하여 경제에 관한 규제와 조정을 할 수 있다"고 규정한 헌법 제119조 제2항에 근거하여 경제개입의 궁극적 목적이 사회정의 내지 경제 민주화의 실현에 있다고 봄으로써,[30] 자본주의적 시장경제에 대한 헌법적 수정의 기초를 마련하고 있으며, 이를 사회적 시장경제의 의의로서 종합하고 있다.[31] 이러한 견해에 따르면, 결국 사회적 시장경제는 시장경제, 사유재산제 그리고 사회정의 실현을 위한 국가 개입의 세 가지 요소로 구성된다.[32]

이상의 헌법상 경제질서의 원리로서 사회적 시장경제론은 헌법재판소에 의해서도 받아들여지고 있다. 최초로 사회적 시장경제 개념이 헌법재판소의 결정에 나타난 것은 「화재로 인한 재해보상과 보험가입에 관한 법률」 제5조 제1항의 위헌여부에 관한 헌법소원에서[33] 반대의견을 통해서인데, 동 의견은 "재산권 보장에 관한 헌법 제23조, 경제질서에 관한 헌법 제119조의 각 규정에서 볼 때, 우리 헌법의 경제체제는 사유재산제를 바

---

29) 권영성, 주 27)의 책, 168면; 성낙인, 헌법학, 법문사, 2013, 271-272면.
30) 김철수, 주 28)의 책, 297-298면 참조.
31) 구병삭, 신헌법원론, 박영사, 1996, 217면; 김철수, 주 28)의 책, 296면 이하; 권영성, 주 27)의 책, 167면 이하; 성낙인, 주 29)의 책, 270면 이하; 허영, 한국헌법론, 박영사, 2012, 168면 이하.
32) 성낙인, 주 29)의 책, 271면에서는 사회적 시장경제를 시장경제, 사유재산권 보장, 국가적 규제와 조정 등을 포괄하는 종합적 상위개념으로 이해하고 있다.
33) 헌재 1991. 6. 3. 선고, 89헌마204 결정.

탕으로 하면서 법치주의에 입각한 재산권의 사회성, 공공성을 강조하는 사회적 시장경제체제임을 알 수 있다"는 논지를 피력하였다.

헌법재판소의 본 결정을 통해서 언급된 것은 「축산업협동조합법」 제99조 제2항 위헌확인 소송에서이다. 헌법재판소는 이 결정에서, "우리나라 헌법상의 경제질서는 사유재산제를 바탕으로 하고 자유경쟁을 존중하는 자유시장경제질서를 기본으로 하면서도 이에 수반되는 갖가지 모순을 제거하고 사회복지·사회정의를 실현하기 위하여 국가적 규제와 조정을 용인하는 사회적 시장경제질서로서의 성격을 띠고 있다"라고 하고,[34] 이후 「여객자동차운수사업법」 제73조의 2 등 위헌확인 사건에서도[35] 이를 반복함으로써 우리 경제질서를 사회적 시장경제로 이해하고 있음을 명확히 하였다.

## (2) 한국 사회적 시장경제론의 한계

이상의 논의에서 우선 주목할 것은, 사회적 시장경제의 이론적 근거로서 수정자본주의 원리의 원용이다. 수정자본주의와 사회적 시장경제의 개념상의 차이에 근거하여 양 개념의 혼용에 관한 문제점을 지적하는 견해가 없는 것은 아니지만,[36] "수정자본주의원리를 경제활동의 기본원리로 삼아 사회적 시장경제질서를 마련하고 있다"는[37] 기술에서 알 수 있듯이, 양자의 관련성은 필연적인 것으로 이해되고 있다. 그러나 수정자본주의의 징표로서 국가 규제의 증대, 특히 시장실패와 자연독점 등에 의하여 불가피한 것으로 보이는 규제의 광범위한 확산으로부터 어떠한 사고의 매개 없이 당연히 사회적 시장경제가 도출되는 것은 아니다. 사회적 시장경제에 대하여 지속적으로 비판의 입장을 견지했던 Hayek가 "경제활동의 자

---

34) 헌재 1998. 4. 25. 선고, 92헌바47 결정.
35) 헌재 2001. 6. 28. 선고, 2001헌마132 결정.
36) 허영, 주 31)의 책, 166면의 주 2) 참조.
37) 위의 책, 168면.

유는 법 아래서의 자유를 의미하는 것이지, 모든 정부활동의 부재를 상정
하는 것은 아니다"라고[38] 한 점을 상기한다면, 일정한 지향 없이 정부 규
제의 존재만으로 사회적 시장경제를 구성할 수 없다는 것이 분명해 진다.
이러한 점에서 사회적 시장경제론에 포함되어 있는 사회정의 내지 경제
민주화의 실현이 사회적 시장경제의 구성에 있어서 차지하는 의의에 관한
추가적인 논의가 불가피할 것이다.

또한 위에서 언급한 사회적 시장경제의 요소들 간의, 즉 시장원리에 의
하여 주도되는 영역과 사회적 영역 사이의 결합에 관한 설명의 부재를 지
적할 수 있다. 달리 표현하면, 상위 개념으로서의 사회적 시장경제에 의하
여 우리 경제질서를 구성할 필요성은 무엇인가? 단지 사회적 시장경제의
요소로 거론되고 있는 것들을 열거하면서 우리 경제질서를 설명하는 견해
도 가능하며,[39] 사회적 시장경제가 단순히 요소들의 총합으로서의 의미에
제한된다면, 이러한 견해와 사회적 시장경제론 사이의 차별성은 드러나지
않을 것이다. 이러한 점에서 독일의 논의 과정에서 쟁점화 되었던 시장의
관계적 의의에 대한 이해가 필요하며, Eucken과 같이 시장의 질서적 성격
을 강조하고 사회 정책을 보완적인 것으로 파악하거나 Müller-Armack에
의하여 제시된 것처럼 시장 영역과 사회 영역의 균형적 상호보완성에 기
초하여 사회적 시장경제론을 구축하는 등의 이론적 심화가 이루어져야 한
다. 동일한 맥락에서 Keynes적인 총량적 거시정책의 근거를 사회적 시장
경제론의 틀 안에서 확인하는 것도 이론적 과제로서 부과된다.

끝으로 사회적 시장경제를 구체화하는 과정을 지도하는 원칙의 부재는
우리 경제질서의 내용적 충족을 저해할 수 있다. 국가는 정책의 입안자 및
수행자로서 직접적으로 그리고 경제에 심대한 영향을 미친다는 점에 의문

---

38) Friedrich A. von Hayek, "Economic Policy and the Rule of Law", Horst
　　Friedrich Wünsche supervised ed., Standard Texts on the Social Market
　　Economy, Gustav Fisher, 1982, 153면.
39) 박일경, 신헌법, 법경출판사, 1990, 606-607면 참조.

의 여지가 없는 사회정책 등을 통한 간접적인 방식으로 경제와 관련을 맺는다.[40] 그리고 경제질서는 이러한 개개의 정책들에 통일성을 부여함으로써, 경제순환의 모든 과정과 나아가 경제 생활에 직·간접의 영향을 미치는 모든 영역에서 일관성을 확보해야 한다. 즉 개념적으로 구성된 경제질서의 유효성은 개별 영역에서의 경제 운용의 방식으로 확인될 필요가 있다. 특히 시장원리에 의하여 지배되는 영역과 사회적 영역의 결합으로 구성되고 있는 사회적 시장경제는 양 영역의 분리와 그 기준을 제시함으로써만 구체적 의의를 실현할 수 있다.

## 2. 대안론 검토

### (1) 혼합경제론 검토

우선 우리나라 경제의 혼합경제적 성격에서 사회적 시장경제론의 대안 구성을 시도하는 견해가 있다. 이 견해는 2차 세계대전 이후 독일의 사회경제적 특성이 반영된 고유의 경제질서로서 사회적 시장경제를 이해함으로써, 우리 경제질서를 설명하는 틀로서 사회적 시장경제의 직접적 원용을 부정하는 입장을 취하며,[41] 특히 사회적 시장경제가 상정하고 있는 것과 같은 구체적인 조정 원리가 우리 헌법에서 도출될 수 있는지에 회의적이다.[42]

그러나 이 견해가 대안적으로 제시하고 있는 혼합경제가 우리 경제질서의 구성원리로서 규범적 기능을 수행할 수 있는지에 대해서는 추가적인 논의가 필요할 것이다. 무엇보다 혼합경제는 발생사적으로 일정한 경제질

---

40) 이러한 분류는 경제적 행위자로서 국가를 분석할 때 유용한데, 이에 관해서 Christopher Pierson, 박형신·이택면 역, 근대국가의 이해, 일신사, 1998, 144면 이하 참조.
41) 김문현, "사회적 시장경제질서", 이화여대 사회과학논문집, 1993, 42면 이하.
42) 양건, 헌법강의, 법문사, 2009, 179면.

서를 상정하여 나타났던 것은 아니며, 이러한 점에서 전후 독일에서 구체적인 경제질서를 의식적으로 지향하는 과정에서 형성된 사회적 시장경제와 구별된다. 그러므로 혼합경제에서 '혼합'이란 무엇을 의미하는지에 대한 답은 이를 기초로 경제질서의 구성을 시도하는 입장에서 결정적인 의미가 있다. 일반적으로 혼합경제란 2차 세계대전 이후 서구 자본주의 국가에서 생산수단의 사적 소유와 함께, 무시할 수 없는 규모의 공적 소유가 출현하기 시작한 이후, 이러한 상태를 지칭하는 용어로 사용되기 시작하였다.[43] 그러나 생산수단의 사적 소유와 공적 소유의 혼재는, 원칙적으로 채택한 경제질서의 성격과 무관하게 거의 모든 국가에서 나타나고 있으며, 이러한 점에서 동시대의 모든 사회가 혼합경제(mixed economy)에 속하고 100%의 시장경제는 존재하지 않는다는 Samuelson의 지적이 과장은 아닌 것으로 보인다.[44]

따라서 혼합경제에 기초한 경제질서 구성의 타당성은 무엇보다 이러한 보편적인 현상으로부터 규범적인 의의를 도출할 수 있는지에 의존할 것이다. 유력한 견해는 이러한 작업을 우리 헌법의 규정 태도, 특히 경제에 관한 장의 해석으로부터 시작하고 있다. 특히 시장경제의 근거규정으로 이해되는 헌법 제119조 제1항과 경제에 대한 국가 규제의 기본적 근거로서 제119조 제2항의 관계를 원칙과 예외의 관계가 아니라 상호보완적인 의미를 갖는 원칙 간의 관계로 파악함으로써,[45] 시장경제 원칙에의 과도한 집중을 해석론적으로 배제한 것은 주목을 요한다. 나아가 이 견해는 헌법 제120조 이하에 규정되어 있는 경제조항들이 생산수단인 농지나 토지에 대한 특별한 제한의 가능성(헌법 121조, 122조), 대외무역에 대한 국가의 적극적 통제가능성(헌법 125조), 국토와 자원의 균형 있는 개발·이용과 농

43) Christopher Pierson, 주 40)의 책, 146면 및 Philip Armstrong, Andrew Glyn & John Harrison, 김수행 역, 1945년 이후의 자본주의, 동아출판사, 1993, 209면.
44) Paul Samuelson & William Nordhaus, Economics, McGraw-Hill, 1995, 7면.
45) 김형성, "경제헌법과 경제간섭의 한계", 공법연구 제21집, 1993, 238-239면.

어촌의 종합개발과 관련하여 광범위한 계획의 가능성(헌법 120조 2항, 123조 1항) 그리고 사유재산의 국공유의 예외적 인정까지 규정함으로써 (헌법 126조), 부분적으로 시장경제원칙을 넘어서 사회주의 경제질서에 가까운 요소까지 수용하고 있다는 점을 지적하고 있다.[46] 이러한 고찰을 토대로 하여, 이질적인 요소들의 결합으로 구성되어 있는 우리 경제질서는 혼합경제질서로 이해할 수밖에 없다는 결론을 도출하고 있다.[47]

그러나 혼합경제론에 대하여 처음에 제기하였던 문제로 돌아가면, 입론 과정에서의 부분적인 성과에도 불과하고, 여전히 일정한 의문이 남는다. 특히 생산수단의 부분적 국가 소유나 시장 원리의 대체로서 고권적 개입의 존재가 곧바로 경제운용 방식의 본질적인 전환을 의미하는 것으로 연결되지는 않는다. 민영화의 세계적인 경향이 발생하기 이전인 1970년대 미국을 제외한 서구 자본주의 사회에서 공기업은 자본 형성의 13.5% 그리고 GDP의 약 10%를 차지하고 있었다.[48] 그러나 사적 소유의 부분적 폐기를 의미하는 이러한 현상은 자본주의 국가에서 일반적인 현상으로 나났고, Althusser의 사고를 빌린다면 이러한 수치는 생산조건의 재생산을 위한 불가피한 요구로 이해할 여지도 있다.[49] 결국 혼합경제론은 이러한 보편적 현상으로부터 특정한 경제질서로서 차별화된 이해를 어떻게 이끌어낼 수 있는지에 관한 충분한 설명을 제시하는데 이르지는 못한 것으로 보인다. 물론 이러한 공백을 의식적인 것으로 이해하고, 구체적인 조정 문제를 입법에 유보함으로써 탄력적인 대응을 가능하게 하는 의미에서 혼합경제를 우리 경제질서의 모습으로 상정할 수도 있을 것이다.[50] 그러나 경제운영의 기본원리 자체가 입법에 유보될 수 있는 것인지 또한 이러한 태

---

46) 위의 글, 237면.
47) 위의 글, 240-241면.
48) Christopher Pierson, 주 40)의 책, 144면.
49) Louis Althusser, Lenin and Philosophy and other Essays, Monthly Review Press, 1971, 127-128면 참조.
50) 김문현, 사례연구 헌법, 법원사, 2000, 124면 이하 참조.

도가 우리 헌법에 수용될 수 있는지는 의문이다.

## (2) 복지국가론 검토

복지국가적인 관점에서 우리 경제를 이해하고, 이를 사회적 시장경제론 대안의 출발점으로 삼는 견해도 있다. 복지국가론 역시 대체로 위에서 언급한 사회적 시장경제론에 대한 비판 논거를 공유한다. 특히 독일의 사회적 시장경제가 질서정책적인 제한을 통하여 국가 경제 개입의 최소한을 유지하고 있다는 점에 주목하면서, 이를 경제 영역에 대한 포괄적인 개입의 가능성을 부여하고 있는 우리 헌법상의 경제질서로서 원용하는 것에 한계가 있음을 지적한다.[51] 나아가 복지국가를 국민으로 하여금 '인간다운 생활'을 영위할 수 있도록 재정권을 행사하거나 경제활동을 규제하여 적극적으로 경제·사회정책을 실시하는 국가로서 정의하고, 우리 경제에서도 완전고용의 실현, 최저생활보장, 사회보험제도의 시행, 경제계획, 경제조직의 중간체계, 사회간접자본의 축적 및 경제목적의 물량위주정책 등의 현상이 현재 나타나고 있거나, 그 실현을 지향하고 있다는 점에 근거하여 우리 헌법상 경제질서를 복지국가의 경제질서와 가장 유사한 경제질서로서 이해하고 있다.[52]

그러나 이러한 입론이 현실 경제의 구체적 운용에서 드러나는 특징에 부합하며, 따라서 우리 경제질서의 현재적 의의를 적절히 반영하고 있는지에 대해서는 의문이 있다. 물론 복지국가의 의의를 공동체 구성원의 삶의 조건의 향상과 이를 위한 국가의 포괄적인 경제 개입으로 폭넓게 정의한다면, 2차 세계대전 이후 보편적으로 나타났던 국가 기능의 확대 양상에 대한 일반적인 이해의 틀로서 복지국가 개념을 사용하는 것이 가능할

---

51) 이진순·정순훈, 시장경제질서와 헌법, 자유기업센터, 1997, 69-70면. 한편 이러한 비교에 관하여, 전술한 바와 같이 1960년대 이후 독일 사회적 시장경제의 내용적 변화 과정에 비추어 의문을 제기할 수도 있을 것이다.

52) 위의 글, 69-70면.

수 있다.[53] 그러나 복지국가적 목표가 현실적인 한계에 부딪혔던 경험을 간과할 수 없으며,[54] 또한 국가부조에 대한 과잉 의존으로서 노동시장에서의 탈퇴를 유도하고 있다는 지속적인 비판에 의하여 그 축소에 대한 압박이 강화되었던 경향을 고려하면,[55] 국가의 우선적 과제가 함축되어 있는 복지국가적 관점이 일반적인 동의를 이끌어내는데 어려움이 따를 것이다. 물론 복지국가는 자본주의 경제에서 중요한 국가적 특징을 대표하고,[56] 이에 대한 규범적 승인 역시 이들 국가에서 일반적으로 이루어지고 있음은 분명하다.[57] 따라서 복지국가적 요소가 경제 영역에 간과할 수 없는 영향을 미친다는 점을 인정한다 하더라도, 이를 우리 경제질서의 기본 요소로 수용하기 위해서는 추가적인 논의가 필요하다.

이와 관련하여 최근에 경제정책의 기조로서 복지국가를 지향하는 일련의 논의는 시사하는 바가 크다. 우선 우리 경제질서 미래의 대안으로서 제시되고 있는 복지국가론은 지난 20세기에 나타난 다양한 경제질서 운영의 경험을 반영하고 있다는 점에서 주목을 요한다.[58] 예를 들어 경제질서의 구체적 유형을 불문하고 시장의 효율적 작동을 보장하면서, 동시에 인간

---

53) Philip Armstrong, Andrew Glyn & John Harrison, 주 43)의 책, 212면.
54) 복지국가를 '자본주의 사회에서 노동력의 재생산을 수정하기 위한 그리고 비노동 인구를 부양하기 위한 국가권력의 사용"으로 볼 경우에, 이는 당연할 귀결로 이해될 것이다. Ian Gough, 김연명 · 이승욱 역, 복지국가의 정치경제학, 한울아카데미, 1990, 61면.
55) 이에 대한 자세한 논의는 Philip Armstrong, Andrew Glyn & John Harrison, 주 43)의 책, 214-216면 참조.
56) Ian Gough, 주 54)의 책, 123면 이하 참조.
57) 성낙인, 주 29)의 책, 263면은 사회국가(복지국가)에서 국가의 개입은 국가공동체의 통합과 직결되는 문제라고 보고 있다.
58) 예를 들어 Wigforss에 의하여 주도되었던 20세기 스웨덴의 복지국가 정책은 자유주의와 마르크스주의의 반성적 성찰의 결과로 이해되고 있다. 스웨덴 사회민주당이 사적 유물론과 이념적으로 결별하고 현실 경제에서 구체적인 인간 조건의 향상을 추구하는 방향으로 정책의 대강을 형성하는 과정에 관하여, 홍기빈, 비그포르스, 복지 국가와 잠정적 유토피아, 책세상, 2011, 91-99면 참조.

적인 복지의 분배를 창출할 수 있는 체제의 선택이 불가피하다고 보는
Przeworski의 주장은[59] 복지국가론적 논의의 출발점이 특정한 이데올로
기에 제한되지 않을 수 있음을 보여준다. 물론 새로운 경제질서 형성의 관
점에서 복지국가론이 의미 있기 위해서는 단지 복지를 질적·양적으로 확
대하는 것을 넘어서 복지국가적 개입이 경제질서의 구성 원리의 하나로
자리잡을 필요가 있다. 이를 위해서는 복지가 경제에 미칠 수 있는 상반된
효과, 복지 확대가 자본주의 운영에 따른 구조적 폐해를 시정하고 본질적
으로 체제의 유지를 강화하는 방향으로 작용할 수 있는 반면에, 복지 확대
에 불가피하게 따를 수밖에 없는 조세의 증대와 이로부터 자본 부문에서
경제성장의 기초인 자본축적을 방해하는 효과를 낳을 수 있다는 점을[60]
종합하고, 이러한 상반된 효과를 조정함으로써 시장경제의 안정성을 유지
할 수 있는 운영 원리가 제시되어야 한다.[61] 즉 시장 원리와 복지국가적
개입의 논리를 경제질서의 구성원리로 통합할 수 있는 이론 구성이 필요
하다. 또한 이러한 이론 구성의 기초로서 복지에 대한 요구가 헌법상 경제
질서의 원리에 반영되어야 하는 근거가 근본적인 문제로서 선행적으로 검
토되어야 한다.

---

59) Adam Przeworski, 임혁백·윤성학 역, 민주주의와 시장, 한울아카데미, 1997,
   188면.
60) Ian Gough는 복지의 증대에 대한 압력과 재정 조달의 문제가 결합하여 국가재정
   의 위기로 이어지는 과정을 지적하면서, 결국 경제적, 사회적 제 세력 간의 이해
   관계의 조정이 중요한 의미를 갖는다고 보고 있다. Ian Gough, 주 54)의 책, 127
   면, 149-150면 참조.
61) 복지정책의 목적이 총 후생의 극대화(maximization of total welfare)에 있고, 따
   라서 경제적 효율성의 제고를 추구하지만, 또 다른 목적으로서 상쇄적 효과를 갖
   는 사회적 정의와 조화를 이룰 필요가 있다고 언급하고 있는 것으로서, Nicholas
   Barr, Economics of The Welfare State, Oxford Univ. Press, 2004, 66-72면,
   349-350면 참조. 한편 이러한 관점에서 복지정책의 실현은 사회적 필요에 부합하
   는 상품을 공적으로 생산하는 것과 사적으로 생산하는 것 사이에 어느 방식이 보
   다 효율적인지의 문제로 치환될 수 있다.

### (3) 사회적 시장경제론 재구성의 필요

이상에서 살펴본 사회적 시장경제론을 대신할 수 있는 이론 구성에 관한 시도는 우리나라에서 전개된 사회적 시장경제론의 문제점을 지적하고, 새로운 이론 구성의 가능성을 제시하고 있다는 점에서 공통된다. 그러나 어느 경우에나 사회적 시장경제론의 핵심인 시장원리와 사회원리의 결합 그리고 이를 뒷받침하는 헌법적 정당성을 대신할 만한 이론 구성에까지 이르지는 못한 것으로 보인다. 즉 이상에서 논의된 새로운 이론들을 보면, 경제 현상의 일반화된 설명에 그치거나,[62] 향후 국가적 과제를 제시하면서도 이를 경제운영의 원리로 구성하는 것에는 미흡한 수준에 머무르고 있다.

그러나 비판론에서 제기된 우리 사회적 시장경제론의 한계에 대한 지적은 타당한 측면이 있으며, 이는 다른 한편으로 사회적 시장경제론의 재구성에 의미 있는 시사점을 제공한다.[63] 특히 우리 경제운영의 경험에서 독일 사회적 시장경제론의 핵심적 구성원리가, 규범적인 차원은 별론으로 하고, 현실 경제에서 구현되고 있는지에 대한 회의적인 평가는 사회적 시장경제론의 틀 안에서 논의가 어떠한 내용으로 전개되어야 하는지에 대한 기본적인 방향을 제시한다.

주지하다시피 과거 우리 경제의 중요한 과제는 조속히 경제발전을 이루는 것에 집중되었다. 정부주도에 의한 경제발전이 우선적인 경제정책의 목표로 추진되었던 시기에 시장 또는 시장원리가 어떠한 역할을 수행하였

---

62) 예를 들어 Ian Gough는 복지국가의 성장은 자본주의 발전의 원인도 결과도 아닌, 단지 그 한 측면일 뿐이라고 지적하고 있다, Ian Gough, 주 54)의 책, 149면.
63) 사회적 시장경제의 의의를 Eucken적인 질서자유주의 관점에 제한하고 신자유주의 이론과 등치시키면서, 우리 경제의 운영방식으로서 사회적 시장경제의 타당성을 부정하는 견해도 있다. 이 견해에서는 사회적 조절의 형태를 민주적으로 통제하는 것의 중요성을 강조하는데, 이러한 통제를 시장과 사회의 결합원리에 반영할 수도 있을 것이다. 김성구, "사회적 시장경제론 비판", 이론 제13호, 1995, 34-35면 참조.

는지에 대해 상이한 이해가 존재한다. 예를 들어 1997년 경제위기 이후 대안적 경제운영방식을 모색하는 과정에서 모든 경제부문의 운영원리를 시장에 유보할 수 있을 정도로 우리 경제에서 충분하게 시장이 존재하고 있는지에 대하여 의문을 표하는 견해가 유력하였다.[64] 물론 현상적으로 보면, 다수의 경제부문에서 정부의 고권적 개입이 시장을 대신하여 왔으며, 이는 결과적으로 시장의 기능적 축소를 낳았다. 그러나 경제발전 시기에 정부의 경제정책의 수립과 집행은 원칙적으로 시장에 근거한 방식으로 이루어졌다는 지적이나,[65] 경제 발전과 시장의 확대는 비례적인 관계에 있으며 우리 경제발전은 시장대체형이 아닌 시장촉진형 정부 개입에 의한 것으로 특징지을 수 있다는 분석에[66] 대해서도 주의를 기울일 필요가 있다. 즉 경제발전 과정에서 시장 기능을 대신한 정부의 개입이 주도적 역할을 수행하였지만, 이는 동시에 시장의 양적 확대로 이어졌으며, 특히 1990년대 이후 규제완화(deregulation)의 경향은 시장의 기능적 강화를 가져왔다. 이러한 점에서 적어도 현재 시점에서 경제운영의 기초로서 시장 그리고 시장의 기능적 보장을 위한 경쟁정책의 중요성을 부인하기 어려울 것이다.

그러나 시장 또는 시장원리(시장주체의 자율적 조정 메커니즘)가 어느 범위까지 타당한지의 판단은 여전히 용이하지 않다.[67] 또한 국가 개입의

---

64) 특히 정부규제를 대신한 시장원리의 강화 내지 확대에 대하여, 이를 실현할 수 있는 시장 기능의 유효한 작용을 우리 경제에서 기대하기 어렵다는 관점에서 이러한 논지를 피력하는 것으로서, 정운찬, "한국 자본주의의 전환을 위한 제언", 당대비평 제5호, 1998, 272면.

65) 경제발전 시기에 정부가 주도적 역할을 수행하였지만, 민간 및 공공의 경제정책을 수립하는 과정에서 시장역할이 크게 고려되었다는 점에서 자유기업경제체제이었음을 지적하는 것으로서, 김만제·Edward Mason 등, 한국 경제·사회의 근대화, 한국개발연구원, 1981, 42면 참조.

66) 이승훈, 시장발전과 경제개발, 서울대학교 출판문화원, 2010, 29-30면 참조.

67) 이와 관련하여 규제제도의 불합리성을 '규제완화의 역설'로 설명하는 견해는 참고할 만하다. 이 견해에서 규제완화의 역설은 "규제를 감소시키고 국민의 자유를

헌법적 근거가 헌법 제119조 제2항에 의하여 마련되고, 이를 종합하는 이론적 틀로서 사회적 시장경제가 제시되고 있지만, 공적 방식에 의한 경제적 자원의 조달과 분배 원리가 현재의 이론 구성으로부터 명확히 도출되고 있는 것은 아니다. 무엇보다 시장 기능을 대신하거나 보완하는 의미에서 공적 방식의 정당성을 뒷받침하는 원칙의 불명확성은 구체적인 정책 결정과 집행에서 혼선을 빚는 근본적인 원인이 된다. 일반론으로서 발전 국가모델과 신자유주의적 세계화를 모두 지양하고 시장 기능을 제도적으로 보장하는 관점을 수용하더라도,[68] 제도적 보장의 대상이 되는 시장의 영역적 확보와 사회적 원리와의 기능적 구분이 선결되지 않으면, 적정한 수준의 시장 보호 자체도 회의적일 수 있다. 이러한 점에서 양 영역에 대한 구체적인 이해가 구분과 통합의 이론 구성을 위하여 필요하며, 구체적인 정책의 타당성 판단도 이에 기초하여야 한다. 예를 들어 미국의 반독점법 현대화 위원회(Antitrust Modernization Commission)는 "일반적으로 의회는 경쟁이 달성할 수 없는 중요한 사회적 이익을 경제적 규제가 달성할 수 있다고 하는 주장에 대하여 회의적이어야 한다"고[69] 제안하였는데, 이와 같이 시장 원리에 우선적 의의를 부여하거나 또는 그 역의 사고 등이 경제질서의 구성 원리로서 가능한지는 시장과 사회에 대한 영역적 이해와 분리될 수 없다.

이러한 검토를 수행함에 있어서 사회적 시장경제론은 시장과 사회 두 요소의 결합원리에 근거하고 있다는 점에서 여전히 유용성을 잃지 않는

---

확대하기 위한 목적으로 규제를 완화하지만, 그 결과 오히려 규제의 불합리성이 증대되고 국민의 자유가 더욱 제한되는 현상"으로 설명하는데, 이러한 현상은 근본적으로 시장 메커니즘의 요구와 규제의 필요성에 대한 인식의 차이에 기인한 것으로 생각된다. 이원우, 경제규제법론, 홍문사, 2010, 162-164면 참조.

68) 이진순, "한국경제와 질서자유주의", 한국경제정책연구회 편, 한국경제의 새 패러다임의 모색, 한울아카데미, 1995, 154-156면 참조.

69) Antitrust Modernization Commission, Report and Recommendations, 2007, 338면.

것으로 보인다. 경제질서를 시장 또는 사회 원리 어느 하나에 전적으로 의
존하는 방식이 우리 헌법상 가능하지 않다는 점을 고려하면, 결국 양 요소
의 결합은 불가피할 것이다. 이러한 결합 원리의 구체적인 제시는 사회적
시장경제론을 새롭게 구성함에 있어서 핵심적인 과제가 된다. 이를 위하
여 헌법적으로 보장되어야 할 시장의 최소한의 의의 그리고 공동체 구성
원으로서의 삶을 영위하기 위한 조건으로서 헌법상 간과될 수 없는 사회
적 요소들을 확인하고, 이들의 훼손 없이 가능한 결합 방식이 검토되어야
한다.

## IV. 경제질서의 헌법적 기초

### 1. 시장의 의의

#### (1) 시장의 이념적 의의

경제적인 관점에서 시장은 상품 수요와 공급의 양 측면으로부터 대립하
는 이해가 만나서 조정되는 장을 의미한다. 물론 Polanyi가 언급한 것처럼
경제생활이 시장을 통해서만 이루어질 수 있는 것은 아니지만, 시장이 사
회적 관계의 유지와 같은 연대적 방식을 대체하는 것은 행위 동기 측면에
서 중요한 변화가 시장에 체화됨으로써 가능해진다.[70] 즉 자신의 이익 실
현이 개인에 유보될 뿐만 아니라 삶의 방식으로 불가피한 것이 될 경우에,
시장은 이익 실현의 구체적인 장으로서 의미를 갖게 된다.[71] 이때 상충되
는 이익의 조정 과정을 개인의 자율적 판단에 유보하는 메커니즘은, 어느
일방의 우월한 힘에 의하여 지배될 가능성은 별론으로 하고, 시장의 특징

---

70) Karl Polanyi, The Great Transformation, Beacon Press, 1964, 46면 참조.
71) 위의 책, 83면 참조.

적 양상이 되고 있다. 나아가 이는 자유의 기본권적 보장과 이념적 결합을 용이하게 한다. 즉 시장에서의 자율적 조정 권한을 개인에 귀속시키는 것은 시장이 기능하기 위한 전제에 해당하며, 이를 충족하기 위하여 개인의 자율을 제도적으로 보장하는 것이 요구된다.

이러한 맥락에서 시장 기능(경쟁)과 계약 자유는 상호 실현조건으로서 관련된다.[72] 즉 계약 자유가 보장되지 않는 상황에서 시장 주체들의 자율적 조정 가능성은 주어지지 않으며, 또한 시장이 제대로 기능할 수 있는 경쟁 구조가 갖추어지지 않은 경우에 계약 자유는 실질적인 것이 되기 어렵다. 일반적으로 계약은 개인 간의 관계 설정에 대한 국가적 관여를 배제하는 과정을 통하여 근대 사회의 구성 원리로 전개되어 왔다. 또한 인간의 자율에 의한 자기결정을 국가가 자신의 권력에 복종하는 인간을 대신하여 행사할 수 없고 해서도 안 된다는 요구가 수용되는 과정에서 계약 자유는 궁극적으로 인간 존엄에 소급하는 헌법상 기본권으로 고양되었다.[73] 인간 존엄을 실현하기 위한 인격의 자유로운 발현에서 계약 자유의 헌법적 기초를 구한다면,[74] 시장과 계약 자유의 상호 조건적인 관계로부터 시장도 인간 존엄의 실현을 위한 본질적인 조건으로서의 의의를 갖게 될 것이다. 이와 같은 시장과 계약의 관계에 대한 이해는, 개인이 자신의 삶을 자율적

72) Fritz Rittner, "Vertragsfreiheit und Wettbewerbspolitik", Festschrift für A. Sölter, Heymann, 1982, 30-31면에서는 계약자유와 경쟁을 상호 전제조건으로서 이해한다.
73) Werner Maihofer, Rechtsstaat und menschliche Würde, Vittorio Klostermann, 1967, 60-62면. 또한 자유롭고 평등한 사회성에 대한 규범적 주장이 정식화된 개인적 계약관계가 중앙적 관계 및 연합관계와 함께 근대성을 구성하고 있다고 보는 것으로서, Jacques Bidet, 박창렬·김석진 역, 자본의 경제학·철학·이데올로기, 새날, 1995, 11-13면 참조.
74) 특히 Schmidt & Seidel은 독일 기본법 제2조 제1항의 인격의 자유로운 발현에서 계약자치(Vertragsautonomie)뿐만 아니라 경쟁의 자유(Wettbewerbsfreiheit)의 헌법적 근거를 구하고 있다. Rolf Schmidt und Stephanie Seidel, Grundgesetz, Verlag Rolf Schmidt, 2000, 92면.

으로 영위할 수 있는 권리를 보장하기 위해서 기본적으로 시장을 필수적 요소로 하는 경제질서만이 헌법에 합치할 수 있다는 사고를 뒷받침한다.[75] 물론 이러한 사고가 경제적 자원의 조달을 전적으로 시장에 의할 것을 정당화 할 수 없지만, 적어도 인간의 자기 실현과 관련되는 한도에서 시장의 이념적 타당성을 부인하기 어려울 것이다.

## (2) 시장의 기능적 의의

한편 국가라는 틀 내에서 시장을 사고할 경우에, Adam Smith가 Locke 나 Hume 등이 제시한 '자유로운 공동생활의 질서'라는 관념에 기초하여 형성한 시장경제이론은[76] 국부론(The Wealth of Nations)이라는 표제가 시사하듯이 궁극적으로 국가의 총 부의 제고를 목적으로 하고 있다는 점에도 주목할 필요가 있다. Smith에 의해 제시된 시장이라는 틀 안에서 자유로운 인간 활동에 의해 형성된 균형가격, 균형가격이 가져다주는 자원배분의 효율성, 그리고 그 효율성이 담보하는 국민경제적 차원에서 최고 수준의 후생은 자유주의적 이념과 공동체적 사고를 접목하면서 미래에 대한 낙관적인 상을 그려낼 수 있었다. 즉 논리적 연결의 출발점에 서있는 균형가격에 균형의 성립과정을 지배하는 자유주의 이념을 반영하고, 공동

---

75) Helmut Leipold는 경제정책적 내지 사회정책적인 간섭이나 수정을 위한 광범위한 형성의 여지를 전제하면서도, 각 개인에게 자신의 생활을 자율적으로 영위할 수 있는 자유권과 기타의 기본적인 인권을 보장하려면, 원칙적으로 분산적인 규제질서 즉 시장경제적인 규제질서만이 헌법에 합치할 수 있다고 보고 있다. Helmut Leipold, 권오승 역, "경제체제의 사회이론적 기초", 경희법학 제24권 제1호, 1989, 112면.

76) Smith의 자연적 질서(natural order)에 관한 신념은 '국부론' 이전의 저작으로서 타인에 동감하는 인간의 성향을 분석하고 있는 '도덕감정론'(The Theory of Moral Sentiment)에 좀 더 명확히 표현되어 있다. G. R. Morrow, "Adam Smith: Moralist and Philosopher", J. C. Wood ed., Adam Smith-Critical Assessments-vol. I, Croom Helm, 1984, 177면.

체 구성원의 사익 추구가 공동체 전체의 부를 극대화하는 방향으로 작용
한다는 사고를 여기에 결합함으로써 Smith의 이론은 전체적으로 완성된
다.77)

　Smith 시장경제론의 기본구조를 받아들인다면, 국부의 증대, 즉 공동체
전체의 경제적 규모의 향상을 위해서도 시장은 필수적이다.78) 그러나 시
장 기능에 대한 이해와는 별개로, 이러한 이론적 메커니즘이 규범적으로
어떠한 의미를 갖는지가 추가적으로 논의될 필요가 있다. 무엇보다 시장
기능을 통한 국부의 증대 또는 지속적인 생산력의 증대가 헌법적으로 승
인될 수 있는 가치인지, 그리고 이를 위하여 요구되는 제한이나 조건이 있
다면 그 내용은 어떻게 구성되는지가 검토되어야 한다. 현실 경제에서 국
가 총생산의 지속적인 증가는 국가 내지 특정 정치 그룹의 성공으로 평가
된다. 예를 들어 스웨덴의 사회민주주의적 정치 모델에 대한 성공적 평가
와 관련하여 지속적인 생산성의 향상은 주된 근거의 하나로 언급되고 있
다.79) 그러나 지속적인 성장이 헌법상 요구되는 국가적 과제인지는 이러

---

77) 특히 아담 스미스의 균형가격론의 의의와 이후 경제학에 미친 영향에 관하여, K.
　　R. Ranadive, "The Wealth of Nations-The Vision and the Conceptualization",
　　J. C. Wood ed., Adam Smith-Critical Assessments- vol. II, Croom Helm, 1983,
　　246면 이하 참조.
78) 케인즈의 유효수요 부족에 따른 불황 이론이나 마르크스 경제학에서 주장하는 이
　　윤율의 경향적 저하 법칙은 시장의 자율적 조정 가능성이나 장기적 성과에 대하
　　여 회의적인 시각을 보여준다. 특히 후자와 관련하여 Lenin은 시장을 자본주의
　　경제로 이행하게 하는 상품 경제의 하나의 범주로 이해하는데(V. I. Lenin, The
　　Development of Capitalism in Russia, Progress Publishers, 1977, 37면), 이러한
　　관점에서 시장의 고유한 의의는 자본주의의 경향적 특성에 흡수된다(한편 마르크
　　스도 공급과 수요에 의하여 균형가격이 형성되는 시장의 본래적 기능을 당연히
　　전제하였다는 지적에 관하여, Paul Sweezy, 주 4)의 책, 76-77면 참조). 이러한
　　관점은 그 자체로 논쟁적인 것이기도 하지만, 여기서는 지속적 성장의 기초로서
　　시장에 대한 규범적 평가를 행한다는 점에서 논의 대상에서 제외한다.
79) 홍기빈, 주 58)의 책, 222-225면 참조.

한 성장이 국민의 개별적 이익으로 귀속될 수 있는지와 무관하지 않다. 이는 헌법 제119조 제2항이 국가의 경제 규제와 조정의 근거로서 '균형 있는 국민경제의 성장 및 안정'을 제시하고 있는 것에서도 확인할 수 있는데, 동 규정에서 국민경제 성장은 균형 있는 것이어야 하며, 또한 대비되는 개념인 국민경제의 안정과 조화되는 것이어야 한다.[80] 특히 균형 성장은 성장의 이익이 균등하게 향유될 것을 요구하는 것이며, 국민경제 성장에 대한 헌법적 평가의 궁극적 기준이 될 것이다. 물론 이러한 규범적 요구가 성장 방식의 선택에 있어서 한시적인 불균형까지 제한하는 의미로 해석될 수는 없다. 예를 들어 특정 산업의 선도적 성장을 통하여 전후방 관련 산업의 순차적인 발전이 이루어지고, 이로부터 국민경제 전체의 성장을 기대하는 이른바 불균형성장 방식도,[81] 궁극적으로 균형 있는 국민 경제 성장의 요구에 부합하는 것일 수 있다. 결국 이러한 판단은 성장 과정이나 방식에 대한 종합적인 시각에서 이루어져야 한다. 이와 관련하여 후생경제학에서 전개되어 온 공동체와 공동체 구성원의 이익을 종합하여 경제적 개선의 평가를 가능하게 하는 파레토 개선(pareto improvement) 기준 또는 진화된 Kaldo-Hicks 기준 등은 형량의 가능한 방식의 하나로 고려될 수 있을 것이다. 그러나 후생경제학에서 이러한 형량이 가치판단과 밀접히 관련되는 것으로 이해하고 있다는 점을 상기한다면,[82] 규범 영역에서 이러한 판단이 전적으로 계량화된 방식에 따라서 수행될 수 없다는 점은

80) 법제처, 헌법주석서 IV, 2010, 485면(전광석 집필부분)에서는 "균형있는 국민경제의 발전"이라는 규정은 국가의 독자적인 기능이 좀 더 명확하게 표현한 것으로 보고 있다. 한편 과거의 양적인 성장이 질적인 성장 개념으로 대체되어야 한다는 정치적 주장으로서, SPD-Parteivorstand, Hamburger Programm-Grundsatzprogramm der SPD, 2007, 42면 참조.
81) 불균형성장 방식은 1960년대 우리나라 경제발전을 추구하면서 정책기조로 채택되었다. Hirschman의 불균형성장이론에서 핵심은 초기 경제적 자원이 집중되는 선도산업의 선정에 있는데, 이에 관하여 Albert Hirschman, The Strategy of Economic Development, Yale Univ. Press, 1965, 62-69면 참조.
82) 이준구, 미시경제학, 법문사, 1995, 591면.

분명하다. 더욱이 공동체 구성원 중 누군가에게 발생한 이익과 손실을 비교 형량하여 개선 기준으로 삼는다는 점에서 정책적 편의성이 인정되는 Kaldo-Hicks의 수정 기준에 의할 경우에도, 부의 한계 효용이 균등하지 않고 부에 대한 모든 권리가 제한 없이 부여되지 않는(탄력적이지 않은) 상황에서 이러한 기준의 적용이 가능한지에 대한 회의적인 시각도 존재한다.[83] 따라서 불균형을 수반하는 정책의 타당성과 관련하여 공동체 전체의 관점에서 개인적 손해를 정당화할 수 있는 근거가 헌법적 가치판단으로부터 제시되어야 하며, 이를 위하여 가능한 최소한의 기준이 마련될 필요가 있다. 이와 관련하여 Rawls가 제안한 것과 같은, 불평등이 최소 수혜자에게도 궁극적으로 이익이 될 수 있어야 하고 또한 불평등한 결과에 이르기 전에 기회가 균등하게 부여될 경우에 이러한 불평등은 정당화 될 수 있다는 이론 구성은 참고할 만한 것이다.[84]

이상의 논의에서 균형 또는 불균형에 대한 이해에 따라서 국민경제 성장의 타당성이 인정되는 범위에 차이가 발생할 수밖에 없지만, 그 자체로 헌법적으로 승인된 가치에 해당한다는 점은 부인하기 어렵다. 헌법 제119조 제2항은 이러한 가치의 실현을 국가의 규제와 조정의 근거로 하고 있으며, 이로부터 Keynes적인 총량적 조정이 타당한 범위도 설정될 것이다. 그러나 동 규정에서 국가의 개입은 여전히 시장을 전제한 것이며, 국민경제 성장의 기본적인 메커니즘을 시장에 유보한 것으로 보아야 할 것이다.[85] 또한 이 한도에서 기능적 측면에서 시장의 필수성이 드러난다.

---

83) Edward Stringham, "Kaldor-Hicks Efficiency and The Problem of Central Planning", The Quarterly Journal of Austrian Economics vol 4. no. 2, 2001, 41-48면 참조. 또한 불평등은 필요의 차이, 기호와 선택, 연령과 생애 주기, 기회와 결과 등과 같은 다양한 변수가 고려되어야 하기 때문에, 분석의 어려움을 피할 수 없다는 지적으로, 이정우, 불평등의 경제학, 후마니타스, 2011, 19-20면 참조.
84) 롤스 이론의 개괄과 자유주의와 평등주의를 종합한 의의에 관하여, 이정우, 위의 책, 28-33면 참조.
85) 법제처, 주 80)의 책, 485면(전광석 집필부분) 참조.

## 2. 사회적 요소

### (1) 사회국가원리의 반영

시장의 의의가 기본권적 측면에서 인격의 자유로운 발현에 관련되는 것과 마찬가지로, 경제질서의 구성 요소로서 사회적 측면도 구조적으로 헌법상 기본권에 소급한다. 특히 사회국가적 이념으로부터 도출되는 사회적 기본권에 해당하는 일련의 권리들은 자유로운 경제주체들의 장으로서 상정하고 있는 시장의 기능을 제한하거나 대체하는 의미를 갖는다. 즉 시장과는 구별되는 상이한 운영 메커니즘을 예정하고 있다는 점에서 경제질서의 또 다른 중요 구성 부분을 이룬다.

사회국가적 요구는 우리 헌법 제34조 제1항의 "모든 국민은 인간다운 생활을 할 권리를 가진다"는 규정에 이념적 근거를 두고 있으며, 삶을 영위하는 장에 헌법적 가치판단을 적용하는 과정에서 그 내용이 결정될 것이다.[86] 이 과정에서 기본권적으로 구성되는 사회국가적 요구의 구체적인 범위는 그 자체로 중요한 것이지만, 또한 이러한 과정은 사회국가적 요구가 실현되는 방식이 본질적으로 시장 메커니즘과 구별된다는 점에 대한 주의를 환기시키기도 한다.[87] 1990년대 이후 공적 서비스가 상당 부분 시장에 의하여 제공되는 방식으로 전환되는 과정에서, 이러한 차이에 대한 인식은 보다 실질적인 의미를 갖게 되었다. 시장을 통하여 공적 서비스가 제공된다면, 이에 대한 수요는 기본적으로 다른 상품 거래와 마찬가지로 소비자의 지위에서 파악되는 반면, 사회국가적 관점에서 이러한 수요는

---

86) 동 규정에서 인간다운 생활의 의미를 경제적, 물질적 관점에서 이해하여야 한다는 것으로서, 정종섭, 헌법 기본강의, 네오시스, 2011, 560-561면 참조.

87) 국가에게 요구되는 새로운 역할을 수행하는 방식으로서 정보제공과 설득을 통한 유도적 방식도, 시장 메커니즘의 활용 측면에서 보면, 시장적 방식과 본질적으로 구별된다. 현대국가에서 유도적 방식의 확대에 관하여, 송석윤, 헌법과 정치, 경인문화사, 2007, 24-25면 참조.

공동체 구성원의 지위에 따른 권리의 향유로서 이해하게 된다. 따라서 이러한 전환 과정은 공적 서비스 제공의 효율성 제고뿐만 아니라, 이를 통하여 여전히 생존 필수적인 서비스의 제공이 충분한 것인지의 측면에서도 검토되어야 한다. 이와 관련하여 "소비자로 이행하고 있는 시대에 공적 서비스에 대한 도전은 개별적인 필요로 개인화된 보편적 서비스를 제공하는 것이다"라는[88] John Clarke의 지적은 참고할 만한 것이다. 여기서 개별적인 필요의 개인화(personalization to individual need)는 공동체 구성원이 공유하는 사회국가적 원리로부터 단절되어 개별적 필요의 충족을 개인의 문제로 전환하는 것을 의미하는데, 이에 의하여 개인이 영위하는 삶의 수준이 인간다운 생활의 조건 이상으로 유지될 수 있는지가 전환의 타당성을 뒷받침하는 주된 근거가 될 것이다.

결국 사회국가적 요구의 실현 범위는 인간다운 생활이 가능한 구체적인 삶의 조건을 내용적으로 정하는 것뿐만 아니라, 실현 방식이 내용적 충족을 이룰 수 있는 적합한 것인지에 의하여 결정될 것이다. 그 범위는 경제적 자원이 분배되는 방식에 있어서 시장 메커니즘과 본질적으로 구별되는, 즉 개별 경제주체의 의사가 아닌 공동체의 가치 판단이 우선적으로 작용하는 영역에 상응한다. 따라서 사회국가 원리를 포기하지 않는 한 헌법상 경제질서의 한 구성부분으로서 고유한 의미를 갖는다.

### (2) 시장의 이중성 - 경제민주화의 요구

시장이 원활하게 기능하기 위해서는 다양한 조건의 충족이 요구된다. 그러나 현실 경제에서 완전경쟁이 가능하기 위한 조건의 실현이 극히 어렵다는 점에서, 일반적으로 시장의 불완전성은 어느 정도 예상되는 것이다. 그럼에도 불구하고 시장 기능에 대한 신뢰가 유지될 수 있는 근거는 다음의 두 가지 측면에서 찾을 수 있다. 우선 시장으로부터 궁극적으로 기

---

88) John Clarke et al., Creating Citizen-Consumers, SAGE, 2007, 40면.

대할 수 있는 자원의 효율적 배분의 측면에서 다른 대안적 방식을 상정하기 어렵다. Samuelson이 시장경제와 명령경제(command economy)의 비교에서 언급한 것처럼,[89] 일정 규모 이상의 경제에서 소수에게 집중될 수밖에 없는 결정 방식으로 자원배분의 효율성을 기하는 것에는 분명한 한계가 있다. 또한 시장 기능의 보완을 위한 다양한 제도의 정책적 성과에 대해서도 주목할 필요가 있다. 예를 들어 시장의 본래적 기능을 유지하기 위한 경쟁법의 제정과 집행은 경쟁적인 시장구조의 형성에 이르지 못한 상황에서도 시장에서의 행태가 경쟁 시장에 근접하는데 일정한 기여를 하였다.[90] 또한 시장 실패(market failure)에 대한 다양한 분석을 통하여 거래 외부에 위치하는 자의 이익이나 손실이 거래 자체에 반영되도록 하는 외부효과의 내부화(internalization)에 의한 보정 노력도 시장 기능의 불완전성을 보완하는 측면에서 의의가 있다.

그러나 시장 기능 또는 시장의 불완전성에 대한 제도적 보완 가능성을 신뢰하더라도, 시장 기능으로부터 연유하면서, 그러나 내재적인 해결 가능성을 찾기 어려운 문제가 여전히 주어지고 있다. 시장경제의 발달이 공동체의 해체를 강화하는 경향에 관한 분석은 이러한 문제의 본질에 대한 적절한 이해를 제공한다. 자본주의의 발전은 인간의 경제적 · 비경제적 활동을 공동체적 구속 하에 두던 봉건제도의 청산을 의미하고, 이로부터 자유로운 인격의 존재로서 개인이 거래의 주체로 등장하는 계기가 마련된 것임은 분명하다. 그러나 다른 한편으로 익명화된 시장은 인간의 존재 조건의 하나인 공동성에 대한 위협이 되고 있다.[91] 마르크스가 적절히 지적한 것처럼, 시장에서의 거래(상품 거래)는 이면에 있는 인간 관계적 요소를

89) Paul A. Samuelson & William P. Nordhaus, 주 44)의 책, 6-7면.
90) 예를 들어 1958년 독일 경쟁제한방지법(Gesetz gegen Wettbewerbsbeschränkungen) 제정 이후, 초기에 격렬히 반대하던 산업계가 점차적으로 이에 순응해 나가는 과정에 대한 설명으로, David J. Gerber, Law and Competition in Twentieth Century Europe, Oxford Univ. Press, 2001, 296면 이하 참조.
91) 金子勝, 市場, 岩波書店, 2000, 79면.

차단하는 물신화 경향을 낳으며, 인간 관계적 성격을 고려할 수 있는 계기
가 거래 자체에서 배제된다. 이에 의하여 생존을 목적으로 거래에 임하는
개인은, 과거 신분적 구속에 부가되어 공동체적 배려가 제공되던 시기보
다도 오히려 부정적일 수 있는 시장의 폭력적인 성격에 직면한다.92) 이러
한 상황에 대한 인식은 계약의 자유가 계약의 공정을 담보하지 못하는 계
약법의 딜레마에 대한 이해와93) 맥을 같이하는 것이다. 즉 시장 내재적인
메커니즘에서 이러한 문제가 치유될 수 있는 방안을 찾아내기 어려우며,
이는 공동체가 추구하는 또 다른 가치를 실현하기 위한 수단과의 접목이
필요함을 시사한다.

경제민주화에 관한 최근의 논의는 이러한 필요를 충족시키는 방안으로
서 유력한 의미가 있다. 민주주의를 의사 결정에 있어서 공동체 구성원의
의사가 균등하게 반영되는 정치·사회체제로 본다면, 실질적으로 불균등
하게 보유될 수밖에 없는 경제력에 의하여 결정 과정이 지배되는 시장 원
리와는 뚜렷이 구별된다. 따라서 경제민주화는 그 함의로서 이질적인 원
리 간의 결합을 상정한다. 그러나 경제적 영역에 민주주의 원리를 반영하
는 것의 의의, 즉 경제민주화의 의의에 대한 이해가 일치하는 것은 아니
며, 대체로 경제민주화를 시장기구가 정상적으로 작동하기 위한 보완의
관점에서 이해하는 견해와94) 복지나 경제적 약자에 대한 배려와 같은 시
장 원리에 의해서 실현되기 어려운 가치를 추구하는 이념적 도구로서 경
제민주화를 파악하는 견해로95) 나뉘고 있다. 연혁적으로 정치적 이념의

---

92) 시장(화폐)의 익명성과 폭력성에 관하여, 상게서, 79-81면. 여기서 金子勝은 화폐
    제도는 社會的共同性에 기초하여 화폐로서의 信認에 근거하는 것인데, 이러한 제
    도가 역으로 공동성을 붕괴시키는 작용을 하고 있다고 지적한다.
93) Schmidt-Rimpler는 계약 상대방의 부당한 요구를 자율적으로 제한할 수 있는 한
    도에서 계약 메커니즘이 계약의 정당성을 보장할 수 있다고 보고 있다. Walter
    Schmidt-Rimpler, "Zum Vertragsproblem", Funktionswandel der Privatrechtsins-
    titutionen, Festschrift für Ludwig Raiser, J. C. B. Mohr, 1974, 5-6면 참조.
94) 권영성, 주 28)의 책, 169면.

기본적 사고가 경제 영역으로 확대되고, 이와 같은 사고의 확대가 시장 기능의 보호를 위한 법체계(경쟁법) 발전에서 핵심적 역할을 수행하였다는 점을 돌아보면,[96] 전자와 같은 이해도 충분히 가능한 것으로 볼 수 있다. 그러나 민주주의 이념 내지 방식을 경제 영역에 적용하려는 시도는 시장 기능이 정상적으로 작동하고 있는 상황에서도 요구되는 것이라는 점 그리고 경제 영역에서 민주적 원리의 도입은 정치적 민주화의 실질적 기초를 강화하는 측면이 있다는 점을[97] 고려하면, 양자의 결합은 대등한 관계에서의 결합, 특히 내용상 상호보완적 함의를 갖는 가치적 결합으로 보는 것이 보다 타당할 것이다.

## 3. 결합 원칙

헌법상 경제질서에 관하여 시장적 요소와 사회적 요소 모두 구성 요소로 반영되어야 한다는 점에 동의하더라도,[98] 현실 경제가 이러한 규범적 요구를 충분히 수용하고 있는지는 또 다른 문제로서 논의를 필요로 한다. 특히 1990년대 이후 강화되어 온 시장 또는 시장 원리의 확대는 경제 운영 방식에 있어서 사회적 요소의 축소를 낳았으며, 이러한 변화가 헌법상 경제질서의 기본 원리에 부합하는지가 검토되어야 한다. 우선 국민경제의 단순화된 지표를 보면, 복지 부문에 대한 지출이 GDP에서 차지하는 비중

---

95) 김종철, "헌법과 양극화에 대한 법적 대응", 법과 사회 제31호, 2006, 23면 이하 및 김대환, 한국 노사관계의 진단과 처방: 합리화의 길, 까치글방, 2007, 126면 참조.

96) David J. Gerber, 주 90)의 책, 17면.

97) 자본주의 확대가 민주주의의 의의를 제한하는 결과를 낳고 있다고 보는, Ralph Miliband, "The Socialist Alternative", Journal of Democracy vol. 3, no. 3, 1992, 118-119면 참조.

98) 우리 헌법상 경제질서는 두 상반된 경제적 이데올로기와 경제적 이익 간의 조화에 근거하고 있다고 보는 것으로서 김철수, 주 28)의 책, 298면 참조.

은 유사한 경제수준에 있는 다른 나라와 비교하여 볼 때, 상당히 낮은 것으로 나타나고 있다. 2007년 기준으로 공공부문의 사회복지지출은 GDP 대비 7.6%로 OECD 평균인 19%에 비하여 상당한 차이가 있음을 보여준다.[99] 복지부문에서의 지출은 절대적인 양 측면에서뿐만 아니라 구체적인 운영방식에서도 개선의 필요성이 있음을 보여주고 있다. 예를 들어 기초생활보장제도의 운영 상황을 보면, 보조금 규모가 GDP 대비 0.9%에 불과한 것도 문제지만, 동 제도가 저소득가구에 적절히 지원되고 있는지에 대한 의문도 제기되고 있으며, 결과적으로 상대적 빈곤율 해소에 있어서 OECD 평균 15%p에 훨씬 못 미치는 2.5%p 수준의 기여를 하고 있는 것으로 평가되고 있다.[100] 이러한 수치 외에도 이 문제에 대한 국민의 전반적인 인식은 최근 치러진 제18대 대통령선거 과정을 통해서도 확인할 수 있다. 선거에 참여한 주요 정당의 공약에서 정치적 입장을 불문하고 복지의 확대를 주장하였던 것은, 우리 사회가 필요로 하는 복지의 수준과 규모가 절대적으로 부족한 상황임을 시사한다.[101]

물론 복지 확대의 주장을 뒷받침하는 논리의 구성에는 분명한 차이가 존재하며, 선거과정에서 부각되었던 일반적 복지와 선별적 복지의 대립은 이러한 차이가 정책 구성에 일정한 영향을 미친 결과로 볼 수 있을 것이다. 우선 복지의 확대 또는 일정 범위에서 부의 재분배가 경제의 지속적인 성장을 위하여 불가피하다는 시각이 존재한다.[102] 이러한 논리는 복지의

---

99) OECD, OECD 한국경제보고서, 2012, 17면. 공공부문의 사회복지지출은 2010년 GDP 대비 9.2%로 상승하였지만, 여전히 OECD 국가와의 비교에서 상당한 차이가 존재한다.
100) 위의 책, 17-18면 참조.
101) 김남철, "경제민주화와 복지 - 주요 공약에 나타난 쟁점에 관한 공법적 검토를 중심으로", 차기정부의 공법적 과제, 한국공법학회 · 한국행정법학회 · 한국국가법학회 공동 학술대회, 2012, 54-57면 참조.
102) Rasul Schams, "Hemmnisse der Wirtschaftspolitischen Reformpolitik in Entwicklungsländern", Hermann Sautter hrsg., Wirtschaftspolitische Reformen in Entwicklungsländern, Duncker & Humblot, 1991, 151-152면에서는 경제의

확대가 국민경제 성장에 지장을 초래할 수 있다는 우려에 대한 대응으로서, 정치적으로 폭넓은 지지를 끌어내는데 유용하다는 측면을 갖고 있을 뿐만 아니라,[103] 케인즈적인 유효수요의 확대나 내수 기반의 강화와 같은 성장 메커니즘에 용이하게 결합할 수 있다는 점에서도 설득력이 있다. 그러나 이와 같은 복지의 기능적 이해가 갖는 한계에 대해서도 주의를 기울일 필요가 있다. 무엇보다 복지를 성장론에 종속시키는 것은, 국민이 인간다운 생활을 할 권리와 같은 헌법에 근거하여 요구할 수 있는 기본권을 헌법에 근거하지 않는 가치판단을 통하여 침해할 수 있다는 우려로부터 자유롭지 않다.

이러한 논의는 결국 경제 운영 방식에 있어서 시장적 요소와 사회적 요소의 결합 방식에 관한 근본적인 문제로 귀결될 것이다. 사회적 시장경제의 구체적 운영에 관한 독일의 역사적 경험을 돌아보면, 1960년대 대연정을 거치면서 점차적으로 운영 과정에서 시장적 측면이 강화되어 왔음을 볼 수 있다. 특히 1998년 사민당 집권 시 정치이념의 기본 방향으로 제시된 '제3의 길'은 효율성 제고를 경제정책의 핵심적인 과제로 설정함으로써 시장적 요소가 우선적으로 고려되는 경제운영 방식을 취하였다.[104] 물론 이러한 현상은 독일에 국한되지 않고, 대부분의 국가에서 공통되는 경향으로 나타나고 있다. 그러나 이와 같은 현실 경제의 흐름에 이의가 없지 않으며,[105] 또한 이를 뒷받침하는 헌법적 정당성이 당연히 도출될 수 있

---

지속적 성장을 위하여 분배 문제의 민주적 해결이 제도화될 것이 필요하다고 지적한다.

103) 생산과 분배의 선순환 시스템으로서 복지를 언급하고 있는 것으로, 장하준·정승일·이종태, 무엇을 할 것인가, 부키, 2012, 333-339면 참조.

104) Michael Ehrke, 주 25)의 책, 16면 참조.

105) 예를 들어 2007년 제시된 독일 SPD의 Hamburg 강령은 사회적 시장경제가 경제적 힘을 폭넓은 계층의 복지와 결합시키는 기능을 한다고 보면서, 시장에 관한 기본 원칙으로서 규제 필요성을 확인하고 있다(so viel Wettbewerb soweit wie möglich, so viel regulierender Staat wie nötig). 또한 공동결정제도의 중요성을 강조하고, 삶의 기본원칙의 요구로서 경제 민주화를 포기할 수 없는 것으로 선

는 것은 아니다. 무엇보다 시장을 우선하는 입장에서 사회적 요소는 부차
적인 위치에 머물게 되고, 단지 시장의 한계를 보완하는 방식으로 고려될
것이다. 물론 시장의 기능적 한계는 다른 경제 운영방식으로 주의를 돌리
게 하는 측면이 있으며, 정책적인 종합(mixed policy)을 의도할 때 이에
대한 고려는 필수적이다. 그러나 사회국가원리를 헌법적으로 승인하고 구
체화하는 과정에서 실현 방식의 선택 역시 동 원리가 추구하는 가치에 의
하여 지도되어야 한다. 예를 들어 시장 방식에 의한 사회적 서비스의 제공
은 공급 주체 측면에서 이윤 귀속과 이용 주체 측면에서 가격 메커니즘에
의한 사회적 서비스의 부분적 배제를 피할 수 없는 대신에, 효율성 제고와
같은 운영상의 장점이 부각될 것이다. 이때 양 측면의 효과를 형량함에 있
어서, 특히 사회국가적 요구가 시장 기구에 의하여 제한되는 부분에 관한
검토가 간과되어서는 안 된다.106) 즉 어떠한 경우에도 시장은 우선적인
고려 대상이 아닌 가치 실현에 적합한 수단을 선택하는 과정에서 형량의
대상으로 이해되어야 한다.107)

---

언하고 있다. 분배와 관련하여 사회민주적 조세정책은 불평등을 제한하고 균등
한 기회를 촉진하여야 한다고 보고, 생산성의 향상과 물가 상승에 연동된 임금
인상을 지지하고 있다. 이러한 태도는 사회적 요소의 반영을 확대한 강령상의
변화로 이해된다. SPD-Parteivorstand, 주 80)의 자료, 42-44면 참조.

106) 독점적 사업자에 의한 사회적 서비스의 제공에 있어서, 많은 경우 부정적 측면
을 최소화하기 위하여 가격 규제를 결부시키고 있는데, 이때 사업자가 서비스의
질을 저하시키는 방식으로 대응할 수 있다는 것이 경험적 연구에서 제시되고 있
다. 이러한 현상은 시장에 의한 사회적 서비스 제공에 관한 제한 내지 보완을
위한 정책적 개입이 일면적 측면에서 이루어질 경우의 한계를 보여준다.
Gregory S. Crawford & Matthew Shum, "Monopoly Quality Degradation and
Regulation in Cable Television", Journal of Law and Economics, vol. 50,
2007, 200-211면 참조.

107) Calhoun은 사회적 통합의 가능한 방법으로서 공공역(public sphere)의 중요성을
강조하면서, 국가 권력(state power) 및 시장 경제(market economies)와 같이
공적 소통(public discourse)을 인간 생활의 조정을 가능하게 하는 방식의 하나
로 보고 있다. 이러한 시각은 공동체에서 경제 과정이 시장과 정부 규제 외에

무엇보다 경제질서의 구성 요소로서 시장적 요소와 사회적 요소는 모두 헌법적으로 승인된 가치와 기본권에 소급하며, 이들 간에 규범적 우위를 정할 수 없다는 점이 양자의 결합에 반영될 필요가 있다.[108] 따라서 헌법상 경제질서를 시장 원리와 사회 원리의 결합으로 이해하고 이를 사회적 시장경제론으로 구성할 경우에, 동등한 규범적 가치를 가진 원리 간의 결합이며, 구체적인 형량의 과정을 통하여 적용 원리가 선택된다는 점이 사회적 시장경제론의 핵심적인 구성 원리가 되어야 한다.


## V. 맺으며


독일의 사회적 시장경제는 전후 경제질서를 새롭게 형성하는 과정에서 시장 원리와 사회 원리의 결합으로 나타났다. 이는 두 영역의 고유한 의의를 인정하고, 경제질서의 구성 원리로서 어느 하나를 포기할 수 없다는 사고에 기초하였다. 시장이 유효하게 기능할 경우에 달성할 수 있는 성과에 대한 신뢰와 그 이면에 있는 경제주체의 자율성에 대한 존중이 시장 원리

---

제3의 방식으로 이루어질 수 있다는 사고, 그리고 그 기저에 있는 시장의 상대화된 이해와 관련된다. Craig Calhoun, "Introduction: Habermas and the Public Sphere", Craig Calhoun ed., Habermas and the Public Sphere, The MIT Press, 1992, 6면 참조.

108) 자유권과 사회권은 모두 인간의 존엄과 가치와 인격의 자유로운 발현에서 연원하는 기본권이며, 양자의 관계를 상호보완적인 것으로 이해하여야 한다는 것으로, 성낙인, 주 29)의 책, 733면 참조. 한편 자유적 법치국가질서의 경제적 기초로서 사회적 시장경제를 이해하고, 이념적 차원에서 변증법적 원리(dialektischer Idealismus)를 작용방식으로 제기하고 있는 것으로서, Werner Maihofer, 주 73)의 책, 156-160면 참조. 동 견해에서는 법치국가적 질서(rechtstaatliche Ordnung)를 자유의 실현과 자유의 제한을 변증법적으로 종합한 것으로 이해하며, 이러한 원칙이 경제 영역에서 사회적 시장경제에 의하여 구현되고 있는 것으로 보고 있다.

를 수용하는 근거가 되었다면, 시장의 한계에 대한 인식과 사회국가적 요구를 실현하기 위한 방식에 대한 고려는 사회적 영역의 존재를 승인하는 결과를 낳았다. 현실 정치에서 구체적인 운영 방식에는 변화가 계속되었지만, 두 영역의 분리와 결합은 경제질서의 기본 원리로서 유지되어 왔다.

우리나라에서도 지배적인 견해는 사회적 시장경제를 경제질서의 기본 원리로 이해하고 있다. 그러나 우리 경제질서에 대한 이해의 틀로서 사회적 시장경제의 한계를 지적하는 견해도 유력한데, 무엇보다 현실 경제의 운영 방식이 사회적 시장경제론이 상정하고 있는 경제질서의 기본 원리로부터 벗어나 있다는 점은 이러한 비판의 유력한 근거가 된다. 더욱이 시장 또는 시장 원리가 확대되고 있는 상황에서 사회적 시장경제가 이에 대응하는 이론적 설명력을 갖고 있는지에 대해서도 의문이 있다.

그러나 현실과 이론 사이의 간격에도 불구하고, 시장과 사회를 영역적으로 분리하고 또한 전체 경제질서로 통합하는 이론 구성은, 이질적인 원칙들의 나열로서 또는 어느 하나의 우월한 지위를 전제하는 보완적인 결합으로 그 의의를 제한하지 않는 한, 이를 사회적 시장경제로 칭하는 것과 상관없이 여전히 타당성을 잃지 않는다. 무엇보다 결합의 두 축인 시장 원리와 사회 원리 모두 헌법상 기본권으로부터 도출되며, 결합으로부터 각각의 이념적 가치가 훼손되지 않고 실현될 수 있다는 점, 그리고 헌법 제119조 등의 경제조항이 두 원리의 결합을 예정하고 있다는 점은 이론적 타당성을 뒷받침한다. 이론과 현실의 괴리를 극복하는 문제도, 이론적 타당성이 주어졌던 바로 그 지점에서 출발할 필요가 있다. 이러한 점에서 사회적 시장경제는 시장 원리와 사회 원리의 헌법 이념적 근거를 확인하고, 각각의 실현 방법과 가능성의 비교를 통하여 최선의 방식을 찾는 과정을 의미하며, 이를 통하여 경제질서의 원리로서 구체적인 의의를 갖게 된다. 나아가 이러한 과정은 시장 또는 시장 원리의 지나친 확대에 대한 본질적이고, 가장 적절한 규범적 대응이 될 것이다.

# 제2편
# 독점규제법

# 2. 독점규제법상 중소기업정책의 반영

## I. 서론

일반적으로 중소기업은 자산이나 매출액 등과 같은 기업 규모가 중간 이하에 해당하는 기업을 지칭한다. 따라서 국민경제에서 차지하는 절대적 비중은 크지 않을 수 있지만, 한 나라의 경제 운영과 관련하여, 특히 시장경제 운영 원리를 따르고 있는 나라에서 절대 다수의 시장참가자인 중소기업의 중요성을 간과할 수 없다.

중소기업이 갖는 경제적 의의와 가치에 대하여 다양한 관점에서 이해가 가능하다. 특히 경제발전 단계에 따라서 중소기업이 갖는 의미는 상이하게 나타날 수 있다. 즉 선진 산업국에서는 중소기업의 전문성 제고나 안정적이고 건전한 산업구조를 추구하는 관점에서 중소기업의 의의를 파악하는 반면에, 개발도상국에서는 인적자원·물적자원의 초기 형성을 통한 산업기반의 구축, 고용기회의 확대, 지역 균형 발전, 노동력 제공의 토대가 되는 사회망의 안정적 구축 등의 측면에서 중소기업의 중요성이 강조된다.[1] 이와 같은 관점의 차이는, 우리 경제의 전개 과정에서 중소기업에 대한 이해도 변화해 왔음을 시사하는 것이다. 1980년대 이전 경제발전의

---

1) 이경의, 중소기업정책론, 지식산업사, 2006, 38-40면 참조.

초기 단계에서는 경제성장을 주도하는 대기업의 보조 또는 대립 역할로서 중소기업을 이해하는 경향이 강하였다. 반면에 중요한 산업국가로 성장한 2000년대 이후에는 경제정책의 기조가 국민경제의 내실과 안정을 기하고, 양적 성장 위주 정책을 대신한 기술집약적인 발전을 우선시하는 방향으로 변화하게 되었고, 이러한 정책을 추진함에 있어서 중소기업의 역할도 이전 시기와는 다른 새로운 방향으로 구성될 필요성이 커졌다.[2] 특히 중소기업의 경쟁력 강화가 글로벌 차원에서 전개되고 있는 치열한 경쟁 상황에서 핵심적인 요소로 인식되면서, 이를 위한 여러 가지 제도적 방안이 강구되었다.

그 과정에서 중소기업의 문제를 경쟁정책의 관점에서 이해하고, 중소기업정책을 경쟁 원리에 기초하여 구축하는 것이 중요한 정책적 과제로 대두하고 있다. 즉 중소기업을 단지 보호 대상으로 인식하고, 여러 가지 지원 프로그램을 제도화하는 것을 대신하거나 또는 병행하여, 시장에 의한 자율적 조정 메커니즘을 통해서 중소기업 스스로 경쟁력을 강화해 나갈 수 있도록 하는 것의 중요성이 강조되고 있다. 또한 대기업과 중소기업의 관계와 관련하여, 여전히 양자의 협력과 상생의 관점은 중요하지만, 시장 질서에 의하여 양자의 관계를 규율하고, 불공정한 관행을 해소해 나가는 것도 양자의 관계 개선에 의미 있는 기여를 할 수 있다는 인식이 유력하게 되었다.

이러한 점에서 「독점규제 및 공정거래에 관한 법률」(이하 '독점규제법')의 운영을 중소기업정책의 관점에서 새롭게 조망할 필요성이 있다. 중소기업정책의 변화 과정에서 경쟁정책이 중요한 고려 요소로 수용된 것은 1990년대 이후인데,[3] 이 시기부터 독점규제법이나 「하도급거래 공정화에

---

2) 김성진 편, 한국의 중소기업, 매일경제신문사, 2006, 79면 이하는 태동기(1950-1960년대), 중화학공업 육성기(1970년대), 산업구조 고도화기(1980년대), 경제개방기(1990년대), 구조조정기(외환위기 이후)로 나누어 각각의 시기에 중소기업 정책의 변화를 설명하고 있다.

관한 법률」(이하 '하도급법') 등에 의한 공정한 거래의 보장이 중소기업의 이익 실현에 중요하다는 점이 부각되고, 정책적으로 반영되기 시작하였다. 그러나 최근에 이르기까지 중소기업정책과 경쟁정책의 관계와 조화에 대한 이해가 충분하게 이루어지고 있는지는 의문이며, 독점규제법이나 기타 관련법을 운영함에 있어서 중소기업정책이 반영되어야 할 부분과 개선되어야 할 내용들에 대한 논의는 여전히 부족한 상황이다.

이하에서 독점규제법상 중소기업정책을 반영하기 위한 제도적 개선에 관하여 논의하고자 한다. 앞에서 언급한 것처럼 중소기업의 문제를 보호적 관점에서만 접근하는 것에는 한계가 있으며, 대기업과의 관계에서 공정한 거래가 이루어질 수 있도록 제도적 환경을 조성하는 것 또한 중요한 정책 과제로서 고려되어야 하고, 이러한 점은 독점규제법을 중심으로 한 논의에서도 반영되어야 할 것이다. 그러나 대기업에 비하여 구조적으로 열등한 지위에 있는 중소기업 보호의 문제는 여전히 중요하며, 결국 두 가지 대비되는 관점, 즉 중소기업 보호의 관점과 공정한 거래환경 조성의 관점이 중소기업의 문제를 독점규제법의 영역에서 다룸에 있어서 균등하게 고려되어야 할 것이다.

이하에서는 우선 중소기업 보호의 관점이 독점규제법의 운영에 어떻게 반영되고 제도화되어 있는지, 그리고 현행법상 충분하지 못한 부분에 대한 검토를 행하고, 특히 중소기업의 행위에 대하여 독점규제법의 적용이 제외되는 것의 범위와 그 타당성을 중점적으로 다룰 것이다(II). 이어서 공정한 거래 환경 조성의 관점에서 시장에서 만나게 되는 대기업과 중소기업의 문제를 분석한다. 여기에서 대기업의 지위남용이나 불공정한 거래 관행의 규제를 살펴보고, 또한 경제력집중 억제와 같은 국민경제 차원에서 이루어지는 규제의 의의도 아울러 검토할 것이다(III). 이상의 논의를 종합하여 제도 개선에 관한 구체적 제안을 하는 것으로 결론에 갈음할 것이다(IV).

---

3) 이경의, 주 1)의 책, 476면 이하 참조.

## II. 중소기업에 대한 독점규제법의 적용제외

### 1. 의의

중소기업은 대기업에 비하여 생산 규모나 거래량이 상대적으로 열등한 위치에 있기 때문에, 대기업과 실질적인 경쟁을 기대하기 어렵다. 이러한 상황에서 독점규제법을 획일적으로 적용한다면, 경쟁력이 부족할 수밖에 없는 중소기업은 시장에서 배제되고, 시장은 대기업에 의하여 고착화될 가능성이 크다. 이러한 결과는 다수의 시장참가자에 의한 경쟁을 통하여 소비자 후생의 제고를 지향하는 경쟁정책의 이념에서 벗어나는 것이다. 따라서 구조적으로 열등한 지위에 있는 중소기업에 대해서 경쟁력이 일정 수준에 이를 때까지 독점규제법의 적용을 유보하는 것은 독점규제법의 목적에 부합하는 것일 수 있다.[4]

현행 독점규제법은 이러한 취지에서 중소기업에 대한 동법의 적용을 제한하는 명시적인 규정을 두고 있다. 즉 독점규제법 제60조에 조합 행위에 대한 적용제외가 규정되어 있고, 또한 제19조 제2항 제6호는 공동행위의 인가 사유로서 중소기업의 경쟁력 향상을 규정하고 있다. 또한 명시적으로 중소기업을 언급하고 있지 않지만, 실질적으로 중소기업에 대한 적용제외를 의미하는 규정들도 존재한다.

### 2. 독점규제법 제60조에 의한 적용 제외

#### (1) 규정의 의의와 내용

독점규제법 제60조 본문은 "이 법의 규정은 다음 각 호의 요건을 갖추

---

4) Fritz Rittner & Meinrad Dreher, Europäisches und deutsches Wirtschaftsrecht, C. F. Müller, 2008, 477면.

어 설립된 조합(조합의 연합회를 포함한다)의 행위에 대하여는 이를 적용하지 아니한다. 다만, 불공정거래행위 또는 부당하게 경쟁을 제한하여 가격을 인상하게 되는 경우에는 그러하지 아니하다"고 규정하고, 각 호에 소규모의 사업자 또는 소비자의 상호부조를 목적으로 할 것(1호), 임의로 설립되고, 조합원이 임의로 가입 또는 탈퇴할 수 있을 것(2호), 각 조합원이 평등한 의결권을 가질 것(3호), 조합원에 대하여 이익배분을 행하는 경우에는 그 한도가 정관에 정하여져 있을 것(4호) 등이 해당한다.

동 규정에 의한 적용 제외 대상에는 소비자뿐만 아니라 사업자의 조합, 특히 소규모 사업자에 의한 조합도5) 포함된다. 동 규정은 경제적으로 열위에 있는 소규모 사업자들이 단결에 의하여 보다 유효한 경쟁단위로 나타나는 경우에, 이에 대한 독점규제법 적용을 제외하는 것이 궁극적으로 소비자 후생 증대로 이어짐으로써 경쟁정책상 바람직할 수 있다는 입법적 판단에 따른 것이며,6) 따라서 소규모 사업자로 볼 수 없는 사업자가 일부라도 조합에 참여하고 있는 경우에 동 규정의 적용은 배제되지 않는다.7) 그러나 동 규정의 입법취지나 적용상의 의의가 비교적 분명하게 인식되고 있음에도 불구하고, 동 규정에서 소규모 사업자의 범위가 명확한 것은 아니다. 이에 관하여 대법원은 여기서 소규모 사업자는 "대기업과 대등하게 교섭할 수 있게 하기 위하여 단결할 필요성이 있는 규모의 사업자라야 한다"라고8) 판시함으로써, 소규모 사업자의 일반적 기준을 제시하고, 또한

---

5) 이때 조합은 민법상 조합이나 기타 특별법에 의한 조합과 같은 특정한 법형식을 요구하는지에 관하여 논의의 여지가 있는데, 판례나 공정거래위원회의 규제 실무는 전국학생복발전협의회 사건에서 볼 수 있듯이 소규모 사업자 또는 소비자의 상호부조를 목적으로 하는 단체이면 충분한 것으로 보고 있다. 공정위 2001. 6. 7. 의결 제2001-83호; 대법원 2006. 11. 24. 선고, 2004두10319 판결 참조.

6) 권오승, 경제법, 법문사, 2009, 141면; 김두진, 독점규제법의 적용제외 영역 연구, 한국법제연구원, 2002, 176면; 신동권, 독점규제법, 박영사, 2011, 1086면; 신현윤, 경제법, 법문사, 2010, 137면 참조.

7) 대법원 2009. 7. 9. 선고, 2007두22078 판결.

8) 대법원 2002. 9. 24. 선고, 2002두5672 판결; 대법원 2009. 7. 9. 선고, 2007두

구체적 적용에 있어서 시장점유율 50%가 넘는 단체에 대하여 동 규정을 적용할 수 없다는 판결도 내렸다.9) 이러한 대법원의 판단기준은 대기업에 대응하여 유효한 경쟁을 실현하고자 하는 동 규정의 입법취지에 비추어 법리적 타당성이 인정되지만, 명확한 법적용의 측면에서 논의의 여지도 있다.

한편 모든 독점규제법상 규제가 동 규정에 의하여 적용 제외되는 것은 아니다. 소규모 사업자 조합의 불공정거래행위와 경쟁제한적 가격 인상 행위에 대해서는 여전히 독점규제법이 적용된다. 이와 같은 예외 규정은 소규모 사업자 조합의 행위라 하더라도 동 규정에서 정한 행위를 하는 경우에는, 그로 인한 폐해가 소규모 사업자 조합 행위를 허용함으로써 얻게 되는 이익보다 크다는 정책적 판단에 따른 것이다. 소규모 사업자의 행위도 경쟁정책상 폐해를 낳을 수 있고, 따라서 규제의 필요성이 큰 경우를 상정할 수 있기 때문에, 이러한 예외 규정은 불가피한 것으로 볼 수 있다. 그러나 예외 규정을 전제한 동 규정상 적용 제외의 범위는, 결국 시장지배적 지위남용행위, 경쟁제한적 기업결합, 경제력집중 억제, 가격담합 외의 부당공동행위, 사업자단체 금지행위, 재판매가격유지행위10) 등으로 한정되는데, 이와 같이 제한된 범위에서 적용 제외를 인정할 경우에, 동 규정이 실효성 있게 기능할 수 있을지에 대해서는 의문이다.

---

22078 판결.
 9) 대법원 2006. 11. 24. 선고, 2004두10319 판결.
10) 재판매가격유지행위는 그 성격상 불공정거래행위의 하나로 볼 수 있기 때문에, 동 규정에서 명문으로 규정하고 있지 않아도 적용제외의 예외 사유에 해당하는 것으로 보아야 한다는 견해로서, 신동권, 주 6)의 책, 1086-1087면 참조. 그러나 법의 명시적 규정이 없음에도, 해석상 수범자에게 불리한 규제 범위의 확대가 가능한지에 대해서는 의문이다.

## (2) 중소기업 보호의 관점에서 개선 논의

### 1) 소규모 사업자의 기준

우선 동 규정에 의한 적용 제외의 대상에 해당하는 소규모 사업자의 의의에 관하여 논의의 여지가 있다. 전술한 것처럼 대법원은 이를 판단하는 기준으로 대기업과 대등한 교섭력의 필요 여부를 제시하고 있지만, 구체적인 판단 과정에서 불명확한 점이 있음을 부인하기 어렵다. 이와 관련하여 기준의 명확화를 제고하는 방안으로 「중소기업기본법」 제2조 및 동법 시행령 제3조에서 정하고 있는 중소기업의 정의를[11) 동 규정상 소규모 사업자에 적용하는 것을 검토할 수 있을 것이다. 이에 대하여 중소기업기본법상 중소기업 정의의 원용은 지나치게 광범위한 적용제외를 결과할 수 있다는 점에서 부정적인 입장을 취하는 견해가 있다.[12) 현재 중소기업에 해당하는 사업자 수가 1,390,641 기업에 이르는 점을 감안하면,[13) 이러한 지적도 타당한 측면이 있다. 또한 중소기업기본법 제1조가 중소기업의 성장을 입법 목적으로 제시하고 있는 것에서 알 수 있듯이, 중소기업기본법은 산업진흥적인 성격의 법률인데, 이러한 법에서 정하고 있는 규정을 시장질서에 따른 규제 법률에 원용하는 것에는 일정한 한계가 있을 것이다.[14)

---

11) 중소기업기본법 제2조 제1항 및 동법 시행령 제3조 제1호에 따르면, 중소기업은 원칙적으로 상시 근로자 수가 1천명 이상인 기업, 자산총액이 5천억원 이상인 법인, 자기자본이 5백억원 이상인 기업, 직전 3개 사업연도의 평균 매출액이 1천5백억원 이상인 기업에 해당하지 않는 기업을 의미한다.

12) 신동권, 주 6)의 책, 1088면 참조.

13) http://sminfo.smba.go.kr(중소기업현황 정보시스템)에 등록된 중소기업 수를 말하며, 따라서 실제 중소기업의 수는 더 많을 것으로 추정된다. 한편 2003년 기준 전체 제조업에서 중소기업의 비중은 99.4%에 이르고 있다. 김성진 편, 주 2)의 책, 58면 참조.

14) 독일의 경쟁제한방지법(Gesetz gegem Wettbewerbsbeschrängkungen) 제3조에 의한 중소기업(kleine und mittlere Unternehmen) 카르텔의 적용제외에 관하여 동 개념이 사회정책적인 개념으로 환원하는 것에 대한 우려를 표하는 것으로서,

그러나 비교법적으로 보면, 일반적으로 통용되는 중소기업의 범위를 경쟁법에 원용하는 예가 없는 것은 아니다.15) 예를 들어 EU기능조약(TFEU: Treaty on the Functioning of the European Union) 제101조는 사업자들의 수직적 합의(카르텔)에도 적용되는데, 수직적 제한에 관한 위원회의 가이드라인은, 중소 사업자들(small and medium-sized undertakings) 간의 수직적 합의가 제101조의 의미에서 경쟁을 제한한 가능성이 거의 없다는 점을 고려하여야 하며,16) 여기서 중소 사업자의 의미는 2003년 위원회가 발한 권고안에 따르는 것으로 규정하고 있다.17) 동 권고안은 EU 차원에서 정책의 지속성과 효율성을 기하기 위하여 EU 또는 회원국 차원에서 중소기업에 대한 통일적인 정의가 필요한 것으로 기술하고 있으며,18) 이러한 점에서 수직적 제한에 관한 가이드라인도 동일한 중소기업의 정의를 사용하고 있는 것으로 이해된다.

이와 같은 EU의 중소기업 정의와 이를 경쟁법에 원용하고 있는 내용을 보면, 중소기업의 정의 기준이 우리 중소기업기본법상의 기준보다 축소되어 있고, 또한 경쟁법의 일부 규정에 대한 적용 제외를 하는 것이기 때문에, 우리 법제도와 형식적인 비교를 하기는 어려운 측면이 있다. 그러나

---

Fritz Rittner, Wettbewerbs- und Kartellrecht, C. F. Müller, 1999, 238면.

15) 적용 제외는 아니지만, 경쟁제한성 추정과 관련하여 독점규제법 제7조 제4항에서 중소기업기본법상 중소기업의 정의를 원용하고 있는 예가 있다. 동 규정의 의의에 관하여 III. 2.에서 다룬다.

16) Commission Notice Guidelines on Vertical Restraints, SEC(2010) 411, para. 11. 동 규정의 의의에 관하여 Richard Whish, Competition Law, Oxford Univ. Press, 2009, 666-667면.

17) Commission Recommendation 2003/361/EC. 동 권고안이 제시하고 있는 규모 기준을 보면, 중기업(Medium)은 종사자 50-249인, 매출액 5,000만 유로 이하, 소기업(Small)은 종사자 10-49인, 매출액 1,000만 유로 이하, 영세기업(Micro)은 종사자 10인 미만, 매출액 200만 유로 이하 등이다.

18) Commission Recommendation 2003/361/EC concerning the definition of micro, small and medium-sized enterprises, reictal 1.

전술한 권고안에서 밝히고 있는 것처럼, 중소기업의 통일적 정의의 필요성은 우리 법제도에서도 고려할 만한 것이다. 특히 중소기업기본법은 중기업과 소기업을 분류하고(법 2조 2항), 소기업에 해당하는 경우를 동법 시행령 제8조에서 광업·제조업·건설업·운송업을 주된 사업으로 하는 경우에 상시 근로자 수가 50명 미만인 기업(1호)과 제1호 외의 업종을 주된 사업으로 하는 경우에 상시 근로자 수가 10명 미만인 기업(2호)으로 규정하고 있는데, 최소한 동 규정에 의한 소기업을 독점규제법 제60조의 소규모 사업자로 추정하는 규정을 두는 것에 대해서는 긍정적으로 검토할 수 있을 것이다.

2) 적용제외의 범위

전술한 것처럼, 독점규제법 제60조에 의한 소규모 사업자 조합의 행위에 대한 적용 제외에 불공정거래행위와 가격담합 공동행위는 해당하지 않으며, 이로써 동 규정에 의한 적용제외 범위는 축소되고 있다. 그러나 이와 같은 범위 설정에 대해서는 재고의 필요성이 있다. 동 규정에 의하여 소규모 사업자 조합의 행위에 대한 적용제외는, 시장지배적 지위남용행위, 경쟁제한적 기업결합, 경제력집중 억제, 가격담합 외의 부당공동행위, 사업자단체 금지행위, 재판매가격유지행위 등에 한정되는데, 이와 같이 축소된 적용제외 범위는 소규모 사업자에게 실질적인 의미를 갖기 어렵다. 예를 들어 소규모 사업자가 시장지배적 지위에 있거나 대규모기업집단에 속하는 경우를 상정하기는 어렵기 때문에, 시장지배적 지위남용규제나 경제력집중 억제를 위한 규제가 소규모 사업자에 적용될 가능성은 현실적으로 크지 않을 것이다. 또한 소규모 사업자 간 기업결합에 의하여 경쟁제한성이 인정될 수 있는 경우도 많지 않을 것으로 예상되며, 따라서 기업결합 규제가 소규모 사업자에 대하여 갖는 의미도 동일하게 파악할 수 있다.

동 규정에 의한 적용 범위와 관련하여, 제외 범위 설정의 구체적인 근거에 대해서도 논의의 여지가 있다. 동 규정은 적용 제외의 예외로서 가격담합에 의한 공동행위를 규정하고 있다. 공동행위 중에서 가격담합은 경성카르텔로 분류되는 것으로 위법성의 정도가 크고 명확한 것으로 이해되기 때문에,[19] 소규모 사업자에 의한 행위라 하더라도 규제 대상이 되는 것이 타당하다는 입법취지에 따른 것으로 보인다. 그러나 경성카르텔로 분류되는 공동행위 유형은 가격담합에 한정되지 않으며, 산출량제한, 입찰담합, 시장 분할 등도 경성적인 공동행위로 이해되고 있다는 점에서,[20] 가격담합을 이러한 유형들과 구분하는 경쟁정책적 의의가 뚜렷하게 드러나는 것은 아니다.

적용제외의 예외에 해당하는 불공정거래행위도 동일한 맥락에서 검토할 필요가 있다. 독점규제법상 불공정거래행위의 위법성 표지로서 공정거래저해성은 경쟁제한성뿐만 아니라 거래 상대방의 이익 침해를 내용으로 하는 거래불공정성도 포함하는 것으로 이해된다.[21] 이러한 입장은 공정거래위원회가 제정한 「불공정거래행위 심사지침」이 양자를 공정거래저해성의 판단 기준으로 제시하고 있는 것에 반영되고 있으며, 대법원도 동일한 태도를 취하고 있다.[22] 독점규제법과 동법 시행령에 의한 불공정거래행위의 세부 유형들은 이러한 기준에 의하여 부당성을 판단하게 되는데, 부당고객유인과 같이 거래불공정성이 강조되는 유형들을 제외하고,[23] 대부분의 세부 유형에서 경쟁제한성은 부당성 판단기준으로서 보다 유력하게 작용한다. 따라서 소규모 사업자 조합의 행위에 대한 적용제외의 관점에서 불공정거래행위와 다른 독점규제법상 규제 유형을 구분하는 것의 근거를 경쟁정책의 관점에서 제시하는 것이 용이하지 않다.

---

19) 권오승, 주 6)의 책, 260면 참조.
20) OECD, Trade and Competition: From Doha to Cancun, 2003, 17-18면.
21) 홍명수, 경제법론 II, 경인문화사, 2010, 264면 참조.
22) 대법원 1998. 9. 8. 선고 96누9003 판결.
23) 부당한 고객유인행위의 부당성을 거래불공정성 관점에서 구성하는 것에 관한 상세한 논의는, 홍명수, "독점규제법상 부당 고객유인행위 규제에 관한 대법원 판결 검토", 행정법연구 제31호, 2011, 234-236면 참조.

이상의 논의에 비추어, 독점규제법 제60조에서 적용제외 예외 규정의 타당성에 의문이 있으며, 소규모 사업자 조합의 행위에 대한 적용제외의 입법취지와 경쟁정책의 의의를 종합적으로 고려하여 적용제외의 범위를 새롭게 정할 필요성이 있다. 특히 적용 제외에 대한 예외를 사전에 명문으로 규정하는 것의 한계를 감안하여, 적용 제외의 명시적 예외를 두지 않고 적용제외 범위를 독점규제법에 의한 규제 전반으로 정하며, 다만 공정거래위원회가 구체적인 행위에 대한 규제 필요성을 인정할 경우에, 규제가 가능한 방식으로 규정하는 것을 입법적 대안으로 검토할 수 있을 것이다.

## 3. 부당한 공동행위에 있어서 중소기업

### (1) 부당 공동행위의 인가 사유

독점규제법 제19조 제1항은 복수의 사업자에 의한 부당 공동행위를 금지하며, 동조 제2항은 일정한 사유에 해당하고 공정거래위원회에 사전 인가를 받은 경우에 부당 공동행위의 규제 대상에서 제외하고 있다. 동조 제2항은 적용 제외 사유의 하나로서 중소기업의 경쟁력 향상(6호)을 규정하고 있고, 이를 보충하는 동법 시행령 제28조는, '중소기업의 경쟁력 향상'에 해당하기 위하여, 공동행위에 의한 중소기업의 품질·기술향상 등 생산성 향상이나 거래조건에 관한 교섭력 강화 효과가 명백한 경우(1호), 참가사업자 모두가 중소기업자인 경우(2호), 공동행위 외의 방법으로는 대기업과의 효율적인 경쟁이나 대기업에 대항하기 어려운 경우(3호)의 요건을 모두 충족할 것을 요구하고 있다. 이상의 중소기업 경쟁력 강화 사유에 따른 인가에 의하여 부당 공동행위 규제의 적용을 제외하는 규정은, 중소기업의 상호 협력을 통하여 대기업과의 경쟁에서 불리를 극복하도록 하는 취지에서 입법된 것으로서,[24] 동법 시행령 상의 구체적 요건도 이러한 입

---

24) 신현윤, 주 6)의 책, 252면.

법 취지를 반영한 것으로 볼 수 있다.

또한 동법 시행령 제29조는 산업합리화와 중소기업의 경쟁력 강화에 의한 인가의 한계 사유로서, 당해 공동행위의 목적을 달성하기 위하여 필요한 정도를 초과할 경우(1호), 수요자 및 관련 사업자의 이익을 부당하게 침해할 우려가 있는 경우(2호), 당해 공동행위 참가사업자 간에 공동행위의 내용에 부당한 차별이 있는 경우(3호), 당해 공동행위에 참가하거나 탈퇴하는 것을 부당하게 제한하는 경우(4호)를 규정하고 있다. 동 규정에서 제3호와 제4호는 공동행위 참가자들 간에 공정성을 고려한 것이라면, 제1호와 제2호는 공동행위로 인한 폐해와 중소기업의 경쟁력 강화에 의하여 발생하는 이익의 비교형량을 요구하는 것이며, 따라서 인가에 대한 공정거래위원회의 실질적 심사를 가능하게 하는 규정으로 이해할 수 있다.

### (2) '중소기업 경쟁력 강화'에 의한 인가제도의 활성화

독점규제법은 입법 초기부터 공정거래위원회의 사전 인가에 의하여 부당한 공동행위의 적용이 제외되는 경우를 제도화하였다. 그러나 인가제도의 활용은 극히 낮은데, 현재까지 공정거래위원회로부터 부당 공동행위의 사전 인가를 받은 경우는 모두 8건에 지나지 않으며, 현재 유효한 것은 1건에 불과하다.[25]

이러한 제도 현황에 대해서는 여러 가지 측면에서 설명이 가능할 것이다. 우선 인가제도의 존재나 내용에 관한 수범자들의 인식이 높지 않다는 점을 지적할 수 있을 것이다. 2004년 조사 자료에 의하면, 사업자들 중에서 인가제도 자체를 모르는 경우 31.6%, 제도의 존재는 알아도 내용은 거의 알지 못하는 경우 38.6%로서, 실질적으로 인가제도에 대한 인식이 부족한 사업자의 비중이 70.2%에 달하였다.[26] 이러한 상황은 인가제도에

---

25) 공정거래위원회 보도자료, 2010. 1. 21.
26) 권오승 외 3인, 사업자단체가 개입된 카르텔 유형 및 근절방안 연구, 공정거래위원회 연구용역보고서, 2004, 149-150면 참조.

대한 사업자들의 이해를 높이기 위한 정책 강화의 필요성뿐만 아니라, 현행 인가제도 자체가 사업자들의 이익에 실질적으로 기여하는지에 관한 검토도 필요함을 시사하는 것이다. 이와 관련하여 독일 경쟁제한방지법의 입법 변화 과정을 참고할 만하다. 2005년 개정 이전 독일 경쟁제한방지법은 사업자의 신고나 카르텔청의 처분에 의한 카르텔 규제의 적용제외 규정을 두고 있었다.[27] 그러나 2005년 법개정에 의하여 상품생산이나 유통을 개선하거나 기술적 또는 경제적 발전에 기여하는 합의는, 이러한 목적 실현에 불필요한 제한을 부과하거나 관련 시장의 본질적 부분에서 배제할 가능성이 나타나는 경우가 아닌 한, 사업자의 신고나 카르텔청의 처분을 매개하지 않고 카르텔 금지규정의 적용이 제외되며(2조 1항), 특히 중소기업들(kleine oder mittlere Unternehmen) 간의 경쟁력을 개선하기 위한 합의(Mittelstandskartell)는 이러한 요건에 해당하는 것으로 규정하였다(3조 1항).[28] 독점규제법상 부당 공동행위의 허용 여부에 대한 실질적 심사가 제도적으로 보장되는 상황에서 사전적 인가제도를 통한 부당 공동행위 허용 여부 심사는 중복적인 의미가 있으며, 따라서 제도의 실효성이 크지 않다는 점에서 독일의 적용제외 규정의 변화는 의미 있는 시사점을 주고 있다.

인가제도의 운영에 있어서도 고려되어야 할 부분이 있다. 이와 관련하여 최근에 있었던 레미콘 사업자들의 인가 신청과 이에 대한 공정거래위원회의 결정은[29] 주목할 만한 것이다. 30개 지역 388개 레미콘 사업자와

---

27) 구 경쟁제한방지법에서 카르텔 적용제외 규정의 의의에 관하여, Urlich Immenga & Ernst-Joachim Mestmäcker hrsg., GWB Kommentar 3. Aufl., C. H. Beck, 2001, 214면(Urlich Immenga 집필부분).

28) Mittelstandskartell을 규율하는 동 규정의 의의에 관하여, Knut Werner Lange hrsg., Handbuch zum deutschen und europäischen Kartellrecht, Verlag Recht und Wirtschaft GmbH, 2006, 348면(Knut Werner Lange 집필부분) 및 Michael Kling & Stefan Thomas, Kartellrecht, Verlag Franz Vahlen, 2007, 582면 참조.

29) 공정거래위원회, 2010. 1. 20. 결정.

11개 레미콘 사업자단체는 ① 레미콘 원재료의 공동 구매, ② 레미콘 물량의 공동 배정과 영업의 공동 수행, ③ 공동의 품질관리 및 연구개발 등에 관한 공동행위 인가 신청을 하였다. 레미콘 사업자들이 제시한 인가사유는 산업합리화(법 19조 2항 1호), 불황의 극복(3호), 중소기업의 경쟁력 향상(6호) 등이었다. 이에 대하여 공정거래위원회는 원재료 공동구매와 영업의 공동수행은 공동행위로 인한 경쟁제한성이 산업합리화, 중소기업 경쟁력 향상 등과 같은 긍정적 효과보다 크다는 이유로 불허하고, 공동의 품질관리 및 연구개발은 경쟁제한 효과가 거의 없는 반면에 레미콘 품질개선, 산업합리화 등 긍정적 효과가 존재하고 또한 법령상 인가 요건에 해당한다는 이유로 허용하면서, 허용 기간을 2년으로 정하는 결정을 하였다. 동 결정에서 공정거래위원회의 결정 이유를 보면, 공동행위 인가는 공동행위 이외의 방법으로는 산업의 합리화 등 경제적 효율을 달성하기 어려운 경우에 예외적으로 인정되는 제도라는 점을 전제하고, 레미콘 산업 전반의 어려움은 산업 자체의 구조조정 등 보다 근본적 방법을 통하여 해결하는 것이 타당하며, 다만 중소 레미콘사업자가 개별적으로 추진하기 어려운 연구개발을 공동으로 진행하여 레미콘 품질을 개선함으로써 중소 레미콘 사업자의 신뢰성 및 경쟁력 확보가 가능하고, 공동의 품질관리로 인하여 레미콘산업 전반의 품질 개선이 이루어질 경우, 수익 개선 등 산업의 합리화에도 기여할 수 있다는 점을 부분적인 인가 결정의 근거로서 제시하고 있다.

　이상의 레미콘 사업자들의 공동행위 인가신청에 대한 공정거래위원회의 판단은 대체로 타당한 것으로 볼 수 있지만, 특히 중소기업의 경쟁력 강화의 관점에서 추가적으로 논의되어야 할 부분도 있다. 레미콘 산업은 시멘트 산업이나 건설산업과 전·후방으로 연관성을 갖는 수직적 생산과정의 중간 단계에 위치하며, 대체로 전·후방 산업에 비하여 영세한 규모의 사업자로 구성된다. 이러한 점은 수직적 거래과정에서 레미콘 사업자가 거래상 열등한 지위에 있게 되는 원인이 되고 있으며, 레미콘 사업자들이 공동행위 인가신청의 사유의 하나로 제시한 중소기업의 경쟁력 강화의 의의도 이러한 현실을 고려하여 이해할 필요가 있다. 즉 품질과 같은 상품 자체의 측면에서 뿐만 아니라, 거래 과정에서 중소기업의 경쟁력 강화도 경쟁정책적으로 중요한 의미가 있으며, 이러한 부분을 중소기업 경쟁력 강화의 판단에서 배제할 것은 아니다.

이상의 논의에서 독점규제법 제19조 제2항에 근거한 중소기업의 경쟁력 강화에 의하여 부당 공동행위 규제의 적용을 제외하는 경쟁정책적 근거는 충분한 것으로 이해된다. 그러나 인가제도와 결합한 현행 적용제외 방식이 합리적인지 그리고 실효성이 있는지에 대해서는 의문의 여지가 있으며, 비교법적으로도 유사한 제도가 드물다는 점에서 독점규제법상 현행 인가제도의 변경을 적극적으로 검토할 필요가 있다. 제도 운영에 있어서도, 중소기업의 경쟁력 강화의 의의를 다양한 맥락에서 파악하는 것이 중요하다. 앞에서 살펴본 레미콘 사업자들의 인가 신청 결정에서 공정거래위원회의 판단 과정은 중소기업의 경쟁력 강화를 매우 제한된 범위에서 이해하고 있음을 보여주고 있는데, 부당 공동행위의 적용제외를 인정하는 인가제도의 취지에 비추어 중소기업의 경쟁력 강화의 의의를 실질적으로 파악할 필요가 있다. 한편 제도 운영의 명확성 측면에서 동 규정에서 중소기업의 의의가 명확히 정의되어 있지 않다는 점도 문제가 될 수 있다. 중소기업은 본질적으로 상대적 개념이므로, 법정되지 않을 경우에 주관적 판단에 의할 수밖에 없고, 이는 제도 운영의 실효성에도 영향을 미칠 수 있다. 따라서 기업결합 규제와 관련하여 독점규제법 제7조 제4항 제2호의 규정처럼 중소기업기본법상의 중소기업 정의를 원용하는 것과 같은 입법적 명확화를 시도할 필요가 있다.

## 4. 기타

### (1) 중소기업에 대한 적용제외 관련 기타 제도

이 밖에 독점규제법상 명시적으로 언급하고 있지 않지만, 구체적인 규제 유형에서 실질적으로 중소기업의 적용제외를 의미하는 규정들이 존재한다. 우선 시장지배적 지위남용행위 규제와 관련하여, 독점규제법 제4조에서 시장점유율에 의하여 시장지배적 지위가 추정되는데, 동조는 추정요건을 충족하는 경우에도 관련시장에서 연간 매출액 또는 구매액이 40억원 미만인 사업자를 제외하고 있다.[30] 시장지배력 판단에 있어서 시장점유율은 가장 중요한 고려 요소이고,[31] 시장점유율에 의한 추정이 실무적으로 중요한 역할을 한다는 점을 감안하면, 시장점유율에 의한 추정에서의 제외는 실질적으로 시장지배적 지위남용행위로서 규제 가능성이 거의 없게 됨을 의미한다.

독점규제법 제2조 제1호의2는 지주회사를 정의하고, 규모 기준은 동법 시행령 제2조에 의하여 보충하고 있다. 동 기준에 의하면 대차대조표상 자산총액이 1천억원 이상인 회사인 경우에만, 독점규제법상 규제 대상인 지주회사가 된다. 따라서 중소기업기본법상 중소기업에 해당하는 회사는 지주회사 체제를 갖춘다 하더라도 독점규제법에 의한 규제 가능성은 줄어들 것이다.[32]

또한 독점규제법은 기업의 규모에 제한을 두지 않고 모든 사업자를 기

---

30) 동 기준에 해당하는 사업자는 대부분 중소기업기본법상 중소기업에 해당할 것이다. 중소기업기본법 시행령 제3조 제1항 제1호 라목은 매출액 1,500억원 이상인 기업은 중소기업에 해당하지 않는 것으로 규정하고 있다.

31) Herbert Hovenkamp, Federal Antitrust Policly: The Law of Competition and Its Practice, Thomson/West, 2005, 81-83면.

32) 중소기업기본법 시행령 제3조 제1항 제1호 나목은 자산총액 5,000억원 이상인 기업은 중소기업에 해당하지 않는 것으로 규정하고 있다.

업결합 규제 대상으로 하고 있지만, 신고 측면에서 규모에 따른 차이를 두고 있다. 즉 독점규제법 제12조 제1항 및 동법 시행령 제18조 제1항 내지 제2항에서 기업결합 신고 대상 회사는 결합주체인 회사가 자산총액 또는 매출액이 2천억원 이상이고, 결합 대상 회사가 자산총액 또는 매출액이 2백억원 이상일 것을 요구하며, 이에 해당하지 않는 경우에 기업결합 신고 의무를 부담하지 않는다. 비록 동 규정에 의하여 일정 규모 이하의 사업자에 대한 기업결합 규제가 배제되는 것은 아니지만, 신고절차는 기업들에게 부담이 되는 것이므로[33] 신고의무 대상에서의 제외도 중소기업에겐 실질적인 의미가 있다.

법률상 규정은 아니지만, 공정거래위원회가 제정한 고시 등에 의하여 일정 기준에 미치지 못하는 사업자에 대한 규제를 완화하는 경우도 있다. 예를 들어「공동행위심사기준」(공정거래위원회 예규 제71호)은 공동행위의 위법성 심사에서 공동행위를 경성과 연성으로 구분하고,[34] 효율성 증대 효과와 경쟁제한 효과의 비교 형량이 요구되는 연성 공동행위의 경우, 공동행위 "참여사업자들의 시장점유율의 합계가 20% 이하인 경우에는 당해 공동행위로 인해 경쟁제한 효과가 발생할 가능성이 없거나 경쟁제한 효과가 발생하더라도 그 효과가 미미한 것으로 보고 심사를 종료한다"(IV. 2. 가. (2))라고 규정하고 있다. 물론 이와 같은 기준이 중소기업을 염두에 둔 것은 아니지만, 일반적으로 낮은 시장점유율을 보유하는 중소기업의 연성 공동행위에 대하여 부당 공동행위로서 규제 가능성이 배제되는 것을 의미하기 때문에, 중소기업의 이익에 실질적으로 기여하는 측면이 있다. 한편 이상의 규정 자체는 EU의 de minimis(최소 허용) 원칙과 유사하지만, 내용상 다소 상이한 점이 있다. 즉 EU의 de minimis 고시에

---

33) 공정거래위원회, 공정거래위원회 30년사, 2011, 552면 참조.

34) 동 심사기준에서 경성 공동행위는 공동행위의 성격상 경쟁제한 효과만 발생시키는 것이 명백한 경우, 연성 공동행위는 공동행위의 성격상 효율성증대 효과와 경쟁제한 효과가 동시에 발생시킬 수 있는 경우를 의미한다.

서는 수평적 합의의 경우 공동행위 참가자들의 시장점유율의 합계가 10%, 수직적 합의의 경우에는 15%를 최소 허용기준으로 제시하고, 동 기준의 적용에 있어서 경성 공동행위와 연성 공동행위를 구별하지는 않고 있지만, 경성 공동행위로 분류되는 가격고정, 시장분할 공동행위에 대한 위원회의 규제 가능성을 열어 놓고 있다.35) EU 기준과 비교하여 보면, 공동행위심사기준의 최소 허용범위인 시장점유율이 20%로 높은 점이 특이한데, 반면에 de minimis 고시 제3조 3문에서 중소기업의36) 공동행위는 회원국 간의 거래에 거의 영향을 미치지 않는다는 것과 같은 규정을 두지 않고 있기 때문에, 중소기업에 대한 부당 공동행위 규제 가능성은 일반적으로 확대되는 측면도 있다.

「불공정거래행위 심사지침」(공정거래위원회 예규 제72호)도 공동행위심사지침과 유사한 '안전지대' 규정을 두고 있다. 즉 동 지침 III. 2.는 "사업자의 시장점유율 등에 비추어 통상적으로 공정거래저해성이 미미할 것으로 인정되는 경우 불공정거래행위의 외형에 해당되는 행위가 있다고 하더라도 공정거래저해성이 없는 것으로 보아 공정거래위원회가 원칙적으로 심사절차를 개시하지 않는 '심사면제 대상'을 의미"하는 안전지대에 관하여 규정하고 있는데, 주로 경쟁제한성 측면에서 심사하는 불공정거래행위 유형들에 적용된다. 구체적 기준은 개별 행위 유형들에서 정하고 있는데, 대체로 행위주체의 시장점유율이 10% 미만인 경우와 보충적으로 사업자 매출액이 20억원 미만인 경우를 제시하고 있다.37) 이상의 기준이 절대적

---

35) Commission Notice on agreements of minor importance which do not appreciably restrict competition under Article 81(1) of the Treaty establishing the European Community(de minimis), 2001/C 368/07, art. 7, 11. 이 규정의 의의에 관하여, Albertina Albors-Llorens, EC Competition Law and Policy, William Publishing, 2002, 32-34면.

36) 동 규정에서 small and medium-sized undertakings의 정의는 앞에서 살펴본 것처럼 Commission Recommendation 2003/361/EC에서의 정의에 의한다.

37) 안전지대의 의의와 적용범위에 관하여, 홍명수, 주 21)의 책, 279-280면 참조.

인 구속력을 갖는 것은 아니며, 공정거래위원회의 판단에 따라서 심사를 개시할 가능성은 지침 자체에서도 유보하고 있다(III. 2. 나.). 그러나 동 기준이 불공정거래행위 규제의 실질적인 범위를 설정하는 의미는 있으며, 그 한도에서 중소기업의 불공정거래행위 규제 범위도 줄어들게 될 것이다.

### (2) 중소기업의 관점에서 기타 제도의 의의

이상의 독점규제법과 공정거래위원회의 지침상의 적용 제외 규정들은, 실질적으로 중소기업의 행위에 대한 규제 가능성을 제한하는 의미가 있다. 물론 이 규정들은 각 규제 유형의 고유한 의의에 따라서 경쟁제한성이 크지 않거나 다른 긍정적 효과가 이를 상쇄할 수 있는 경우를 개별적으로 법정한 것이기 때문에, 중소기업의 관점에서만 이를 평가할 수는 없을 것이다.

그러나 규정들의 대부분은 시장에서의 영향력이나 기업 규모 측면에서 적용 제외 기준을 제시하고 있으며, 주로 중소기업이 이 범위에 해당하게 될 것이라는 점은 충분히 예상할 수 있다. 따라서 이러한 규정의 내용이나 범위를 정함에 있어서, 중소기업의 이익을 제고하고, 경쟁력을 강화하는 것이 궁극적으로 경쟁정책에 부합할 수 있다는 점에 대해서도 주의를 기울이는 것이 바람직하다. 즉 적용 제외를 어떠한 범위로 할 것인지, 이러한 범위 설정이 경쟁정책적으로 긍정적인 결과를 낳을 수 있는지를 결정함에 있어서, 중소기업이 생산이나 유통 과정에서 갖는 의의, 중소기업이 속한 산업이나 시장의 상황 등에 대한 구체적인 분석의 결과도 판단에 반영되도록 할 필요가 있다.

## III. 독점규제법상 대기업과 중소기업의 공정경쟁 실현

### 1. 공정경쟁의 관점에서 대기업과 중소기업의 관계

공정 경쟁의 관점에서 대기업과 중소기업의 관계는, 양자가 동일 시장에 위치하고 있는 수평적 관계와 상하 인접한 시장에 있는 수직적 관계로 구분하여 파악하는 것이 유용하다.

수평적 관계에서 대기업과 중소기업은 경쟁 상대방의 위치에 서게 된다. 따라서 동일 시장에서 대기업이 상대적으로 열등한 중소기업에 대하여 경쟁상 우위에 있을 개연성이 크다는 점이 주된 고려 대상이 되며, 양자의 관계에서 경쟁제한적인 행태를 규제하여 자유롭고 공정한 경쟁이 이루어질 수 있도록 하는 것에 초점이 모아질 것이다.

반면 수직적 관계에서 대기업과 중소기업은 거래 상대방으로 만나게 되며, 양자 사이에 거래 관계를 공정하게 형성하는 것이 핵심적인 과제가 된다. 즉 대기업이 우월한 지위에 기초하여 중소기업에 일방적으로 불리한 거래 조건을 강제하는 등의 행위를 독점규제법상 적절하게 규제하는 것이 중요하며, 특히 중소기업이 불리한 거래조건을 수용할 수밖에 없는 환경 등에 대한 고려가 대기업 행위에 대한 평가에 반영되어야 할 것이다.

이와 같은 수평적 또는 수직적 관계에서 대기업과 중소기업의 공정한 경쟁을 실현하는 것은 개별 시장에서의 자유롭고 공정한 경쟁의 형성·유지와 관련되며, 독점규제법상 대부분의 규제 유형들은 이러한 목적 실현에 따른 것이라 할 수 있다. 그러나 개별 시장을 넘어서 국민경제 또는 산업 전체의 차원에서 대기업과 중소기업의 관계를 파악할 수 있으며, 특히 독점규제법은 다른 나라의 경쟁법과 구별되는 일반집중 또는 소유집중의 관점에서 경제력집중을 억제하기 위한 규제 근거를 두고 있다는 점에도 주목할 필요가 있다. 현행 독점규제법상 경제력집중의 규제 대상인 대규모기업집단은 자산총액 5조원 이상인 기업집단을 의미하는데(법 9조 및 동법 시행령 17조), 대규모기업집단의 확대를 억제하는 정책은 결과적으로 중소기업의 활동 영역을 확대하고, 이로써 양자 간의 관계를 독립적이고 대등하게 형성하는 기초를 제공할 수 있다. 따라서 양자의 공정한 관계를 형성함에 있어서 개별 시장적인 관점 외에 국민경제 또는 산업 일반의 관점에서 접근하는 것도 필요할 것이다.

## 2. 독점규제법상 규제의 구체적 검토

### (1) 경쟁제한성 심사

#### 1) 독점규제법 제7조 제4항 제2호에 의한 경쟁제한성 추정

독점규제법상 규제 유형 중에서 중소기업의 이익 보호가 경쟁제한성 판단에 명시적 규정을 통하여 직접적으로 반영되는 경우가 있다. 즉 독점규제법 제7조 제4항 제2호는 기업결합의 경쟁제한성을 추정하는 요건으로서, 대규모회사가 직접 또는 특수관계인을 통하여 행한 기업결합이 중소기업기본법에 의한 중소기업의 시장점유율이 3분의 2이상인 거래분야에서의 기업결합일 것(가목) 그리고 당해 기업결합으로 100분의 5이상의 시장점유율을 가지게 될 것(나목)을 규정하고 있다.

동 규정은 중소기업이 주로 진출해 있는 시장에 대기업의 진출을 억제함으로써, 중소기업이 주도하는 산업이나 업종에 대기업의 진입을 제한하여 중소기업을 보호하려는 정책적 목적이 입법 취지로 반영된 것이지만,[38] 또한 이러한 시장에 대기업이 진출하기 위하여 행하는 기업결합은 경쟁제한성을 가질 수밖에 없다는 경쟁정책적 판단도 동 경쟁제한성 추정 규정 도입의 근거가 된 것으로 볼 수 있다.

---

38) 권오승, 주 6)의 책, 195면 참조.

2) 경쟁제한성 판단에서 중소기업의 고려

독점규제법 제7조 제4항과 같은 명시적인 규정이 없는 경우에도, 독점
규제법상 다른 규제 유형의 경쟁제한성 판단에 있어서 중소기업의 이익
은, 시장에서 열등한 지위에 있는 시장참가자의 관점에서 반영될 필요가
있다.

독점규제법상 규제 대상이 되는 행위는, 불공정거래행위처럼 거래 불공
정성도 고려되는 경우가 있지만, 대부분 경쟁제한성을 위법성의 핵심적
표지로 한다. 독점규제법 제2조 제8의2호는 "경쟁을 실질적으로 제한하는
행위라 함은 일정한 거래분야의 경쟁이 감소하여 특정 사업자 또는 사업
자단체의 의사에 따라 어느 정도 자유로이 가격·수량·품질 기타 거래조
건 등의 결정에 영향을 미치거나 미칠 우려가 있는 상태를 초래하는 행위
를 말한다"라고 규정함으로써, 경쟁제한성의 의의와 판단의 기본원칙을
제시하고 있다. 동 규정에 의하면, 시장에서 주어진 거래조건을 수용하는
것이 아니라 임의로 거래조건을 형성하는 상황이 경쟁제한적인 것이며,
결국 최종적인 판단은 개별 규제 유형에서 구체적으로 이루어질 것이다.

구체적으로 보면, 시장지배적 지위남용행위는 잔존시장(Restwettbewerb,
remaining competition)적인 구조적 특성이 반영된 것으로 볼 수 있는데,
이때 '잔존경쟁'은 시장지배적 사업자의 존재에 의하여 이미 구조적으로
경쟁이 제약되고 있는 상황에서 지배적 사업자와 다른 열등한 지위의 사
업자들 사이의 경쟁으로 구성된 개념이며,[39] 동 개념은 구조적 제약이 있
는 시장에서 시장지배적 지위의 남용을 판단함에 있어서 유력한 기초가
된다. 즉 대기업과 중소기업의 관계에서 양자 간의 경쟁이 구조적으로 제
약될 수밖에 없는 상황은 남용성 판단에서 고려되어야 할 것이다.

또한 독점규제법 제23조 제1항 제4호 및 동법 시행령 〈별표 1의2〉 제6
호에 의하여 불공정거래행위로서 규제되는 우월적 지위의 남용도 대기업

---

39) Gerhard Wiedemann hrsg., Handbuch des Kartellrechts, Verlag C. H. Beck,
    1999, 766면(Georg-Klaus de Bronett 집필부분).

과 거래하는 중소기업의 문제를 전형적으로 다룬다는 점에서 의미가 있다.[40] 특히 동 규제의 의의는 경쟁이 제한되고 있는 상황에서 부당한 거래조건의 부과를 규제하는 것에 있다는 점에 있으며, 이러한 상황은 거래상 우월한 지위의 개념에 반영된다. 따라서 우월한 지위의 판단은 거래 상대방과의 관계에서 상대적으로 이루어져야 하며, 그 정도가 거래 상대방의 거래 전환이 극히 곤란하거나 부당한 거래조건을 회피하기 어려운 경우에 우월한 지위가 인정될 수 있다.[41] 결국 동 규제는 대기업과 중소기업의 거래관계에서 중소기업에 불리한 거래조건이 부과되거나 실행되고 있을 경우에, 양자의 관계적 특성에 기초한 부당성 평가를 통하여 거래 공정화 실현에 기여할 수 있다는 점에서 의의가 크다.

### (2) 경제력집중 억제를 위한 규제의 의의

#### 1) 대규모기업집단 정책의 의의

전술한 것처럼 독점규제법상 경제력집중 억제를 위한 규제도 대규모기업집단의 확장을 제한함으로써, 중소기업의 이익에 기여할 수 있다. 현행 독점규제법상 대규모기업집단 정책은 상호출자 금지, 채무보증 제한, 공시제도의 의무화 등에 의하여 구체화되고 있다. 특히 2009년 동법 개정에 의하여 출자총액제한제도가 폐지된 이후, 규제의 초점은 사전적 규제에서 사후적 규제로, 정부의 고권적 규제에서 시장의 자율적 조정으로 변화하고 상황이다.[42] 그러나 현행 제도가 대규모기업집단 확대를 억제하는데 있어서 실효성 있게 기능하고 있는지에 대해서는 의문이 있다. 구체적으로 상호출자 금지는 순환출자를 규제하는데 있어서 유효한 제도인지에 대

---

40) 독점공급관계, 하도급관계, 대리점관계 등이 우월적 지위를 쉽게 인정할 수 있는 예에 해당한다는 것에, 양명조, 경제법강의, 신조사, 2010, 262면.
41) 白石忠志, 獨禁法講義, 有斐閣, 2009, 94면 참조.
42) 홍명수, "경제력집중의 억제", 권오승 편, 독점규제법 30년, 2011, 260-261면 참조.

한 의문이 계속되고 있고, 채무보증 규제는 기업의 자금조달 방식이 다양화됨으로써 한계가 있으며, 정보 공시제도는 경제력집중의 본질적 문제를 해결하는데 있어서 제한적일 수밖에 없다는 지적이 가능할 것이다.[43] 특히 2009년 이후 대규모기업집단의 규모는 확대되는 추세에 있다. 즉 2009년과 비교하여 2011년 대규모기업집단의 수는 48개에서 55개 기업집단으로 늘었으며, 대규모기업집단에 속한 계열회사의 수도 2009년 1,137에서 2011년 1,554로 290개사의 증가가 있었다. 대규모기업집단의 영위 업종수도 30대 기업집단의 경우 2007년 490업종에서 2010년 619업종으로 확대되었다. 또한 자연인에 의하여 지배되고 있는 30대 대규모기업집단의 매출액 중 전체 기업의 매출액에서 차지하는 비중이 2005년 42.7%에서 2010년 50.8%로 상승한 것도 주목할 부분이다.[44]

이와 같은 대규모기업집단의 확대 추세는, 현행 제도가 경제력집중 억제를 위하여 충분한 제도인지에 대한 의문을 낳고 있으며, 실효성 있는 규제 방안을 새롭게 강구할 필요성을 제기하고 있다. 특히 순환출자적인 방식을 기존의 상호출자 금지제도에 의하여 규율하는데 한계가 있다는 점에서, 과거 출자총액제한제도의 재도입에 이르지 않더라도 최소한 기존의 상호출자 금지의 적용 범위를 확대하는 것에 대한 검토는 불가피할 것으로 보인다.

이러한 논의는 궁극적으로 중소기업의 활동 범위가 구조적으로 축소되는 것을 방지하는 것과도 관련되며, 따라서 논의 과정에서 중소기업의 이익에 대한 고려도 이루어질 필요가 있을 것이다.

---

43) 대규모기업집단의 정보 공시제도가 일정한 한계를 갖고 있지만, 정보공시의 의무화로 인하여, 그렇지 않은 경우에 용이하게 접근하기 어려운 최소한의 정보를 시장참가자나 이해관계자에게 제공하도록 하고 있다는 점에서 긍정적 측면이 있다는 분석으로서, 김경연, "독점규제법상 공시제도가 기업지배구조에 미치는 영향", 최근 경쟁법의 주요 쟁점과 과제, 2011, 68면 참조.
44) 공정위 경쟁정책국 기업집단과, 경제력집중 현황과 대기업집단정책 추진방향, 2011. 11., 2면.

2) 부당지원행위 규제의 의의

독점규제법 제23조 제1항 제7호는 "부당하게 특수관계인 또는 다른 회사에 대하여 가지급금·대여금·인력·부동산·유가증권·상품·용역·무체재산권 등을 제공하거나 현저히 유리한 조건으로 거래하여 특수관계인 또는 다른 회사를 지원하는 행위"를 규정하고 있고, 부당한 지원행위의 규제는 이에 근거한다. 동 규정은 1996년 법 개정에 의하여 도입된 것으로서, 계열회사 간 내부거래에 의하여 발생할 수 있는 폐해, 즉 한계기업의 퇴출 억제에 따른 경제력집중의 심화, 기업집단 전체의 동반 부실화, 개별 시장에서의 경쟁제한 효과에 의한 소비자 후생 감소 등의 문제를 해소하기 위한 방안으로 입법되었으며,[45] 입법 과정에서 부당지원행위의 문제는 대규모기업집단에 한하지 않는다는 점이 고려되어 불공정거래행위의 한 유형으로 도입되었다.

동 규정의 부당성 판단과 관련하여 법원은 "지원주체와 지원객체와의 관계, 지원행위의 목적과 의도, 지원객체가 속한 시장의 구조와 특성, 지원성 거래규모와 지원행위로 인한 경제상 이익 및 지원기간, 지원행위로 인하여 지원객체가 속한 시장에서의 경쟁제한이나 경제력집중의 효과 등은 물론 중소기업 및 여타 경쟁사업자의 경쟁능력과 경쟁여건의 변화 정도, 지원행위 전후의 지원객체의 시장점유율의 추이, 시장개방의 정도 등을 종합적으로 고려하여 당해 지원행위로 인하여 지원객체의 관련시장에서 경쟁이 저해되거나 경제력 집중이 야기되는 등으로 공정한 거래가 저해될 우려가 있는지 여부를 기준으로 한다"라고[46] 판시함으로써, 개별시장에서의 경쟁제한성과 경제력집중 효과를 모두 부당성 판단 기준으로 제시하고 있다.

일반적으로 부당지원행위는 동일한 기업집단에 속한 계열회사 간의 거

---

45) 공정거래위원회, 시장경제 창달의 발자취, 2001, 330-331면 참조.
46) 대법원 2004. 3. 12. 선고, 2001두7220 판결; 대법원 2004. 10. 14. 선고, 2001두2881 판결.

래 형태로 이루어지는데, 이는 단일 기업 내부에서 이루어지는 거래와 시장에서 이루어지는 거래의 혼합적 형태로 이해되며,[47] 따라서 부분적으로 여전히 내부거래적 성격을 갖는다. 이러한 성격으로 인하여 계열회사 간 거래는 기업집단 외부에 있는 제3자에 대해서 배타성을 갖게 되며, 거래의 기회에서 배제된 사업자의 경쟁상의 이익을 침해하는 결과를 낳을 수 있다. 또한 기업집단 내에서 이루어지는 거래는 기업집단의 규모의 확대나 유지에 관련될 수 있으며, 전술한 것처럼 이러한 부분도 부당성 판단의 대상이 될 것이다.

부당지원행위는 현저한 가격 차이에 의한 경우와 현저한 규모에 의한 경우로 구분할 수 있는데, 어느 경우에나 기업집단 외부에 있는 제3자인 사업자의 경쟁력 약화를 넘어 시장에서 배제될 우려를 낳을 수 있다. 따라서 부당지원행위에 있어서 부당성 판단 법리를 타당하게 적용하여 실효성 있는 규제를 행하는 것은, 주로 외부에 있는 사업자의 위치하게 될 중소기업의 이익에 기여할 것이다.

## IV. 제도 개선의 제안

독점규제법은 시장 질서에 관한 법이며, 독점규제법에 의하여 대기업과 중소기업의 관계를 규율하는 것은 양자 관계를 시장 기능에 의하여 자율적으로 조정되도록 하는 정책 목표와 밀접히 관련된다. 따라서 양자 간의 관계에서 시장에서의 자유롭고 공정한 경쟁을 침해하는 행위가 나타날 경우에 이를 규제하는 것은, 양자의 협력관계를 지향하는 경우에도 최소한의 조건이 된다.[48] 한편 중소기업은 대기업에 비하여 구조적으로 열등한

---

47) Oliver E. Williamson, "Antitrust Lenses and the Uses of Transaction Cost Economics Reasoning", Thomas M. Jorde & David J. Teece ed., Antitrust, Innovation, and Competitiveness, Oxford Univ. Press, 1992, 140면.

지위에 있게 되고, 대기업에 비하여 경쟁력에 있어서 한계가 있음을 부인하기 어려우며, 이러한 현실은 독점규제법의 운영에 반영되어야 할 것이다. 특히 독점규제법 제1조가 동법의 궁극적 목적의 하나로 국민경제의 균형있는 발전을 제시하고 있는데, 대기업과 중소기업의 관계도 이러한 맥락에서 이해될 필요가 있다.

따라서 독점규제법상 중소기업정책의 의의는 중소기업에 대한 엄격한 독점규제법 적용을 완화하는 것과 중소기업에 대한 대기업의 경쟁제한적 행위를 타당하고 실효성 있게 규제하는 것에 모두 관련되며, 양자를 종합하는 방향으로 나아가야 할 것이다.

독점규제법상 중소기업에 대한 적용제외가 명시적으로 규정된 것은 제60조에 의한 소규모 사업자 조합의 행위에 관한 것인데, 현행법의 적용제외 범위는 법리적 타당성 또는 실효성 측면에서 의문이 있으며, 이에 대한 개선이 필요할 것이다. 또한 소규모 사업자 개념을 대기업과의 대등한 교섭력의 필요라는 일반적 기준에 판단하고 있다. 이러한 기준은 동 규정의 취지에 비추어 법리적 타당성을 인정할 수 있지만, 판단 기준의 불명확성으로 인하여 수범자들에게 법적용상의 불안정성을 초래할 수도 있다. 따라서 EU의 경우처럼 일반적으로 활용되는 중소기업 개념을 원용하는 것을 참고할 수 있으며, 특히 적용제외 범위가 지나치게 확장되는 것에 대한 우려가 있다면, 최소한 중소기업기본법상 소기업 개념의 원용은 적극적으로 고려할 필요가 있다. 부당 공동행위의 적용 제외를 제도화한 인가제도에 대해서는, 제도 자체의 타당성에도 의문이 있지만, 나아가 인가 사유로서 중소기업의 경쟁력 강화의 의미를 경제 현실에 부합하는 방향으로 보다 폭 넓게 이해할 필요가 있을 것이다. 그 밖에 명시적인 언급은 없지만 실질적으로 중소기업에 관련되는 개별 위법 유형에서의 적용 제외 규정들이 다수 존재하는데, 동 규정의 해석과 적용에 있어서 중소기업의 구체적

---

48) 곽수근, "대 · 중소기업 동반성장의 중요성과 과제", 경쟁저널 제159호, 2011, 4면 참조.

인 의의와 산업 내지 시장의 현황 등에 이해가 반영될 필요가 있다.

독점규제법상 중소기업의 이익을 침해하는 대기업의 행위에 대한 규제
도 중요하다. 각각의 위법 유형들에서 경쟁제한성을 판단하는 경우에, 위
법 유형의 고유한 경쟁정책적 의의에 기초하여 중소기업의 이익 침해적인
측면을 구체화하는 과정이 필요할 것이다. 대규모기업집단 정책이나 부당
지원행위 규제는 궁극적으로 중소기업의 활동 영역을 구조적으로 보호함
으로써 독립적이고 경쟁력 있는 중소기업의 가능성을 높이는 결과를 낳을
수 있으며, 이러한 점도 현행 제도의 개선을 논의하는 과정에 반영되어야
할 것이다.

# 3. 독점규제법상 임원 개념

## I. 서론

「독점규제 및 공정거래에 관한 법률」(이하 '독점규제법')은 임원에 관한 정의 규정을 두고(2조 5호), 다양한 맥락에서 동 개념을 사용하고 있다. 임원 정의 규정은 동 개념의 명확성과 통일성을 기하고자 하는 취지에서 도입된 것이지만, 당연히 고정불변의 것은 아니다. 특히 임원 개념이 요구되는 규제의 목적과 집행의 변화에 따라서 이에 대응해 나가는 것이 불가피하다.

또한 임원 개념은 회사와 같은 조직화된 단체에서 형성된 것이며, 이를 규율하는 법규범에서 법적 기초가 주어진다는 점에도 주의를 기울여야 한다. 다른 한편으로 독점규제법상 임원 규정과 이에 대한 법적용은 단체 내에서의 권한과 업무 집행 방식에 변화를 초래하고, 나아가 단체법적인 규율에 영향을 미칠 수 있다. 따라서 독점규제법상 임원 개념에 관한 논의는 전체 법체계에서의 위치를 고려하고, 조화를 이루도록 하는 과정을 거쳐야 한다.

최근 공정거래위원회는 독점규제법상 임원 개념에 변경을 가하는 개정안을 제시하였다.[1] 동 개정안은 동법 제2조 제5호의 임원 정의에 미등기 임원을 포함시키는 내용을 담고 있으며, 결과적으로 동 개념의 확대를 의

도하고 있다. 이하에서의 논의는 이와 같은 개념 확대의 필요성이 충분하며, 법리적 타당성이 있는지, 그리고 특히 회사법상 임원 개념과 조화되어야 할 부분은 없는지에 관한 것이다. 논의 과정에서 유사한 규정을 두고 있는 일본 「私的独占の禁止及び公正取引の確保に関する法律」(이하 '독점금지법')도 비교법적으로 참고할 것이다.


## II. 임원 개념 개정 논의의 검토

### 1. 공정거래위원회 개정안의 내용과 경과

현행 독점규제법 제2조 제5호는 "임원이라 함은 이사·대표이사·업무집행을 하는 무한책임사원·감사나 이에 준하는 자 또는 지배인 등 본점이나 지점의 영업전반을 총괄적으로 처리할 수 있는 상업사용인을 말한다"고 규정하고 있다. 공정거래위원회는 동 규정과 관련하여, 기존의 임원에 1) 회사에 대한 자신의 영향력을 이용하여 이사에게 업무집행을 지시한 자, 2) 이사의 이름으로 직접 업무를 집행한 자, 3) 이사가 아니면서 명예회장·회장·사장·부사장·전무·상무·이사 기타 업무를 집행할 권한이 있는 것으로 인정될 만한 명칭을 사용하여 회사의 업무를 집행한 자를 포함시킴으로써, 임원의 범위를 확대하는 개정안을 제시하였다. 또한 동호의 임원 규정은 독점규제법상 다양한 규제의 기초가 되며, 특히 사전적 규제와도 관련되기 때문에, 광의의 실질적인 판단과정을 요하는 개념이 적절하지 않은 경우도 있다. 이러한 문제점을 보완하기 위하여, 공정거래위원회는 금융보험회사 의결권 제한(법 11조), 비상장회사 공시(법 11조의2 2항), 기업결합 신고(법 12조 1항 3호) 규정의 적용에 있어서 임원은

---

1) 공정거래위원회, 공정거래법 입법예고, 2010. 10.

등기된 임원으로 한정하여,[2] 수범자의 의무 이행에 있어서 명확성을 기하고자 하는 보완적 법개정도 동시에 주장하였다.

이러한 개정의 필요성에 관하여, 독점규제법 및 하위 법령에서 미등기임원도 임원에 해당한다는 명시적 규정이 없기 때문에, 공정거래위원회의 「과징금부과 세부기준 등에 관한 고시」에서 등기여부와 무관하게 고위임원이 위반행위에 관여한 경우 과징금을 가중할 수 있도록 하고 있는 규정의 법적 근거에 의문이 있었으며, 공정거래위원회는 이러한 문제점을 해결하기 위하여 임원 개념의 개정이 필요하다는 의견을 개진하였다.[3]

동 개정안은 규제개혁위원회의 심의 과정을 거쳤는데, 이 과정에서 공정거래위원회의 원안에 대한 수정이 이루어졌다. 유력한 반론으로서 독점규제법상 임원 개념은 각종 규제와 연결되기 때문에 규제의 지나친 확대를 가져올 수 있고, 또한 개념의 불명확성에 따른 자의적 법해석의 우려가 있다는 주장이 제기되었다.[4] 공정거래위원회는 이러한 주장을 부분적으로 수용하였으며, 특히 동 개정안이 임원범위의 확대를 모색한 것이기 보다는 현행 규정에서 '이에 준하는 자'의 의미를 명확히 하는 차원에서 제기된 것이라는 입장을 밝혔다. 또한 임원 개념의 변경으로 인하여 기업에게 과중한 부담이 발생할 경우를 방지하기 위해, 등기임원에 한정하여 임원의 범위를 정하는 예외적인 경우를 마련하고 있다는 것을 강조하였다.

이상의 논의를 거쳐 규제개혁위원회의 심사를 마친 임원 정의에 관한 개정안은 현행 규정에서 '이에 준하는 자'를 구체적으로 특정하는 방식으로 수정되었다. 즉 '이에 준하는 자'를 대신하여 "업무를 집행할 권한이 있는 것으로 인정될 만한 명칭을 사용하여 회사의 업무를 집행하거나 회

---

2) 상법 제317조 제2항 제8호는 "사내이사, 사외이사, 그 밖에 상무에 종사하지 아니하는 이사, 감사 및 집행임원의 성명과 주민등록번호"를 회사의 설립등기 사항으로 규정하고 있다.
3) 공정거래위원회, 주 1)의 자료, 6면.
4) 전국경제인연합, 공정거래법 개정안(임원범위 확대)에 대한 검토의견, 2010. 12, 2면 이하 참조.

사에 대한 자신의 영향력을 이용하여 업무집행을 지시한 자(등기여부를 불문한다)"를 추가하는 방식으로 개정안이 정리되었다. 이와 같은 개정 내용은 상법 제401조의2 제1항의 '사실상 이사' 규정을 원용한 것인데, 공정거래위원회는 이러한 개정방식을 택함으로써 임원 정의에 명확성을 기할 뿐만 아니라, 기존의 상법 규정에 근거함으로써 자의적 해석을 배제하고 개념 운용의 투명성과 법적 안정성을 제고할 수 있게 된다는 주장을 전개하였다.5)

## 2. 개정 필요성 검토

경쟁법은 시장 참가자를 규율 대상으로 하며, 그 내부에 위치한 자는 원칙적으로 직접적인 관심의 대상이 되지 않는다.6) 그러나 경쟁법 영역에서도 법인인 시장참가자에 대한 법적 책임의 귀속을 명확히 하기 위하여, 구체적인 행위 주체의 범위를 법정할 필요가 있다. 물론 이러한 법적 관계의 기초는 회사법 등에서 주어지지만, 경쟁법의 고유한 관점이 범위를 정함에 있어서 고려되어야 한다. 이는 현행 규정에서도 확인할 수 있는데, 동 규정은 '이에 준하는 자'라는 표현에 의하여 상법에서 정하고 있는 임원의 범위를7) 넘어서는 개념 정의를 시도함으로써 이러한 취지를 반영하고 있다. 그렇지만 개념 정의에 있어서 개방적인 규정 태도는 법적용상의

---

5) 공정거래위원회, 독점규제 및 공정거래에 관한 법률 개정안 신설·강화규제 심사안, 2010. 12, 11-12면.
6) 기업 내부에서 의사가 형성되는 과정은 경쟁법의 대상이 아니라는 것에 관하여, Ariel Ezrachi, EU Competition Law, Hart Publishing, 2010, 2면 참조.
7) 상법상 임원이 명시적으로 정의되고 있지만, 명시적으로 임원이 언급되고 있는 경우로서 임원 선임에 관한 제296조, 제312조는 이사와 감사를 임원에 해당하는 것으로 규정하고 있다. 한편 독점규제법 제2조 제5호에 규정된 '업무집행을 하는 무한책임사원'은 인적회사에서 사원의 지위를 겸하는 자기기관으로서 주식회사의 기관에 대응하며, 따라서 임원 개념의 내용상 확장을 의미하는 것은 아니다.

불확실성을 낳을 수 있다. 공정거래위원회가 임원 규정의 개정 이유로서, 고시에 의하여 이루어지고 있는 고위임원에 대한 규제(과징금) 가중의 근거가 독점규제법에 마련될 필요성이 있음을 언급한 것도 이러한 맥락에서 이해할 수 있을 것이다.

개념의 명확성을 제고하기 위한 시도를 할 경우에, 이러한 불명확성을 낳고 있는 현실적인 원인으로서 기업이 집단을 이루고 총수와 그 가족에 의하여 지배되는 구조가 일반적인 우리 경제현실에 대한 이해가 그 바탕이 되어야 한다. 즉 이사 등 등기된 임원 외에 실질적으로 회사의 업무집행에 관여하는 자가 존재할 가능성이 큰 상황에서, 독점규제법상 임원 개념의 명확화는 이러한 업무 관여자에 대한 실질적인 파악과 병행적으로 이루어질 필요가 있다.

또한 임원 개념은 독점규제법상 여러 규제에서 기초가 되는 개념이므로, 동 개념의 변경을 추진할 경우에 각 규제에서 임원 개념이 갖는 의의가 전제되어야 할 것이다. 우선 임원 개념은 기업결합의 한 유형인 임원겸임에서 사용되고 있으며(법 7조 1항 2호), 기업결합 신고 대상이 되고(법 12조 1항 3호), 기업결합 시정조치의 내용으로서 임원의 사임이 규정되어 있다(법 16조 1항 3호). 기업결합 유형으로서 임원 겸임은 인적으로 단일한 지배관계를 형성하는 것을 하나의 기업결합 유형으로 파악한 것이기 때문에,[8] 동 규정에서 임원은 이와 같은 지배관계 구축이 가능한 인적 범위를 정하는 의미가 있다.[9] 따라서 이러한 지배관계 형성이 가능한 인적 범위가 현실 기업운영에서 확대되는 경향이 나타날 경우에, 이에 대응하는 개념 변화의 필요성을 긍정할 수 있을 것이다. 또한 임원 개념은 경제

---

8) 임원겸임을 대표적인 인적결합으로 보면서, 특히 자본적 혹은 조직적 수단에 의한 기업결합을 보충하는 측면이 강하다고 보는 것으로, 정호열, 경제법, 박영사, 2010, 228-229면 참조.

9) 여기에서 임원은 이사 또는 지배인 등 회사의 업무를 집행하고 대외적으로 회사를 대표 또는 대리할 수 있는 권한을 가진 자를 의미한다고 보는 것으로, 신현윤, 기업결합법론, 법문사, 1999, 10면.

력집중 억제를 위한 대규모기업집단 규제에서도 활용되고 있다. 우선 동법 제14조의2 제2항에 의하여 공정거래위원회가 대규모기업집단 계열회사의 편입 또는 제외를 심사할 경우에 당해회사에 주주 및 임원의 구성에 관한 자료 제출을 요구할 수 있다. 이 외에도 동법 제11조 제3호에 의한 금융·보험회사의 의결권 제한의 예외로서 임원의 선임 또는 해임, 그리고 제11조의3 제1항 제1호에서 비상장회사의 중요사항 공시 대상으로 임원의 변동이 규정되어 있다. 계열회사의 편입 및 제외는 대규모기업집단에 속하는지 여부를 심사하는 것으로서, 이에 관한 공정거래위원회의 심사는 동일인의 지배력이 미치는 범위를 정하는 의미가 있다.10) 임원 구성에 관한 자료 제출의 요구도 같은 맥락에서 이해할 수 있으며, 따라서 동일인을 중심으로 한 지배관계 파악에 필요한 현실적 요구가 새롭게 발생한다면, 이에 상응한 임원 개념의 변화를 고려할 수 있을 것이다.11)

한편 전술한 것처럼 논의를 전개함에 있어서 임원 개념에 직·간접적으로 관련된 상법상의 규정이 검토될 필요가 있다. 물론 상법이 명시적으로 임원에 관한 정의 규정을 두고 있지 않지만, 대내적 업무집행과 대외적 대표 등의 권한 나아가 기업 지배구조에 실질적인 영향을 미칠 수 있는 책임 귀속에 관한 일련의 규정은 독점규제법상 임원 규정의 기초를 제공한다. 따라서 독점규제법상 임원 개념이 독점규제법의 고유한 목적과 필요성에 따라서 구성된다 하더라도, 제도적 기초로서 상법상 규정과 무관할 수는 없으며, 또한 독점규제법상 임원 규정은 독점규제법상 규제의 실질적 범위와 밀접히 관련된다는 점에서 역으로 기업 지배구조에 영향을 미칠 수 있다는 점도 염두에 두어야 한다. 결국 독점규제법상 임원 개념이

---

10) 이때의 심사는 지배력 등의 판단기준에 따라서 기업집단에 속하는지 여부를 판단하는 것이며, 경쟁제한성과 같은 위법성 판단이 관련되는 것은 아니다. 홍명수, 재벌의 경제력집중 규제, 경인문화사, 2006, 269면 참조.

11) 이상의 규정 외에 독점규제법 제69조의2 제1항에 의하여 회사 또는 사업자단체의 임원이 신고의무나 위반행위 조사 등에 관한 위반행위를 하였을 경우 과태료 부과 대상이 된다.

법체계적 정합성의 요구에서 벗어날 수는 없으며, 이는 개념 변경의 타당성을 판단하는 기준이 될 것이다.

## III. 일본 독점금지법상 임원 규정의 의의

### 1. 내용

일본 독점금지법 제2조 제3항은 "이 법률에서 임원은 이사, 취체역, 집행역, 업무를 집행하는 사원, 감사 또는 감사역 내지 이에 준하는 자, 지배인 또는 본점 내지 지점의 사업의 주임자를 말한다(この法律において「役員」とは, 理事, 取締役, 執行役, 業務を執行する社員, 監事若しくは監査役若しくはこれらに準ずる者, 支配人又は本店若しくは支店の事業の主任者をいう)"고 규정하고 있다.

동 규정은 공정취인위원회가 제정한 「企業結合審査に関する独占禁止法の運用指針」(기업결합 심사에 관한 독점금지법의 운용지침) 제2 1. (1)에 의하여 보충되고 있다. 이에 의하면, '본점 내지 지점의 사업의 주임자'는 회사법상 지배인과 동일한 권한을 보유하는 것으로 볼 수 있는 회사의 사용인, 예를 들어 본점총지배인, 지점장, 영업본부장 등을 말한다. 또한 '이에 준하는 자'는 취체역, 감사역 등에 해당하지 않지만, 상담역, 고문, 참여(参与) 등의 명칭으로 사실상 임원회에 출석하는 등 회사의 경영에 실질적으로 참여하고 있는 자를 말한다.

한편 독점금지법 제2조 제3항에 규정된 이사 등의 개념은 일본 會社法에 근거한다. 구체적으로 동 규정에서 理事는 주식회사 또는 상호회사를 제외한 법인에서 대내적으로 법인의 사무를 처리하고 대외적으로 법인을 대표하는 기관을 말한다. 취체역은 주식회사에서 대내적 업무집행권과 대

외적 대표권을 가지며, 취체역회설치회사(取締役会設置会社)에서는 취체역
회(取締役会)의 구성원으로서 회사의 업무에 관한 의사결정에 참가한다(일
본 회사법 348조, 349조, 363조 1항). 집행역은 업무의 의사결정과 집행이
분리되는 위원회설치회사(委員會設置會社)에서 업무집행을 담당하는 기관
을 말한다(회사법 418조). 위원회설치회사는 2006년 5월 시행된 회사법
제2조 제12호에 정의된 것으로서, 주식회사의 내부조직형태에 기초한 분
류의 하나에 해당하며, 취체역회 안에 지명위원회(指名委員会), 감사위원
회(監査委員会) 및 보수위원회(報酬委員会)를 둔 주식회사를 말한다. 동
제도는 미국 회사의 지배구조 형태를 수용한 것으로서, 위원회설치회사는
취체역회 안에 사외취체역(社外取締役)이 과반수를 차지하는 위원회를 설
치하고, 취체역회가 경영을 감독하는 한편, 업무집행은 집행역에 위임토록
하여 경영의 합리화와 적정화를 목적으로 하는 제도로 이해되고 있다. 즉
집행역은 새로운 기업 통치구조 시스템을 제도화 하면서, 업무집행을 담
당하는 기관으로 상정된 것이다.[12] 한편 일본 회사법은 임원에 관한 직접
적 규정도 두고 있다. 즉 동법 제329조에서 임원은 취체역, 회계참여(会計
参与), 감사역을 지칭한다. 또한 동법은 임원등(役員等)이란 표현도 사용
하는데, 이 경우에는 취체역, 회계참여(会計参与), 감사역에 더하여 집행
역·회계감사인을 포함한다.

## 2. 의의

이상의 일본 회사법상 규정과 비교하여 독점금지법상 임원 정의는 특히
두 가지 측면에서 의의를 찾을 수 있다. 우선 독점금지법상 임원 개념은
회사법상 기관 규정에 근거하고 있으며, 그 변화를 적극적으로 수용하고
있는 것으로 볼 수 있다. 예를 들어 2006년 독점금지법 개정에 의하여 집

---

12) 神田秀樹, 會社法, 弘文堂, 2010, 222-226면 참조.

행역이 임원에 포함되도록 하였는데, 이러한 개정은 회사 지배구조의 개선을 목적으로 추진되었던 회사법의 변화를 수용한 결과로 이해할 수 있을 것이다.

또한 독점금지법상 임원 개념은 동법의 고유한 목적을 반영함으로써 회사법 규정과 동일하게 규정되어 있지 않다는 점도 주목할 부분이다. 즉 독점금지법상 임원 규정은 기업결합의 한 형태인 임원겸임과 관련하여 큰 의미가 있으며, 이러한 점이 반영되어 회사법과는 상이한 임원 정의가 이루어진 것으로 볼 수 있다.[13]

## IV. 결론

일본 독점금지법이 회사법의 기관 규정 변화에 대응하여 임원 개념을 수정한 것은 시사하는 바가 크다. 독점규제법상 임원 개념의 확대 필요성이 인정되는 경우에도, 법제도의 정합성을 유지하고, 개념 규정의 차이에 따른 혼란을 피하기 위하여 상법상 임원 규정과의 종합적인 고려가 요구된다. 우선 2011년 상법 개정에서 도입된 집행임원을 독점규제법상 임원 개념에 반영할 필요가 있다. 집행임원은 앞에서 살펴본 일본 회사법상 집행역에 상응하는 것으로, 상법 제408조의2에 임의적인 제도로서 도입되었다. 집행임원을 둔 경우에 대표이사는 두지 못한다는 동조 제1항의 규정 등에 비추어, 집행임원은 대표이사에 갈음하여 설치되는 기관으로서 동일한 업무집행 권한을 갖는다.[14] 이와 같은 개정 사항은 일본 독점금지법이 집행역 등을 포함한 회사법상 임원 규정의 변화를 수용하였듯이, 독점규제법에도 반영되어야 할 것이다.

또한 독점규제법상 임원 범위를 정함에 있어서 현행 상법상 업무집행관

---

13) 根岸 哲·舟田正之, 獨占禁止法概說, 有斐閣, 2006, 114면 참조.
14) 집행임원에 관하여, 임재연, 회사법II, 박영사, 2013, 358면 이하 참조.

여자 규정에 대한 검토가 이루어질 필요가 있다. 상법 제401조의2 제1항에 의하면, 회사에 대한 자신의 영향력을 이용하여 이사에게 업무집행을 지시한 자(1호, 업무집행지시자), 이사의 이름으로 직접 업무를 집행한 자(2호, 무권대행자), 이사가 아니면서 명예회장·회장·사장·부사장·전무·상무·이사 기타 업무를 집행할 권한이 있는 것으로 인정될 만한 명칭을 사용하여 회사의 업무를 집행한 자(3호, 표현이사)는 그가 지시하거나 집행한 업무에 관하여 상법 제399조·제401조 및 제403조의 적용에 있어서 이사로 간주되어 책임을 부담한다. 전술한 것처럼 공정거래위원회의 임원 개념 개정안은 동 규정을 반영하여 현행 규정에서 '이에 준하는 자'를 대신한 "업무를 집행할 권한이 있는 것으로 인정될 만한 명칭을 사용하여 회사의 업무를 집행하거나 회사에 대한 자신의 영향력을 이용하여 업무집행을 지시한 자(등기여부를 불문한다)"를 임원 개념에 추가하는 방향으로 제시되었다. 상법상 업무집행관여자로 규정된 업무집행지시자, 무권대행자, 표현이사 중에서 공정거래위원회의 개정안은 무권대행자를 제외하고 있지만, 동 유형은 업무집행지시자가 이사를 거치지 않고 직접 업무를 집행한 경우를 상정한 것이므로,[15] 대체적으로 동 개정안은 상법 규정을 수용한 것으로 평가할 수 있을 것이다. 전술한 것처럼 공정거래위원회는 상법의 해석상 업무집행관여자의 범위가 정해질 것이고, 이를 독점규제법상 임원 개념에 원용함으로써 법적용의 불명확성을 피할 수 있다는 점도 상법 규정 수용의 근거의 하나로 들고 있다. 물론 상법상 업무집행관여자의 규정을 임원 개념에 원용하는 것에 대하여 의문이 없는 것은 아니다. 무엇보다 상법상 규정은 회사의 기관이 아니지만 지배주주와 같이 실질적으로 업무집행에 영향을 미칠 수 있는 자의 업무관여 행위에 대하여 책임을 묻기 위한 것인데, 이러한 규정을 독점규제법상 회사에 대한 책임 귀속의 근거가 되는 임원 개념에 원용할 수 있는지에 대해서는 논의가 필요할 것이다. 그러나 상법상 업무집행관여자는 회사에 대한 사실상 영향

---

15) 이철송, 회사법, 박영사, 2004, 615면.

력의 측면에서 구성된 개념이며,16) 독점규제법상 임원 개념은 단일한 지배관계의 형성이나 동일인의 지배력이 미치는 범위를 파악하는데 활용되는 것이다. 이러한 점에서 개념 필요성 측면에서 양 개념의 유사성을 확인할 수 있으며, 이는 상법상 업무집행관여자를 임원 개념으로 수용하는 것의 유력한 근거가 될 수 있다.

한편 임원 개념이 기업결합에 한정되고 있는 일본 독점금지법과 달리, 독점규제법상 임원 개념은 기업결합뿐만 아니라 경제력 집중 억제를 위한 규제에서도 원용되고 있다는 점에 주의를 요한다. 기업결합이 기업결합 참가자 간에 단일한 지배관계 형성을 의미한다면, 경제력 집중에서 하나의 기업집단을 이루는 계열 관계는 동일인을 중심으로 한 지배관계의 구축에 초점을 맞추며, 독점규제법 시행령 제3조는 이를 매개하는 위치에 있는 동일인 관련자에 관한 규정을 두고 있다. 기업결합이나 대규모기업집단 모두 지배관계의 형성에 기초한다는 점에서 유사하지만, 후자는 특히 집단적 운영이 가능하기 위하여 동일인에 의한 지배가 이루어지는 범위를 의미한다는 점에서 구별된다.17) 이러한 차이는 임원 개념의 원용에도 영향을 미칠 수 있으며, 동 개념을 법정함에 있어서 고려되어야 할 것이다. 따라서 공정거래위원회의 임원 규정 개정안이 임원 개념을 보충하면서 현행 규정상 '이에 준하는 자'를 삭제하는 것에 대해서는 재고의 여지가 있다. 향후 회사법의 새로운 변화 과정에 대응할 필요성은 여전히 존재하며, 또한 기업집단적 지배구조에 대한 입법화가 회사법 내에서는 한계가 있을 수 있기 때문에, 독점규제법상 임원 정의에 있어서 한정적 기술 방식을 택하는 것에 대해서는 신중할 필요가 있다.

---

16) 위의 책, 611면 참조.
17) 홍명수, 주 10)의 책, 184-185면 참조.

# 4. 시장지배적 지위 남용으로서 거래거절

## I. 서론

거래는 상대방을 선택하는 일련의 과정을 거치며, 그 과정에서 불가피하게 거래의 기회를 갖지 못하는 자가 나타나게 된다. 거래 상대방의 선택과 거절은 경쟁의 자연스러운 결과라는 점에서, 거래 과정에서 나타나는 일회적인 거래거절이 경쟁법상 문제될 여지는 크지 않다. 거래 주체는 상대방을 선택할 수 있는 자유를 가지며, 내용적으로 거래 거절도 계약자유에 속한다는 것은 경쟁법상 거래거절을 다룸에 있어서 염두에 두어야 할 부분이다. 예를 들어 미국 반독점법상 Colgate 판결은[1] 단지 자신이 제시하는 조건을 따르지 않은 거래 상대방에 대한 거래거절의 위법성을 부인하였는데, 원칙적 허용과 예외적 불법으로 구성된 Colgate 법리는 현재까지 유효한 경쟁법상의 원칙으로 자리하고 있다.[2]

적어도 경쟁법이 거래거절을 문제삼기 위해서는, 이러한 행위가 당해

---

1) U. S. v. Colgate & Co., 250 U. S. 300(1919).
2) Colgate 판결에서 단순한 거래거절의 허용은 Sherman법 제1조의 적용과 관련하여 일방성의 관점에서도 파악할 수 있다. Colgate 판결의 의의에 관해서는, 홍명수, "Colgate 원칙의 전개과정과 Monsanto 판결의 의의", 경쟁저널 제131호, 2007, 70-71면 참조.

거래에서 뿐만 아니라, 거래가 이루어지고 있는 시장에서 거래거절의 상
대방을 배제할 가능성과 관련되어야 한다. 이러한 가능성이 구체화될 수
있는 경우로서 거래거절이 공동으로(boycott) 행하여지는 형태를 상정할
수 있을 것이고, 또한 거래거절의 주체가 시장지배력을 보유하고 있는 경
우에도 경쟁법상 문제가 될 수 있는 계기가 주어진다. 특정한 사업자가 시
장을 지배하고 있는 상황은 거래거절의 상대방이 시장에 지속적으로 참가
할 가능성이 제한될 수 있음을 시사한다. 물론 앞서 언급한 Colgate 원칙
의 연장선에서 미국 연방대법원의 Aspen 판결이[3] 지적한 것처럼, 독점적
지위에 있는 사업자라 하더라도 거래 요청에 응할 일반적 의무를 부담하
는 것은 아니다. 결국 이러한 의무를 부담하게 되는, 즉 거래 거절이 경쟁
법상 위법한 것으로 평가될 수 있는 특별한 근거가 제시되어야 한다.

한편 거래거절의 위법성을 판단함에 있어서, 거래거절의 경쟁정책적 의
의와 구체적 유형을 살펴보는 것이 중요하다. 거래거절이라는 단일한 용
어가 통용되고 있지만, 거래거절로 이해될 수 있는 범위 안에 매우 다양한
형태가 존재하며, 이를 유형화하여 이해하는 것은 거래거절의 위법성 판
단을 구체화함에 있어서 유용할 것으로 생각된다.

여기서의 논의는 특히 시장지배적 사업자에 의한 거래거절을 대상으로
하지만, 주지하다시피 「독점규제 및 공정거래에 관한 법률」(이하 '독점규
제법')이 명시적으로 불공정거래행위로서 거래거절을 규제하는 것과 관련
하여, 양 규제 사이의 구별과 관계를 어떻게 이해할 것인지의 문제가 뒤따
른다. 시장지배적 지위남용의 관점에서 논의를 전개하면서도, 이와 관련된
부분에 대한 언급은 피할 수 없을 것이다.

끝으로 논의의 범위와 관련하여, 필수설비론의 적용에 관한 부분을 여
기서 심도 있게 다루지는 않을 것이다. 미국 반독점법상 거래거절의 특수
한 형태로 등장하였던 필수설비론의 연혁에 비추어, 또는 개념적으로 필
수설비의 사용 요청에 대한 거절을 규제 대상으로 하고 있는 동 법리의

---

3) Aspen Skiing Co. v. Aspen Highlands Skiing Corp., 472 U.S. 585(1985).

적용상의 특징을 고려할 경우에, 필수설비론의 적용 문제가 거래거절의 규제 법리에서 다루어질 수 있다는 점에 의문은 없다. 또한 여전히 경쟁법 상 필수설비론의 고유한 법리로서의 의의에 소극적이며, 거래거절의 일반론을 적용함으로써 충분하다는 지적도 유력하다.[4] 그러나 우리 독점규제법은 독일의 경쟁제한방지법(Gesetz gegen Beschränkungen; GWB)과 마찬가지로 시장지배적 지위남용행위의 규제법리로서 필수설비론을 명시적으로 수용함으로써, 독자적인 근거 규정을 두고 있다. 따라서 독점규제법상 필수설비에 관한 논의는 우선 동 규정의 해석론에 기초하여야 한다는 점에서, 일반적인 거래거절을 대상으로 하는 이하의 논의에서는 관련되는 한도에서만 언급하기로 한다.

이하의 논의는 우선 거래거절의 의의와 구체적 유형을 분석하고(II), 이에 기초하여 시장지배적 지위남용의 관점에서 거래거절의 위법성 판단에 관하여 논의할 것이다(III). 결론에서 이상의 논의를 종합할 것이다(IV).

## II. 거래거절의 의의

### 1. 거래거절의 개념

전술한 것처럼 독점규제법은 명시적으로 거래거절을 불공정거래행위의 하나로서 규정하고 있으며(법 23조 1항 1호), 동법 시행령 [별표 1]은 제1호에서 거래거절을 "거래의 개시를 거절하거나 계속적인 거래관계에 있는 특정사업자에 대하여 거래를 중단하거나 거래하는 상품 또는 용역의 수량이나 내용을 현저히 제한하는 행위"로서 규정하고 있다. 시장지배적 지위남용행위는 수범자 또는 수범자가 속한 시장의 구조적 특성에서 구별되는

---

4) Herbert Hovenkamp, Federal Antitrust Policy, Thomson/West, 2005, 309면.

것이므로,[5] 거래거절에 해당하는 행위를 특정하고 있는 동 규정은 지배력 남용행위로서 거래거절의 범위를 정하는데도 유효할 것이다. 즉 새로운 거래의 요청의 경우나 기존의 거래관계를 중단하는 경우는, 각각의 경쟁 법적 평가는 별론으로 하고, 모두 거래거절에 해당하며, 또한 거래의 양적 또는 내용적 감소가 현저한 경우에 실질적으로 거래거절에 해당할 수 있 다는 것에 대해서도 의문은 없다.

거래거절의 행태를 계약법적으로 보면, 청약에 대한 승낙의 의사표시가 주어지지 않은 경우를 말하고, 위법성 판단의 대상이 되는 거래거절을 확 정하는 단계에서 계약적 관계를 파악하는 것은 유력한 접근 방식이 될 수 있다. 그러나 거래관계 또는 거래관계의 종료가 계약적 구속력이 발생하 는 법적 의미에서의 계약관계에 전적으로 의존하는 것은 아니다. 예를 들 어 기존의 계약관계가 종료된 상태라 하더라도 당사자 사이에 거래관계가 실질적으로 지속되고 있는 경우에, 새로운 계약 체결에 대한 요청을 거절 하는 것은 거래 중단의 의미로 이해될 수 있다. 또한 경쟁법상 거래거절의 위법성이 계약당사자의 이해관계를 조정하는 관점, 즉 계약법적인 정당성 판단에 의하는 것은 아니기 때문에, 사실관계로서 거래의 내용과 특성을 분석하는 것은 보다 중요한 의미를 갖는다. 이러한 점에서 Hübschle이 적 절하게 지적한 것처럼, 경쟁법상 거래거절은 내용적으로 사업자가 거래관 계를 통하여 달성하고자 하는 전체적인 계획(Unternehmenskonzept)에 기 초한다.[6] Aspen 사건의 예를 보면, Aspen 지역에 있는 4개의 활강코스를 피고인 Aspen사가 3개, 원고인 Highlands사가 1개를 각각 갖고 있는 상황 에서 Highlands사는 Aspen사가 보유하고 있는 활강코스를 이용할 것을 요청하였고, 이를 Aspen사가 거절함으로써 경쟁법상 문제가 제기되었다.

---

5) 이에 관한 상론은 홍명수, 경제법론I, 경인문화사, 2008, 114-116면 참조.

6) Knut Werner Lange hrsg., Handbuch zum deutschen und europäischen Kartell-recht, Verlag Recht und Wirtschaft GmbH, 2006, 435면(Wolfgang Hübschle 집 필부분) 참조.

Aspen사의 이용 거절이 위법한 것인지 여부와 관련하여, Aspen사가 보유한 활강코스가 필수설비적인 성격을 갖고 있는지가 쟁점으로 다루어졌는데,[7] 특히 Highlands사가 요청하였던 거래의 구체적 내용이 이러한 쟁점을 이해하는데 있어서 결정적인 의미가 있었다. 즉 Highlands가 요청하였던 거래는 Aspen 지역의 스키활강 시장에서의 공동 마케팅에 관한 것이었고, Aspen사가 거래거절을 통하여 달성하고자 하였던 경제적 목적 그리고 이러한 행위가 동 시장의 경쟁에 미치는 영향 등은 공동 마케팅의 내용과 이에 관한 양자의 이해관계에 기초함으로써 타당한 분석이 이루어질 수 있었다.

거래 자체가 여러 가지 목적에 따라서 이루어지는 것처럼, 거래거절 또한 경제주체가 추구하는 다양한 이익을 반영한다. 시장지배적 사업자가 거래거절을 통하여 얻고자 하는 목적이, 거래관계로부터 발생할 수 있는 경쟁을 회피하고, 기존의 시장지배력을 유지·강화하거나 인접시장으로 전이하는 것이라면, 이러한 거래거절은 시장지배적 지위남용행위로서 규제될 수 있으며, 특히 EU나 독일의 경쟁법에서는 방해적 남용으로서의 규제가 가능한 것으로 이해되고 있다.[8] 그러나 다른 한편으로 거래거절은 효율성의 증대와 같은 경쟁법상 긍정적으로 평가할 수 있는 목적과 관련될 수 있으며, 이하에서 살펴 볼 위법성 심사에서 이와 같은 상반된 목적을 종합적으로 형량하여야 하는 과제가 남게 된다.

---

7) 당해 사안에서 연방대법원은 필수설비론을 명시적으로 언급하지 않으며, 다만 필수설비론에서 제시한 여러 기준들을 일반적으로 다루었다. 동 판결의 의의에 관하여, 홍명수, 주 5)의 책, 경인문화사, 2008, 380-381면 참조.

8) Knut Werner Lange hrsg., 주 6)의 책, 434면 이하(Wolfgang Hübschle 집필부분). 한편 EC조약 제82조(현 EU기능조약 제102조) 제1항 각호에 열거되어 있지 않는 유형의 시장지배적 지위남용행위가 가능하며, 이에 해당하는 것으로 거래거절을 언급하고 있는 것으로서, Albertina Albors-Llorens, EC Competition Law and Policy, William Publishing, 2002, 97면.

## 2. 거래거절의 유형

### (1) 거래 개시의 거절과 거래의 중단

전술한 것처럼 거래거절은 새로운 거래 요청의 거절과 기존 거래의 중단 모두를 포함하는 것으로 이해된다. 따라서 거래거절에 해당하는지 여부와 관련하여 양자 사이에 차이가 존재하는 것은 아니지만, 각각의 위법성 평가는 달라질 수 있다는 점에서 이러한 구별이 무의미한 것은 아니다. 이와 관련하여 EC에서 다루어졌던 British Petroleum 사건은[9] 시사하는 바가 크다. 유럽 법원은 전 세계적인 오일 위기로 인한 원유 감산의 상황에서 British Petroleum이 네덜란드의 석유판매조직인 ABG에게 원유 공급을 현저하게 줄인 것에 대하여, 이러한 공급거절이 British Petroleum의 합리적인 공급전략에 따른 것으로서 정당화 될 수 있다고 판결하였다. 이때 유럽 법원은 ABG가 British Petroleum이 정규적으로 지속적인 거래를 맺어온 고객이 아니라, 일시적으로 비정규적인 거래를 했던 상대방이라는 점에 주목하였는데, 이러한 판단은 역으로 지속적인 거래관계를 맺어 온 상대방에 대한 거래거절의 경우 위법한 것으로 볼 가능성이 보다 클 수 있음을 보여주는 것이다.[10]

물론 새로운 거래의 개시를 거부하는 경우가 언제나 정당화될 수 있는 것은 아니며,[11] 다만 상대적으로 정당화 될 수 있는 여지가 큰 것으로 이해할 수 있을 뿐이다. 예를 들어 공급 여력이 더 이상 없는 경우처럼, 새로운 거래개시의 요청에 응하기 위하여 기존의 거래관계를 중단하여야만

---

9) British Petroleum v. Commission, Case 77/77, [1978] ECR 1513.

10) Alison Jones & Brenda Surfin, EC Competition Law, Oxford Univ. Press, 2008, 530면 참조.

11) Albertina Albors-Llorens, 주 8)의 책, 100면 참조. 특히 Albors-Llorens는 British Petroleum 사건에서 유럽 법원의 위법성을 부인한 근거로서, 오일 위기에 따른 석유 감산의 상황에 좀 더 큰 의미를 부여하고 있다.

하는 경우에, 이때의 거래거절은 영업의 자유에 따른 이익 그리고 기존 거래상대방의 이익과 형량을 통하여 정당화될 여지가 크다. 이와 관련하여 거래 요청에 대한 거부를 위법한 것으로 평가하는 것은 사실상 체약강제로서의 의미를 갖게 되며, 결국 거래상대방 나아가 경쟁법이 사업자의 고유한 경영상의 판단을 대신하게 되는 결과를 낳을 수 있다는 우려도 고려되어야 한다.[12]

한편 새로운 거래요청에 대한 거절과 기존 거래의 중단을 사실관계에서 확정하는 것이 용이하지 않을 수 있는데, 이상에서 검토한 바와 같이 양자에 대한 경쟁법의 적용에 의미 있는 차이가 발생할 수 있다는 점을 감안하면, 사실관계에서 양자를 구별하는 것은 유력한 쟁점이 될 수 있다. 이와 관련하여 불공정거래행위로서의 거래거절(기타의 거래거절; [별표 1] 1호 나목)로 다루어졌던 한국코카콜라(주)의 공급거절 사건은 참고할 만한 것이다. 한국코카콜라는 보틀러 계약에 의한 국내 판매방식의 변화를 꾀하고 범양식품(주)에 대한 콜라 원액의 공급을 1997년 4월 중단하였다. 사안에서 공정거래위원회는 양자 사이에 묵시적인 계약연장이 이루어졌고, 이에 기초한 양 당사자의 합의에 반한다는 점을 거래 중단의 부당성을 판단하는 근거의 하나로 제시하였다.[13] 동 심결에 대한 항고소송에서 법원은 공정거래위원회와 달리 양 당사자 사이에 묵시적 계약관계를 부인하였는데, 그러나 여전히 거래 중단의 관점에서 당해 사안을 파악한 것에[14] 주목할 필요가 있다.

---

12) Herbert Hovenkamp, 주 4)의 책, 311-312면 참조.
13) 공정위 1997. 8. 27. 의결 9704경촉0614.
14) 대법원 2001. 1. 5. 선고 98두17869 판결. 동 판결은 한국코카콜라의 판매전략의 변화에 따른 거래거절이 정당화 될 수 있는 것으로 보고, 공정거래위원회의 심결을 지지한 원심 판결을 파기 환송하였다. 한편 동 판결과 관련하여 거래 중단의 경우가 보다 위법성이 중대함을 논증하고 있는 것으로서, 김차동, "단독거래거절에 의한 불공정거래행위의 규제원리", 권오승 편, 공정거래와 법치, 법문사, 2004, 697면 참조.

### (2) 공급 거절과 수요 거절

독점규제법은 시장지배적 지위를 수요 측면에서도 파악할 수 있는 명문의 근거 규정을 두고 있다(법 2조 7호). 법리적으로도 시장지배적 지위 남용행위가 수요자에 의하여 이루어질 수 있다는 것에 의문은 없으며,[15] 따라서 거래거절도 양 측면에서 모두 파악하는 것이 가능하다. 이상적인 시장 메커니즘을 전제하면, 공급과 수요는 시장의 균형에 작용하는 힘에서 균등한 것이기 때문에, 각각의 지배력 남용이 시장에 미치는 영향을 분석함에 있어서 상이한 접근방식이 적용되지는 않는다.

하지만 거래거절의 측면에서 공급 거절은 거래거절의 일반적인 형태라할 수 있다. 경제적 목적에 따른 다양한 유형의 공급 거절이 있으며, 선별적으로(selective) 운영되는 유통망에서 나타나는 거래거절은 대표적인 형태라 할 수 있다. 원칙적으로 유통망을 형성하고 운영하는 것, 즉 유통업자를 선택하는 것은 사업자의 자유로운 영역에 속하지만, 이에 의하여 유통망 접근이 차단된 유통업자에 대한 지배력 남용의 문제가 발생할 수 있다.[16] 따라서 이를 형량하는 과정이 불가피한데, 이와 관련하여 이미 충분히 많은 유통업자를 상대하고 있는 사업자의 관점에서 추가적으로 1 사업자를 배제하는 것이 시장에 경쟁제한적인 영향을 미치는 것으로 평가될 수 있는지에 의문을 표하는 견해도 있다.[17] 한편 전술한 한국코카콜라 사건에서처럼, 공급 거절이 사업자의 판매전략의 근본적 전환과 같은 상황에서 발생한 경우에, 이에 대한 특별한 검토가 요구된다. 이러한 판매전략의 전환이 효율성을 추구하는 목적으로 이루어지고, 유통업자들에 대한 보상이나 경과 기간이 주어지는 경우에, 이는 정당화 사유로서 고려될 것이다.[18] 그러나 이 경우에도 유통업자가 부담하여야 하는 고유한 위험을

---

15) 권오승, 경제법, 법문사, 2008, 145면.

16) Michael Kling & Stefan Thomas, Kartellrecht, Verlag Franz Vahlen, 2007, 669면 이하 참조.

17) Herbert Hovenkamp, 주 4)의 책, 300면 참조.

넘는 범위에서 공급 제한이 이루어질 경우에 경쟁침해의 관점에서 거래거절의 위법성이 인정될 수 있다. 한편 독일 상법(HBG) 제89조의b에 상응하는 사업자의 사회적 책무와 같은 것에 근거하여 위법성을 평가할 수 없다는 지적에 유의할 필요가 있다.[19]

수요 측면에서의 거래 거절의 경우도 공급 거절과 마찬가지로 시장지배력 남용으로서 규제될 수 있으며, 특히 완제품 제조업자인 수요자가 독점적 지위에 있을 때, 원료나 부품 공급업자는 거래거절에 의하여 시장에서 배제될 위험을 갖게 될 것이다. 그러나 수요 측면에서의 지배력이 구매 가격을 낮추는 등으로 작용하여 효율성 제고에 긍정적인 영향을 미칠 수 있으며,[20] 이러한 점에서 일반적으로 공급자의 경우에 비하여 품질과 가격을 고려하는 수요자 고유의 선택 범위가 넓은 것으로 이해되고 있다.[21]

### (3) 수평적 거래거절과 수직적 거래거절

거래거절의 양 당사자의 관계 또는 거래의 대상이 되는 상품의 특성에 따라서 수평적 거래거절과 수직적 거래거절로의 구분이 가능하다. 즉 수평적 거래거절은 동일한 시장에 있는 사업자 간의 거래거절을 의미하는 반면에, 수직적 거래거절에서 거래거절의 양 당사자는 상하 인접시장에 위치하게 된다.

앞에서 다루었던 Aspen 사건은 수평적 거래거절의 전형적인 예라 할 수 있으며, 동 사건에서처럼 경쟁자 간에 이루어지는 거래를 일방 당사자가 거절한 경우가 이에 해당한다. 공정거래위원회가 불공정거래행위로서 규제하였던 사건 중에서는, 대구·경북지역에서 의약품 도매업을 하던 한일사(주)가 경쟁 사업자인 (주)동아약품에 대하여 자신이 독점취급하던 의

---

18) Knut Werner Lange hrsg., 주 6)의 책, 439면(Wolfgang Hübschle 집필부분).
19) 위의 책, 439-500면 이하(Wolfgang Hübschle 집필부분).
20) Richard Whish, Competition Law 5. ed., Oxford Univ. Press, 2005, 45면.
21) Knut Werner Lange hrsg., 주 6)의 책, 440-441면(Wolfgang Hübschle 집필부분).

약품의 공급을 거절한 사례나,[22] (주)국민은행 등 7개 은행이 삼성카드
(주)에 대하여 CD망의 공동 이용을 거절한 경우[23] 등에서 이러한 유형의
거래거절을 확인할 수 있다.

이와 같이 수평적 거래거절의 예가 드문 것은 아니지만, 수직적 거래거
절의 형태가 보다 빈번히 발생하는 거래거절의 유형이라 할 수 있다. 시장
지배적 사업자가 상하 인접시장에 위치한 사업자를 상대로 행하는 거래거
절로서 수직적 거래거절은, 다시 거절의 상대방이 거절 주체의 경쟁사업
자인지 여부에 의하여 분류할 수 있다. 특히 거래거절의 주체가 직접 또는
자회사의 형식으로 인접한 두 시장에 모두 참여하고 있을 때, 거래거절의
상대방 간에 경쟁 관계가 나타날 수 있다. 유럽 법원에서 다루어졌던
Commercial Solvents 사건은[24] 이에 관한 전형적인 예가 될 것이다. 동
사건에서 Commercial Solvents사는 결핵 치료에 사용되는 에담부톨의 기
초 생산물인 니트로프로페인과 아미노부타놀의 전세계적인 독점적 사업자
였고, 또한 에담부톨 자체도 생산하고 있었다. 한편 Zoja사는 Commercial
Solvents사로부터 아미노부타놀 등을 공급 받아 에담부톨을 생산하고 있
었는데, Commercial Solvents는 Zoja사가 에담부톨 역시 자신의 자회사인
Istituto Chemioterapico Italiano로부터 공급받게 할 목적으로 기초 생산물
의 공급을 중단함으로써 Zoja사는 에담부톨을 더 이상 제조할 수 없게 되
었다. 유럽 법원은 Commercial Solvents사의 행위가 시장지배적 지위의
남용행위에 해당한다고 판단하였는데, 당해 거절행위가 시장의 경쟁 구조
에 미친 영향에 가장 중요한 의미를 부여한 판결로 이해되고 있다.[25] 최
근 대법원의 판결 대상이 되었던 (주)포스코의 열연코일 공급 거절 사건이
나[26] 로얄정보기술(주) 사건도[27] 이와 유사하다. (주)포스코는 현대하이

---

22) 공정위 1994. 7. 14. 의결 9405구사326.

23) 공정위 2002. 1. 8. 의결 2001독점2503.

24) Istituto Chemioterapico Italiano and Commercial Solvents Corporation v.
Commission, Case 6-7/73, [1974] ECR 223.

25) D. G. Goyder, EC Competition Law, Clarendon Press, 1998, 335-336면 참조.

스코(주)에 대하여 자신이 국내에서 독점적으로 생산하는 열연코일의 공급을 거절하였는데, 열연코일을 원료로 하는 냉연강판 시장에서도 약 60%의 시장점유율을 보유하며 현대하이스코(주)와 경쟁하는 관계에 있었고, 동 시장에서 현대하이스코(주)가 배제될 우려는 위법성 판단의 주된 근거가 되었다. 또한 로얄정보기술(주)은 공기관식 감지기 시장에서 100%의 시장점유율을 차지하고 있는 상황에서 동 상품을 필수적인 부품으로 하는 자동화재탐지설비 시장에 진출하면서, 동 시장의 경쟁사업자에게 공기관식 감지기의 공급을 제한하였다.

거래거절의 주체는 자신과 경쟁하지 않는 사업자를 대상으로 하는 형태의 수직적 거래거절도 가능하며, 대체로 원료나 부품의 공급망 또는 유통망의 배타적 운영과 관련되는 경우에 나타난다. 이러한 유형의 거래거절도 경쟁제한의 관점에서 위법성 평가가 이루어진다는 점에서는 차이가 없는데, 미국의 Kodak 사건에서[28] Kodak사가 자신의 제품만을 전문적으로 취급하는 것이 아닌 독립 수리업자에 대하여 부품의 공급을 거절한 경우가 전형적인 예라 할 수 있다. 한편 이러한 유형의 거래거절은, 예를 들어 유통업자들이 거래하는 상품의 배타적 취급을 목적으로 제조업자로 하여금 다른 사업자에 대한 공급거절을 요구하는 형태로 발생할 수도 있다. 이에 대하여 유럽의 경우 EU기능조약 제101조에 의한 카르텔로서의 규제도 가능한 것으로 이해되는데, 이러한 이해는 동 규정에 의하여 수평적 카르텔뿐만 아니라, 수직적 카르텔도 규제될 수 있다는 것이 전제되어야 한다.[29]

---

26) 대법원 2007. 11. 22. 선고 2002두8626 판결.
27) 공정위 2006. 10. 10. 의결 2005경축2649.
28) Eastman Kodak Co. v. Image Technical Services, 504 U. S. 451(1992).
29) EC조약 제81조(현 EU기능조약 제101조) 제1항은 카르텔에 참가하는 사업자를 경쟁관계에 있는 사업자로 제한하지 않음으로써, 수직적 카르텔도 동 규정에 의하여 규제되는 것으로 이해되고 있다. 한편 독일 경쟁제한방지법상 카르텔 규제의 근거 조항인 제1조도 2005년 개정되어 '경쟁관계에 있는'(miteinander im

### (4) 부수적으로 발생하는 거래거절

거래거절 자체가 일정한 요건을 충족하는 경우에 경쟁법상 규제 대상이 될 수 있지만, 경우에 따라서 이미 경쟁법에 의하여 규제되는 다른 행위를 실행하기 위한 보조적 수단으로 거래거절이 사용될 수도 있다. 끼워팔기나 배타적 거래를 의도하면서, 이를 상대방에게 강제하는 수단으로 거래거절이 활용되는 경우를 상정할 수 있다. 예를 들어 United Brands 사건에서[30] 유럽 시장에 바나나를 공급하고 있었던 United Brands사는 경쟁사업자의 상품을 취급하였던 덴마크 유통업자 Olsen에게 바나나 공급을 거절하였다. 이에 대하여 유럽 법원은 United Brands의 거래거절이 Olsen의 불충실에 대한 제재로서 비례적 범위를 넘는다고 보고 위법한 것으로 판단하였다. 동 판결에서 유럽법원은 장기적으로 거래를 해 온 유통업자의 정상적인 범위 안에서의 주문에 대한 거절이라는 점에 초점을 맞추었는데,[31] 당해 사안의 실질은 United Brands사가 배타적인 방식으로 거래할 것을 유통업자에게 강제한 것에 있었다.

적어도 직권규제주의에 기초하고 있는 우리 법체계에 비추어, 구체적 사안에서 경쟁법상 어떠한 규제와 법리를 적용할 것인지는 규제기관의 재량에 의할 것이다. 최근에 공정거래위원회에서 다루어졌던 농협중앙회 사건에서,[32] 농협중앙회는 13개 비료회사들에게 식량작물용 화학비료를 자신에 전속적으로 공급하거나 개별 시판을 제한하면서, 이를 어길 경우에 거래를 중단하겠다는 내용의 계약을 체결하였고, 이에 대하여 공정거래위원회는 독점규제법 제3조의2 제1항 제5호에 근거하여 경쟁사업자를 배제하는 행위로 규율하였다. 당해 사안의 핵심은 농협중앙회가 식량작물용

---

Wettbewerb stehenden)이라는 표현을 삭제함으로써, 수직적 카르텔도 규제 대상이 되는 것으로 변경되었다. Fritz Rittner & Meinrad Dreher, Europäisches und deutsches Wirtschaftsrecht, C. F. Müller, 2008, 419면 참조.

30) United Brands v. Commission, Case 27/76, [1978] ECR 207.
31) D. G. Goyder, 주 25)의 책, 337면.
32) 공정위 2007. 1. 25. 의결 2006거감2157.

화학비료의 판매 시장에서 경쟁사업자를 배제하고 지배적 지위를 계속해서 유지하고자 하는 것에 있었으며, 계약 내용 중 거래 중단에 관한 것이 있다 하더라도, 이는 경쟁사업자를 배제하기 위한 수단의 의미가 강한 것으로 볼 수 있다. 이와 같이 경쟁법 위반 행위가 복합적으로 나타날 경우에, 법리적으로는 경쟁법상 문제가 되는 행위의 본질을 가장 잘 반영하는 규제 법리를 원용하는 것이 타당하다. 그러나 전술한 것처럼 이에 대한 규제기관의 재량을 부인할 수 없으며, 입증의 편의와 같은 절차적인 관점도 이에 영향을 미칠 것이다. 이와 관련하여 경쟁법상 다른 위반행위에 부수되는 거래거절이 독립적으로 다루어지지 않는 경우에도, 시정조치의 내용 또는 정도를 결정하거나 손해를 산정함에 있어서 고려될 수 있다.[33]

### (5) 실질적 거래거절 – 가격압착의 경우

수직적 거래거절과 관련하여 거래거절의 주체와 자회사가 수직적으로 통합되어 있는 경우에, 실질적인 의미에서 거래거절로 평가될 수 있는 형태로 거절 행위가 나타날 수 있다. 전술한 바와 같이 독점규제법 시행령 [별표 1]에 불공정거래행위로서 정의되어 있는 거래거절은 "거래하는 상품 또는 용역의 수량이나 내용을 현저히 제한하는 행위"를 포함하고 있는데, 동 규정은 실질적 거래거절에 관한 명시적 근거 규정으로 볼 수 있다.

실질적으로 거래거절로 평가할 수 있는 행위와 관련하여, 그 판단에 어려움을 주는 것은, 수직적 관련성 하에서 발생하는 가격압착(price squeezing)의 경우이다. 즉 자신과 일정한 관련이 있는 사업자에 대하여 독립적 사업자보다 저가로 상품을 공급하는 것은 다음 단계에서의 경쟁에 직접적인 영향을 미칠 수 있으며, 이와 같은 가격부과 방식에 따른 압력에 의하여 독립적 사업자는 시장에서 배제될 위험을 갖게 된다. 이는 실질적으로 독립적 사업자에 대한 거래거절에 상응하는 것이다.[34] 그러나 구체

---

33) Herbert Hovenkamp, 주 4)의 책, 309면 참조.
34) E. Thomas Sullivan & Jeffrey L. Harrison, Understanding Antitrust and Its

적으로 가격압착에 의한 거래거절의 판단이 용이한 것은 아니다. 무엇보
다 자신과 수직적으로 결합하고 있는 사업자에 대하여 낮은 가격으로 공
급하는 것이 거래비용의 절감에 따른 것이라면, 이는 경쟁법상 규제 대상
이 되지 않으며,[35] 따라서 비용절감 효과를 넘는 범위에서 이루어지는 가격
책정만이 거래거절의 관점에서 규제할 수 있는 행위가 된다. O'Donoghue
& Padilla에 의하면, 공급자가 수직적으로 결합되어 있고, 문제가 되고 있
는 공급이 다음 단계에서의 경쟁에 본질적인 의미가 있고, 수직적으로 통
합된 지배적 사업자의 가격부과가 효율적인 경쟁사업자의 활동을 비경제
적인 것이 되게 하며, 또한 수직적으로 통합된 사업자의 가격부과에 대한
객관적인 정당화 사유가 없을 것 등의 요건이 충족되면, 가격압착은 시장
지배적 지위남용으로서 규제 될 수 있다.[36]

그렇지만 이상의 요건의 충족, 특히 가격 부과의 정당화 사유로서 수직
적 통합의 효율성 증대에 따른 비용절감 효과를 구체적으로 입증하는 것
또한 어려운 문제이며,[37] 따라서 다른 관점에서 가격압착의 위법성을 논
증하기 위한 다양한 시도들이 존재한다.[38] 예를 들어 가격압착에 의하여
독점력이 전이될 가능성, 수직적 결합과 이에 의한 가격압착이 진입장벽
으로 기능하는지 여부, 수직적 결합이 차별된 그룹 간의 전매 가능성을 차
단함으로써 가격차별이 용이하게 이루어질 수 있도록 할 가능성, 약탈적
가격책정이 될 수 있는지 여부 등이 판단 기준으로서 고려되고 있다. 물론
이러한 논의에 대해서는, 추가적 이윤확보가 가능하지 않은 상황에서 독

Economic Implications, LexisNexis, 2003, 297면. 또한 수직적 봉쇄를 가격압착
(price squeeze, margin squeeze)의 본질로 이해하는 것으로서, Robert O'Donog-
hue & A Jorge Padilla, The Law and Economics of Article 82 EC, Hart Publish-
ing, 2006, 303면 참조.

35) Herbert Hovenkamp, 주 4)의 책, 304면.
36) Robert O'Donoghue & A Jorge Padilla, 주 34)의 책, 310면.
37) 위의 책, 320-321면 참조.
38) Phillip E. Areeda & Herbert Hovenkamp, Antitrust Law vol. IIIA, Little, Brown
and Company, 1996, 129면 이하 참조.

점력 전이가 발생하기 어렵다는 것,[39] 이중 진입이 진입장벽으로 기능하는 것에 관한 구체적 설명이 부족하다는 것, 수직적 결합에 따른 가격차별이 이루어지는 경우에도 이것이 경쟁자에게 배타적인 영향을 미치기 어렵다는 것 등의 유력한 반론도 있다.[40] 이상의 논의 전개과정에서 확정적인 결론의 도출이 수월하지는 않지만, 실제 발생하는 문제 해결에 유용한 관점을 제공하는 측면도 있다. 예를 들어 앞에서 다루었던 Commercial Solvents 사건에서 Commercial Solvents사는 Zoja사에게 가격압착과 그 본질이 같다고 볼 수 있는 공급압착(supply squeezing)을 가하였는데, 문제가 된 상품인 니트로프로페인과 아미노부타놀이 특허권의 보호를 받는 것은 아니었지만, 사실상 경쟁사업자가 이를 생산하는 것은 불가능한 상황이었다는 점이 위법성 판단에 중요한 영향을 미쳤다.[41] 동 판결이 시사하는 것처럼, 이론적으로는 이중 진입이 가능하지만, 현실적으로 상하 인접시장에 모두 진입하는 것이 가능하지 않은 경우라면, 진입제한의 관점에서 가격압착에 의한 거래거절을 위법한 것으로 볼 여지가 있다.

### (6) 필수설비의 제공 거절

전술한 것처럼 필수설비론은 연혁적으로 미국 판례법상 거래거절의 특수한 법리로서 발전하여 왔고, 규제 법리로서 정식화된 요건도 여전히 거래거절의 관점에서 이해할 수 있는 것이다. 특히 MCI 판결을[42] 통하여 필수설비론이 내용적으로 확립된 것으로 이해되고 있는데, 이에 의하면 독점사업자가 필수 설비를 지배할 것, 경쟁자가 필수 설비를 복제하는 것이

---

39) 이러한 견해는 'single monopoly profit' 이론으로 전개되고 있으며, 이에 관한 논의는 Andrew I. Gavil, William E. Kovacic & Jonathan B. Baker, Antitrust Law in Perspective, Thompson/West, 2008, 861면 이하 참조.
40) Phillip E. Areeda & Herbert Hovenkamp, 주 38)의 책, 130면 이하 참조.
41) D. G. Goyder, 주 25)의 책, 335면 참조.
42) MCI Communic. Corp. v. AT & T, 708 F.2d 1081, 1132-1133 (7th Cir.), cert. denied, 464 U.S. 891 (1983).

실제적으로 또는 합리적으로 불가능할 것, 경쟁자에게 설비의 이용을 거절하였을 것, 설비 제공이 실행 가능하였을 것 등이다. 이러한 요건은 유럽에서 필수설비론을 적용하는 경우에도 반영되고 있는데, Bronner 사건에서[43] 유럽 법원은 거절행위가 당사자가 접근을 요구하고 있는 시장에서의 모든 경쟁을 배제할 개연성이 높을 것, 거절행위가 객관적으로 정당화될 수 없을 것, 접근이 요구되고 있는 설비가 당해 설비에 대한 실제적 또는 잠재적 대안이 없기 때문에 접근을 요구하는 당사자의 활동을 위하여 필수불가결한 것[44] 등을 요건으로 제시하였다.[45]

이상의 미국과 유럽에서 필수설비론은 법리적인 측면에서 논의가 전개되고 있으며, 여전히 동 이론의 적용에 관하여 부정적인 입장을 보여주는 견해도 유력하다.[46] 필수설비론의 적용에 관한 찬반의 논의는 여전히 의미 있는 것이지만, 우리 독점규제법이나 독일의 경쟁제한방지법처럼 필수설비론을 명문으로 수용한 경우에는 법규정의 해석론이 요구된다는 점에서, 미국이나 유럽과는 논의의 기초에서 차이가 있다. 한편 독점규제법상 필수설비론이 동법 시행령 제5조 제3항 제3호 및 제4항 제3호에 규정된

---

43) Oscar Bronner v. Mediaprint Zeitungs- und Zeitschriftenverlag, Case C-7/97, [1998] ECR I-7791.

44) 한편 Hovenkamp는 필수설비 보유자가 비용상의 이점을 갖게 되는 것을 필수설비의 사실상의 특성으로 언급하고 있다. Herbert Hovenkamp, 주 4)의 책, 310-311면 참조.

45) EC 위원회와 유럽 법원에서 필수설비론의 적용을 중심으로 유럽에서 필수설비론의 전개에 관하여, 홍명수, 주 5)의 책, 383-387면 참조.

46) 필수설비론의 적용에 관하여 부정적인 입장의 근거로서, 필수설비론이 궁극적으로 규제기관에 의한 가격조정으로 이어질 수밖에 없다는 점, 그리고 장기적인 관점에서 대체 설비를 만들려는 유인이 감소하여 근본적으로 소비자 이익에 반할 수 있다는 점 등이 지적되고 있다. Herbert Hovenkamp, 주 4)의 책, 313-314면 참조. 한편 필수설비론의 중점이 통신산업과 같은 규제 산업에서 사전적 규제의 영역으로 옮겨가고 있다는 지적에 관하여, D. G. Goyder, 주 25)의 책, 350면 참조.

것에 비하여, 독일의 경우 경쟁제한방지법에 직접 필수설비에 관한 규정을 두었다는 점에서, 필수설비론의 입법적 수용에 보다 적극적인 태도를 보여주고 있다.

독일 경쟁제한방지법 제19조 제4항 제4호는 시장지배적 지위남용의 한 유형으로서 "다른 기업이 시장지배적 사업자 소유의 네트워크 또는 다른 기간 설비를 공동으로 이용하지 않고서는 법률상 또는 사실상의 이유로 전방 또는 후방의 시장에서 시장지배적 사업자의 경쟁자로서 활동하는 것이 불가능한 경우에, 그 다른 사업자가 적절한 대가를 지급하고 시장지배적 사업자가 보유한 네트워크 또는 기간 설비에 접근하는 것을 거절하는 경우"를 규정하고 있다. 동 조항에서 정하고 있는 구체적 요건의 해석론이 전개되고 있으며,[47] 한편 동 규정의 적용과 관련하여 실질적인 쟁점은 설비 이용에 대한 적절한 대가를 정하는 것이 될 수 있다는 지적도 유력하다.[48] 이와 관련하여 독일 연방재판소에서 다루어진 판결로서 Fährhafen Puttgarden 사건은[49] 참고할 만한 것이다. 동 사건에서 Scandlines사가 소유한 Puttgarden항은 Puttgarden과 덴마크의 Rødby항 사이의 페리선을 운영함에 있어서 필수적인 설비에 해당하였는데, 다른 사업자가 당해 페리선을 운영하기 위하여 Puttgarden항의 이용을 요청한 것을 Scandlines사가 거절한 것이 문제가 되었다. 연방재판소는 필수설비에 관한 동 조항이 수범자의 경제적 자유를 제한할 가능성이 크므로 비례성 원칙이 준수되어야 한다는 점을 전제하고, 규제기관(연방카르텔청)이 설비 이용의 대가를 정할 수는 없으며, 항구의 사용료가 제시되지 않은 상태에서 항구 이용에 대한 요청을 거절한 것을 동 조항에 기초하여 남용행위로서 금지할 수 없다고 판결하였다.[50]

---

47) 독일 경쟁제한방지법 제19조 제4항 제4호의 해석에 관한 개괄적 설명으로, 홍명수, 주 5)의 책, 388-391면 참조.
48) Fritz Rittner, Wettbewerbs- und Kartellrecht, C. F. Müller Verlag, 1999, 301면 참조.
49) BGH v. 24. 9. 2002.

명문의 근거 규정에 기초한 필수설비론의 적용에 있어서, 일반적인 남용 규제로서 거래거절의 금지와 관련하여, 필수설비 규정상의 요건을 충족하지 못한 경우에 일반적인 거래거절로서 규제될 수 있는지에 관한 문제가 제기될 수 있다. 전술한 것처럼 필수설비론은 거래거절 규제의 특수한 형태로 발전하여 온 것이고, 따라서 법리적으로 거래거절 규제와의 관계에서 특별법적 의미를 갖는 것으로 볼 수도 있다. 또한 거래거절을 독점규제법상 사업활동 방해의 한 유형으로 이해한다면, 독점규제법 시행령 제5조 제3항 제3호에서 필수설비론의 적용에 관한 규정을 두고 있는 한편, 제4호가 작은 일반 조항(kleine, generale Klause)의 형식으로 기타의 방해적 남용에 관한 유형을 포섭할 수 있도록 규정되어 있다는 점도, 일반적인 거래거절로서의 규제를 가능한 것으로 볼 수 있는 근거가 될 수 있다.

## (7) 비 시장지배적 사업자에 의한 거래 거절

미국 반독점법상 일방적 거래거절은 Sherman법 제2조의 독점화(to monopolize) 내지 독점화(to attempt to monopolize)를 기도하는 행위로서 규제된다. Grinnell 판결에[51] 의하면, 동 행위는 관련시장에서 독점력을 보유하고, 그 독점력이 반경쟁적, 배타적인 수단에 의하여 또는 반경쟁적, 배타적인 목적을 위해서 의도적으로 획득, 유지 또는 활용되었을 것을 의미한다.[52] 이와 같이 독점력의 획득뿐만 아니라, 이를 유지 또는 활용하는 것까지 독점화 규정에 해당한다면, 시장지배적 지위남용행위의 규제와 내용적으로 큰 차이가 없다는 이해도 가능할 것이다. 그러나 Sherman

---

50) 동 판결의 의의에 관하여, Michael Kling & Stefan Thomas, 주 16)의 책, 691면.
51) U. S. v. Grinnell Corp., 384 U. S. 563(1966).
52) 이와 같은 독점화의 의의는 보다 더 구체화 되어야 하며, 당연히 이에 대한 판단에 어려움이 있다. 예를 들어 경쟁사업자를 의도적으로 배제할 목적으로 이루어지는 행위와 상품의 장점에 의하여 경쟁사업자와 경쟁하는 행위 사이에 경계를 정하는 일이 용이하지는 않다. E. Thomas Sullivan & Jeffrey L. Harrison, 주 34)의 책, 284-285면 참조.

법 제2조의 독점화 금지 규정은 독점력의 획득까지 문제삼을 수 있다는 점에서 보다 근본적인 규제로서의 의의가 있음은 분명하다.[53] 또한 Sherman법 제2조가 적용되기 위한 독점력은 판례에 의하면 최소한 시장점유율 50% 이상일 것이 요구되고 있다는 점에서,[54] 일반적으로 시장지배적 지위남용행위를 규제하는 법체계에서 시장지배력 기준에 비하여, 보다 높은 수준의 지배력을 전제하는 것으로 볼 수 있다.

Sherman법 제2조가 요구하는 수준의 독점력을 보유하고 있지 않을 경우에, 당해 사업자의 거래거절은 독점화에 해당하는 행위로서 규제되지 않으며, 다른 반독점법상의 위반행위로 규제될 가능성이 주어질 뿐이다. 시장지배적 지위남용행위로서 규제의 경우에도 시장지배적 지위가 전제되는 것이기 때문에, 당연히 시장지배력을 갖고 있지 않은 사업자의 거래거절은 시장지배적 지위남용행위로서 규제되지 않는다. 그러나 앞에서 살펴본 것처럼, 독점규제법은 불공정거래행위로서 거래거절을 규제하고 있고, 동 규제는 수범자의 제한을 두지 않기 때문에 이에 의한 규제 가능성은 남아 있다. 즉 비 시장지배적 사업자에 의한 거래거절은 불공정거래행위로서 규제될 수 있다.

이와 관련하여 포스코 사건에서 대법원이 시장지배적 지위남용행위와 불공정거래행위의 관계에 대하여 판시한 사항은 주목할 만한 것이다. 동 판결은 "독점규제법 제3조의2 제1항 제3호의 시장지배적 사업자의 거래거절행위와 독점규제법 제23조 제1항 제1호의 불공정거래행위로서의 거래거절행위는 그 규제목적 및 범위를 달리하고 있으므로 독점규제법 제3조의2 제1항 제3호가 규제하는 시장지배적 사업자의 거래거절행위의 부당성의

53) 홍명수, 주 5)의 책, 99면 참조.
54) Herbert Hovenkamp, 주 4)의 책, 272-273면 참조. 한편 시장점유율이 40% 정도이지만 풍부한 자금력과 초과설비를 보유하고 있는 경우에, 더 큰 시장점유율을 보유하고 있는 사업자보다 시장지배력이 증대할 가능성이 크다는 점에서 시장점유율의 한계를 지적하고 있는 것으로서, E. Thomas Sullivan & Jeffrey L. Harrison, 주 34)의 책, 308면 참조.

의미는 독점규제법 제23조 제1항 제1호의 불공정거래행위로서의 거래거절
행위의 부당성과는 별도로 독자적으로 평가·해석하여야 한다. 독점규제
법이 그 제3조의2 제1항 제3호에서 시장지배적 사업자의 지위남용행위로
서의 거래거절행위를 규제하면서도 그 제23조 제1항 제1호에서 시장지배
적 사업자를 포함한 모든 사업자의 불공정거래행위로서의 거래거절행위를
규제하고 있는 이유는, 거래거절이 시장지배적 사업자의 지위남용에 해당
하는지 여부를 떠나 단지 그 거래상대방과의 관계에서 공정한 거래를 저
해할 우려가 있는 행위라고 평가되는 경우에는 이를 규제하여야 할 필요
성이 있기 때문이다. 따라서 독점규제법 제23조 제1항 제1호의 불공정거
래행위로서의 거래거절행위에 관하여는 그 행위의 주체에 제한이 없으며,
또한 그 당해 거래거절행위의 공정거래저해성 여부에 주목하여 특정 사업
자의 거래기회를 배제하여 그 사업활동을 곤란하게 하거나 곤란하게 할
우려가 있는 경우, 거래상대방에 대한 부당한 통제 등의 목적 달성을 위한
실효성 확보 수단 등으로 거래거절이 사용된 경우 등과 같이 사업자의 거
래거절행위가 시장에 미치는 영향을 고려하지 아니하고 그 거래상대방인
특정 사업자가 당해 거래거절행위로 인하여 불이익을 입었는지 여부에 따
라 그 부당성의 유무를 평가하여야 한다"라고 판시하였다. 동 판시 사항
의 핵심은 불공정거래행위의 부당성은 경쟁제한성과 별개로 독자적으로
판단하여 하며, 거래거절의 경우 거래상대방의 불이익 등이 부당성 판단
의 중요한 고려 요소가 된다는 것이다. 거래의 공정성을 보호하려는 불공
정거래행위 규제의 고유한 규범 목적에 비추어, 동 판결에 대한 긍정적인
평가가 가능할 것이다. 그러나 두 가지 점에서 추가적으로 논의되어야 할
부분이 있다.

   우선 시장지배적 지위남용행위와 불공정거래행위의 규제를 규제목적이
나 부당성 판단의 측면에서 상호 독자적인 관계로 볼 경우에, 양 규정이
동일 사업자의 행위에 경합적으로 적용될 가능성도 있는데, 이에 대한 추
가적인 설명이 필요할 것이다.[55] 또한 불공정거래행위의 규제가 경쟁제한

성과 무관하게 이루어질 수 있는지에 대해서도 의문이다. 공정거래위원회
가 제정한「불공정거래행위 심사지침」에 의하면, 거래거절의 부당성은 주
로 경쟁제한성에 기초하여 판단하고 있다(동 지침 V. 1.). 불공정거래행위
가 거래의 공정성이라는 고유한 규제 목적을 갖고 있지만, Rittner가 지적
한 것처럼 경쟁의 자유와 공정은 비록 개념적으로 구분된다 하더라도, 서
로 밀접하게 관련된다는 점에 주의할 필요가 있다.[56]

결국 비 시장지배적 사업자의 거래거절을 불공정거래행위로서 규제할
경우에, 거래상대방의 불이익 등 공정성에 근거하는 것도 가능하지만, 경
쟁제한성의 관점에서도 부당성 판단이 이루어질 수 있다. 이때 시장지배
적 지위에 있지 않은 사업자에 의한 거래거절을 경쟁제한적인 것으로 평
가하는 것이 가능한지가 또 다시 문제가 될 것이다. 구체적으로 시장지배
적 지위남용행위의 일방적 특성에 따라서, 거래거절 중 주로 단독의 거래
거절을 의미하는 동법 시행령 [별표 1]의 '기타의 거래거절'로서의 규제 가
능성이 검토되어야 한다. 이와 관련하여 한국코카콜라(주) 사건에서 대법
원이 사용한 '유력사업자'라는 개념은 주목할 만한 것이다. 동 개념은 비
교법적으로 일본 公正取引委員會가 「私的獨占の禁止及び公正取引点の確
保に關する法律」(이하 독점금지법)의 적용을 위한 지침으로 제정한 '유통,
거래관행에 관한 독점금지법상의 지침(流通,取引慣行に關する獨占禁止法
上の指針)'에서 찾을 수 있으며, 당해 시장에서의 시장점유율이 10% 이상
또는 상위 3위 이내에 있는 사업자를 말한다. 대법원이 동 판결에서 제시
한 유력사업자가 일본 독점금지법상의 개념을 원용한 것인지는 분명하지
않지만, 적어도 시장지배력은 없지만 거래거절이 경쟁에 일정한 제한을

---

55) 지배적인 견해에 의하면, 시장지배적 지위남용행위 규제는 불공정거래행위 규제
    에 대하여 특별법적 관계에 있는 것으로 보며, 이에 의할 경우에 시장지배적 지위
    남용행위 규제는 우선적으로 적용될 것이다. 권오승, 주 15)의 책, 335면; 양명조,
    경제법강의, 신조사, 2007, 187-188면; 이기수 · 유진희, 경제법, 세창출판사, 2006,
    204면.
56) Fritz Rittner, 주 48)의 책, 29면.

가할 수 있는 정도의 영향력을 갖고 있는 사업자를 지칭하기 위한 의도적인 사용으로 이해된다.[57] 공정거래위원회의 초기 규제 사례를 보면, 한국코카콜라(주) 사건이나 한일사(주) 사건의[58] 경우처럼 독점적 지위에 있는 것으로 보이지만, 이에 대한 별도의 분석 없이 단독의 거래거절로서 불공정거래행위로 규제한 사례가 있었다. 이후 시장점유율 등의 분석을 수행하면서 단독의 거래거절로 규제한 사례 중에는 시장지배력을 인정할 수 있는 정도는 아니지만, 거래거절의 상대방을 배제할 우려가 있는 행위로서 부당성을 인정한 예가 다수 있다. 예를 들어 공정거래위원회는 면내의 시장에서 17.4% 점유율의 (주)태창,[59] 가방 시장에서 21.4% 점유율의 쌤소나이트코리아(주),[60] 전주지역 영화배급시장에서 23% 점유율의 (주)미디어플렉스[61] 등에 대하여 단독의 거래거절로서 불공정거래행위에 해당하는 것으로 판단하였다. 이에 대하여 20% 내외의 시장점유율을 차지하고 있는 사업자는 단독으로 부당한 거래거절의 주체가 될 수 있는 것으로 확정할 수는 없지만, 적어도 공정거래위원회가 이러한 경향을 보여주고 있는 것은 확인할 수 있다. 실제 거래에서 시장지배력에 미치지 못하지만, 거래 상대방에게 거래거절에 의하여 일정한 영향을 미칠 수 있는 지위를 상정할 수 있다면, 공정거래위원회의 태도는 긍정적으로 볼 수 있을 것이다.

---

57) 유력사업자 개념의 도입에 적극적인 견해로서, 김차동, 주 14)의 글, 700면 참조.
58) 공정위 1994. 7. 14. 의결 9405구사326.
59) 공정위 1997. 5. 3. 의결 9612독점1946.
60) 공정위 2003. 12. 11. 의결 2003유거0446.
61) 공정위 2007. 2. 12. 의결 2006독감1297.

## III. 거래거절의 위법성 판단

### 1. 시장지배적 지위남용 규제체계

#### (1) 시장지배적 지위남용 규제의 단계

시장지배적 지위남용행위 규제는 남용행위의 주체로서 시장지배적 지위를 전제하며, 전체적으로 시장지배력 남용에 대한 규제는 시장지배력의 존부에 대한 판단과 남용행위 여부에 대한 판단의 2단계 심사과정을 거치게 된다. 또한 시장지배적 지위의 판단은 법기술적으로 관련시장의 획정이 선행되어야 함으로, 결국 시장지배적 지위남용행위의 규제는 관련시장의 획정, 시장지배력, 남용행위를 각각 판단하는 일련의 과정에 따라서 이루어진다.

특히 거래거절과 관련하여 추가되어야 할 부분이 있다. 우선 관련시장의 획정과 관련하여, 거래거절이 수직적 구조에서 발생하는 경우, 시장획정이 이중적으로 요구된다. 예를 들어 앞에서 다루었던 Commercial Solvents 사건의 경우 거래거절의 대상이었던 에담부톨의 원료인 니트로프로페인과 아미노부타놀 시장 그리고 경쟁제한의 효과가 나타났던 에담부톨 시장이 각각 별개로 획정되어야 한다. 동일 상품의 제조와 유통 단계에서 거래거절의 문제가 발생하였다면, 각각의 유통 단계에 따라서 시장획정이 이루어져야 하며, 독점규제법 제2조 제8호는 단계별 시장획정에 관한 명시적인 규정을 두고 있다. 다만 최근 유통 현황에서 두드러진 도·소매 융합 현상에 대한 특별한 주의가 필요하다. 도·소매 시장을 각각 분리할 것인지 통합적으로 파악할 것인지와 관련하여, 관련시장 획정의 원칙적 기준인 대체가능성이 동일하게 적용될 것이다.

### (2) 시장지배력 판단에 관한 몇 가지 쟁점

시장지배력의 판단 기준에 관하여 독점규제법 제2조 제7호 2문은 시장
점유율, 진입장벽의 존재 및 정도, 경쟁사업자의 상대적 규모를 명시적으
로 규정하고 있다. 특히 시장점유율은 계량의 편의뿐만 아니라 시장봉쇄
의 실제적인 힘으로 작용한다는 점에서 가장 중요한 판단 기준으로 인정
되며, 독점규제법 제4조는 시장점유율에 의한 시장지배력 추정 규정을 두
고 있다. 한편 거래거절이 많은 경우에 수직적 통합의 구조에서 발생한다
는 점에서, 이러한 수직적 통합의 정도도 시장지배력 판단에 반영되어야
할 것으로 생각된다. United Brands 사건에서 United Brands사의 시장지
배력을 인정한 근거로서 우선 유럽 시장에서 약 40%의 시장점유율을 갖
고 있었다는 점이 중요하였지만, 유럽 법원은 United Brands사가 바나나
의 생산부터 유통까지 통합된 조직을 갖춤으로써 경쟁 사업자에 대하여
우위를 점할 수 있었다는 점에도 주목하였다.[62] 이와 같은 수직적 통합의
구조는 경쟁 사업자에게 진입장벽으로 작용할 것이다.

거래거절이 수직적으로 통합된 구조에서 발생하는 경우가 많다는 점에
서, 수직적 구조에서 시장지배력 판단의 특수한 법리로 제시된 고착효과
(lock-in effect)에 대한 논의가 있다. Kodak 판결에 연원하는 고착효과의
기본 내용은, 선행하는 계약에 구속되는 경우 선행하는 시장에서 지배력
을 갖지 못하는 경우에도 당해 시장에서 지배력을 가질 수 있다는 것으로
요약된다. Kodak 사건에서 Kodak사는 복사기 완제품 시장에서 23%의 점
유율을 갖고 있었지만, 부품 시장에서 독점적 지위를 갖는 것으로 인정되
었고, 이에 기초하여 Kodak사가 행한 거래거절 등의 일련의 행위가
Sherman법 제2조의 독점화 금지 규정 등에 위반하는 것으로 판단되었다.
이와 같이 고착효과는 완제품 시장에 종속하는 부품 시장 등을 대상으로
하므로, 지배력 문제라기보다는 부품 시장과 같은 종속된 시장을 별개의

---

62) D. G. Goyder, 주 25)의 책, 336면 참조.

시장으로 파악할 수 있는지에 관한 문제로 이해할 수도 있다. 고착 효과에 대한 유력한 반론은 선행하는 계약 시에 거래상대방은 다음 단계에서의 거래 상황을 충분히 고려하여 거래할 것이고, 따라서 고착 문제는 선행 계약에 이미 반영될 것이라는 점에 근거한다.[63] 물론 이러한 반론에 대해서는, 다음 단계의 거래상황에 대한 정보가 적절하게 주어지지 않을 경우에, 고착효과는 선행하는 계약의 구속력으로 작용할 것이라는 재반론이 가능할 것이다. 일반적으로 언급되는 불완전한 정보의 상황을 감안하면, 모든 경우는 아니라 하더라도, 최소한 정보가 불충분한 상황에서 고착효과에 의한 지배력 인정은 가능할 것으로 생각된다. Hovenkamp가 언급한 것처럼, 시장 불완전성의 이용은 Sherman법 제2조가 다룰 문제가 아니라는 지적은 충분히 참고할 만한 것이지만,[64] 여기서 규제 대상이 되는 행위는 단순한 이용이 아니라, 지배적 지위를 남용적으로 이용하는 것이다. 또한 Kodak 판결의 근거가 된 Sherman법 제2조는 높은 수준에서의 독점력을 요구하고 있기 때문에, 상대적으로 완화된 기준에 따라 시장지배력을 인정하는 시장지배적 지위남용체계 하에서는 고착효과의 인정 범위가 보다 넓을 수도 있다.

전술한 것처럼 거래거절은 수직적 구조 하에서 발생하는 경우가 많으며, 이러한 경우 시장지배력이 존재하는 시장과 남용행위 또는 남용행위의 효과가 발생하는 시장이 분리될 수 있다. 독점규제법 제3조의2 제1항 제3호는 방해행위의 대상을 단지 '다른 사업자'로만 규정하고, 동일 시장에 위치한 사업자일 것을 요구하고 있지 않으므로, 규정 해석상으로도 이러한 분리는 가능하다. 이때 남용행위는 시장지배력에 기초한 것이어야 하는데, 법리적으로 양자 사이에 규범적 인과관계(normative Kausalität)가 필요한 것으로 이해되고 있다.[65] 거래거절의 관점에서 보면, 거절 주체의

63) E. Thomas Sullivan & Jeffrey L. Harrison, 주 34)의 책, 261-262면 참조.
64) Herbert Hovenkamp, 주 4)의 책, 303면.
65) Ulrich Immenga & Ernst-Joachim Mestmäcker hrsg., GWB Kommentar 3. Aufl.,

시장에서의 지위가 거절 상대방에게 실제적 힘으로 작용할 수 있어야 한다.

끝으로 시장지배력의 크기 자체가 남용성 판단에 영향을 미칠 수 있는지, 도식적으로 표현하면 양자 사이에 비례적 관련성이 있는지에 관한 논의가 필요하다. 물론 이러한 관련성을 일반화하는 것에는 분명히 한계가 있다. 그러나 시장지배력이 큰 경우에만, 남용적 행위로서의 의미를 갖게되는 유형을 상정할 수 있으며, 수직적 통합 하에서 나타나는 배타적 행위도 이에 해당한다.66) 특히 수직적 유통관계에서의 거래거절을 대상으로 구체화 하면, 하위 유통사업자가 시장에 진입하는 것이 어려울수록, 거래를 거절하는 사업자의 시장력은 증대할 것이다. 이러한 점에서 거래거절주체의 시장력의 정도(Grad der Marktmacht)는 거절행위의 위법성 판단에 있어서도 중요한 역할을 수행하는 것으로 볼 수 있다.67)

## 2. 거래거절의 위법성 판단의 기준

### (1) 원칙적 기준 - 경쟁제한성

본질상 계약자유의 한 내용을 이루는 거래거절은 개념적으로 배타적인 의미를 가진다. 이러한 점에서 Hübschle은 지속적으로 거래주체의 영업자유에 따른 이익과 거래거절을 위법한 것으로 하여 체약강제를 통해 얻게 되는 경쟁상 이익의 비교형량을 강조하고 있다.68) 결국 거래거절 주체가 시장지배적 지위에 있고, 그 거절의 배제적 의미가 당해 거래를 넘어서 거래거절의 상대방이 속한 시장에서의 배제로까지 이어질 우려가 발생하는 경우, 지배력 남용의 문제로서 다루어지게 된다.

따라서 시장지배적 사업자가 행한 거래거절의 위법성 판단은, 그 거래

---

C. H. Beck, 2001, 666면(Wernhard Möschel 집필부분).

66) Herbert Hovenkamp, 주 4)의 책, 274면 참조.

67) Knut Werner Lange hrsg., 주 6)의 책, 436면(Wolfgang Hübschle 집필부분).

68) 위의 책, 436-437면(Wolfgang Hübschle 집필부분).

거절이 거절의 상대방을 시장에서 배제하거나, 사업활동을 현저하게 제한할 우려가 있는지, 즉 경쟁제한적인 효과가 발생하고 있는지에 기초한다. 이러한 점에서 포스코 판결에서 대법원의 다음과 같은 판시 사항, 즉 "거래거절로 인하여 특정 사업자가 사업활동에 곤란을 겪게 되었다거나 곤란을 겪게 될 우려가 발생하였다는 것과 같이 특정 사업자가 불이익을 입게 되었다는 사정만으로는 그 부당성을 인정하기에 부족하고, 그 중에서도 특히 시장에서의 독점을 유지·강화할 의도나 목적, 즉 시장에서의 자유로운 경쟁을 제한함으로써 인위적으로 시장질서에 영향을 가하려는 의도나 목적을 갖고, 객관적으로도 그러한 경쟁제한의 효과가 생길 만한 우려가 있는 행위로 평가될 수 있는 행위로서의 성질을 갖는 거래거절행위를 하였을 때에 그 부당성이 인정될 수 있다"라고 한 것은 타당한 결론이라 할 수 있다.

동 판시 사항에 따를 경우에도, 추가적으로 논의되어야 할 부분이 있다. 동 판결은 부당성 판단의 근거로서 독점의 유지·강화 또는 경쟁제한의 의도나 목적을 요건으로서 요구하고 있다. 비교법적으로 보면, 경쟁제한성 판단을 위하여 주관적 요건을 명시적인 법령의 규정에 의하여 요구하는 예는 찾아보기 어려우며, 법리적으로도 그 자체를 입증 대상이 되는 주관적 요건으로 이해하는 것에 대하여 부정적인 견해가 일반적이다. 물론 미국 반독점법 판례에서 반독점법 행위에 대한 의도(intent)가 언급되는 경우는 있지만, 이는 행위로부터 추론되는 객관적(objective) 증거로 이해되어야 하며, 주관적 증거로서 의도에 대한 입증의 요구로 보는 것은 타당하지 않다는 견해가 유력하다.[69)

일반적으로 경제적 행위를 이윤 동기와 같은 경제적 의도와 무관하게 설명하기는 어려우며, 이러한 설명 방식의 특성에 따라서 주관적 의도가 사용되는 경우라 하더라도, 이를 독자적으로 입증되어야 할 요건으로 보기는 어렵다. 이러한 관점에서 동 판결을 보면, 계속하여 "시장지배적 사

---

69) Herbert Hovenkamp, 주 4)의 책, 280-281면 참조.

업자의 거래거절행위가 그 지위남용행위에 해당한다고 주장하려면, 그 거
래거절이 상품의 가격상승, 산출량 감소, 혁신 저해, 유력한 경쟁사업자의
수의 감소, 다양성 감소 등과 같은 경쟁제한의 효과가 생길 만한 우려가
있는 행위로서 그에 대한 의도와 목적이 있었다는 점을 입증하여야 하고
거래거절행위로 인하여 현실적으로 위와 같은 효과가 나타났음이 입증된
경우에는 그 행위 당시에 경쟁제한을 초래할 우려가 있었고 또한 그에 대
한 의도나 목적이 있었음을 사실상 추정할 수 있지만, 그렇지 않은 경우에
는 거래거절의 경위 및 동기, 거래거절행위의 태양, 관련시장의 특성, 거
래거절로 인하여 그 거래상대방이 입은 불이익의 정도, 관련시장에서의
가격 및 산출량의 변화 여부, 혁신 저해 및 다양성 감소 여부 등 여러 사
정을 종합적으로 고려하여 거래거절행위가 위에서 본 경쟁제한의 효과가
생길 만한 우려가 있는 행위로서 그에 대한 의도나 목적이 있었는지를 판
단하여야 한다"라고 판시하고 있다. 동 판결은 의도나 목적을 행위나 시
장의 특성 그리고 행위의 경제적 효과 등을 객관적으로 평가하고 종합하
여 사실상 추정하거나 판단하여야 하는 것으로 보고 있다는 점에서는 긍
정적으로 볼 수 있을 것이다. 다만 의도나 목적이 주관적 요건에 해당함을
전제하고 있으므로, 경쟁제한적인 의도나 목적을 부인함으로써 주관적 요
건의 결여로 위법성이 부정될 가능성은 열어 놓고 있으며, 결과적으로 피
규제자가 주관적 요건의 부존재 입증을 부담하는 구조가 되고 있다. 한편
의도나 목적은 단일한 경우보다는 복합적인 경우가 일반적이라 할 수 있
으며, 경쟁제한적 의도와 경쟁법에 반하지 않는 의도가 복합적으로 나타
날 경우에, 결국 이를 형량하는 과제가 주어질 것이다.

## (2) 정당화 사유의 검토

거래거절의 경쟁제한성이 인정되는 경우에도, 거래거절의 정당한 사유
가 있을 경우에 당해 행위는 적법한 것이 된다. 제3자인 다른 사업자와의
거래를 중단하지 않고서는 거래 요청에 응할 수 없는 경우의 거래거절과

같이 정당화 사유의 인정이 용이한 경우도 있다. 그러나 많은 경우 정당화 사유는 경영상의 필요에 기초하여 제시되고, 또한 경쟁제한적 의도와 복합적으로 나타남으로써 판단의 어려움을 야기한다.

사업자의 모든 행위는 경영상의 필요와 관련되며, 이윤 추구의 목적을 일반적으로 전제한다면, 경영 효율성의 추구와 밀접히 관련될 것이다. 따라서 거래거절의 경우에 경쟁법에 반하지 않는 합리적 동기가 제시되어야 할 뿐만 아니라, 경쟁제한적 효과와의 형량이 불가피하다. 이와 관련하여 다음 두 사건의 대비는 흥미로운 시사점을 제공한다. Aspen 사건에서 연방대법원은 Aspen사가 Highlands사의 거래 요청을 거부하였을 때, Highlands사를 시장에서 배제하는 것 외에 어떠한 경제적 동기도 찾을 수 없었으며, 이렇게 판단한 배경에는 거래 요청의 거부가 Aspen사에게도 경제적으로 이득이 되지 않았다는 점이 제시되었다. 한편 단독의 거래거절로서 불공정거래행위에 해당하는지 여부로 다투어졌던 인천정유(주) 사건에서[70] 인천정유가 구 한화에너지플라자 산하의 주유소와 판매대리점 계약의 갱신을 거부한 것과 관련하여, 대법원은 경영위기 극복의 방안으로 계약갱신의 거부가 이루어졌다는 점을 인정하고, 거래거절의 부당성이 조각되는 것으로 판단하였다. 전자의 경우 Aspen사는 객관적으로 입증될 수 있는 경제적 이익이 존재하지 않은 반면에, 인천정유의 경우 재무상황이 악화한 상황에서 초과공급을 해소함으로써 얻게 된 경영상의 구체적인 이익이 제시되었다. 단순한 비교에 의하면, 양자의 차이는 거래상대방의 배제 이외에 객관적으로 입증된 경제적 이익이 발생하였는지 여부로 나타나고 있다. 물론 경쟁법에 반하지 않는 의도로서 경제적 이익을 얻게 되는 경우, 거래거절이 언제나 정당화 될 수 있는 것은 아니며, 결국 경쟁제한적 효과의 비교형량이 이루어져야 할 것이다.

한편 인천정유 사건에서는 두 가지 측면에서 정당화의 근거가 추가적으

---

70) 대법원 2008. 2. 14. 선고 2004다39238 판결. SK에너지가 인천정유(주)의 소송 수계.

로 제시될 수 있었다. 우선 인천정유는 정리회사의 상태에 있었는데, 정리회사의 거래거절이 시장에 경쟁제한적 효과를 낳을 가능성이 크지 않다는 점이 고려될 수 있다. 또한 당시 다른 정유사의 기름을 혼합하여 공급하는 혼유가 제도적으로 금지되던 상황에서 자사에 속한 주유소의 수는 시장점유율의 확대에 직접적으로 영향을 줄 수 있는 요인이었다. 비록 주유소 간의 경쟁에 부정적인 영향을 미쳤다 하더라도, 인천정유의 행위는 자신의 시장점유율을 줄이는 방향으로 나아간 것이었고, 이러한 점도 경쟁정책적 관점에서 긍정적으로 고려될 수 있었다.

## IV. 결론

거래거절은 계약자유의 한 내용으로서, 원칙적으로 사업자의 자율적 영역에 속한다는 것이 논의의 출발점이 된다. 그럼에도 불구하고 거래거절의 상대방이 개별 거래를 넘어서 시장에서 배제될 우려를 갖게 될 경우에, 독점규제법상 시장지배적 지위남용행위로서 규제 가능성이 검토될 수 있다.

거래거절은 본질적으로 배제적인 의미를 가지며, 다양한 상황에서 구체화 될 수 있다. 이를 유형적으로 이해함으로써, 거래거절의 경쟁정책적 의의를 구체화하고, 나아가 위법성 판단의 적절한 근거를 제시할 수 있다. 거래거절은 계속적 거래관계의 중단과 새로운 거래 요청의 거부, 공급 측면에서의 거래거절과 수요 측면에서의 거래거절, 수평적 거래거절과 수직적 거래거절, 다른 위법행위에 부수하는 형태의 거래거절, 가격 압착과 같은 실질적 의미에서의 거래거절 등으로 분류하여 이해할 수 있고, 나아가 필수설비론이 적용되는 경우 그리고 비 시장지배적 사업자에 의한 거래거절의 경우와의 구별도 거래거절의 의의와 위법성 판단의 기초로서 유용할 것이다.

시장지배적 지위남용행위로서 거래거절을 규제할 경우에, 일반적 심사 단계를 따르게 된다. 즉 관련시장을 획정하고, 시장지배력의 존부를 판단하며, 이에 기초하여 남용행위 여부를 판단하게 된다.

시장지배력 판단과 관련하여, 특히 남용행위로서 거래거절이 문제가 되는 경우에 수직적 통합의 구조도 지배력 판단의 요소로서 중요한 의미를 가질 수 있다. 또한 고착효과에 기초하여 부품시장에서 지배력이 인정될 가능성도 있다. 수직적 관련성 하에서 거래거절이 나타나는 경우에 시장지배력이 있는 시장과 남용과 관련된 시장 사이에 관련성을 검토할 필요가 있으며, 시장력의 정도가 남용 판단에 영향을 미칠 수 있는지에 관한 논의도 이루어질 필요가 있다.

남용 판단과 관련하여, 거래거절의 위법성은 경쟁제한성에 기초한다. 다만 주관적 의도나 목적에 관한 판단에 관하여 추가적으로 논의되어야 할 부분이 있으며, 대법원은 행위나 시장의 특성 및 행위의 경제적 효과 등을 종합적으로 고려하여 주관적 의도나 목적을 사실상 추정하거나 판단할 수 있는 것으로 보고 있다. 한편 정당화 사유의 입증을 통하여 위법성이 부인될 수 있지만, 정당화 사유가 존재하는 경우에도 경쟁제한효과와의 형량 과정을 통하여 최종적인 판단이 이루어져야 한다.

# 5. 통신시장에서 시장지배적 지위남용 규제

## I. 서론

「독점규제 및 공정거래에 관한 법률」(이하 독점규제법)에 의한 시장지배적 지위남용 규제는 독과점에 대한 특별한 대응 방식을 시사한다. 흔히 폐해규제주의로 분류되는 남용규제 방식은 경쟁법상 독과점적 지위 자체를 문제 삼지 않는 대신, 그 지위에 기초한 남용적 행태에 초점을 맞춘다. 이러한 규제 방식은 경쟁법의 고유한 특징에 해당할 뿐만 아니라, 경제질서의 기본법으로서 독점규제법의 지위를 전제할 때,[1] 경쟁정책의 실현에 있어서 일반적으로 고려되어야 하는 법제도적 기초를 이룬다. 물론 독점규제법상 폐해규제주의적 태도가 시장지배적 사업자를 규제하는 모든 법 영역에서 관철되는 것은 아니며, 특히 규제 산업의 고유한 정책 목적을 추구하는 과정에서 보다 구조적인 제한이 필요할 수도 있다. 그러나 이러한 경우에도 독점규제법에 의한 시장지배적 지위의 남용 규제는 원칙적으로 유효하며, 이를 전제하여 전체적인 규제체계가 형성된다.[2]

---

1) Fritz Rittner, Wirtschaftsrecht, C. F. Müller, 1987, 221-224면.
2) 시장경제질서를 채택하고 있는 나라에서 경쟁정책은 질서 형성과 관련되는 것이므로 산업정책에 대하여 규범적 우월성을 인정할 수 있다고 보는 것으로서, Meinrad Dreher, "Das Rang des Wettbewerbs im europäischen Gemeinschafts-

시장지배적 지위남용행위의 규제 근거인 독점규제법 제3조의2는 특정한 산업이나 시장을 제외하지 않는다. 또한 통신법[3] 영역에서도 동 규제를 전적으로 배제하는 규정을 두고 있지 않으므로, 통신시장에서 시장지배적 지위남용에 대한 독점규제법의 적용은 당연하며, 시장지배력 남용에 관한 규제 법리가 일반적으로 타당할 것이다. 그러나 통신산업이 갖는 규제 산업(regulated industries)으로서의 특성,[4] 특히 하나의 상품으로서 통신서비스가 다른 상품과 구별되는 고유한 특성과 이로부터 연유하는 산업에 대한 폭넓은 규제는 독점규제법 적용에 일정한 영향을 미칠 것이며, 이는 시장지배력 남용 규제에 있어서도 간과되어서는 안 될 부분이다.

따라서 통신시장에 한정하여 시장지배력 남용 문제를 다룰 경우에, 독점규제법상 일반적인 규제 법리가 여전히 타당한 부분과 규제산업적 관점에서 적용 법리상 일정한 수정이나 추가적인 고려가 요구되는 부분에 대한 종합적인 이해가 필요하다. 이하에서의 논의는 이러한 이해의 구체화를 목적으로 한다. 논의 과정에서는 독점규제법상 시장지배적 지위남용행위의 규제체계에 상응하여 관련시장 확정 및 시장지배적 지위의 인정과 남용성 판단의 단계별로 통신시장에 적용될 규제 법리를 살펴보고, 이를 종합하여 법리적 개선을 제안하는 것으로 마무리하고자 한다.

---

recht", Wirtschaft und Wettbewerb, 1998, 656면 참조.
3) 이 글에서 통신법은 「전기통신사업법」 등 통신산업에 대한 다양한 규제 법률을 총칭하는 의미로 사용한다.
4) 상품에 내재한 공익적 요소로 인하여 공적 규제가 여전히 타당한 영역으로서 규제산업의 의의에 관하여, Richard J. Pierce Jr. & Ernest Gellhorn, Regulated Industries, West Group, 1999, 11-12면 참조.

## II. 통신 시장에서 관련시장의 획정

### 1. 의의

독점규제법상 관련시장은 사업자들 사이에 경쟁이 이루어지고 있는 범위를 의미한다.[5] 관련시장은 독점규제법상 경쟁제한성이 문제되는 모든 규제 유형에서 전제가 되지만, 특히 시장지배적 지위남용행위 규제에 있어서 관련시장 획정은 특정한 사업자의 과거 행위에 대한 경쟁정책적 평가의 기초로서 기능한다.[6]

관련시장의 획정과 관련하여 독점규제법 제2조 제8호는 "일정한 거래분야란 거래의 객체별·단계별 또는 지역별로 경쟁관계에 있거나 경쟁관계가 성립될 수 있는 분야를 말한다"라고 규정하고 있다. 동 규정에서 일정한 거래분야는 경쟁이 이루어질 수 있는 범위를 의미하며, 개념적으로 관련시장에 대응한다. 일반적으로 경쟁관계의 성립 가능성은 거래에 참가하거나 참가하려고 하는 거래주체들에게 실질적인 선택가능성이 주어질 때 인정될 수 있고,[7] 따라서 대체적인 거래를 선택할 수 있는지 여부는 경쟁이 가능한 거래분야를 획정함에 있어서 핵심적인 기준이 된다. 대체 가능성은 여러 가지 요소를 종합적으로 고려하여 판단되는데, 특히 경제학에서 상품 간 거래 조건의 변화에 따른 전환 가능성을 지수화한 교차탄력성 그리고 이로부터 더욱 정교하게 발전한 SSNIP(Small but Significant

---

5) 권오승, 경제법, 법문사, 2009, 128면.
6) 예를 들어 기업결합의 위법성은 당해 기업결합이 향후 시장에 미칠 영향에 따라 판단하고, 관련시장 획정은 이러한 판단의 기초가 된다는 점에서, 과거 행위에 대한 평가의 기초로서 활용되는 시장지배적 지위남용행위에서 관련시장 획정과 구체적 의의에 차이가 있다. Joanna Goyder & Albertina Albors-Llorens, EC Competition Law, Oxford Univ. Press, 2009, 309면 참조.
7) Fritz Rittner, Wettbewerbs- und Kartellrecht, C. F. Müller Verlag, 1999, 166면.

Non-transitory Increase in Price) 심사방식 등이 기술적으로 활용되고 있다.[8]

나아가 독점규제법 제2조 제8호가 관련시장 획정의 기준으로 제시하고 있는 객체별, 단계별, 지역별 기준은 대체가능성 판단이 이루어지는 과정을 지도하며, 상품별 또는 지리적 관련시장 등으로 정형화된다. 그러나 관련시장 획정 방식이 이에 제한되는 것은 아니다. 대체가능성 판단의 새로운 틀로서 유용성이 인정되는 다른 기준이 제시될 경우에, 언제든지 수용 가능한 것으로 보아야 한다. 예를 들어 공정거래위원회가 고시한 「시장지배적지위남용행위 심사기준」은 일정한 거래분야의 판단기준으로서 법에 규정되지 않은 '거래상대방'을 제시하고 있다. 또한 법문에 명시적 언급은 없지만, 경쟁정책상 유통방식이나[9] 시간적 요소[10] 등도 관련시장을 획정함에 있어서 의미 있는 기준이 될 수 있다.

통신시장에서 관련시장의 획정에 있어서도, 독점규제법 위반행위에 대한 규제의 관점에서 접근하는 한, 대체가능성에 의한 판단의 기본 원칙은 동일하게 적용된다. 그러나 통신시장의 고유한 특성에 따라서 다른 일반 상품시장과 비교하여 보다 특별한 고려가 요구되는 경우도 있다. 예를 들어 「전기통신사업법」 제38조 제1항은 통신서비스의 재판매에 관한 근거를 마련하고, 제2항은 의무적 재판매 사업자를 지정하고 있다. 동 규정은 통신망 등 기본 설비를 보유하지 않은 사업자도 소매 단계에서 통신서비

---

8) SSNIP 방식의 실용적 적용 방법으로서 임계매출감소분석 방식의 기본 내용과 적용 예에 관하여, 전성훈, "시장획정 방법론으로서 임계매출감소분석의 발전과 논쟁", 경쟁법연구 제21권, 2010, 58면 이하 참조.

9) 공정거래위원회는 (주)빙그레 등의 공동행위 사건에서 유산균발효유 시장을 직접 방문판매 시장과 일반적인 도소매점을 통한 판매 시장으로 나누어 관련시장을 획정하였다. 공정위 1991. 3. 25. 의결 제91-30호.

10) 예를 들어 축구경기의 결승전을 실시간으로 방송하는 것과 일정 시간 후에 녹화 방송하는 것과 같은 경우에 시간은 중요한 고려요소가 될 수 있다. Ulrich Gassner, Grundzüge des Kartellrechts, Verlag Vahlen, 1999, 107면 참조.

스 시장에 참가할 수 있도록 함으로써 통신시장 경쟁의 활성화를 제고할 목적에 따른 것인데, 이는 통신서비스 제공의 도매 단계를 별개의 시장으로서 고려하여야 할 필요성을 낳고 있다.[11] 또한 통신시장의 특수성이 반영된 통신법 규제체계는 다시 시장참가자들에 일정한 영향을 미칠 수 있으며, 궁극적으로 이들 행동의 전형적인 예측에 기초한 대체가능성 판단에 있어서도 이에 대한 고려가 이루어져야 한다. 한편 최근 통신산업에서 심화되고 있는 융합 현상은 전통적인 상품 간 경계에 관하여 새로운 쟁점들을 낳고 있으며, 이에 대한 특별한 주의가 필요할 것이다.

## 2. 통신법상 통신의 의의와 관련시장 획정

전통적으로 통신은 타인과의 소통 또는 그 수단을 의미하며, 자유로운 의사 표현의 기초로서 헌법상 기본권적 보장과 관련된다. 즉 공동체 구성원 모두가 균등하게 양질의 통신서비스를 제공받아야 하는 보편적 역무(universal service) 개념에 의하여, 국가는 최소한의 통신서비스 제공을 보장할 책무를 부담하며,[12] 이러한 특징은 민간 부문이 운영 주체로 등장하고(민영화) 운영 방식이 기본적으로 경쟁 메커니즘에 의하는 것으로 전환한(자유화) 이후에도 여전히 통신의 공익적 성격을 결정하고 있다.

이러한 인식은 공익적 성격이 유보되는 통신의 범위, 특히 인접 영역과의 구분을 행하는 것에 영향을 미친다. 전통적으로 행하여져 온 통신과 방송의 구별은 공익적 성격이 반영된 통신에 대한 이해의 전형을 보여준다. 융합 현상이 진행되면서 경계가 모호해 진 측면은 있지만, 방송과 통신의 구별은 여전히 일방성과 쌍방성의 특성에 따르는 것이 일반적이다.

---

11) 변정욱 등 5인 공저, 도매제공 도입에 따른 MNO-MVNO 상생 협력 방안 마련, 방송통신위원회, 2011, 4~11면 참조.

12) Marcus A. Pohl, Universaldienst in der Telekommunikation, Peter Lang, 1998, 1-2면.

Nihoul은 통신과 구별되는 방송의 특성으로서 이미지의 전송, 전파에 의한 일방적 전송방식, 멀티캐스팅적인 전송방식(point to multipoint), 전송 외부에서 제3자에 의하여 생산되는 콘텐츠 등 네 가지를 제시하고 있으며,[13] 특히 주파수의 희소성으로 한정된 주체만이 방송서비스를 제공할 수밖에 없는 구조적 특성은 여론 형성과 같은 사회적 기능의 중요성과 결합하여 방송에 대한 공익적 규제의 주된 근거로 이해되고 있다.[14] 전술한 통신의 특성 및 공익적 성격과 비교하여 볼 때, 방송에 대한 이러한 이해는 양 영역에 대한 공익적 규제가 상이한 내용으로 구성될 수 있음을 시사하며, 방송과 통신의 구분은 각각의 규제가 타당한 영역을 결정하는 의미를 갖는다. 이와 같은 구분은 방송과 통신의 사회적 기능과 헌법적 보장 체계에 대한 규범적 인식에 근거한 것으로서, 독점규제법에서 수행하는 대체가능성 판단에 따른 상품 간 시장획정 방식과는 명확히 구별된다. 그러나 이와 같이 대비되는 통신에 대한 이해가 상호 영향을 미칠 가능성도 염두에 두어야 한다.

우선 통신의 상품화(방송에도 공통적인 현상인) 경향에 따라서 통신법 영역에서도 경쟁정책의 중요성이 점차 강조되고 있고,[15] 이는 경쟁법상 시장획정 방식이 통신법에 수용되는 결과로 나타나고 있다. 유효한 경쟁

---

13) P. L. G. Nihoul, Audio-Visual and Telecommunications services: a review of definitions under WTO law, Damien Geradin & David Luff ed., The WTO and Global Convergence in Telecommunications and Audio-Visual Services, Cambridge Univ. Press, 2004, 378-379면.

14) Wayne Overbeck, Major Principles of Media Law, Thomson Wadsworth, 2005, 427-428면 참조. 또한 언론기관의 통합은 경쟁의 침해뿐만 아니라, 언론의 다양성 측면에서 규제가 이루어질 수 있다는 논의로서, Christian Kirchner, "Zur Ökonomik rechtlicher Probleme von Fusionen und Kooperationen auf dem deutschen Pressemarkt", DIW vol. 74, 2005, 34면 참조.

15) 「전기통신사업법」은 1996년 법개정에 의하여 정보통신부장관(미래창조과학부장관)에게 "전기통신사업의 효율적인 경쟁체제를 구축하고 공정한 경쟁환경을 조성하기 위하여 노력하여야" 할 의무를 부과하는 규정을 도입하였다(현행법 34조).

정책은 실제 경쟁이 이루어지고 있는 상황에 대한 이해를 필요로 하며, 이를 위하여 인접 상품 간 경쟁이 가능한 범위에 대한 엄밀한 분석이 요구될 것이다. 이러한 점에서 EU의 통신산업에 관한 기본지침(framework directive) 제15조 제2항이 "시장분석 및 시장력의 평가는 경쟁법의 원칙에 따를 것"을 규정하고 있는 것은16) 시사하는 바가 크다.

반면 통신의 사회적 기능으로부터 연유하는 규범적 인식은, 특히 이러한 인식이 법제도에 반영된 경우에, 독점규제법상 관련시장 획정에 일정한 영향을 미칠 수 있다는 점에도 주의를 기울일 필요가 있다. 예를 들어 「전기통신사업법」, 「방송법」, 「인터넷 멀티미디어 방송사업법」 등에 규정된 통신·방송에 관한 세부적 정의는 관점이나 방식에 있어서 관련시장 획정과는 상이한 것이고, 그 자체로 시장획정에 구속력을 갖는 것은 아니다. 그러나 이러한 규정은 상품의 기본적 요소를 한정하거나 경쟁 과정에 제한을 부과하는 방식 등으로 경쟁의 법제도적 조건을 제시한 것으로 볼 수 있으며,17) 이는 시장참가자들이 수행하는 경쟁의 실질적인 양상과 범

16) Directive 2002/21/EC of the European Parliament and of the Council (Framework Directive)의 article 15. 2항 "The Commission shall publish, at the latest on the date of entry into force of this Directive, guidelines for market analysis and the assessment of significant market power which shall be in accordance with the principles of competition law" 및 동 규정에 따라서 2006년 발표된 Commission guidelines on market analysis and the assessment of significant market power under the Community regulatory framework for electronic communications networks and services의 para. 24 "Under the regulatory framework, markets will be defined and SMP will be assessed using the same methodologies as under competition law" 참조.

17) 「전기통신사업법」 제2조 제1호는 "전기통신이란 유선·무선·광선 또는 그 밖의 전자적 방식으로 부호·문언·음향 또는 영상을 송신하거나 수신하는 것을 말한다"고 규정하고 있는데, 이러한 정의는 통신법의 규율 대상인 통신의 범위를 한정하면서, 동시에 통신서비스 제공에 관한 경쟁 범위를 정하는 의미를 갖는다. 최근에 상품화된 서비스의 경우 법률에 의한 정의 규정은 보다 구체적으로 서비스의 내용이나 제공 방식 등을 한정한다. 예를 들어 「인터넷 멀티미디어 방송사업

위에 영향을 미칠 것이다.[18] 나아가 전술한 것처럼 통신법상 경쟁정책의
중요성이 강조되고, 경쟁법적 분석 방식이 폭넓게 수용되는 상황에서 통
신법상 규율은 경쟁 상황에 보다 직접적으로 관련될 수 있다. 예를 들어
「전기통신사업법」 제5조는 통신 서비스를 기간통신역무, 별정통신역무,
부가통신역무로 분류하고,[19] 동법 시행령 제7조 및 동법 시행규칙 제3조

법」 제2조 제1호는 "인터넷 멀티미디어 방송이란 광대역통합정보통신망 등을 이
용하여 양방향성을 가진 인터넷 프로토콜 방식으로 일정한 서비스 품질이 보장되
는 가운데 텔레비전 수상기 등을 통하여 이용자에게 실시간 방송프로그램을 포함
하여 데이터 · 영상 · 음성 · 음향 및 전자상거래 등의 콘텐츠를 복합적으로 제공하
는 방송을 말한다"고 규정하고 있다. 동 정의에 의하여 실시간 방송프로그램 시
청을 서비스 내용에 포함시키지 않는 단순한 VOD 서비스는 동법의 규율 대상에
서 제외되고 있다. 이는 방송 시청의 한 방식으로 인터넷 멀티미디어 방송(IPTV)
을 보고자 하는 입법자의 의도가 반영된 것으로 이해되는데(이와 대비되는 것으
로, IPTV 서비스에 실시간 방송프로그램 시청이 반드시 포함되어야 하는 것은 아
닌 입장을 취하고 있는, OECD, IPTV: Market Developments and Regulatory
Treatment, 2007, 6-7면 참조), 이로써 국내 IPTV 서비스 경쟁의 기본 태양이 정
해진 것으로 볼 수 있다.
18) 국내 법제도가 상이한 시장 조건을 형성함으로써 시장 획정에 영향을 미칠 수 있
다는 것에 관하여, Joanna Goyder & Albertina Albors-Llorens, 주 6)의 책, 303면
참조. 한편 대법원은 관련시장 획정과 관련하여 시간적 · 경제적 · 법적 측면에서
대체의 용이성을 고려하여야 한다고 보고 있다. 대법원 2007. 11. 22. 선고 2002
두8626 판결.
19) 기간통신사업은 전기통신회선설비를 설치하고, 그 전기통신회선설비를 이용하여
기간통신역무를 제공하는 사업(5조 2항)을 의미하며, 이때 기간통신역무는 전
화 · 인터넷접속 등과 같이 음성 · 데이터 · 영상 등을 그 내용이나 형태의 변경 없
이 송신 또는 수신하게 하는 전기통신역무 및 음성 · 데이터 · 영상 등의 송신 또
는 수신이 가능하도록 전기통신회선설비를 임대하는 전기통신역무를 말한다(2조
11호). 별정통신사업은 기간통신사업자의 전기통신회선설비 등을 이용하여 기간
통신역무를 제공하는 사업(5조 3항 1호) 또는 대통령령으로 정하는 구내에 전기
통신설비를 설치하거나 그 전기통신설비를 이용하여 그 구내에서 전기통신역무를
제공하는 사업(5조 3항 2호)을 의미한다. 부가통신사업은 부가통신역무를 제공하
는 사업(5조 4항)을 의미하며, 이때 부가통신역무는 기간통신역무 외의 전기통신

에 의하여 기간통신역무에는 전송역무, 주파수를 할당받아 제공하는 역무, 전기통신회선설비 임대역무 등이 해당한다. 이러한 분류는 통신 서비스의 내용이나 제공방식에 따라서 상품 구별을 시도하고 있다는 점에서 기본적으로 독점규제법상 상품별 시장획정과 유사하며,[20] 이러한 구분이 사업자의 활동 범위를 제한하고 있다는 점에서 당연히 독점규제법상 시장획정에 있어서 고려되어야 할 것이다. 그러나 다른 한편으로 「전기통신사업법」에서의 역무 분류를 경쟁법상 시장획정 방식과 동일시할 수는 없다는 점에도 주의를 요한다. 비록 산업정책적으로 유효한 경쟁을 지향하는 경우에도, 규제법에서 역무(상품)의 분류는 유효경쟁 정책의 적용 범위를 개별적인 조사와 분석을 통하여 정하는 방식으로 이루어지며, 이러한 방식은 특정한 행위를 중심으로 대체가능한 범위를 확정해 나아가는 방식으로 전개되는 경쟁법상 시장획정과 구별된다.[21] 따라서 「전기통신사업법」에서 정하고 있는 역무 분류를 고려하면서도, 독점규제법의 고유한 관점에서 시장획정은 불가피한 것으로 보아야 한다.

## 3. 융합 환경 하에서 관련시장 획정

융합이란 복수 상품들의 통합화 과정 내지 통합된 상태를 의미한다. 복수의 상품들이 기술상 또는 판매상 결합하는 양상은 오래전부터 존재하여

---

역무를 말한다(2조 12호).

20) 2010년 「전기통신사업법」개정 이후 기간통신역무 등의 분류는 정책적 중요도가 아니라 서비스의 성격에 따르는 것으로 전환하였으며, 현재 기간통신역무는 순수하게 전송의 성격을 갖는 것으로 구성되어 있다고 이해하는 것으로, 박동욱, "융합환경에서의 방송통신사업 분류체계와 진입규제", 경제규제와 법 제3권 제2호, 2010, 103-104면 참조.

21) 土佐和生, "役所がさせる競爭構圖からの脱皮 - 日本の電氣通信規制の經驗と課題", 日韓の電氣通信産業と競爭政策 - その現狀と課題の比較, 東アジア經濟法研究會, 2005, 4면.

왔다. 그러나 최근 디지털 기술에 의하여 촉진되고 있는 통신산업에서 나타나고 있는 융합 현상은 종래 매우 이질적인 것으로 분류되던 상품들까지 포함하여 광범위하고 복합적으로 진행되고 있다는 점에서 특별한 양상으로 이해된다. 흔히 '디지털 컨버전스'(digital convergence)로 불리는 융합 현상은 전자적 부호에 의한 방식으로 콘텐츠를 생산·저장·송수신하는 과정의 기술적 발전에 따라서 촉진되고 있으며, 종래 예상하지 못했던 유선과 무선, 방송과 통신 등을 아우르는 새로운 형태의 융합 상품들이 등장하고 있다.22) 특히 스마트폰과 같은 다양한 디지털 신호를 분류하고 처리할 수 있는 단말기의 기능 향상은 이러한 융합 현상을 더욱 가속화시키고 있다.

융합 현상과 관련하여 관련시장 획정의 관점에서 제기되는 문제는 주로 융합에 의하여 나타난 결합 상품을 독자적인 상품으로 볼 수 있을지에 관한 것이며, 기본적으로 결합상품과 이를 구성하는 상품들과의 관계를 중심으로 논의가 이루어진다는 점에서 경쟁법상 끼워팔기의 성립 요건으로 다루어지는 상품의 단일성 판단과 동일한 맥락에 있다. 일반적으로 상품 간 결합을 통한 판매가 이루어질 경우에, 결합상품을 구성상품들의 제공 방식의 하나로 볼 것인지, 아니면 결합상품 자체를 새로운 상품, 즉 그 자체로 단일한 상품으로 볼 것인지는 거래상의 통념에 따르는 것으로 이해된다.23) 이러한 기준 자체의 타당성에 의문은 없지만,24) 기준의 구체적

22) 김도연, "컨버전스 시대 통신 사업자의 변화", 디지털 컨버전스, 커뮤니케이션북스, 2004, 307-308면 참조.
23) 거래상 통념을 객관화한 기준으로 생산 또는 거래상의 효율성이 고려된다는 것에 관하여, Herbert Hovenkamp, Federal Antitrust Policy, Thomson/West, 2005, 419-420면 참조.
24) 시장은 선험적으로 자명하게 주어지는 것이 아니라, 거래주체들의 자율적인 상호작용을 통하여 형성되고 끊임없이 변화해가는 대상으로 이해하는 것으로서, Oliver E. Williamson, Antitrust Lenses and the Uses of Transaction Cost Economics Reasoning, Thomas M. Jorde & David J. Teece ed., Antitrust, Innovation, and Competitiveness, Oxford Univ. Press, 1992, 140-141면 참조.

적용이 언제나 명확한 것은 아니며, 특히 융합 현상과 관련하여 다음 두 가지 측면에서 판단의 어려움이 드러난다.

우선 Microsoft 사건에서 다투어졌던 것처럼[25] 신상품의 경우 단일성 판단의 기준으로서 거래상 통념이 구체화되기 어렵고, 특히 새로운 결합 상품의 출현이 빈번히 이루어지는 통신산업에서 거래상 통념이 형성될 수 있는 충분한 시간이 주어지지 않을 수 있다는 점을 염두에 두어야 한다. 또한 전술한 것처럼 매우 다양한 상품을 포괄하고 있고, 보완형 결합 (convergence in complements)뿐만 아니라 대체형 결합(convergence in substitutes)의 유형들이 복합적으로 나타나고 있는 융합 현상의 특징적인 양상도 판단의 어려움을 낳는 요인이 된다.[26] 예를 들어 국내 IPTV의 경우 기술적으로 초고속망 기반의 실시간 방송시청 서비스와 VOD 서비스의 결합 상품으로서 출현한 이후, 초고속 인터넷 서비스와 유선통신 및 이동

---

25) 미국에서 반독점법상 문제가 되었던 Microsoft 사건의 핵심은 Microsoft사가 독점 적 지위에 있던 운영체제(operating system)에 소프트 프로그램인 인터넷 브라우 저를 끼워판 것이었고, Microsoft사는 이러한 결합상품이 소비자들에게 단일한 상 품으로 인식되고 있다는 항변을 제출하였다. 이에 대하여 연방항소심법원은 신상 품의 특수성이 고려되어야 한다는 점을 근거로 이에 대한 판단을 유보하였다 (United States v. Microsoft Corp., 2001 U.S. App. LEXIS 14324; 253 F.3d 34(D.C. Cir 2001), 93). 한편 동 판결에 대하여 신상품(new product)에 해당하기 위해서는, 사업자에 의한 결합이 소비자에 의한 것보다 효율적인 것이어야 하는 데 인터넷 브라우저가 포함된 운영체제와 기존 운영체제에 인터넷 브라우저를 추 가하는 경우에 차이가 없다는 점에서 신상품 요건을 충족하는 것인지에 의문을 제기하고, 또한 신상품 법리가 적용되는 기간을 연방대법원은 U. S. v. Jerrold Electronics Corp., 365 US 567(1961) 판결에서 제품 도입기(introductory period) 로 판시하였는데, 이러한 기간의 불명확성을 지적하는 것으로서, Herbert Hovenkamp, 주 23)의 책, 416-417면 참조.

26) 보완형 결합에 대해서는 수직적 통합의 가능성, 대체형 결합에 대해서는 경쟁력 제고에 초점을 맞추고 있는 것으로서, Shane Greenstein & Tarun Khanna, What Does Industry Convergence Mean?, David B. Yoffie ed., Competing in the Age of Digital Convergence, Harvard Business Press, 1997, 215-216면 참조.

통신 서비스의 판매상 결합이 나타나고, 최근에는 위성방송 서비스와 결합한 판매방식도 활용되고 있다. 이러한 결합에 있어서는 구성상품들이 결합 이후에도 독자적으로 상품으로서의 가치를 유지하는 경우가 많으며, 이때 결합상품과 구성상품들 간의 관계에 대한 추가적인 분석이 필요할 수 있다.

이러한 분석은 특정한 상품 시장을 전제로 내부에 위치한 부분 시장 또는 외부의 좀 더 포괄적인 시장을 대상으로 한다는 점에서, 경쟁법상 전개되고 있는 하부시장(submarket) 또는 집합시장(cluster market)에 관한 논의와 구조적으로 유사하다. 우선 하부시장은 미국 반독점법 판례에서 형성된 개념인데, Brown Shoe Co. v. U. S. 사건에서[27] 연방대법원은 "넓은 범위의 시장 안에 그 자체로 반독점법 목적을 위하여 상품시장을 구성하는 적절하게 정의된 하부시장이 존재할 수 있다. 이러한 하부시장의 경계는 분리된 경제적 단위로서의 산업 또는 공중의 인식, 상품 고유의 특성과 사용방식, 특수한 생산 설비, 뚜렷이 구별되는 고객과 가격, 가격변화에 대한 반응의 정도, 특수한 판매방식 등과 같은 실제적 표지의 검토에 의하여 결정될 수 있다"고[28] 판시하였으며, 이후 U. S. v. Grinnell Corp. 사건에서도[29] 하부시장의 존재 가능성을 확인하였다.[30] 그러나 하부시장 개념의 적용이 일반적인 관련시장 획정과 본질적으로 구별되는 것인지에 관한 의문을 제기하는 견해도 유력하며,[31] 오히려 대부분의 최근 판례들은 기존의 관련시장과 명확히 구별되는 의미로 하부시장을 사용하지 않는 경향을 보여주고 있다.[32] 결국 하부시장 개념이 타당성이나 유용성 측면

---

27) 370 U.S. 294(1962).

28) 370 U.S. 294, 325(1962).

29) 384 U.S. 563(1966).

30) ABA(Section of Antitrust Law), Antitrust Law Developments vol. 1. 6. ed., ABA Publishing, 2007, 578면.

31) E. Thomas Sullivan & Jeffrey L. Harrison, Understanding Antitrust and Its Economic Implications, Matthew Bender, 2003, 41면.

에서 기존의 관련시장 획정 방식을 적어도 부분적으로 대체하거나 추가할 수 있는 수준에 이른 것으로 보기는 어려우며,[33] 이러한 점은 통신산업에서도 동일하게 이해되어야 할 것이다. 다만 하부시장 개념이 융합에 따른 결합상품을 구성하는 상품들의 개별 시장에 대한 주의를 환기시키는 측면은 있으며, 이와 관련하여 네덜란드 통신규제기관(OPTA: Onafhankelijke Post en Telecommunicatie Autoriteit)이 융합 상품의 시장획정과 관련하여 제시한 판단 과정을 참고할 만하다. OPTA는 결합상품의 관련시장 획정과 관련하여, 단일한 상품으로 파악된 결합상품을 구성 상품과의 대체 가능성 심사를 통하여 이들이 하나의 시장에 속하는지 여부를 판단할 수 있다고 보았으며, 결합상품의 존재가 결합을 구성하고 있는 개별 상품 시장을 배제하지 않는다는 것을 근거로서 제시하고 있다.[34]

집합시장(cluster market) 개념 역시 미국 법원의 반독점법 판례에서 형성된 것으로서, 그룹으로 상품을 구매하는 것에 대한 소비자의 선호 또는 상품의 결합 판매로 인한 비용절감 내지 편의에 기초하여, 대체재가 아닌 구성 요소임이 분명한 상품 또는 서비스들의 집합을 하나의 시장으로 파악할 수 있다는 것을 기본 내용으로 한다.[35] 예를 들어 U. S. v. Grinnell Corp. 사건에서 연방대법원은 관련시장이 중앙 관리소에 의하여 통제되는

---

32) 예를 들어 하급심에서 "하부시장이라는 용어는 피해야 한다. 이미 부정확하고 복잡한 문제에 혼란만을 더할 뿐이다"고 판시한 것이나(Satellite Television & Associated Res. v. Continental Cablevision, 714 F.2d 351, 355 n.5(4th Cir. 1983)), "하부시장의 획정은 시장 획정과 같은 의미로 전환한다"고 판시한 Pepsi Co, Inc. v. Coca-Cola Co., 1998-2 Trade Cas. (CCH) ¶ 72,257(S.D.N.Y. 1998) 참조.

33) 독점규제법상 하부시장 개념의 가능성을 인정하는 견해로서, 신현윤, 경제법, 법문사, 2012, 147-148면 참조. 동 견해는 전국시장 내에 지역시장으로서 하부시장이 존재할 수 있다고 보는데, 이러한 의미에서 지역시장의 인정이 일반적인 관련시장 획정과 구별되는 것인지에 대해서는 논의의 여지가 있다.

34) OPTA, The Bundle The Market?, 2007, 15-16면.

35) ABA, 주 30)의 책, 581면.

보안회사의 화재방지 서비스와 치안 서비스로 구성된다고 판시하였는데,
고객들의 전형적인 구매 행태가 서비스의 개별 구매 대신에 집합적 구매
로 나타나고 있다는 것과 사업자들이 효과적으로 경쟁하기 위해서 각 서
비스를 모두 제공할 수밖에 없었다는 것이 이러한 판단의 결정적인 근거
가 되었다. 집합시장 개념은 일련의 은행 합병 사건에서도 적용되었다.[36)]
이 외에도 밀접히 관련성 있는 그룹으로 상품이 제공되는 것에 관한 고객
의 요구가 있는 유사한 상황에서 집합시장이 인정되었는데, 병원 합병 사
건에서 환자의 의료 서비스, 교육서비스, 사무용품 대형매장, 스포츠장비,
백화점 등이 관련된 사건에서 집합시장 개념이 원용되었다.[37)] 이상의 미
국 판례에서 전개된 집합시장 개념은 집합적 구매에 대한 소비자의 선호
와 공급 측면에서 비용절감 등의 효과 등에 기초한다.[38)] 또한 Grinnell 판
결이 시사하듯이, 집합적으로 이루어지는 거래가 경쟁 관계를 적절하게
반영하는 경우에 개념의 유용성이 드러나며,[39)] 이러한 관점은 통신산업에

---

36) U. S. v. Philadelphia National Bank, 374 U.S. 321(1963) 판결에서 연방대법원
은 상업은행 서비스의 집합이 관련 상품시장이 될 수 있다고 판시하였는데, 상업
은행들은 고유한 상품(다양한 종류의 신용)과 서비스(당좌예금계좌와 신탁업무)
를 제공하고 있으며, 비용상 이점과 소비자가 선호하는 안정성 때문에 이러한 상
품 및 서비스 중의 일부를 제공하는 다른 금융사와 경쟁하는 관계에 있지 않다고
보았다. 이 외에도 U. S. v. Connecticut National Bank, 418 U.S. 656(1974), U.
S. v. Phillipsburg National Bank, 399 U.S. 350(1970) 참조.
37) ABA, 주 30)의 책, 583-584면 참조.
38) 공급 측면에서 범위의 경제가 존재하고, 동시에 공동의 소비(joint consumption)
가 이루어질 경우에 집합시장 개념이 유효할 수 있다는 것에, OPTA, 주 34)의
책, 13면 참조. 또한 집합시장 개념은 공급자가 수요자에게 'one-stop shopping'
으로 인한 비용절감의 이익을 제공할 수 있을 때에 적합할 수 있다는 것에 관하
여, Andrew I. Gavil, William E. Kovacic & Jonathan B. Baker, Antitrust Law
in Perspective 2. ed., Thomson/West, 2008, 499면 참조.
39) 집합시장 개념의 유용성을 무엇보다 분석의 편의에서 찾는 것에 관하여, Andrew
I. Gavil, William E. Kovacic & Jonathan B. Baker, 위의 책, 499면 참조. 한편
집합시장을 인정할 경우에 수요나 공급의 대체성을 적절하게 판단하지 못할 우려

서도 유력한 의미가 있다. 예를 들어 주요 통신사업자들은 유선통신, 이동통신, 초고속 인터넷, IPTV를 포함한 이른바 쿼드러플(quadruple) 방식의 결합상품을 제공하고 있으며, 이는 통신사업자 간 경쟁의 실제적 모습으로 파악할 수 있다. 따라서 특정한 행태가 경쟁에 미치는 효과를 분석할 경우에, 결합상품이 그 자체로 단일한 상품시장으로 인정되지 않는 경우에도, 집합시장 개념은 구성 상품들을 포괄하는 적절한 경쟁 분석의 범위를 제시할 수 있다는 점에서 의의를 찾을 수 있다.[40]

## III. 통신 시장에서 지배적 지위의 판단

### 1. 의의

독점규제법 제2조 제7호 제1문에 의하면, "시장지배적 사업자라 함은 공급자나 수요자로서 단독으로 또는 다른 사업자와 함께 상품이나 용역의 가격, 수량, 품질 기타의 거래조건을 결정, 유지 또는 변경할 수 있는 시장지위를 가진 사업자를 말한다." 시장참가자로서 단지 거래조건의 수용자가 아니라 거래조건을 결정하거나 영향을 미칠 수 있는 지위에 있는 자는 당해 시장에서 지배력을 갖고 있는 사업자에 해당한다.

---

가 있다는 지적으로, 신현윤, 주 33)의 책, 148면 참조.

40) 4 시외전화 사업자가 요금 등에 관한 합의와 아울러 시외전화와 시내전화 서비스를 결합 상품 형태로 제공하지 않는 합의를 한 것에 대하여, 공정거래위원회는 이러한 제한이 효율성 제고효과와 무관하며, 다양한 상품을 통하여 소비자가 얻게 되는 이익 증대 가능성을 침해한다는 이유로 경쟁제한적인 것으로 보았고, 항고소송에서도 이러한 입장이 지지되었다(공정위 2005. 12. 15. 의결 제2005-331호; 서울고법 2006. 12. 7. 선고 2006누1663 판결 및 대법원 2008. 10. 23. 선고 2007두2586 판결). 그러나 동 심결 및 판결에 대하여 결합상품의 제공이 경쟁에 미치는 효과에 대한 분석이 충분히 이루어지지 못한 부분을 지적할 수 있을 것이다.

동호 제2문은 이러한 시장지배적 지위를 판단하는 요소로서, 시장점유
율, 진입장벽의 존재 및 정도, 경쟁사업자의 상대적 규모 등을 제시하고
이를 종합적으로 고려하여야 한다고 규정하고 있다. 이 외에도 「시장지배
적지위남용행위 심사기준」은 경쟁사업자 간의 공동행위 가능성, 유사품
및 인접시장의 존재, 시장봉쇄력, 자금력, 그리고 기타 사업자가 거래선을
당해 사업자로부터 다른 사업자에게로 변경할 수 있는 가능성, 시장경쟁
에 영향을 미치는 당해 사업자의 신기술 개발 및 산업재산권 보호여부 등
을 시장지배력 판단의 고려 요소로서 제시하고 있다. 특히 동법 제2조 제7
호 2문에서 가장 먼저 언급되고 있는 시장점유율은, 가장 중요한 지배력
판단의 요소로 이해되고 있으며,41) 독일의 경쟁제한방지법(GWB; Gesetz
gegen Wettbewerbsbeschränkungen)이나 우리 독점규제법상 추정 조항
을 통하여 다른 고려 요소에 비하여 우월한 규범적 가치가 주어지고 있다.

통신시장에서 지배적 지위의 판단도 다른 상품 시장에서 이루어지는 판
단과정과 기본적으로 동일하게 이루어질 것이다. 그러나 여기서도 통신산
업의 역사적 발전 과정과 구조적 특징에 대한 특별한 주의가 요구된다. 우
선 종래 통신산업은 국가에 의하여 직·간접적인 방식으로 독점적 지위에
서 운영되어 왔고, 통신산업의 구조적 변화가 진행되고 있지만, 경쟁적인
산업구조로의 전환은 여전히 미흡한 상황이다. 이러한 상황에서 통신법상
주요 사업자에 대한 비대칭적 규제는 불가피한 측면이 있으며, 이를 위하
여 통신법에서 규제 대상으로 정하고 있는 사업자를 독점규제법상 시장지
배적 사업자와 비교하여 검토할 필요가 있다. 또한 최근 통신산업의 주요
사업자들은 콘텐츠 생산부터 최종 통신서비스 이용까지 수직적인 구조를
강화하는 경향을 보여주고 있는데, 시장지배적 지위의 판단에 있어서도
이러한 구조적 특징에 대한 고려가 이루어져야 한다.

---

41) 시장점유율은 시장봉쇄의 실제적인 힘으로 작용함으로써, 시장지배력의 대용 이
상의 의미를 갖고 있다고 보는 것으로서, Herbert Hovenkamp, 주 23)의 책,
82-83면.

## 2. 통신법상 지배적 사업자의 규율

### (1) 기간통신사업자

「전기통신사업법」은 전기통신역무를 기간통신역무, 별정통신역무, 부가통신역무로 구분하며, 기간통신역무를 제공할 수 있는 사업자는 미래창조과학부장관의 허가를 받도록 규정하고 있다(법 6조 1항). 기간통신사업자는「전기통신사업법」상 비대칭 규제의 수범자가 되는데, 즉 설비 등의 제공(법 35조), 가입자선로의 공동활용(법 36조), 무선통신시설의 공동이용(법 37조), 전기통신시설의 도매제공(법 38조), 상호접속(법 39조), 전기통신설비의 공동사용(법 41조), 정보의 제공(법 42조), 회계 정리(법 49조) 등에 관하여 특별한 의무를 부담한다. 또한 동법 제28조 제2항 및 동법 시행령 제34조 제1항에 의하여 기간통신사업자가 제공하는 기간통신서비스가 당해 시장에서 점유율 1위이고, 50% 이상일 경우에 당해 서비스의 이용약관에 관하여 미래창조과학부장관의 사전 인가를 받도록 요구하고 있다.

이러한 의무의 부담 주체로서 기간통신사업자는 통신시장에서의 영향력과 무관하지 않으며, 기간통신역무의 내용이 통신서비스의 특성에 따라 정해짐으로써 이러한 경향은 강화되고 있다. 그러나 여전히 기간통신사업자는 공익성과 같은 「전기통신사업법」이 추구하는 다양한 목적에 관련되며, 이러한 점은 기간통신사업의 허가 조건에 구체화되고 있다. 즉 동법 제6조 제2항은 기간통신사업자에게 미래창조과학부장관의 허가를 요구하고, 미래창조과학부장관은 허가 시에 기간통신역무 제공계획의 이행에 필요한 재정적 능력(1호), 기간통신역무 제공 계획의 이행에 필요한 기술적 능력(2호), 이용자 보호계획의 적정성(3호), 그 밖에 기간통신역무의 안정적 제공에 필요한 능력에 관한 사항으로서 대통령령으로 정하는 사항(4호) 등을 심사하여야 하는 것으로 규정하고 있다. 이러한 요건의 심사를 통하

여 인정되는 기간통신사업자는 개념적으로 시장지배적 사업자와 구별된
다. 따라서 기간통신사업자의 지위로부터 시장지배력이 당연히 도출될 수
있는 것은 아니다. 다만 기간통신사업의 허가는 기간통신서비스 시장에
진입 제한을 의미하므로, 이러한 제도적 진입 장벽이 시장지배력 판단에
일정한 영향을 미칠 수 있다는 점은 고려되어야 할 것이다.[42]

### (2) SMP 사업자

SMP(significant market power, beträchtliche Marktmacht) 개념은 통신
산업의 구조 전환이 본격화되기 시작한 1990년대 EC의 여러 통신관련 지
침, 예를 들어 1992년 6월 네트워크 개방에 관한 규정을 회선임대에 적용
하기 위한 지침,[43] 1998년 2월 경쟁 환경에서 통신산업상 전화와 보편적
역무의 네트워크 개방에 관한 규정을 적용하기 위한 지침,[44] 1997년 6월
네트워크 개방 원칙의 적용을 통한 보편적 역무와 상호운용성(interopera-
bility)의 보장에 관한 상호접속지침[45] 등에서 제시된 것이다. 여기서 SMP
는 경쟁법상의 시장지배력 개념과 구별되어, 보다 넓은 범위에서 '상당한
시장력'의 보유가 인정되는 경우로 이해되었다. 예를 들어 상호접속지침
제4조 제3항은 25% 이상의 시장점유율을 갖고 있을 경우에 SMP가 추정
될 수 있다고 규정하였는데, 이에 의하여 SMP의 범위는 EC조약 제82조에
서 요구하는 시장지배력 이상으로 확대될 수 있었다.[46] 그러나 동 규정의
적용 과정에서 유럽 법원은 경쟁법상 시장지배력을 판단하기 위한 방식과

---

42) 기간통신역무를 중심으로 한 분류체계와 기간통신사업의 허가 시스템이 진입제한
　　으로 작용하고 있다는 분석으로, 박동욱, 주 20)의 글, 106-107면 참조.
43) Article 1 (3) Directive 92/44/EEC.
44) Article 12, 13, 15, 16, 17 and 25 Directive 98/10/EC.
45) Article 4, 6, 7, 8 and 18 Directive 97/33/EC.
46) Jens-Daniel Braun & Ralf Capito, "The Framework Directive", Christian
　　Koenig, Andreas Bartosch & Jens-Daniel Braun ed., EC Competition and
　　Telecommunications Law, Kluwer Law International, 2002, 212-313면 참조.

고려요소들을 원용함으로써, SMP는 시장지배력 개념에 보다 접근하게 되었다.[47] 결국 2002년 통신산업에 관한 기본지침 제14조 제2항은 종래 사용되었던 25% 기준 대신에 SMP에 관한 개념적 정의를 시도하면서, "사업자가 독립적으로 또는 다른 사업자와 공동으로 지배에 상당하는 지위, 즉 경쟁자, 고객 그리고 최종이용자로부터 상당한 정도 독립적으로 행동할 수 있는 힘을 가질 만한 경제적 지위를 누리고 있다면, SMP를 보유하는 것"으로 규정하였다. 무엇보다 동 규정은 SMP를 시장점유율에 따른 형식적 기준이 아닌 시장의 구체적인 분석에 근거하여 정의함으로써, SMP와 유효경쟁 사이의 관계를 명확히 하였다.[48] 이와 같이 새롭게 규정된 SMP 정의는 종래 EC조약 제82조(현 EU기능조약 제102조)의 시장지배력에 관한 유럽법원의 해석을 수용한 것으로서,[49] United Brands 사건에서 제시된 시장지배력 개념인 "그의 경쟁자들과 구매자 그리고 궁극적으로는 소비자들과 독립적으로 상당한 범위에서 행동할 수 있는 능력"에[50] 상응하는 것으로 이해되었다.[51] 한편 이러한 정의는 실질적으로 SMP의 인정범위를 축소하는 의미도 있었는데, 종래 시장점유율 25% 기준이 유력하게 작용하였던 것과 비교하여 다양한 요소들의 고려는 SMP가 인정될 가능성을 제한하는 측면이 있었다.[52] 이와 같은 EU 통신산업 기본지침상 SMP

---

47) Joachim Scherer, "Die Umgestaltung des Europäischen und deutschen Telekommunikationsrechts durch das EU-Richtlinienpaket - Teil I", Kommunikation Recht, Heft 6, 2002, 283면.

48) Paul Nihoul & Peter Rodford, EU Electronic Communications Law, Oxford Univ. Press, 2004, 290-291면.

49) Joachim Scherer, 주 47)의 글, 284면.

50) United Brands Co. and United Brands Continental BV. v. Commission, [1978] 1 CMLR 486, 487면.

51) United Brands 사건 이후 EU 법원에서 시장지배력 개념의 형성과 발달에 관한 개략적인 설명은, Joanna Goyder & Albertina Albors-Llorens, 주 6)의 책, 311-312면 참조.

52) Jens-Daniel Braun & Ralf Capito, 주 46)의 글, 313면 참조.

규정은 회원국의 통신법에 반영되었다. 대표적으로 2012년 개정된 독일 통신법(Telekommunikationsgesetz)은 제3조 제4호 및 제11조 제1항 제3문 및 제4문에서 SMP(beträchtliche Marktmacht) 사업자를 정의하고 있는데, 동 규정에 의하면, "혼자서 또는 다른 사업자와 공동으로 지배력(Beherrschung)에 상응하는 지위, 즉 상당한 범위에서 자신의 경쟁자 또는 최종 이용자로부터 독립적으로 행위하는 것을 가능하게 하는 경제적으로 강력한 지위에 있는 자는 SMP 사업자에 해당한다(3문). 1차 시장에서 SMP를 보유하고 있다면, 동 시장에서의 시장력(Marktmacht)의 전이가 가능하고 이에 의하여 시장력의 강화가 이루어질 수 있는 인접한 2차 시장에서도 SMP 사업자에 해당할 수 있다(4문)."

이와 같이 비교법적으로 나타난 SMP와 경쟁법상 시장지배력의 개념적 접근은 「전기통신사업법」상 동 개념의 정책적 활용에도 영향을 미친 것으로 볼 수 있다. 물론 SMP 사업자 개념이 종래 기간통신사업자 개념을 대체하는 데까지 이른 것은 아니지만, 2007년 「전기통신사업법」 개정에 의하여 제도화된 경쟁상황 평가제도에 의하여 매년 특정 시장에서 SMP 사업자를 파악하고 있으며, 이는 통신법상 경쟁정책의 근거로 활용되고 있다.[53] 그러나 이와 같은 제도 운영에도 불구하고 SMP 사업자와 독점규제

---

53) 현행법상 경쟁상황 평가제도의 근거 규정은 「전기통신사업법」 제34조 ② 미래창조과학부장관은 제1항의 전기통신사업의 효율적인 경쟁체제의 구축과 공정한 경쟁환경의 조성을 위한 경쟁정책 수립을 위하여 매년 기간통신사업에 대한 경쟁상황평가를 실시하여야 한다. ③ 제2항의 규정에 따른 경쟁상황 평가를 위한 구체적인 평가 기준 · 절차 · 방법 등에 대하여는 대통령령으로 정한다. 「전기통신사업법」 시행령 제38조 ① 법 제34조 제2항에 따른 경쟁상황 평가를 실시하기 위하여 단위시장을 획정하려는 때에는 다음 각호의 모든 사항을 고려하여야 한다. 1. 서비스의 수요대체성 · 공급대체성, 2. 서비스 제공의 지리적 범위, 3. 소매, 도매 등 서비스 제공의 거래단계, 4. 구매력 · 협상력의 차이 또는 수요의 특수성 등 이용자의 특성. 이상의 규정은 경쟁상황 평가 그리고 이를 통한 SMP 사업자의 선정을 위한 기초로서 단위시장 획정이 기본적으로 경쟁법상 관련시장 획정 방식과 유사하게 이루어지고 있음을 보여준다. 경쟁상황 평가에 있어서 단위시장 획정의 구

법상 시장지배적 사업자를 동일시 할 수는 없을 것이다. 무엇보다 시장지배력 판단이 구체적 시장을 전제하여 이에 대한 사후적 평가에 기초하는 것인 반면에, SMP를 위한 시장력 평가는 사전적인 입장에서 그리고 기본적으로 가정과 승인(Hypothesen und Annahmen)의 방식, 즉 특정사업자를 대상으로 정책 적용의 범위를 정하는 방식으로 진행된다는 점에서,[54] 양자 간의 근본적 차이는 여전히 존재한다.

## 3. 수직적 관련성의 고려

통신산업에서 네트워크를 보유하는 사업자는, 당해 네트워크의 운용 시장 및 자신이 제공하는 주된 서비스 시장에서 지배력을 행사할 수 있을 뿐만 아니라, 전후방으로 연관된 다양한 시장에 상당한 영향력을 미칠 수 있다. 특히 방송과 통신의 융합 현상이 보편화 되면서 기존의 통신망을 보유하고 있는 사업자는 다양한 부가서비스 시장에서 또는 방송 프로그램과 같은 콘텐츠 시장에서 자신의 지배력을 확대할 가능성이 있다. 이러한 점은 이미 통신산업의 규제체계에 반영되고 있다. 즉 「전기통신사업법」상 기간통신사업자를 중심으로 한 규제체계는 기본적으로 통신망에 대한 지배력이 다른 시장으로 확대되는 것을 제한하는 의미를 갖는다. 그러나 융합 현상이 진행되면서 지배력의 원천이 통신망 보유에 한정되지 않는 상황이 나타나고 있으며, 따라서 유효경쟁 실현의 정책 목표를 효과적으로 추진하기 위해서는 개별 서비스 중심의 수평적 규제체계로 전환되어야 한다는 주장도 유력하다.[55] 기존 통신망을 통하여 음성 통화 중심의 단순한 서비스 제공이 주를 이루었던 과거 통신산업과 다양한 서비스가 결합되고

---

체적 기준에 관하여, 김희수 등 11인 공저, 2007년도 통신시장 경쟁상황 평가, 정보통신정책연구원, 2008, 55-62면 참조.
54) Joachim Scherer, 주 47)의 글, 285면.
55) 박동욱, 주 20)의 글, 113면 이하 참조.

그 비중이 확대되고 있는 현재의 상황을 비교하여 보면, 이러한 정책 제안에는 타당한 측면이 있다. 그러나 개별 서비스 중심의 규제가 실효성 있게 운영되기 위해서도, 당해 시장에서 지배력이 나타나고 있는 상황에 대한 적절한 인식이 필요하며, 이를 위해서 개별 시장을 넘어선 수직적 관련성의 고려는 여전히 중요한 의미가 있다.

우선 경쟁법상 시장지배력 판단에 있어서 수직적 관련성은 시장지배력 전이(Verknüpfung zwischen Marktbeherrschung und Behinderung)의 관점에서 파악할 수 있다. 즉 시장지배력이 존재하는 시장과 남용행위가 발생하는 시장이 분리될 경우에, 양자 사이에 규범적 인과관계(normative Kausalität)가 존재한다면, 지배력 남용으로서 규제가 가능하다. 이때 인과적 관련성에 관하여 유럽 경쟁당국의 실무는 시장지배력과 다른 시장 사이에 관련성, 즉 일정한 시장에서의 지배력이 다른 시장에서의 경쟁기능이나 시장구조에 영향을 미치는지를 판단의 기준으로 삼고 있는데,[56] 통신시장에서 지배적 사업자는 다른 부가 서비스나 상하 관련시장에 지배력을 전이할 가능성이 있다는 점에서, 동 개념의 유용성이 있다. 이에 관한 사례로서 독일 Strom und Telefonie II 사건을 참고할 만하다. 동 사건에서 연방대법원은 전기공급시장에서 지배력을 갖고 있는 Stadtwerke S. GmbH가 자신의 망을 이용하여 통신서비스를 끼워팔기 방식으로 제공한 사건에서 지배력 전이의 가능성을 긍정하였다.[57]

한편 복수의 사업자가 집합적으로 시장지배력을 보유하게 되는 경우를 상정한 집합적 시장지배력 개념도 수직적 관련성의 고려와 관련하여 논의의 여지가 있다. 집합적 시장지배력 개념은 EU기능조약(TFEU) 제102조가 그 주체를 '하나 또는 그 이상으로'(one or more undertakings) 정의하고

---

56) Knut Werner Lange hrsg., Handbuch zum Deutschen und Europäischen Kartellrecht 2. Aufl., Verlag Recht und Wirtschaft GmbH, 2006, 416-417면 (Wolfgang Hübschle 집필부분) 참조.
57) BGH, Urt. v. 4. 11. 2003.

있는 것에 근거한다. 동 개념은 Società Italiana Vetro v. Commission 사건에서 유럽 1심법원(CFI)이 "둘 이상의 독립적인 사업자가 특정한 시장에서 경제적 관련성(economic links)에 의하여 통합되어 다른 사업자들에 대하여 집합적으로 시장지배력을 가질 수 있다. 예를 들어 약정이나 라이센스를 통하여 다른 경쟁자, 고객 그리고 궁극적으로는 소비자들에 대하여 지배력을 가능하게 하는 기술적 우위를 얻게 됨으로써 집합적으로 시장지배력을 보유할 수 있다"라고 판시함으로써 판례법상 수용되었다.[58] 이후 기업결합에 관한 Gencor v. Commission 사건에서 유럽 1심법원은 집합적 시장지배력의 핵심 요건인 경제적 관련성에 관하여, "약정이나 다른 법적인 관련성이 집합적 시장지배력 개념을 인정함에 있어서 필수적인 것은 아니고, 이러한 관련성의 징표들은 경제적 분석, 특히 당해 시장의 구조적 분석에 기초하여 찾을 수 있다"라고[59] 판시하였다. 이러한 태도는 시장지배력 남용 사건이었던 Compagnie Maritime Belge v. Commission 사건에서[60] 다시 확인되었다. 동 개념의 경쟁정책적 의의는 무엇보다 독점 내지 과점시장에 대한 규제의 실효성을 강화할 수 있다는 점에서 찾을 수 있는데, 사업자들 사이에 공모의 입증이 곤란한 현실을 감안하면, 이는 과점시장의 유력한 규제수단으로의 통로를 열어주는 의미가 있다. 그러나 이러한 접근 방식은 거의 모든 과점시장에서의 행태를 규제 대상으로 할 수 있다는 우려를 낳고 있으며, 시장에 대한 지나친 개입일 수 있다는 비판도 뒤따른다.[61] 동 개념의 독점규제법상 수용과 관련하여 논의가 이루어지고 있지만,[62] 동 개념의 적용 가능성이 수직적으로 확대될 수 있다는

---

58) Case T-68, 77 and 78/89[1992] ECR II-1403; 5 CMLR 302. para. 358.
59) Case T-102/96 [1999] ECR II-753; 4 CMLR 971. para. 45.
60) Case C-395/96P [2000] ECR I-1365; 4 CMLR 1076.
61) Albertina Albors-Llorens, EC Competition Law and Policy, William Publishing, 2002, 110면.
62) 법원은 '단독으로 또는 다른 사업자와 함께'라는 표현은 개별 사업자가 독점 또는 과점의 지위에 있는 것을 의미하는 것으로 해석하고, 이러한 지위에 있지 않은 복

점에도 주목을 요한다. 예를 들어 Irish Sugar사건에서 유럽법원(ECJ)은 기존의 시장지배적 지위에 있는 Irish Sugar plc.와 자회사 SDL 사이의 수직적 관련성에 기초하여 SDL도 집합적 시장지배력의 주체가 될 수 있는 것으로 판단하였다.[63] 특히 통신산업은 네트워크와 서비스가 수직적으로 통합된 공급자에 의하여 주도될 가능성이 크다는 점에서, 동 개념이 원용되기에 적합한 구조적 특성을 갖고 있다는 점을 고려할 필요가 있다.


## IV. 통신 시장에서 지배적 지위남용의 판단

### 1. 의의

시장지배적 지위의 남용과 관련하여 유럽법원의 Hoffmann-La Roche 판결에서 제시된 다음과 같은 남용 개념이 널리 받아들여지고 있다. "남용은 문제가 되는 사업자의 존재의 결과로서 경쟁의 정도가 약화된 시장의 구조에 영향을 미치고, 또한 상업적 주체들의 거래에 기초한 상품과 용역에 있어서 통상적인 경쟁이 이루어지는 조건과는 다른 방법을 이용하여 현재의 시장에서 존재하는 경쟁의 정도를 유지하거나 그 경쟁의 발전을 저해하는 효과를 갖는 지배적 지위에 있는 사업자의 행위에 관련된 객관적 개념이다."[64] 동 판결에서 남용은, 이미 경쟁 구조에 제약이 있는 시

---

수의 사업자들이 단일한 사업주체로 평가되지 않는 한, 동 규정에 해당할 여지가 없는 것으로 판시하였다. 서울고법 2003. 5. 27. 선고, 2001누15193 판결 및 대법원 2005. 12. 9. 선고, 2003두6283 판결 참조. 동 판결에 대한 비판으로, 홍명수, 경제법론 II, 경인문화사, 2010, 67-69면 참조. 한편 동 판결과 관련하여 최종심인 대법원은 공동의(집합적) 시장지배적 지위에 관하여 별도의 언급을 하지 않았다는 점에서 이 문제에 관한 대법원의 입장이 제시되지 않았다는 것으로, 이호영, 독점규제법, 홍문사, 2013, 59면 참조.

63) Case C-497/99R [2001] 5 CMLR 1082 참조.

장에서 경쟁에 부정적 영향을 미치는 행태를 의미하는데, 구체적인 이해
를 위하여 남용의 유형화가 필요할 것이다. 이와 관련하여 구조적으로 유
효경쟁이 제약된 시장에서 현재의 지위를 유지하거나 강화하기 위하여 다
른 경쟁사업자의 사업활동을 방해하는 의미에서의 남용(방해적 남용, 배
제적 남용: exclusive abuse, Behinderungsmiβbrauch)과 현재의 지위를
이용하여 경쟁시장에서는 얻기 어려운 이득을 향유하기 위한 수단으로서
의 남용(폭리적 남용, 착취적 남용: exploitative abuse, Ausbeutungsmiβ-
brauch)의 두 형태로 분류하는 것이 일반적이다.[65]

이상의 분류는 남용의 의의를 경쟁정책적으로 평가하고 이를 시정할 수
있는 기초를 제시하는데 유용성이 있다. 즉 폭리적 남용 규제는 독과점적
지위로부터 얻을 수 있는 이득을 제한함으로써, 유효 경쟁이 실현되고 있
는 시장의 성과를 기대할 수 있도록 하고, 나아가 이에 의하여 시장의 독
점화에 대한 유인을 제도적으로 억제하려는 정책적 함의가 있다. 한편 방
해적 남용 규제는 경쟁사업자의 사업활동을 방해함으로써, 지배적 지위를
유지하거나 강화하는 것에 대한 제한이다. 경쟁정책적인 관점에서 보면,
방해적인 의미에서의 남용은 경쟁사업자와의 관계에서 그 의미가 두드러
지는 반면에, 폭리적 남용의 분석상 출발점은 남용주체의 이득과 거래상
대방의 후생 감소에 있다.[66] 비교법적으로 남용의 유형화가 입법적으로
잘 반영되어 있는 독일 경쟁제한방지법 제19조 제4항은 남용행위를 유형
별로 규정하고 있는데, 제1호에서 실질적으로 정당한 이유 없이 시장에서

64) Case 85/76[1979] ECR 461, 541면.
65) Gerhard Wiedemann hrsg., Handbuch des Kartellrechts, Verlag C. H. Beck,
1999, 823-825면(Georg-Klaus de Bronett 집필부분) 참조.
66) Commercial Solvents사건에서 유럽법원은 "EC조약 제86조(현 82조)는 소비자에
게 직접적으로 손해를 가하는 경우 및 유효경쟁을 침해함으로써 간접적으로 소비
자에게 손해가 발생하는 경우를 대상으로 한다"고 밝히고 있다. Istituto Chemio-
terapico Italiano and Commercial Solvents Corporation v. Commission, Case
6-7/73, [1974] ECR 223 참조.

의 경쟁에 영향을 미치는 방법으로 다른 기업의 경쟁가능성을 제한하는
경우, 제2호에서 유효경쟁의 경우에는 거의 기대하기 어려운 대가 또는
그 밖의 거래조건을 요구하는 경우를 각각 규정하고 있고, 제3호와 제4호
는 남용의 특수한 형태로서 차별행위와 필수설비에 대한 접근 거절을 별
도로 규정하고 있다. 명백히 제1호의 남용은 방해적 남용, 그리고 제2호의
남용은 폭리적 남용을 의미하며, 이 규정들에 근거하여 다양한 남용의 형
태를 여기에 포섭하는 방식으로 법운용이 이루어지고 있다.[67]

    우리 독점규제법 제3조의2에서 남용의 행태에 대한 규정은 이러한 유형
화를 따르고 있지 않다. 그러나 우리와 마찬가지로 남용의 유형에 대한 구
체적인 인식 없이 입법된 EU기능조약 제102조의 해석과 적용에 있어서,
방해적 남용과 폭리적 남용을 구별하는 사고가 반영되고 있는 것처럼,[68]
우리의 경우에도 이러한 이해는 구체적인 법해석과 법적용에 있어서 의미
가 있을 것이다.[69] 특히 통신시장에서 남용적 행태를 판단함에 있어서도
남용의 유형적 이해의 틀은 유용성이 있는데, 통신산업의 자유화가 아직
진행 중이고, 따라서 시장의 자율적 통제가 충분히 성숙하지 못한 상황에
서 각 남용 유형은 경쟁정책의 실현을 위한 유용한 지침이 될 수 있다. 또
한 시장지배적 지위남용 판단과 관련하여, 통신법상 규제와의 충돌 내지
조화의 문제에 대해서도 주의하여야 한다. 통신법은 경쟁정책을 추진하는
과정에서 다양한 사전적·사후적 규제를 두고 있는데, 이러한 규제와 독
점규제법상 남용 규제 간의 관계에 대한 고려가 필요하다.

---

67) Ulrich Gassner, 주 10)의 책, 114면.
68) Gerhard Wiedemann hrsg., 주 65)의 책, 766면(Georg-Klaus de Bronett 집필부
분).
69) 이기수·유진희, 경제법, 세창출판사, 2012, 64면 참조.

## 2. 폭리적 남용의 문제

독점규제법 제3조의2 제1항 제1호는 부당한 가격결정으로서 상품의 가격이나 용역의 대가를 부당하게 결정·유지 또는 변경하는 행위를, 제2호는 부당한 출고조절로서 상품의 판매 또는 용역의 제공을 부당하게 조절하는 행위를 규정하고 있으며, 동 규정들은 폭리적 남용 규제의 근거가 된다.[70] 출고조절은 대체로 시장에서의 가격 메커니즘을 이용하여 가격인상을 의도하는 것이므로 가격남용과 유사하지만, 경쟁사업자를 배제할 목적의 출고조절은 방해적 남용으로 평가될 가능성도 있다.[71] 가격남용에 있어서 부당성의 근거는, 유효한 경쟁이 이루어지고 있는 시장에서 기대할 수 없는 수준으로 가격을 부과하여 이득을 얻는 것에 있으며, 독점적 지위를 승인하는 대신에 유효 경쟁 시장에서의 성과를 낳는 것에 규제의 목적이 있다. 그러나 Mark Furse의 지적처럼 독점 시장에서 비정상적 초과이윤을 낳는 가격 설정의 메커니즘이 이론적으로 가능하다 하더라도, 실제 가격이 이러한 수준에 해당하는지 그리고 이러한 가격이 초과이윤을 획득하기 위한 의도와 관련되는지 아니면 내부 비효율성과 같은 원인에 의하여 나타나게 된 것인지를 판단하는 것이 용이하지는 않다.[72] 구체적인 판단에서 독점규제법은 비용과 가격 사이의 차이를 고려하는 비용기초적 분석 방식에 따르고 있다(동법 시행령 5조 1항). 그러나 개별 시장에서 위험의 정도나 지배적 사업자의 효율성 또는 규모의 이익 등을 고려하여 판단하여야 하는 적정한 이윤 수준의 결정이 용이하지 않고, 비용의 경우도 계

---

70) 이 외에도 일반조항적 성격의 제5호에 규정된 '소비자의 이익을 현저히 저해할 우려가 있는 행위'도 폭리적 남용의 규제 근거가 될 수 있다.

71) 권오승, 주 5)의 책, 151면, 정호열, 경제법, 박영사, 2012, 193면 및 Ulrich Immenga & Ernst-Joachim Mestmäcker hrsg., GWB Kommentar 3. Aufl., C. H. Beck, 2001, 678면(Wernhard Möschel 집필부분) 참조.

72) Mark Furse, Competition Law of the EC and UK, Oxford Univ. Press, 2004, 277면.

산상의 실무적 어려움뿐만 아니라 경쟁의 결여로 인한 압력의 부재에 따
른 비효율적인 운영 결과가 반영된 경우에 이를 고려하여야 하는지의 문
제 등이 수반된다는 점에서, 분석상의 한계가 있다.[73] 비교법적으로 보면
비교시장적 분석 방식이 일반적인데, 이 경우에도 비교되는 시장 간의 구
조적 차이나 사업자가 처한 개별적 상황 등에 고려가 필수적이다.[74] 또한
통신산업의 경우 시장 자유화가 비교적 최근에 시작되었고, 다양한 상품
이 빠르게 출현하고 있기 때문에, 비교 가능한 시장의 선정이 현실적으로
어려울 수 있다는 점도 염두에 두어야 한다. 이와 관련하여 통신과 마찬가
지로 최근 자유화가 진행되고 있는 전기 요금의 가격 남용이 문제가 되었
던 독일의 Stadtwerke Mainz 사건에서 연방법원이 1개의 시장도 비교 대
상으로 충분할 수 있다고 판시한 것은[75] 참고할 만하다.

한편 통신시장에서 가격남용 행위와 관련하여, 통신 서비스 요금에 대
한 사전적 규제가 존재하는 경우에도 독점규제법상 가격남용으로서 여전
히 규제할 수 있는지가 문제된다. 요금에 대한 사전 인가나 신고가 존재하
는 경우에도, 요금 결정에 관하여 사업자의 자율성이 존재하는 경우에는
시장지배적 지위남용으로서 규제하는 것이 가능하다고 보아야 할 것이다.
Deutsche Telekom 사건에서 유럽위원회는 가격에 관한 특별한 규제를 받
는 사업자라 하더라도 스스로의 판단으로 가격결정을 할 수 있는 상업적
재량(commercial discretion)을 갖는 경우에는 남용행위로 규제할 수 있다
고 보았다.[76] 또한 앞에서 다루었던 Stadtwerke Mainz 사건에서도 독일
연방법원은 전기 요금의 부과가 에너지경제법(ENWG) 제6조 제1항에 의
하여 산업의 고유한 관행에 따른 것이라 하더라도, 경쟁제한방지법에 의

---

73) Knut Werner Lange, 주 56)의 책, 459-460면(Wolfgang Hübschle 집필부분) 참
조.
74) 위의 책, 460면(Wolfgang Hübschle 집필부분).
75) BGH, Beschluss v. 28. 6. 2005.
76) Case COMP/C-1/37.451, 37.578, 37.579 - Deutsche Telekom AG. OJ 2003 L
263/9 para. 52~57.

한 규제가능성을 인정할 수 있다고 판시하였다.

나아가 가격에 대한 사전적 통제가 존재하는 상황에서, 독점규제법상 가격남용 규제가 여전히 유효한 규제수단이 될 수 있다는 점에도 주목할 필요가 있다. Richard Whish가 언급한 것처럼, 독점규제법상 가격남용 규제는 민영화·자유화가 이루어졌지만 독과점적 구조가 유지되고 있는 통신과 같은 공공재 산업에서 유효할 수 있다.[77] 일반적으로 지배적 사업자의 비정상적 초과이윤 획득이 가능한 가격 책정은 경쟁사업자로부터 압력에 의하여 스스로 조정될 여지가 있고, 따라서 경쟁법상 가격남용 규제에 신중하여야 한다는 인식이 존재한다.[78] 그러나 통신산업과 같이 충분히 경쟁적 시장 구조가 형성되지 않은 이유로 시장에 의한 자율적 가격 통제를 기대하기 어려운 경우에 경쟁법상 가격남용 규제는 실질적인 의미를 가질 수 있다.[79]

## 3. 방해적 남용의 문제

독점규제법 3조의2 제1항 제3호는 다른 사업자의 사업활동을 부당하게 방해하는 행위, 제4호는 새로운 경쟁사업자의 참가를 부당하게 방해하는 행위 그리고 제5호는 일반 조항적 성격을 갖고 있는 "부당하게 경쟁사업자를 배제하기 위하여 거래하거나 소비자의 이익을 현저히 저해할 우려가 있는 행위"를 남용행위로서 규정하고 있으며, 동 규정들은 방해적 남용의 규제 근거로 이해된다. 동법 시행령에 의하여 구체화된 유형에는 필수적 요소에 대한 이용 거절 등의 행위가 규정되어 있고(5조 3항 3호 및 4항 3

---

77) Richard Whish, Competition Law, Oxford Univ. Press, 2005, 195면.
78) Mark Furse, 주 72)의 책, 277면.
79) 가격남용 규제는 망(newwork) 관련 산업에서 새로운 전기를 마련하고 있다는 견해로, Fritz Rittner & Meinrad Dreher, Europäisches und deutsches Wirtschafts-recht, C. F. Müller, 2008, 552면 참조.

호), 경쟁사업자를 배제하기 위한 행위로서 부당염매와(5조 5항 1호) 배타
조건부 거래가(5조 5항 2호) 특정되어 있다. 이상의 규정에 포섭될 수 있
는 행위 유형으로서, 거래거절, 차별적 거래, 끼워팔기, 부당염매, 리베이
트 등이 거론되고 있으며,[80] 이러한 행위가 경쟁제한적 효과를 갖게 될
경우에 부당성이 인정된다. 통신사업자의 방해적 남용에 대해서도 이러한
규제 법리가 적용될 것이지만, 특히 융합 환경에서는 결합을 구성하는 상
품 중 소비자의 선호도가 높거나 선택의 여지가 제한된 상품을 제공하는
사업자에 의한 지배력의 확대 가능성에 초점을 맞출 필요가 있다.[81]

통신시장에서 방해적 남용 규제와 관련하여 통신법상 규제와의 관계가
추가적으로 논의되어야 한다. 예를 들어 「전기통신사업법」 제50조 제1항
은 일정한 행위에 대한 제재나 금지를 규정하고 있는데, 이러한 규제와 독
점규제법에 의한 시장지배적 지위남용 규제와의 관계가 문제가 될 수 있
다.[82] 이와 관련하여 동법 제54조는 "제50조 제1항을 위반한 전기통신사
업자의 행위에 대하여 제52조에 따른 조치를 명하거나 제53조에 따른 과
징금을 부과한 경우에는 그 사업자의 동일한 행위에 대하여 동일한 사유

---

80) Knut Werner Lange, 주 56)의 책, 425면(Wolfgang Hübschle 집필부분) 참조.
81) 「전기통신사업법」 제50조 제1항에서 규제하는 금지행위의 위법성은 공정경쟁저
해성과 이용자이익저해성을 요건으로 하는데, 공정경쟁저해성과 이용자이익저해
성은 독점규제법 위반행위 위법성의 주된 표지에 해당하는 경쟁제한성과 상당 부
분 중복된다. 공정경쟁저해성 및 이용자이익저해성과 경쟁제한성의 구별과 적용
범위에 관한 상세한 논의로서, 홍대식, "전기통신사업자에 대한 사후적 행위규제
제도", 경쟁법연구 제22권, 2010, 24-32면 참조.
82) 한편 최근의 특징적인 양상으로 스마트폰과 같은 단말기의 발전이 기존의 통신사
업자가 서비스 제공에 있어서 주도적 역할을 하는 것에 일정한 변화를 낳고 있다
는 점에 주목할 필요가 있다. 이때 단말기는 단지 통신의 보조 장치로서의 의미
를 넘어서 다양한 소프트프로그램을 실행할 수 있는 기능이 강조되고 있으며, 이
러한 상황에서 통신서비스 이용에 관한 소비자 선택의 메커니즘에도 변화가 나타
날 수 있다. 홍명수, "스마트폰의 확대에 따른 통신법상 경쟁정책 문제의 검토",
법과 사회 제40호, 2011, 205-210면 참조.

로 「독점규제 및 공정거래에 관한 법률」에 따른 시정조치 또는 과징금의 부과를 할 수 없다"고 규정함으로써, 양자의 관계에 대한 입법적 명확화를 시도하고 있다. 동 규정은 「전기통신사업법」과 독점규제법에 의한 중복 규제를 피하려는 입법의도에 따른 것이지만, 규정 자체가 「전기통신사업법」에 의한 규제가 우선하는 경우만을 대상으로 함으로써 일면적인 의미만을 갖기 때문에, 양 법의 경합에 따른 충돌 가능성에 충분히 대응하지 못하는 측면이 있다. 이러한 점에서 독일 통신법(Telekommunikationsgesetz) 제82조의 규정은 시사하는 바가 크다. 동 규정은 통신산업의 규제기관이 사업의 인가나 제한을 할 경우 또는 시장을 획정하거나 지배력을 평가할 경우에 연방카르텔청과의 협력을 요구하고 있으며, 통신법과 경쟁제한방지법에 의한 규제를 할 경우에 상대 관청 절차에의 참여와 의견진술의 기회를 제공할 것을 의무화하고 있고, 또한 통신법의 해석에 있어서 경쟁제한방지법과의 관련성에 따른 통일적인 해석을 요구하고 있다. 또한 영국과 같이 통신청과 공정거래청의 공동 관할을 인정하는 방식도 대안으로서 고려할 만하다. 영국의 경우 통신산업에 대한 규제기관인 통신청(Ofcom; Office of Communications)은 통신법(Communications Act 2003) 제371조에 근거하여 경쟁제한적 행위에 대하여 일반 규제기관인 공정거래청(OFT; Office of Fair Trading)과 함께 공동으로 관할권을 가지며, 통신산업의 문제와 관련되는 카르텔이나 시장지배적 지위의 남용행위가 공동관할의 대상이 된다(통신법 371조 2항). 동법 제정 이후 OFT와 Ofcom이 체결한 "Liaison on competition matters"(2003. 12. 18.)은 통신산업상 문제의 구체적 의미를 정하고 있는데, 이에 의하면 통신산업상 문제는 전기통신망과 전기통신서비스, 방송 그리고 이에 관련되는 문제를 포함한다.[83]

---

83) OFT & Ofcom, Liaison on competition matters, 2003, 1-2면. 한편 일반 경쟁규제기관의 한계로서, 일반경쟁규제는 유효경쟁이 존재하는 시장을 전제로 할 때에만 의미가 있는 점, 시장구조의 개선과 같은 장래적 정책 효과를 기대하기 어렵다

한편 통신법에서 이루어지고 있는 사전적 규제와의 관련성도 논의될 필요가 있다. 이와 관련하여 미국의 Trinko 판결은[84] 참고할 만하다. 동 사건에서 미국 통신법(Telecommunications Act 1996)상 상호접속의무에 위반한 행위를 반독점법상 거래거절로 규제할 수 있는지가 다투어졌는데, 연방대법원은 상호접속의무 위반에 대한 통신위원회(FCC)의 우선적 관할권을 인정하면서, 또한 통신법에 의하여 부과된 의무가 반독점법상 거래거절의 위법성 판단 근거가 될 수 없다고 판시하였다. 물론 반독점법상 위법한 거래거절의 기초가 되는 거래의무는 반독점법의 관점에서 판단되어야 하고 따라서 이를 통신법에서 직접 원용하는 것은 타당한 것으로 보기 어렵다. 다만 동 판결이 통신시장에서의 거래거절을 반독점법의 고유한 관점에서 다루는 것 자체를 배제한 것으로 볼 수는 없을 것이다.[85]

## V. 결론

독점규제법상 시장지배적 지위남용에 대한 규제는 통신시장에 있어서도 당연히 유효하다. 따라서 시장지배력 남용에 관한 규제 법리가 일반적으로 적용될 것이지만, 여전히 공공재로서의 성격을 갖고 있는 통신의 특

---

는 점, 시장과 무관하게 부여된 권리가 있을 때 이러한 권리보장을 하기 어렵다는 점을 들면서, 산업에 전문화된 규제기관의 필요성을 시사하는 것으로서, 이원우, 경제규제법론, 홍문사, 2010, 54-55면 참조.

84) Verizon Communications v. Law Offices of Curtis V. Trinko, LLP, 540 U.S. 398 (2004).

85) 동 판결이 반독점법상 위법한 거래거절에 해당하기 위한 거래상 의무의 범위를 Aspen Skiing 판결 이후 실질적으로 좁힌 것으로 이해하면서, 통신법상 의무 위반에 대한 경쟁법상 개입은 오류를 수반할 수 있는 과도한 개입이 될 수 있다는 점에서 동 판결을 긍정적으로 평가하는 것으로서, Andrew I. Gavil, William E. Kovacic & Jonathan B. Baker, 주 38)의 책, 712-713면 참조.

성과 이에 따른 통신산업에 대한 폭넓은 규제는 독점규제법 적용에 일정한 영향을 미칠 것이다. 또한 최근 급속히 진행되고 있는 통신서비스의 융합화 경향은 시장지배적 지위남용 규제에 있어서도 충분히 고려되어야 한다.

관련시장 획정에 있어서 우선 「전기통신사업법」을 중심으로 행해지고 있는 통신역무의 분류가 시장 획정에 미치는 영향에 대해서 주의를 기울일 필요가 있다. 통신산업에서 경쟁정책의 중요성이 강조되면서, 역무 분류에 있어서도 경쟁법적 방식이 채용되고 있는 상황이다. 물론 통신역무 분류 자체가 독점규제법상 관련시장 획정을 대체할 수 없는 것이지만, 이러한 분류체계는 통신사업자의 시장행동에 영향을 미칠 수 있으며, 특히 진입제한으로 작용할 수 있기 때문에, 이러한 측면에서 통신법상 역무분류 체계에 대한 고려는 간과될 수 없다. 또한 통신산업에서 광범위하게 나타나고 있는 융합 현상에 대응하여, 종래 경쟁법상 시장획정과 관련하여 논의되고 있는 개념들의 활용 여부를 검토할 필요가 있다. 하부시장이나 집합시장 개념은 경쟁법상 유효한 시장획정 방식으로 확립된 것은 아니지만, 특히 융합 현상과 관련하여 집합시장의 관점은 경쟁의 실제적 모습을 반영할 수 있다는 점에서 유용한 측면이 있다.

시장지배적 지위의 판단에 있어서도 통신법상 비대칭적 규율의 대상인 사업자들과의 관계가 고려되어야 한다. 그러나 「전기통신사업법」상 기간통신사업자는 지정 과정에서 여전히 공익적 요소가 반영되고 있으며, 경쟁정책적 평가에 기초한 SMP 사업자의 경우에도 정책 실행의 기초로서 사전적으로 파악된 것이기 때문에, 사후적인 남용행위 평가의 대상인 시장지배적 사업자와는 구별된다. 그러나 이 경우에도 기간통신사업자 등을 중심으로 한 통신법상 규제체계가 시장지배력에 영향을 미칠 수 있다는 점에 주의를 요한다. 한편 수직적 구조로 재편되고 있는 통신산업의 구조적 특성은 개별 시장에서의 지배력을 판단함에 있어서 수직적 관련성에 대한 고려가 필요함을 시사한다.

시장지배력 남용의 판단에 있어서 폭리적 남용과 방해적 남용의 유형화
는 통신시장에 있어서도 유용하다. 남용에 대한 규제에 있어서 「전기통신
사업법」상 금지행위 규제 등과 관련하여, 규제의 충돌 가능성에 대한 고
려가 있어야 할 것이다. 한편 폭리적 남용 규제로서 가격남용 규제와 관련
하여, 이러한 규제가 일반 상품시장과 달리 시장 자유화의 과도기에 있는
통신산업에서 실질적인 의미를 가질 수 있다는 점에 주목할 필요가 있다.

# 6. 독점규제법상 경제력집중 억제 정책의 전개 과정과 향후 과제

## I. 서론

현행 「독점규제 및 공정거래에 관한 법률」(이하 독점규제법)상 경제력 집중 억제를 목적으로 하는 일련의 규제는 1986년 동법 제1차 개정에서 시작되었다. 독점규제법은 여러 차례 입법제안과 논의를 거친 후에 1980 년 입법되었는데, 시장 질서에 관한 기본법이라 할 수 있는 경쟁법의 시행 을 통하여 독과점적 구조와 불공정한 거래관행에서 벗어나 시장의 본래 기능을 회복할 것이라는 입법 목적에 따른 것이었다.[1] 최초의 독점규제법 은 시장지배적 지위남용행위, 부당공동행위, 불공정거래행위 등의 규제를 주요 내용으로 하고, 이상의 규제를 통하여 경쟁 메커니즘이 원활하게 기 능함으로써 시장 구조가 보다 경쟁적인 구조로 개선될 것이라는 기대가 있었다.[2]

---

1) 1980년 5공화국 출범과 함께 경제정책의 근본적 변화가 있었는데, 성장 중시에서 벗어나 경제안정화를 우선으로 하고, 또한 정부 주도의 경제운영방식에서 민간의 역할을 강화하는 경제자유화가 경제정책의 기조로 채택되었다. 홍명수, 재벌의 경제력집중 규제, 경인문화사, 2006, 24-26면 참조.
2) 최초 독점규제법의 기본 구조와 규제 내용의 개괄로서, 홍명수, "한국 독점규제법

그러나 동법 시행 후에 시장 상황은 이러한 기대에 충분히 부응하는 모습을 보여주지 못한 것으로 평가되었으며, 그 중요한 원인의 하나로 현실 경제에서 핵심적 역할을 하고 있는 경제적 실체로서 재벌이 지적되었다. 즉 대부분의 산업과 시장에 진출하고 있는 다수 기업의 집단으로서 총수 일가에 의하여 운영되고 있는 재벌의 존재는 시장의 경쟁 기능을 활성화하는데 중요한 장애 요인으로 작용하고, 이를 극복하기 위하여 기존의 개별 시장 중심의 규제만으로는 한계가 있다는 인식이 유력하였다. 이러한 이해에 기초하여 제5공화국 말기에 일반집중 내지 소유집중의 관점에서[3] 경제력집중을 규제하는 제도가 동법 개정을 통하여 도입되었다.[4]

경제력집중 억제를 위한 규제가 독점규제법에 도입된 이후 20년 이상 경과하는 동안 규제의 기본 구조는 유지되었지만, 구체적인 내용에는 상당한 변화가 있었다. 물론 경제사회적 조건의 변화에 따른 경쟁정책의 변화, 즉 경쟁정책의 목적이나 이념이 시대에 따라서 변화하는 과정은 역사적 경험에 의하여 확인된다.[5] 특히 후발 산업국가에서 산업정책이 우선적으로 추진되고 어느 정도 경제발전을 이룬 후에 경쟁정책의 중요성이 부각되는 현상은[6] 우리 독점규제법의 변천 과정에도 대입할 수 있는 것이

의 현재와 미래", 경쟁법연구 제12권, 2005, 167-170면 참조.

3) 개별 시장에서의 집중을 의미하는 시장집중에 대비되는 개념으로서, 일반집중은 산업이나 제조업 일반 또는 국민경제와 같은 광범위한 경제영역에서 특정한 기업 또는 기업집단이 상당한 비중을 차지하는 것을 의미하며, 소유집중은 기업 또는 기업집단의 발행주식 또는 잔여청구권이 소수의 자연인이나 가족에게 집중되는 것을 의미한다. 황인학, 경제력집중-한국적 인식의 문제점, 한국경제연구원, 1997, 26-27면.

4) 공정거래위원회, 시장경제 창달의 발자취 - 공정거래위원회 20년사, 2001, 76면 이하 참조.

5) 미국 반독점법의 제정과 이후 변화를 시기적으로 나누어 분석하고 있는 Herbert Hovenkamp, Federal Antitrust Policy, Thomson/West, 2005, 56면 이하 참조.

6) David J. Gerber, Law and Competition in Twentieth Century Europe, Oxford Univ. Press, 2001, 16면 이하 참조.

다. 대규모기업집단 정책의 변화도 이와 같은 경쟁정책 일반의 관점에서 이해할 수 있지만, 대규모기업집단 규제의 실질적인 대상인 재벌이 우리 경제에서 핵심적 역할을 수행하여 왔다는 점에서, 정책의 전개과정에서 다양한 관점과 차원에서의 논쟁은 불가피하였던 것으로 볼 수 있다.

2008년 2월 '이명박 정부'의 출범 이후 경제력집중 억제 정책에 상당한 변화가 뒤따랐다. 동년 3월 3일 동 정부의 첫 번째 국무회의에서 대규모기업집단에 대한 대표적 규제인 출자총액제한제도의 폐지가 의결되었던 것에서 경제력집중 억제 정책의 근본적 변화가 시사되었고, 이후 이에 따른 일련의 법 개정이 이루어졌다. 이하에서 과거 경제력집중 억제 정책의 전개 과정과 이명박 정부의 경제력집중 억제 정책의 의의와 내용을 주제로 논의를 전개할 것이다. 우선 대규모기업집단 규제의 연혁적인 분석을 통하여 동 규제가 독점규제법 틀 내에서 갖는 의의를 살펴보고(II), 이어서 이명박 정부 출범 이후 규제 변화의 내용을 검토하기로 한다. 특히 규제의 기본 방향과 구체적인 제도 변화의 내용 그리고 이에 대한 기업집단의 대응 양상을 분석하고(III), 이에 기초하여 향후 경제력집중 억제 정책의 추진에 있어서 고려되어야 할 부분과 과제를 제시할 것이다(IV). 이로써 결론에 대신하고자 한다.


## II. 경제력집중 억제를 위한 규제의 전개 과정

### 1. 규제의 의의

#### (1) 최초의 경제력집중 억제를 위한 규제의 의의와 내용

1986년 독점규제법 제1차 개정에 따른 경제력집중 억제를 위한 규제의 입법에 있어서 당시 일본 독점금지법의 영향이 컸던 것으로 볼 수 있다.

일본 독점금지법은 2차 세계 대전 이후 경제 민주화 정책의 일환으로 제정되었으며, 종전 이전 전시경제 운영의 기초가 되었던 財閥을 중심으로 한 경제운영 방식을 지양하기 위한 의도가 반영되었다. 즉 기존의 재벌을 해체하는 한편,[7] 새로운 재벌 형성을 억제하기 위하여 1947년 제정된 독점금지법에 지주회사를 금지하는 규정을 두었다.[8] 또한 해체된 재벌에 속했던 기업들이 점차 계열관계를 형성하자 이러한 系列이 시장의 경직성을 초래할 수 있다는 우려가 있었고, 이를 규제할 목적으로 1977년 독점금지법 개정에 의하여 주식보유 총액제한 제도를 도입하였다.[9]

비교법적으로 드문 예인 일본 독점금지법상 일반집중 등에 대한 규제는, 우리 경제에서도 일본과 유사한 경제적 실체인 재벌이 중요한 지위를 차지하고 있다는 점에서, 독점규제법 개정의 유력한 입법모델이 되었다. 일본 독점금지법과 마찬가지로 지주회사를 금지하는 규정이 도입되었고, 재벌을 법률상 개념으로 구성한 대규모기업집단을 대상으로 하여 출자관계를 규율하는 제도를 입법화하였다. 구체적으로 1986년 개정법 제7조의2는 지주회사의 설립을 금지하였으며, 대규모기업집단에 대한 규제로서 제7조의3은 상호출자의 금지, 제7조의4는 출자총액의 제한, 제7조의5는 대규모기업집단에 속한 보험·금융사의 의결권 제한에 대하여 규정하였다.

지주회사는 2차 세계대전 이전 일본 재벌의 집단구성 방식이었고, 따라서 일본 독점금지법은 이를 금지하는 규정을 통하여 재벌 형성의 유력한 수단을 제한하게 되었다. 당시 우리 경제에서 재벌의 구조가 지주회사 형태를 취하고 있었던 것은 아니지만, 지주회사 제도가 소액 자본으로 다수

---

7) 지주회사의 해체는 지주회사정리위원회의 설치를 통하여 이루어졌는데, 동 위원회의 활동에 대한 상세한 설명으로서, 권오승, "일본의 재벌해체와 그것이 한국 재벌정책에 주는 교훈", 서울대학교 법학 제41권 제4호, 2001, 197면 이하 참조.

8) 來生新, "日本の競爭政策の歷史的槪觀(1): 戰前から1977年改正まで", 後藤晃/領村與太郎 編, 日本の競爭政策, 東京大學出版會, 1999, 20-23면.

9) 後藤晃, "一般集中關聯およびその制定·制定後の經緯", 後藤晃/鈴村興太郎 編, 日本の競爭政策, 東京大學出版會, 1999, 235면.

의 기업을 지배하기에 용이한 수단이 될 수 있다는 점을 고려하고 일본의 규제 사례를 참고하여 예방적 차원에서 독점규제법에 지주회사를 금지하는 규정을 도입하였다.

기존의 재벌에 대해서는 기업집단의 해체와 같은 구조적 변화를 직접적으로 요구하지 않는 대신에, 출자관계를 규제하는 방식으로 입법이 이루어졌다. 당시 재벌은 일반적으로 순환출자적 구조를 통하여 기업집단을 이루고 있었으며, 따라서 출자에 대한 규제는 기업집단을 형성하거나 유지하는 것을 제한하는 의미가 있었다. 우선 상호출자 금지는 상법 제342조의2 제1항과 같은 모자관계를 전제하지 않고 계열사 간 상호출자를 금지하는 형태를 취함으로써 보다 강화된 규제를 내용으로 하였다. 그러나 이 역시 간접적인 출자관계를 규제하는 것에 한계가 있었기 때문에, 이를 보완하기 위하여 대규모기업집단에 속하는 계열사의 출자 총액을 일률적으로 제한하는 규제가 도입되었다. 출자총액제한제도는 일본 독점금지법의 주식보유 총액제한제도로부터 영향을 받은 것으로서, 출자의 내용이나 구체적 관계를 묻지 않고 출자총액을 자산대비 일정 비율로 제한하였으며, 따라서 순환출자에 기초한 기업집단 구조에 실질적인 영향을 미칠 수 있는 규제가 될 것으로 예상되었다.[10] 또한 기업집단에 속한 금융·보험사가 보유하고 있는 계열사 주식의 의결권을 제한하는 규정도 도입되었는데, 이 역시 금융·보험사가 고객으로부터 조성한 막대한 자금이 계열관계의 확대 또는 강화에 사용되는 것을 방지하는 것에 입법 목적이 있었다.

이상의 제1차 개정시 도입되었던 경제력집중 억제를 위한 규제는 지금까지 기본적인 규제체계를 유지하면서 계속되고 있다. 그러나 규제내용에 상당한 변화가 있었는데, 그 과정은 다음의 세 가지로 요약할 수 있다. 우선 지주회사 규제와 관련하여 지주회사 설립금지에서 원칙적 허용으로 근본적 전환이 있었다. 또한 출자총액제한제도는 초기부터 제도의 타당성과 실효성이 다투어졌으며, 규제기준의 강화나 규제의 존폐를 둘러싼 논의가

---

10) 공정거래위원회, 주 4)의 책, 86면.

이어졌고, 결국 2009년 법개정에 의하여 동 규제는 폐지되었다. 끝으로 최초의 경제력집중 억제를 위한 규제를 보완하기 위한 입법이 지속적으로 이루어졌고, 다양한 관점에서 대규모기업집단 규제에 대한 접근이 가능하게 되었다.

### (2) 경제력집중 억제를 위한 규제의 변화 과정

#### 1) 지주회사 규제의 변화

지주회사의 설립금지에서 원칙적 허용으로의 변화는 1999년 2월 독점규제법 개정에서 비롯된다. 전술한 것처럼 지주회사 금지의 입법취지는 지주회사가 적은 자본으로 다수의 기업을 지배하는 방식에 의하여 대규모 기업집단을 형성하는 수단이 될 수 있다는 우려에 근거한 것인데, 이러한 인식에 변화가 나타나면서 규제의 근본적 전환이 이루어졌다.

특히 입법모델이 되었던 1997년 일본 독점금지법 개정은 독점규제법상 지주회사 규제에도 많은 영향을 미쳤다. 개정에 관한 일본에서의 논의를 보면, 지주회사가 더 이상 재벌을 형성하는 수단으로 기능할 가능성이 크지 않다는 점, 지주회사의 긍정적 기능을 활용할 수 있도록 지주회사에 대한 선택의 여지를 기업에게 줄 필요가 있다는 점 등이 고려되었고, 지주회사의 일률적 금지에서 사업지배력이 과도하게 집중되는 경우에 한하여 예외적으로 규제하는 방식으로 변경되었다.[11] 일본에서의 규제 변화는 우리 독점규제법에서 지주회사에 대한 이해를 재고하는 계기가 되었다. 즉 소유와 경영의 회사 간 분리에 따른 지주회사의 기능적 장점을 활용할 필요성과 순환출자관계에 의하고 있는 기존의 재벌 구조에 비하여 지주회사 체제가 상대적으로 구조적 투명성이 있다는 점이 부각되었고, 이러한 이

---

11) 後藤晃, "一般集中の規制", 後藤晃・鈴村興太郎 編, 日本の競爭政策, 東京大學出版會, 1999, 238면 참조. 한편 2002년 독점금지법 개정에 의하여 지주회사에 대한 예외적 규제는 회사 형태를 불문하고 과도한 사업지배력을 규제하는 방식으로 대체되었다.

해를 받아들여 지주회사 설립에 있어서 신고주의를 채택함으로써 원칙적으로 지주회사의 설립을 허용하는 내용으로 규제의 근본적 변화가 이루어졌다.[12] 한편 개정 논의과정에서 지주회사가 경제력집중의 수단이 될 우려가 완전히 불식된 것은 아니었기 때문에, 지주회사에 대한 규제의 필요성을 고려하여 지주회사 및 자회사 등에 대한 일정한 제한이 부과되었다. 1999년 개정 내용을 보면, 당시 법 제8조의2 제1항은 지주회사에 대하여 자산총액을 초과하는 부채액을 보유하는 행위(1호), 자회사 주식을 100분의50(상장 자회사의 경우 100분의30) 미만으로 보유하는 행위(2호), 자회사 외의 국내회사에 대한 지배목적의 주식 보유행위(3호), 그리고 금산분리 원칙에 따라서 일반지주회사가 금융·보험 자회사를 두는 행위와 금융지주회사가 일반 자회사를 두는 행위(4호 및 5호)를 금지하였다. 또한 동조 제2항에 의하여 지주회사의 자회사가 손자회사를 두는 것은 원칙적으로 금지되었다. 이상의 지주회사에 대한 규제에서 특히 제1항 제2호의 규제와 제2항 자회사에 대한 규제는, 지주회사를 중심으로 기업집단이 수평적 또는 수직적으로 확대할 가능성을 차단하기 위한 목적과 관련되며,[13] 이러한 제한을 통하여 경제력집중에 대한 우려를 줄이고자 하는 입법의도가 반영된 것이라 할 수 있다.

지주회사의 원칙적 설립 허용 이후 다수의 대규모기업집단이 지주회사 체제를 도입할 것으로 기대되었으며, 공정거래위원회의 정책도 이러한 재벌구조 전환을 지향한 것으로 볼 수 있다. 즉 기존 재벌 구조의 전형이라 할 수 있는 순환형 구조에 비하여 지주회사를 정점으로 재편된 구조는 기업지배구조의 투명성과 효율성을 제고할 수 있다는 점에서 긍정적인 것으로 이해되었다.[14] 그러나 개정 이후 특히 대규모기업집단에 해당하는 재

---

12) 개정 당시의 논의로서 김건식, "지주회사규제의 재검토: 일본에서의 개정론을 중심으로", 법학 제37권 제1호, 1996, 299면 이하 참조.
13) 이동원, 지주회사, 세창출판사, 2001, 24면 이하 참조.
14) 홍명수, 주 1)의 책, 175-176면 참조.

벌이 지주회사 체제로 전환한 예는 많지 않았으며, 정책적으로 지주회사 전환을 용이하게 할 수 있는 방안이 모색되었다. 그 결과로서 지주회사의 설립·전환 허용시에 부과되었던 제한을 완화하는 방향으로의 법개정이 계속되었다. 한편 〈표 6-1〉에서 확인할 수 있는 것처럼, 이와 같은 지주회사 규제의 완화는 지주회사 체제가 수평적, 수직적으로 확대될 수 있는 여지를 제공하였다는 점에서도 주목할 필요가 있다.

〈표 6-1〉 지주회사 규제에 관한 법 개정

| 법개정 | 제도내용 |
|---|---|
| 1999. 2. | - 지주회사를 원칙적으로 허용하며, 일정한 행위제한 부과<br>• 부채비율 100% 이하<br>• 자회사 발행주식총수의 50%(주권상장법인의 경우 30%) 이상 소유<br>• 자회사 이외의 국내회사 주식의 지배목적 소유 금지<br>• 금융지주회사는 비금융회사의 주식소유 금지<br>• 일반지주회사는 금융회사의 주식소유 금지<br>• 일반지주회사의 자회사는 관련다각화를 위한 회사, 당해 지주회사의 다른 자회사 외에는 지배목적으로 국내회사 주식소유 금지(손자회사 원칙금지)<br>• 30대기업집단의 동일인 또는 특수관계인이 지주회사를 설립할 경우 지주회사와 자회사간, 지주회사와 계열사간, 자회사와 계열사간, 자회사간의 채무보증 해소 |
| 2001. 1. | - 지주회사의 제도적 보완<br>• 법적용대상이 되는 지주회사의 최저자산총액기준을 300억원 이상으로 상향<br>• 벤처지주회사에 대하여 자회사 주식소유한도를 20%로 완화 |
| 2002. 1. | - 지주회사 유예기간의 신설<br>• 지주회사를 설립·전환하는 경우 자회사 주식보유비율 등의 행위제한 규정의 적용을 1년간 유보하는 규정을 신설 |
| 2004. 12. | - 지주회사 유예기간의 신설·확대<br>• 금융(일반)지주회사가 될 당시 소유하고 있던 비금융(금융)회사 주식에 대해서는 2년간의 처분유예기간을 신설 |

|  | • 부채비율(100%) 충족을 위한 유예기간을 현행 1년에서 2년으로 연장 |
|  | • 지주회사로의 전환 시 유예기간을 모든 유형에 대해 인정 |
|  | • 비상장 합작자회사에 대한 자회사 지분율 요건을 50%에서 30%로 완화 |
|  | - 지주회사 등에 대한 제한 규정 개정 |
|  | • 자회사 간 출자 금지 |
|  | • 지주회사의 비계열회사 주식 5% 초과소유 원칙적 금지 |
|  | • 손자회사의 예외적 증손회사 주식보유에 관하여 규정 |
| 2007. 4. | - 지주회사 설립·전환 요건의 완화 |
|  | • 자회사 및 손자회사에 대한 최소 지분율 요건을 상장회사 30%, 비상장회사 50%에서 각각 상장회사 20%, 비상장회사 40%로 완화 |
|  | • 지주회사의 부채비율 한도를 100%에서 200%로 상향 |
|  | • 지주회사 행위제한의무에 대한 유예기간을 현행 2년에서 주식가격의 급격한 변동 등불가피한 사유로 공정위의 승인을 얻은 경우 추가로 2년을 연장 |
| 2007. 8. | - 손자회사 규제에 관한 개정 |
|  | • 자회사의 주식보유 대상으로서 손자회사의 사업관련성 요건을 폐지 |
|  | • 증손회사의 예외적 주식보유 인정 |

이와 같은 지주회사 규제의 완화에 상응하여 지주회사로 전환한 대규모 기업집단의 수도 점차적으로 증가하였다. 1999년 지주회사가 원칙적으로 허용된 이후 2000년까지 7개 회사만 지주회사로 설립·전환하는데 그쳤지만, 2007년 8월 기준으로 지주회사의 수는 40개로 증가하였으며, 이 중 12개 지주회사는 2007년에 설립·전환한 것이었다.

〈표 6-2〉 지주회사 현황 - 2007. 8. 기준

| 구분 | 지주회사 수 | 자회사 수 | 손자회사 수 |
| --- | --- | --- | --- |
| 일반지주회사 | 36 | 233 | 81 |
| 금융지주회사 | 4 | 29 | 15 |
| 계 | 40 | 262 | 96 |

2) 출자총액제한제도의 변화 과정

경제력집중 규제 제도의 변화 과정에서 가장 논란이 되었던 것은 출자총액제한제도이며, 제도 운영 과정에서 제도의 타당성과 실효적으로 기능할 수 범위에 관한 비판적 논의가 계속되었다.

전술한 것처럼 출자총액제한제도는 독점규제법상 상호출자금지가 실질적으로 직접적 출자관계만을 규율할 수밖에 없는 한계를 보완하기 위하여 입안된 제도로서 대규모 기업집단에 속한 계열회사의 출자총액을 순자산 대비 일정한 비율로 제한하는 것을 내용으로 하였다. 동 제도에 대한 비판의 초점은 출자의 목적이나 내용을 구분하지 않고 형식적 기준에 따라서 무조건적으로 총액을 제한하는 방식이 과도하다는 것에 있었고, 이와 같은 엄격한 출자 규제가 기업의 적극적인 투자 활동에 실질적인 장애가 될 수 있다는 점이 지적되었다. 또한 실효성 측면에서 동 제도가 순환출자의 억제에 실질적으로 기여하는지에 대한 의문도 유력하였다.[15]

물론 이러한 비판에 대하여 동 제도가 기업의 투자 위축을 낳을 수 있다는 것에 관한 실증이 부족하다는 반론이 제기되었고, 특히 순환적으로 얽혀 있는 기업지배구조를 개선하고 기업 출자 방식을 통한 기업집단의 확대를 제한하기 위한 최소한의 규제로서 동 제도의 불가피성을 인정하는 시각도 있었지만,[16] 결과적으로 2009년 법개정을 통하여 출자총액제한제도는 폐지되었다. 다음의 〈표 6-3〉은 출자총액제한제도의 변화 과정에 관한 것이다.

---

15) 홍명수, 경제법론I, 경인문화사, 2008, 177-178면.
16) 홍명수, "출자총액제한제도의 정당성 검토", 법과 사회 제27호, 2004, 371면 이하 참조.

⟨표 6-3⟩ 출자총액제한제도의 변화

| 개정 | 내용 |
|---|---|
| 1986. 12. 31.<br>법개정 | - 출자총액제한제도 시행(출자한도: 순자산 40%) |
| 1994. 12. 12.<br>법개정 | - 출자한도: 순자산의 40%에서 25%로 인하 |
| 1998. 2. 24.<br>법개정 | - 출자총액제한제도 폐지 |
| 1999. 12. 28.<br>법개정 | - 출자총액제한제도 재도입(출자한도: 순자산 25%) |
| 2002. 3. 30.<br>시행령 개정 | - 출자총액제한기업집단 자산총액 5조원 이상(영 17조 2항) |
| 2005. 3. 31.<br>시행령 개정 | - 출자총액제한기업집단 자산총액 6조원 이상(영 17조 2항) |
| 2007. 4. 13.<br>법개정 | - 출자총액제한기업집단 자산총액 10조원 이상, 출자한도 25%에서 40% 상향 |
| 2007. 7. 13.<br>시행령 개정 | - 출총제 적용대상 회사 축소(소속 모든 회사 → 자산 2조원 이상 회사) |
| 2009. 3. 25.<br>법개정 | - 출자총액제한제도 폐지 |

3) 새로운 대규모기업집단 규제

앞에서 살펴본 것처럼 최초의 대규모기업집단 규제는 지주회사 설립금지와 기존 대규모기업집단의 순환출자 규제에 기초하였다. 그러나 이러한 제도가 재벌의 경제력집중을 억제하는데 충분한 것인지에 의문이 있었고, 구체적으로 야기된 문제를 해결하는데 한계를 드러냈다. 따라서 입법적 보완이 계속되었는데, 우선 1992년 법개정에 의하여 채무보증에 대한 규제가 도입되었다. 대규모기업집단에 속하는 계열사 간에 이루어지는 채무보증은 자금의 비효율적 배분을 낳을 뿐만 아니라, 무리한 차입경영으로 인한 재무 건전성의 위험이 기업집단 전체의 부실로 이어질 수 있다는 우려가 입법의 주된 근거가 되었다. 최초의 계열사 간 채무보증 규제는 자본의 200%를 한도로 하였으나, 1996년 개정에 의하여 100%를 기준으로 하였고, 1998년 개정 이후 채무보증 자체를 금지하는 방식으로 규제가 강화되었다.

재벌의 폐해가 시장의 자율적 조정 능력에 의하여 교정될 수 있다는 사고도 대규모기업집단 규제의 변화에 중요한 영향을 미쳤다. 즉 자본 시장이나 상품 시장에서 비효율적인 지배구조나 경영은 통제될 수 있으며, 이러한 기능이 실효성 있게 발휘될 수 있도록 기업집단의 핵심적인 정보가 제공되는 것이 중요하다는 인식이 입법에 반영되었다. 물론 이러한 방향으로의 법개정은 출자관계에 대한 사전적 규제와 같은 기존의 정부 규제 방식에 대한 비판적 내지 보완적 의미를 내포하는 것이다. 구체적으로 대규모기업집단에 속하는 회사의 대규모내부거래시 이사회의 사전 의결과 주요 내용의 공시(1999년 12월 개정), 대규모기업집단에 속하는 비상장 회사의 중요사항 공시(2004년 12월 개정) 등의 의무가 부과되었다.

끝으로 불공정거래행위로서 부당지원행위에 대한 규제도 대규모기업집단 정책에 있어서 중요한 의미를 갖는다. 기업집단을 운영하는 과정에서 부실 계열사와의 거래를 통한 지원은 경제력집중을 유지·확대하는 수단이 될 뿐만 아니라, 한계 기업과의 거래는 자원의 비효율적 배분을 낳음으로써 국민경제에 부정적인 영향을 미칠 수 있다. 1996년 법개정을 통하여 도입된 부당지원행위 규제는 불공정거래행위로서 규제하는 방식으로 규정되었지만, 입법과정에서의 논의에서 알 수 있듯이 규제의 실질은 대규모기업집단 내부에서 벌어지는 계열사 간 거래행위에 초점을 맞춘 것이다.[17] 동 규제의 도입 이후 제도의 실효성을 강화하기 위한 방안이 강구

---

[17] 2002년 조사에 의하면, 상위 5대 대규모기업집단의 전체 매출액에서 내부거래가 차지하는 비중은 38.1%로 상당히 높은 비율을 보이고 있다. 2002년 5대 대규모기업집단을 제외한 다른 대규모기업집단의 경우 내부거래 비중은 9.7%이었는데, 이는 상위 대규모기업집단일수록 수직계열화가 심화된 결과로 이해되고 있다. 송원근·이상호, 재벌의 사업구조와 경제력 집중, 나남출판, 2005, 148-149면 참조.

되었다. 입법적으로 1999년 2월 법 개정에 의하여 금융거래정보요구권이 도입됨으로써 공정거래위원회의 조사가 실질적인 것이 될 수 있는 절차적 기반이 마련되었으며, 한시적으로 도입되었던 금융거래정보요구권은 2001년, 2004년, 2007년 법 개정으로 존속하고 있다. 또한 공정거래위원회가 부당지원행위 규제에 있어서 적극적인 집행 의지를 피력하고, 제도 시행 초기에 9차례에 걸친 일괄조사를 수행한 것도 부당지원행위 규제의 실효성을 제고하는데 기여한 것으로 볼 수 있다.

경쟁정책적 관점에서 부당지원행위 규제의 의의는 두 가지 측면에서 이해할 수 있는데, 우선 재벌의 기업집단적 운영방식에 대한 통제를 개별 시장의 관점에서 수행할 수 있도록 하는 근거를 마련하였다는 점은 주목할 만한 것이다. 대규모기업집단의 규제는 일반집중 내지 소유집중의 관점에서 경제력집중을 억제할 목적으로 이루어진 것인데, 이러한 집중이 개별 시장의 공정한 거래를 침해할 우려가 있을 경우에 불공정거래행위로서 규제할 수 있도록 함으로써 개별 시장 중심의 경쟁정책 일반에 부합하는 측면을 지적할 수 있다. 또한 부당지원행위 규제가 사전적 의무 부과에 기초한 다른 경제력집중 규제와 달리 거래의 사후적 평가에 의하여 이루어지게 됨으로써 획일적이고 형식적인 규제의 틀을 벗어나는 의미도 있었다. 부당지원행위에 대한 규제는 비교법적으로 그 예를 찾기 어려운 우리 독점규제법의 고유한 규제 유형이라 할 수 있고, 따라서 부당지원행위의 규제 법리를 형성함에 있어서 어려움이 있었지만, 공정거래위원회의 규제 실무와 법원의 판결을 통하여 부당지원행위에 관한 법리가 어느 정도 정립되어 가고 있다. 특히 대법원은 지원행위의 부당성 판단과 관련하여, "지원주체와 지원객체와의 관계, 지원행위의 목적과 의도, 지원객체가 속한 시장의 구조와 특성, 지원성 거래규모와 지원행위로 인한 경제상 이익 및 지원기간, 지원행위로 인하여 지원객체가 속한 시장에서의 경쟁제한이나 경제력집중의 효과 등은 물론 중소기업 및 여타 경쟁사업자의 경쟁능력과 경쟁여건의 변화 정도, 지원행위 전후의 지원객체의 시장점유율의 추이, 시장개방의 정도 등을 종합적으로 고려하여 당해 지원행위로 인하여 지원객체의 관련시장에서 경쟁이 저해되거나 경제력 집중이 야기되는 등으로 공정한 거래가 저해될 우려가 있는지 여부를 기준으로 한다"라고[18] 판시함으로써, 개별 시장에서의 경쟁제한성과 경제력집중 효과를 종합하여 부당성 판단의 기준을 제시하고 있다.

## 2. 경제력집중 억제를 위한 규제의 성과

### (1) 개별 규제의 기능적 이해

1986년 개정시 대규모기업집단 규제는 비교적 단순한 내용으로 되어 있었지만, 여러 차례 개정을 거치면서 입법 초기에 비하여 상당히 복잡한 구조를 취하게 되었다. 또한 각각의 규제 유형도 추구하는 구체적인 목적과 기능 측면에서 다양하게 구성되고 있다. 개별적으로 살펴보면, 규제의 실효성을 긍정적으로 볼 수 있는 규제 유형들도 존재한다. 예를 들어 채무보증에 대한 규제는 공정거래위원회 스스로 긍정적인 규제 유형으로 평가하는 것 중의 하나인데,[19] 계열사 간 채무보증을 금지함으로써 대규모기업집단의 확대를 억제하고 또한 기업집단의 재무 건전성을 향상시키는데 일정한 기여를 한 것으로 이해되고 있다. 물론 대규모기업집단에 있어서 금융 여신이 아닌 다른 형태의 자금조달 방식의 비중이 증가한 것으로 볼 수 있는지가 명확한 것은 아니지만, 동 규제가 적어도 과거 무리한 차입경영의 관행으로부터 벗어나는 계기를 제공한 것으로 볼 수 있다.

1986년 법개정 이후 대규모기업집단 규제의 위반 사례는 많지 않으며, 이는 제도의 실질적 기능을 긍정적으로 평가할 수 있는 근거가 될 수 있다. 그러나 이러한 판단은 규제의 실효적 기능을 보장하는 제도적 기초가

---

18) 대법원 2004. 3. 12. 선고 2001두7220 판결.
19) 공정거래위원회, 공정거래백서, 2002, 235-236면.

적절하게 뒷받침되고 있는지의 관점에서도 이루어져야 한다. 예를 들어 2009년 법 개정시에 폐지된 출자총액제한제도는 동 규제가 유효하게 집행되던 시기에도 많은 적용제외 규정과 결합되어 있었다. 따라서 동 규제에 위반한 건수가 제도 폐지시까지 37건에 지나지 않았지만, 동 규제가 의도하던 순환출자의 억제에 실질적으로 기여하였는지는 의문이다. 동 규제는 내용적으로 출자총액의 한도를 순자산액의 25% 때로는 40%로 정하고 있었지만, 대규모기업집단의 내부지분율은 평균적으로 이러한 기준을 상회하였고, 따라서 동 규제가 순환출자 억제를 위한 유효한 규제 수단으로 기능하였는지에 대한 문제제기를 피할 수 없다. 이러한 관점은 지주회사의 설립이 원칙적으로 허용된 이후 부과되었던 지주회사 및 자회사에 대한 행위제한 규제에 대해서도 동일하게 적용될 수 있다. 지주회사 설립·전환의 허용 이후 지주회사 체제의 적극적 수용을 정책적으로 추진하는 과정에서 지주회사 행위 규제의 내용은 지속적으로 완화되었고, 따라서 지주회사 행위 규제의 실질적 의미도 제한될 수밖에 없을 것이다.

결국 개별 규제의 집행의 정도나 부과된 의무의 형식적 준수 여부만으로 대규모기업집단 규제의 성과를 판단하는 것은 충분하지 않으며, 경제력집중의 억제에 실질적인 영향을 미치고 있는지에 관한 종합적인 관점에서 판단이 이루어져야 한다.

### (2) 경제력집중 억제의 실효성 검토

이러한 점에서 경제력집중 억제를 위한 규제가 도입된 이후 일반집중의 관점에서 의미 있는 개선이 있었는지는 규제의 성과를 논의함에 있어서 가장 본질적인 부분에 해당한다. 구체적으로 동 규제의 도입 이후 일반집중도의 변화 과정을 살펴보면, 규제의 실행 후에 일반집중이 완화된 것으로 볼 수 있는 근거는 미미하다. 국민경제 전체에서 일반집중을 나타내는 대표적 지표의 1987년과 2002년 변화는 다음의 〈표 6-4〉와 같다.

〈표 6-4〉 대규모기업집단의 일반집중 지표 변화[20]

|  | 5대 기업집단[21] | 30대 기업집단 |
|---|---|---|
| 자산비중 | 24.2%(87) - 21.6%(02) | 43.4%(87) - 34.0%(02) |
| 자본비중 | 18.8%(87) - 23.8%(02) | 36.4%(87) - 35.7%(02) |
| 매출액비중 | 28.5%(87) - 24.8%(02) | 45.8%(87) - 36.0%(02) |
| 부가가치비중 | 9.2%(87) - 15.4%(02) | 16.3%(87) - 21.5%(02) |

물론 이상의 기간 동안 지표의 변화를 검토함에 있어서 1997년 말 경제위기와 같은 변수를 감안할 필요가 있지만, 동 규제가 시작된 해부터 15년의 비교기간에 걸쳐 일반집중의 완화를 시사하는 의미 있는 변화가 드러나지는 않는다. 오히려 부가가치의 집중도에서 알 수 있듯이, 대규모기업집단 중에서도 상위 기업집단에 의한 집중이 심화되고 있는 경향에 주목할 필요가 있다. 2008년 기준으로 4대 기업집단에 속하는 삼성 그룹의 매출액은 220조원, 현대자동차 그룹의 매출액은 110조원, LG 그룹의 매출액은 110조원, SK 그룹의 매출액은 95조원으로 추산되고, 이는 우리나라 GDP 1023.9조원의 52.3%에 해당하는 것이다.[22] 이러한 수치는 GDP 대비 동일한 기업집단 매출액의 비중이 42%였던 2003년과 비교하여 상당한 증가를 나타내며, 이러한 추세는 상당 기간 이어질 것으로 예상된다. 이와 같은 분석에 비추어 일반집중의 관점에서 대규모기업집단 규제의 성과를 인정하는 것에는 한계가 있다.

---

20) 송원근·이상호, 주 17)의 책, 78면 이하 참조.
21) 1987년 5대 기업집단은 현대그룹, 대우그룹, 엘지그룹, 삼성그룹, 한진그룹이 해당하며, 2002년 5대 기업집단은 동일인이 법인인 한국전력공사(1위), KT(5위), 한국도로공사(6위)를 제외한 삼성그룹, 엘지그룹, SK그룹, 현대자동차그룹, 한진그룹이 해당한다.
22) GDP 대비 4대 그룹의 정확한 비중은 부가가치 총액으로 계산되며, GDP에 대한 매출액 비중은 4대 그룹이 부가가치 창출에 기여한 정도를 파악할 수 있는 간접적인 비교의 의미가 있다.

소유집중은 총수 개인이나 가족에 의한 기업집단의 소유 내지 지배를
의미하는데, 정책적 지표로서는 내부지분율이 일반적으로 활용되어 왔다.
기업집단의 소유 자체나 소유와 경영의 분리 여부에 대해서는 경영효율성
측면에서 일의적으로 판단하기 어려운 측면이 있고,[23] 다만 대규모기업집
단에서 일반적으로 나타나는 적은 지분을 소유하면서 배타적인 지배권을
갖는 현상이 소유집중에 관한 문제의 핵심을 이루었다. 내부지분율은 기
업지배를 가능하게 하는 지분의 보유비율을 의미하는데, 총수와 그 가족
의 지분 외에 계열사에 의한 출자가 가장 큰 비중을 차지한다. 이때 총수
및 가족의 지분율과 의결권 지분의 차이를 소유지배의 괴리로 파악하며,
이는 대리인 문제와 같은 경영의 비합리성과 비효율성을 낳게 되는 원인
으로 이해되고 있다.[24] 다음의 〈표 6-5〉는 1997년부터 2001년까지 30대
기업집단의 내부지분율 변화에 관한 것이다.

〈표 6-5〉 30대기업집단 내부지분율 변동추이[25]          (단위: %, %p)

| 구 분＼시 기 | 1997. 4 | 1998. 4 | 1999. 4 | 2000. 4 | 2001. 4 |
|---|---|---|---|---|---|
| 동일인 | 3.7 | 3.1 | 2.0 | 1.5 | 3.3 |
| 특수관계인 | 4.8 | 4.8 | 3.4 | 3.0 | 2.3 |
| 계열회사 | 33.7 | 35.7 | 44.1 | 36.6 | 35.2 |
| 자기주식 | 0.8 | 0.9 | 1.0 | 2.3 | 4.2 |
| 합계 | 43.0 | 44.5 | 50.5 | 43.4 | 45.0 |
| 소유지배괴리도 | 33.7 | 35.7 | 44.1 | 36.6 | 35.2 |

23) Mark Roe는 소유와 경영이 분리된 기업이 유리한 경우와 그렇지 않은 기업이 유
리한 경우가 있으며, 어느 하나가 기업경영의 효율성 측면에서 우월하다고 단정
할 수 없다고 한다. Mark Roe, Strong Managers Weak Owners, Princeton Univ.
Press, 1994, 239면 참조.
24) 김선구·류근관·빈기범·이상승, 출자총액제한제도의 바람직한 개선방안, 서울
대학교 경제연구소 기업경쟁력연구센터, 2003, 9면 이하에서는 소유지배 괴리를
직접적으로 규제하는 방안을 제시하고 있다.

대규모기업집단 규제 중에서 특히 계열사의 출자총액을 제한하는 제도
는 소유지배의 괴리를 해소하는 유력한 방안의 하나로 볼 수 있다. 위의
〈표 6-5〉에서 괴리도가 가장 크게 나타났던 1999년은 출자총액제한제도
가 폐지되었던 시기였으며, 이하에서 검토한 바와 같이 이러한 경향은
2009년 동 제도가 다시 폐지된 이후의 내부지분율 변화에서도 반복되고
있다. 그러나 해당 시기를 제외하여도 동 제도가 유효하던 시기에 소유지
배의 괴리가 감소하였다고 보기는 어려운데, 다음 〈표 6-6〉에서 출자총액
제한제도가 적용되었던 2004년부터 2007년까지 출자총액제한기업집단의
소유지배괴리도의 변화는 이러한 판단의 적절한 근거가 될 것이다.

〈표 6-6〉 출자총액제한기업집단 소유지배괴리도 변화: 2004 - 2007[26]

(단위: %, %p, 배)

| 구 분 | 소유지분율 | 의결지분율 | 소유지배괴리도 | 의결권승수 |
|---|---|---|---|---|
| 2004년(18개) | 5.69 | 36.42 | 30.73 | 8.61 |
| 2005년(11개) | 6.49 | 41.73 | 35.24 | 8.57 |
| 2006년(14개) | 6.36 | 37.65 | 31.28 | 7.47 |
| 2007년(11개) | 6.38 | 37.74 | 31.36 | 7.54 |

이상의 분석에서 일반집중 또는 소유집중의 관점에서 대규모기업집단
규제의 성과를 제시하는 것에 한계가 있음은 분명해 보인다. 그러나 이러
한 규제가 시행되지 않았을 경우에, 경제력집중의 정도가 어떠한 양상으
로 전개되었을 지를 고려한다면, 제도의 성과에 대한 판단에 신중할 필요
가 있다. 앞에서 제시한 〈표 6-4〉의 자료를 보면, 1987년과 2002년 기간
에 일반집중이 완화된 것은 아니지만, 적어도 일반집중도가 큰 폭의 증가
없이 유지된 것으로 볼 여지는 있다. 공정거래위원회의 분석에 따르면 우

리나라의 평균 산업집중도는 HHI지수를 원용할 경우에(HHI×1,000 단순 평균) 미국의 75.8(1997년)에 비교하여 149.3(2002년)으로 2배 가까운 집 중도를 보여주고 있다.[27) 이러한 산업구조 하에서 지속적으로 규모의 확 대를 시도하는 대규모기업집단의 존재에도 불구하고 일반집중의 정도가 일정 수준으로 유지된 것은, 대규모기업집단 규제의 일정한 성과로서 고 려될 수 있는 부분이다.

## III. 이명박 정부의 경제력집중 억제 정책

### 1. 정책의 기본방향과 규제 변화

#### (1) 경제정책의 기본방향과 경제력집중 억제 정책

이명박 정부는 경제성장의 잠재력 확대를 경제정책의 기본방향으로 제 시하고, 기업의 활동 역량을 강화하기 위한 방안으로서 '작은 정부, 큰 시 장'을 주창하였다.[28) 이러한 정책기조에 따라서 경제력집중 억제 정책에 도 많은 변화가 있었다. 공정거래위원회는 이명박 정부의 경제정책에 상 응하는, 1) 시장 활력 제고를 위한 공정거래제도 선진화, 2) 시장경쟁질서 확립 및 경쟁문화 확산, 3) 중소기업의 경쟁여건 개선, 4) 실질적인 소비 자 주권 실현, 5) 역량강화와 신뢰성 제고를 통한 새로운 위상정립 등의 5

---

27) 공정거래위원회 보도자료, 2003. 12. 10.
28) 이명박 대통령이 대통령 취임사에서 이와 관련하여 언급한 부분은 다음과 같다.
"신성장동력을 확보하여 더 활기차게 성장하고 더 많은 일자리가 만들어져야 합 니다. … '작은 정부, 큰 시장'으로 효율성을 높이겠습니다. … 기업은 국부의 원 천이요, 일자리 창출의 주역입니다. 누구나 쉽게 창업하고 공장을 지을 수 있어야 합니다. 기업인이 나서서 투자하고 신바람 나서 세계 시장을 누비도록 시장과 제 도적 환경을 개선하겠습니다."

대 정책목표를 제시하였다. 그리고 이를 실현하기 위한 구체적인 18개 세부목표 중에 "대규모기업집단 규제를 사후감시 체제로 전환하는 것"이 포함되었다.[29]

이와 같은 공정거래위원회의 정책 제시는 사전적 규제에서 사후적 규제로, 또한 규제 중심에서 시장 중심으로 경제력집중 억제 정책의 전환을 시사하는 것이다. 특히 시장 중심으로의 정책 변화는 개별 시장에서 대규모기업집단의 위법 행위에 대한 규제를 강화하는 것뿐만 아니라, 시장의 고유한 기능이 제대로 발휘되도록 함으로써 자율적 조정에 의하여 경제력집중의 문제를 해결하는 것까지 정책적 함의로서 포괄한다.

### (2) 규제의 변화

출자총액제한제도의 폐지는 이러한 변화를 대표하는 예이다. 종래 대규모기업집단 규제는 기본적으로 출자관계의 규율을 통하여 기업집단을 확대·유지하는 것을 억제할 목적으로 도입된 것이다. 물론 동 제도가 계열사 간의 순환출자에 대한 근본적 제한은 아니었고, 지주회사 체제로 전환하지 않은 대부분의 기업집단에서 순환출자 관계는 기본 구조로 기능하였다. 그러나 이러한 제한은 기업집단을 유지·확대함에 있어서 계열사 출자 외의 총수나 가족의 직접적 출자와 같은 다른 형태의 지배권 취득 방식을 요구하는 의미가 있었고, 그 한도에서 기업집단의 자금 운용에는 일정한 제약이 따랐다. 참여정부 책임자의 회고에 따르면, 출자총액제한제도는 재벌 정책에 있어서 상징적인 의미밖에 없었다고 기술하고 있지만,[30] 그럼에도 불구하고 동 제도의 폐지를 주장하는 견해가 지속적으로 나타났던 것은[31] 출자총액제한제도가 실질적으로 기능하는 측면이 있음을 반증

---

29) 공정거래위원회, 공정거래백서, 2009, 4면.
30) 노무현, 진보의 미래, 동녘, 2010, 229면.
31) 대표적으로 전경련, 출자총액제한규제로 인한 투자저해 및 경영애로 사례, 2004
   참조.

하는 것이라 할 수 있다.[32] 결국 2009년 3월 법개정에 의하여 출자총액제
한제도는 폐지되었으며, 대규모기업집단의 출자관계를 사전적으로 규율하
는 가장 핵심적 규제 수단이 소멸하게 되었다.

이를 보완하는 의미에서 두 가지 법개정이 추가되었다. 우선 출자관계
를 규제하는 유일한 수단으로 남게 된 상호출자 규제를 강화하기 위하여,
2009년 3월 독점규제법 제50조 제5항의 개정으로 상호출자금지 규정 위반
여부를 조사하는 경우에도 금융거래정보요구권의 행사가 가능하게 되었
다. 물론 제도의 집행력 강화는 순환출자의 억제를 하는데 기여할 수 있지
만, 기존의 상호출자 규제가 직접적 상호출자만을 규제하고 있고, 법 위반
사례도 많지 않았다는 점에서 이러한 규제 강화가 실질적인 의미를 갖는
지에 대해서는 의문이 있다.

또한 2009년 3월 독점규제법 제11조의4 조항의 신설에 따라서 기업집
단 현황 등에 대한 공시 규정이 추가된 것도 출자총액제한제도 폐지의 대
안으로서 의미를 갖는다. 전술한 것처럼 시장의 자율적 조정 기능을 강화
하기 위해서는 대규모기업집단에 대한 정보가 시장에 적절하게 제공될 필
요가 있는데, 기존의 비상장회사 공시(법 11조의3)나 대규모내부거래 공시
(법 11조의2)는 기업집단 전체에 대한 정보로서 불충분한 점이 있었으며,
기업집단 현황 공시제도는 이러한 부분을 보완한 것이다. 이상의 공시제
도는 기업 스스로 정보를 제공하도록 하는 것이 핵심이므로, 제도 운영에
있어서 정보 제공이 실질적인 것이 될 수 있도록 하는 규제 기관의 적극
적인 감시가 요구된다. 한편 공정거래위원회는 다양한 공시 제도를 통합

---

32) 출자총액제한제도와 투자 저해 사이의 관련성에 대한 실증적 분석으로서, 출자총
액제한제도가 시행되던 시기와 그렇지 않은 시기의 투자를 비교 분석하여 양자의
관련성을 부인하는 것으로서, 강철규·이재형, "출자총액제한제도가 투자에 미치
는 영향: 실증연구", 산업경제연구 제20권 제3호, 2007, 1131면 참조. 또한 출자
총액제한제도의 적용을 받는 기업과 그렇지 않은 기업 간의 비교연구를 통하여
양자의 관련성을 부정적으로 파악하고 있는 것으로서, 김창수, "출자총액제한제
도는 효과가 있는가?", 재무관리논총 제14권 제1호, 2008, 57면 이하 참조.

하여 운영하는 방안도 모색하였는데,[33] 이는 기업집단뿐만 아니라 정보를 필요로 하는 시장 참가자들의 편의 측면에서도 긍정적인 것으로 볼 수 있다.

지주회사의 규제에 있어서도 새로운 정책 방향에 따른 변화가 나타났다. 전술한 것처럼 지주회사의 설립이 원칙적으로 허용된 이후, 기존의 기업집단이 지주회사 체제를 적극적으로 수용하도록 하는 정책이 추진되어 왔으며, 그 과정에서 지주회사의 행위 제한 규정도 1999년 개정 당시와 비교하여 상당히 완화되었다. 특히 지주회사의 자회사 주식보유비율을 원칙적으로 100분의40, 상장법인의 경우 100분의20으로 낮춤으로써 지주회사의 자회사 지배 기준을 완화하여 수평적 확대의 가능성을 높인 것이나, 2007년 8월 개정에 의하여 지주회사의 증손회사를 법정하고 나아가 증손회사도 예외적으로 자회사를 둘 수 있게 함으로써 실질적으로 5단계까지 수직적 확대가 가능하도록 한 것은, 지주회사가 경제력집중의 수단으로 활용될 가능성을 제한하기 위한 입법 취지에 상당한 수정을 가하는 의미가 있었다. 한편 이명박 정부 시기에 지주회사 규정이 개정되지 않았지만, 일반지주회사가 금융·보험 자회사를 둘 수 있도록 하는 개정 논의가 계속되었다. 이러한 방향의 개정은 금산분리원칙의 실질적인 폐기와 관련되는데, 다수의 대규모기업집단이 금융·보험회사를 계열사로 두고 있는 상황에서[34] 지주회사로의 전환시 금융·보험 계열사를 기업집단 내에 존속시킬 수 있는 법적 근거를 제공하는 의미가 있기 때문에, 지주회사 구조로의 전환을 촉진하는 기존 정책의 연장선에서 이해할 수 있는 측면도 있다.

---

33) 공정거래위원회, 2010. 10. 4. 보도자료 참조. 한편 공정거래위원회는 2007년부터 대규모기업집단 관련 정보를 제공하는 사이트(opni)를 구축·운영하고 있다.
34) 2009년 4월 1일 기준 25개 대규모기업집단에서 82개의 금융·보험사를 계열사로 두고 있었다.

## 2. 대규모기업집단의 대응 양상과 문제점

이명박 정부에서 추진하고 있는 경제력집중 억제 정책은 출자총액제한 제도의 폐지와 같은 사전적 규제 완화와 정보 제공 기능의 강화로 집약되며, 또한 지난 정부에서도 추진되었던 지주회사 규제 완화의 노력도 계속되었다. 이러한 정책 전개에 따라서 대규모기업집단의 구조도 이에 상응하는 변화를 보여주었다.

우선 출자총액제한제도의 폐지는 계열사 간의 순환출자에 대한 실질적인 제한이 없어졌음을 의미하며, 제도의 폐지 이후 단기간에 대규모기업 집단에 속한 계열사 간 지분소유 비율이 증가하였다. 동일인이 자연인인 대규모기업집단을 대상으로 2008년 4월과 출자총액제한제도가 법적으로 폐지된 이후인 2009년 4월을 비교하면, 내부지분율은 50.95%에서 53.01%로 증가하였고, 특히 계열사의 지분율은 44.44%에서 46.04%로 상승하였다.[35] 동일인이 자연인인 상위 10대 대규모기업집단을 비교하여 보면, 2009년 내부지분율은 49.3%로서 출자총액제한제도가 일시적으로 폐지되었던 1999년 51.5% 이후 가장 높은 비율을 나타내었으며,[36] 2012년에는 동 비율이 55.7%로 상승하였다. 특히 2012년 총수 있는 대규모기업집단 전체의 내부지분율이 56.11%인 상황에서 계열사의 지분율은 49.55%에 달하였는데,[37] 이러한 수치는 지주회사 구조를 취하고 있지 않은 대규모기 업집단의 경우 계열사 간 출자를 통하여 지배관계를 유지·확대할 것이라는 전망에 부합하는 것이었다.

한편 대규모기업집단이 지주회사 체제로 전환하는 예도, 특히 2007년 4 월과 8월의 법개정에 의하여 지주회사 규제가 완화된 이후 급격히 증가하

---

35) 공정거래위원회, 2009년 대기업집단 주식소유현황 등 정보 공개, 2009. 10, 3면.
36) 위의 자료, 21면.
37) 공정거래위원회, 보도자료: 2012년 대기업집단 주식소유현황 및 소유지분도에 대한 정보공개, 2012. 7. 3면 이하 참조.

였으며, 대규모기업집단 집단적 구조의 중요한 유형으로 자리 잡은 상태이다. 2012년 4월 기준으로 동일인이 자연인인 43개 대규모기업집단 중 14개 기업집단이 핵심 계열회사를 지주회사 체재 내에 두고 있다. 다른 대규모기업집단은 여전히 순환형 출자관계에 기초하고 있다. 순환형 기업집단의 대표적인 예로 삼성그룹의 경우 삼성에버랜드, 삼성생명, 삼성전자, 삼성카드, 삼성에버랜드로 이어지는 순환 구조가 핵심이며, 현대자동차그룹의 경우 현대자동차, 기아자동차, 현대모비스, 현대자동차로 이어지는 순환 구조에 기초하고 있다.[38] 이러한 기업집단들은 출자의 순환구조에 대한 실질적 제한이 사라진 상황에서 현재의 기업집단 구조를 유지할 수도 있지만, 지주회사 체제로 전환할 가능성도 있다.

공정거래위원회의 지주회사 권장 정책의 추진 근거가 되었던 지배구조 측면에서의 긍정적인 점은 무엇보다 지배구조의 투명성 제고에 있었으며, 지주회사 체제로 전환한 기업에 대하여 출자총액제한제도의 적용을 제외하는 등의 유인을 적극적으로 활용하였다. 따라서 출자총액제한제도의 폐지 이후 순환형 기업집단에 대한 실질적인 제한 가능성이 줄어든 상황에서 지주회사 체제가 더 이상 적극적으로 채택되지 않을 것이라고 예측할 수도 있다. 그러나 다수의 기업집단이 지주회사 체제로의 전환을 적극적으로 고려하는 것으로 보이며, 그 원인으로서 지주회사로의 전환이 추가적인 투자 없이 기업집단에 대한 동일인의 지배를 강화하는데 기여할 수 있다는 점이 거론되고 있다.

이는 지주회사 전환방식의 특성에 따른 것인데, 일반적으로 총수나 그의 인적 동일인 관련자는 다수의 계열사에 지분을 보유하고 있으며, 지주

---

38) 공정거래위원회는 순환형 기업집단을 삼성그룹과 같이 1개 핵심회사를 중심으로 대부분의 출자관계가 구축되어 있는 단핵구조인 경우와 현대자동차그룹처럼 뚜렷한 핵심회사 없이 다수의 계열사가 연결되어 있는 다핵구조의 경우로 구분하여 파악하고 있다. 공정거래위원회, 2012년 대기업집단 주식소유현황 및 소유지분도 분석결과, 2012. 6, 22-23면 참조.

회사로 체제로 이행하는 과정에서 기존의 계열사는 자회사로 전환하게 되고, 이때 계열사에 대한 동일인 등의 보유 주식은 지주회사의 주식과 교환하는 방식이 활용된다. 이를 통하여 각각의 계열사에 분산되어 있던 동일인 등의 지분은 지주회사의 지분으로 통합된다. 보다 결정적인 것은 기업집단의 대표적인 회사를 지주회사로 전환하는 과정에서 채택하는 인적분할 방식이다. 기존의 甲회사에서 사업부문을 분리하여 지주회사인 甲과 사업회사인 乙로 나누면서 인적분할 방식에 의할 경우에 기존의 甲회사 주주는 甲과 乙에 동일한 지분을 보유하게 되며, 이때 사업회사인 乙의 주식을 지주회사가 되는 甲의 주식과 교환하는 과정이 뒤따른다. 예를 들어 기존의 甲회사 지분을 10% 보유하는 자는 인적분할 후 甲회사와 乙회사 모두에 10%지분을 갖게 되고, 자신이 보유하게 된 乙회사 지분 10%를 甲회사 주식과 대등한 가치로 교환하게 되면, 지주회사로 전환한 甲회사에 대한 지분은 20%로 증가하게 된다. 또한 인적분할 후 지주회사가 사업회사 주식을 주식교환의 방식으로 공개매수하는 것도 많이 활용된다. 다음의 〈표 6-7〉은 지주회사로 전환한 5개 기업집단에서 인적분할과 공개매수를 통하여 지배주주가 지배권을 강화한 정도를 보여준다.

〈표 6-7〉 인적분할·공개매수에 의한 지배주주의 지분 변화[39]

| 그룹 | 지주회사 | 공개매수 대상회사 | 지배주주 지분(%) | |
|---|---|---|---|---|
| | | | 공개매수 전 | 공개매수 후 |
| SK | SK(주) | SK에너지 | 12.02 | 27.40 |
| LG | (주)LGEI | LG전자 | 23.03 | 73.56 |
| CJ | CJ(주) | CJ제일제당 | 16.99 | 38.53 |
| 한진중공업 | 한진중공업 홀딩스 | 한진중공업 | 16.85 | 50.12 |
| 웅진 | 웅진홀딩스 | 웅진씽크빅 웅진코웨이 | 36.15 | 87.29 |

39) 경제개혁이슈, 2009-7호, 8면에서 원용.

2009년 4월 기준으로 동일인이 자연인인 대규모기업집단 중에서 지주회사 체제로 전환한 기업집단과 그렇지 않은 기업집단을 비교하여 보면, 지주회사 기업집단에서 총수의 지분율은 1.84%, 친족까지 포함된 지분율은 5.16% 그리고 내부지분율 전체는 53.24%로서, 일반 기업집단의 상응하는 지분율 2.14%, 4.10%, 52.86%와 거의 유사함을 보여주고 있다.[40] 즉 지주회사로 전환 시 동일인 등의 유의미한 추가적인 출자는 거의 이루어지지 않으며, 다만 계열사에 분산되어 있던 지분이 지주회사에 집중됨으로써 강화된 지배구조를 구축하게 되는 것으로 나타나고 있다.

주식 교환 과정 등에서 위법행위가 있는 경우는 별론으로 하고, 이와 같은 지배권 강화 그 자체를 경쟁정책적으로 어떻게 이해할 것인지가 문제가 된다. 즉 지주회사를 적극적으로 권장하는 정책의 배경이 되었던 지주회사의 장점, 특히 지배구조의 투명성을 제고하고, 또한 지주회사로 전환한 이후 지배권 승계는 주식의 양도 내지 상속 이외의 다른 방법을 상정하기 어려울 것이므로 지배권 승계 과정의 투명성도 보장할 수 있다는 점 등이 정책의 근거로서 여전히 유효한지가 논의되어야 할 부분이다. 결국 지주회사가 경제력집중의 수단으로 활용될 우려에 따라서 입안되었던 지주회사 등의 행위제한 규제가 상당히 완화된 상황에서, 총수의 추가적 출자 없는 지배권 강화를 제도적으로 허용할 것인지는 경제력집중의 우려에 따른 규제를 경쟁정책적으로 계속해서 유지할 것인지의 문제로 환원할 것이다.

---

40) 공정거래위원회, 주 35)의 자료, 8면.

# IV. 결론 - 정책 과제

## 1. 경제력집중 억제 정책의 재정립

경제성장을 중시하고 규제 완화를 지향한 이명박 정부의 경제정책 기조하에서 재벌을 주 대상으로 한 대규모기업집단 규제도 완화되는 방향으로 나아갔으며, 출자총액제한제도의 폐지나 지주회사 규제의 완화를 통하여 이러한 정책이 구체화되었다. 재벌이 우리 경제에서 차지하는 비중이나 중요성이 줄어든 것은 아니며, 특히 상위 재벌에 의한 경제력집중의 정도는 오히려 심화되는 추세에 있다. 따라서 이러한 정책 변화는 재벌에 의한 경제력집중에 대한 인식의 전환에 따른 것으로 볼 수 있다.

출자총액제한제도가 폐지된 이후 현행 독점규제법상 동일 기업집단에 속한 계열사들의 순환출자를 실질적으로 제한할 수 있는 제도는 없는 상태라 할 수 있다. 또한 이전 정부에서부터 계속되어 온 지주회사 행위제한 기준의 완화로 인하여 지주회사 전환 이후에 실질적인 규제 가능성 역시 기대하기 어렵다. 특히 지주회사 구조에서 자회사 주식 보유비율의 완화나 수직적 단계를 5단계까지 확장한 것에 의하여 지주회사 구조를 취한 대규모기업집단의 범위가 수평적, 수직적으로 확장하는데 실질적인 제한은 존재하지 않는 것으로 볼 수 있다. 다음의 〈표 6-8〉은 지주회사 구조하에 있는 자회사, 손자회사의 등의 분포를 보여준다.

〈표 6-8〉 지주회사의 자회사 등 분포: 2010. 5.[41]

| 구분 | 지주회사 | 자회사 | 손자회사 | 증손회사 | 고손회사 | 합 계 |
|---|---|---|---|---|---|---|
| 일반지주회사 | 82 | 447 | 340 | 29 | 0 | 898 |
| 금융지주회사 | 10 | 65 | 31 | 3 | 0 | 109 |
| 계 | 92 | 512 | 371 | 32 | 0 | 1007 |

이러한 상황에서 대규모기업집단이 순환형으로 또는 지주회사형으로
존재하는지 여부와 무관하게 기업집단의 규모는 점점 더 커질 것으로 예
상된다. 다음의 〈표 6-9〉는 상호출자제한기업집단의 수와 규모가 2008년
이후 큰 폭으로 증가하고 있는 것을 보여주고 있다.

〈표 6-9〉 상호출자제한기업집단 계열사 및 자산총액: 2008 - 2011[42]

(단위: 조)

| 연도 | 상호출자제한<br>기업집단 | 상호출자제한<br>기업집단 계열사 | 상호출자제한<br>기업집단 자산총액 |
|---|---|---|---|
| 2008 | 41 | 946 | 1,043 |
| 2009 | 48 | 1,137 | 1,310 |
| 2010 | 53 | 1,264 | 1,472 |
| 2011 | 55 | 1,554 | 1,691 |

이와 같은 대규모기업집단의 확대는 결과적으로 경제력집중의 심화로
이어질 것이며, 이에 대한 경쟁정책적 판단이 불가피할 것이다. 이명박 정
부의 기본 태도는 일반집중 내지 소유집중의 관점에서 경제력집중을 더
이상 문제 삼을 필요가 없다는 입장으로 이해되는데, 현재보다 경제력집
중이 더 심화된 상황에서도, 즉 개별시장에서의 경쟁에 구조적인 영향을
미치는 수준에까지 이른 경우에도 이러한 인식을 유지할 수 있는지가 검
토되어야 한다.[43] 물론 개별시장의 규제만으로 충분하다고 보는 것도 하

---

41) http://groupopni.ftc.go.kr 참조.
42) 2008년 6월 독점규제법 시행령 제17조 제1항의 개정으로 상호출자제한기업집단
    의 자산총액 기준은 2조원에서 5조원으로 상향되었다. 〈표 8〉에서 2008년 수치
    는 변경된 자산총액 기준에 따라서 조정한 것이다.
43) 일본 獨占禁止法 제9조 내지 제11조에 의한 일반집중 규제의 의의를 "경쟁이 행
    하여지는 기반을 정비함으로써 시장 메커니즘이 충분히 기능하도록 하기 위한
    것"으로 이해하고 있는, 金井貴嗣·川濱 昇·泉水文雄 編, 獨占禁止法, 弘文堂,
    2010, 235면(田村次朗 집필부분).

나의 답이 될 수 있지만, 최소한 경제력집중 억제를 위한 규제를 유지하는 입장을 취할 경우에, 현행법상의 규제를 보다 실효성 있는 규제체계로 개선하기 위한 논의가 이루어질 필요가 있다.

## 2. 대규모기업집단 규제 체계의 개선

첫째 경제력집중의 억제를 위한 규제와 관련하여 독점규제법상 문제가 될 수 있는 경제력집중의 정도나 수준에 대한 구체적인 논의와 기준 제시가 검토되어야 한다. 예를 들어 일본 獨占禁止法 제9조에서 과도한 사업지배력을 규제하고 公正取引委員會는 사업지배력 지침을 통하여 이에 해당하는 유형의 하나로서 5 이상의 대규모회사가 있는 그룹의 금융부문을 제외한 자산총액이 15조원을 초과하는 것을 제시하고 있다.[44] 이와 같이 일본 독점금지법상 일반집중의 관점에서 제시된 기준은 하나의 참고사항에 불과한 것이지만, 우리 경제규모나 산업의 상황을 고려하여 문제가 될 수 있는 경제력집중의 수준을 검토할 필요가 있다. 구체적으로 현행 독점규제법상 대규모기업집단에 대한 규제 기준으로서 자산총액 5조원의 기준이 경제력집중의 관점에서 적절한 것인지에 대한 논의가 이루어져야 한다.

둘째 대규모기업집단은 동일인이 자연인인 기업집단과 법인인 기업집단, 그리고 전자는 다시 순환형 기업집단과 지주회사형 기업집단으로 구분할 수 있다. 이와 같은 기업집단의 구조적 특성에 따른 분류에 상응하여, 규제의 내용을 구체화할 필요가 있다. 예를 들어 동일인이 자연인인 순환형 기업집단의 경우 계열사의 출자를 통한 기업집단의 확대가 주된 문제이지만, 기업집단 지배구조의 불투명성이나 소유와 지배의 괴리 등도

---

44) 일본 독점금지법상 과도한 사업지배력에 해당하는 유형에 대한 상세한 설명은, 홍명수, 주 15)의 책, 경인문화사, 2008, 196-200면 참조.

핵심적인 문제로서 거론된다. 이에 대한 규제로서 상호출자 규제와 정보공시 제도가 유효한 것인지에 대한 검토가 필요하며, 이러한 문제에 대한 보다 근본적인 대안도 강구할 필요가 있다. 한편 최근 대규모기업집단 중 동일인이 회사인 기업집단의 확대 경향에도 주목할 필요가 있다. 예를 들어 2012년 4월 기준으로 대규모기업집단 중에 동일인이 자연인인 43개 민간 기업집단의 계열사 확대는 전년도에 비해 14.7%인데 비하여, Posco그룹과 같은 동일인이 회사인 8개 민간기업집단은 18.2%, 한국전력그룹과 같은 공기업집단은 116.7%로서 동일인이 자연인인 기업집단보다 계열 확대의 폭이 더 큰 것으로 나타나고 있다.[45] 이와 같은 경향은 적어도 일반집중의 관점에서 비자연인 기업집단에 대해서도 주의할 필요가 있음을 시사한다. 결국 동일인의 성격에 따라서 규제의 초점에 차이가 있으며, 이에 상응하여 규제체계를 갖추어야 할 것이다.

셋째 지주회사형 기업집단의 경우 상법상의 인적분할과 같은 방식에 기초한 기업집단 전환 과정에 대한 통제가 현실적으로 가능하지 않은 상황에서, 경제력집중의 억제를 위하여 도입되었던 지주회사 행위제한 등의 규제가 존속할 필요가 있는지에 대한 검토가 필요하다. 특히 순환형 기업집단에 대한 규제가 실질적으로 대폭 완화된 상황에서, 순환형 기업집단과 지주회사형 기업집단 간에 규제의 균형 측면에서도 논의가 이루어져야 한다. 또한 금산분리 원칙의 적용 범위와 지주회사의 수평적, 수직적 확대에 대한 최종적인 한계를 어떻게 설정할 것인지에 대해서도 주의를 하여야 한다.

---

45) 2008년부터 2012년까지 대표적인 자연인 기업집단과 비자연인 기업집단의 계열 확대 추세를 보면, 전자에 경우 삼성(59-81), 현대자동차(36-56), SK(64-94), LG(36-63), 롯데(46-79), 후자의 경우 Posco(31-70), KT(29-50) 등으로, 후자가 보다 큰 폭의 계열확대 경향을 보여주고 있다.

## 3. 출자 규제의 개선

앞에서 살펴본 것처럼 출자총액제한제도가 공식적으로 폐지된 2009년 3월 이후, 주로 계열사 출자에 의한 내부지분율 증가의 방식에 의한 대규모기업집단의 확대 경향이 두드러지고 있다. 이러한 변화는 폐지 논거의 하나였던 규제 실효성에 대한 부정적 판단에 의문을 낳으며, 적어도 동 제도가 대규모기업집단의 확대를 억제하는데 어느 정도 기여하였음을 보여준다. 또한 동 규제의 폐지 시에 전제하였던 기업 내외의 이해관계자나 시장에 의한 조정 가능성이 기업집단의 확대를 억제하는데 유력한 수단이 되는 것에 한계가 있음을 시사하기도 한다.

그러나 출자총액제한제도의 재도입은, 제도 자체의 존폐가 거듭된 경험에 비추어 제도의 안정성에 의문이 있고, 지나치게 형식적이고 획일적인 규제가 갖는 한계를 부인할 수 없다는 점에서 다른 대안이 폭넓게 검토되어야 할 것이다. 특히 출자총액제한제도가 제도의 취지보다는 형식적인 측면에서 주된 문제가 제기되었다는 점을 상기한다면, 기존의 입법취지를 실현하면서도 부정적 효과를 보완할 수 있는 방향으로의 논의가 전개될 필요가 있다. 이러한 방안의 하나로서 기존의 상호출자 금지는 직접적 상호출자만을 규제 대상으로 하고 있다는 점에 한계가 있으며, 이를 보완하는 의미에서 일정 범위의 간접적 상호출자까지 규제 범위의 확대를 시도할 수 있을 것이다. 예를 들어 상호출자 규제 범위를 손자회사나 증손회사까지 확대하는 것 등을 대안으로 검토할 수 있다. 이러한 논의에서 결국 규제 대상인 간접적 상호출자의 범위를 정하는 것이 문제가 될 것이다. 상법의 경우 손자회사를 상호출자 규제 범위에 포함시킨 것은(상법 342조의2 3항), 모자회사 관계에서의 상호출자와 실질적으로 동일한 의미를 갖는다는 점을 고려한 것으로 볼 수 있는데,[46] 독점규제법상 규제범위 확대의

---

46) 이철송, 회사법강의, 박영사, 2004, 332면 참조.

경우에도 유사한 관점이 적용될 수 있다. 독점규제법 제9조에 의하여 금지되는 상호출자와 실질적으로 동등한 의미를 갖는 것으로 평가되는 범위에서, 즉 직접적 상호출자 금지의 취지가 용이하게 기업집단이 확대됨으로써 경제력집중이 심화될 수 있다는 우려에 있으므로, 이러한 우려의 관점에서 동등한 평가가 가능한 범위로 간접적 상호출자의 규제 범위를 정할 수 있을 것이다. 가능한 방식으로 상법과 마찬가지로 손자회사까지 상호출자 금지 범위를 확대하는 것을 검토할 수 있다. 2012년 13개 순환형 대규모기업집단의 순환출자 구조 분석에 의하면, 손자회사까지만 한정된 순환출자 형태가 많지 않으며,[47] 이러한 현황은 금지 범위 확대가 실효성을 낳지 못할 것이라는 점과 아울러 규제 범위의 확대에 대한 수범자의 수용이 용이하게 이루어질 수 있다는 예측을 가능하게 한다.

　나아가 순환출자를 전면적으로 금지하는 방안도 고려할 수 있을 것이다. 이 경우에 법기술적으로 가능한 방식에 대한 논의가 선행되어야 한다. 즉 이러한 규제는 기업집단에 속한 계열사를 대상으로, 자사와 출자 관계로 연결된 타 계열사에 대한 출자제한의 형태로 구성되는데, 이때 계열사의 행위와 무관하게 다른 계열사의 행위로 순환적 구조가 완성될 수 있기 때문에, 구체적인 제한의무가 부과되는 상황을 개별 회사의 행태 측면에서 전형적으로 제시하는 것에 어려움이 따른다. 결국 순환출자 구조가 파악되는 경우에 당해 순환출자 구조 안에 있는 계열사 전체를 모두 수범자로 하여 순환출자 해소의무를 부과하는 방식을 취하는 것이 유력한데, 출자의 다양성을 무시한 획일적 성격의 규제가 되는 것은 아닌지 또한 다수의 단계를 거치면서 핵심적인 계열관계를 제외한 말단의 지분관계 해소가 계열관계 유지나 확대를 억제하는데 기여할 수 있을지에 대한 의문 등이

---

47) 2012년 지정 대규모기업집단의 공정거래위원회 분석에 의하면, 동일인이 자연인인 기업집단 중 지주회사를 채택하지 않은 29개 기업집단에서 평균 5.03단계의 출자구조를 취하고 있는 것으로 나타났다. 공정거래위원회, 주 38)의 자료, 20면 참조.

쉽게 해소되지는 않는다. 이러한 점에서 새로운 순환출자 형성을 금지하는 방식으로 규제 내용을 정하는 것은 보다 용이한 접근 방식이 될 수 있을 것이다. 그러나 이 경우에도 기존의 순환출자는 용인하고 새로운 순환출자 관계 형성만을 금지하는 것의 정당성 문제가 남으며, 결국 기존 순환출자 관계의 점진적 해소와의 결합은 불가피할 것이다.

전술한 것처럼 독점규제법상 대규모기업집단 규제는 원칙적으로 기존 대규모기업집단의 존재를 인정하면서, 그 확대를 억제하는 방식으로 구성되었고, 순환출자 규제는 이러한 규제 방식의 핵심적인 수단으로 도입되었다. 그러나 이러한 방식이 경제력집중을 억제하는데 실효성이 없다는 한계를 극복하기 위하여, 직접적으로 계열분리를 통하여 경제력집중을 완화하는 시도를 할 수도 있다. 이 경우 무엇보다 기존의 계열분리 또는 기업집단 해체가 헌법적으로 정당화될 수 있을 정도로, 기존 대규모기업집단에 의한 경제력집중의 정도가 시장경제질서와 양립할 수 없다는 점에 대한 일반적인 동의가 전제되어야 한다. 또한 이러한 방안이 실효성 있게 집행되기 위해서는, 분리된 계열사의 현실적인 인수 방안이 마련되어야 한다. 일본 재벌 해체의 경우 미군정에 의하여 설립된 지주회사정리위원회에 의하여 재벌 가문에 귀속된 주식을 유상으로 인수하고, 매각하는 절차를 취하였다.[48] 이러한 집행 기구를 설치하는 것 외에도, 현실적으로 공기업 방식을 취하지 않는 한 분리된 계열회사를 인수할 수 있는 주체를 찾는 것에 어려움이 따를 수밖에 없고, 공기업 방식을 취하는 경우에는 막대한 인수자금을 재정적으로 조달하는 문제가 현안이 될 것이다. 민간 부문에서 계열 분리를 수행할 경우, 미국의 Standard Oil의 해체에서 과거 신탁방식으로 인수되었던 회사의 주주들에게 본사의 주식이 교환적으로 주어졌던 것을 다시 원래의 상태로 되돌리는 Spin-off 방식을 참고할 수 있을 것이다.[49] 그러나 이러한 해체 방식은 총수 및 가족 이외에 유력한

---

48) 홍명수, 주 1)의 책, 130-133면 참조.
49) 위의 책, 85면 참조.

주주를 상정하기 어려운 대규모기업집단의 구조에 비추어 현실적으로 원용하기 어려운 것으로 보이며, 다만 주식교환 방식으로 결합된 계열사가 있을 경우에는, Spin-off 방식을 예외적으로 활용할 수는 있을 것이다.

끝으로 기존의 기업결합 규제법리를 대규모기업집단의 확대에 대한 통제의 관점에서 원용하는 것도 고려할 수 있다. 독점규제법 제14조의2는 계열회사의 편입에 관한 공정거래위원회의 심사 권한을 규정하고 있는데, 이때의 심사는 문제가 된 회사가 형식적·실질적으로 동일인의 지배 범위 안에 있는지에 관한 것이며, 경제력집중의 관점에서 당해 편입의 허용 여부를 결정하는 것과는 무관하게 운영되고 있다. 대규모기업집단의 확대는 계열관계의 확대로 구체화되는데, 계열편입 등은 기존의 계열회사의 지분 취득 등으로 이루어지는 것이 전형적이며, 이는 기업결합, 특히 대체로 혼합결합에 해당하게 될 것이다. 이러한 기업결합의 경쟁제한성 판단에 경제력집중의 관점이 반영되는 방향으로 규제 가능성을 모색하고, 독점규제법 제14조의2에 의한 계열회사의 편입 심사를 이러한 법리에 기초해서 이루어질 수 있도록 하는 것을 구체적인 방안으로 논의할 수 있다. 무엇보다 이러한 방안은 경쟁법의 고유한 규율 범위에 속하는 기업결합 규제의 연장선에서 경제력집중 억제와 대규모기업집단 문제를 다룰 수 있는 근거를 제시하고 있다는 점에서 경쟁정책적 타당성과 실효성을 기대할 수 있다.

## 4. 부당지원행위 규제 법리의 정립

대규모기업집단에 대한 규제로서 개별 시장에서의 부당지원행위에 대한 규제는 사전적, 형식적인 규제를 대신하여 경제력집중 억제를 위한 실효성 있는 규제 방안으로서 그 중요성이 커지고 있다. 비교법적으로 유사한 예를 찾기 어려운 부당지원행위 규제에 있어서, 제도 도입 이후 공정거래위원회의 실무와 법원의 판결을 통하여 규제 법리가 축적되어 왔다. 그러나 이른바 '물량몰아주기'로 통칭되는 현저한 규모의 거래에 의한 지원행위의 부당성 판단과 같은, 여전히 미진한 부분이 존재한다. 기본적으로 현저한 차이의 대가에 의한 거래와 경쟁정책상 등가적인 것으로 평가될 수 있어야 하지만, 현저한 규모의 거래가 당해 시장이나 기업집단의 유지·확대에 미칠 수 있는 고유한 의의가 밝혀져야 하며, 이에 기초하여 타당한 법리를 형성하는 것이 중요한 과제로 남아 있다.

# 7. 출자 규제의 정당성 판단

## I. 서론

출자 규제는 1986년 「독점규제 및 공정거래에 관한 법률」(이하 독점규제법) 제1차 개정에서 경제력집중 억제를 위한 규제의 한 유형으로 도입되었다. 이때 경제력집중은 개별 시장에서의 지배력 형성과는 다른 관점, 즉 일반집중이나 소유집중의 의미로 이해되며, 개별 시장적인 접근만으로 자유롭고 공정한 경쟁질서 형성에 한계가 있다는 인식을 반영하여 경제력집중의 억제를 직접적인 목적으로 하는 새로운 유형의 규제로서 입법되었다.

제도 도입 이후 규제 내용에 상당한 변화가 이어지고, 새로운 유형의 규제가 추가되면서 현재에 이르고 있다. 현행법 하에서 경제력집중 억제를 위한 규제는 다섯 가지 유형으로 분류할 수 있다. 즉 기업집단 구조에 대한 규제로서 지주회사 규제로 대표되는 구조 규제, 동일 기업집단에 속한 계열회사 간의 출자 관계를 규율하는 출자 규제, 계열회사 간 채무보증을 대상으로 한 채무 규제, 주로 계열회사 간 거래를 대상으로 하는 부당지원행위 규제로 대표되는 거래 규제 그리고 기업집단의 조직이나 중요 결정에 관한 사항의 공시 등에 관한 정보 규제로 나뉘며, 특히 최근 규제의 초점은 시장의 자율적 조정 가능성을 강조하는 거래 규제나 정보 규제

에 모아지고 있는 상황이다.[1)

그러나 여전히 출자 규제는 경제력집중 억제를 위한 규제 체계에서 핵심적인 의미를 갖는다. 무엇보다 동 규제는 다수의 기업이 단일한 지배에 의하여 운영되는 대규모기업집단을 대상으로 동일 기업집단을 구성하는 계열회사 간의 관계를 규율하며, 실질적으로 기업집단의 확장을 제한하는 유일한 수단이 된다. 물론 출자 규제는 최초의 입법 시부터 계열관계의 해체, 즉 직접적으로 대규모기업집단의 분할을 의도하였던 것은 아니며, 기존의 기업집단을 수용하면서 더 이상의 확대를 제한하는 방향으로 입안되었다. 그러나 자본주의 경제에서 기업의 확대는 일반적인 경향이라 할 수 있으며, 계열관계의 확대를 추구하는 기업집단의 입장에서 출자 규제는 현실적으로 기업 활동에 대한 중대한 제한으로 기능하였다. 이러한 점에서 출자 규제의 도입 시부터 현재에 이르기까지 동 규제의 존폐, 구체적인 내용, 적용 범위 등에 관하여 벌어졌던 논쟁은 피하기 어려웠을 것이다.

주지하다시피 이명박 정부에서 출자 규제 중 가장 논란이 되었던 출자총액제한제도가 2009년 3월 독점규제법 개정에 의하여 폐지되고, 이후 상호출자금지제도를 중심으로 동 규제가 운영되어 왔다. 사전적 규제로서 출자총액제한제도의 획일적이고 형식적인 성격과 실효성 측면에서의 한계에 대한 인식이 이러한 제도 변화의 유력한 근거가 되었지만, 폐지 이후 대규모기업집단의 확대가 나타나면서 다시 출자총액제한제도의 재도입을 포함하여 출자 규제를 개선하고자 하는 논의가 전개되고 있다. 이러한 상황에서 독점규제법상 출자 규제가 입법화된 배경과 제도 운영의 취지를 확인하는 과정이 선행될 필요가 있다. 즉 독점규제법상 출자 규제의 정당성을 검토함으로써, 새로운 제도의 타당성을 판단할 수 있는 근거가 주어

---

1) 공정거래위원회, 공정거래위원회 30년사, 2011, 589면에서는 2008년 이후 "경제력집중 억제를 위한 규제도 시장의 자율적 통제 기능을 강화하고 경쟁정책적 관점에서의 사후적 평가를 통한 규제로 사전적 규제를 대체하여야 한다는 인식이 확대되었다"라고 기술하고 있다.

질 것이다.

이하에서의 논의는 우선 독점규제법상 출자 규제의 의의와 내용적 변화 과정을 간략히 살펴보고(II), 이어서 출자 규제를 정당화할 수 있는 근거를 검토할 것이다(III). 기본적으로 출자 규제 역시 헌법상 향유하는 기업의 재산권과 영업의 자유에 대한 제한을 의미하며, 이러한 제한에 따른 피규제자의 권리침해를 상회하는 공익적 가치가 제시되는 경우에만 규제의 정당성이 인정될 수 있다. 따라서 출자 규제에 관련된 상반되는 이익의 비교형량이 이루어져야 하며, 이 과정을 거침으로써 최종적인 정당성 판단에 이르게 될 것이다(IV).

## II. 출자 규제의 의의

### 1. 대규모기업집단 지정

독점규제법상 출자 규제는 대규모기업집단을 대상으로 한다. 동 개념은 재벌로 통칭되던 경제적 실체를 법적인 개념으로 구성한 것이며, 복수의 기업이 집단을 이루고, 그 집단의 규모가 일정 수준 이상인 경우에 대규모기업집단으로서 독점규제법의 규제 대상이 된다.

기업집단의 정의에 관하여 독점규제법 제2조 제2호는 동일인이 사업내용을 지배하는 회사의 집단으로 규정하고 있으며, 동 호의 각 목은 동일인이 회사인 경우와 자연인인 경우가 모두 가능한 것으로 정하고 있다. 재벌을 총수와 그 가족이 지배하는 기업집단으로 보는 일반적 이해에 비추어,[2] 독점규제법상 대규모기업집단 정의는 재벌 개념보다 확대된 측면이 있는데, 자연인이 동일인인 경우와 회사가 동일인인 경우를 구분하지 않

---

2) 홍명수, 재벌의 경제력집중 규제, 경인문화사, 2006, 59면 참조.

고, 동일한 규제의 대상으로 삼는 것이 정책적으로 타당한지에 대해서는 논의의 여지가 있다.

규모 기준은 자산총액에 따른 절대적 기준과 상대적 기준(순위 기준)이 교차적으로 사용되어 왔는데, 현재는 절대적 기준에 의한다. 출자총액제한 제도가 유지되던 시기에는 규제 유형에 따라서 규모 기준을 달리하는 방식을 취하였으며, 출자총액제한제도의 폐지 이후 대규모기업집단은 단일한 기준에 의하여 정해지고 있다. 현행법상 대규모기업집단은 동법 시행령 제17조 제1호에 따라서 자산총액 5조원 이상인 기업집단을 말한다.

## 2. 상호출자 금지

### (1) 규제의 의의

상호출자란 두 개의 회사가 서로의 주식을 인수하거나 취득하여 소유하는 것을 말하며, 독점규제법 제9조 제1항은 동일 대규모기업집단에 속한 계열회사 간 상호출자를 금지하고 있다. 상호출자는 자기주식취득의 성격이 있으며 자본충실 원칙의 관점에서 자본공동화의 문제를 낳기도 하지만, 실질적인 출자 없이 기업 지배를 가능하게 함으로써 경제력집중의 수단이 될 수 있다는 점에 근거하여[3] 독점규제법 1986년 제1차 개정 시에 도입되었다.

규제 시행 이후 대규모기업집단에 속한 회사 간에 상호출자는 해소된 것으로 보이며, 1980년대까지 성행하였던 직접적 상호출자에 의한 계열회

---

3) 일본의 系列(게이레츠)을 대상으로 한 분석에서 상호출자가 상호 간의 협력을 통하여 회사지배의 안정화를 이루고, 이해관계자의 이해를 통합함으로써 전후방 시장에서 안정성을 강화할 수 있으며, 장기적인 이익 추구를 가능하게 한다는 것으로서, Ronald J. Gilson & Mark J. Roe, "Understanding the Japanese Keiretsu: Overlaps Between Corporate Governance and Industrial Organization", The Yale Law Journal vol. 102 no. 4, 1993, 897면 이하 참조.

사 확대 방식은 사실상 차단된 것으로 평가할 수 있을 것이다. 제도의 내용은 큰 변화 없이 현재까지 유지되고 있는데, 규제의 실효성을 제고하기 위하여 2009년 3월 법 개정으로 독점규제법 제50조 제5항 이하에 상호출자금지 규정에 위반하였는지 여부를 조사하는 경우에도 금융거래정보요구권의 행사가 가능한 것으로 변경되었다.

### (2) 규제의 평가

제도 도입 이후 공정거래위원회에 의한 규제 사례는 많지 않은데, 기업집단 '동양'에 속한 동합종합금융증권 사건에서 상호출자 관계를 해소하기 위한 처분에 주식신탁은 해당하지 않는다고 본 공정거래위원회 심결은 제도 운영과 관련하여 주목할 만하며,[4] 동 심결에서 공정거래위원회의 입장은 대법원 판결에서도 지지되었다.[5]

수범자의 준수 여부와는 별개로, 제도의 입법취지에 비추어 대규모기업집단의 경제력집중을 억제하는데 의미 있는 기여를 하고 있는지에 대해서는 논의의 여지가 있다. 즉 동 규제는 직접적 상호출자만을 규제하며, 간접적으로 이루어지고 있는 순환출자는 규제 대상이 되지 않는데, 이는 경제력집중 억제 수단으로서 동 규제의 한계를 보여주는 것이다.

## 3. 출자총액 제한

### (1) 규제의 의의

출자총액제한제도는 전술한 순환출자방식에 의한 대규모기업집단의 확대를 방지하려는 목적에서 입법되었다. 동 규제는 계열회사의 출자범위를 형식적 기준에 따라 정해진 한도액으로 제한하는 것을 내용으로 하며, 직

---

4) 공정위 2002. 10. 28. 의결 제20002-222호.
5) 대법원 2006. 5. 12. 선고 2004두312 판결.

접적 상호출자만을 대상으로 하는 상호출자 규제의 한계를 보완함으로써 출자 규제를 전체적으로 완성하는 의미를 갖는다.[6] 동 규제의 도입은 1986년 제1차 개정 시 이루어졌으며, 이후 제도의 존폐를 거듭하고 규제 기준에도 많은 변화가 이어진 끝에, 2009년 법 개정에 의하여 최종적으로 폐지되었다. 이하의 〈표 7-1〉은 부침이 심하였던 출자총액제한제도의 변화 과정을 보여준다.

**〈표 7-1〉 출자총액제한제도의 변화**

| 시기 | 내용 |
|---|---|
| 1986. 12. 31.<br>법개정 | ◇ 출자총액제한제도 시행(법 제10조)<br>- 출자한도: 순자산 40%<br>- 특례한도제: 시행당시 출자한도 초과기업은 1992. 3. 31.까지 출자해<br>  소기간 부여<br>- 예외인정: 산업합리화, 유상증자, 담보권 실행, 외국인투자기업 또는<br>  정부출자기업에 대한 출자 등<br>- 제재: 주식처분명령, 형사벌(3년 이하 징역 또는 2억원 이하 벌금) |
| 1990. 1. 13.<br>법개정 | ◇ 출자총액제한제도 위반시 과징금 부과제도 신설(법 제17조) |
| 1992. 12. 8.<br>법개정 | ◇ 예외인정 출자 확대(법 제10조)<br>- 산업의 국제경쟁력강화를 위한 출자<br>  • 부품생산중소기업과의 기술협력<br>  • 도로 · 항만 · 철도 등 산업기반시설확충을 위한 경우<br>- 보유주식의 평가액 증가로 인한 출자 증가<br>◇ 출자총액제한규정 위반으로 주식처분명령을 받은 주식에 대하여 의결<br>  권의 행사를 제한하는 제도 신설(법 제18조) |
| 1994. 12. 12.<br>법개정 | ◇ 출자한도: 순자산의 40%에서 25%로 인하(법 제10조)<br>- 25% 한도인하에 따른 출자초과분은 1998. 3. 31.까지 해소유예<br>◇ 예외인정기간 연장<br>- 국제경쟁력 강화(업종전문화) : 5년에서 7년<br>- 유상증자 : 1년에서 2년 |

---

6) 이재구, "기업집단에 대한 규제", 권오승 편, 공정거래법강의II, 법문사, 2000, 299면.

| | |
|---|---|
| | - 순자산감소 : 1년에서 3년<br>◇ 적용제외 확대<br>- 사회간접자본시설사업 영위회사<br>- 소유분산우량회사(내부지분율 합계 15% 미만, 동일인 및 친족 지분 8% 미만, 자기자본비율 20% 이상으로 주력기업에 해당하지 않는 상장회사) |
| 1996. 12. 30.<br>법개정 | ○ 소유분산우량회사 선정기준 변경(시행령 개정)<br>- 내부지분율 : 15%미만에서 20%미만으로 상향조정<br>- 동일인과 친족지분이 8%미만에서 5%미만으로 하향조정<br>- 자기자본비율이 20%이상에서 25%이상으로 상향조정<br>◇ 예외인정 확대<br>- 중소기업에 대한 지분참여 10%에서 20%로 확대 |
| 1998. 2. 24.<br>법개정 | ◇ 출자총액제한제도 폐지 |
| 1999. 12. 28.<br>법개정 | ◇ 출자총액제한제도 재도입(법 제10조)<br>- 출자한도: 순자산 25%<br>- 시행당시 출자한도초과분은 2002. 3. 31.까지 해소유예기한 부여<br>- 예외인정: 유상증자, 담보권 실행, SOC, 기업구조조정, 외국인투자유치, 중소기업과의 기술협력 관련 출자 등 |
| 2001. 1. 16.<br>법개정 | ○ 예외인정대상 확대<br>- 지주회사 전환을 위한 출자 |
| 2002. 3. 30.<br>시행령 개정 | ◇ 출자총액제한기업집단 자산총액 5조원 이상(영 17조 2항) |
| 2005. 3. 31.<br>시행령 개정 | ◇ 출자총액제한기업집단 자산총액 6조원 이상(영 17조 2항) |
| 2006. 4. 14.<br>시행령 개정 | ◇ 구조조정기업에 대한 출자 예외인정 추가, 졸업기준 보완 등<br>- 정부출자기관이 100분의 30이상의 지분을 가지고 있는 구조조정 대상 기업에 대한 출자의 예외 인정<br>- 동일인이 자연인이 아닌 기업집단도 소유지배괴리도 졸업기준 적용<br>- 내부거래위원회 구성요건 완화(4인이상 전원 사외이사 → 3인 이상으로서 총수의 2/3이상) |
| 2007. 14. 13.<br>법개정 | ◇ 적용 범위 축소<br>- 출자총액제한기업집단 자산총액 10조원 이상(법 10조 1항)<br>- 출자한도 25%에서 40%로 상향<br>◇ 기업집단 적용제외 확대(법 10조 8항)<br>- 소유지배 괴리도가 25P 이하이고, 의결권 승수가 3배 이하 |

|  | - 계열회사의 수가 5 이하이고, 계열회사 간 출자관계가 2단계 이하<br>- 외투법인에 출자하는 경우 취득 또는 소유한 날부터 5년 이내에만 예<br>외인정에서 요건 충족시 계속 예외인정 |
|---|---|
| 2007. 7. 13.<br>시행령 개정 | ◇ 적용대상 회사 축소(소속 모든 회사 → 자산 2조원 이상 회사) |
| 2009. 3. 25.<br>법개정 | ◇ 출자총액제한제도 폐지 |

〈표 7-1〉에서 알 수 있듯이, 출자총액제한제도는 적용 범위를 명확히 이해하기 어려울 정도로 많은 예외를 두고 있었으며, 이는 동 제도의 폐지에 관한 논의에서 동 제도가 이미 실효성 있는 규제로서 기능하지 못하고 있다는 주장의 근거로 원용되었다. 〈표 7-2〉는 동 제도가 폐지되기 직전의 적용 범위에 관한 것이다.

〈표 7-2〉 출자총액제한 적용제외 및 예외인정 구조(2009년 3월 법개정 이전)

| 유 형 | 내 용 |
|---|---|
| 지정 제외 기업집단<br>(영 17조 2항,<br>법 10조 8항) | - 금융업 또는 보험업만을 영위하는 기업집단(1호)<br>- 금융업 또는 보험업을 영위하는 회사가 지배하는 기업집단(1호)<br>- 회생절차 또는 관리절차가 진행 중인 회사의 자산총액합계가 기업집단 전체 자산총액의 50% 이상인 기업집단(2호)<br>- 동일인의 의결지분율에서 소유지분율을 차감한 비율이 25% 이하이고, 의결지분율이 소유지분율의 3배 이하인 기업집단(4호)<br>- 계열회사 수가 5개 이내이고, 2단계를 초과하는 계열사 간 출자가 없는 기업집단(5호) |
| 적용이 제외되는 출자<br>(법 10조 6항) | - 사회기반시설 민간투자회사에 대한 출자(1호)<br>- 민영화되는 공기업의 인수를 위한 출자(2호)<br>- 동종 또는 밀접한 관련사업을 영위하는 회사에 대한 출자(3호)<br>- 정부가 30% 이상 출자한 회사에 대한 출자(4호)<br>- 「남북교류협력에 관한 법률」상 협력사업자로 승인된 회사에 대한 출자(5호) |

| | |
|---|---|
| 예외가 인정되는 출자<br>(법 10조 1항) | - 기존 지분비율에 따라 신주를 취득하는 경우(1호)<br>- 담보권실행 또는 대물변제의 수령에 의한 주식취득(2호)<br>- 외국인투자기업에의 출자(3호)<br>- 중소기업과 기술협력, 신산업 등 일정한 산업의 국제경쟁력 또<br>  는 기업경쟁력 강화를 위한 기업구조조정을 위한 출자(4호)<br>- 지주회사 또는 비지주회사로의 전환과정에서 일시적 주식취득<br>  (5호)<br>- 회생절차 또는 관리절차가 진행 중인 회사의 주식취득(6호)<br>- 법인등기부상 본점이 수도권 이외의 지역에 소재하는 회사의<br>  주식취득(7호)<br>- 법인세 감면을 받는 회사의 주식취득(8호) |
| 적용이 제외되는 회사<br>(법 10조 7항) | - 금융업 또는 보험업을 영위하는 회사(1호)<br>- 지주회사 등(2호)<br>- 회생절차 또는 관리절차가 진행 중인 회사(3호)<br>- 내부견제시스템을 잘 갖춘 지배구조 모범회사(4호)<br>- 직전 사업연도 자산총액이 2조원 미만인 회사(5호, 영 17조의9<br>  3항) |

## (2) 폐지 이후의 평가

전술한 것처럼 출자총액제한제도는 간접적 상호출자에 대한 규제 가능
성이 없는 상호출자 금지제도를 보완하여 대규모기업집단의 순환출자 방
식에 대한 유력한 억제수단으로서의 의미를 갖고 있었다. 그러나 동 규제
에 대한 비판도 유력하였는데, 출자의 목적이나 내용을 불문하고 일정한
기준에 따른 형식적이고 획일적인 규제가 기업의 자율적 자산 운영의 효
율성을 침해할 수 있다는 점, 많은 예외 규정을 둠으로써 규제의 실효성이
크지 않다는 점 등이 비판의 주된 근거가 되었다.[7]

동 제도의 폐지 이후 대규모기업집단의 현황을 보면, 기업집단의 계열
사나 규모는 상당한 정도로 확대되고 있다. 즉 2009년에서 2013년 사이에
대규모기업집단 수는 48개에서 62개로 늘었으며, 대규모기업집단에 속한

---

7) 홍명수, 경제법론I, 경인문화사, 2008, 177-178면 참조.

계열회사의 수도 1,137사에서 1,768사로 증가하였다.[8) 영위 업종수도 30
대 기업집단의 경우 2007년 490업종에서 2010년 619업종으로 증가하였고,
내부지분율도 동일인이 자연인인 상위 10대 기업집단의 내부지분율은
2008년 48.3%에서 2011년 53.5%로 상승하였다.[9) 이와 같은 상황은 적어
도 과거 출자총액제한제도가 대규모기업집단에 대하여 어느 정도 규제 실
효성이 있었다는 점을 시사하며, 나아가 출자총액제한제도의 재도입을 포
함하여 순환출자에 대한 규제를 새롭게 구성할 필요가 있는지를 논의하는
계기가 되고 있다.

## 4. 금융ㆍ보험사의 의결권 제한

### (1) 규제의 의의

금융ㆍ보험회사는 불특정다수의 고객으로부터 거대한 자금을 조성ㆍ운
영한다. 이러한 자금이 계열사 주식취득 등으로 계열관계의 확대나 강화
에 동원되는 경우 비효율적인 자원배분을 낳을 수 있으며, 나아가 경제력
집중의 폐해를 야기할 수도 있다.[10) 이러한 점에서 금융ㆍ보험회사의 과

---

8) 계열회사의 수는 2009년 이후 계속 증가하다가, 2013년 전년도에 비하여 처음으
   로 감소하였다(1,831사에서 1,768사). 기업집단에 속한 계열회사의 수는 2009년
   23.7에서 2013년 28.5로 증가.
9) 공정위 경쟁정책국 기업집단과, 경제력집중 현황과 대기업집단정책 추지방향,
   2011. 11., 2면.
10) 대규모기업집단에 속한 내부 금융시장이 비효율적 자원 배분을 낳을 수 있다는
    경험적 연구로서, 전태홍, "내부금융시장과 재벌의 투자행동: 5대 재벌을 중심으
    로", 재무관리연구 제16권 제1호, 1999, 115면 이하 참조. 한편 유사한 내용을 규
    정하고 있는 일본 독점금지법 제11조 제1항(의결권 주식의 금융회사 100분의5,
    보험회사 100분의10 취득 금지)과 관련하여, 동 규정의 입법취지로서 금융회사와
    지분적 관련성을 갖고 있는 사업회사는 그렇지 않은 회사에 대하여 경쟁상 우위
    에 있을 수 있다는 점을 언급한 것으로서, 實方謙二, 獨占禁止法, 有斐閣, 1998,

다한 계열회사 주식취득에 대한 규제의 필요성이 있으며, 다만 금융·보험업의 특성상 주식의 취득·처분은 금융·보험회사의 중요한 자산운영 수단인 점과 자본시장의 수급조절기능측면 등을 감안하여, 독점규제법은 1986년 법 개정에서 주식보유 자체는 제한하지 않으면서, 국내계열회사 보유주식에 대해 의결권만을 규제하는 방식을 취하였고, 이러한 규정 태도는 큰 변화 없이 유지되어 왔다.

즉 독점규제법 제11조 본문은 "상호출자제한기업집단에 속하는 회사로서 금융업 또는 보험업을 영위하는 회사는 취득 또는 소유하고 있는 국내계열회사주식에 대하여 의결권을 행사할 수 없다"고 규정함으로써, 의결권 제한의 원칙을 규정하고 있다. 다만 동조 단서에서 금융업 또는 보험업을 영위하기 위하여 주식을 취득 또는 소유하는 경우(1호), 보험자산의 효율적인 운용·관리를 위하여 「보험업법」 등에 의한 승인 등을 얻어 주식을 취득 또는 소유하는 경우(2호),[11] 임원의 선임 또는 해임(가목), 정관변경(나목), 그 계열회사의 다른 회사로의 합병, 영업의 전부 또는 주요부분의 다른 회사로의 양도(다목)의 어느 하나에 해당하는 사항을 당해 국내계열회사(상장법인에 한한다)의 주주총회에서 결의하는 경우(3호, 이 경우 그 계열회사의 주식 중 의결권을 행사할 수 있는 주식의 수는 그 계열회사에 대하여 특수관계인 중 대통령령이 정하는 자를 제외한 자가 행사할 수 있는 주식수를 합하여 그 계열회사 발행주식 총수의 100분의 15를 초과할 수 없다)에 대한 예외를 규정하고 있다.

### (2) 규제의 평가

대규모기업집단은 복수의 금융·보험 계열사를 두고, 각각의 지분을 합

---

109면 참조.

11) 동 규정의 의의에 관하여 대법원은 보험업을 영위하는 회사와 사업내용 면에서 밀접한 관련이 있는 경우에 한정하여 이해할 것은 아니라고 보고 있다. 대법원 2005. 12. 9. 선고 2003두10015 판결.

하여 지배권을 유지하는 경향이 있기 때문에, 관련법령에서 금융·보험회사가 동일회사 발행주식을 보유할 경우 발행주식 총수의 일정 비율 이하로 보유한도를 제한하고 있다 하더라도 독점규제법상 고유한 규제 필요성을 인정할 수 있을 것이다.

공정위는 1998년 이후 총 세 차례에 걸쳐 금융·보험회사의 의결권 제한의 준수에 관한 실태조사를 실시하였다.[12) 이러한 집행 방식은 동 규제가 경제력집중 억제의 취지를 실현하는데 일정한 기여를 한 것으로 볼 수 있다. 그러나 대규모기업집단에 속한 금융·보험 계열사의 수는 감소하지 않고 있는데, 2009년 4월 동일인이 자연인인 31개 대규모기업집단 중 21개 기업집단에서 78개의 금융보험사를 보유하고 있고, 이 중 15개 대규모기업집단에 속한 37개 금융보험사가 96개 계열회사에 출자하고 있으며, 평균지분율은 17.40%로 나타났다. 이러한 현상은 의결권 행사의 예외적 허용에 의하여 대규모기업집단에 속한 금융·보험회사가 출자관계의 유지·확대에 있어서 여전히 유용함을 시사한다. 따라서 제도의 본래 취지에 비추어 예외적 허용 범위의 재조정이 논의될 필요가 있다.[13)

---

12) 공정위는 2000년 5월 대규모기업집단에 속한 77개 금융·보험회사를 대상으로 의결권 실태 조사를 하고, 2000. 8. 5. 5개 기업집단 소속 8개 금융·보험회사의 14개 국내계열회사 주식에 대한 의결권 행사에 대하여 시정조치를 하였다. 또한 2003. 8. 4.부터 2003. 9. 8.까지 49개 기업집단 소속 85개 금융·보험회사에 대하여 조사가 이루어졌고, 4개 기업집단 소속 7개 금융·보험회사의 7개 국내 계열회사 주식에 대한 의결권 행사에 대하여 시정조치를 하였다. 또한 2007년 공정위는 2003. 8. 1.부터 2006. 11. 30.까지의 기간 중 상호출자제한기업집단 소속 79개 금융·보험회사의 계열회사 보유주식에 대한 의결권행사 실태를 점검하였다. 동 조사는 79개 금융·보험회사가 행한 총 669회의 의결권 행사를 대상으로 하였는데, 5개 금융·보험회사가 5개 계열회사의 주주총회에서 법상 허용되지 않는 14회의 의결권을 행사한 것으로 드러났는데, 이전의 조사 결과에 비하여 위반의 정도는 낮은 것으로 평가되었다. 동 결과에 따라서 공정위는 5개 금융·보험회사에 대하여 경고조치를 하였다.
13) 2013년 4월 기준으로 총수가 있는 32개 비지주회사 대규모기업집단은 총 156개

## III. 출자 규제 근거로서 경제력집중의 폐해

### 1. 의의

출자 규제는 재벌로 대표되는 대규모기업집단의 경제력집중을 억제하기 위하여 도입된 제도이며, 규제의 정당성은 경제력집중의 폐해가 우리 경제에서 어느 정도 구체적인 의미를 갖는지에 기초한다. 경제력집중은 다의적인 개념이지만, 동 규제에서는 일반집중 또는 소유집중의 의미로 이해되고 있으며,[14] 따라서 재벌 또는 대규모기업집단에 의한 일반집중 또는 소유집중이 독점규제법상 직접적인 규제 대상이 될 만큼 우리 헌법이 지향하는 가치를 침해할 정도에 이르고 있는지가 동 규제의 정당성을 결정하는 근거가 될 것이다.

일반적으로 일반집중은 산업이나 국민경제 전체에서 특정한 기업 또는 기업집단이 차지하는 비중으로 정의되며,[15] 이를 판단하기 위하여 저량적 지표로서 자본총액, 총자산액, 고용 등 그리고 유량적 지표로서 매출액, 순이익, 생산량, 부가가치 등이 활용된다.[16] 이러한 지표에 의하여 특정한 기업집단에 귀속되고 운영되는 경제적 자원의 비중과 경제력의 구조적 편재가 드러난다. 소유집중은 개념적으로 기업의 발행주식 또는 잔여청구권이 총수나 가족에게 집중되는 것을 의미하며,[17] 이로써 기업을 통하여 경제적 자원의 배치와 사용 권한이 개인에게 집중되는 현상을 파악할 수 있다. 결국 소유집중에서 중요한 것은 자산의 집중 자체라기보다는 이를 사용하는 권한의 집중이라 할 수 있으며, 따라서 개념적으로 소유집중은 기

---

의 금융·보험회사를 보유하고 있다.
14) 권오승 등 8인 공저, 독점규제법, 법문사, 2012, 121-122면 참조.
15) 황인학, 경제력집중-한국적 인식의 문제점, 한국경제연구원, 1997, 25면.
16) 이규억·이성순, 기업결합과 경제력집중, 한국개발연구원, 1985, 90-91면 참조.
17) 황인학, 주 15)의 책, 26면.

업의 소유를 중심으로 구성된 것이지만, 기업 운영에 있어서 의사결정이
집중되는 지배의 문제로 확대되고 있다.[18]

　이상의 개념적 이해에 기초하여 경제력집중에 의하여 야기될 수 있는
폐해를 분석하고, 개별 시장에서 문제가 되는 반경쟁적 행위를 제재하는
것을 내용으로 하는 경쟁법상 일반적인 규제 방식에 의하여 이러한 폐해
를 규제하는 것에 한계가 있다면, 개별시장적 접근과 구별되는 특별한 규
제 방식으로 이러한 문제를 다루는 것의 정당성이 긍정될 수 있을 것이다.
경제력집중이 낳을 수 있는 폐해는 우선 경제적 측면에서 파악할 수 있지
만, 경제적 자원이 소수에 집중되는 현상은 사회 전반에 걸쳐서 일정한 영
향을 미칠 수 있으며, 따라서 다양한 관점에서 이러한 폐해를 검토하고 종
합하는 과정이 필요할 것이다.[19]

## 2. 경제적 측면

### (1) 시장질서에 미치는 효과

　경제력집중, 특히 일반집중은 시장경제질서에 부정적인 영향을 미칠 수
있다. 전술한 것처럼 경제력집중은 경직적인 시장 구조의 근본적인 원인
이 될 수 있다. 기업집단의 전체적 규모가 개별 시장에서 계열회사의 지위
에 미치는 효과는 기업집단이 활용할 수 있는 재정적 능력에 의해서도 뒷
받침된다. 예를 들어 기업집단의 현금 보유가 개별 시장에서의 진입장벽
으로 기능할 수 있다는 분석은 이러한 메커니즘을 전형적으로 보여준
다.[20]

---

18) 위의 책, 27면.
19) 재벌에 의한 경제력집중은 개별 시장에서의 집중화를 의미하는 시장집중과 일반
　　집중 및 소유집중의 성격이 복합적으로 나타나고 있다는 분석에 관하여, 홍명수,
　　주 2)의 책, 59-61면 참조.
20) 이에 관하여, Xavier Boutin, Giacinta Cestone, Chiara Fumagalli, Giovanni Pica

또한 대규모기업집단의 다양한 행태에 의하여 시장 구조가 경직화 될 수 있다는 점에도 주의를 기울일 필요가 있다. 이러한 효과는 기업집단이 거래를 내부화 하는 것을 통하여 구체화 될 수 있다.[21] 즉 기업집단의 내부에서 유력한 기업에 의하여 지원적 성격을 갖는 거래가 이루어지고, 이를 통하여 개별 시장에서 지원대상 기업의 지위가 강화될 경우에, 이는 당해 시장 구조의 경직화를 초래할 뿐만 아니라 장기적으로 기업집단 전체 규모의 확대로 이어질 수 있다.[22] 또한 동일 기업집단을 형성하는 계열회사들이 수직적 연관성 하에서 다수의 시장에 진출해 있을 경우, 끼워팔기나 배타조건부 거래 등과 같은 수직적 거래제한 행위가 용이하게 이루어질 수 있을 것이다.[23] 한편 대규모기업집단 간에 협력 행위가 증가할 가능성에도 주의를 요한다. 다수의 시장에 진출한 대규모기업집단들은 전체적인 이익을 조정하는 과정에서 기업집단 상호 간에 개별 시장에서의 경쟁을 회피하는 방향으로 전략적인 행태를 보일 수 있으며, 이는 소수의 대규모기업집단에 의하여 국민 경제 전체가 지배되는 상황으로 이어질 수 있다.[24]

물론 이상의 논의는 대규모기업집단의 존재와 행태로부터의 추론에 불

---

and Nicolas Serrano-Velarde, The Deep Pocket Effect of Internal Capital Markets, Financial Economics and Industrial Organization, 2009, 12-13면 참조.

21) Oliver Williamson에 의하면 기업집단은 기업내부적 성격과 외부시장적 성격이 혼재된 혼합적 형태(hybrid forms)에 해당하며, 이에 의할 경우 기업집단 내부에서 계열회사 간의 거래도 내부적 거래와 외부적 거개의 이중적 성격을 갖는 것으로 이해할 수 있다. Oliver E. Williamson, "Antitrust Lenses and the Uses of Transaction Cost Economics Reasoning", Thomas M. Jorde & David J. Teece ed., Antitrust, Innovation, and Competitiveness, Oxford Univ. Press, 1992, 140-141면 참조.

22) 後藤晃, "一般集中の規制", 後藤晃・鈴村興太郎 編, 日本の競爭政策, 東京大學出版會, 1999, 244-245면.

23) 위의 글, 245-246면.

24) 위의 글, 246면.

과하며, 산업 전체나 국민경제에서 상당한 비중을 차지하고 있는 대규모
기업집단의 존재로부터 시장에서의 경쟁제한적 효과가 당연히 도출될 수
있는 것은 아니다. 따라서 이에 근거한 일반집중에 대한 일의적인 평가는
제한될 것이다.[25]

### (2) 효율성 침해

대규모기업집단의 계열사가 개별 시장에서 지배적인 지위에 있는 상황
은 구조적으로 효율적인 자원 배분을 제한할 수 있으며, 이러한 상황은 대
규모기업집단이 소수의 개인에 의하여 지배되는 것에 의하여 강화될 수
있다. 물론 기업의 효율적인 소유지배구조를 단일한 형태로 상정하는 것
은 가능하지 않다. Mark Roe의 지적처럼, "어떤 업무에는 소유와 경영이
분리된 기업이 유리할 수 있으며, 또 다른 업무에는 소유가 집중된 기업이
유리할 수 있다. 특히 기업적 혁신을 수행하는 경우에는 전자가, 보편화된
기술에 따라서 꾸준하고 점진적인 향상을 꾀할 때는 후자가 유리할 수 있
다. 동일한 경제, 동일한 문화 안에서도 그것이 최선으로 운영된다면 각각
의 형태가 모두 성공할 수 있다"라고[26] 보는 것이 타당하며, 또한 기업이
효율성을 추구하는 과정에서 주어진 조건과 결합하여 경로의존(path-
dependence)적으로 효율적인 지배구조가 변화되어 갈 것이라는 논의도
참고할 만하다.[27]

그러나 기업의 지배가 소수의 개인에 집중됨으로써 비효율적이고 경직
적인 기업운영을 초래할 가능성을 전적으로 부인하기는 어려우며, 이러한
우려는 다수의 기업이 집단적으로 운영되는 대규모기업집단의 운영 방식
에 의하여 현실화 될 수 있다. 특히 계열회사들 간에 이익의 이전을 통하

---

25) 위의 글, 247-248면.
26) Mark Roe, Strong Managers Weak Owners, Princeton Univ. Press, 1994, 239면.
27) Ronald J. Gilson, 김건식 역, "세계화하는 기업지배: 형태상의 수렴인가 기능상
   의 수렴인가", 서울대학교 법학, 제38권 제3 · 4호, 1997, 4면 이하 참조.

여 지배주주의 이익을 극대화하는 방식의 터널링(tunneling) 메커니즘은 효율적인 자원배분이 기업집단의 지배권자에 의하여 왜곡될 수 있는 가능성을 시사한다.28) 결국 대규모기업집단의 비효율성에 대한 우려는, 본질적으로 대리인 문제로 환원하는 지배주주와 기업의 이익 충돌 문제와 폐쇄적인 기업경영으로부터 발생할 수 있는 경직성의 문제가 중첩적으로 발현되는 것에 의하여 구체화 될 수 있다.29) 특히 이에 관한 회사법적인 대응이 충분하지 못하다면,30) 경제력집중의 관점에서 대규모기업집단의 비효율적 운영방식을 규제할 필요성이 인정될 수 있을 것이다.

## 3. 사회적 측면

### (1) 분배 정의의 문제

사회적 측면에서 대규모기업집단이 야기하는 문제의 하나로 분배의 불균형 문제가 거론된다. 〈표 7-3〉이 보여주는 것처럼 대규모기업집단이 국민 경제에서 차지하는 비중은 지속적으로 증가하여 왔으며, 이러한 현상은 부의 불균형이 심화되고 있는 추세에 상응하는 것이다. 또한 대규모기업집단 내에서도 편중 현상이 나타나고 있는데, 동일인이 자연인인 30대 기업집단 중 4대 기업집단(삼성, 현대자동차, 에스케이, 엘지)이 자산총액, 매출액, 당기순이익에서 차지하는 비중은 2009년과 비교하여 2013년 큰 폭으로(49.6%→55.3%, 49.6%→53.2%, 70.5%→79.8%) 증가하였으며,31)

---

28) 터널링 효과에 관하여, 최승재, "부당지원행위와 터널링 규제에 대한 연구", 규제연구 제18권 제2호, 2009, 134면.

29) 정구현, "한국기업의 소유구조", 한국의 대기업: 누가 소유하며 어떻게 지배되는가, 포스코경영연구소, 1996, 24-25면 참조.

30) 예를 들어 이사회의 구성과 권한을 새롭게 하거나 상법 제401조의2에 의한 업무집행관여자의 책임을 인정하는 등의 책임 귀속 주체의 확대 등의 제도적 개선이 대리인 문제의 해결을 위한 효과적인 방안이 될 수 있는지에 논의의 여지가 있다. 이철송, 회사법강의, 박영사, 2004, 615면 이하 참조.

이러한 현상은 대규모기업집단의 비중 증가 현상을 특히 상위 대규모기업집단이 주도하고 있음을 보여준다.

〈표 7-3〉 대기업집단 매출비중 변화[32] (단위: 조원)

| 구 분 | 2005 | 2006 | 2007 | 2008 | 2009 | 2010 |
|---|---|---|---|---|---|---|
| 30대 집단 매출(①) | 510 | 559 | 613 | 763 | 774 | 936 |
| 전체 기업 매출(②) | 1,196 | 1,221 | 1,346 | 1,604 | 1,613 | 1,840 |
| 30대 비중(①/②) | 42.7% | 45.7% | 45.6% | 47.5% | 48% | 50.8% |

① 총수 있는 자산순위 30대 대기업집단
② 상용근로자 50인 이상 자본금 3억 이상 기업

물론 양극화 문제를 전적으로 재벌에게 귀속시킬 수는 없으며, 부의 불균형은 경제사회 질서에 관한 보다 근원적인 문제로서 다루어져야 할 것이다. 그러나 대규모기업집단에 의한 집중화가 이러한 경향과 일정한 관련성을 갖고 있다는 점은 분명하며, 그 한도에서 대규모기업집단에 의한 경제력집중 규제를 정당화 하는 근거가 될 수 있다. 우리 헌법이 지향하는 경제질서로서 사회적 시장경제의[33] 이론적 근거에 관하여, 시장에 의하여 조정될 수 없는 영역에서의 사회정책적 개입은 시장 경제를 보완하면서 기능적 통일을 이룬다는 Müller-Armack의 사고를 빌리면,[34] 경제력집중에 대한 규제는 부의 불균형의 해소뿐만 아니라 시장 기능의 보장과도 관련된다.

결국 대규모기업집단에 집중된 경제력이 어느 정도일 때 분배 정의적

---

31) 공정거래위원회, 보도자료, 2013. 4. 1., 8면.
32) 공정위 경쟁정책국 기업집단과, 주 9)의 자료, 2면.
33) 헌재 1998. 4. 25. 선고, 92헌바47 결정; 헌재 2001. 6. 28. 선고, 2001헌마132 결정.
34) Alfred Müller-Armack, "The Social Aspect of the Economic System", Horst Friedrich Wünsche supervised ed., Standard Texts on the Social Market Economy, 1982, 17-21면 참조.

관점에서 규제가 정당화될 수 있는지의 문제로 환원할 것이다. Keynes의 다음과 같은 언급, 즉 "나 자신으로서는 소득과 부의 불평등을 정당화하는 사회적 및 심리적 이유가 있다고 생각하지만, 그것이 오늘날 존재하는 것 같은 큰 격차를 정당화할 수는 없다"는[35) 기술이 시사하듯이, 사회가 수인할 수 있는 수준의 불균형과 이에 영향을 미치는 대규모기업집단에 집중화된 경제력에 관한 판단이 필요하다.

### (2) 민주주의의 문제

대규모기업집단에 의한 경제력집중은 민주주의 문제와도 관련된다. Berle & Means는 일반집중의 문제를 경제민주주의에 미치는 부정적 영향의 관점에서 다루었으며, 대기업이 미국 산업의 근간을 이루고 개인은 출자, 구매, 고용 등의 광범위한 영역에서 이들과 일상적으로 접하는 상황에서, 대기업에 의하여 주도되는 경제운영이 민주적 기초를 해할 가능성을 경고하고 있다.[36) 또한 비교법적으로 집중화된 경제적 실체를 분산하는 정책을 실행한 독일과 일본에서의 경험과 관련하여, Eleanor Hadley는 2차 세계대전 이전 독일과 일본의 전체주의는 콘쩨른과 재벌에 의하여 집중화된 경제구조에 의하여 뒷받침되었으며, 따라서 종전 이후 민주화 과정에서 이들의 해체는 불가피하였던 것으로 이해하고 있다.[37)

그러나 경제적 조건이 민주주의 실현에 실질적인 기초이고, 경제력집중의 경향이 이러한 기초를 해할 가능성이 있다는 점에 의문은 없지만, 민주주의의 실현과 경제력집중의 관계가 명확하게 설정될 수 있는 것은 아니며, 특히 後藤晃이 지적하듯이 다른 가능성을 배제하고 경제력집중의 심

---

35) John M. Keynes, 조순 역, 고용, 이자 및 화폐의 일반이론, 비봉출판사, 1997, 378면.
36) Adolf A. Berle & Gardiner C. Means, The Modern Corporation and Private Property, Harcourt, Brace & World, INC., 1968, 18-19면.
37) Eleanor M. Hadley, Antitrust in Japan, Princeton Univ. Press, 1970, 4-5면.

화와 민주주의의 후퇴 간의 비례적 관계를 일반화하는 것에는 한계가 있다.[38] 또한 경제력집중이 필연적으로 수반되는 경제발전이 민주주의의 진전을 이룩하는데 기여하였다는 이해도 가능하며,[39] 결국 양자 사이의 관계에 대한 구체적이고 개별적인 고려와 경험적 분석이 필요할 것이다.


## IV. 구체적인 정당성 판단

### 1. 의의

헌법 제119조 제2항은 "국가는 균형 있는 국민경제의 성장 및 안정과 적정한 소득의 분배를 유지하고, 시장의 지배와 경제력의 남용을 방지하며, 경제주체간의 조화를 통한 경제의 민주화를 위하여 경제에 관한 규제와 조정을 할 수 있다"라고 규정하고 있으며, 경제력집중에 따른 폐해의 시정은 시장의 본질적 기능의 유지와 또한 시장에 의하여 자율적으로 달성하는 것에 한계가 있는 공적 가치의 보호와 관련된다는 점에서 동 규정에서 제시한 국가의 경제적 개입의 근거를 충족하는 것이다. 또한 전술한 것처럼 출자 규제는 기업의 자산운용에 대한 중요한 제한이며, 이는 헌법 제23조와 제15조에 근거한 재산권과 영업의 자유에 대한 침해를 의미한다. 따라서 동 규제는 기본권 제한에 관한 헌법상 원칙의 적용을 받게 된다.

기본권 제한의 일반조항에 해당하는 헌법 제37조 제2항은 "국민의 모든 자유와 권리는 국가안전보장 · 질서유지 또는 공공복리를 위하여 필요한 경우에 한하여 법률로써 제한할 수 있으며, 제한하는 경우에도 자유와

---

38) 後藤晃, 주 21)의 글, 240-241면.
39) 千葉眞, デモクラシー, 岩波書店, 2000, 51면.

권리의 본질적인 내용을 제한할 수 없다"라고 규정함으로써, 기본권 제한의 가능성과 동시에 한계에 대한 기본 원칙을 제시하고 있다. 일반적으로 이 원칙은 비례의 원칙으로 이해되며, 목적의 정당성, 방법의 적정성, 침해의 최소성, 법익의 균형성의 4 가지 부분원칙에 의하여 구체화 되고 있다.[40)

독점규제법상 출자 규제 역시 이러한 원칙에 부합하여야 하며,[41) 특히 구체적으로 제시된 부분 원칙으로부터 제시된 요건이 충족되는 경우에 최종적으로 정당성이 인정될 수 있을 것이다.

## 2. 정당성 판단의 구체적 검토

### (1) 목적의 정당성

출자 규제의 목적의 정당성은 경제력집중의 폐해가 헌법상의 가치를 침해하는 정도에 이르는지에 의존한다. 앞에서 살펴본 경제력집중 폐해에 대한 일반적인 분석이 여기서 구체적인 의미를 갖게 되며, 경제적 측면과 사회적 측면에서 유형화 한 폐해의 가능성이 실질적인 것인지가 검토될 것이다. 구체적으로 경제력집중의 폐해가 시장 기능에 미치는 영향은 그 정도가 헌법 제119조 제1항에 의한 시장경제질서의 본질을 침해하는 정도에 이르는지에 대한 판단에 의하며, 사회적 측면에서 민주주의와 분배 정의의 문제도 헌법상의 질서와 기본권에 대한 침해 가능성이 구체화되는 정도에 따르게 될 것이다. 다만 효율성 문제에 대해서는 특별한 고려가 요구된다. Fletcher가 언급한 것처럼, 효율성은 규범 영역에서 고려되어야 하는 가치로 수용되고,[42) 독점규제법 제7조 제2항에서처럼 법문에 명시적

---

40) 성낙인, 헌법학, 법문사, 2004, 256-258면.
41) 경제력집중의 해소가 헌법 제37조 제2항의 공공복리에 해당할 수 있다고 보는 것으로서, 신우철, "재벌해체의 헌법적합성", 법학연구 제4권, 1997, 28면 참조.
42) George P. Fletcher, Basic Concepts of Legal Thought, Oxford Univ. Press,

으로 도입된 개념이기는 하지만, 또한 법질서는 효율성, 특히 생산적 효율성 측면에서 중립적인 태도를 취하여야 한다는 지적에도 주의를 요한다.[43] 즉 효율성의 제고가 법질서에 의하여 긍정적으로 평가될 수 있는 것에 의문은 없지만, 효율적이지 않은 경제주체에 대한 규제 근거가 이로부터 당연히 도출될 수 있는 것은 아니며, 무엇보다 효율성은 개인의 자율적 결정과 시장에서의 조정에 유보되어 있는 가치라는 점에 유의할 필요가 있다. 이러한 사고는 소유집중의 관점에서 효율성이 제한되는 문제를 다룰 경우에 실질적인 의의가 있다. 앞에서 살펴본 것처럼 효율적인 소유지배구조에 관한 단일한 판단기준은 존재하기 어려우며, 단지 복수의 기업을 집단적으로 운영하는 경우에 터널링 효과나 프라핑(propping) 효과를 낳는 비효율적인 행태가 문제될 뿐이라면, 소유지배구조 자체에 대한 일정한 평가를 전제한 정당성 판단에는 한계가 있을 것이다.

### (2) 방법의 적정성

구체적인 규제 수단을 결정함에 있어서 방법의 적정성에 대한 고려가 불가피하다. 방법의 적정성은 기본권제한의 방법은 정당한 목적 달성을 위하여 적절한 것이어야 하는 것을 의미하며, 채택된 수단이 의도한 목적 실현에 기여하지 못하는 경우에 규제의 타당성을 잃게 될 것이다. 이러한 관점에서 출자 규제가 현실적으로 실효성을 갖는지에 대한 고려가 행하여질 필요가 있으며, 출자총액제한제도의 폐지와 관련하여 전개되었던 실효성 논의는 이러한 고려 과정을 반영한 예가 될 것이다. 물론 출자총액제한제도의 폐지 이후 진행되고 있는 대규모기업집단의 확대 경향은 실효성에 대한 문제제기가 타당한 것이었는지에 의문을 낳는다.

---

1996, 170면 참조.
43) 박세일, 법경제학, 박영사, 2004, 589면 참조.

### (3) 침해의 최소성

침해의 최소성은 규제에 수반된 기본권 제한이 수단이나 방법 측면에서 필요최소한의 것이 되어야 한다는 원칙을 의미하며, 입법자는 규제를 정함에 있어서 가장 기본권을 존중하고 적게 침해하는 수단을 선택하여야 한다. 출자 규제의 관점에서 보면, 독점규제법상 개별 시장적 접근에 따른 규제가 경제력집중 문제를 다룸에 있어서 한계가 있는지 여부가 우선적으로 검토되어야 하는 것으로 구체화 된다. 즉 기존의 개별 시장에서 경쟁제한적이거나 불공정한 행위의 규제가 경제력집중의 폐해를 방지하는데 적절한 수단이 될 수 없다는 전제 위에서 출자 규제의 도입 여부가 검토되어야 한다. 물론 여기서 고려되어야 하는 규제 수단이 독점규제법 영역에 제한되는 것은 아니다. 예를 들어 기업지배구조와 내부거래에 관한 실증연구에 의하면, 주주의 이익보호 시스템이 잘 갖추어진 기업에서 내부거래의 비중은 상대적으로 감소하는 것으로 나타나고 있는데,[44] 이는 회사 내부의 지배구조를 개선하는 문제에 대한 주의를 환기시키는 것이다.

출자 규제의 필요성이 인정되는 경우, 구체적인 규제 수단을 선택함에 있어서도 최소침해 원칙의 적용은 여전히 중요하다. 예를 들어 순환출자를 억제하기 위한 출자 규제를 함에 있어서 제한의 정도를 직접적 상호출자의 규제, 일정 범위(손자회사 등)의 간접적 순환출자의 규제, 간접적 순환출자 전체의 규제 순으로 확대하고, 최소한의 제한으로 규제 목적을 달성할 수 있는 수단을 순차적으로 고려하는 방안을 상정할 수 있다.

또한 순환출자가 일반적으로 계열관계 확대 목적으로 이용되고 있으므로, 계열회사가 기업집단에 편입되는 것을 직접 규제 대상으로 삼는 방식도 고려의 여지가 있다. 즉 현행 독점규제법 제14조의2에 의한 계열회사의 편입은 단지 계열관계에 해당하는지 여부에 대한 형식적 심사를 통하여 이루어지며, 그 과정에서 경쟁정책적인 평가가 이루어질 근거는 없다.

---

44) 최정호, 기업지배구조와 내부거래 및 기업가치에 관한 연구, 한국경제연구원, 2009, 39-40면 참조.

그러나 계열사의 출자를 통한 기업집단에의 편입은 기업결합으로서의 성격도 갖는 것이 일반적이며, 이 경우에 당해 기업결합의 경쟁제한성 심사는 이미 이루어지고 있는 규제 방식이다. 기업집단으로의 편입의 의미를 가질 때, 개별 시장에서의 경쟁제한성 판단뿐만 아니라, 경제력집중의 관점에서 평가도 가능한 것으로 하고, 이를 제도화 하는 방안도 고려할 수 있을 것이다.[45]

### (4) 법익의 균형성

법익의 균형성은 규제에 따른 기본권 제한의 정도와 규제를 통하여 달성하고자 하는 공익 간에 합리적 비례관계가 성립하여야 함을 의미한다. 즉 규제에 의한 사적 불이익과 공적 이익의 비교를 통하여 후자가 전자에 비하여 크거나 최소한 균형이 유지될 것을 요구한다. 출자 규제와 관련하여 보면, 동 규제에 의하여 시정하고자 하는 경제력집중의 폐해의 정도가 중요하며, 이로부터 합리적 비례관계에 따라서 허용될 수 있는 규제로 인한 사적 불이익의 한도가 정해질 것이다.

예를 들어 대규모기업집단의 존재로부터 야기되는 폐해가 극단적인 경우, 일본의 재벌 해체의 경험이 보여주듯이 인위적인 계열 분리 조치까지도 허용될 수 있을 것이다. 물론 1986년 독점규제법 개정 시에 도입된 출자 규제는 직접적인 계열 해체를 의도하였던 것은 아니며, 이는 입법자가 고려한 경제력집중의 폐해가 대규모기업집단의 지나친 확대를 억제하는 정도에서 시정될 수 있을 것이라고 판단하였음을 의미한다. 또한 현행법에 이르기까지 계속되는 제도의 기본적인 유지는 이러한 입법자의 판단을 수정할 만한 경제적 상황 변화가 나타나지 않고 있음을 시사한다. 그러나 제도의 유지 내지 축소·확대를 고려하기 위하여 지속적으로 경제사회적 조건의 변화에 주의를 기울여야 하며, 구체적인 제도 개선에 이를 반영하

---

45) 계열 편입에 대한 실질 심사 방안에 대한 검토로서, 홍명수, 주 2)의 책, 279-281면 참조.

여야 한다. 또한 이 과정에서 상반되는 평가에 대한 종합적인 비교가 이루어져야 할 것이다. 예를 들어 출자총액제한제도에 따른 불이익의 근거로서 투자 저해의 문제가 지속적으로 제시되었지만, 출자총액제한제도가 시행되던 시기와 그렇지 않은 시기의 투자를 비교 분석하여 양자의 관련성을 부인하거나[46] 출자총액제한제도의 적용을 받는 기업과 그렇지 않은 기업 간의 비교연구를 통하여 양자의 관련성을 부정적으로 파악한 결과도[47] 제시되었으며, 이와 같이 대립되는 시각이 규제의 수단을 선택하고 정당성을 판단하는 과정에서 균형 있게 고려되어야 한다.

## V. 결론

출자 규제는 독점규제법상 경제력집중 억제를 위한 규제 수단의 하나로 도입된 것이며, 기본적으로 대규모기업집단 확대의 제한을 목적으로 한다. 즉 최초의 입법 시부터 계열관계의 해체를 통한 대규모기업집단의 분산을 의도하였던 것은 아니며, 이러한 입법자의 판단은 현재에도 유지되고 있는 것으로 볼 수 있다. 다만 적절한 규제 수단을 선택하는 문제는 경제사회의 변화에 상응하여야 하며, 이 과정에서 규제의 정당성에 대한 고려가 지속적으로 이루어져야 할 것이다.

재벌의 존재는 우리 사회 전반에 걸쳐서 영향을 미치고 있으며, 따라서 재벌에 의하여 야기되는 경제력집중의 폐해도 경제적 측면에 한정되는 것은 아니다. 이러한 점에서 경제력집중의 폐해를 다양한 관점에서 검토할 필요성을 부인하기 어렵다. 그러나 가장 핵심적인 양상은 경제력집중이

---

46) 강철규 · 이재형, "출자총액제한제도가 투자에 미치는 영향: 실증연구", 산업경제연구 제20권 제3호, 2007, 1131면 참조.
47) 김창수, "출자총액제한제도는 효과가 있는가?", 재무관리논총 제14권 제1호, 2008, 57면 이하 참조.

시장경제의 본질적 기능에 부정적인 영향을 미칠 수 있다는 점에 있으며, 이러한 점에서 시장경제에 기초하면서도 국가의 경제적 개입을 예정하고 있는 헌법 제119조 제2항은 경제력집중 억제를 위한 규제의 헌법적 정당성의 근거가 될 것이다. 구체적인 규제 수단을 정함에 있어서 출자 규제가 기업의 기본권적인 권리를 침해하고 여러 형태의 불이익을 낳을 수 있다는 점을 염두에 두어야 하며, 동시에 규제를 통하여 달성하고자 하는 이익, 즉 경제력집중을 억제함으로써 이룰 수 있는 공익과의 형량에서 고려되어야 한다.

# 8. 부당한 공동행위에 있어서 비진의 의사표시
## - 대법원 1999. 2. 23. 선고 98두15849 판결의 검토 -

## I. 서론

여기서 논의할 대상 판결은 「독점규제 및 공정거래에 관한 법률」(이하 독점규제법) 제19조 제1항에서 규제하는 부당한 공동행위에 관한 중요한 선례에 해당하는 것이다. 특히 부당한 공동행위의 성립과 관련하여 합의에 따른 현실적 행위가 요구되지 않는다고 판시한 부분은 이후 대법원 판결에서 확립된 판례로 자리하고 있으며,[1] 학설에 의해서도 별다른 이론 없이 지지되고 있다.

한편 동 판결에서 여전히 주목할 것은 비진의 의사표시에 의하여 부당한 공동행위로서 합의가 성립할 수 있다고 판시한 부분이다. 이러한 판시 사항은 부당한 공동행위로 인정될 수 있는 합의의 한 유형을 제시한 것이기도 하지만, 계약법이 합의 인정의 기초가 될 수 있는 예를 보여주고 있다는 점에서도 중요한 의미를 갖는다. 계약법상 법리가 당연하게 경쟁법상 규제 법리에 원용될 수 있는지는 그 자체로 논쟁적인 것이지만, 특히

---

[1] 대법원 2001. 5. 8. 선고 2000누7872 판결, 대법원 2008. 5. 29. 선고 2006두6625 판결 등 참조.

동 판결은 이러한 논의를 구체화할 수 있는 계기를 제공한다는 점에서 그 의의가 크다 할 것이다. 그러나 비판적이든, 긍정적이든지 간에 그 동안 동 판시사항에 대한 심도 있는 논의는 이루어지지 않았다. 그렇지만 2008 년 동법 제19조 제5항의 추정 조항이 개정되어, 부당한 공동행위 규제에 있어서 합의의 입증과 추정을 둘러싼 법체계적 논의가 어느 정도 정리된 이후,2) 다양한 측면에서 합의 자체에 대한 규범적 이해를 충실히 할 필요성은 더욱 커졌고, 이러한 관점에서 동 판결의 의의를 되새겨 볼 필요가 있을 것이다.

동 판결은 비진의 의사표시의 법리에 기초한 합의의 성립을 다루고 있지만, 그 근저에 계약법 법리를 경쟁법에 적용하는 문제가 자리하고 있으며, 따라서 동 판결을 검토하면서 계약법과 경쟁법의 관계 일반에 대한 고찰은 불가피할 것이다. 즉 양자의 올바른 관계 설정으로부터 구체적 문제 해결에 대한 타당한 기준이 도출될 수 있을 것으로 생각된다.

## II. 사건의 경과와 대법원 판결의 내용

### 1. 사실 관계

동 사건은 1997년 조달청이 정부종합청사 신관건축공사를 발주한 것에서 시작되었다. 선경건설(주)은 자기가 이전에 시공하였던 세종로 지하주차장 구조물 안전진단 및 보강시설물 이설에 대한 합의가 동 공사에 선행

---

2) 개정 전 동법 제19조 제5항의 "2 이상의 사업자가 일정한 거래분야에서 경쟁을 실질적으로 제한하는 제1항 각 호의 1에 해당하는 행위를 하고 있는 경우 동사업자간에 그러한 행위를 한 것을 약정한 명시적인 합의가 없는 경우에도 부당한 공동행위를 하고 있는 것으로 추정한다"는 규정의 법리적 문제점을 지적한 것으로서, 권오승, 경제법, 법문사, 2005, 296면 이하 참조.

하여야 한다는 이유로 연고권을 주장하였고, 14개 사업자에 대하여 전화 또는 면담을 통하여 협조를 요청하였다.

구체적으로 현대산업개발(주) 등 9개 사업자는 1997년 3월 4일 동 발주에 대한 설명회에 참가하여 선경건설(주)의 협조요청을 받고서, 공사의 실익이 없으므로 관심이 없다 또는 실행가격이 상당히 높게 나온다는 등의 의사표시를 하거나, 아무런 의사표시를 하지 않음으로써, 선경건설(주)이 자사의 협조 요청을 수용한 것으로 판단하게 하였으며, 실제 예정가격의 96.1~99.51% 수준으로 높게 응찰하였다.

한솔건설(주) 등 4개 사업자는 선경건설(주)의 전화 요청을 받고서 실행가격대로 응찰한다고 하거나 실행가격이 아직 나오지 않았다는 등의 답변을 함으로써, 협조에 응하는 것으로 판단하게 한 사실이 있고, 실제 예정가격의 99.51~99.58% 수준으로 높게 응찰하였다.

특히 문제가 되었던 국제종합토건(주)의 경우 초기에는 선경건설(주)의 협조요청에 부정적인 태도를 취하였다. 전술한 설명회에 참가하여서도 협조요청에 대한 거절의 의사를 밝혔고, 계속된 선경건설(주)의 요청에 응하지 않았다. 이후 입찰장에서 다시 선경건설(주)이 협조 요청을 하자, 선경건설(주)의 직원에게 565억원 상당의 내역서를 보여 주며, 내역서 금액으로 투찰하겠다고 한 후, 선경건설(주)이 금번 공사 입찰에 협조해 주면 차기 공사를 선경건설(주)과 국제종합토건(주)이 공동도급하여 추진할 것을 약속하는 각서를 받았다. 그러나 국제종합토건(주)은 실제 입찰시에 내역서를 530억원으로 수정하여 투찰하고, 낙찰 예정자로 선정되었다.

## 2. 공정거래위원회의 심결과 재결

### (1) 심결

우선 피심인 선경건설(주)은 경쟁 사업자들에 대하여 연고권을 주장하였고, 면담 또는 전화를 통하여 당해 공사 수주에 관한 협조를 요청하였으며, 특히 입찰장에서 국제종합토건(주)이 보여준 내역서 상의 금액인 565억원보다 낮은 558.9억원으로 응찰하였다. 공정거래위원회는 이러한 행위들이 당해 공사를 선경건설(주)이 수주하는 것에 관한 합의를 인정하는 근거가 된다고 보았다.

현대산업개발(주) 등 9개 사업자는 선경건설(주)의 협조 요청에 대하여 당해 공사에 관심이 없다 또는 실행가격이 높게 나온다고 하거나 아무런 의사표시를 하지 않았고, 입찰시에 통상의 낙찰율에 비추어 사실상 낙찰이 불가능한 예정가격의 96.01~99.51%로 응찰하였다. 또한 한솔건설(주) 등 4개 사업자는 선경건설(주)이 수주하도록 하는 협조 요청에 실행가격에 맞추어 투찰하거나 아직 실행가격이 나오지 않았다는 취지의 답을 하였고, 실제 입찰시에 역시 사실상 낙찰이 불가능한 예정가격의 99.51~99.58%로 응찰하였다. 공정거래위원회는 이와 같은 13개 사업자의 행위가 명시적으로 선경건설(주)의 수주에 관한 의사표시를 한 것은 아니지만, 실제 응찰행위가 낙찰가능성이 없는 가격 수준에서 이루어진 것으로 보아 묵시적인 합의를 한 것으로 볼 수 있다고 판단하였다.

전술한 것처럼 국제종합토건(주)은 선경건설(주)의 수주에 대한 협조 요청에 명시적인 거절 의사를 표시하였지만, 공정거래위원회는 특히 입찰장에서의 행위에 초점을 맞추었다. 즉 국제종합토건(주)이 선경건설(주)에게 당해 공사의 내역서를 보여준 행위나, 다음 공사 발주시에 공동도급으로 수급하겠다는 선경건설(주)의 각서를 받은 행위는 당해 공사에서 선경건설(주)의 수주에 합의한 것으로 볼 수 있으며, 실제 입찰에서 내역서보다 낮은 금액으로 응찰한 행위도 오히려 이러한 담합의 결과에 따른 행위로 볼 수 있으므로, 국제종합토건(주)의 행위는 부당한 공동행위로 인정된다고 판단하였다.

이상의 분석에 따라서, 공정거래위원회는 선경건설(주), 국제종합토건(주) 및 13개 사업자의 행위가 동법 제19조 제1항 제1호에 위반하는 것으

로 보고, 당해 행위의 금지 및 법 위반사실의 공표를 명하는 심결을 내렸다.[3]

### (2) 재결

동 심결에 대하여 피심인 중 국제종합토건(주)은 이의신청을 제기하였다. 동 이의신청에서 국제종합토건(주)은 당해 입찰과정에서의 담합에 관하여 합의한 사실이 없다고 주장하였다. 구체적으로 국제종합토건(주)은, 첫째 1997. 3. 4. 선경건설(주)이 주최한 모임에 참석한 것은 담합에 동참할 수 없다는 뜻을 분명히 밝히기 위함이었으므로 모임에 참석한 사실 자체만으로 담합입찰에 대한 합의가 있었다고 보는 것은 타당하지 않다는 것, 둘째 선경건설(주)로부터 받은 각서는 입찰참가자들끼리 흔히 주고 받는 담합미끼에 불과한 것으로서 이를 믿지 않았기 때문에 각서를 받았다고 해서 곧 담합입찰에 대한 합의가 있었다고 인정할 수 없다는 것, 셋째 국제종합토건(주)의 공사내역서 세부내역이 실제 투찰한 금액인 530억원에 맞추어 작성되어 있다는 점에서 입찰당일 입찰금액 565억원이 기재된 공사내역서를 선경건설(주)에게 보여준 행위는 선경건설(주)을 속이고 자신이 낙찰받기 위한 작전이었을 뿐, 담합입찰에 대하여 합의한 것은 아니라는 것, 넷째 실제 입찰에서 국제종합토건(주)이 최저가로 투찰하여 낙찰예정자로 선정되었으므로 담합에 동참한 것이 아니고 오히려 담합을 깬 장본인이라는 점 등을 이의신청의 이유로 제시하였다.

이에 대하여 공정거래위원회는, 첫째 이유에 대하여 합의의 구체적 근거가 되었던 것은 실제 입찰장에서 이의신청인의 행위라는 점에서 주장의 타당성을 부인하였다. 둘째 입찰장에서 선경건설(주)로부터 받은 각서는 합의의 존재를 입증하는 자료로 충분하며, 국제종합토건(주)이 각서 내용을 믿지 않았다는 것의 객관적인 근거가 없다고 보았다. 셋째 입찰장에서

---

3) 공정위 1997. 8. 25. 의결 9705공동0759.

내역서의 공개와 각서의 교환으로 합의는 성립한 것이며, 실제 투찰 금액
이 수정되었다는 것, 즉 합의 사항의 실행 여부가 합의의 성립에 영향을
미치지 않는다고 보았다. 넷째 이유에 대해서도 동일한 논리로 실제 입찰
에서 국제종합토건(주)이 최저가로 투찰하여 낙찰자로 선정되었다는 사실
이 합의의 성립을 부인하는 근거가 될 수 없다고 보았다.

공정거래위원회는 이상의 판단에 기초하여 국제종합토건(주)의 이의신
청을 이유 없는 것으로 보고, 이를 기각하는 재결을 하였다.[4]

## 3. 대법원 판결

동 재결의 이의신청인인 국제종합토건(주)은 이에 불복하여 항고소송을
제기하였다. 원심법원인 서울고등법원이 이를 기각하자,[5] 이에 상고하였
고, 대법원 역시 상고를 기각하는 판결을 내렸다.

상고 이유로서 다투어진 것은 공정거래위원회의 심결 단계에서 제기되
었던 쟁점과 크게 다르지 않은데, 공동행위의 성립에 있어서 합의의 실행
여부 내지 합의 내용을 변경한 실행이 이에 영향을 미치는지 그리고 진정
으로 합의한 것이 아닌 경우에도 합의의 성립을 인정할 수 있는지의 두
가지 쟁점으로 집약된다.

전자에 관해서 대법원은 동법 제19조 제1항의 공동행위는 합의로써 성
립하는 것이고, 합의에 따른 행위를 현실적으로 하였을 것을 요하는 것은
아니므로, 공정거래위원회의 심결과 마찬가지로 실행 여부 또는 합의 사

---

4) 공정위 1997. 11. 21. 재결 9709심이1326. 한편 동 재결은, 당해 입찰과 관련하여
  '서울지법 1997. 8. 14. 선고 97가합21807 판결'이 이의신청인의 낙찰자 지위를
  확인한 판결을 하였으나, 이 판결은 당해 입찰에서의 담합여부에 대한 것이 아니
  므로, 이의신청 심사에서 이를 반드시 고려하여야 하는 것은 아니라는 점도 밝히
  고 있다.
5) 서울고법 1998. 8. 18. 선고 97구53412 판결.

항을 변경한 실행이 이미 성립한 합의에 영향을 미치지 않는다고 판시하였다.

후자의 쟁점에 관해서도 대법원은 공정거래위원회와 동일한 결론에 이르고 있는데, 다만 논리를 전개함에 있어서 국제종합토건(주)이 선경건설(주)에게 자기의 내역서를 보여주고 다음 공사시에 공동 도급에 관한 각서를 받은 행위를 비진의 의사표시라는 개념을 통하여 구성하고 있다는 점이 특징적이다. 판결내용을 구체적으로 보면, "어느 한 쪽의 사업자가 당초부터 합의에 따를 의사도 없이 진의 아닌 의사표시에 의하여 합의한 경우라고 하더라도 다른 쪽 사업자는 당해 사업자가 합의에 따를 것으로 신뢰하고 당해 사업자는 다른 사업자가 합의를 위와 같이 신뢰하고 행동할 것이라는 점을 이용함으로써 경쟁을 제한하는 행위가 되는 것은 마찬가지이므로 부당한 공동행위의 성립에 방해가 되지 않는다고 할 것"이라고 판시하였다.

## III. 카르텔 합의의 계약법적 기초

### 1. 카르텔 합의의 의의

독점규제법상 부당한 공동행위는 합의에 의하여 성립한다고 판시한 동 판결은, 부당하게 경쟁을 제한하는 사업자 간의 합의를 금지대상으로 하고 있는 동법 제19조 제1항의 규정에 부합하는 것이다.[6] 그러나 부당한

---

6) 비교법적으로 보면, 일본의 독점금지법(私的獨占の禁止及び公正取引の確保に關する法律) 제2조 제6항은 부당한 공동행위(거래제한)로 규제되는 행위를 상호구속(합의) 또는 遂行으로 규정하고 있으며, 동 규정의 해석상 합의 이외에 수행에도 독자적인 의미를 부여하는 견해도 있다. 金井貴嗣・川濱 昇・泉水文雄, 獨占禁止法, 弘文堂, 2006, 52면 이하 참조.

공동행위 규제 대상으로서 합의의 의의가 명확한 것은 아니며, 합의 성립
의 구성 요소로서 사업자들 상호간에 그들의 사업활동을 제한하기로 하는
'의사의 연락'(meeting of minds)을 들고 있는 경우에도,7) 이로 인하여 합
의의 인정 범위가 계약적 합의 이상의 것으로 확대될 수 있다는 것은 분
명하지만,8) '의사의 연락'의 명확한 의미가 또한 문제가 될 것이다.

이러한 이해에 기초하거나, 그렇지 않은 경우에도 동법 제19조 제1항에
서 합의의 예로 계약, 협정, 결의, 기타의 방법을 들고 있는 개방적 규정
형식이나 예로 든 유형들의 일반적인 의의에 비추어, 동 규정상의 합의는
계약으로서의 합의에9) 제한되지 않는다.10) 그리고 전술한 합의 인정의
요건으로서 '의사의 연락'은 계약, 협정, 결의 등을 합의로 포괄할 수 있는
공통의 표지로서 기능할 것이고, 이로부터 합의가 인정될 수 있는 범위가
주어질 것이다.

넓은 의미에서의 합의를 상정할 경우에도, 의사의 합치로서의 계약은
법문에서 명시적으로 규정하고 있는 것처럼, 합의의 전형적인 예에 해당
한다. 물론 동 규정에서의 계약이 법적인 형태를 개념적으로 상정한 것인
지, 아니면 합의 과정에서 사실상 사용되는 명칭을 단지 열거하면서 언급
된 것인지에 논란이 있을 수 있다.11) 특히 열거된 유형 중 단체적인 의사
결정 방식에 대응하는 '결의'는 상호 대립하는 의사의 합치로서의 계약에

---

7) '의사의 연락'에 기초하여 합의를 이해하는 견해로서, 권오승, 경제법, 법문사,
   2009, 250면, 이기수·유진희, 경제법, 세창출판사, 2006, 173면 등 참조.
8) 이호영, "독점금지법상 '합의의 도그마'에 대한 저항", 경쟁법연구 제12권, 2005,
   49-50면 참조.
9) 곽윤직, 민법총칙, 박영사, 2007, 201면은 합의를 넓은 의미에서의 계약에 해당하
   는 유형들과 동일한 의미로 이해하고 있다.
10) 이때의 합의를 청약·승낙과 같은 공식적 의사의 합치보다 상당히 넓은 의미로
    이해하고 있는 것으로서, 양명조, 경제법강의, 신조사, 2008, 164면.
11) 일본 독점금지법 제2조 제6항은 "계약, 협정, 기타 어떠한 명의를 사용하는지를
    불문하고(契約 `協定その他何らの名義をもつてするかを問わず)"와 같은 표현을
    사용하고 있다.

대비될 수 있는 것이지만, '협정'의 경우에는 계약이나 결의와 비교하여 어떠한 법적 형태를 상정한 것인지가 불분명하다.

이러한 점에서 합의의 다양한 형태를 존재 형식이나 형성 과정의 특징을 고려하여 유형화한 독일의 경쟁제한방지법(GWB) 제1조나 EU기능조약 제101조 제1항의 카르텔 금지 규정은 참고할 만하다. 동 규정들에서 카르텔 금지 대상이 되는 행위는 합의(agreemensts, Vereinbarungen), 사업자단체의 결의(decisions by associations of undertakings, Beschlüsse von Unternehmensvereinigungen) 그리고 동조적 행위(concerted practices, abgestimmte Verhaltensweisen)로 표현되고 있다. 여기서의 합의는 법적 또는 사실상 복수의 사업자들의 상호 구속을 내용으로 하는 것이고,[12] 반면에 동조적 행위는 합의나 결의에 해당하지 않지만 여전히 사업자 간의 공모를 함축하는 모든 행위를 대상으로 한다.[13] 특히 유럽법원의 Suiker Unie 판결의 정의에 의하면, 동조적 행위는 "본질적으로 합의의 성립에 이르지 않았지만, 의도적으로 위험을 수반하는 경쟁의 위치로부터 벗어나기 위하여 실제적으로 협력하는, 사업자들 간의 조정의 형태"로[14] 이해된다. 결국 동조적 행위는 비 합의적으로 이루어지는 조정의 형태를 포괄하며, 이로써 카르텔 규제의 대상이 되는 행위를 방식에 따라서 의미 있게 분류하는 것이 가능하게 된다.

이와 같은 독일 경쟁제한방지법과 EU기능조약상 규정과 비교하여 독점규제법 제19조 제1항의 합의에 관한 규정은 합의 외에 동조적 행위와 같은 행태를 규제할 수 있는 근거가 명확하지 않으며,[15] 또한 동법 제19조

---

12) Ulrich Immenga & Ernst-Joachim Mestmäcker hrsg., GWB Kommentar, Verlag C. H. Beck, 2001, 100-103면(Daniel Zimmer 집필부분) 참조.

13) Albertina Albors-Llorens, EC Competition Law and Policy, Willan Publishing, 2002, 22면.

14) EuGH, Urt. v. 14. 7. 1972 - Rs. 48/69 및 Knut Werner Lange hrsg., Handbuch zum deutschen und europäischen Kartellrecht 2. aufl., Verlag Recht und Wirtschaft GmbH, 2006, 44면(Knut Werner Lange 집필부분) 참조.

제1항에서 합의의 예로 열거되어 있는 유형들의 구체적 의미도 불분명하다는 점에서 비판의 여지가 있다.

## 2. 계약적 합의와 계약법리의 적용 가능성

이상의 논의에서 지적한 것처럼, 동법 제19조 제1항에서의 합의의 의의가 불명확한 측면이 있지만, 적어도 동 규정에서의 합의가 사법상의 의사의 합치로서 계약과 같은 유형을 포함하고 있다는 것에 의문은 없다. 독일에서의 논의를 보면, 전술한 것처럼 경쟁제한방지법 제1조에서의 합의는 사법상의 계약뿐만 아니라, 신사협정(gentlemen's agreements)과 같이 사실상의 구속력을 갖는 경우도 포함하는 것으로 이해되고 있다.16)

합의에 해당하는 계약은 사법의 원리(Zivilrechtsdogmatik)가 적용되는 모든 계약이며, 계약 당사자는 합치된 의사표시에 구속된다. 카르텔 계약 역시 내용적으로 청약과 승낙의 의사표시에 의한 의사의 합치를 전제하지만, 독일 민법(BGB) 제151조가 규정하는 청약자에게 표시되지 않은 승낙의 경우나, 정형화된 행위에 의해서도 카르텔 계약이 성립할 수 있다. 물론 사업자 간에 동일한 의사를 확인하거나 교환하는 것에 불과한 경우에는 계약적 합의(vertragliche Einigung)가 이루어진 것으로 볼 수 없지만, 이 경우 동조적 행위에 해당될 가능성은 있다.17)

이상의 카르텔 규제 대상으로서 계약적 합의는 당연히 독점규제법 제19조 제1항이 규정하는 합의의 한 유형으로 이해할 수 있으며, 계약 또는 의

---

15) 이러한 행태의 규제 가능성은 동법 제19조 제5항의 합의의 추정 규정에서 찾을 수 있을 것이다. 한편 2008년 개정 이전에 동 조항이 미국의 '의식적 병행행위'의 규제를 염두에 둔 것으로 볼 수 없다고 지적하고 있는 것으로서, 이호영, 주 8)의 글, 51면 참조.

16) Ulrich Immenga & Ernst-Joachim Mestmäcker hrsg., 주 12)의 책, 101면(Daniel Zimmer 집필부분).

17) 위의 책, 100-101면(Daniel Zimmer 집필부분) 참조.

사표시에 관한 민법상의 법리는 합의의 존재를 인정하는 과정에 원용될 수 있다.18) 그러나 민법상의 법리가 계약 당사자 내지 의사표시의 주체에게 합의된 의사표시의 구속력을 부여하기 위하여 형성된 것이라는 점에서, 민법상의 법리 자체가 아무런 제한 없이 적용될 수 있는 것으로 보기는 어렵다. 독점규제법 제19조 제4항은 합의가 당사자 간에 효력을 갖지 않는다는 것을 명정하고 있는 것에서 알 수 있듯이, 동법 제19조 제1항의 계약적 합의는 유효한 계약적 효력을 지향하는 것이 아니라,19) 상호 구속의 형식적 분류에 지나지 않는다. 즉 실질적으로 상호 구속이 계약적 합의를 통하여 발생하고 있는지 여부가 중요하며, 계약법상의 법리는 이를 판단하는 근거로 작용하는 것일 뿐이다.

보다 근본적으로 민법과 독점규제법의 법목적과 법기능상의 차이에 주목할 필요가 있다. 물론 주지하다시피 계약자유가 실질적인 것이 되기 위해서는 경제 주체의 선택이 가능한 의미에서 경쟁이 질서적으로 전제되어야 하고, 또한 경쟁은 계약 체결이나 상대방 선택의 자유를 내포하는 계약자유가 보장되어야만 가능하다는 점에서, 계약자유와 경쟁은 상호간에 전제하는 관계에 있다.20) 그러나 계약과 경쟁을 규율하는 각각의 법체계는 개인 상호간의 관계에서의 정당성(Richtigkeit im Verhältnis der Einzelnen zueinander)과 전체 경제의 정당성(gesamtwirtschaftliche Richtigkeit) 확보의 관점에서 상이한 법목적을 추구한다. 즉 후자가 독점규제법으로

---

18) 공정거래법은 기본적으로 사법적 거래관계를 대상으로 그것이 시장 또는 거래분야에 미치는 영향을 분석하는 규정 형식을 갖고 있기 때문에 사용하는 개념이나 분석을 위한 논리적 구조 자체는 사법의 발전적 형태라 할 수 있다고 지적하고 있는 견해로, 홍대식, "사법적 관점에서 본 공정거래법: 시장지배적 지위남용행위를 중심으로", 상사법연구 제27권 제2호, 2008, 3면 참조.
19) Fritz Rittner & Meinrad Dreher, Europäisches und deutsches Wirtschaftsrecht, C. F. Müller, 2008, 426면 참조.
20) Fritz Rittner, "Vertragsfreiheit und Wettbewerbspolitik", Festschrift für A. Sölter, 1982, 30-31면 참조.

대표되는 경제법이 지향하는 것이라면, 전자는 사법이 추구하는 근본 목적을 상정하는 것이다. 따라서 사법 영역에서 기본적인 과제는 당사자들의 이해관계에 영향을 미치는 유효한 의사표시가 되기 위한 법적 요건을 규율하는 것이 된다.[21]

## IV. 비진의 의사표시의 의의와 카르텔 규제

### 1. 비진의 의사표시의 의의와 카르텔 규제에서 계약적 합의

전술한 것처럼, 동 판결에서 대법원은 입찰장에서의 국제종합토건(주)의 행위를 비진의 의사표시로 파악하고, 비진의 의사표시에 의한 합의로서 부당한 공동행위의 성립을 인정하였다. 민법 제107조의 비진의 의사표시에 관한 규정은 의사 보다는 표시행위에 중점을 둔 것이며, 진의 아닌 의사표시의 경우에도 상대방이 이를 알거나 알 수 있었던 경우가 아니면, 원칙적으로 효력을 갖게 된다.[22]

의사표시에 관하여 표시행위에 중점을 두는 입장은, 표의자 본인의 이익보다는 선의의 상대방의 이익이나 거래의 안전과 신속을 보다 더 중시하는 이론으로 이해되고 있다.[23] 즉 표의자의 상대방이나 거래 일반의 이익을 우선적으로 고려하는 것에 의하여, 진의 아닌 의사표시는 유효한 것이 되고, 표의자는 자신의 진의에 기초한 법적 효과를 갖지 못하는 불이익

---

21) Fritz Rittner & Meinrad Dreher, 주 19)의 책, 20-21면.
22) 민법학계의 다수의 견해는 동규정이 표시주의의 입장에 있는 것으로 이해하고 있으며(곽윤직 편, 민법주해 제2권, 박영사, 1992, 289-290면(송덕수 집필부분) 참조), 대법원도 이러한 관점에서 동규정을 이해하고 있는 것으로 보인다. 대법원 1987. 7. 7. 선고 86다카1004 판결 참조.
23) 곽윤직, 주 9)의 책, 230면 참조.

을 받게 된다.

그러나 카르텔 규제 대상으로서 계약적 합의는 상호 구속이 계약적 방식으로 나타나는 경우를 상정한 합의의 한 유형이며, 이 경우에 비진의 의사표시의 입법취지로서 표의자 상대방의 이익이나 거래 일반의 이익 문제가 고려될 여지가 있는지가 검토되어야 한다. 우선 당해 사안에서 비진의 의사표시에 의한 합의는 투찰 직전의 입찰장에서 이루어진 것이고, 따라서 거래 일반의 이익의 관점이 개입될 여지는 거의 없다. 또한 비진의 의사표시의 상대방인 선경건설(주)이 국제종합토건의 의사표시를 신뢰한 것에 따른 이익도, 동법 제19조 제4항을 고려할 경우에 이를 법적으로 보호받을 수 있는 이익으로 보기 어렵다는 점에서, 표의자의 진의에 우선하는 법적 효과 부여의 근거가 될 수 있는지는 의문이다.

## 2. 카르텔 규제의 경쟁정책적 의의와 상호구속

동 판결은 비진의 의사표시에 의한 합의가 부당한 공동행위의 성립을 방해하지 않는 근거로서, 당해 사업자의 비진의 의사표시를 다른 쪽 사업자가 신뢰하고, 또한 당해 사업자는 다른 사업자의 이러한 신뢰를 이용함으로써 경쟁을 제한하는 행위가 된다는 점을 지적하고 있다. 경쟁정책적으로 부당한 공동행위 규제 대상이 합의만으로 구성되는 것은, 이미 합의가 사업자들의 행위를 구속하고, 따라서 그 자체로서 경쟁을 제한하는 의미를 갖게 되기 때문이다. 이러한 점에서 동 판결이 입찰장에서 비진의 의사표시의 형식으로 이루어졌던 합의가 이미 충분히 경쟁을 제한하는 의미를 갖는다고 본 것은 일응 타당한 것이라 할 수 있다.

그러나 합의가 경쟁제한적인 의의를 갖게 되는 것은, 그 본질상 사업자의 행위를 합의에 의하여 구속하는 것에 있으며,[24] 이러한 구속적 효과

---

24) Fritz Rittner & Meinrad Dreher, 주 19)의 책, 426면 참조.

(Bindungswirkung)가 실제적으로 발생하지 않은 경우라면, 경쟁제한적인 것으로 판단할 근거 역시 잃게 된다. 더욱이 당해 사안에서 합의가 비진의 의사표시로 이루어지고, 합의 직후 곧바로 합의의 당사자가 합의한 것과는 다른 가격으로 입찰에 참가하였다는 점에서, 상호구속적인 의미를 찾기 어려우며, 따라서 당해 행위를 경쟁제한적인 평가가 가능한 대상으로 볼 수 있는지는 의문이다.[25)]

## V. 결론

동 판결은 비진의 의사표시의 법리에 의한 합의에 기초하여 부당한 공동행위의 성립을 인정하고 있다. 부당한 공동행위의 합의의 유형으로서 계약적 합의는, 그 법적 효과가 유효한 것인지는 불문하고, 합의의 당사자가 상호 구속력을 계약법에 기초하여 의도하고 있다는 점에서 특징을 이룬다. 따라서 계약적 합의의 존재를 확인하는 과정에서 사법상의 법리가 원용될 수 있다는 점에 대해서는 이론이 없을 것이다.

그러나 비진의 의사표시에 의한 합의의 인정에는 부당한 공동행위로서의 합의의 본질적 의의와 관련하여 논의되어야 할 부분이 있으며, 이에 대한 동 판결의 분석은 충분하지 못한 것으로 생각된다. 민법 제107조에 근거한 비진의 의사표시는 표의자의 상대방 또는 거래 일반의 이익을 진의와 다른 의사표시를 한 표의자의 이익에 우선하는 것으로 보는 법정책적 판단에 따른 것이다. 이러한 이익 형량의 법리를 상호 구속을 본질적 요소로 하고 있는 부당한 공동행위에서 계약적 합의에 적용할 수 있는지는 의

---

25) 정호열, 경제법, 박영사, 2008, 310면에서는 구속력에 대하여 이를 엄격하게 풀이할 필요는 없다고 보고 있으며, 이러한 관점에서 동 판결에 대하여 긍정적인 평가를 내리고 있다. 즉 상대방이 협정을 지킬 것이라는 기대하에 다른 사업자들이 담합에 따랐고, 그 결과 경쟁제한적 효과가 발생한 것으로 보고 있다.

문이며, 진의를 유보한 표의자의 행위로부터 상호구속적인 의미를 도출할 수 있는지에 대한 검토가 이루어질 필요가 있다. 만약에 이와 같은 상호구속적 의미가 부인되는 경우라면, 비진의 의사표시의 법리를 적용하여 합의를 인정하는 것은, 독점규제법 제19조 제1항의 계약적 합의의 본질적 의의에 비추어 타당한 것으로 보기 어렵다. 이러한 점에서 당해 사안에서 국제종합토건(주)이 실제 응찰한 행위는 단지 합의에 따른 실행행위의 관점에서만 볼 것이 아니라, 상호구속적 합의가 존재하는지 여부를 판단하는 근거로서의 의미가 있다는 점도 염두에 두어야 한다.

또한 동 판결에서 비진의 의사표시에 의한 합의가 이미 경쟁제한적 성격을 갖는다고 판시한 부분도 재고의 여지가 있다. 합의의 경쟁제한적 성격은 상호구속적 특성으로부터 기인하는 것인데, 일방이 진의를 유보하는 것과 같은 전략적인 행위로 나아가는 경우에 상호성의 의미는 더 이상 유지될 수 없을 것이다. 따라서 이러한 경우까지 경쟁제한적인 평가가 요구되는 대상으로 볼 수 있는지에 의문이 있다.

# 9. 부당한 공동행위 성립에 있어서 경제적 단일체 문제

## I. 서론

공동행위는 개념적으로 행위의 공동성 요건을 충족시킬 수 있는 복수의 사업자를 전제한다. 즉 공동행위 성립의 주관적 요건으로서 합의에 이르기 위해서는, 둘 이상의 사업자의 존재가 필수적이며, 이에 해당하지 않을 경우에 경쟁법에 의하여 규제되는 공동행위의 성립은 부인될 것이다.

물론 여기서의 사업자 역시 일반적 개념으로서 경쟁법의 수범자인 사업자 개념에 의존하며, 「독점규제 및 공정거래에 관한 법률」(이하 독점규제법) 제2조 제1호 제1문에서 "사업자라 함은 제조업, 서비스업, 기타 사업을 행하는 자를 말한다"라고 한 사업자 정의 규정의 적용을 받을 것이다. 비록 동 규정이 단지 사업을 행하는 자로 사업자를 규정함으로써 사업의 종류에 제한을 두지 않는 개방적 태도를 취하고 있지만,[1] 그 함의로써 사업자 개념 표지에 해당하는 영업적 활동(영업성)을 제시하고 있는 것으로 이해된다.[2] 또한 동 규정에 명확히 기술되어 있지 않음에도, 독립적으로

---

1) 경쟁법에서 사업자를 수범자로 정하고 있는 것은 시장참가자에 대한 규율이라는 경쟁법의 고유한 목적이 반영된 것으로 이해하는 것으로서, Fritz Rittner, Wettbewerbs- und Kartellrecht, C. F. Müller, 1999, 150-151면.

2) 권오승, 경제법, 법문사, 2009, 122면; 신현윤, 경제법, 법문사, 2012, 133면; 이기

영업적 활동을 수행할 것(독립성)을 사업자 개념의 불문의 표지로 볼 수 있을 것이다.[3]

이와 같은 독점규제법상 사업자의 개념 표지, 특히 독립성 요건은 공동행위에 참가한 사업자에 대해서도 당연히 전제되는 것이지만,[4] 사업자의 복수성 판단에 관해서는 공동행위 고유의 관점에서 논의될 필요가 있다. 무엇보다 경쟁법상 공동행위 위법성의 본질은 시장참가자들이 경쟁을 의도적으로 피함으로써 시장 기능을 침해하는 것에 있으며, 사업자의 복수성 판단에 있어서도 이러한 관점이 유지되어야 한다.

공동행위의 성립에 있어서 사업자의 복수성 판단과 관련하여 경제적 단일체(single economic entity) 개념이 활용되고 있다. 경제적으로 단일한 주체로 평가할 수 있는 사업자들 간의 합의는 공동행위에 해당하지 않는다는 취지에 비추어 타당한 접근 방식으로 이해되지만, 경제적 단일체의 의의 그리고 구체적으로 경제적 단일체로 인정될 수 있는 범위와 관련하여 불명확한 부분이 존재한다. 더욱이 사업적 또는 재정적 필요에 따라 사업자들 간에 일련의 관계를 구축하는 것이 일반적인 양상으로 나타나고

---

수·유진희, 경제법, 세창출판사, 2012, 24면; 정호열, 경제법, 박영사, 2012, 84면.

3) 차성민, "독점규제법의 인적 적용범위", 권오승 편, 공정거래법강의II, 법문사, 2000, 79면 및 권오승, 위의 책, 122면 참조. 한편 대법원은 사업자를 "자기의 계산으로 재화난 용역을 공급하는 경제활동을 하면서 그 활동과 관련된 각종 결정을 독자적으로 할 수 있는 자"로 정의함으로써(대법원 2005. 12. 9. 선고 2003두6283 판결) 독립성을 사업자 개념 요소의 하나로 이해하고 있다. 이때 수직적 관련성 하에서 사업자의 독립성 판단과 관련하여 거래나 사업상의 위험이 구체적으로 누구에게 귀속되느냐와 같은 판단 기준이 유용할 수 있다. E. Thomas Sullivan & Jeffrey L. Harrison, Understanding Antitrust and Its Economic Implication, LexisNexis, 2003, 217면 참조.

4) ECJ(유럽법원)는 경쟁법상 사업자는 합의의 실질적 목적을 추구하는 하나의 경제적 단위를 지정한 것으로 이해되어야 한다고 판시하였다. Hydrothem v. Compact, Case 170-83 ECJ (1984) ECR 2999.

있고, 특히 계열관계를 통한 기업집단적 운영방식이 보편화 되어 있는 우리 경제 상황에서, 경제적 단일체의 의의와 동 개념이 인정될 수 있는 범위의 판단은 어려운 과제로 주어지고 있다.

이하에서 우선 경쟁법상 경제적 단일체 개념의 의의와 기능을 살펴보고 (II), 동 개념에 대한 미국과 유럽의 접근 방식을 비교법적으로 분석한 후에(III), 이어서 우리 규제 실무에서 경제적 단일체 개념의 적용을 검토하는(IV) 순으로 논의를 전개할 것이다.


## II. 경제적 단일체 개념의 의의와 기능

### 1. 경쟁법상 경제적 단일체의 의의

#### (1) 경제적 단일체 개념

전술한 것처럼 경제적 단일체는 경쟁법의 수범자인 사업자를 전제하며, 법적 성격이나 재정 운영방식을 불문하고 독립적으로 영업을 수행하는 경제적 활동의 주체로서 사업자 개념에 기초한다. 즉 경쟁법상 사업자는 경제활동의 실질에 초점을 맞춘 개념이며, 사전에 법형식적으로 주어진 것이 아니라 구체적인 경제 활동 측면에서 상대적으로 파악되는 것이다. 그리고 이러한 판단 기준은 별개의 법인격을 유지하고 있는 다수의 사업자를 하나의 경제적 단위(economic unit)로 인정하는 문제에도 동일하게 적용될 것이다.[5]

따라서 동일 또는 인접 시장에 위치하는 복수의 사업자가 실질적으로 하나의 경제적 단위로 인정되는 계기는 경제적 활동의 실질에서 주어지며, 경제적 단일체를 구성하는 사업자 간에 의사 결정이 단일한 지배관계에

---

5) Ariel Ezrachi, EU Competition Law, Hart Publishing, 2010, 1-2면 참조.

기초하여 이루어진 것인지가 핵심적인 의미를 갖는다. 즉 별개의 법인격을 가진 사업자들이 외부적으로 독립된 법적 주체 간의 합의와 같은 형식을 취하는 경우에도, 실질적으로 이러한 합의가 내부적인 기능 할당(internal allocation of functions)에 불과한 경우라면,6) 전체로서 단일한 경제주체의 의사로 환원될 것이다. 이러한 관계는 모회사와 자회사의 경우처럼 지배구조 측면에서 결합관계를 형성하고 있는 경우에 전형적으로 드러난다. 그러나 모자회사 관계는 자회사 의사 결정에 대한 모회사의 지배 가능성을 일반적으로 상정하지만, 구체적인 의사 결정 과정에서 이해관계가 일치하지 않는 부분이 나타날 수도 있으며, 결국 문제가 된 행위를 중심으로 사업자들의 통일적인 의사가 형성되는 과정에 대한 실질적인 분석이 요구된다. 또한 이러한 점은 지배관계의 구축 정도에 따라서 상이한 접근이 필요할 수 있음을 시사하는 것이기도 하다.

## (2) 유사 개념과의 비교

복수의 사업자를 묶어서 하나의 경제적 실체로 이해하는 것은, 공동행위 성립에 있어서 뿐만 아니라 경쟁법상 다른 법위반 유형에서도 의미를 가질 수 있다. 예를 들어 대규모 기업집단에 대하여 경제력집중의 관점에 입각한 특유의 규제체계를 형성하고 있는 독점규제법에서 기업집단의 획정은 지배관계가 구축된 범위에 상응한다. 독점규제법 제2조 제2호는 기업집단을 "동일인이 사실상 사업내용을 지배하는 회사의 집단"으로 정의하고, 동법 시행령 제3조는 사업내용 지배의 형식적·실질적 기준을 열거하면서 동조 제2호 라목은 보충적 일반 기준으로 "사회통념상 경제적 동일체" 개념을 제시하고 있다. 결국 독점규제법에서 정하고 있는 기업집단은 경제적 동일체로 평가될 수 있는 정도로 동일인의 지배가 미치는 범위를 의미하는데, 이는 경제적 단일체 개념의 판단 기준과 실질적으로 중복

---

6) 위의 책, 2면.

되는 부분이 있음을 보여준다. 그러나 이러한 유사성에도 불구하고, 양 개념, 즉 경제적 단일체와 기업집단의 기준으로서 경제적 동일체 개념이 동일하게 구성될 수 있는 것은 아니다. 특히 후자가 동일인 지배가 일반적으로 가능한 범위를 상정한 것이라면, 전자는 문제가 된 행위를 대상으로 하여 단일한 의사로 평가될 수 있는 구체적인 지배 범위를 확정하는 것과 관련된다.[7]

또한 집합적 시장지배력(collective dominance) 인정에 있어서 핵심적 요건으로 기능하는 다수 사업자 간의 경제적 관련성(economic links)도 경제적 단일체 개념과 비교하여 이해될 필요가 있다. 집합적 시장지배력은 일정한 경제적 관계를 맺고 있는 다수의 사업자들이 전체로서 시장지배력을 갖고 있는 경우를 의미하는데,[8] 이때 경제적 관련성은 사업자들 상호간에 독립적이지만 공통적으로 일정한 행위를 가능하게 하는 관계에 기초하여 파악할 수 있다. 따라서 동 개념은 구체적인 행위 결정 과정에서 드러나는 의사 지배가 아니라 사업자들이 일정한 관계에 기초하여 공통의 이해관계를 추구하고 그 과정에서 개별 사업자들의 지배력을 포괄하는 전체로서의 시장지배력이 나타나는지에 초점을 맞춘다는 점에서[9] 경제적

---

7) 이와 관련하여 기업결합 성립에 있어서 핵심적 표지인 단일한 지배의 형성에서의 지배는 경제적 단일체의 성립에서 사실상 지배보다 낮은 정도의 지배를 의미한다고 이해하는 견해로서, 위의 책, 20면 참조.

8) EU 관례법상 집합적 시장지배력 개념의 형성, 전개 과정에 관하여, Albertina Albors-Llorens, EC Competition Law and Policy, William Publishing, 2002, 107-110면 참조.

9) Margot Horspool & Matthew Humphreys, European Union Law, Oxford Univ. Press, 2008, 484면 참조. 또한 집합적 시장지배력의 핵심 요소인 경제적 관련성과 관련하여, "약정이나 다른 법적인 관련성이 집합적 시장지배력 개념을 인정함에 있어서 필수적인 것은 아니며, 이러한 관련성의 징표들은 경제적 분석, 특히 당해 시장의 구조적 분석에 기초하여 찾을 수 있다"고 판시한 Compagnie Maritime Belge v. Commission, Case C-395/96P ECJ (2000) ECR I-1365 판결 참조.

단일체 개념과의 구별이 가능할 것이다.

끝으로 경쟁법의 규제 대상으로서 실질적인 책임 귀속 주체를 정하는 문제도 경제적 단일체 개념과 비교하여 살펴볼 필요가 있다. 예를 들어 ICI 사건에서[10] ECJ(유럽법원)는 자회사가 역내에 설립되었다는 것에 기초하여 역외에 설립된 모회사에 대한 관할권을 인정하는 근거로 경제적 단일체(one economic unit) 개념을 원용하였다. 동 사건이 시사하듯이, 자회사의 행위에 대하여 모회사의 책임을 인정하는 문제는 상당 부분 EC 역내를 벗어나 관할권을 확대하는 문제로서 제기된 것이었으며,[11] 따라서 공동행위뿐만 아니라 경쟁법 위반 유형들에 공통적으로 관련되는 것으로 볼 수 있다. 그러나 여기서 원용되는 경제적 단일체는 기본적으로 자회사 행위를 모회사 책임으로 귀속시킬 수 있는지에 관한 것이며,[12] 따라서 경쟁법상 규제 대상인 행위(공동행위) 성립과 관련하여 판단 기준으로 활용되는 경제적 단일체 개념과는 법리상 구별되는 것이다.

## 2. 공동행위 성립에 있어서 경제적 단일체

전술한 것처럼 공동행위 성립에 있어서 경제적 단일체 개념은 사업자의 복수성 요건의 판단 기준으로 기능한다. 사업자의 복수성은 공동행위 개념에서 도출되는 당연한 요건으로 이해되며,[13] 또한 유럽기능조약(Treaty on the Functioning of the European Union; 이하 TFEU) 제101조 제1항의 'agreements between undertakings' 그리고 독점규제법 제19조 제1항의 '다른 사업자와 공동으로'와 같은 규정에 근거한 명시적인 요구이기도 하다.

---

10) ICI v. Commission, Case 48/69 ECJ (1972) ECR 619.
11) Albertina Albors-Llorens, 주 8)의 책, 13면.
12) Ariel Ezrachi, 주 5)의 책, 2면.
13) Herbert Hovenkamp, Federal Antitrust Policy, Thomson/West, 2005, 189면.

사업자의 복수성은 공동행위에 2 이상의 사업자가 참가하는 경우에 성립하지만, 형식적으로 사업자들이 별개의 분리된 법적 주체의 형태를 취하고 있다 하더라도 이들을 경제적으로 단일한 주체(entity)로 평가할 수 있는 경우에 사업자의 복수성은 부인될 것이며, 경쟁법의 규제 대상으로서 공동행위는 성립하지 않게 된다. 무엇보다 단일한 경제적 실체를 구성하는 사업자들 사이에 이루어지는 내부적 의사 조정 과정은 단일 기업 내에 사업부문 간의 의사 결정과 마찬가지로 시장에서의 경쟁 메커니즘과 무관한 것이고, 따라서 경쟁법의 규율 대상에서 벗어나 있다는 사고가 사업자 복수성의 판단 기준으로서 경제적 단일체 개념의 타당성을 뒷받침한다.14)

이러한 점에서 동 개념은 공동행위가 성립 가능한 범위를 정하는 한계 기능을 수행하며, 경제적 단일체의 획정은 곧바로 사업자의 복수성이 인정되는 범위에 대응하는 의미를 갖는다. 따라서 공동행위로 인한 시장 기능의 침해를 방지하고자 하는 경쟁정책적 관점이 경제적 단일체 개념에 반영될 필요가 있으며, 이 과정에서 사업자들 간의 관계에 대한 실질적인 심사가 불가피하다. 이때 문제가 된 사업자들이 시장에서 독립적으로 행동할 가능성이 존재하고, 이로부터 경쟁을 기능적으로 기대할 수 있는 상황에 처하고 있는지가 결정적인 의미를 갖게 될 것이다.15)

물론 모회사가 자회사 지분의 100%를 보유하고 있는 경우처럼 사업자들 간의 지배 구조로부터 독자적 행동 가능성을 거의 기대하기 어려운 경우에 경제적 단일체 개념은 용이하게 인정될 수 있다. 그러나 이에 이르지 않는 경우에도 지배 관계의 실질에 따라서 경제적 단일체 개념이 인정될 가능성이 있으며, 이를 위하여 관련 사업자들의 거래 행태나 의사 결정 과정에 대한 구체적인 분석이 요구된다. 결국 공동행위 성립에 관한 경제적

---

14) Ariel Ezrachi, 주 5)의 책, 2면 및 Richard Whish, Competition Law, Oxford Univ. Press, 2009, 91면 참조.
15) Richard Whish, 위의 책, 92면 참조.

단일체 개념의 인정 여부는 사업자들 간의 지배 관계에 대한 구조적인 분석과 구체적인 의사 결정 과정에 대한 실질적인 분석의 이중적인 접근에 의하게 될 것이다.[16]

## III. 경제적 단일체에 관한 비교법적 분석

### 1. 미국 반독점법상 내부적 합의

미국 반독점법상 경제적 단일체 문제는 모회사와 지배관계에 있는 자회사 간의 합의가 카르텔 규제 근거인 Sherman법 제1조의 적용 대상이 되는지와 관련하여 '내부적 합의'(intra-enterprise conspiracy)라는 개념을 중심으로 논의되고 있다. 즉 형식적으로 분리된 사업자 간의 합의가 내부적 합의로 평가되는 경우에, 당해 합의는 공동행위에 해당하지 않는다. 이러한 점에서 미국 반독점법에서 내부적 합의는 EU 경쟁법상 경제적 단일체와 동일한 기능을 수행하는 것으로 볼 수 있다.

내부적 합의에 관한 문제와 관련하여 중요한 선례로 기능하고 있는 Copperweld 사건에서[17] 연방대법원은 100% 지분 관계에 있는 모자회사 간의 합의를 내부적 합의로 보고, 이에 대한 Sherman법 제1조의 적용을 부인하였다. 그러나 비록 동 판결이 부분적으로 명확한 기준을 제시하였음에도 불구하고, 100% 지분에 이르지 않는 경우에 문제가 되는 사업자들을 별개의 회사로 볼 수 있는지에 관한, 즉 보다 일반적인 문제가 해결된 것은 아니다.

---

16) Hovenkamp는 이러한 접근 방식을 구조적(structural) 분석과 거래적(transaction-specific) 분석으로 유형화하고 있다. Herbert Hovenkamp, 주 13)의 책, 191면 참조.

17) Copperweld corp. et al v. Independence tube, 467 U.S. 752 (1984).

우선 제기할 수 있는 문제는 모회사가 자회사 지분의 100%를 보유하고 있지 않지만, 절대적인 지분을 보유하고 있는 경우에 이들이 경제적 단일체를 구성하는지에 관한 것이다. 이와 관련하여 Phillip Areeda가 다른 지분이 공중에 의하여 분산되어 있는 경우와 소수에 의하여 보유되고 있는 경우를 구분하여 분석하는 방식은[18] 주목할 만한 것이다. Areeda의 분석에 의하면, 절대적 지분을 제외한 나머지 지분이 공중에 의하여 분산 소유되는 경우에 절대적 지분을 갖고 있는 모회사는 실질적으로 100% 지분을 보유하는 경우와 차이가 없지만, 소수에 의하여 나머지 지분이 보유되고 있는 경우에 절대적 지분의 모회사는 소수 보유자의 이익도 고려하여야 하는 한도에서 자회사에 대한 지배권의 행사가 제한될 수 있으며, 이는 경제적 단일체의 한계로 작용할 수 있다. 또한 소수자에 의한 지분 보유의 경우, 당해 지분 보유자의 성격도 고려될 필요가 있다. 예를 들어 소수 지분 보유자가 단순 투자자인지 또는 경쟁사업자인지는 내부적 합의의 가능성에 차이를 낳을 수 있는데, 특히 후자의 경우 절대적 지분 보유자의 지배권은 경쟁사업자의 의사를 고려하여 이루어질 수밖에 없다는 점에서 제한적으로 행사될 여지가 크다.[19]

한편 절대적 지분 보유 관계에 있지 않은 경우에도 내부적 합의가 인정될 가능성이 배제되는 것은 아니며, 인적·재정적 통합의 정도나 실제 지배관계의 실현 정도 등에 따른 실질적 판단에 의하여 내부적 합의가 인정될 수 있다. 이와 관련하여 Hovenkamp가 제시한 다음과 같은 판단 기준, 즉 모기업과 공동으로 어떤 정책을 수행하는 자회사에게 카르텔로부터 이탈할 유인이 존재한다면 당해 자회사를 독립적인 행위자로 볼 수 있다는

---

18) Phillip Areeda, Antitrust Law vol. VII, Little, Brown & Company, 1986, 252-256면 참조.

19) 위의 책, 256-257면 참조. 이와 유사하게 Hovenkamp는 지배 모회사와 다른 이해관계가 자회사 내부에 존재하는지에 초점을 맞추고 있다. Herbert Hovenkamp, 주 13)의 책, 190면 참조.

기준은 참고할 만하다.[20]

## 2. EU 경쟁법에서 경제적 단일체 사례 검토

EU 경쟁법상 경제적 단일체가 다루어진 초기 사례의 하나인 AEG 사건은[21] 경제적 단일체 인정을 위한 지배 관계 판단의 선례가 되고 있다. 동 사건에서 AEG-Telefunken(이하 AEG)과 자회사들(TFR, ATF, ATBG)은 전자제품의 판매를 위하여 선별적(selective) 유통망을 운영하였는데, 유럽위원회(european commission, 이하 위원회)는 AEG와 자회사들이 취한 유통 방식이 일부 유통업자를 차별취급하고 재판매 가격에 영향을 미침으로써 TFEU 제101조에 위반한 것으로 결정하였다. AEG는 위원회 결정의 취소를 구하면서 문제가 된 행위는 자회사들이 개별적으로 행한 것이고, 따라서 자신에게 책임을 귀속시킬 수 없다는 점을 항변 사유의 하나로 제시하였다. 특히 최종 판결 절차에서 AEG는 자신이 유통과 가격 결정에 관하여 자회사들에게 영향력을 행사할 위치에 있다는 점을 부인하지 않으면서도, 다만 이러한 영향력이 실제 사용되었는지가 구체적으로 검토되어야 한다고 주장하였다. ECJ는 자회사가 별개의 법인격을 갖고 있다는 사실이 모회사에 대한 책임 귀속을 배제하기 위하여 충분한 것은 아니라는 점을 전제하고, AEG와 자회사들의 관계를 개별적으로 분석하였다. 우선 TFR에 대해서는 동 회사가 AEG의 전액출자 회사라는 점에 초점을 맞추었고, ATF에 대해서는 AEG가 당해 회사에게 소매가격을 안정적으로 유지하고 적절한 마진을 보장하기 위하여 소매상들과 지속적으로 협의할 것을 지시하는 내용의 내부 문서를 제시하였으며, ATBG에 대해서는 벨기에 도매업자인 Diederichs와의 협상 내용을 지속적으로 AEG에게 보고한 사실에 근거하면서, 문제가 된 자회사들의 경쟁제한 행위를 AEG에게 귀속시

---

20) Herbert Hovenkamp, 주 13)의 책, 190면 참조.
21) AEG-Telefunken v. Commission, Case 107/82 ECJ (1983) ECR 3151.

킬 수 있다는 결론을 내렸다. 동 판결은 자회사들의 공동행위에 대한 책임
을 모회사에 귀속시킬 수 있는 근거로서 경제적 단일체 개념이 다루어진
것이고, 따라서 동 개념이 공동행위 성립과 직접적으로 관련되었던 것은
아니다. 그러나 경제적 단일체를 판단함에 있어서 자회사에 대한 모회사
의 지분 구조에 따라 지배관계에 대한 차별적인 분석을 수행하였다는 점
은 주목할 만한 부분이며, 특히 100% 지분 자회사의 경우 모회사가 결정
적인 영향력을 행사할 수 있다는 추정은 타당한 것이라는 입장은 이후 판
결에서 선례로 작용하고 있다.22) 그러나 이때의 추정은 복멸 가능한 것으
로(rebuttable) 볼 수 있는데, Clearstream 사건에서23) CFI(유럽 1심법원)
는 모회사가 자회사 지분의 100%를 보유한 경우에 자회사 행위에 대한
결정적인 영향력을 행사할 수 있다는 것이 추정되지만, 모회사는 자회사
가 독립적으로 행위하였다는 것을 입증하는 것에 의하여 추정을 복멸할
수 있다고 판시하였다.

　공동행위 성립과 직접적으로 관련된 사례로서 모회사와 전액출자 자회
사의 관계에서 공동행위가 문제가 되었던 Viho 사건에24) 대해서도 주목
할 필요가 있다. Parker Pen Ltd(이하 Parker)는 전액출자 자회사에 기반
한 유통망을 운영하면서, 회원국 내에서 자회사 이외의 유통업자들에 대
하여 자사 제품을 공급하지 않는 정책을 채택하였다. Viho Europe BV(이
하 Viho)는 위원회에 심사를 청구하였는데, Parker와 그 자회사들이 취한
지역할당 정책이 회원국 별로 시장을 분할하는 결과를 낳았고, 따라서
TFEU 제101조 위반에 해당한다고 주장하였다. 이에 대하여 위원회는
Parker의 자회사들이 행위 과정에서 실질적인 자율권을 갖고 있지 않으며
전적으로 모회사에 의존하고 있다는 점에 근거하여 Parker와 그 자회사들

---

22) 예를 들어 Stora Kopparbergs Bergslos v. Commission, Case C-286/98 P ECJ
　　(2000) ECR I-9925 참조.
23) Clearstream v. Commission, Case T-301/04 CFI (2009) 5 CMLR 24.
24) Viho Europe BV v. Commission, Case C-73/95 P ECJ (1996) ECR I-5457.

의 행위가 제101조에 반하지 않는다고 결정하였다. 이에 대한 항고심에서도 CFI는 독립적인 사업자들 간의 합의가 부재하다는 점에서 Viho의 항고를 기각하였고, 최종적으로 ECJ도 이러한 입장을 유지하였다. 특히 ECJ는 Parker와 그 자회사들의 행위는 전체적으로 일방적인 행위로 볼 수 있으며, TFEU 제102조의 요건을 충족할 경우에 시장지배적 지위남용행위로서 규제될 수 있다고 판시한 것은(para 17, 18) 모회사와 자회사의 행위에 대한 다른 규제 가능성을 시사하였다는 점에서 눈여겨 볼 부분이다.25)

　　IJsselcentrale 사건은26) 위원회에 의해서 경제적 단일체 개념의 적용이 부인된 사례이다. 네덜란드에 있는 4개의 발전회사들은 상호 협력을 증진할 목적으로 합작회사인 SEP를 설립하였다. 위원회는 발전회사들과 SEP 사이에 체결된 협정이 경쟁에 미치는 영향을 고려하였다. 특히 협정 제21조에서 SEP 외의 다른 사업자에 의한 전력의 수출입을 금지한 조항에 주목하면서, 발전회사들과 SEP가 TFEU 제101조를 위반한 것으로 결정하였다. SEP는 협정에 참가한 발전회사들은 공공 전기공급 시스템의 불가분한 구성부분으로서 단일한 경제 주체를 형성하고 있기 때문에, 협정 제21조는 단일 주체 내의 내부적 할당에 관한 것이고, 따라서 경쟁법의 규율 대상이 아니라는 주장을 전개하였다. 이에 대하여 위원회는 4 참가회사가 단일한 기업그룹을 구성하고 있지 않고, 단일한 경제주체에 의한 통제를 받지 않기 때문에 독자적으로 자신의 행위를 결정할 수 있는 상황에 있다는 점에서 경제적 단일체 개념을 충족하지 않는다고 보았다. 또한 참가사업자들이 공공의 전기공급 시스템을 구성하고 있다는 점이 이러한 결론에

---

25) Richard Whish, 주 14)의 책, 92면 참조. 한편 이 문제와 관련하여 미국 반독점법상 경쟁제한적 효과가 발생함에도 불구하고, 경제적 단일체가 인정되어 Sherman법 제1조의 적용을 받지 않으면서 또한 Sherman법 제2조의 독점화 요건에 해당하지 않게 되면, 규제의 공백이 발생할 수 있다는 지적에 관하여, Phillip Areeda, 주 18)의 책, 232면 참조.
26) IJsselcentrale and others, Case IV/32.732 European Commission (1991) OJ L28/32.

영향을 미치지 않는다고 판단하였다. 동 결정은 단일한 사업자의 구성부분이 아닌 사업자들 간의 합의가 TFEU 제101조의 적용을 받을 수 있다는 점을 보여주고 있지만, 사업자의 독립적 행위 가능성을 배제하는 수준에 이르는 지배가 어느 정도인지(level of control)를 판단하는 본질적인 문제에 주의를 환기시키고 있다는 점에서도 의미가 있다.[27]

IJsselcentrale 사건에서의 발전회사들과 유사한 구조로서 동일인에 의하여 지배되는 사업자들 간의 관계에 대해서도 논의가 이루어질 필요가 있다. Dansk 사건에서[28] ECJ는 동일인에 의하여 주식이 보유되고 있다는 사실만으로 당해 사업자들이 Henss/Isoplus 그룹을 구성하는 경제적 단일체로 인정될 수 있는 것은 아니며, 추가적인 입증이 필요하다고 보았다. 이때 당해 사업자들이 이사회에서 핵심적인 기능을 수행하고 다양한 모임에서 회사를 대표하는 개인에 의하여 지배되고 있다는 점은 여기서의 추가적 입증 사유에 해당한다고 판시하였다.

한편 모회사와 자회사 간에 경제적 단일체가 인정되는 경우에, 모회사에 대한 규제의 구체적인 내용에 관한 ECJ 판결도 참고할 만하다. Akzo Novel 사건에서[29] ECJ는 자회사의 100% 지분을 보유한 모회사가 TFEU 제101조의 의미에서 당해 자회사와 경제적 단일체를 구성하는 경우에 위원회는 자회사의 위반 행위에 대한 인적 관련성의 입증 없이도 과징금을 부과할 수 있으며, 또한 자회사의 독립성을 입증함으로써 경제적 단일체의 추정을 복멸하지 않는 한, 모회사는 자회사에 부과된 과징금에 대한 연대지급책임을 부담한다고 판시하였다.

---

27) Ariel Ezrachi, 주 5)의 책, 2면 참조.
28) Dansk Rørindustri A/S and others v. Commission, Joined Case C-189, 205-8, 213/02 P ECJ (2005) ECR I-5425.
29) Akzo Nobel and Others v. Commission, Case C-97/08 ECJ (2009) 5 CMLR 23.

## IV. 독점규제법상 경제적 단일체 개념의 적용

### 1. 공동행위 부인 요건으로서 '사실상 하나의 사업자'

#### (1) '사실상 하나의 사업자' 개념

독점규제법 제19조 제1항은 공동행위의 주체로서 사업자와 '다른 사업자'를 명시하는 방식으로 사업자의 복수성을 공동행위의 성립요건으로 규정하고 있다. 이때 사업자의 복수성은 공동행위 개념에서 당연히 도출되는 것이지만, 단일한 사업자의 행위에 대한 공동행위의 성립을 부인함으로써 동 규정의 적용 범위를 정하는 기능을 수행하며, 앞에서 다룬 경제적 단일체 개념은 이러한 한계 기능을 수행하는데 유용한 도구 개념으로서 의미를 갖는다.

이와 관련하여 공정거래위원회가 제정한 「공동행위 심사기준」은 '사실상 하나의 사업자' 개념을 통하여 비교법적으로 검토한 경제적 단일체 문제에 대응하고 있다.[30] 동 기준 II. 제1호 가목은 공동행위의 성립요건으로서 2 이상의 사업자의 존재를 요구하고, 동호 나목은 이에 대한 예외로서 '사실상 하나의 사업자의 행위'에 대하여 규정하고 있다. 동 규정의 내용을 구체적으로 보면, 우선 나목 (1)에서 "다수의 사업자를 실질적·경제적 관점에서 '사실상 하나의 사업자'로 볼 수 있는 경우에는 그들 간에 이루어진 법 제19조 제1항 각호의 사항(입찰담합은 제외)에 관한 합의에는 법 제19조 제1항을 적용하지 아니한다. 다만, 그 합의에 다른 사업자가 참여한 경우는 그러하지 아니한다"고 규정하고 있다.

동 규정은 사실상 하나의 사업자 행위로서 사업자 복수성 요건이 충족되지 않는 경우에 공동행위 금지 규정의 적용을 배제하는 기본 원칙을 제시하고 있으며, 단서에서 정하고 있는 타 사업자의 참여에 대한 규정은 복

---

30) 신동권, 독점규제법, 박영사, 2011, 420-421면.

수성 요건의 측면에서 특별한 의미를 갖는 것은 아니다. 한편 입찰담합을 예외의 예외에 해당하는 것으로 기술한 것에 대해서는 주의를 기울일 필요가 있다. Daniel Zimmer가 적절히 지적한 것처럼, 경쟁법상 입찰담합 위법성의 본질은 경쟁의 외관(Schein)을 창출하는 것에 의하여 경쟁침해적 효과를 낳는 것에 있다는 점을 상기한다면,[31] 비록 실질적으로 하나의 사업자의 행위라 하더라도 형식적으로 복수의 사업자 행위를 가장한 것 자체가 경쟁제한적 행위로서 규제가 가능한 것으로 볼 수 있다. 다만 이러한 행위를 공동행위로 규제하여야 하는지에 대해서는 추가적인 논의가 필요할 것이다.

## (2) '사실상 하나의 사업자' 인정 기준

나목 (2)에서는 '사실상 하나의 사업자'의 인정 기준을 밝히고 있는데, 앞에서 살펴본 미국이나 EU의 경우처럼 동 기준에서 제시하는 '사실상 하나의 사업자'의 인정 기준은 지분 구조에 따라서 이중적으로 이루어지고 있다. 우선 (2)의 (가)는 "사업자가 다른 사업자의 주식을 모두 소유한 경우(법 제2조 제2호의 동일인 또는 시행령 제3조 제1호의 동일인 관련자가 소유한 주식을 포함한다. 이하 같다), 당해 사업자들 모두를 사실상 하나의 사업자로 본다"고 규정하고 있다. 전술한 것처럼 비교법적으로 모회사와 자회사의 100% 지분 보유 관계는 경제적 단일체 구성의 유력한 근거로 이해되고 있으며, 동 규정도 이러한 입장을 취한 것으로 보인다. 특히 동일인 관련자의 주식 보유를 전체 지분 산정에 포함한 것은, 동 규정상 인정 기준은 자회사가 시장에서 독립적으로 행동할 가능성이 없을 정도로 지배관계가 구축되어 있다는 관점에서 제시된 것이고, 동일인 관련자의 주식 보유는 전체적으로 지배 관계를 형성하는 구성 부분이라 할 수 있기

---

31) Ulrich Immenga & Ernst-Joachim Mestmäcker hrsg., Gesetz gegen Wettbewerbsbeschränkungen Kommentar, C. H. Beck, 2001, 145-146면(Daniel Zimmer 집필 부분).

때문에, 그 타당성을 긍정할 수 있을 것이다. 이와 관련하여 영국 경쟁항소법원(Competition Appeal Tribunal; CAT)에서 다루어진 Sepia Logistics 사건은[32] 참고할 만하다. 동 사건에서 CAT는 Sepia Logistics Ltd(Sepia)와 Precision Concepts Ltd(PC)가 경제적 단일체를 이루는 것으로 보았는데, 지분 구조를 보면 PC가 SGH의 지분 100%보유, SGH가 PBM의 지분 80% 보유, PBM이 Sepia의 지분 100% 보유를 하고 있는 상황에서, 결국 PC가 간접적으로 Sepia 지분의 80%를 보유하고 있다는 점을 경제적 단일체 인정의 유력한 근거로 삼았다.

한편 동 규정이 법적 효과로서 '간주'의 형식을 취하고 있는 것은 논의의 여지가 있다. 물론 「공동행위 심사기준」이 규범력을 갖는지가 명확한 것은 아니고, 따라서 동 규정에서 정한 법적 효과가 구체적인 규제 절차에 기속력을 미칠 것으로 단정하기 어려운 측면이 있다. 그러나 전술한 것처럼 ECJ가 모자회사 간의 100% 지분 보유관계에 의하여 경제적 단일체를 추정하고, 이때 추정은 자회사가 독자적으로 행위하였다는 사실의 입증에 의하여 복멸할 수 있는 것으로 보고 있는 것과 비교할 필요가 있다. 적어도 형식적으로 분리된 의사 결정 구조를 갖고 있다는 점은, 100% 지분 관계라 하더라도 자회사의 독자적 행위 가능성을 전적으로 배제할 수 없는 근거가 될 수 있으며, 이러한 점에서 동 규정의 태도는 재고될 필요가 있다.[33]

(2)의 (나)는 "사업자가 다른 사업자의 주식을 모두 소유하지 아니한 경우라도 주식 소유 비율, 당해 사업자의 인식, 임원겸임 여부, 회계의 통합

---

32) Sepia Logistics Ltd. and another v. Office of Fair Trading, Case No 1072/1/1/06 Competition Appeal Tribunal (2007) CAT 13.

33) 이와 관련하여 앞에서 살펴본 Copperweld 판결은 판시 사항에서 공동행위 심사지침의 태도를 뒷받침하는 견해를 제시하고 있는데, 동 판결은 "모회사와 100% 지분 보유의 자회사는 언제나 공동의 목적을 갖고 있다. 그들은 모회사가 자회사에 대하여 강력한 지배를 행사하고 있는지와 상관없이 공통의 목적을 공유한다. 모회사는 자회사가 모회사의 최선의 이익에 따라 행위하지 않는 경우에 언제든지 완전한 지배를 행사할 수 있다"고 판시하고 있다.

여부, 일상적 지시 여부, 판매조건 등에 대한 독자적 결정 가능성, 당해 사안의 성격 등 제반사정을 고려할 때 사업자가 다른 사업자를 실질적으로 지배함으로써 이들이 상호 독립적으로 운영된다고 볼 수 없는 경우에는 사실상 하나의 사업자로 본다. 다만, 관련시장 현황, 당해 사업자의 활동 등을 고려할 때 경쟁관계에 있다고 인정되는 경우에는 그러하지 아니하다"고 규정하고 있다.

동 규정은 모회사에 의한 100% 지분 보유 이외의 경우에 지배 관계를 실질적으로 판단할 수 있는 기준을 제시하고 있으며, 구체적 판단 기준으로 제시된 사항들은 대체로 이러한 관계에 대한 이해의 틀로서 유용한 것으로 보인다. 다만 몇 가지 논의되어야 할 부분이 있다. 우선 규정 형식과 관련하여, 동 규정은 독자적 결정 가능성을 여러 사유 중의 하나로 열거하고 있는데, 이러한 규정 방식이 경제적 단일체 개념의 인정 취지에 부합하는지에 대해서는 의문이다. 경제적 단일체의 실질적 판단에 있어서 핵심적 표지는 사업자의 독자적 행위 가능성이며, 동 규정에서 언급하고 있는 다른 기준들은 독자적 행위 가능성 판단에 영향을 미치는 요소로서 부차적 기준에 해당하는 것이다. 이러한 점에서 동 규정이 열거하고 있는 판단 기준들의 의미를 재고하고, 규정 방식을 조정할 필요성 있다. 또한 단서 규정은 경쟁관계에 있는 사업자들이 하나의 사업자로 인정될 가능성을 제한함으로써 수평적 관계에 있는 사업자들이 경제적 단일체로 인정될 여지를 실질적으로 축소하고 있는데, 이러한 규정의 타당성에 대하여 의문이 있다. 비록 경제적 단일체가 모자회사 관계처럼 수직적인 구조에서 구체화 되는 것이 전형적이지만, 실질적 지배관계에 있는 사업자들이 수평적 관계에서 상호 경쟁할 위치에 있을 가능성이 없는 것은 아니며, 비교법적으로 이러한 유형에 대한 차별적인 접근의 예도 드물다. 사업자들이 경쟁관계에 있는 경우에도, 지분 구조와 독자적 행위 가능성의 일반적 기준에 의하여 경제적 단일체를 판단하는 것으로 충분해 보이며, 동 유형에 대하여 별개의 접근 방식을 취하고 있는 단서의 규정 태도는 재고될 필요가 있다. 또한 요건 충족의 법적 효과를 '간주'로 하고 있는 것에 대해서는 앞에서 언급한 바와 같다.

## 2. 적용 사례 검토 - 모토코리아 사건

### (1) 사건의 경과

모토로라코리아 주식회사(이하 모토코리아) 등 4개사가 주파수공용통신장치(TPS) 구매입찰시장에서 담합행위를 한 사건은 경제적 단일체(사실상 하나의 사업자) 개념이 관련된 사례로서 주목을 받고 있다. 통신장비 제조·판매 사업자인 모토코리아는 자사의 주파수공용통신장치 국내총판인 주식회사 리노스(구 주식회사 에이피테크놀로지리노스; 이하 리노스), 회명산업 주식회사(이하 회명산업), 주식회사 씨그널정보통신(이하 씨그널) 등 3개사를 통하여 판매하고 있었다. 울산지방경찰청, 철도청, 포스코 등이 2003년 12월부터 2006년 2월까지 발주한 15건의 주파수공용통신장치 구매입찰에서 이들 4개사의 담합이 문제가 되었으며, 공정거래위원회는 모토코리아가 자사의 국내총판인 리노스, 회명산업, 씨그널 등 3개사에 낙찰자와 들러리, 투찰가격 등을 지시한 후에 입찰에 참여해 낙찰받는 방식을 통하여 담합행위를 한 것으로 판단하였다. 즉 모토코리아는 사전에 총판별로 수요처를 지정하고, 이러한 지정에 따라서 총판 3사는 입찰에 참여하였으며, 총판 3사는 피심인 모토코리아에 의해 지정된 낙찰예정자가 실제 낙찰 받을 수 있도록 만남 또는 의사연락 등을 지속적으로 수행한 점이 정황증거로서 제시되었다. 또한 공정거래위원회는 모토코리아에 대한 공동행위 규율을 독점규제법 제19조 제1항 본문의 "다른 사업자로 하여금 이를 행하도록 하여서는 아니된다"는 규정에 의하면서, 모토로라 제품이 국내 TRS시장에서 70%이상을 점유하고 당해입찰시장에서 100%를 차지하고 있는 상황에서 총판 3사에 대한 모토코리아의 거래상 지위는 상

당히 높았으며, 발주자가 입찰참가 조건으로 모토코리아에서 발급한 기술
지원확인서 및 제품공급확인서를 요구하고, 이를 기회로 수요처로 지정
받은 총판이 사전에 모토코리아와 가격협상을 통해 견적서와 기술지원확
인서 및 제품공급확인서를 발급 받아 투찰가격을 결정하여 응찰하였으며,
이때 들러리 총판에게도 모토코리아는 기술지원확인서 및 제품공급확인서
를 발급해 준 사실에 비추어, 모토코리아의 행위는 동 규정에 해당한다고
보았다. 이상의 판단에 기초하여 공정거래위원회는 총판 3사의 부당공동
행위와 모토코리아의 부당 공동행위 교사행위를 금지하고, 각각의 사업자
에 대하여 과징금 부과명령을 내렸다.[34]

### (2) 판결의 내용

동 심결에 대한 총판 3사의 항고소송에서, 피심인들은 모토코리아와 총
판 3사가 경제적 단일체에 해당하기 때문에 공동행위로서의 규제가 타당
하지 않다는 주장을 전개하였으나, 원심 법원은 이를 받아들이지 않았다.
즉 원심 법원은 "원고 등 총판 3사는 모토로라코리아와는 완전 별개의 법
인격을 가진 법률적으로 별개의 독립한 거래주체로서 모토로라코리아로부
터 모토로라가 생산하는 TRS 제품 등에 대한 한국 내 총판으로 지정된 것
일 뿐인 점, 원고 등 총판 3사의 사업활동에 일부 제약이 있기는 하였으나
이는 초기 시장개척 과정에서 과잉·중복투자 방지와 효과적인 고객확보
및 경쟁력 제고 등을 위한 목적에서 비롯된 것일 뿐이고 총판 3사가 수요
처에 최종 공급하는 제품의 부품 중 모토로라의 제품이 차지하는 비중은
50%가 되지 아니하는 등 그 영업활동을 수행함에 있어 독자적으로 판단
할 수 있는 여지가 없지 아니한 점, 모회사가 주식의 100%를 소유하고 있
는 자회사라 하더라도 양자는 법률적으로는 별개의 독립한 거래주체로 보
는 점(대법원 2004. 11. 12. 선고 2001두2034 판결 참조) 등의 사정에 비

34) 공정위 2008. 5. 2. 의결 제2008-137호.

추어 보면, 총판 3사가 원고 주장과 같이 모토로라코리아의 지휘·관리·통제 하에 서로 유기적으로 역할을 분담하면서 일체화된 영업판매 시스템을 형성하였다는 사정만으로는 원고가 그 주장과 같이 다른 총판들과 함께 '경제적 단일체'에 불과하여 회명과 씨그널이 법 제19조 제1항에서 정한 '다른 사업자'에 해당하지 않는다고 볼 수는 없다"고 판시하였다.[35]

한편 동 심결에 대한 모토코리아의 항고에 대하여 원심 법원은 모토코리아의 행위가 교사 등의 행위에 해당하지 않는다고 보았는데,[36] 이에 대한 공정거래위원회의 상고에 대하여 대법원은 법 제19조 제1항 후단의 규정과 관련하여 "위 법률조항의 입법 취지 및 개정경위, 관련 법률조항의 체계, 이 조항이 시정명령과 과징금 납부명령 등 침익적 행정행위의 근거가 되므로 가능한 한 이를 엄격하게 해석할 필요가 있는 점 등에 비추어 보면, 위 제19조 제1항 후단의 '다른 사업자로 하여금 부당한 공동행위를 행하도록 하는 행위'는 다른 사업자로 하여금 부당한 공동행위를 하도록 교사하는 행위 또는 이에 준하는 행위를 의미하고, 다른 사업자의 부당한 공동행위를 단순히 방조하는 행위는 여기에 포함되지 않는다고 할 것이다"고 판시하고, 원심판결이 정당한 것으로 최종적인 판결을 내렸다.[37]

### (3) 경제적 단일체 관점에서의 평가

이상의 주파수공용통신장치 입찰담합 사건의 경과와 판결 내용을 경제적 단일체의 관점에 국한하여 보면, 공동행위를 인정함에 있어서 중요한 근거가 된 수직적 관련성 하에 있는 모토코리아의 총판 3사에 대한 사실상의 지배에 대한 이해에 차이가 나타나고 있으며, 이는 경제적 단일체의

---

35) 서울고법 2009. 9. 10. 선고 2008누15277 판결. 동 사건에 대한 상고는 심리불속행 사유로서 기각되었다. 대법원 2009. 12. 24. 선고 2009두18509 판결.
36) 서울고법 2008. 12. 24. 선고 2008누14854 판결.
37) 대법원 2009. 5. 14. 선고 2009두1556 판결. 동 판결의 의의에 관하여, 이호영, 독점규제법, 홍문사, 2012, 181면 참조.

인정 여부에 대한 상이한 판단으로 이어지고 있다.

이에 관한 원심 법원의 판단에 대하여, 최종적인 결론의 타당성은 별론으로 하고, 입론 과정에서 나타난 몇 가지 문제점에 대한 지적이 가능할 것이다. 우선 경제적 단일체 개념은 법적으로 분리된 법인격을 보유하고 있지만, 경제적으로 단일한 주체를 형성하고 있는 경우를 상정한 것이며, 따라서 별개의 법인격을 취하고 있다는 것 자체가 경제적 단일체를 부정하는 근거가 될 수 없다는 점에 주의를 요한다.[38] 또한 100% 주식 보유 자회사의 경우에도 '다른 사업자'에 해당할 수 있다는 선례의 인용에 대해서도 의문이 있다. 선례로서 제시한 '2001두2034' 판결은 부당지원행위에 관한 것인데, 전술한 것처럼 공동행위 성립 요건인 사업자 복수성의 판단 기준으로서 경제적 단일체 개념은 공동행위 규제의 고유한 관점, 즉 독립적인 행위를 의도적으로 피함으로써 경쟁 기능을 훼손하는 것에 대한 경쟁정책상 부정적인 판단이 반영된 것이며, 이러한 점에서 지원객체가 속한 시장에서의 경쟁제한성 등을 문제 삼는 의미에서 이해되어야 하는 지원주체와 '다른 사업자' 개념과는 구별될 필요가 있다. 경제적 단일체를 부정하는 논거로서 독자적 판단 여지에 관한 검토는, 경제적 단일체 개념을 인정하는 취지에 부합한다는 점에서 착안점으로서의 타당성은 인정할 수 있다. 그러나 판시 사항에서 독자적 판단 여지를 인정하는 근거로서 제시된 사유가 결론을 뒷받침하고 있는지에 대해서는 논의의 여지가 있다. 무엇보다 총판 3사의 영업에서 모토로라 제품의 비중이 50%에 이르지 않는다는 점이 독자적 행위 가능성을 인정할 수 있는 결정적인 근거가 될 수 있는지는 의문이다.

비교법적 검토에서 확인할 수 있듯이, 그리고 「공동행위 심사지침」 제시한 것처럼, 경제적 단일체는 100% 지분 보유의 경우와 그 외의 경우로

---

[38] Hovenkamp는 경제적 단일체(내부적 합의) 분석에 있어서 법적 행위자(legal actor)라는 점이 특별한 기여를 하지 않는다고 보고 있다. Herbert Hovenkamp, 주 13)의 책, 190면.

구분할 수 있으며, 각 유형에 따라서 구체적인 인정 기준에 차이가 존재한다. 당해 사건은 100% 지분 보유의 경우는 아니기 때문에, 독자적인 행위 가능성이 결정적인 기준으로 작용할 것이다. 이와 관련하여 공정거래위원회의 심결에서 행한 행위사실에 대한 분석은, 모토코리아의 공동행위에 대한 교사 등의 관련성을 인정하기 위하여 제시된 것이고 따라서 종합적인 판단에 혼선을 빚는 측면이 있다. 무엇보다 경제적 단일체를 내부적인 기능 할당으로 이해한다면, 특정한 위반행위에 대한 교사 등의 행위 관련성은 경제적 단일체의 내부적 조정보다 지배의 정도가 낮은 수준의 것으로 볼 수 있을 것이다. 따라서 공정거래위원회가 교사 등의 근거로 제시한 행위사실을 인정하는 경우에도, 곧바로 이를 경제적 단일체의 근거로 원용하는데 한계가 있다. 그러나 공정거래위원회가 제시한 자료에서 드러난 일련의 행위, 즉 정기적인 회합이나 입찰 기회에 수시로 이루어진 보고나 지시 사항 등은 당연히 경제적 단일체의 관점에서도 고려되어야 하며, 원심에서 이러한 부분이 충분히 다루어지지 않은 점에 대한 지적이 가능하다. 그렇지만 이러한 부분을 고려한다 하더라도, 당해 사건에서 모토코리아와 총판 3사는 인적, 지분적 관련성이 결여되어 있는 상황이며, 사업적 관계에서 파악할 수 있는 사실상의 구속력만으로 경제적 단일체를 인정할 수 있을지는 의문이다. 무엇보다 100% 지분 보유가 아닌 관계에서 경제적 단일체 개념의 핵심적 표지는 피지배 사업자의 독자적 행위 사실이 아닌 행위 가능성이며, 이러한 가능성 자체가 당해 사안에서 배제된 것으로 보기는 어려울 것이다. 또한 원심이 지적한 것처럼, 일체화된 영업판매 시스템의 구축도 그 자체로 내부 행위자의 독자적 행위 가능성을 부인하는 근거가 될 수는 없으며, 이와 관련하여 앞에서 살펴본 IJsselcentrale 사건에서 통일적인 전력공급 시스템이 운영되고 있음에도 이를 구성하고 있는 발전사업자들의 독립적 행위 여지를 인정한 ECJ 판결은 참고할 만하다.

결국 원심의 최종적인 판단은 타당한 것으로 생각되지만, 피심인들의 항변이나 법원의 판단 과정을 종합하는 관점에서 추가적으로 지적할 부분이 있다. 소송 과정에서 가장 핵심적으로 다루어졌던 경제적 단일체 문제와 관련하여, 당해 사안에서는 본인-대리인 관계에 초점을 맞추어 논의를 전개하는 것이 보다 타당한 입론이 되었을 것으로 생각된다. EU 경쟁법에서의 논의를 보면, 대리인(agent)이 별개의 법인격을 갖고 있는 경우에도 시장에서 자신의 행위를 독립적으로 결정하지 않고, 본인(principal)의 지시에 따라서 행위한 경우에 양자 사이의 공동행위(수직적 공동행위)가 TFEU 제101조에 의해 금지되는 행위에 해당하지 않는다고 보고 있다.[39] 이러한 논의는 실질적으로 하나의 경제 주체로 파악할 수 있는 지분관계 등의 계기가 존재하지 않는 상황에서 구체적인 행위를 중심으로 공동행위 성립 가능성을 판단한다는 점에서 경제적 단일체 개념을 전제로 한 판단 방식과 차이가 있으며, 사안에서는 오히려 이러한 관점에서 논의를 전개하는 것이 보다 타당한 접근 방식이 될 수 있다.

## V. 결론

경제적 단일체 개념은 독점규제법상 부당한 공동행위의 성립과 관련하여 핵심적인 인적 요건에 해당한다. 즉 형식적으로 합의의 당사자들이 별개의 사업자로 나타나지만, 실질적으로 단일한 경제 주체로 판단되는 경우에, 공동행위의 규제 대상에 해당하지 않는다. 부당 공동행위 규제의 본질은 사업자들이 합의를 통하여 경쟁을 회피함으로써 경쟁 기능을 침해하

---

39) Ariel Ezrachi, 주 5)의 책, 116면 참조. 이와 관련된 판결로서, Confederacion Espanola de Empresarios de Staciones de Servico v. Compania de Petroleos SA, Case C-217/05, ECJ(2005) ECR 11987 참조. 동 사건에서 ECJ는 대리인과 본인 간의 계약에서 대리인이 그 계약으로부터 결과하는 어떠한 위험(재정적, 상업적 위험 등)도 부담하지 않는다면, 독립적인 거래 주체로서의 성격을 잃게 되고, 따라서 그 계약은 TFEU 제101조의 규제 대상이 되지 않는다고 판단하였다.

264 _ 경제법론 III

는 것을 방지하는 것에 있는데, 사업자들이 경제적 단일체를 구성하고 있다면 이들 간에 경쟁 자체를 기대하기 어렵다는 점에서 경쟁법의 규제 대상이 되지 않는다고 볼 것이다. 따라서 경제적 단일체 개념은 부당 공동행위의 규제 범위를 한정하는 의미를 갖는다.

미국 반독점법상 내부적 합의(intra-enterprise conspiracy)나 EU 경쟁법상 경제적 단일체(single economic unity)는 용어는 달리하지만 모두 공동행위의 성립과 관련하여 규제 범위를 정하는 도구 개념으로 활용되고 있다는 점에서 내용적으로 유사하다. 즉 양 개념 모두 모자회사 관계를 100% 지분 보유의 경우와 그렇지 않은 경우를 구분하여, 전자에 대해서는 단일한 경제주체의 성립에 대한 강한 추정을 행하고, 후자의 경우에는 구체적인 관계에 대한 실질 분석을 통하여 자회사가 독립적으로 행위할 가능성이 주어지고 있는지에 기초하여 단일한 경제주체의 성립 여부를 판단하고 있다.

이러한 판단 방식은 공정거래위원회가 제정한 「공동행위 심사기준」에 '사실상 하나의 사업자' 개념에 반영되고 있다. 규정 내용은 대체로 타당하지만, 100% 지분 보유의 경우에도 복멸의 여지를 두는 규정 태도를 취할 필요가 있으며, 100% 지분에 이르지 않는 경우에 사실상 하나의 사업자(경제적 단일체)를 구성하는지를 판단함에 있어서 자회사의 독립적 행위 가능성에 초점을 맞추어 판단 기준을 정비할 필요가 있을 것이다. 모토코리아 사건은 경제적 단일체 개념이 심도 있게 논의된 사건으로서, 동 개념의 성립을 부정한 법원의 최종적인 판단은 타당한 것으로 생각된다. 다만 결론의 타당성은 별론으로 하고, 판단 과정에서 공동행위 외의 다른 위반 유형에서 도출된 개념을 곧바로 원용한 점이나 핵심적인 기준인 독자적 행위 가능성에 대한 분석이 충분히 이루어지지 않은 점, 그리고 동 사안에서 EU 경쟁법상 논의되고 있는 본인-대리인(principal-agent) 관계에 기초한 판단이 보다 타당한 접근 방식이 될 수 있었다는 점을 지적할 수 있을 것이다.

# 10. 독점규제법상 행정지도에 의한
## 카르텔 규제의 법리적 고찰

## I. 서론

카르텔이란 둘 이상의 사업자가 상품의 가격, 거래조건 등에 관한 합의를 통하여 경쟁을 제한하는 행위를 말한다. 다수의 사업자가 존재하더라도, 이들이 경쟁에 제한적으로 임한다면, 당해시장에서 경쟁제한적 효과에 대한 우려는 불가피하며, 이러한 점에서 카르텔 규제는 경쟁법 운영의 핵심 사항이라 할 수 있다.[1] 우리나라 「독점규제 및 공정거래에 관한 법률」(이하 '독점규제법')도 다른 나라의 경쟁법과 마찬가지로(미국 Sherman법 1조, EU기능조약 101조 등) 제19조에서 카르텔을 의미하는 '부당한 공동행위'를 규제하고 있다.

각 나라의 경쟁법에 의한 입법적 대응과 규제 당국의 법집행 의지에도 불구하고, 여전히 경쟁법 위반의 카르텔 발생은 줄지 않고 있으며, 우리나

---

1) 각 나라의 경쟁법 운영 상황과 수렴화 경향에 대하여 논의하고 있는 OECD, Trade and Competition: From Doha to Cancun, 2003, 15면 이하에서 가격, 수량, 입찰, 시장분할 등에 관한 합의인 경성 카르텔에 대한 규제를 각 경쟁당국의 가장 중요한 과제로 지적하고 있다.

라의 거우 오히려 증가하는 추세에 있다.[2] 물론 이러한 현상은 정책적인 규제 강화나 자진신고자 감면제도와 같은 조사 방식의 다양화 등에 의한 결과일 수 있으며, 현실 경제에서 카르텔 증가로 단언하기는 어려운 측면이 있다. 그러나 적어도 사업자들 간에 카르텔로 나아가게 되는 유인체계가 여전히 유효하게 작용하고 있다는 점을 부인하기 어렵다.

따라서 규제기관 입장에서는 보다 근본적으로 카르텔 유인체계에 초점을 맞추어 이러한 시스템이 작동하지 못하도록 하는 정책적 노력이 필요할 것이다. 일반적으로 카르텔로 유인이 이루어지고 지속적으로 유지되기 위해서는, 카르텔로 인하여 사업자들이 얻을 수 있는 이익의 크기, 이탈자를 방지하기 위한 내부 통제 시스템의 견고한 정도, 규제기관에 의하여 발각될 가능성을 포함한 카르텔 수행에 따른 비용 등에 대한 고려가 종합적으로 작용한다.[3]

한편 이와 같은 일반론 이외에도 우리나라에서 발생하는 카르텔의 중요한 특성의 하나로, 정부의 행정지도와의 관련성이 언급되고 있다.[4] 행정절차법 제2조 제3호는 "행정기관이 그 소관사무의 범위 안에서 일정한 행정목적을 실현하기 위하여 특정인에게 일정한 행위를 하거나 하지 아니하도록 지도·권고·조언 등을 하는 행정작용"으로 규정하고 있으며, 강학상 행정주체가 조언·권고 등의 방법으로 국민이나 기타 관계자의 행동을 유도하여 그 의도하는 바를 실현하기 위하여 행하는 비권력적 사실행위로

---

2) 공정거래위원회에 의하여 카르텔로서 과징금이 부과된 사건은 1999년부터 2004 년까지 연평균 12.8건 정도였으나, 2005년 23건, 2006년 27건, 2007년 24건, 2008년 43건으로 오히려 증가 추세에 있다. 공정거래위원회, 공정거래백서, 2009, 126면.

3) 카르텔이 성공적으로 수행되기 위한 조건으로서 이상의 내용을 구체화한 여섯 가지 조건으로 설명하고 있는 것으로서 Herbert Hovenkamp, Federal Antitrust Policy, Thomson/West, 2005, 147면.

4) 홍명수, "카르텔 규제의 문제점과 개선방안에 관한 고찰", 경쟁법연구 제11권, 2005 292면 이하.

정의되고 있다.[5]

　행정지도 방식에 의한 행정작용이 나타나는 이유나 기능상의 장단점에 관하여 행정법상 논의가 유력하지만,[6] 특히 경제 분야에서 나타나는 행정지도는 많은 경우 규제산업(regulated industries)의 영역에서 규제의 한 수단으로 이루어지고 있다는 점에도 주목할 필요가 있다. 일반적으로 규제산업은 다양한 공익적 가치의 실현을 목적으로 시장 기능을 대신하는 규제가 허용되고 있는 산업을 의미하며,[7] 그 한도에서 경쟁법의 적용은 제한될 수밖에 없다. 즉 행정지도가 경쟁법의 적용이 제한되는 영역에서 발생할 경우에, 당해 행정지도에 관한 경쟁법상 문제제기는 가능하지 않을 것이다.

　그러나 규제와 경쟁법의 경계가 언제나 명확한 것은 아니며, 경제사회적 조건의 변화에 따라서 유동적일 수밖에 없다. 특히 경제 규제가 이루어지고 있는 영역에서, 특히 규제가 추구하는 목적 실현의 관점에서조차도 경쟁법 적용의 중요성을 강조하고 있는 미국 AMC(Antitrust Modernization Commission)의 지적에도 주의를 기울일 필요가 있다.[8] 이러한 사고에 의한다면, 비록 규제산업의 영역으로 분류되는 경우에도 경쟁법의 적용이 우선적으로 고려되어야 하며, 규제산업의 행정지도에 대해서도 동일

---

5) 김동희, 행정법I, 박영사, 2002, 189면.
6) 일반적으로 행정지도의 효율성으로서 변화하는 행정 필요에 대한 탄력적이고 신축적인 대응을 할 수 있다는 점, 상대방으로 하여금 자발적인 협력을 끌어냄으로써 행정 목적 달성의 실효성을 기할 수 있다는 점, 최신의 정보나 기술을 국민에게 제공할 수 있는 유력한 수단이 될 수 있다는 점 등이 언급되고 있으며, 반면 문제점으로서 행정지도가 사실상 강제력을 갖는 경우가 있고, 책임소재가 불분명해질 수 있고, 구체적인 분쟁의 발생 시에 처분성이 인정되지 않거나 국가의 배상책임이 부인될 수 있으며, 행정과 수범자 간의 유착이 발생할 수 있다는 점 등이 지적되고 있다. 위의 책, 191면 이하 참조.
7) Richard J. Pierce Jr. & Ernest Gellhorn, Regulated Industries, West Group, 1999, 11면 이하.
8) Antitrust Modernization Commission, Report and Recommendations, 2007, 338면.

한 관점에 의하게 된다.

독점규제법은 이러한 사고를 반영하여 독점규제법의 관점에서 규제의 의의를 평가할 수 있는 근거 규정을 두고 있다. 즉 동법 제58조는 "이 법의 규정은 사업자 또는 사업자단체가 다른 법률 또는 그 법률에 의한 명령에 따라 행하는 정당한 행위에 대하여는 이를 적용하지 아니한다"고 규정하고 있으며, 동 규정에 의하여 개별 산업의 규제법률에 근거한 일련의 행위는 독점규제법의 적용 대상에서 제외된다. 행정지도 역시 규제의 한 형식으로 파악할 수 있으므로, 동 규정에 의한 정당성 판단의 대상이 된다는 점은 분명하다. 결국 규제산업의 영역에서 이루어지는 행정지도에 의한 카르텔의 경우, 당해 산업에 경쟁법, 특히 경쟁법상 카르텔 금지 규정이 적용되는지가 쟁점이 되며, 구체적인 논의는 독점규제법 제58조에 규정된 적용제외 요건을 충족하는지에 따르게 될 것이다.

한편 독점규제법상 행정지도에 의한 카르텔의 규제를 논의함에 있어서, 카르텔 규제의 요건을 충족하는지가 선행적으로 검토되어야 한다. 즉 현행 독점규제법상 규제 대상이 되는 카르텔에 해당하는지 그리고 동법에 의하여 위법한 것으로 평가될 수 있는지가 다루어져야 하며, 그 결과 위법한 것으로 평가된 카르텔을 대상으로 동법 제58조에 의한 적용 제외 가능성을 검토하는 것이 법리에 부합하는 판단과정이 될 것이다. 따라서 이하에서의 논의는 우선 행정지도에 의한 카르텔이 독점규제법이 규제하는 카르텔에 해당하고 또한 위법한 것으로 평가될 수 있는지를 검토하고(II), 이어서 동법 제58조에 의하여 적용이 제외되는지 여부를 검토하는(III) 순으로 전개할 것이다.

## II. 카르텔의 성립과 위법성 판단

### 1. 행정지도에 의한 카르텔 성립 가능성 검토

#### (1) 카르텔 성립 요건으로서 합의와 사업자 의사의 자율성

부당한 공동행위 규제 근거인 독점규제법 제19조 제1항은 "사업자는 계약·협정·결의 기타 어떠한 방법으로도 다른 사업자와 공동으로 부당하게 경쟁을 제한하는 다음 각 호의 어느 하나에 해당하는 행위를 할 것을 합의하거나 다른 사업자로 하여금 이를 행하도록 하여서는 아니된다"고 규정하고 있다. 동 규정에서 금지되는 행위는 사업자들 간에 일정한 내용의 합의이다. 따라서 주관적 요건으로서 합의만으로 공동행위가 성립하는 것으로 이해되고 있으며,9) 대법원 판결도 동일한 입장에 있다.10)

그러나 공동행위의 주관적 요건으로서 합의의 의미가 명확한 것은 아니다. 동 규정은 합의를 '계약·협정·결의 기타 어떠한 방법'으로 규정함으로써 존재 형식에 있어서 개방적인 태도를 취하고 있는데, 이때 합의의 본질적 표지로서 의사의 연락(meeting of minds)을 제시하는 견해가 유력하다.11)

이와 관련하여 합의의 유형을 보다 세밀하게 규정하고 있는 EC조약 제81조나 독일 경쟁제한방지법(Gesetz gegen Wettbewerbsbeschrängkungen: GWB) 제1조의 규정을 참고할 필요가 있다. 동 규정들은 합의의 유형으로서 사업자들 간의 합의(agreements, Vereinbarungen), 결의(decisions, Beschlüsse) 및 동조적 행위(concerted practices, abgestimmte Ver-

---

9) 권오승, 경제법, 법문사, 2008, 250면.

10) 대법원 1999. 2. 23. 선고 98두15849 판결에서 대법원은 부당한 공동행위의 성립에 있어서 합의에 따른 실행행위는 요구되지 않는다는 점을 분명히 밝히고 있다.

11) 권오승, 주 9)의 책, 250면; 이기수·유진희, 경제법, 세창출판사, 2006, 173면; 신현윤, 경제법, 법문사, 2006, 245면.

haltensweisen)를 제시하고 있으며, 특히 동조적 행위는 합의와 결의 이외
에 카르텔 합의에 해당하는 나머지 형태를 포괄함으로써 그 경계를 정하
는 의미를 갖는다. 동조적 행위의 의의와 관련하여 Suiker Unie 사건에서
유럽법원의 판결이[12] 일반적으로 인용되고 있는데, 이에 의하면 동조적
행위는 본질적으로 합의의 성립에 이르지 않았지만, 의도적으로 위험을
수반하는 경쟁의 위치로부터 벗어나기 위하여 실제적으로 협력하는 사업
자들 간의 조정의 형태를 의미한다.[13] 즉 EC조약이나 독일 경쟁제한방지
법상의 카르텔 합의는 단순한 합의 이상의 범위를 대상으로 하며, 사업자
들 간의 다양한 협력관계를 포괄한다.

이와 같은 유럽의 카르텔 규제 법규정에서 합의의 의의는 본질적으로
동일한 입법적 대응을 하고 있는 독점규제법상 카르텔 규제에서의 합의를
이해함에 있어서도 유용한 의미가 있다. 독점규제법상 카르텔 합의를 사
업자들 간의 일정한 협력관계까지 포함하는 넓은 의미로서 이해한다면,
당연히 합의의 가장 분명한 형태로서 계약법적 합의가 여기에 포함된다는
것에 의문은 없다. 즉 카르텔 합의는 계약법적 의미에서의 모든 계약을 포
괄하며, 그 한도에서 청약과 승낙으로 구성되는 의사의 합치에 관한 계약
법적 법리에 영향을 받는다.[14] 물론 계약법적 의미에서의 합의에 이르지
못한 경우라 하더라도 카르텔 합의에 해당할 수 있으며,[15] 이러한 점에서
합의에 관한 계약법적 법리가 카르텔 합의 인정에 결정적인 것은 아니다.
그러나 계약법적 합의의 전제라 할 수 있는 의사의 자율성은 카르텔 합의

12) EuGH, Urt. v. 14. 7. 1972 - Rs. 48/69.
13) Knut Werner Lange hrsg., Handbuch zum deutschen und europäischen
    Kartellrecht 2. aufl., Verlag Recht und Wirtschaft GmbH, 2006, 44면(Knut
    Werner Lange 집필부분).
14) Ulrich Immenga & Ernst-Joachim Mestmäcker hrsg., GWB Kommentar, Verlag
    C. H. Beck, 2001, 100-101면(Daniel Zimmer 집필부분) 참조.
15) 예를 들어 신사협정과 같은 합의 형태를 상정할 수 있다. 위의 책, 101면(Daniel
    Zimmer 집필부분).

일반에 확장될 수 있는 의미를 갖고 있다. 예를 들어 전술한 것처럼 카르텔 합의의 가장 넓은 범위를 대표하는 동조적 행위를 경쟁 상태를 피하고자 하는 사업자들 간의 협력적 조정 형태로 이해한다면, 이 경우에도 사업자의 자율적 의사는 동조적 행위 성립의 기초가 될 것이다. 결국 사업자 의사의 자율성은 카르텔 합의가 존재하는지 여부를 판단하기 위한 전제로서 고려될 필요가 있다.

## (2) 행정지도에 의한 카르텔 성립이 부정될 가능성

### 1) 개괄

행정지도에 의한 카르텔의 성립과 관련하여 일반적인 카르텔의 경우와 마찬가지로 주관적 요건으로서 합의의 존재를 판단하게 되지만, 특히 정부의 행정지도에 의하여 촉발되었다는 점을 고려할 때, 전술한 것처럼 사업자의 자율적 의사가 존재하였는지에 대한 판단도 중요한 의미가 있다.

### 2) 합의의 부존재

우선 행정지도에 의하여 사업자들 간에 행위의 일치가 발생한 경우에도, 당해 행정지도가 사업자들 간의 합의를 매개로 하지 않고, 각 사업자에 대하여 동일한 내용의 개별적인 행정지도로서 행위의 일치가 나타난 경우라면, 합의의 부존재로서 카르텔의 성립은 부정될 것이다.

맥주 3사의 가격인상 공동행위에 대한 대법원 판결은[16] 이에 관한 적절한 예가 될 것이다. 동 판결에서 2007년 법개정 이전 추정에 관한 독점규제법 제19조 제5항이[17] 해석상 쟁점이 되었는데, 대법원은 맥주회사의

---

16) 대법원 2003. 2. 28. 선고 2001두1239 판결.
17) 개정 전의 제19조 제5항은 "2 이상의 사업자가 일정한 거래분야에서 경쟁을 실질적으로 제한하는 제1항 각 호의 1에 해당하는 행위를 하고 있는 경우 동 사업자 간에 그러한 행위를 한 것을 약정한 명시적인 합의가 없는 경우에도 부당한 공동행위를 하고 있는 것으로 추정한다"고 규정되어 있었다. 동 규정에 대하여 추정

가격 결정에 대한 국세청의 행정지도가 있었다는 사실에 근거하여 추정의 복멸을 인정하고, 가격 인상에 관한 합의의 존재를 부인하였다. 대법원의 이와 같은 판단은 법개정 전 제19조 제5항의 추정을 법률상 추정으로 이해한 해석론에 기초한 것으로서, 행위의 일치로 인한 부당한 공동행위(합의)의 추정이 행정지도에 따른 사업자의 개별 행위의 결과로 인한 것이 입증된 경우에 그 추정은 복멸된다는 것을 내용으로 한다.[18]

특히 동 판결에서 주목할 것은, 대법원의 추정 복멸에 관한 판단이 단지 행정지도가 있었다는 사실이 아니라 당해 행정지도의 구체적 내용과 사업자의 행위를 종합적으로 분석한 것에 기초하고 있다는 점이다. 즉 ① 재정경제원과 국세청은 맥주 3사의 가격인상 요구에 훨씬 미치지 못하는 인상률만을 허용함으로써 맥주 3사는 허용된 인상률 전부를 가격인상에 반영할 수밖에 없게 되어 맥주 3사의 맥주가격인상률이 동일해질 수밖에 없었던 점, ② 국세청은 가격 선도업체와 협의된 종류별, 용량별 구체적인 가격인상 내역을 다른 맥주 제조업체에게 제공하고, 다른 업체가 이를 모방한 인상안을 제시하면 그대로 승인하여 왔고, 그 인상시점 또한 국세청의 지도에 따라 결정되는데, 이 사건 가격인상도 마찬가지 방식으로 이루어진 점, ③ 이 사건 가격인상과 관련하여 국세청과 협의를 앞두고, 맥주 3사 간에 인상률에 대한 별도의 합의를 한 후 국세청과 협의에 임하였다거나, 또는 국세청과의 인상률에 대한 협의를 기회로 그 행정지도에 따른 인상률을 동일하게 유지하기로 하는 별도의 합의를 한 것으로는 인정되지 않는 점 등을 추정 복멸의 근거로 제시하였다. 이와 같은 사실관계는 국세청의 행정지도와 맥주 3사의 가격인상 사이에 맥주 3사의 합의가 매개되

---

의 요건, 즉 간접사실을 행위의 외형상 일치와 정황증거에 한정하고, 추정의 대상은 합의의 존재로 이해하여야 한다는 지적이 유력하였다. 양명조, "부당한 공동행위에 있어서 부당성 판단기준", 권오승 편, 독점규제법강의, 법문사, 1996, 268면 참조.

18) 동 관결에 대한 평석으로서, 홍대식, "과점시장에서의 합의의 추정과 그 번복", 경제법판례연구 제1권, 2004, 43면 이하 참조.

지 않고 있음을 보여주는 것이다.

### 3) 의사의 자율성의 부인

한편 행정지도가 사업자들 간의 합의를 유도하는 방식으로 이루어진 경우에, 전술한 카르텔 합의의 전제조건으로서 사업자 의사의 자율성이 중요한 의미를 갖게 된다. 특히 규제산업의 영역에서 해당 규제기관에 의한 행정지도의 경우 사실상 강제력을 갖는 경우가 많은데, 이러한 형태의 행정지도가 상대방에게 의사 결정의 여지를 전혀 주지 않는 것일 때, 카르텔 합의의 존재가 부인될 수 있다.

이와 관련하여 OPEC(석유수출기구)의 원유가격 인상에 따라서 일본에서 발생하였던 석유가격 인상 사건은 주목할 만한 것이다. OPEC의 1차 내지 3차에 걸친 원유가 인상 결정에 대응하여 일본 정부의 通商産業省은 석유정제업자, 석유판매업자 및 양자를 겸영하는 자를 회원으로 하는 石油聯盟에 대하여 행정지도를 하였다. 1971년에 제시된 당해 행정지도는, OPEC의 원유가 인상액 전부가 소비자에게 전가되지 않도록 하기 위하여 전가액의 한도를 제품환산으로 1킬로리터당 860円으로 정할 것 그리고 가격 인상시에 통상산업성에 사전에 통지하고 양해를 구할 것 등을 주요 내용으로 하였다. 석유연맹은 1973년 총 5회에 걸쳐 가격인상을 하였으며, 이에 대하여 공정취인위원회는 당해 행위가 「私的獨占の禁止及び公正取引の確保に關する法律」(이하 독점금지법) 제8조 제1항 제1호의[19] 일정한 거래분야에 있어서 경쟁을 실질적으로 제한하는 것에 해당하는 가격담합 행위로 판단하고 이를 시정하는 명령의 심결을 내렸다. 동 심결의 최소를 구하는 항고소송에서 일본 최고재판소는 석유연맹이 행한 가격 인상은 통상산업성의 행정지도의 범위를 넘어서는 것이고, 따라서 이를 가격담합행위로 판단한 공정취인위원회의 심결의 취소를 구하는 석유연맹의 청구를

---

19) 동 규정은 독점규제법 제26조 제1항 제1호의 부당한 공동행위를 준용하는 사업자단체의 금지행위 규정에 상응하는 것이다.

기각하였다.[20] 당해 사건은 공정취인위원회의 고발에 의하여 형사사건으로도 다루어졌는데, 형사재판에서도 최고재판소는 행정지도에 따른 행위인 경우에 위법성이 조각될 여지가 있었지만, 당해 사건에서 석유연맹의 가격 인상행위는 행정지도의 내용에 따른 것이라 할 수 없다는 점에서 위법성이 조각되지 않는 것으로 판시하였다.[21]

이상의 일본 최고재판소 판결은 행정지도의 내용을 넘어서는 담합행위를 독점금지법에 반하는 것으로 판단한 것인데, 사실관계 측면에서 당해 행정지도에도 불구하고 석유사업자들이 여전히 독자적으로 가격을 형성할 수 있는 상태에 있었다는 점에도 주의를 요한다. 동 판결은 사업자들이 독자적으로 가격을 결정할 수 없고 행정지도를 내용대로 수용할 수밖에 없었다면, 카르텔 합의의 성립이 부인될 수 있음을 시사하는 것으로 이해할 수도 있다.

결국 카르텔 합의의 전제조건으로서 사업자 의사의 자율적 기초가 존재하는지 여부와 관련하여, 행정지도의 내용과 성격이 어떠한 것인지가 결정적인 의미를 갖는다. 즉 행정지도가 거래조건의 일정한 기준을 제시하는 것인지 아니면 구체적인 거래조건을 특정하는 것인지, 또한 행정지도가 사실상의 강제력을 수반하는지 여부와 그 정도 등에 의하여, 카르텔 합의의 전제가 되는 의사의 자율성에 관한 판단이 구체적 · 개별적으로 이루어질 것이다.

이와 관련하여 카르텔 사건은 아니지만, 인가 요금을 부당염매로서 규제한 日本食品 사건도[22] 참고할 만하다. 동 사건에서 일본 최고재판소는 비록 요금이 자치단체의 인가를 받은 것이라 하더라도 사업자가 요금 인가를 신청함에 있어서 충분한 재량을 갖고 있는 경우에는 독점금지법의 규제 대상이 될 수 있다고 판시하였다.[23]

---

20) 最判 · 昭 · 57(1982) · 3 · 9.
21) 最判 · 昭 · 59(1984) · 2 · 24.
22) 東京高判 · 昭 · 62(1987) · 2 · 24.

## 2. 행정지도에 의한 카르텔의 위법성 검토

### (1) 카르텔 위법성 판단의 기준

독점규제법 제19조 제1항은 '부당하게 경쟁을 제한하는' 공동행위를 규제한다. 동 규정에서 공동행위 위법성의 본질은 경쟁제한성에 있으며, 이는 비교법적으로도 의문 없이 받아들여지고 있다. 미국의 반독점법 판례에서 형성된 경성 카르텔에 대한 당연위법의 법리도 상세한 심사가 불필요한 정도의 명백한 경쟁제한성을 전제한 것이라 할 수 있다.

한편 동 규정에서 알 수 있듯이, 경쟁제한적 카르텔의 경우에도 부당하지 않다면 허용될 수 있다. 즉 경쟁제한적 효과가 있는 경우에도 경쟁정책적 관점에서 이를 상쇄하는 긍정적 효과가 발생하는 경우에 카르텔의 위법성은 부인될 것이다. 예를 들어 문제가 되고 있는 카르텔이 효율성 제고나 소비자 후생의 증대에 기여할 수 있는 효과를 낳는 경우에, 경쟁제한적 효과와 비교 형량을 통하여 독점규제법상 위법하지 않은 것으로 평가될 수 있다.

### (2) 행정지도에 의한 카르텔의 위법성 판단

전술한 것처럼 행정지도는 일정한 행정목적을 추구하는 과정에서 선택된 행정작용의 한 방식을 의미한다. 이때 행정지도를 통하여 달성하고자 하는 목적이 위법성 판단에서 고려될 수 있는지가 문제가 될 수 있다.

앞에서 살펴 본 일본의 석유사업자의 가격담합에 관한 고발 사건에서 최고재판소는 "일반 소비자의 이익을 확보함과 아울러 국민경제의 민주적이고 건전한 발달을 촉진한다"(1조)라는 독점금지법의 궁극적인 목적에 실질적으로 저촉되는 것이 아니라면 당해 행정지도를 위법한 것으로 볼

---

23) 동 판결에 대한 평석으로서, 홍명수, "일본식품 사건의 검토", 경쟁저널 제147호, 2009, 19면 이하 참조.

수 없다고 판단하였다. 행정지도의 위법성 평가는 동 행정지도에 따른 카르텔의 위법성 평가에 밀접히 관련되는 것이므로, 당해 카르텔이 행정지도의 범위 안에서 이루어졌다면 적법한 것으로 평가될 가능성이 있었다.[24)

동 판결에서 특히 주목할 것은, 행정지도의 적법성 판단에서 독점금지법의 목적이 중요한 기준이 되었다는 점이다. 이와 관련하여 독점금지법 제2조 제6항이 '공공의 이익에 반하는 것'을 부당한 거래제한(공동행위)의 정의에 포함시키고 있기 때문에, 행정지도의 공익적 목적에 대한 평가가 법기술적으로 가능할 수 있었다는 분석을 할 수도 있다.[25) 물론 이와 같은 법규정은 우리 독점규제법의 부당한 공동행위 규정과 상이한 것이지만, 독점규제법 제1조도 동법의 궁극적 목적으로서 "창의적인 기업활동을 조장하고 소비자를 보호함과 아울러 국민경제의 균형 있는 발전을 도모함"을 규정하고 있고, 대법원 판결이 동 목적조항을 구체적인 위법성 판단에서 고려될 수 있는 궁극적 기준으로 이해하고 있다는 점에서[26) 전술한 최고재판소의 석유담합 판결의 의의를 찾을 수 있다.

이러한 관점을 수용하면, 행정지도의 목적이 독점규제법이 추구하는 목적에 부합하는 경우에, 당해 행정지도에 의한 카르텔의 위법성 평가에서 이를 고려하는 것이 가능하다. 예를 들어 전술한 맥주 3사 가격 인상 사건에서 국세청의 행정지도가 입증됨으로써 부당한 공동행위의 추정이 복멸

---

24) 동 판결의 의의에 관하여, 행정작용법적 근거를 갖고 있지 않은 행정지도도 독점금지법상 적법한 것이 될 수 있으며, 이에 따른 카르텔도 위법성이 조각될 여지가 있다는 점을 밝힌 것에 있다고 보는 견해로서, 金井貴嗣・川濱 昇・泉水文雄, 獨占禁止法, 弘文堂, 2006, 107-108면 참조.

25) 특히 동 판결이 공공의 이익의 해석론에 기초하고 있다고 보는 것으로서, 위의 책, 108면 참조. 한편 '공공의 이익'은 자유경쟁을 기반으로 하는 경제질서를 의미하므로, 경쟁의 실질적 제한이 인정되는 경우에는 당연히 공공의 이익에 반하는 것이 된다고 이해하는 것으로서, 平林英勝, 獨占禁止法の解釋・施行・歷史, 商事法務, 2005, 46-48면 참조.

26) 대법원 2005. 8. 19. 선고 2003두9251 판결.

되었지만, 만약에 합의가 추정되어 위법성 평가가 요구되었다면, 당해 행정지도가 가격 상승의 제한을 통하여 소비자 이익을 보호하려는 취지로 이루어진 것이라는 점에서 소비자 이익보호의 측면과 가격담합의 경쟁제한적 효과의 형량에 따른 위법성 평가가 필요하였을 것이다.

끝으로 행정지도가 법적 근거 없이 이루어진 경우에도 행정지도의 목적을 위법성 판단에서 고려할 수 있는지가 문제된다. 행정지도가 직접적 또는 간접적인[27) 법적 근거를 갖고 있지 않고, 단순히 조직법적 근거에 의하여 행하여지는 경우가 많은데, 이러한 경우에도 당해 행정지도의 목적을 고려하여 최종적인 위법성 판단에 반영할 수 있는지에 관하여 논의의 여지가 있다. 농수산물도매시장에서 위탁장수수료의 부당한 가격 결정이 문제가 되었던 사건에서 법원은, 법적 근거가 없는 경우에도 당해 행정지도를 필요로 하는 정책적 사정이 인정되고, 그러한 사정에 대처하기 위하여 사회통념상 상당하다고 인정되는 방법으로 행정지도가 이루어졌으며, 그것이 종국적으로 소비자의 이익을 보호함과 아울러 국민경제의 균형 있는 발전을 도모한다는 독점규제법의 궁극적인 목적에 반하지 않는 한 그러한 행정지도는 적법한 것이고, 따라서 본건에서 도매시장법인들이 그러한 행정지도에 협력하여 위탁상장수수료를 공동으로 결정한 것은 실질적으로 적법한 행위로서 독점규제법에 반하지 않는 것으로 판단하였다.[28)

동 판결에 대하여 독점규제법 목적에 부합한다는 점을 근거로 위법성을 조각한 것에 의미를 두고 있는 견해도 있으며,[29) 적법한 법적 근거 없는 행정지도의 목적을 위법성 판단의 고려 대상으로 삼은 것에 대한 비판적인 견해도 존재한다.[30) 그러나 행정법상 조직법적 권한에 기초한 행정지

---

27) 행정지도에 관한 직접적 근거는 없으나, 당해 사항에 관하여 일정한 행정처분을 할 수 있는 근거가 있는 경우를 상정한다. 김동희, 주 5)의 책, 190-191면.
28) 서울고등법원 1996. 12. 6. 선고 96나2240 판결.
29) 이호영, 독점규제법의 이론과 실무, 홍문사, 2006, 3면.
30) 이봉의, "독점규제법의 목적과 경쟁제한행위의 위법성", 경제법판례연구 제1권, 2004, 23면 참조.

도가 가능한 것이라는 점을 전제할 때, 독점규제법 제58조에 의한 적용제
외는 별론으로 하고, 행정지도 내지 행정지도에 따른 카르텔의 위법성을
판단함에 있어서 행정지도의 직·간접적 법령의 근거가 논리적으로 요구
되는 것은 아니라는 점에서, 동 판결을 긍정적으로 볼 수도 있다.

## III. 법령에 따른 정당한 행위로서 적용제외 가능성 검토

### 1. 독점규제법 제58조의 의의와 적용제외 요건

#### (1) 독점규제법 제58조의 의의

독점규제법 제58조는 "이 법의 규정은 사업자 또는 사업자단체가 다른
법률 또는 그 법률에 의한 명령에 따라 행하는 정당한 행위에 대하여는
이를 적용하지 아니한다"라고 규정하고 있다. 과거 우리나라가 오랫동안
성장 위주의 경제정책을 추진하는 과정에서 많은 경제관련 법령에 시장기
능을 제한하는 다양한 법제도가 존재하게 되었다. 동 규정은 이러한 법제
도에 근거한 사업자 행위에 대하여 적용제외 가능성을 인정하면서도, 시
장경제 원리에 비추어 재검토의 필요성을 수용하여 정당한 경우에만 적용
제외를 허용하는 입법태도를 취한 것으로 이해되고 있다.[31]

우리 경제가 정부 주도의 개발경제시대로부터 벗어나 민간 부분의 자율
성을 확대하는 방향으로 전환하여 왔고, 정부의 규제 대신에 시장 기능이
강조되는 추세에 있지만, 여전히 규제산업적 특성을 갖고 있는 영역이 존
재한다. 독점규제법의 적용은 시장을 대상으로 하는 것이므로, 동 규정은
규제산업의 영역과 시장기능에 의하는 영역 사이의 관계를 설정하는 의의
가 있으며, 특히 법적 근거가 주어지고 있음에도 불구하고 정당성 판단을

---

31) 권오승, 주 9)의 책, 134-135면 참조.

통하여 적용제외가 가능한 것으로 규정한 것은 양자의 관계설정의 기본 방향을 시사하는 것이다.

독점규제법 제58조에 의한 적용제외는, 동 규정에서 제시하고 있는 것처럼 다음의 세 가지 요건의 충족을 요구한다. 즉 1) 법률 또는 그 법률에 의한 명령이 전제되어야 하며, 2) 문제가 된 행위가 정당하여야 하고, 또한 3) 양자 사이에 인과관계가 존재하여야 한다.

### (2) 독점규제법 제58조에 의한 적용제외 요건의 검토

#### 1) 법률 또는 그 법률에 의한 명령의 의의

적용제외의 대상이 되는 것은 '법률 또는 그 법률에 의한 명령'에 따른 행위이다. 따라서 '법률 또는 그 법률에 의한 명령'은, 적용제외가 이루어질 수 있는 범위를 최종적으로 법률에 유보할 수 있는 경우로 한정하는 의미를 갖는다.

'법률 또는 그 법률에 의한 명령'의 구체적 의의에 관하여 논의가 있다. 동 규정의 표제가 '법령에 따른 정당한 행위'로 되어 있는 만큼, '법률 또는 그 법률에 의한 명령'의 의의를 당연히 법률과 그 법률에 의하여 위임된 법규명령을 의미하는 것으로 보는 견해가 일반적이지만,[32] 여기서의 명령에 행정기관의 명령적 행위도 포함되는 것으로 보는 견해도 있다.[33] 명령이라는 표현이 법규명령과 행정처분으로서 하명과 같은 명령적 행위 모두를 지칭하는 것일 수 있지만, 법규정에서 명령이 양자를 동시에 포함하는 것은 이례적일 뿐만 아니라, 동 규정의 취지가 독점규제법의 적용이 제외되는 경우를 법률에 명시적인 근거가 있는 경우로 한정하는 것에 있다고 본다면, 행정기관의 명령적 행위까지 포함된다고 보는 것은 입법취지에 부합하지 않는 측면도 있다. 다만 법률에 근거한 명령적 행위는 이하

---

32) 위의 책, 134면 참조.
33) 정호열, 경제법, 박영사, 2008, 85면; 양명조, 경제법강의, 신조사, 2009, 333면.

에서 살펴볼 인과관계의 문제로서 다룰 필요가 있을 것이다.

한편 자치단체의 조례가 여기에 포함될 수 있는지가 문제가 될 수 있다. 동 규정의 해석상 자치단체의 조례까지 '법률 또는 그 법률에 의한 명령'에 해당하는 것으로 보기는 어렵다. 다만 이 경우에 미국 반독점법상 주행위 면책 이론(state action doctrine)을 참고할 수 있는데, 판례법상 형성된 주행위 면책의 요건으로서 거래제한에 대한 명시적인 주 정책의 표현과 주에 의한 적극적인(actively) 감독이 요구된다.[34] 그러나 기본적으로 주행위 면책 이론은 연방정부와 주정부 사이의 정책의 충돌을 조정하려는 의도와 관련된 것이라는 점에서,[35] 동 이론을 자치단체 조례의 적용제외를 위한 논거로 원용하는 것에는 일정한 한계가 있다.

2) 인과관계

동법 제58조는 법률 또는 그 법률에 의한 명령에 '따른' 행위에 대해서만 적용제외를 인정한다. 즉 적용제외가 되기 위해서는 법령과 행위 사이에 인과적 관련성이 존재하여야 한다.

많은 경우에 법령과 행위 간에 행정기관에 의한 행정처분이 개입하게 된다. 이때 명령적 행위와 같이 상대방에게 구속력을 갖는 권력적 행정작용이 관련되는 경우라면, 인과관계를 인정하는데 어려움이 없을 것이다. 그러나 상대방에게 구속력이 없으며 임의적 협력을 전제하는 비권력적 행정작용의 경우에도 인과적 관련성을 인정할 수 있는지는 문제가 되며, 특히 행정지도의 경우 중요한 쟁점이 될 것이다. 이와 관련하여 행정지도에 의한 국가배상책임의 인정에 있어서, 원칙적으로 상대방의 임의적 협력을 전제하기 때문에 행정지도와 손해 사이의 인과관계는 단절되지만, 행정지

---

34) 동 원칙을 제시한 판결로서 California Retail Liquor Dealers Ass'n v. Midcal Aluminium, Inc., 445 U.S. 97 (1980) 참조.

35) E. Thomas Sullivan & Jeffrey L. Harrison, Understanding Antitrust and Its Economic Implications 4. ed., LexisNexis, 2003, 97면 참조.

도가 여러 상황을 종합하여 판단할 때 사실상의 강제력을 갖고 있어서 상대방이 다른 선택을 할 여지가 없는 것으로 볼 수 있는 경우에는 인과관계가 인정되어야 한다고 보는 것에[36] 주목할 필요가 있다. 물론 손해의 공평한 분담을 목적으로 하는 손해배상의 법리와 경쟁정책의 타당한 범위를 결정하는 독점규제법상 적용제외의 법리는 기본적인 관점에서 분명한 차이가 있지만, 상대방에게 선택의 여지가 있었는지에 따라서 결정되는 인과적 관련성은 동일하게 파악될 수 있는 것으로 생각된다.

따라서 행정지도나 비공식적 사전절충 등과 같은 비권력적 행정작용이 법령과 행위 사이에 개입된 경우에, 행정기관의 행위가 사실상의 강제력을 갖는 경우라면, 법령과 행위 사이의 인과관계가 인정될 수 있을 것이다. 이때 사실상의 강제력의 판단은 행정기관의 행위와 상대방의 선택 여지에 관한 제반 상황의 종합적인 고려에 기초하여야 한다. 한편 사실상의 강제력의 정도가 행정지도 상대방의 의사의 자율적 형성의 기초가 완전히 부인되는 정도에 이른 경우라면, 행정지도에 따른 합의 자체의 부인의 근거로서 사실상의 강제력이 원용될 수 있다는 점에도 주의를 요한다.

3) 정당성 판단

독점규제법 제58조의 적용제외는 정당한 행위에 대해서만 가능하다. 즉 법령에 따른 행위라 할지라도 동 규정에 의하여 정당한 것으로 평가되지 않는다면, 독점규제법의 적용이 제외되지 않는다.

이와 관련하여 대한법무사협회의 사업제한행위 사건에 대한 대법원 판결이 일반적으로 인용되고 있다. 동 판결에서 대법원은 "독점규제법 제58조는 이 법의 규정은 사업자단체가 다른 법률 또는 그 법률에 의한 명령에 따라 행하는 정당한 행위에 대하여는 이를 적용하지 아니한다고 규정하고 있는바, 위 조항에서 말하는 법률은 당해 사업의 특수성으로 경쟁제

---

36) 김동희, 주 5)의 책, 197면.

한이 합리적이라고 인정되는 사업 또는 인가제 등에 의하여 사업자의 독점적 지위가 보장되는 반면 공공성의 관점에서 고도의 공적규제가 필요한 사업 등에 있어서 자유경쟁의 예외를 구체적으로 인정하고 있는 법률 또는 그 법률에 의한 명령의 범위 내에서 행하는 필요최소한의 행위를 말하는 것"이라고 판시하였다.37) 행위의 정당성과 관련하여, 동 판결은 자유경쟁의 예외가 구체적으로 인정되고 있는 범위 내에서 필요최소성을 판단의 기본 원칙으로 제시하고 있으며, 이는 동법 제58조의 입법취지에 비추어 타당한 원칙 제시로 이해된다.

그러나 몇 가지 점에서 추가적으로 논의되어야 할 부분이 있다. 국내에서의 논의를 보면, 정당성 판단과 관련하여 독점규제법의 관점에 의할지 아니면 개별 법률의 관점에 의할지가 다투어지고 있다. 후자의 입장을 취하는 견해도 있지만,38) 전자의 견해가 일반적이며, 독점규제법의 관점에 의할 경우에 독점규제법이 추구하는 목적에 기초하여 정당성 판단이 이루어질 것이다.

이와 관련하여 Sullivan & Harrison에 의한 규제산업에서 경쟁법의 적용제외가 이루어지는 경우에 대한 설명은 참고할 만하다. 이에 의하면 ① 법령에 독점규제법의 적용제외에 관한 명문의 규정이 있는 경우, ② 의회에 의하여 승인된 규제기관이 독점금지법적 규제에 배치되는 명시적인 권한을 행사하는 경우 그리고 ③ 의회가 공공의 이익을 보호하기 위하여 경쟁이 적절한 수단이 되지 못한다는 결정을 할 것으로 추정될 만큼 규제기관에 의한 규제가 보편적으로 행해지고 있을 경우에, 규제산업에 있어서 독점금지법의 적용이 제외될 수 있다.39) 특히 세 번째 유형은 법령의 근거가 없는 경우에도 적용제외가 될 수 있는 경우를 상정한 것이지만, 그 기준으로서 제시된 공공의 이익과 경쟁의 수단으로서 비적합성은 동법 제

---

37) 대법원 1995. 5. 12. 선고 94누13794 판결.
38) 신현윤, 주 11)의 책, 134면 참조.
39) E. Thomas Sullivan & Jeffrey L. Harrison, 주 35)의 책, 56면.

58조의 정당성 판단에 있어서도 원용될 수 있을 것이다.

또한 동 판결이 언급한 필요최소성 원칙의 경쟁정책적 근거를 명확히 할 필요도 있다. 필요최소성의 원칙은, 전술한 AMC 보고서에서 언급한 것처럼, 규제산업의 불가피성을 인정하면서도 규제가 시장 기능을 대신할 수 있다는 것에 대하여 기본적으로 회의적인 태도를 취하여야 한다는 사고와 동일한 맥락에 있다. 나아가 동 원칙을 이해함에 있어서 경쟁정책의 규범적 중요성에 대한 인식이 전제될 필요가 있다. 이와 관련하여 시장경제를 경제질서의 기본원리로 채택하고 있는 나라에서 경쟁정책은 근본 질서에 관련되는 것이므로 다른 경제정책에 대하여 규범적 우월성을 갖는다고 Dreher의 견해는 유력한 의미가 있다.[40)]

## 2. 행정지도에 의한 카르텔의 적용제외 가능성

### (1) 개괄

행정지도에 의한 카르텔에 대하여 독점규제법 제58조의 적용제외가 가능한지는, 이상에서 살펴본 적용제외 요건의 충족 여부에 의하여 판단될 것이다. 각각의 요건 중에서 정당성 판단에 관한 부분은 행정지도가 관련된 경우라 하더라도, 다른 논의가 추가될 필요는 없을 것이다. 그러나 법령의 근거와 인과관계의 문제는 행정지도에 의한 카르텔의 적용제외 가능성을 논의함에서 특별히 고려되어야 할 부분이 있다.

### (2) 법령의 근거

우선 법령의 근거와 관련하여, 행정지도의 적법성 판단과 동법 제58조에서 요구하는 행정지도의 근거로서 법령의 존재에 대한 판단이 동일한

---

40) Meinrad Dreher, "Das Rang des Wettbewerbs im europäischen Gemeinschaftsrecht", WuW, 1998, 656면 이하 참조.

의미를 갖는 것은 아니라는 점에 주의를 요한다. 전술한 것처럼 행정지도는 직·간접적인 법적 근거에 의하는 경우와 단지 조직법적 근거에 기초하여 행하는 경우로 나뉘며, 오히려 후자의 경우가 일반적인 행정지도의 모습이라 할 수 있다.

그러나 단지 조직법적 근거에 의한 행정지도가, 동법 제58조에 규정된 법령의 요건을 충족하는 것으로 볼 수 있는지는 별개의 문제이다. 입법취지에서 살펴본 것처럼, 동 규정은 독점규제법의 적용이 제외되는 경우를 법령에 근거가 있는 경우에 한정하기 위한 것이다. 조직법적 근거에 의한 행정지도의 경우도 동 규정의 요건을 충족하는 것으로 보게 되면, 이러한 근거가 실질적으로 행정기관의 행정행위에 의하여 창설되는 의미를 갖게 된다. 따라서 행정지도가 법령에 따른 것의 요건을 충족하기 위해서는, 직접적 또는 간접적 법령상의 근거가 있는 경우에 한정하여 이해하는 것이 타당하다.

이에 관한 법원의 입장이 명확하게 제시되고 있지는 않다. 앞에서 다루었던 맥주3사 사건의 경우 대법원은 국세청의 가격 지도 행위가 주세법 제38조 및 주세사무처리규정 제70조에 근거한 국세청장의 가격에 대한 명령권에 근거한 것으로, 즉 간접적 법적근거에 의한 행정지도로 파악하였는데, 당해 행정지도의 존재는 합의 추정의 복멸 사유로 다루어졌고, 동법 제58조의 적용제외 문제로 검토된 것은 아니었다. 그러나 이와 같이 행정지도의 법적 근거를 엄밀하게 분석한 대법원의 태도에 비추어, 제58조의 적용제외에 있어서 법령의 근거를 파악함에 있어서도 동일한 분석 방식을 채택할 것으로 예상된다.

행정지도에 의한 카르텔에 참가하는 사업자의 관점에서 행정지도의 성격이 달라질 수 있다는 점에 주의를 요한다. 예를 들어 일부 사업자에 대해서는 행정지도가 직접적 또는 간접적 법적 근거를 갖고 있는데 반하여, 다른 사업자에 대해서는 조직법적 근거만 있는 경우를 상정할 수 있다.

공정거래위원회에서 다루어진 4개 이동통신사업자들의 보조금 감액에 관한 공동행위 사건은[41] 이에 관한 적절한 예가 될 것이다. 이들 사업자 중 한 사업자와 관련하여 구 전기통신사업법 제29조 제3항에 의하여 정보통신부장관에게 이동통신이용에 관한 약관의 인가 권한이 있었으며, 나머지 사업자에 대해서는 전기통신사업법 제29조 제1항에 의하여 이동통신이용 약관의 신고의무만 부과되고 있었다. 행정지도의 관점에서 정보통신부장관의 인가 권한은 간접적 법적근거가 되는 것이므로, 4 사업자에 행하여진 행정지도의 성격은 간접적 법적근거를 갖고 있는 경우와 단지 조직법적 권한에 기초한 경우로 나뉘었다. 공정거래위원회의 심결에서 이 부분에 초점이 주어지지 않았지만, 이러한 경우에 행정지도의 법적 근거를 어떻게 파악할 것인지가 문제가 된다. 특히 직접적 또는 간접적 법적근거를 갖고 있는 경우에만 적용제외가 가능한 것으로 보는 입장에서는 이 문제는 결정적인 의미를 갖게 될 것이다. 이때 행정지도는 복수의 사업자가 있는 경우에도 하나의 카르텔을 염두에 둔 것이기 때문에 단일하게 파악하는 것이 실제에 부합하며, 또한 복수의 사업자 중에 가장 유력한 사업자(위의 4개 이동통신 사업자 중에서는 50% 이상의 시장점유율을 갖고 있는 1위의 사업자)에 대해서만 직접적 또는 간접적 법적 근거가 주어지는 것이 일반적인데, 이러한 사업자에 대해서만 적용제외를 인정하는 것은 사업자들 간에 형평성이나 규제의 실효성을 갖기 어려운 측면도 있다. 따라서 행정지도의 대상 사업자 중 어느 한 사업자에 대해서만 직접적 또는 간접적 근거가 있는 경우에 당해 카르텔 전체에 대하여 법령의 근거가 있는 행정지도로 파악하는 것이 타당할 것으로 생각된다.

### (3) 인과관계의 문제

행정지도는 개념적으로 상대방의 임의협력을 전제하는 비권력적인 행정작용이다. 따라서 상대방의 자율적 판단에 따른 협력이 이루어지면, 행

---

41) 공정위, 2000. 5. 31. 의결 2000-85호, 9911공동1657.

정지도와 상대방의 행위 사이의 인과관계는 부인될 것이다. 앞에서 살펴본 4개 이동통신사업자의 공동행위 사건에서 공정거래위원회는 상대방의 임의 협력에 근거하여 정보통신부의 행정지도와 사업자들의 보조금 감액 합의 간의 인과관계를 부정하였다. 법원의 판결로서는 상공부의 행정지도와 한국비철금속공업협동조합연합회의 행위 사이에 인과관계를 당해 행정지도가 비권력적 사실행위라는 점에 근거하여 부인한 사례가 있다.[42)

전술한 것처럼 행정지도와 같은 비권력적 행정작용의 경우, 개념적으로는 행정지도와 상대방의 행위 사이의 인과관계가 부인될 수 있지만, 사실상의 강제력이 있는 경우에 인과적 관련성이 긍정될 수도 있다. 이때 사실상의 강제력 판단에는 사업자가 행정지도에 실질적으로 구속되는지 여부를 파악하기 위하여 제반 상황에 대한 종합적인 고려가 요구된다. 이러한 점에서 전술한 4개 이동통신사업자들의 보조금 감액 공동행위와 정보통신부의 행정지도 사이의 인과관계가 부정된 것에는 의문이 있다. 이들 4개 이동통신사업자 중 시장점유율이 1위인 사업자의 통신이용약관은 정보통신부장관의 인가 대상이었으며, 나머지 사업자들도 이용약관의 신고의무를 부담하고 있는 상황이었다. 또한 전기통신사업법은 다양한 종류의 사전적 의무를 통신사업자들에 부과할 수 있는 근거 조항을 두고 있었으며, 특히 이동통신 시장은 제도적으로 진입장벽이 존재하는 시장이라는 점도 고려되어야 할 부분이었다. 이와 같은 상황에 대한 종합적인 고려가 이루어지지 않은 것을 동 심결의 문제로 지적할 수 있을 것이다.

사실상의 강제력에 근거하여 인과관계를 파악할 경우에, 의사의 자율성 판단에서 검토되었던 강제력과 중복되는 측면이 있다. 전술한 것처럼 사실상의 강제력이 상대방의 자율적 의사 자체가 인정되기 어려운 수준에 이른 경우라면, 합의의 전제로서 의사의 자율성이 부인될 것이고, 따라서 독점규제법 제58조의 적용제외가 검토될 여지도 없을 것이다. 따라서 제58조의 적용제외에서 요구하는 인과관계를 판단함에 있어서 고려되는 사

---

42) 서울고법 1992. 1. 29. 선고 91구2030 판결.

실상의 강제력은 의사의 자율성을 완전히 부인하는 수준에 이르지 않은 정도의 것을 의미하게 된다.

문제가 되었던 사례 중에 행정지도의 내용과 이에 따른 상대방의 행위에 차이가 있어서 독점규제법 제58조의 적용제외가 인정되지 않은 예가 있었다. 이러한 경우도 실질적으로 행정지도와 상대방 행위 사이에 인과관계가 부정된 예로 볼 수 있다. 예를 들어 11개 손해보험회사들이 공동으로 무료 긴급출동서비스를 서비스 내용에서 제외한 사건과 관련하여 대법원은 보험감독원의 행정지도 내용은 보험업계가 보험계약자 서비스와 특별이익제공의 기준을 자율적으로 설정하도록 하는 것이었고, 따라서 손해보험회사들이 무료 긴급출동서비스를 폐지한 것은 행정지도에 따른 행위로 볼 수 없다고 판단하였다.[43]

## IV. 결론

독점규제법상 행정지도에 의한 카르텔의 규제와 관련하여, 두 가지 관점에서 규제 가능성이 순차적으로 검토되어야 한다. 즉 행정지도에 의한 카르텔이 독점규제법 제19조가 규제하는 카르텔에 해당하는지, 그리고 이것이 긍정될 경우에 동법 제58조에 의한 적용제외 가능성이 논의되어야 한다.

카르텔로서의 규제 가능성을 검토함에 있어서 행정지도에 의하여 나타난 사업자들의 일치된 행위로부터 합의가 인정될 수 있는지가 다루어져야 하며, 이어서 합의가 인정될 경우에 당해 공동행위가 위법한 것인지가 검토되어야 한다.

합의의 성립과 관련하여 행정지도가 합의를 매개하는 방식으로 이루어

---

43) 대법원 2006. 11. 23. 선고 2004두8323 판결.

졌는지를 우선 살펴볼 필요가 있으며, 단지 동일한 내용의 행정지도가 각
각의 사업자들에게 행하여진 경우라면 합의 자체의 존재가 부인될 것이
다. 합의를 매개로 한 경우라면, 당해 행정지도가 사실상 강제력을 갖고
있고, 그 강제력이 사업자의 의사 결정의 자율성을 부인하는 정도에 이른
경우에도 카르텔 합의를 인정하기 어려울 것이다.

카르텔 합의가 인정되는 경우에 당해 공동행위가 위법한 것인지의 평가
가 뒤따르게 된다. 카르텔의 위법성은 경쟁제한성에 기초하지만, 경쟁에
긍정적인 영향을 미치는 다양한 효과들에 대한 종합적인 고려가 요구된
다. 즉 효율성 제고 내지 소비자 후생 증대에 기여할 수 있는 효과 나아가
궁극적으로 독점규제법이 추구하는 목적 등이 형량의 한 내용으로 고려될
수 있다. 행정지도는 일정한 행정목적을 추구하는 과정에서 행정기관이
선택한 행정수단이라 할 수 있으며, 이때 행정지도의 목적도 전술한 카르
텔의 실질적 경쟁제한성 판단에서 고려될 수 있는 대상이 될 수 있다면,
형량 과정에 반영될 수 있다. 일본의 석유담합 사건에 관한 최고재판소의
판결이나 우리나라 대법원의 농수산물도매시장 사건 판결에서 시사하듯
이, 카르텔의 위법성 판단에서 행정지도의 목적을 고려하는 경우에 당해
행정지도가 직접적 또는 간접적으로 법적 근거에 기초한 것인지가 영향을
미치지는 않는다.

행정지도에 의한 카르텔이 위법한 것으로 평가될 경우에 독점규제법 제
58조에 의한 적용제외 가능성이 검토되어야 한다. 동 규정상의 요건인 법
령의 근거, 법령과 상대방 행위 사이의 인과관계 그리고 독점규제법 관점
에서 상대방 행위의 정당성이 인정되는 경우에, 동 규정에 의한 적용제외
가 이루어질 것이다.

우선 적용제외 요건으로서 법령의 근거와 관련하여 조직법적 근거에 기
초한 행정행위까지 동 요건을 충족하는 것으로 보는 것은 의문이다. 동 규
정이 제한적으로 해석되어야 할 필요성에 비추어, 적어도 간접적인 법적 근
거가 있는 경우에 법령의 근거 요건을 충족하는 것으로 보아야 할 것이다.

인과관계에 있어서는 행정지도의 본질에 따라서 상대방의 임의협력에 기초하여 인과관계를 일률적으로 부인할 것은 아니다. 사실상의 강제력이 있는 경우에는 인과관계가 인정될 수 있으며, 이때 인과적 관련성을 파악하기 위해서는 행정지도와 상대방의 행위에 관련된 제반 상황에 대한 종합적인 고려가 요구된다. 한편 사실상의 강제력이 상대방의 의사 결정의 자율성을 완전히 부인할 수 있는 정도에 이른 경우에는 합의 성립 자체가 부정될 가능성이 있다는 점에도 유의할 필요가 있다.

끝으로 정당성 판단에 있어서 경쟁 기능에 의하여 달성될 수 없는 공공의 이익의 존재가 구체적으로 인정되어야 하며, 판례가 제시하고 있는 필요최소성의 원칙도 이러한 관점에서 이해되어야 할 것이다.

# 11. 불공정거래행위에 관한 대법원 판결 분석(2010)
## - 거래상 지위남용 사건을 중심으로 -

## I. 서론

「독점규제 및 공정거래에 관한 법률」(이하 독점규제법)에 관한 대법원 판결이 축적되면서, 법리적으로 미처 다루어지지 못한 부분이나 실무적으로 처리의 불명확성이 남아 있던 부분에서 의미 있는 개선이 이루어져 왔다. 양적인 증가도 눈에 띄는데, 공정거래위원회의 사건처리의 수가 꾸준히 늘고 있을 뿐만 아니라, 당사자의 불복 과정을 통해서 대법원의 최종적인 판단에 이르는 사건도 증가하는 추세에 있다.

2010년 독점규제법상 불공정거래행위 규제와 관련하여 모두 5개의 대법원 판결이 있었는데, 특히 거래상 지위남용에 관한 두 판결, 삼성화재 사건과[1] 동양전자상사 사건에[2] 관한 대법원 판결이 주목할 만하다. 두 판결은 불공정거래행위 외에 다른 독점규제법상의 규제 법리나 독점규제법 외에 다른 법영역에서의 관련 쟁점을 포함하고 있으나, 여기서의 논의는 불공정거래행위 규제에 초점을 맞추어 논의를 전개하고, 그 외의 쟁점

---

1) 대법원 2010. 1. 14. 선고 2008두14739 판결.
2) 대법원 2010. 8. 26. 선고 2010다28185 판결.

은 필요한 부분에 한해서 간략히 언급할 것이다. 두 판결은 모두 거래상 지위남용에 관련되며, 그 동안 깊이 다루어지지 않았던 법적 쟁점을 포함하고 있다. 그 의의를 살펴보고, 추가적으로 논의되어야 할 부분에 대한 검토를 수행하고자 한다. 한편 동양전자사건에서는 거래거절에 관한 일부 쟁점도 다룰 것이다.


## II. 삼성화재 사건


### 1. 사건의 개요


#### (1) 사실관계

삼성화재해상보험(주) 등 8개 손해보험사는 손해보험의 한 종류인 책임 손해를 보상하는 형태의 책임보험 사업을 영위하고 있다. 자동차손해배상 책임과 관련하여 피보험자가 자동차를 소유, 사용 또는 관리하는 동안에 발생한 사고로 다른 사람의 자동차가 훼손된 때에 보험자로서 그 사고에 따른 손해를 보상할 책임이 있고, 이때 피해 차주는 상법 제724조 제2항 에3) 의하여 피보험자가 책임을 질 사고로 입은 손해에 대하여 보험자에게 직접보상을 청구할 수 있는 관계에 있다. 이들 손해보험사가 사용한 보험 약관은, 보험사가 ① 피보험자가 책임을 질 사고로 피해차량을 수리하는 동안 피해차주가 다른 차를 빌리지 않는 경우에는 해당 차종의 차를 빌리는 요금의 20%를 지급하고, ② 피해 차량이 영업용차량인 때에는 수리기

---

3) 상법 제724조 제2항 "제삼자는 피보험자가 책임을 질 사고로 입은 손해에 대하여 보험금액의 한도 내에서 보험자에게 직접 보상을 청구할 수 있다. 그러나 보험자는 피보험자가 그 사고에 관하여 가지는 항변으로써 제삼자에게 대항할 수 있다."

간 동안에 발생하는 영업손해 상당액(이하 휴차료라 한다)을 지급하며, ③ 피해차량(출고후 2년 이하인 자동차에 한함)의 수리비용이 사고 직전 자동차 가액의 20%를 초과하는 때에는 출고 후 1년 이하인 자동차의 경우 수리비용의 15%를, 출고 후 1년 초과 2년 이하인 자동차의 경우 수리비용의 10%를 지급해야 하는 것으로 규정하고 있었다.

이들 손해보험사가 2003. 1. 1.부터 2006. 12. 31.까지 발생한 대물사고 중 대차료와 휴차료를 지급할 의무가 있는 사고는 5,509,786건이었는데, 피해차주들이 대차료와 휴차료를 청구하지 않았다는 이유로 그중 약 3,162,386건의 대차료와 휴차료 합계 약 22,876,116,000원을 지급하지 않았고, 2007. 4. 1.부터 2007. 7. 31.까지 이상의 지급하지 않은 대차료와 휴차료 중 3,432,695,000원만을 추가로 지급하였다. 또한 이들 손해보험사가 2003. 1. 1.부터 2006. 12. 31.까지 발생한 대물사고 중 시세 하락 손해보험금을 지급할 의무가 있는 사고는 11,330건이었는데, 원고들은 피해차주들이 시세 하락 손해 보험금을 청구하지 않았다는 이유로 2007년 3월 말 현재 564건의 시세 하락 손해보험금 약 237,910,000원을 지급하지 않았다.

### (2) 사건의 경과

공정거래위원회는 이들 손해보험사가 이상의 대차료, 휴차료 및 시세 하락 손해보험금을 지급하지 않은 행위가 독점규제법 제23조 제1항 제4호에서 정한 자기의 거래상의 지위를 부당하게 이용하여 상대방과 거래하는 행위에 해당한다는 이유로, 이들에 대하여 당해 행위의 금지를 내용으로 하는 시정명령, 공표명령 및 과징금 납부명령을 하였다.[4]

공정거래위원회는 손해보험사들 행위의 부당성을 판단하는 과정에서, 자동차보험은 책임보험으로서 강제보험적 성격이 강하고, 손해보험사들은

---

4) 공정위 2008. 1. 10. 의결 제2008-013호.

보험계약자에 대하여 교섭력이나 사업능력 측면에서 우월할 뿐만 아니라, 정보 측면에서 양자 간에 비대칭적인 특징이 있으며, 피해 차주들이 대차료 등의 존재를 알지 못하고 불이익을 감수할 수밖에 없는 점을 고려하여, 손해보험사들의 거래상 우월한 지위를 인정하였다. 또한 불이익 제공의 부당성 판단과 관련하여 손해보험사들이 피해자들의 정당한 이익을 고려하여야 할 의무를 위반한 것에 근거하여 대차료 등의 청구가 없다는 것을 이유로 한 미지급행위의 부당성을 인정하였다.

이들 손해보험사는 공정위의 심결에 불복하고, 항고소송을 제기하였다. 원고의 불복 이유는 다음의 세 가지였는데, 1) 독점규제법 제23조 제1항 제4호에 의한 거래상 지위를 부당하게 이용하는 것에 해당하기 위한 전제로서 원고와 피해차주들 사이에 거래관계가 존재하지 않는다는 것, 2) 따라서 원고가 우월한 지위에 있다는 것을 인정할 수 없다는 것, 그리고 3) 피해차주들이 대차료 등을 청구하지 않아서 이에 관한 손해보험금을 지급하지 않은 행위가 동법 시행령 〈별표 1의2〉 제6호 라목에서 정한 불이익 제공에 의한 거래상 지위의 남용에 해당하지 않는다는 것이었다.

이에 관하여 원심법원은 동법 제23조 제1항 제4호에서 규정하는 '거래상 지위의 부당한 이용'에서 거래란 행위자의 의사표시를 전제하는 것이므로, 불법행위와 이에 수반하는 행위가 거래에 포함되지 않는다고 판단하였다. 이에 기초하여 대물손해를 입은 피해차주들이 상법 제724조 제2항에 의하여 보험자인 원고들에게 직접 보상을 청구할 수 있는 권리는 피보험자들의 불법행위로 인하여 발생한 손해배상청구권에 불과하므로 원고들과 피해차주들 사이에 직접적인 거래관계가 있다고 할 수 없을 뿐만 아니라, 피보험자들을 매개로 한 거래관계가 있다고 볼 수 없고, 따라서 원고와 피해차주들 사이에 거래관계가 있음을 전제로 한 공정거래위원회의 처분은 위법한 것으로 판결하였다.[5] 동 판결에 대하여 피고인 공정거래위원회는 상고하였고, 최종적으로 대법원에 판결에 이르게 되었다.

───────

5) 서울고법 2008. 7. 24. 선고 2008누4567 판결.

## 2. 대법원 판결

대법원은 원심판결에서 공정거래위원회 심결의 위법성 판단에 주된 근거가 되었던 거래상 지위남용에서 거래의 개념에 논의를 집중하였다.

구체적으로 "1) 불공정거래행위에 관한 법상의 관련 규정과 입법 취지 등에 의하면 불공정거래행위에서의 거래란 통상의 매매와 같은 개별적인 계약 자체를 가리키는 것이 아니라 그보다 넓은 의미로서 사업활동을 위한 수단 일반 또는 거래질서를 뜻하는 것으로 보아야 하는 점, 2) 비록 피해차주의 보험회사에 대한 직접청구권이 피보험자의 불법행위에 의하여 발생한다고 하더라도 보험회사 및 피보험자는 바로 그러한 경우를 위하여 보험계약을 체결하는 것이고, 피해차주는 자동차손해보험의 특성상 보험계약 성립 당시에 미리 확정될 수 없을 따름이지 그 출현이 이미 예정되어 있는 것이며, 그에 따라 보험회사가 피해차주에게 대물손해를 배상하여야 할 의무도 위 보험계약에 근거하고 있는 것인 점, 3) 불법행위로 인한 손해배상채무가 이행되는 과정에서도 채무자에 의한 불공정거래행위가 얼마든지 발생할 여지가 있는 점(예컨대 보험회사가 피해차의 수리비용을 일시불로 즉시 지급하지 아니하고 장기간에 걸쳐 소액으로 분할지급한다거나, 아예 상당한 기간이 경과한 후에야 수리비용을 지급하는 것 등) 등에 비추어 볼 때, 원고들과 피해차주들 사이에는 피보험자들을 매개로 한 거래관계가 존재한다고 봄이 상당하다"고 판시하고, 원심판결을 파기·환송하는 판결을 내렸다.

## 3. 평석

### (1) 판결의 의의

그 동안 불공정거래행위의 한 유형으로서 거래상 지위남용에 관한 논의는 거래상 지위의 의의와 판단방식과 기준에 집중되었다. 즉 거래상 지위는 시장지배적 지위와 같은 정도의 지위는 아니지만, 최소한 상대방의 거래활동에 영향을 미칠 수 있는 지위를 의미하는 것이고,[6] 우월한 지위는 당사자 간에 상대적으로 판단하며, 거래필요성 등이 중요한 고려 요소로서 제시되기도 하였다.[7] 거래상 지위의 우월성에 대한 이와 같은 이해는 당연히 거래 개념을 전제하는 것이지만, 동 판결에서 다루어지기 전까지 이에 관한 이론적인 논의에 공백이 있었고, 무엇보다 이에 대한 논의의 계기를 제공하였다는 점에서 동 판결에 대한 긍정적 평가가 가능할 것이다.

동 판결에서 쟁점이 되었던 부분을 구체적으로 보면, 원심판결은 거래상 지위남용에서 거래는 행위자의 의사표시를 전제하며 법률행위와 그에 수반하는 행위가 이에 해당하는 것으로 판단하였고, 대법원은 개별적인 계약 관계를 넘어서 사업활동을 위한 수단 또는 거래질서를 뜻하는 것으로 거래의 범위를 확대하고 있다. 그러나 동 판결에서 대법원이 거래의 의미를 구체적 계약관계 이상으로 파악하고 있다는 점은 분명하게 드러나지만, 이러한 관점을 수용할 경우에 몇 가지 측면에서 추가적인 논의가 불가피하다.

우선 대법원 판결을 따를 경우에도 거래상 지위남용에서 거래가 어느 범위에서 정해질 수 있는지가 명확한 것은 아니다. 대법원은 일반 거래질서의 차원에서 거래를 파악할 수 있는 것으로 보고 있지만, 그렇다고 하여 일반적인 경제적 지위의 우열로부터 곧바로 거래상 지위를 도출하는 것은 지나친 확장일 수 있으며, 불공정거래행위로서 거래상 지위남용행위를 규제하는 입법 취지에 부합하는 지도 의문이다.[8] 또한 동 판결의 대상 사건

---

6) 권오승, 경제법, 법문사, 2009, 299면; 이기수 · 유진희, 경제법, 세창출판사, 2006, 248면; 정호열, 경제법, 박영사, 2010, 417면; 신현윤, 경제법, 법문사, 2006, 292면.

7) 이호영, 독점규제법, 홍문사, 2010, 295면 참조.

8) 우리 독점규제법과 유사한 일본 독점금지법 제2조 제9항 제5호의 불공정한 거래방법의 한 유형으로서 우월적 지위남용 규제와 관련하여, 자유경쟁기반의 침해에

이 책임보험에 관한 것이라는 점도 주의해야 할 부분이다. 책임보험계약에서 사고로 인하여 피보험자에게 손해배상청구권을 갖게 되는 제3자의 존재는 필수적이며,[9] 구체적으로 특정되어 있지 않다 하더라도 계약 내용에 처음부터 포함되어 있는 것이고, 나아가 앞에서 언급한 것처럼 상법 제724조 제2항은 피해를 입은 제3자의 보험자에 대한 직접적인 청구권을 규정하고 있다. 이러한 계약의 구조적 특수성을 고려하면, 책임보험에서 보험자와 피해를 입은 제3자의 관계를 거래의 틀 안에서 파악한 논리를 계약 관계 밖에 있는 제3자 일반으로 확대하는 것에 대해서는 신중할 필요가 있다. 끝으로 거래상 지위남용 위법성의 핵심은 거래상 우월한 지위를 부당하게 이용하는 것에 있으며, 따라서 우월한 거래상 지위의 존재와 이러한 지위의 부당한 이용에 관한 판단 과정을 거치게 된다. 비록 논리적으로 이러한 판단은 단계적인 분리가 가능하지만,[10] 우월한 거래상 지위와 부당한 이용은 밀접히 관련되며, 상호 판단 과정에 영향을 미친다.[11] 예를 들어 어떠한 지위가 부당하게 이용될 가능성이 있는지 여부는 그 지위의 우월성을 판단함에 있어서 고려되어야 할 것이다.

## (2) 거래상 우월한 지위에서 거래의 의의

거래상 지위남용에서 거래를 거래질서 전반에서 파악할 경우에, 거래상

---

대한 구제의 관점에서 경쟁이 기능한다면 설정할 수 없는 거래조건을 설정하는 경우에 이를 규제하는 것에서 동 규정의 입법취지를 이해하고 있는 것으로서, 金井貴嗣・川濱 昇・泉水文雄, 獨占禁止法, 弘文堂, 2010, 332-333면(金井貴嗣 집필부분) 참조.

9) 최기원, 보험법, 박영사, 2002, 427-428면 참조.
10) 白石忠志, 獨禁法講義, 有斐閣, 2009, 93면.
11) 우월적 지위와 남용은 실제상 상관관계적이며, 전체로서 일체적으로 인정된다는 것으로서, 根岸 哲 編, 注釋 獨占禁止法, 有斐閣, 2009, 490면(根岸 哲 집필부분) 참조.

우월한 지위를 인정하는 범위도 그만큼 확대되는 것이 불가피하다. 동 규정이 전형적으로 상정하는 거래상 우월한 지위는 대규모 제조업자와 유통업자, 대규모 유통업자와 납품업자 등의 관계에서 나타나지만,[12] 전반적인 거래질서의 관점을 수용할 경우에 대기업과 소비자 관계와 같은 당사자의 대등성이 보장되지 않는 거래 일반에서도 거래상 우월한 지위의 파악이 가능하게 된다. 물론 독점규제법 제23조 제1항 제4호 및 동법 시행령〈별표 1의2〉제6호의 규정이 거래 상대방을 한정하고 있지 않으며, 따라서 이때 거래 상대방은 소비자를 포함하는 것으로 이해할 수 있고,[13] 이러한 해석이 동 규정의 문리적 한계를 벗어나는 것은 아니다. 그러나 거래상 지위남용 규제의 본질은 거래당사자 간에 지위가 균등하지 못한 상황에서 부당한 거래조건의 부과를 규제하는 것에 있다는 점에서, 거래상 우월한 지위는 상대적으로 전반적인 힘의 불균형성이 드러나는 경우를 넘어서 관계의 특징적 요소의 고려를 통하여 구체화되어야 한다. 이와 관련하여 우월적 지위는 거래 상대방의 거래 전환이 극히 곤란하거나 부당한 거래조건을 회피하기 어려운 경우에 인정될 수 있다는 관점이 유력하다.[14] 즉 불이익한 거래 조건을 수용할 수밖에 없는 상황에서 거래상 우월한 지위는 구체적인 의미를 갖게 된다. 이와 같은 거래상 우월한 지위에 대한 이해에 따르면, 이러한 지위를 구체적인 거래 관계를 떠나서 파악하는 것에 의문이 있다. 물론 구체적 거래관계의 요구가 기존의 계약관계를 형성한 당사자들 간의 관계에 제한되는 것은 아니며, 잠재적으로 거래 관계를 맺을 가능성이 있는 거래 주체들까지 포함되는 것으로 보아야 할 것이다. 이러한 관점도 기존의 계약 당사자들의 범위를 넘어서는 것이지만, 구체적인 거래관계를 설정하고 이를 기점으로 거래의 범위를 파악한다는

---

12) 독점공급관계, 하도급관계, 대리점관계 등이 우월적 지위를 쉽게 인정할 수 있는 예에 해당한다는 것에, 양명조, 경제법강의, 신조사, 2010, 262면.
13) 金井貴嗣·川濱 昇·泉水文雄, 주 8)의 책, 333면(金井貴嗣 집필부분).
14) 白石忠志, 주 10)의 책, 94면 참조.

점에서, 거래 일반으로의 확대와는 차이가 있다.

### (3) 지위남용과 거래의 의의

한편 거래상 지위남용에 관하여 동법 시행령 〈별표 1의2〉 제6호는 우월한 지위를 부당하게 이용하여 거래하는 행위로서 구입강제, 이익제공강요, 판매목표강제, 불이익제공, 경영간섭 등의 다섯 가지 유형을 규정하고 있다. 동 규정에서 제시된 거래상 지위남용의 세부 유형은 우월한 지위가 부당하게 이용되는 방식을 상정하고 있으며, 이때 거래상 우월한 지위는 이러한 부당한 이용 가능성의 전제로서 관련된다. 다섯 가지 세부 유형 중 라목의 불이익제공은 규정 형식상 작은 일반 조항으로서 기능하는데,[15] 최소한 거래 상대방에게 불이익을 부과할 수 있는 거래상 우월한 지위가 전제되어야 하며, 거래의 의미는 이러한 판단 과정의 기초가 되어야 한다. 즉 구체적으로 불이익을 제공할 수 있는 거래 관계가 제시되어야 하며, 거래질서와 같은 포괄적인 관념은 당사자 간에 힘의 대등성이 보장되지 않는 모든 거래에서 거래상 지위남용에 의한 규제가 가능한 것으로 이끌 여지가 있다.

### (4) 책임보험계약관계의 고려

공정거래위원회가 제정한 「불공정거래행위 심사지침」은 거래상 지위남용의 규제에 있어서 '민사행위 등과의 구별'을 규정하고 있다. 동 규정은 거래 상대방의 선택 가능성이 주어지고 있는지 여부가 거래상 지위남용 규제의 핵심이며(V. 6. (2) (가)), 또한 계약이나 관련 법령의 해석상 다툼

---

15) 홍명수, 경제법론II, 경인문화사, 2010, 347면. 한편 서울고등법원 2010. 2. 11. 선고 2009나31323 판결에서는 불이익제공에 해당하기 위하여 그 행위의 내용이 상대방에게 다소 불이익하다는 점만으로는 부족하고, '구입 강제', '이익제공 강요', '판매목표 강제' 등 거래상 지위의 남용에 해당하는 다른 행위와 동일시할 수 있을 정도이어야 한다고 판시하고 있다.

은 동 규제의 적용대상이 되지 않는다는 점을 기술하고 있다(V. 6. (2) (다)). 이상의 규정은 계약 내용의 불공정성 심사는 계약 체결이 거래 상 대방의 선택이 실질적으로 보장되는 상황에서 이루어졌는지에 따르며, 또 한 계약 해석상의 문제는 원칙적으로 민사법의 영역에서 우선적으로 다루 어지는 것으로 규정함으로써, 당사간의 계약에 대하여 거래상 지위남용으 로서 규제할 수 있는 범위와 한계를 정하고 있다.16)

동 판결의 대상 사건은 보험사와 보험계약자가 체결한 책임보험계약과 관련하여 제3의 피해자에 대한 대차료 등의 미지급이 문제가 되고 있는 사안이다. 전술한 「불공정거래행위 심사지침」에서 언급한 계약의 해석상 다툼이 아니라 계약 내용에 따른 불이행의 불공정성이 문제가 되고 있는 것이기 때문에, 불공정거래행위로서 규제 가능성은 충분한 것으로 볼 수 있다.

특히 법률상 규정에 의하여 피해차주들의 보험사에 대한 직접적 청구권 이 부여되고 있지만, 이러한 청구권의 기초는 보험사와 보험계약자가 체 결한 책임보험계약에 있다는 점에 주목할 필요가 있다. 사안에서 제기된 불공정성의 문제는 책임보험계약에 따른 이행과 관련된 것이며, 기존의 계약 관계를 벗어나서 거래상 지위남용의 부당성을 판단할 필요성이 존재 하는 것은 아니다. 예를 들어 보험사의 피해차주에 대한 미지급은, 자동차 사고로 인하여 손해배상책임을 부담하게 되는 보험계약자에게 불이익을 줄 수 있는 것이고, 이는 보험사의 보험계약자에 대한 우월한 지위남용으 로서 부당성을 판단할 근거가 된다. 동 판결에서 대법원이 거래의 의미를 일반 거래질서까지 확대한 것은 책임보험계약에서 피해차주들에 대한 보 험사의 우월한 지위를 인정하는 근거를 제시하기 위한 입론에 따른 것으 로 이해된다. 그러나 이러한 입론 방식을 취하지 않더라도, 보험사와 보험

---

16) 계약 체결의 의미를 해석하는 것은 私法的 판단 과정이며, 이 기초 위에서 독점규 제법상 불공정거래행위로서 부당성 판단이 이루어진다는 것으로서, 홍명수, 위의 책, 341면 참조.

계약자의 관계에서 거래상 우월한 지위를 파악할 수도 있기 때문에, 이러한 입론이 불가피한 것인지에 대해서 의문이 있다. 오히려 공정거래위원회의 심결에서 "보험사와 피해자와는 보험계약자(피보험자)를 매개로 하는 실질적 거래관계가 존재한다"고 본 것이 보다 적절한 거래관계의 인정 방식이 될 수 있다.

### (5) 소결

동 판결에서 거래의 의의를 일반 거래질서 차원으로 확대한 것은, 불공정거래행위로서 거래상 지위남용 규제의 입법취지와 관련하여 논의되어야 할 필요가 있다. 「불공정거래행위 심사지침」은 거래상 지위남용의 금지 이유로서 "경제적 약자를 착취하는 행위로서 거래상대방의 자생적 발전기반을 저해하고 공정한 거래기반을 침해하므로 금지한다"고 규정하고 있다 (V. 6. (1)). 그러나 이와 관련하여 일본에서의 논의로서 거래상 우월적 지위를 당해 거래에 구속받는 정도가 아니라 당사자의 종합적 사업능력과 같은 것을 기준으로 할 경우에, 우월적 지위남용의 규제는 독점금지법상 시장개념과 연속성을 유지하기 어렵다는 지적은[17] 시사하는 바가 크다. 현대 산업사회에서 대기업과 일반 소비자 사이에 힘의 불균형은 보편적인 것이 되고 있으며, 이와 같은 상황에서 구체적 거래를 넘어서 거래 개념을 전제하고 이에 기초하여 우월한 지위를 인정할 경우에, 거래상 지위남용 규제는 대기업이 관여하는 거래에 대한 경쟁 규제기관의 일반적인 개입을 정당화할 수 있는 근거로 기능할 수도 있다.

이러한 점에서 거래상 우월적 지위의 판단에 있어서도 보다 엄밀한 접근이 필요하다. 전술한 것처럼 우월적 지위의 판단이 거래 당사자 사이의 상대적인 분석을 통하여 이루어진다고 보는 것에 일반적인 동의가 있지만, 나아가 상대적 분석 과정에서 필수적으로 검토되어야 하는 요소가 구체적

---

17) 白石忠志, 주 10)의 책, 95면 참조.

으로 제시될 필요가 있다. 특히 거래상대방이 거래에 구속되는 정도는 거래관계에서의 상대적 우열을 판단하는데 중요한 기준이 된다는 점에 주의를 요한다. 이러한 점에서 일본에서 公正取引委員會의 권고심결로 종료된 三井住友銀行 사건은 참고할 만하다. 동 사건에서 공정취인위원회는 삼정주우은행과 이로부터 융자 서비스를 제공받는 중소기업 사이의 거래상 지위남용을 판단함에 있어서 중소기업이 융자 서비스를 다른 은행으로 전환하거나 다른 방식으로 자금을 차입할 가능성이 있었는지를 고려하여 삼정주우은행의 우월한 지위와 거래 상대방인 중소기업의 열등한 지위를 인정하였는데,18) 이러한 판단 과정은 참고할 만하다.

당해 사안을 시장의 관점에 따라서 구성하면, 책임보험상품을 판매하는 사업자의 불공정한 거래행위가 문제가 된 것으로서, 피해차주들의 적절한 보호 필요성이 거래의 의의와 부당성 판단에 영향을 미친 것으로 이해된다. 또한 미래 보험산업의 발전과 관련하여 경쟁법 준수의 중요성이 강조되기도 하며,19) 이러한 관점에서 보험산업에 대한 독점규제법 적용을 긍정적으로 평가할 수도 있을 것이다. 그러나 판결의 결론에 수긍한다 하더라도, 입론 과정에서 거래상 지위남용 규제의 의의가 충분히 반영되었는지에 대한 검토는 계속될 필요가 있다.

---

18) 勸告審決 平17(2005)·12·26. 구체적으로 동 심결은 융자서비스를 제공받는 사업자가 "삼정주우은행으로부터 각종의 요청에 따르지 않을 수 없는 입장에 있고, 이러한 거래상 지위는 삼정주우은행에 대하여 열등한 것이다(三井住友銀行からの種々の要請に從わざるを得ない立場にあり, その取引上の地位は三井住友銀行に對して劣っている)"라는 분석을 행하고 있다(審決, 3-4면). 우월적 지위 인정과 관련하여 동 심결에 의미를 부여하는 것으로서, 金井貴嗣·川濱 昇·泉水文雄, 주 8)의 책, 334면(金井貴嗣 집필부분) 참조.

19) 보험산업에 대한 카르텔법 적용의 중요성과 확대를 주장하는 것으로서, Meinrad Dreher, "Kartellrechtscompliance in der Versicherungswirtschaft", VersR Heft 1, 2004, 3면 이하 참조.

## III. 동양전자상사 사건

### 1. 사건의 개요

#### (1) 사실관계

원고인 (주)동양전자상사는 전자 제품의 제조 및 도소매 등을 영위하는 국내 회사이고, 피고 자링크 세미컨덕터 인크(이하 '자링크')는 반도체 제품의 제조 및 판매 등을 목적으로 캐나다 법에 의하여 설립된 회사이며, 나머지 피고들은 자링크의 자회사들이다. 원고는 피고들의 제품을 국내에서 배급하고, 판매를 대리하는 영업을 하기 위하여 피고 자링크와 1년 4개월 동안 '트레이닝 기간'을 거쳤고, 2003. 8. 1. 원고와 피고들은 배급·판매대리 계약을 체결하였다. 동 계약에서 원고는 비독점적인 권한으로서 국내에서 주문을 받아 피고들의 제품 판매를 대리하는 권한과, 피고들의 제품을 구매하여 국내에서 배급할 수 있는 권한을 갖게 되었고, 위와 같은 제품에는 피고들이 정해놓은 가격에 따라 판매하는 '표준제품'과 특정 고객의 요구에 따라 피고들이 디자인하고 개발한 '맞춤제품'이 포함되었다.

동 계약은 계약의 종료에 관해 다음과 같이 정하였다. 제21조에서 "만약 어느 한 쪽의 계약당사자가 파산상태가 되거나, 채무를 변제할 능력이 없다는 서면확인, 권리자의 이익양도, … 혹은 당 계약서상에 명시된 각자의 의무를 수행하지 못하는 경우에 의무의 본질에 관계 없이 상대 계약당사자는 본 계약의 즉각적인 계약해지를 … 방법으로 통보할 권리가 있다." "특별한 사유가 없더라도, 그리고 전적으로 계약을 해지하려는 당사자의 편의에 따라, 위와 같은 방법으로 60일 전에 사전 통보를 함으로써 계약을 해지할 수 있다." "자링크의 편의를 위하여 자링크에 의하여 계약이 해지되는 경우에는 자링크는 대리점이 보유 중인 재고에 한하여 어떠한 수수료 없이 재구매를 해야 한다". "자링크는 주문시점에서 서면상으로 합의되지 않았으면, 개별 가격 협상으로 구매 당시 가격표에 기재된 정상가격보다 낮은 가격으로 구매한 경우, 당해 재고품들에 대하여는 대리점으로부터 재구매할 의무가 없다.""이 계약이 해지되는 경우, 어떤 당사자도 그 종류와 성격을 불문하고 계약 해지로 인하여 입었거나 발생 중이거나 발생하였다고 주장되는 상대방의 손해, 지출, 이익 혹은 기대이익의 상실에 대하여 책임을 지지 않는다." 제25조에서 "이 계약은 계약서상에 명시된 연도와 날짜부터 효력이 발생하고, 제21조에 근거하여 계약당사자에 의하여 언제든지 계약이 해지될 수 있다." 동 계약은 준거법에 관하여 다음과 같이 정하였다. 제26조에서 "이 계약은 캐나다 온타리오 주의 법률에 의하여 규율되고 그에 따라 해석하되, 온타리오 주의 국제사법은 적용되지 아니한다."

그 후 원고가 동 계약에 기하여 피고들의 제품을 국내에서 배급·판매 대리하는 영업을 하였는데, 피고들이 2007. 3. 20. 원고에게 동 계약 제21조에 의하여 이 사건 계약을 통지일로부터 60일 후에 해지한다고 통보하였다.

### (2) 사건의 경과

동양전자상사는 이와 같은 자링크 등 피고들의 계약 해지와 관련하여, 신의칙 위반, 계속적 거래계약 위반, 「약관의 규제에 관한 법률」(이하 약관규제법) 위반, 독점규제법 위반 등의 사유로 손해배상청구를 하였고, 보충적으로 피고들의 계약해지가 적법한 경우에 자신이 보유 중인 재고품에 대한 재구매를 청구하는 소송을 제기하였다. 이에 대하여 1심은 원고의 청구를 기각하는 판결을 하였고,[20] 서울고등법원의 항소심에서도 항소가 기각되었다.[21]

항소심 판결을 보면, 우선 신의칙 위반과 관련하여 원고가 주장하는 바

---

20) 서울중앙지방법원 2009. 2. 6. 선고 2008가합63043 판결.
21) 서울고등법원 2010. 2. 11. 선고 2009나31323 판결.

와 같은 피고에 의한 10년 이상 계약기간 보장에 관한 증거가 없고, 계약서에 특별한 사유 없이도 계약을 해지할 수 있는 규정이 있을 뿐만 아니라, 계약체결일로부터 3년 6개월이 경과한 시점에서 계약을 해지한 것에 비추어, 피고들의 계약 해지가 신의칙에 반하는 것으로 보기 어렵다고 판단하였다.

계속적 거래계약 위반과 관련하여, 계약에서 특별한 사유 없이 계약당사자가 60일의 기간을 정하여 계약을 해지할 수 있다고 규정하였고, 동 규정에 따라 계약을 해지한 것이므로, 피고들이 계속적 거래계약에 기하여 개별계약을 체결할 의무를 불이행한 것이라고 할 수 없다고 보았다.

약관규제법 위반과 관련하여, 법원은 피고들이 원고와 계약 체결시에 사용한 계약서가 다른 대리점계약에서 사용되고 있으므로, 약관에 해당할 수 있다는 점은 인정하면서도, 계약의 준거법이 캐나다 온타리오주법이라는 점에서 약관규제법의 적용은 없다고 보았다. 또한 약관규제법을 적용한다 하더라도, 1년 4개월 동안의 트레이닝 기간을 거치는 등의 정황에 비추어 해지 조항에 대한 설명의무 위반을 인정하기 어렵고, 계약 제21조의 해지조항에서 해지사유를 열거하고 있으며 재고반품 등의 배급·판매 대리점 보호 규정을 두고 있는 점에 비추어, 해지조항이 원고에게만 불리한 불공정한 약관 규정으로 볼 수 없다고 판단하였다.

독점규제법 위반과 관련하여, 고등법원은 독점규제법의 입법목적과 불공정한 국제계약체결을 금지하는 제32조 제1항 등의 규정을 고려하면, 당사자의 합의에 의하여 적용을 배제할 수 없을 뿐만 아니라, 계약관계의 준거법이 외국법으로 지정되었더라도 그의 적용이 배제되지 않은 강행규정에 해당한다는 점을 밝히고 있다. 이러한 전제 하에서, 피고들의 행위가 불공정거래행위의 한 유형인 거래상 지위남용 중 하나인 '불이익 제공'에 해당하는지와 관련하여 원고의 비용 투입이 사실상 강제되고, 그 비용을 회수하기 위해서 피고들과의 거래관계 유지가 필수적이어서 원고가 피고들에게 사실상 경제적으로 종속되어 있음에도 피고들이 특별한 사유 없이 임의로 이 사건 계약을 해지하였다면, 피고들이 거래상 지위를 이용하여 원고에게 불이익제공을 한 것으로 볼 수 있다는 점을 인정하였다. 그러나 증거에 비추어 원고가 지출한 비용은 일상적인 비용에 불과하고, 비용 회수를 위하여 피고들과의 거래 유지가 필수적인 것으로 보이지 않으며, 또한 원고의 사업활동은 피고들로부터 제품을 구매하여 이를 국내에서 판매하는 것에 치중한 것으로 보이고, 막대한 비용을 투입하여 전문연구원을 고용하고 특정 디자인이 필요한 고객을 개발하여 장기적인 수익을 기대하였다가 피고들이 이 사건 계약을 해지하는 바람에 그 막대한 비용을 회수할 수 없게 되었다고 보기 어렵다는 점에서, 피고들의 계약 해지가 불이익제공에 해당한다고 보기 어렵다는 결론을 내렸다. 또한 거래상 지위남용의 한 유형인 구입 강제와 관련하여, 증거에 비추어 피고들이 원고로 하여금 불필요한 제품을 구매하도록 하였음을 인정하기에 부족하고, 따라서 이에 관한 원고의 주장은 이유 없는 것으로 판단하였다.

불공정거래행위의 한 유형으로서 거래 거절과 관련하여 원고가 피고들로부터 제품을 공급받아 이를 판매하는 입장에 있어 종속적 관계에 있다고 볼 수도 있지만, 피고들이 이 사건 계약에 정한 60일의 경과기간을 주면서 이 사건 계약을 해지한 것이 원고의 사업활동을 곤란하게 할 부당한 의도에서 비롯되었거나 특정한 거래를 강요하기 위한 위법한 목적에서 이루어진 것으로 보기 어렵고, 달리 이를 인정할 만한 증거가 없기 때문에, 이에 관한 원고의 주장은 이유 없는 것으로 판단하였다.

끝으로 원고가 보충적으로 제기한 재구매청구와 관련하여, 재고품의 존재는 인정되지만 증거에 비추어 당해 물품의 구매는 정상가격보다 낮은 가격으로 이루어졌고, 이는 계약 규정상 재구매청구를 제한하고 있으므로, 원고의 청구는 이유 없는 것으로 판단하였다.

## 2. 대법원 판결

원고는 이상의 항소를 기각하는 서울고등법원의 판결에 불복하고 상고
하였으며, 대법원은 대체적으로 항소심의 판단과 같이 하면서, 상고기각의
판결을 내렸다.

약관규제법의 적용에 관해서도 항소심 판결을 유지하고 있는데, 당해
계약이 캐나다 온타리오주 법을 준거법으로 하고 있는 상황에서, 국제사
법 제27조에서[22] 소비자 보호를 위하여 준거법 지정과 관련하여 소비자계
약에 관한 강행규정을 별도로 마련해 두고 있는 점이나 약관의 규제에 관
한 법률의 입법 목적을 고려하면, 외국법을 준거법으로 하여 체결된 모든
계약에 관하여 당연히 약관규제법이 적용되는 것은 아니라고 판시하고,
캐나다 온타리오 주에서 Tilden Rent A Car Co. v. Clendenning 사건[23]
이래로 형성된 법리에 따라서 당해 사안에서 계약 해지조항이 불공정한지
를 검토하여 원고의 주장은 이유 없는 것으로 결론을 내렸다.

특히 독점규제법상 불공정거래행위로서 계약 해지의 부당성 판단과 관

---

22) 국세사법 27조 ① 소비자가 직업 또는 영업활동 외의 목적으로 체결하는 계약이
다음 각호중 어느 하나에 해당하는 경우에는 당사자가 준거법을 선택하더라도 소
비자의 상거소가 있는 국가의 강행규정에 의하여 소비자에게 부여되는 보호를 박
탈할 수 없다.
1. 소비자의 상대방이 계약체결에 앞서 그 국가에서 광고에 의한 거래의 권유 등
직업 또는 영업활동을 행하거나 그 국가 외의 지역에서 그 국가로 광고에 의한
거래의 권유 등 직업 또는 영업활동을 행하고, 소비자가 그 국가에서 계약체결에
필요한 행위를 한 경우
2. 소비자의 상대방이 그 국가에서 소비자의 주문을 받은 경우
3. 소비자의 상대방이 소비자로 하여금 외국에 가서 주문을 하도록 유도한 경우
23) Tilden Rent-A-Car Co. v. Clendenning (1978), 83 DLR (3d) 400. 동 판결에서
온타리오 항소법원은 계약 당사자가 계약 조건에 동의하였다고 합리적으로 신뢰
할 수 있을 때에만, 약관에 의한 계약에 구속될 수 있다고 판시하였다. http://en.
wikipedia.org/wiki/Tilden_Rent-A-Car_Co._v._Clendenning 참조.

련하여, 우선 거래상 지위남용으로서 불이익제공 행위에 해당하는지 여부는 이전의 대법원 판결에서 제시된 "당해 행위의 의도와 목적, 효과와 영향 등과 같은 구체적 태양과 상품의 특성, 거래의 상황, 해당 사업자의 시장에서의 우월적 지위의 정도 및 상대방이 받게 되는 불이익의 내용과 정도 등에 비추어 볼 때 정상적인 거래관행을 벗어난 것으로서 공정한 거래를 저해할 우려가 있는지 여부를 판단하여 결정하여야 한다"는24) 원칙을 확인하였다. 이러한 원칙에 비추어 원심이 인정한 증거에 기초하여 볼 때, 원고가 지출한 비용은 일상적인 것이고, 이를 회수하기 위하여 피고들과의 계약관계 유지가 필수적인 것은 아니라는 점에서 불이익제공에 의한 거래상 지위남용에 해당하지 않는다는 원심의 판단을 지지하였다.

또한 거래거절과 관련하여 기존의 대법원 판결에서 제시된 것과 같이, "거래거절이 특정사업자의 거래기회를 배제하여 그 사업활동을 곤란하게 할 우려가 있거나 오로지 특정사업자의 사업활동을 곤란하게 할 의도를 가진 유력 사업자에 의하여 그 지위 남용행위로써 행하여지거나 또는 독점규제법이 금지하고 있는 거래강제 등의 목적 달성을 위하여 그 실효성을 확보하기 위한 수단으로 부당하게 행하여진 경우라야 공정한 거래를 저해할 우려가 있는 거래거절행위로서 독점규제법이 금지하는 불공정거래행위에 해당한다고 할 수 있다"는25) 원칙과, 부당성 판단 기준으로서 "당사자의 거래상 지위 내지 법률관계, 상대방의 선택 가능성·사업규모 등의 시장상황, 그 행위의 목적·효과, 관련 법규의 특성 및 내용 등 여러 사정을 고려하여 그 행위가 공정하고 자유로운 경쟁을 저해할 우려가 있는지 여부에 따라야 한다"는26) 점을 확인하였다. 이러한 원칙과 원심에서

---

24) 대법원 2000. 6. 9. 선고 97누19427 판결 및 대법원 2006. 9. 8. 선고 2003두7859 판결.
25) 대법원 2001. 1. 5. 선고 98두17869 판결 및 대법원 2005. 5. 26. 선고 2004두3038 판결.
26) 대법원 1998. 9. 8. 선고 96누9003 판결 및 대법원 2008. 2. 14. 선고 2004다39238 판결.

인정한 사실에 비추어, 피고들의 계약해지가 원고의 거래기회를 배제하여 그 사업활동을 곤란하게 할 우려가 있거나 오로지 특정사업자의 사업활동을 곤란하게 할 의도를 가진 유력 사업자에 의하여 그 지위 남용행위로써 행하여지거나 혹은 독점규제법이 금지하고 있는 거래강제 등의 목적 달성을 위하여 그 실효성을 확보하기 위한 수단으로 행하여진 경우에 해당한다고 보기 어렵다는 점에서 독점규제법에서 규제하는 '기타의 거래거절'에 해당하지 않는다고 본 원심은 정당하다고 판시하였다.

## 3. 평석

### (1) 판결의 의의

동 판결은 민법, 약관규제법, 독점규제법 등 다양한 영역에서 제기된 법적 문제를 다루고 있다. 특히 문제가 되고 있는 피고들의 계약 해지가 독점규제법상 불공정거래행위로서 거래거절 또는 거래상지위남용에 해당하는 '불이익 제공'에 해당하는지가 중요 쟁점이었는데, 법리적 측면에서 뿐만 아니라, 이러한 문제들이 공정거래위원회의 심결 과정을 거치지 않고 당사자 간의 손해배상청구를 통하여 민사적인 분쟁해결 방식으로 다투어졌다는 점에서도 의의를 찾을 수 있다.[27]

### (2) 약관규제법의 강행규정성

독점규제법상 쟁점 외에 판시사항으로 제시된 약관규제법의 성격에 관한 문제는 검토의 여지가 있다. 전술한 것처럼 대법원은 계약에서 준거법

---

27) 불공정거래행위의 민사적 분쟁해결 방식의 활성화와 관련하여 불공정거래행위 사건에서 사인 간의 중지청구권 또는 예방청구권의 도입을 입법적으로 주장하는 것에 관하여, 안병한, "불공정거래행위 규제에 대한 발전적 입법론에 대하여", 경쟁저널 제150호, 2010, 23-24면 참조.

으로 정한 캐나다 온타리오주 법에 기초하여 계약의 적법성 여부를 심사
하였다. 국제사법의 일반원칙상 계약의 준거법은 당사자자치의 원칙에 의
하여 결정되지만, 이러한 원칙은 강행법규에 의한 제한을 받는다.[28] 따라
서 계약 준거법을 당사자의 자율에 의하여 결정하고 이에 대한 제한 가능
성을 인정하지 않은 동 판결은 약관규제법의 강행법규성을 부인한 것으로
볼 수 있다.

그러나 약관규제법이 당사자의 임의 배제가 가능한 민사법으로서의 성
격만을 갖고 있는지에 대해서는 의문이다. 약관규제법 제1조의 규정에서
알 수 있듯이, 동법은 건전한 거래질서의 확립에 의한 소비자 보호와 국민
생활의 균형 있는 향상을 궁극적인 목적으로 하고 있으며, 이러한 목적의
실현을 위하여 약관규제법은 사법적 규제와 행정적 규제를 병행하고 있
다.[29] 따라서 약관규제법은 사인 간의 이해관계를 조정하는 민사특별법으
로서의 성격 이상의 것을 포함하고 있는 것으로 보아야 하며, 나아가 계약
의 공정성을 실현하기 위하여 민·상법상 많은 임의 규정을 강행규정화
하는 기능을 하고 있다는 점에 대해서도 주의를 기울일 필요가 있다.[30]
특히 당해 사안에서 문제가 되고 있는 계약해지에 관한 조항은 약관규제
법 제9조에 해당하는지를 판단하여 불공정한 약관조항으로서 무효가 될
수 있는데, 불공정한 약관조항이 통용되는 것을 방지하는 것에 규제 취지
가 있다는 점을 고려할 때,[31] 동 규정의 강행법규성을 인정할 수 있을 것
이다. 이러한 점에서 대법원이 독점규제법의 강행규정성을 인정하는 것과
대조적으로 약관규제법의 강행규정성을 부인하는 입장을 취한 것에 대해
서는 문제제기가 가능하다.

---

28) 서헌제, 국제거래법, 법문사, 2000, 520면.
29) 이은영, 약관규제법, 박영사, 1994, 82-83면 참조.
30) 신현윤, 주 6)의 책, 548면 참조.
31) 이은영, 주 29)의 책, 171면 참조.

## (3) 거래거절에서 형량의 필요성

독점규제법상 불공정거래행위로서 거래거절의 위법성 판단에 있어서, 대법원이 제시한 거래거절의 의의와 위법성 판단 기준에는 의문이 없지만, 사실 관계에 대한 충분한 검토가 뒷받침되고 있는지 그리고 판단 과정이 충분한 것인지에 대한 일정한 지적이 가능하다.

거래가 여러 가지 경제적 목적에 따라서 이루어지는 것처럼, 거래거절도 마찬가지로 거래주체의 다양한 의도를 반영한다. 일반적으로 거래거절은 거래상대방의 사업기회를 제한하는 것이므로, 거래주체가 어떠한 의도로 거래거절을 하였는지가 실질적으로 중요한 의의를 갖는다. 예를 들어 거래거절이 선별적(selective) 유통방식에서 보다 효율적인 유통업자를 택하거나, 대리점 방식에서 직영 방식으로 유통 체계 자체를 전환하는 등의 효율성을 추구하는 목적에 의한 것이고, 배제되는 유통업자에 대한 보상이나 경과 규정이 주어지고 있는 경우, 이러한 거래거절은 경쟁법상 정당한 것으로 평가될 수 있다.[32] 한편 거래거절의 주관적 의도와 관련하여, 이는 행위에 의하여 추론되는 객관적 증거에 의한다는 지적도[33] 참고할 필요가 있다.

대법원은 판시사항에서 계약 해지를 하는 사업자의 의도(목적)를 부당성 판단의 기준으로 제시하고, 당해 사건에서 피고들의 계약 해지는 원고의 사업활동을 곤란하게 할 의도로 보이지 않는다는 것을 부당성 부인의 중요한 근거로 삼고 있다. 그러나 실제 피고들이 계약 해지를 한 목적이 무엇이었는지가 명확히 제시된 것은 아니다. 당해 사안에서 피고들의 거

---

32) Knut Werner Lange hrsg., Handbuch zum deutschen und europäischen Kartell-recht, Verlag Recht und Wirtschaft GmbH, 2006, 439면(Wolfgang Hübschle 집필부분) 참조.

33) Herbert Hovenkamp, Federal Antitrust Policy, Thomson/West, 2005, 280-281면 참조.

래거절은 수직적 관계에서 발생한 것이고, 일반적으로 이러한 관계에서의 거래거절은 하위 시장에서의 경쟁을 제한하거나 일정한 영향을 미칠 목적으로 나타나는 것으로 이해된다.[34] 당해 사안에서도 피고가 거래거절을 통하여 추구한 목적이 경쟁정책상 긍정적인 것으로 평가될 경우, 이를 원고가 시장에서 배제됨으로써 발생한 불이익과 형량하는 문제 등이[35] 심도 있게 논의되지 못한 부분을 지적할 수 있을 것이다.

### (4) 불이익제공에서 불이익 판단

거래상 지위남용으로서 불이익제공과 관련하여 계약해지가 이에 해당하는지가 주된 쟁점이었고, 이 부분에 대한 대법원의 결론은 타당한 것으로 생각된다. 대법원의 판단 과정은 원고의 특별한 비용 지출이 있었는지 여부 그리고 이를 회수하기 위한 계약 존속의 필요성에 초점을 맞추고 있다. 물론 이러한 판단이 구체적인 불이익 발생 여부와 관련하여 의미 있는 것임은 분명하지만, 대기업과 거래하는 중소 사업자의 경우 거래 존속에 의존적일 수밖에 없는 현실적인 고려가[36] 아울러 행해질 필요가 있다.

앞에서 언급한 것처럼, 거래상 지위남용 유형으로서 불이익 제공은 시행령 〈별표 1의2〉의 규정 형식상 명시적인 다른 지위남용 유형들에 대한 작은 일반조항으로서의 성격을 갖고 있다. 즉 구입 강제, 이익제공강요, 판매목표 강제는 거래상 지위를 부당하게 이용한 예이며, 이들과 마찬가지로 불이익 제공도 거래상 지위의 부당한 이용으로 평가될 경우에 불공정거래행위로서 규제 대상이 된다.[37] 법리적으로는 불이익 제공 여부가

---

34) 유럽의 Commercial Solvents 사건(Case 6-7/73)을 분석하면서, 이러한 이해를 보여주는 것으로서, D. G. Goyder, EC Competition Law, Clarendon Press, 1998, 335-336면 참조.

35) 거래거절의 상대방이 시장에서 배제될 가능성이 거래거절의 부당성 판단에서 중요한 고려 요소가 된다는 것으로서, 이민호, "거래거절의 위법성 판단 기준", 경제법판례연구 제2권, 2005, 119-120면 참조.

36) 根岸 哲 編, 주 11)의 책, 491면(根岸 哲 집필부분) 참조.

우선 검토되고, 이어서 불이익제공의 부당성을 판단하는 과정이 이어질 것이다. 이와 관련하여 공정거래위원회의 「불공정거래행위 심사지침」은 거래상대방에게 일방적으로 불리한 거래조건을 설정·변경하거나 거래조건의 불이행 또는 불이익한 사실행위의 강요 등이 불이익 제공에 해당하는 것으로 보고 있다(V. 6. 라 (1)). 이때 거래관계를 구성하는 구체적인 조건이나 행위들의 의미는 개별적인 것인 아니라 거래관계의 전체적인 관점에서 파악될 필요가 있다. 예를 들어 구체적인 조건이나 행위 자체만 놓고 보면, 일방 당사자에 불리한 경우라 하더라도, 다른 반대급부 등과 결합하여 전체적으로 보면, 불이익이 부인될 수 있는 경우도 있다. 또한 독점규제법상 불공정거래행위는 私法的 관점에서 계약의 불공정성을 문제 삼는 것이 아니기 때문에, 거래관계의 특성이나 거래관계가 위치한 시장의 상황 등도 불이익 판단에 반영되어야 한다. 즉 거래상 지위남용의 규제 취지가 거래관계에서 상대적으로 우월한 지위를 이용하여 거래상대방에게 불이익을 주는 것을 규제하는 것에 있다는 점을 고려할 때, 일방적으로 불리한 것인지 여부는 개별 조건이나 행위가 아닌 거래 전체의 관점에서 판단하여야 한다. 이러한 점에서 동 판결에서 원고의 불이익 판단이 거래관계의 종합적인 분석에 기초하여 이루어진 것으로 보기에는 미흡하다.

### (5) 소결

동 판결은 무엇보다 사적분쟁해결 방식으로 불공정거래행위로서 거래상지위남용과 거래거절을 포함한 다양한 쟁점들을 다루었다는 점에서 의의를 찾을 수 있다.

우선 약관규제법의 적용 문제와 관련하여, 동 판결은 약관규제법의 강행법규성을 부인하는 취지의 판시를 하였는데, 약관에 의한 불공정한 거래를 방지하고자 하는 약관규제법의 입법목적과 불공정한 약관조항을 무

---

37) 정호열, "불공정거래행위에 관한 몇가지 논의와 법집행의 실제", 권오승·이원우 편, 독점규제법과 규제산업, 박영사, 2007, 326-327면.

효로 하고 있는 규정 태도에 비추어, 약관규제법의 강행법규성을 부인한 것에 대해서는 재고의 여지가 있다.

불공정거래행위로서 거래거절의 부당성 판단과 관련하여, 동 판결은 당해 사안에서 거래거절이 거래상대방의 사업활동을 곤란하게 할 의도로 이루어진 것이 아니라는 점을 주된 이유로 부당성을 부인하고 있다. 거래거절에서 거절 주체의 의도에 대한 파악은 불가피한 것이지만, 구체적으로 어떠한 목적을 위하여 거래거절이 행해지고, 이러한 행위가 경쟁정책적으로 긍정될 수 있는지, 그리고 거래거절로 인하여 거래상대방에게 발생한 사업활동의 제한 등의 효과와 형량을 통한 부당성 판단과정이 필요하다는 점을 지적할 수 있을 것이다.

거래상 지위남용으로서 불이익제공에 해당하는지와 관련하여, 개별 거래조건이나 행위에 한정하지 않고, 거래관계 전체를 종합적으로 파악하여 불이익 제공 여부를 확정하여야 한다. 이러한 점에서 동 판결에서 불이익 제공 판단이 원고가 위치한 시장상황이나 거래의 특성 등을 포괄한 전체적인 관점이 아니라, 지나치게 제한된 범위에서 이루어진 것은 아닌지에 대한 의문이 있다.

# 12. 독점규제법상 부당 고객유인행위 규제에 관한 대법원 판결 검토

## I. 서론

시장 참가자들은 거래를 체결하기 위하여 노력한다. 보다 유리한 거래 조건으로 상대방과 거래하기 위하여 다양한 수단과 방법을 동원한 노력이 경주되고, 그 과정에서 경쟁은 구체적인 모습을 갖게 될 것이다. 이러한 과정은 계약 자유의 기본 원칙에 의하여 지도되며, 따라서 사업자가 선택하는 수단이나 방법은 원칙적으로 사업자의 자율에 속할 것이다. 물론 이에 대한 예외가 존재한다. 특히 경쟁법은 사업자의 경쟁 방식을 제한하는 유력한 법적 근거가 되는데, 「독점규제 및 공정거래에 관한 법률」(이하 독점규제법)은 경쟁정책상 위법한 행위 유형들을 규제하고 있으며, 이에 의하여 사업자의 거래활동은 일정한 제한을 받게 될 것이다.

독점규제법상 위법 유형 중에서 불공정거래행위는 경쟁정책적 관점에서 특별한 의미가 있다. 일반적으로 독점규제법에 의하여 규제되는 행위 유형들은 경쟁제한적 효과에 초점을 맞추어 위법 행위로서 규정된 것인데, 불공정거래행위는 이러한 관점 외에도 공정한 거래 자체를 저해하는 것(공정거래저해성)을 위법성의 핵심적 표지로 파악하고 있다.[1] 이와 같이

경쟁정책의 상이한 두 관점이 하나의 법체계에 반영되어 있는 것은, 특히
비교법적으로 경쟁제한에 관한 「경쟁제한방지법」(Gesetz gegen Wettb-
ewerbsbeschränkungen, 이하 GWB)과 공정경쟁에 관한 「부정경쟁방지법」
(Gesetz gegen den unlauteren Wettbewerb, 이하 UWG)을 분리하고 있
는 독일의 입법례에 비추어 보면, 우리 독점규제법의 중요한 특징의 하나
로 볼 수 있다.

물론 이와 같은 법체계적 특징은, 유사한 일방적 행위에 해당하는 시장
지배적 지위남용행위와의 구별을 피할 수 없는 과제로 남기고 있으며,[2]
나아가 불공정거래행위 위법성의 본질을 어떻게 이해하고, 구체적인 불공
정거래행위 유형들에서 위법성의 핵심적 표지를 어떻게 찾아낼 것인지가
근본적인 문제로서 제기되고 있다. 이와 관련하여 불공정거래행위의 위법
성을 경쟁제한의 측면과 거래의 불공정성 측면에서 이중적으로 파악하는
견해가 지배적이며, 이는 공정거래위원회의 실무와 법원의 판결을 통해서
도 지지되고 있다.[3] 불공정거래행위 위법성의 이중적인 이해는, 필연적으
로 단일한 행위에 대한 위법성 심사가 두 측면에서 모두 이루어질 필요가

---

1) 권오승, 경제법, 법문사, 2009, 277면; 신현윤, 경제법, 법문사, 2010, 261-262면.
2) 불공정거래행위와 시장지배적 지위남용행위의 관계에 관하여, 후자의 경우 수범
   자가 제한된다는 점에서 또는 시장지배적 사업자가 존재하는 시장이 잔존경쟁적
   (remaining competition) 특수성을 갖고 있다는 점에서 특별한 규율이 필요하다
   는 근거에서 후자가 전자에 대한 특별법적 지위에 있다고 보는 것이 지배적이다.
   홍명수, 경제법론II, 경인문화사, 2010, 268-270면 참조. 한편 이와 관련하여 대법
   원은 시장지배적 지위남용행위와 구별되는 불공정거래행위 규제의 고유한 의의
   를 인정함으로써, 지배적인 견해와는 상이한 입장을 시사하고 있다. 대법원
   2009. 9. 24. 선고 89다카29075판결 참조.
3) 불공정거래행위의 위법성 판단과 관련하여, '공정거래저해성'을 '경쟁제한성' 보다
   넓은 개념으로 보고, 그 의의를 상론하는 것으로서, 이호영, 독점규제법, 홍문사,
   2011, 244-245면 참조. 한편 공정거래위원회가 제정한 「불공정거래행위 심사지침
   」(공정거래위원회 예규 제72호) III. 1.에서는 "공정거래저해성이란 경쟁제한성과
   불공정성(unfairness)을 포함하는 개념으로 본다"고 규정하고 있다.

있음을 시사한다. 따라서 특정한 행위가 경쟁정책상 갖는 의미가 상이하게 나타날 수 있다. 예를 들어 독일 경쟁법 체계에서 리베이트는 UWG에 근거하여 공정한 거래의 관점에서 거래 상대방의 합리적 선택의 침해를 방지하기 위한 규제 대상이 되지만,[4] 시장지배적 사업자가 행한 리베이트가 경쟁사업자를 배제하거나 진입장벽을 높이는 등의 효과를 낳을 경우에 GWB에 의한 규제도 가능하다.[5] 불공정거래행위의 구체적 유형들은 대부분 이상에서 언급한 이중적 관점에서 위법성 판단이 가능하며, 공정거래위원회가 제정한 「불공정거래행위 심사지침」(이하 심사지침) 역시 경쟁제한성과 거래의 불공정성에 따른 위법성 판단 기준을 동시에 제시하고 있다.

그러나 구체적인 불공정거래행위 유형들을 살펴보면, 경쟁정책상의 두 관점 중에서도 어느 하나가 보다 유력한 유형들을 확인할 수 있는데, 특히 독점규제법 제23조 제1항 제3호에 의한 부당한 고객유인행위는 거래 상대방의 이익 침해에 근거한 거래의 불공정성이 위법성의 본질을 이루는 것으로 이해된다.[6] 독점규제법은 법체계 전반에 걸쳐 경쟁제한적 효과를 방지하려는 규제가 주를 이루고, 독일의 경우 거래 불공정성이 문제되는 행위를 UWG상 사법적 분쟁해결 방식에 의하여 규제되고 있는 경우를 참고한다면, 독점규제법상 부당한 고객유인행위 규제의 중요성이 크게 부각되지 않을 수 있다. 그러나 부당고객유인행위는 불공정거래행위 유형 중 공

4) Friedrich L. Ekey u. a., Wettbewerbsrecht 2. Aufl., C. F. Müller, 2005, 136면 (Gunda Plass 집필부분).
5) Fritz Rittner & Meinrad Dreher, Europäisches und deutsches Wirtschaftsrecht, C. F. Müller, 2008, 522면.
6) 불공정거래행위와 관련하여 유사한 규제체계를 갖고 있는 일본 「私的獨占の禁止及び公正取引の確保に關する法律」(이하 獨占禁止法) 제2조 제9항에 규정된 불공정한 거래방법의 구체적 유형들을 自由競爭沮害型, 不公正競爭手段型, 自由競爭基盤侵害型의 유형으로 분류하고, 부당한 고객유인은 불공정경쟁수단형에 해당하는 것으로 이해하고 있다. 金井貴嗣·川濱 昇·泉水文雄 編著, 獨占禁止法, 弘文堂, 2010, 249-250면(川濱 昇 집필부분) 참조.

정거래위원회에 의한 규제 빈도가 가장 높은 유형으로서 규제 실무에서의 비중이 크며,[7] 따라서 타당한 규제 법리를 형성하는 것의 중요성을 부인하기 어려울 것이다.

이러한 점에서 2010년에 있었던 부당한 고객유인행위에 관한 일련의 대법원 판결은 주목할 만하다. 이 판결들은 그 동안 독점규제법의 주된 논의 대상에서 비켜 있었던 고객유인행위에 대한 법리적 고찰을 수행하고 있다는 점에서 의의가 있으며, 앞으로 이러한 유형의 불공정거래행위를 규제함에 있어서 의미 있는 선례로 기능할 것으로 예상된다. 판결에 대한 검토 과정에서 이 판결들은 모두 제약회사의 행위를 대상으로 하고 있다는 점에 주의를 요한다. 즉 논의 과정에서 제약산업 내지 의약품시장의 구조적 특성에 대한 이해와 이러한 특성이 거래의 불공정성 판단에 미치는 영향에 대한 종합적인 시각이 유지될 필요가 있다. 한편 이 판결들에서 부당한 고객유인행위 외에 독점규제법상 다른 위법 유형의 문제도 쟁점이 되었는데, 여기서의 논의는 주로 부당 고객유인행위에 초점을 맞출 것이다.

## II. 사건의 경과와 대법원 판결의 내용

### 1. 공정거래위원회의 규제

#### (1) 제약회사들의 행위 사실

2007년 공정거래위원회는 제약산업과 의약품 시장에 대한 일체 조사를 수행한 후에, 주로 부당한 고객유인행위에 해당하는 불공정거래행위를 확

---

7) 독점규제법 제정시부터 2006년까지 공정거래위원회에 의하여 규제된 불공정거래행위 중 '부당한 고객유인'은 전체 불공정거래행위 중 46.9%로서 규제 비율이 가장 높은 유형으로 나타나고 있다. 홍명수, 주 2)의 책, 273면.

인하고, 위반행위를 한 제약회사에 대하여 시정명령, 과징금 부과 등의 조치를 취하였다. 동아제약(주), (유)한국비엠에스, 한미약품(주), (주)유한양행, 일성신약(주), 국제약품공업(주), 한올제약(주), 삼일제약(주), (주)중외제약, (주)녹십자 등 10개 제약회사가 처분 대상이 되었다.[8]

이 제약회사들은 모두 부당한 고객유인행위에 해당하는 일련의 행위들을 한 것으로 조사되었다. 우선 리베이트로서의 의미가 있는 현금 또는 상품권 등의 지급이 10개 제약회사 모두에게서 공통적으로 나타났는데, 현금 등의 지급은 신규 의약품의 선정과 처방에 대한 대가로 이루어진 것이었다. 또한 동일한 의미를 갖는 병원 의국 운영비 및 회식비용의 지원도 공통적으로 나타났고, 한미약품(주)처럼 의료기관에 공연관람권을 지원한 경우도 있었다. 광고비를 지원한 경우도 있었는데, 국제약품공업(주)는 은행객장 TV에 병원 안내광고를 하는데 들어가는 100만원의 비용을 지원하였다. 의약품의 선정과 처방의 증대를 위한 지원은 현금 등의 직접적 지원 외에도 다양한 방식으로 이루어졌다. 의료기관 종사자들에 대한 골프접대는 모든 제약회사에서 나타났으며, 동아제약(주)은 부부동반 홍콩 여행의 경비를 지원하였고, 삼일제약(주) 역시 의사 및 가족의 해외여행 경비를 지원하였다. 의료기기와 같은 물품 등을 지원한 경우로서 동아제약(주)의 1천만원 상당의 골다공증 검사기계 지원, (주)유한양행의 1억 5천만원 상당의 의료기기 지원, (주)녹십자의 100만원 상당의 병원 이전 비용 지원, (주)중외제약의 3,000만원 상당의 병원 리모델링 지원, 한올제약(주)의 일

---

8) 구체적인 심결은, 동아제약(주) 공정위 2007. 12. 20. 의결 제2007-551호, (유)한국비엠에스 공정위 2007. 12. 20. 의결 제2007-552호, 한미약품(주) 공정위 2007. 12. 20. 의결 제2007-553호, (주)유한양행 공정위 2007. 12. 20. 의결 제2007-554호, 일성신약(주) 공정위 2007. 12. 21. 의결 제2007-557호, 국제약품공업(주) 공정위 2007. 12. 21. 의결 제2007-558호, 한올제약(주) 공정위 2007. 12. 21. 의결 제2007-559호, 삼일제약(주) 공정위 2007. 12. 20. 의결 제2007-560호, (주)중외제약 공정위 2007. 12. 20. 의결 제2007-561호, (주)녹십자 공정위 2007. 12. 20. 의결 제2007-562호, 등이다.

정금액 이상 처방조건으로 병원에 PDP TV, 19인치 TV, DMB 네비게이션 등의 지원, 일성신약(주)의 500만원 상당의 병원 리모델링 지원, 삼일제약 (주)의 소아과 병원에 LCD 모니터 지원 등의 사례가 있었다. 세미나나 학회 또는 병원 행사비의 지원도 있었는데, 한미약품(주)은 학회 의사 59명 및 그 가족들을 대상으로 골프, 바다낚시, 꿩사냥, 테마관광 등의 프로그램 진행을 위해 1억 2천만원을 지원하였고, (주)녹십자는 수도권 병원 랜딩(신규의약품 선정) 목적으로 경인지역 내과 개원의사 세미나를 지원하였고, (유)한국비엠에스는 심포지엄에서 자사 제품의 처방 증대를 목적으로 수도권 지역 의사 총 40명 및 가족에 대한 숙박비용 및 놀이동산 자유 이용권을 지원하였고, (주)중외제약은 자사 제품 처방을 증대할 목적으로 거래처 병원 학술대회를 지원하였다. 또한 종합병원에 제약회사 자신이 보수를 지급하면서 연구원을 파견하는 방식으로 지원한 경우도 있었는데, 한미약품(주)은 종합병원에 연구원 14명을 파견하였고, 일성신약(주)은 병원에 3명의 연구원을 파견하였으며, (유)한국비엠에스는 병원에 14명의 임상 간호사를 파견하였다. 이 외에도 시판 후 조사(Post-Marketing Surveillance; PMS) 형태의 지원행위도 있었다. PMS를 판촉 수단으로 하는 것은 이상 10개 제약회사 모두가 지속적으로 행한 것으로 나타났다. 특히 유한양행, 한올제약, 한미약품의 경우 PMS에 의하여 자사 의약품의 처방이 증대한 것으로 나타났고, 동아제약의 경우 임상관련 Study나 Survey 등을 적극적으로 활용한 것으로 조사되었다.

### (2) 공정거래위원회의 위법성 판단과 시정조치

이상의 행위에 대하여 공정거래위원회는 독점규제법 제23조 제1항 및 동법 시행령 [별표 1의2] 「불공정거래행위의 유형 및 기준」(이하 일반유형) 제4호 가목의 부당한 이익에 의한 고객유인에 해당하는 것으로 판단하였다. 위법성 판단과 관련하여, 공정거래위원회는 위에서 기술한 제약회사의 행위가 리베이트 제공행위에 해당하며, 이는 일종의 지대추구

(rent-seeking) 행위로서 제공된 총액은 약 5,228억원에 이를 정도로 큰 규모이고, 환자의 의약품 선택권이 없고 의료인에 의해 의약품 처방·판매가 결정되는 특수한 환경 하에서, 제약회사는 소비자를 대상으로 한 가격경쟁이 아니라, 의료기관을 대상으로 자사의 의약품이 채택·처방·판매되도록 음성적 리베이트 경쟁을 하였다는 점을 지적하였다. 이와 같은 제약회사의 리베이트 제공은 제약회사의 비용부담으로 귀착되고, 이는 결국 의약품 가격 상승과 신약 연구·개발의 투자 감소로 이어짐으로써 궁극적으로 소비자 이익의 침해를 낳을 수 있다는 점이 위법성 판단의 주된 근거가 되었다. 한편 제약회사들의 제기한 유력한 항변은, 리베이트적인 지원 행위가 의약품 시장의 정상적인 관행이라는 것이었는데, 이에 대하여 공정거래위원회는 정상적인 거래관행이란 상품의 가격이나 품질 등을 통하여 고객의 수요를 창출하는 것이라는 점을 전제하고, 제약회사들이 자신의 거래처 병원 의료기관 등에 금전, 물품, 기타 경제상의 이익을 제공하는 행위는 사회통념상 정상적인 거래관행으로 보기 어려우며, 따라서 부당한 이익 제공을 통한 고객유인행위로서 위법성이 인정된다고 판단하였다.

공정거래위원회는 이러한 판단에 따라서 제약회사들에 장래 문제가 된 고객유인 행위를 하지 않을 것을 내용으로 하는 시정명령을 내리고, 과징금을 부과하였으며,9) 위법성이 중한 동아제약(주), (주)유한양행, 한미약품(주), (주)녹십자, (주)중외제약 등 5개 제약회사에 대한 고발 조치를 취하였다.

---

9) 과징금 부과내역은 다음과 같다. 동아제약(주) 4,519백만원, (주)유한양행 2,111백만원, 한미약품(주) 5,136백만원, (주)녹십자 965백만원, (주)중외제약 3,203백만원, 국제약품공업(주) 427백만원, (유)한국비엠에스 902백만원, 한올제약(주) 475백만원, 일성신약(주) 1,446백만원, 삼일제약(주) 714백만원 등이다.

## 2. 법원의 판결

### (1) 원심 판결

제약회사들 중 일부는 개별적으로 공정거래위원회의 심결에 불복하는 항고소송을 제기하였다. 원심판결들은 대체로 동일한 취지의 내용으로 구성되었는데, 원칙적으로 부당 고객유인행위의 위법성은 인정하였지만, 과징금 부과처분 등에 대해서는 부분적으로 과징금 산정의 적법성을 부인하였다. 주요 원심 판결의 내용을 구체적으로 보면 다음과 같다.

(주)유한양행의 항고소송에서 제기된 항변은 세 가지 측면에서 이루어졌는데, 우선 불공정한 행위로 지목되지 않은 행위(제품설명회에서의 비용 지원행위)를 시정명령의 대상으로 한 것은 위법하다는 주장을 하였다. 또한 경제적 지원 등의 행위의 대가성을 부인하거나 정상적인 거래관행에 속한다는 것을 이유로 불공정거래행위에 해당한다는 점을 부인하였고, 과징금 부과에 있어서 위법행위와 관련되지 않는 부분을 반영하여 관련 매출액을 산정한 것의 문제점을 지적하였다. 법원은 원고의 주장을 부분적으로 수용하였다. 원고의 주장 중에서 경제적 지원 행위 등이 불공정거래행위에 해당하지 않는다는 것은 받아들이지 않았지만, 시정명령 중에 일부 적법하지 않은 조치가 포함되었다는 점에 대해서는 원고의 주장을 받아들였고, 특히 과징금 산정과 관련하여 위법행위 관련성에 대한 문제 제기를 수용하였다.10)

한미약품(주)에 대한 심결은 부당한 고객유인행위뿐만 아니라 구속조건부 거래행위와 재판매가격유지행위에 대한 시정조치도 포함하고 있으며, 이들 모두 항고소송에서 다투어졌다. 부당 고객유인행위에 국한하여 보면, 원고는 우선 자신의 행위가 부당한 고객유인행위에 해당하지 않는다는 주장을 전개하면서, 제약산업의 특성상 의약품의 선택 권한을 가진 의사 등

---

10) 서울고등법원 2008. 11. 20. 선고 2008누2790 판결.

에 대한 제품의 홍보가 불가피하며, 현금, 상품권 등의 지원도 공정경쟁규약의 범위 안에서 이루어진 것으로 정상적인 상관행에 해당한다고 주장하였다. 또한 인력지원은 산학협력 차원에서, 그리고 시판 후 조사(PMS)는 약품 안정성 조사를 위한 목적으로 이루어진 것으로서, 이러한 행위의 위법성을 부인하였다. 원고는 과징금 부과에 대해서도 다투었는데, 관련매출액 산정에 있어서 의문을 제기하는 논거는 (주)유한양행의 경우와 유사하였다. 즉 위법행위와 관련된 범위에서 해당 제품의 매출액을 기준으로 관련매출액을 산출하여야 하는데, 조사대상 기간의 대부분을 위반기간으로 하고 원고가 거래하는 모든 거래처에 대한 매출액을 관련매출액으로 산정한 것은 잘못이라고 주장하였다. 이상의 원고 주장에 대하여, 법원은 원고의 행위가 부당한 고객유인행위에 해당한다는 공정거래위원회의 판단을 지지하였다. 법원은 의약품의 정보제공 필요성은 인정하였지만, 이러한 활동이 투명성, 비대가성, 비과다성의 기준에 부합하여야 하는데, 이러한 기준에 비추어 정상적인 판매촉진활동으로 보기 어렵고, 또한 원고의 행위가 한국제약협회의 공정경쟁규약의 허용 범위 안에 있다는 근거를 찾을 수 없다는 점에서, 원고의 행위가 부당한 고객유인행위에 해당한다고 보았다. 그러나 법원은 과징금 부과처분은 적법하지 않은 것으로 판단하였다. 즉 과징금 산정의 기준이 되는 관련매출액은 위반행위와 직·간접으로 관련되는 범위를 구체적, 개별적으로 고려하여 판단하여야 하는데, 위반행위로서 특정되지 않은 범위까지 관련매출액 산정 범위에 포함시킨 것은 적법하지 않은 것으로 당해 과징금 부과처분을 취소하였다.[11]

　동아제약(주) 사건에서의 논의도 대체로 비슷하게 전개되었다. 다만 원고가 부당한 고객유인행위를 다투면서, 포괄적으로 하나의 고객유인행위를 구성한다고 한 부분을 위법한 것으로 주장한 것은 다른 제약회사 판결에서 쟁점화 되지 않은 것이다. 원고는 특정한 행위가 사회통념상 허용되는 수준인지, 그리고 의약품의 특성에 비추어 정상적인 판촉활동에 해당

[11] 서울고등법원 2009. 5. 14. 선고 2008누2530 판결.

하는지에 관한 구체적 판단 없이 전체를 부당 고객유인행위로 본 것은 위
법하다고 주장하였다. 과징금 산정에 관한 항변은 다른 제약회사 사건과
유사하게 산정 기준으로서 위반행위에 관련된 매출액 범위를 구체적으로
판단하지 않고 조사 대상기간의 거의 전체로 획정한 것은 적법하지 않다
는 주장이 제기되었으며, 이에 추가하여 원고의 행위를 '매우 중대한' 위
반행위로 보아[12] 매출액 대비 1%로 기본 과징금을 산정한 것은 비례의
원칙에 반한다는 지적도 있었다. 이러한 주장에 대하여, 원심판결은 우선
의료기관 등에 대한 구체적인 지원행위는 본사 차원의 판촉계획에 따른
실행행위의 성격을 가지므로, 하나의 행위로 평가할 수 있다고 보았다. 또
한 정상적인 거래관행은 현실의 거래관행과 항상 일치하는 것은 아니고,
바람직한 경쟁질서에 부합하는 관행을 의미하며, 이 기준에 따라서 제공
된 경제적 이익이 과다한 것인지를 판단하여야 한다고 보았다. 또한 약품
의 오남용을 막기 위해 면허제도를 통해 처방권을 부여받은 의료전문 종
사자는 생명관련 사업이라는 특성 등으로 인하여 다른 업종보다 높은 규
범성이 요구되는 점 등을 종합적으로 고려하면, 원고의 행위는 부당한 고
객유인행위에 해당한다고 판단하였다. 한편 과징금 산정에 있어서 동 판
결은 다른 제약회사 판결과는 다른 입장을 취하였다. 즉 원고의 위반행위
는 본사 차원에서 이루어진 계획에 따라서 실행된 것이므로, 위반행위 관
련성을 개별적으로 판단하여 매출액 산정을 하기 보다는 전체적인 매출액
을 기준으로 산정하는 것이 타당할 수 있다고 보았으며, 또한 기본 과징금
을 매출액 대비 1%로 한 근거인 위반행위의 중대성과 관련하여, 문제가
된 고객유인행위의 내용이나 의약품 거래질서 및 소비자에 미치는 영향을
고려할 때 중대한 위반행위로 볼 수 있다는 취지에서 과징금 산정에 대한
원고 주장을 받아들이지 않았다.[13]

---

12) 동법 시행령 [별표 2]「위반행위의 과징금 부과기준」제2호 가목은 기본과징금 산
정시 위반행위를 '중대성이 약한 위반행위', '중대한 위반행위', '매우 중대한 위반
행위'로 나누고, 중대성 별로 기본과징금을 산정할 것을 규정하고 있다.

## (2) 대법원 판결

(주) 유한양행 사건에서 대법원은 원심판결과는 상이한 내용의 판결을 하였다. 우선 시정명령은 동일한 유형의 행위를 반복하는 것의 금지까지 포함할 수 있다는 점을 밝히고,[14] 제품설명회에서의 비용지원도 위법행위로 적시된 회식비 지원, 골프·식사비 지원, 학회 참가 지원 등과 동일한 유형의 행위로서 반복 금지의 대상이 될 수 있다고 판단하였다. 한편 과징금 산정과 관련하여, "구체적으로 확인된 이익제공 행위가 본사 차원에서 수립된 거래처 일반에 대한 판촉계획의 실행행위로서 이루어진 것으로 볼 수 있으면", 거래처 전체 매출액을 관련 상품의 매출액으로 볼 수 있고, 또한 위반행위는 1년분에 대한 대가로 이루어지는 것이 거래관행이라는 점에서 위반행위의 종기를 조사대상 만료시점인 2006. 9. 30.까지 한 것은 타당하며, 다만 지원행위 대상에 포함되지 않은 '클리리턴', '트리돌'을 관련 상품으로 인정하고 매출액에 포함시킨 부분은 위법하다는 결론을 내렸다.[15]

한미약품(주) 사건에서 대법원은 원심의 부당한 고객유인행위의 위법성 판단을 타당한 것으로 보았다. 특히 "의사가 의약품을 선택하는 데에 그 품질과 가격의 우위에 근거하지 않고 제약업체가 제공하는 부적절한 이익의 대소에 영향을 받게 된다면 소비자의 이익은 현저하게 침해될 수밖에 없고 의약품시장에서의 건전한 경쟁도 기대할 수 없게 되므로, 제약회사의 판매촉진활동은 위와 같은 측면들을 종합적으로 고려하여 투명성, 비대가성, 비과다성 등의 판단 기준 하에 정상적인 거래관행에 비추어 보아 부당하거나 과다한 이익의 제공에 해당되는지 여부를 가려야 할 것"이라고 판시한 부분은 주목할 만하다. 한편 원심 판결 중 과징금 산정에 부분

---

13) 서울고등법원 2008. 11. 5. 선고 2008누2462 판결.
14) 동일한 취지의 대법원 2003. 2. 20. 선고 2001두5347 판결 및 대법원 2009. 5. 28. 선고 2007두24616 판결 참조.
15) 대법원 2010. 11. 25. 선고 2008두23177 판결.

에 대하여 피고인 공정거래위원회도 상고하였는데, 이 부분에 대하여 대법원은 원심과는 다른 입장을 취하였다. 즉 과징금 산정에 있어서 관련 매출액 산정은 위반행위와 직·간접으로 관련된 상품 범위를 구체적·개별적으로 판단하여야 한다는 점을 전제하고, "본사 차원에서 의약품별 판촉계획을 수립하여 전국적으로 시행한 것으로 볼 수 있는지 여부, 이익제공행위의 구체적인 태양이 다르더라도 의약품 판매 증진을 위한 경제적 이익의 제공이라는 점에서 판촉계획의 실행행위 일부로 볼 수 있는지 여부, 이익제공을 위한 비용이 상품가격에 전가될 우려 및 정도, 판촉계획 및 이익제공 행위 적발의 난이도, 법 위반행위 당시의 거래관행 등을 종합적으로 고려하여, 구체적으로 확인된 이익제공 행위가 본사 차원에서 수립된 거래처 일반에 대한 판촉계획의 실행행위로서 이루어진 것으로 볼 수 있으면, 원고의 당해 의약품에 대한 거래처 전체의 매출액을 위반행위로 인하여 영향을 받는 관련상품의 매출액으로 보는 것"이 타당하다는 취지의 판결을 하였다.16)

동아제약(주) 사건에서 대법원은 원심 판결을 대체적으로 유지하는 취지의 판결을 하였다. 즉 본사 차원의 판촉계획에 따른 실행행위적 성격을 갖고 있는지 여부를 근거로 원고의 행위를 포괄적으로 하나의 부당한 고객유인행위로 본 원심 판결을 지지하였다. 논거의 하나로서 고객유인행위의 부당성은 "객관적으로 고객의 의사결정에 상당한 영향을 미칠 가능성이 있는지 여부에 따라 결정된다고 할 것인데, 전문의약품의 경우 보건의료 전문가인 의사가 환자를 위하여 의약품을 구매 또는 처방하는 특수성이 있으므로 의사나 의료기관의 의약품에 대한 의사결정은 곧바로 최종 소비자인 환자의 의약품 구매로 연결될 수밖에 없는 점, 이 사건에서 문제된 원고의 구체적인 개개의 지원행위는 의사나 의료기관 등을 상대로 의약품의 처방증대 또는 판매증진을 위한 의도로 행해진 것인 점 등에 비추어 보면, 원고의 의료기관 등에 대한 이 사건 각 지원행위는 경쟁사업자의

16) 대법원 2010. 11. 25. 선고 2009두9543 판결.

고객을 유인할 가능성이 있다"라고 판시한 부분은 부당 고객유인행위 규제의 본질에 부합한다는 점에서 유력한 의미가 있다. 과징금 산정에 관한 부분도 원심 판결을 타당한 것으로 보았는데, 특히 관련 매출액의 범위와 비례의 원칙에 반하는지 여부에 관하여 원심이 제시한 판단 기준과 논거를 수용하였다.[17)]

## III. 대법원 판결의 검토

### 1. 제약산업의 구조적 특성

제약산업은 의약품을 생산·유통하는 산업이다. 2006년 기준으로 국내 의약품 생산 규모는 약 12조 3,620억원이며, 완제의약품을 생산하는 국내 사업자 수는 243개이다. 경쟁적인 산업 구조를 시사할 정도로 다수의 사업자가 존재하지만, 국내 제약산업은 영세성을 면치 못하고 있는데, 2003년 매출액이 1,000억원 이상인 제약회사는 21개사인데 반하여, 165개사는 400억원 이하였다. 제약산업은 기술집약도가 높은 첨단기술산업으로 분류되며, 신약 개발에 있어서 다양한 분야의 지식과 기술이 종합됨으로써 연구, 개발에 많은 비용이 소요되는 것을 특징으로 한다. 국내 제약산업은 이러한 산업적 기반이 취약하며, 산업 동향은 신약의 연구, 개발 보다는 제네릭(generic) 제품의[18)] 생산에 집중하는 경향을 보이고 있다.[19)] 2005년 매출액 상위 10개사 중 다국적 제약회사가 8개사에 이른 것도, 우리나라 제약산업의 영세적 특징을 보여주는 것이라 할 수 있다.

---

17) 대법원 2010. 12. 23. 선고 2008두22815 판결.
18) 제네릭 의약품은 특허 기간이 만료된 의약품(오리지널 의약품)을 다른 회사가 제조 또는 공급하는 의약품을 의미한다. http://en.wikipedia.org/wiki/Generic_drug.
19) 박실비아, "한국 제약산업의 현황과 전망", 약업신문, 2006. 5. 15.

제도적 측면에서 보면, 제약산업은 의약품이 인체에 미치는 영향의 중
요성 때문에, 정부가 생산 및 유통 과정에 개입하는 것이 법적으로 허용되
는 규제산업(regulated industry)에 해당한다. 즉 제약회사가 생산하는 의
약품은 약사법 제2조 제4호에 의하여 법적으로 정의되고 있고, 의약품의
조제 주체를 약사로 한정하며(약사법 23조 1항), 의약품 제조업을 영위하
기 위해서는 식품의약품안전청장의 허가를 받도록 하는 등의(약사법 34조
1항) 강한 진입 규제가 산업의 제도적 기초를 이루고 있다.[20]

한편 완제품인 의약품의 경우 일반의약품(Over-the-counter drug)과 전
문의약품(Ethical drug)으로 나뉘는데, 전체 생산액에서 전문의약품이 약
74.7%에 이를 정도로 절대적 비중을 차지한다. 무엇보다 양자는 유통 과
정에서 뚜렷한 차이를 드러내는데, 전자는 의사의 처방 없이도 일반 소비
자가 약국에서 구입할 수 있는데 반하여, 후자는 사용에 있어서 전문적 지
식을 필요로 하고, 따라서 의사의 처방을 통해서만 구입이 가능하다는 점
에서 구별된다. 이러한 구분은, 특히 전문의약품의 구매에 있어서 최종 구
매자의 의사가 실질적으로 배제되고 있음을 보여주는 것이며,[21] 따라서

---

20) 약사법 제2조 제4호는, "의약품이란 다음 각 목의 어느 하나에 해당하는 물품을
말한다. 가 대한민국약전에 실린 물품 중 의약외품이 아닌 것, 나 사람이나 동물
의 질병을 진단·치료·경감·처치 또는 예방할 목적으로 사용하는 물품 중 기
구·기계 또는 장치가 아닌 것, 다 사람이나 동물의 구조와 기능에 약리학적 영향
을 줄 목적으로 사용하는 물품 중 기구·기계 또는 장치가 아닌 것"으로 규정하
고 있다. 이와 같은 의약품의 법적 정의와 의약품을 다루는 주체도 전문적인 자
격을 갖춘 자로 한정하는 등의 제한은 진입제한으로서의 성격을 갖는다. Simon
Rottenberg, Occupational Licensure and Regulation, American Enterprise
Institute For Public Policy Research, 1980, 2-4면 참조. 한편 의약품 및 관련 산
업의 경쟁력을 제고하려는 정책적 목적에 따라서, 2011년 건강기능식품에 해당하
는 상품의 제조·판매 등은 신고를 통하여 가능하게 하는 식품위생법 개정이 있
었다(식품위생법 2조). 이와 같은 규제완화에 대한 분석으로서, 선정원, "의약산
업의 규제완화와 건강기능식품", 명지대학교 삶의 질과 지속성장 연구소 학술대
회, 2011, 11-12면 참조.

일반 상품과 달리 제약회사의 마케팅이 구매에 있어서 제3자라 할 수 있는 의사나 의료기관에 집중되는 현상을 설명할 수 있는 근거가 된다.

또한 의약품 유통 시장은 마케팅 비용의 과다한 지출로서의 특정도 나타나고 있다. 공정거래위원회의 조사에 의하면, 2005년 제약회사의 매출액에서 판매관리비 비중은 평균 35.2%로 일반 제조업체의 12.2%에 비하여 매우 높은 것으로 나타났다.[22] 전술한 것처럼 제약산업은 연구, 개발의 필요가 크고, 이에 대한 비용 지출이 산업 발전에 중요한 의미가 있는 산업인데, 제약산업이 발달한 나라의 매출액 대비 연구개발비 비중이 10~15%에 이르는데 반하여, 국내 제약회사의 연구개발비는 4~5%에 머무르고 있으며,[23] 그 유력한 원인으로 판매관리비의 과다한 지출이 지적되고 있다. 물론 마케팅 비용의 과다 지출이 그 자체로 문제가 되는 것은 아니지만, 적어도 이러한 현황을 제3자에 의하여 제품 선택이 이루어지는 의약품 유통의 구조적 특성과 종합하여 이해할 필요가 있을 것이다.

## 2. 대법원 판결의 의의

2010년 부당한 고객유인행위에 관한 일련의 대법원 판결은, 그 동안 법리적으로 충분히 다루어지지 않았던 불공정거래행위 유형에 대한 심도 있는 논의의 계기가 되었다는 점에서 의의가 크다. 이 판결들은 2007년 12월 공정거래위원회가 제약회사들을 상대로 한 시정조치들을 대상으로 한 것이다. 앞에서 살펴본 것처럼 공정거래위원회 심결에서 최종 대법원 판

---

21) 의약품의 대가 지불은 국민건강보험공단에 의해서도 이루어지며, 따라서 의약품의 최종구매자는 대가 지불에 있어서도 전체적으로 또는 부분적으로 배제된다. 이와 같이 의약품의 경우 제3자에 의한 지불과 결정이 이루어지는 것에 의약품 시장 내지 제약산업의 특징이 있다는 것을 지적하는 것으로서, Richard J. Pierce & Ernst Gellhorn, Regulated Industries, West Group, 1999, 71면 참조.

22) 공정거래위원회, 보도자료 2007. 11. 1., 5-6면.

23) 위의 글, 6면.

결에 이르기까지 제약회사별로 절차가 진행되는 과정에서 구체적인 내용에 약간의 차이가 존재하지만, 위법성 판단의 근거나 과징금 산정의 기준 등에 관하여 기본적으로 동일한 입장을 취하고 있다.

즉 부당한 고객유인행위인지 여부를 판단하기 위하여 문제가 된 경제적 지원행위가 정상적인 상관행에 해당하는지가 기준이 되며, 이때 문제가 된 시장의 특수성, 즉 의약품 시장의 특성을 고려하여 판단하여야 한다는 원칙을 제시하고 있다. 판결들은 제약회사의 판매촉진 활동이 의약품 성능 등에 대한 정보제공 측면에서 불가피한 것이라 하더라도, 특히 의사 등 전문 의료인의 의약품(전문의약품) 선택이 환자의 구매를 대신하는 구조 하에서 의사 등에 대한 이익제공 행위가 의약품 선택에 영향을 미치게 될 가능성을 중시하고 있다. 이러한 구조적 특성 등을 종합적으로 고려하여 투명성, 비대가성, 비과다성 등의 판단 기준에 따라서 부당성을 판단하여야 한다는 입장을 취하였다. 비록 이 판결들은 의약품 시장 또는 제약산업의 특정한 영역에서 발생한 행위를 대상으로 부당 고객유인행위에 해당하는지 여부를 판단한 것이지만, 이러한 판단 원칙과 기준은 일반적인 부당한 고객유인행위에 대해서도 원용할 수 있을 것이다.

과징금 부과처분과 관련하여 제약회사들이 공통적으로 제기한 항변은, 공정거래위원회의 매출액 산정이 위반행위와 직·간접으로 관련되는 범위를 넘는 것이라는 점이었다. 이에 관하여 대법원은 각 제약회사에 대한 판결에서 동일한 판단 기준을 제시하였다. 즉 문제가 된 행위가 본사 차원에서 성립한 계획에 따른 전국적인 실행행위의 일부로 볼 수 있는지 또는 구체적인 의약품 거래처에 한정된 것인지를 기준으로 하여, 위반행위의 관련 범위가 정하여 지고, 이에 따라서 문제가 된 의약품의 전체 거래액을 매출액 기준으로 하는 것의 타당성이 결정될 것으로 보았다. 이 쟁점에 관한 대법원 판결은 구체적인 결론에서 제약회사 간에 약간의 차이가 나타났다. 예를 들어 앞에서 살펴본 한미약품(주) 사건이나 동아제약(주) 사건에서 대법원은 과징금 기준이 되는 관련 매출액을 거래처 전체의 매출액으로 한 공정거래위원회 판단을 수용하였지만, 일성신약(주) 사건이나 (주)녹십자 사건에서는 거래처 전체의 매출액을 기준으로 정한 과징금 산정의 타당성을 인정하지 않았다.[24] 그러나 이러한 결론은 "각 지원행위로 인하여 그 직접적인 상대방이 아닌 다른 병·의원 등에 대한 매출액이 직접 또는 간접적인 영향을 받았다고 인정할 아무런 증거가 없고, 일부 의약품들과 관련한 지원행위로 인하여 다른 의약품들의 매출액 또한 영향을 받았다거나 특정한 시기에 이루어진 지원행위로 인하여 3년 반이 넘는 기간 동안 그 효과가 지속되었다고 단정할 수도 없는 점 등을 종합"하여(녹십자 사건) 내린 결론으로서, 과징금 산정 원칙에 있어서의 차이가 아니라, 원칙의 구체적 적용 결과에 있어서 상이를 나타내는 것이라 할 수 있을 것이다. 다만 공정거래위원회의 과징금 산정의 타당성을 인정한 경우와 그렇지 않은 경우를 구분할 수 있는 구체적인 거래행태에 있어서 차이가 존재하는지에 대한 의문은 남는다.

이상의 대법원 판결은 부당한 고객유인행위와 과징금 제도의 본질에 비추어 원칙적으로 타당한 것으로 볼 수 있다. 그러나 부당 고객유인행위 규제의 고유한 법리와 과징금의 제도적 의의 등의 관점에서 추가적으로 논의되어야 할 부분이 있다.

## 3. 부당한 고객유인행위 규제의 의의와 위법성 판단

### (1) 부당한 고객유인행위 규제의 의의

독점규제법 제23조 제1항 제3호는 불공정거래행위의 한 유형으로서 "부당하게 경쟁자의 고객을 자기와 거래하도록 유인하거나 강제하는 행위"를 규정하고 있으며, 동 규정에서 유인하는 행위는 부당한 고객유인행

---

24) 대법원 2010. 12. 9. 선고 2008두23504 판결 및 대법원 2010. 12. 9. 선고 2009두3507 판결.

위를 의미한다. 이를 구체화하고 있는 '일반유형' 제4호는 부당한 고객유인행위를 부당한 이익에 의한 고객유인(가목), 위계에 의한 고객유인(나목), 기타의 부당한 고객유인(다목)으로 세분하고 있는데, 대법원 판결에서 주로 문제가 되었던 '부당한 이익에 의한 고객유인'은 정상적인 거래관행에 비추어 부당하거나 과대한 이익을 제공 또는 제공할 제의를 하여 경쟁사업자의 고객을 자기와 거래하도록 유인하는 행위를 의미한다.

전술한 것처럼 동 규제는 주로 거래의 불공정성 관점에서 구성된 것이며, 공정하지 않은 경쟁방식에 의하여 침해를 받는 거래상대방의 이익 보호가 규제의 주된 근거가 된다.25) 이러한 점에서 불공정거래행위에 유사한 규제체계를 별도로 입법화 한 독일 UWG 제1조의 목적 규정을 참고하는 것이 의미가 있는데, 동 규정은 경쟁자와 함께 거래 상대방인 소비자의 보호를 입법 목적으로 제시하고 있으며, 이때 소비자의 보호 이익에서 결정의 자유(Entscheidungsfreiheit)는 핵심적인 부분을 차지한다.26) 특히 UWG에 의한 부당한 고객유인행위 규제는 제4조 제1호에 의하는데, 동호는 "소비자 그 밖의 시장참가자의 결정의 자유(Entscheidungsfreiheit)에 인격침해적인 압력의 행사 또는 기타 부당하게 영향을 미치는 것으로 볼 수 있는 거래행위"를 불공정경쟁행위로 규정하고 있고, 특히 경쟁사업자 상품의 가격이나 품질과 합리적인 비교를 통하여 상품을 선택하는 것을 방해하는 방식으로 부당하게 고객을 유인하는 행위(Übertriebenes Anlocken)는 동 규정에 해당하는 것으로 이해되고 있다.27)

독점규제법상 부당한 고객유인행위 규제도 독일 UWG에서의 규제와 동

---

25) 권오승 등 8인 공저, 독점규제법, 법문사, 2010, 239면(홍대식 집필부분). 한편 미국 반독점법 규제체계와 비교하여, 이러한 의미에서의 규제를 독점규제법에서 하는 것에 대한 의문을 제기하는 것으로서, 이호영, 주 3)의 책, 282면 참조.

26) 이러한 의미에서 결정의 자유(Entscheidungsfreiheit)는 객관적으로 타당하고 충분한 정보가 소비자에게 제공되는 것에 기초한다. Friedrich L. Ekey u. a., 주 4)의 책, 50면 이하(Kippel & Brämer 집필부분).

27) 위의 책, 139면 이하(Gunda Plass 집필부분).

일한 맥락에서 이해할 수 있으며, 거래상대방의 합리적 선택의 침해를 방지하는 것은 동 규제의 주된 목적이 될 것이다. 이러한 이해는 우리와 비교법적으로 유사한 규정을 두고 있는 일본 「私的獨占の禁止及び公正取引の確保に關する法律」(이하 獨占禁止法)에서도 나타나고 있는데, 獨占禁止法 제2조 제9항을 구체화한 「不公正な取引方法」(불공정거래방법, 공정취인위원회 고시 제15호)은 제8호에 기만적 고객유인, 제9호에 '부당한 이익에 의한 고객유인'을 규정하고 있으며, 동 규정의 입법취지는 고객의 적정하고 자유로운 선택을 침해하는 것을 방지하는 것에 있는 것으로 이해되고 있다.[28]

## (2) 부당한 고객유인행위의 위법성 판단

### 1) 위법성 판단기준

'심사기준' V. 4. 가.에서는 부당한 고객유인행위의 위법성 판단과 관련하여, "이익제공 또는 제공제의가 가격과 품질 등에 의한 바람직한 경쟁질서를 저해하는 불공정한 경쟁수단에 해당되는지 여부를 위주로 판단한다"는 원칙을 규정하고 있다. 구체적인 판단 기준으로서 다음의 두 가지를 제시하고 있는데, ① 정상적인 거래관행에 비추어 부당하거나 과대한 이익제공(제의)에 해당되는지 여부와 ② 경쟁사업자의 고객을 자기와 거래하도록 유인할 가능성이 있는지 여부가 이에 해당한다. 동 규정은 계속해서 이상의 판단기준을 보충하고 있는데, ①의 경우 정상적인 거래관행이란 원칙적으로 해당업계의 통상적인 거래관행을 기준으로 판단하되 구체적 사안에 따라 바람직한 경쟁질서에 부합되는 관행을 의미하고, 현실의 거래관행과 항상 일치하는 것은 아니며, 부당한 이익에 해당되는지는

---

28) 谷原修身, 獨占禁止法の解說, 一橋出版, 2006, 48면 참조. 한편 부당 고객유인행위를 위법성을 경쟁제한성의 관점에서 이해하는 것을 전제로, 부당고객유인행위의 경쟁제한적 효과가 불분명하다고 논증하고 있는 것으로서, 이주선, 부당고객유인행위에 관한 연구, 한국경제연구원, 1996, 31-33면 참조.

관련 법령에 의해 금지되거나 정상적인 거래관행에 비추어 바람직하지 않은 이익인지 여부로 판단한다. 또한 과대한 이익에 해당되는지는 정상적인 거래관행에 비추어 통상적인 수준을 넘어서는지 여부로 판단한다. 그리고 ②의 경우 이익제공(제의) 사업자가 경쟁사업자의 고객과 실제로 거래하고 있을 필요는 없으며, 객관적으로 고객의 의사결정에 상당한 영향을 미칠 수 있는 가능성이 있으면 유인가능성을 인정할 수 있다.

이상의 '심사기준'에서 밝히고 있는 부당한 고객유인행위의 위법성 판단에서 부당하거나 과대한 이익제공인지, 그리고 거래 유인 가능성이 있는지가 결정적인 기준이 된다. 전술한 것처럼 부당 고객유인행위 규제의 목적은 거래상대방의 합리적인 선택을 침해하는 것의 방지에 있으며, 따라서 '심사기준'상의 판단기준은 규제의 의의에 부합하는 것으로 볼 수 있다. 그러나 이상의 기준을 구체적으로 살펴보면, 부당하거나 과대한 이익제공인지 여부는 그 자체로서 판단될 수 있는 것은 아니며, 거래상대방의 유인 가능성에 비례적으로 관련되는 것이라 할 수 있다. 즉 유인 가능성의 존부와 정도에 따라서 이익제공의 크기가 어떠한 수준인지가 결정될 수 있으며, 이러한 점에서 거래상대방의 유인 가능성은, 즉 합리적 선택의 침해 가능성은 보다 핵심적인 위법성 판단 기준으로서 의미를 갖는다. 또한 '심사기준'에서 부당하거나 과대한 이익인지 여부를 통상적인 거래관행에 비추어 판단하고, 전술한 것처럼 통상적 거래관행은 바람직한 경쟁질서에 부합하는 관행을 의미하는 것으로 규정하고 있다.[29] 이때 바람직한 경쟁질서는 상품의 장점(merits)을 비교하여 합리적으로 선택하는 과정에 기초하는 것이고, 거래상대방을 유인하여 합리적 선택을 침해할 우려는 이와 같은 바람직한 경쟁질서에 반하는 것이라 할 수 있다는 점에서도, 거래상대방 유인 가능성의 우선적 의미를 확인할 수 있을 것이다.

제약회사 대법원 판결에서 위법성 판단은 위에서 검토한 위법성 판단

---

29) 金井貴嗣·川濱 昇·泉水文雄 編著, 주 6)의 책, 329-330면(金井貴嗣 집필부분) 참조.

기준들에 의하고 있다. 앞에서 살펴본 것처럼 동아제약(주) 판결에서 부당한 이익 제공에 의한 유인 가능성은 고객의 의사결정에 상당한 영향을 미칠 가능성이 있는지에 따른다는 점을 확인하고 있으며, 한미약품(주) 판결에서 의사의 의약품 선택시 부적절한 이익의 대소에 영향을 받게 되는 경우를 위법성의 기초로 파악하고 있다. 그러나 이 판결들에서 부당한 고객유인행위 위법성의 구조적 이해가 명확하게 드러나는 것은 아니다. 무엇보다 부당 고객유인행위 규제는 특정한 행위가 거래상대방의 합리적 선택에 어떠한 영향을 미치는지에 초점이 맞추어져야 하며, 이러한 관점이 제공된 이익이 부당하거나 과다한 것인지의 판단에도 유지되어야 한다.

### 2) 의약품 시장 특수성의 고려

'심사기준' V. 4. 가.는 부당한 고객유인행위에 해당하는 예로서 경쟁사업자의 고객을 자기와 거래하도록 소개 · 의뢰 · 추천하는 자에게 리베이트 등의 이익을 제공하거나 제공하겠다는 제의를 함으로써 고객을 유인하는 행위를 들고, 이에 해당하는 세 가지 예를 적시하고 있는데, 그 중의 하나로서 "제약회사가 자사의 약품채택이나 처방증대를 위하여 병원이나 의사에게 리베이트 제공, 과다접대 등을 하는 행위"를 규정하고 있다. 다른 두 예는 CT 등 특수촬영기기의 이용에 관한 것과 교사가 특정 출판사의 서적을 추천하는 것에 관한 것인데, 이상의 적시된 예는 모두 제3자가 최종구매자의 의사를 대신하거나 이에 영향을 미치는 경우를 상정한 것이며, 공정거래위원회의 빈번한 규제 사례로 나타났던 것이다.[30]

의약품 시장 또는 제약산업의 구조적 특성에 대한 이해는 공정거래위원회의 심결이나 앞에서 살펴본 모든 대법원 판결에서 충분히 반영되고 있는 것으로 보인다. 특히 정상적인 거래관행을 파악하고, 당사자들의 의사결정 과정이나 경제적 이익제공의 의미를 평가하기 위하여 당해 산업에

---

30) 공정거래위원회는 2004. 2. 10.에도 5개 제약회사를 대상으로 부당한 고객유인행위 시정조치를 하였다. 공정위 2004. 2. 10. 의결 2003공동2326 등 참조.

대한 이해가 필수적이며, 이러한 점에서 이러한 실무상 접근 방식은 타당한 것임에 의문은 없다. 그러나 의약품 시장의 구조적 이해와 부당 고객유인행위의 위법성 판단의 관계에 분석이 충분하지 못한 측면이 있으며, 이에 대한 추가적인 논의가 이루어질 필요가 있다. 예를 들어 동아제약(주) 판결에서 대법원은 거래상대방이 의료전문 종사자이고, 제약산업이 생명산업이라는 특성 등에 따라서 다른 업종보다 높은 규범성이 요구된다고 판시하였는데, 높은 규범성의 요구는 당연히 부당한 고객유인행위의 경우 규제 범위의 확대와 정당한 거래활동 범위의 축소를 의미하게 된다. 이를 긍정한다면, 이와 같이 특정한 산업 영역에서 규제 범위를 확대하는 근거가 국민의 건강과 같은 공적 가치 외에 경쟁법적 관점에서 명확히 제시될 필요가 있을 것이다.

이와 관련하여 앞에서 언급한 제약산업에서 나타나는 '제3자 지불과 결정'(third party payers and decision makers)의 특성에 대해서 주목할 필요가 있다.[31] 거래활동에 있어서 자유(계약 자유)는 거래의 결과에 따른 책임의 부담을 자율적으로 승인하는 것을 내포하며, 이는 거래(계약)의 공정성을 뒷받침하는 계약 내재적 계기로 기능한다.[32] 그러나 의약품(전문의약품) 거래의 경우 제3자에 의한 선택이 이루어지고, 지불 역시 전체적 내지 부분적으로 제3자(공적 의료보험기관)가 부담하게 된다는 점에서, 의사의 결정과 책임의 귀속이 분리되고, 따라서 공정성을 보장하는 내적 장치가 존재하지 않게 된다. 이와 같은 상황에서 상품 선택을 하게 되는 제3자의 자율 영역은 제한될 수 있으며, 특히 공정한 경쟁에 관한 규범은 이러한 제한의 대표적인 근거가 될 수 있다. 다수의 사업자가 존재하는 의약

---

31) '심사기준'에서 부당한 고객유인행위로 언급하고 있는 다른 사유들도 기본적으로 '제3자 결정 및 지불' 구조와 관련된다.
32) 물론 계약의 자유가 계약의 공정을 보장하지 못한다는 인식이 유력하다. Werner Flume, Allgemeiner Teil des Bürgerlichen Rechts(zweiter Band)-Das Rechtsgeschäft, Springer-Verlag, 1992, 10면 참조.

품 시장도 경쟁 메커니즘이 작용하는 영역으로 볼 수 있는데, 책임을 부담하지 않는 제3자가 거래에 밀접하게 관여할 경우에, 그 한도에서 거래의 공정성을 보장하기 위한 경쟁 규범의 강화는 불가피할 것이다. 또한 동일한 맥락에서 자율적으로 정한 공정경쟁에 관한 규약, 예를 들어 한국제약협회의 공정경쟁규약 등이 당연히 그 자체로 법규성을 갖는 것은 아니지만, 공정성 판단에 있어서 의미 있는 기준이 될 수 있을 것이다.

### 3) 정당화 사유의 검토

'심사기준' V. 4. 가.는 부당한 고객유인행위라 하더라도, 이익제공(제의)로 인한 효율성 증대효과나 소비자후생 증대효과가 경쟁수단의 불공정성으로 인한 공정거래저해 효과를 현저히 상회하는 경우 그리고 부당한 이익제공(제의)을 함에 기타 합리적인 사유가 있다고 인정되는 경우에 법 위반에 해당하지 않는다는 규정을 두고 있다. 특히 전자의 경우 동아제약(주) 사건의 원심판결에서도 정당화 사유의 하나로 언급되었다. 또한 심사기준이 언급하지는 않지만, 고객유인행위가 거래상대방에게 일정한 정보를 제공하는 측면에서 상대방의 이익을 제고하는 효과를 가질 수 있으며, 이러한 측면도 형량의 대상이 되어야 한다는 주장도 있다.[33]

그러나 효율성 또는 소비자후생 증대효과가 부당한 고객유인의 정당화 사유로서 타당한 것인지에 의문이 없는 것은 아니다. 효율성 제고 또는 소비자후생 증대는 경쟁정책상 긍정적인 것이며, 이러한 효과는 경쟁제한적 효과에 상반되는 것으로서 많은 경우 형량의 한 축을 담당한다. 독점규제법 위반 행위의 경우 반경쟁적 효과와 친경쟁적 효과(효율성 제고 효과)가 복합적으로 나타나는 것이 일반적이며, 미국 반독점법상 당연위법(per-se

---

33) 김철호, "부당한 고객유인행위의 위법성 판단기준 및 그 제재로서의 과징금", 경제법판례연구 제6권, 2010, 54면 참조. 이 글에서는 이러한 측면에서의 이익과 부당한 고객유인행위에 의한 침해 간의 조화를 도모할 수 있는 경계를 정하는 것이 용이하지 않다고 지적하고 있다.

illegal)의 법리가 적용되는 경우를 예외로 하고, 양자를 비교형량하여 최종적으로 경쟁정책적 판단을 하는 과정을 거치게 된다. 그러나 이와 같은 위법성 판단 과정이 거래의 불공정성이 문제 되는 위반 유형에서도 동일하게 적용될 수 있는지에 관하여 논의의 여지가 있다.

거래의 불공정성이 문제되는 행위의 위법성은 불공정한 거래 또는 경쟁방식에 의하여 거래상대방이 받게 되는 이익침해에 기초한다. 즉 이때의 위법성은 거래 당사자 사이에 이익침해적 효과로 구성되는데, 경쟁질서적 관점에서 긍정되는 효율성 제고 효과 등에 의하여 이러한 효과를 상쇄할 수 있다고 보는 것이 타당한지에 대한 논의가 이루어질 필요가 있다. 더욱이 거래의 불공정성을 위법성의 본질로 하는 대표적인 유형인 부당한 고객유인행위를 미국 반독점법과의 비교를 통하여 독점규제법에서 규제하는 것에 의문을 표하는 견해도 있으며,[34] 이와 같은 법적 성격의 특성을 고려하면 친경쟁적 효과를 통한 정당화 사유를 인정하기 어려울 것이다. 그러나 자유로운(free) 경쟁과 마찬가지로 공정한(fair) 경쟁도 바람직한 경쟁질서의 한 내용을 구성한다는 관점에서, 개인적인 불이익과 전체 경쟁질서 측면에서 이익 제고 효과 간에 비교 형량의 가능성을 인정하는 결론을 도출할 여지는 있다.

## 4. 과징금 산정 문제

### (1) 관련 매출액 범위의 검토

과징금은 법위반자에 대한 금전적 제재로서, 새로운 의무이행 확보수단의 하나로 도입되었다.[35] 과징금제도의 도입 배경에서 알 수 있듯이, 법위반행위로 얻게 된 불법적 이익의 박탈이 제도의 핵심이며, 또한 행정제

---

34) 이호영, 주 3)의 책, 282면 참조.
35) 김동희, 행정법I, 박영사, 2002, 417면 참조.

재적 성격도 아울러 갖고 있는 것으로 이해된다.36) 따라서 제도 운영에 있어서 불법적으로 취득한 이익의 크기와 관련 매출액의 범위를 정하는 것이 중요하다. 위에서 검토한 대법원 판결들은, 구체적인 결론에 차이는 있지만, 문제가 된 위반행위가 본사 차원에서 수립된 실행행위의 일부로 나타난 것인지를 기준으로 하여 위반행위에 관련된 매출액 범위를 정한다는 것에 일치된 견해를 보이고 있다. 이와 같은 태도는 독점규제법 [별표 2]「위반행위의 과징금 부과기준」에서 제시하고 있는 원칙에 부합하는 것이라 할 수 있다.

위반행위의 관련 범위를 본사 차원에서, 전국적으로(national) 볼 것인지, 아니면 영업점을 중심으로 지역적으로(local) 볼 것인지를 구분하는 것은, 경쟁정책상 다양한 층위에서 의미를 갖는다. 전국적 시장과 지역적 시장을 구분하는 것이 쟁점이 되었던 미국 반독점법 판례인 Grinnell 사건을37) 보면, 전국적인 범위로 시장을 획정함에 있어서 전국적인 사업계획의 존재 외에 다른 대규모 사업자와의 경쟁 관계도 중요한 고려 요소가 되었다. 이와 같은 미국 법원의 전국적 시장 획정의 고려 요소와 비교하면, 단지 제약회사 사건에서 본사 차원의 실행계획에 초점을 맞추어 전국적인 범위에서 관련매출액을 산정한 대법원 판결에 의문을 제기할 수 있을 것이다.

그러나 과징금 산정에 있어서 관련 매출액을 정하는 것은, 기본적으로 금전적 제재를 정당화하는 책임의 귀속 범위를 정하는 의미를 가지며, 더욱이 문제가 된 사건은 거래의 불공정성 관점에서 위법성이 도출되는 위반 유형인 부당한 고객유인행위를 다루고 있다는 점에서 독점화가 문제가 되었던 Grinnell 사건의 시장획정과는 상이한 측면이 있다. 즉 부당한 고객유인행위에 대한 과징금을 부과함에 있어서 책임의 귀속이 정당하게 이

---

36) 대법원 1999. 5. 28. 선고, 99두1571판결; 대법원 2008. 4. 24. 선고, 2007두2937 판결.
37) U. S. v. Grinnell Corp., 384 U.S. 563 (1966).

루어질 수 있는지가 중요하며, 이러한 점에서 (주)유한양행 사건의 대법원이 본사가 수립한 계획의 실행 범위에 해당하는지를 중시하고, 이익제공 행위의 구체적 태양의 차이는 부차적인 것으로 판시한 것은 타당한 결론으로 생각된다.[38]

### (2) 중대성 판단

동아제약(주) 사건에서 대법원은 공정거래위원회가 원고의 행위에 대한 과징금 부과기준율을 1%로 정한 것에 대하여, 부당한 고객유인행위의 내용과 규모, 의약품 거래질서 및 소비자에게 미치는 영향 등 여러 사정을 고려하였을 때, 위반행위가 매우 중대한 것에 해당한다는 취지의 판결을 하였다. 「위반행위의 과징금 부과기준」 제2호 가목은 기본과징금을 정하면서, 독점규제법 제55조 제1항 제1호의 규정에 의한 위반행위의 내용 및 정도에 따라 '중대성이 약한 위반행위', '중대한 위반행위', '매우 중대한 위반행위'로 나누고 각각의 중대성 별로 기본과징금을 정하는 부과기준율을 규정하고 있다. 동 규정에 따르면, 공정거래위원회와 대법원은 동아제약(주) 위반행위의 내용 및 정도가 매우 중대한 것으로 평가한 것이다.

독점규제법상 과징금 부과에 있어서 위반행위의 내용 및 정도를 고려하도록 법정하고, 「위반행위의 과징금 부과기준」은 이러한 위반행위의 내용 및 정도를 중대성에 따라 구분한 후에, 각각의 정도 별로 차등화된 기준을 적용하는 방식으로 구체화하고 있다. 이와 같은 과징금 부과 체계는 과징금이 부당이득 환수로서의 성격 외에 행정제재벌적 성격을 아울러 갖고 있다고 보는 법적 근거로 이해되는데,[39] 나아가 위반행위의 중대성을 어떻게 평가하여야 하는지를 새로운 법적 과제로 남겨 놓고 있다. 이와 관련

---

38) 이에 대하여, 의약품 선택은 결국 의료기관의 독자적인 선택에 따른 것이므로, 의약품 전체로 확대하는 것에 의문을 표하는 것으로서, 김철호, 주 33)의 글, 160-161면 참조.
39) 권오승, 주 1)의 책, 391면.

하여 EU에서 경쟁법 위반 사건에 대한 제재금(fine)을 부과한 사례는 참고가 될 수 있을 것이다. EU의 경우 경쟁법 위반행위에 대한 제재금 부과는 일정한 귀책 요건을 충족할 경우에 가능한데,[40] 구체적인 부과액에 있어서는 사건 별로 상당한 차이를 보여준다. 예를 들어 경쟁사업자의 도매 제공에 있어서 지나치게 높은 가격을 부과하는 가격압착 행위를 시장지배적 지위남용 문제로서 다루었던 Telefónica 사건에서 EC 위원회는 유사한 사건이었던 Deutsch Telekom에 부과한 것에(1,260만 유로) 10배가 넘는 고액의 제재금을(1억 5,100만 유로) 부과하였다.[41] 이와 같은 제재금 부과액의 차이에 관하여, Telefónica 사건에서 남용행위가 나타난 시장의 규모가 Deutsch Telekom에 비하여 훨씬 컸으며, 소비자에게 손해를 미치는 가격남용의 액수도 지나치게 많았다는 점에 따른 것이지만, 동일한 위반 유형의 행위가 반복되고 있는 상황에서 억제효과(deterrent effect)를 강화하기 위한 엄격한 제재의 필요성도 영향을 미친 것으로 이해되고 있다.[42]

전술한 것처럼 제약회사 사건에서 대법원은 공정거래위원회가 '매우 중대한' 위반행위에 기초하여 책정한 기본과징금 부과기준율을 인정하고 있으며, 근거로서 부당한 고객유인행위의 내용과 규모, 의약품 거래질서 및 소비자에게 미치는 영향 등을 제시하고 있다. 이러한 판단은 타당한 것으로 보이지만, 제약회사의 부당 고객유인행위는 반복적으로 나타나는 위반

---

40) Regulation No. 1/2003 of 16 Dec. 2002 on the implementation of the rules on competition laid down in Articles 81 and 82 of the Treaty.

41) Commission Decision of 4 July 2007, COMP/38.78 - Wanadoo Espana vs. Telefónica, OJC 83, 2 April 및 Deutsche Telekom AG v. Commission of E. C. (T-271/03, 2008. 4. 10). Telefónica 사건에서 위원회는 Deutsche Telekom 사건보다 경험적 증거에 대한 상세한 분석을 행하고 있다는 점에서 뚜렷한 차이가 있다고 지적하는 것으로서, Joanna Goyder & Albertina Albors-Llorens, EC Competition Law, Oxford Univ. Press, 2009, 650-651면.

42) Antitrust: Commission decision against Telefónica - frequently asked questions, MEMO/07/274, Brussels, 4th July 2007. 그리고 이에 관한 설명으로서, Richard Whish, Competition Law, Oxford Univ. Press, 2009, 746면.

342 _ 경제법론 III

유형이라는 점에서 EC 위원회가 행하였던 것처럼 억제효과 측면에서의 고려도 필요한 것으로 보인다. 추가적으로 부당한 고객유인행위, 좀 더 포괄적으로 거래의 불공정성이 문제되는 행위에 대한 이해도 반영되어야 한다. 이러한 유형에서는 거래 상대방의 이익 침해가 위법성의 중요한 기초가 되며, 이러한 위법성의 의의가 위반행위의 중대성 판단에서 고려될 필요가 있다.


## IV. 결론

2010년 제약회사의 부당한 고객유인행위를 다룬 일련의 대법원 판결들은 이전에 충분히 다루어지지 않았던 산업 영역에서 위반행위를 심도 있게 다루었다는 점에서 앞으로 제약산업에서 부당한 고객유인행위 규제 법리를 개선하는데 의미 있는 기여를 할 것으로 기대된다.

다만 부당한 고객유인행위는 불공정거래행위 유형 중에서도 거래의 불공정성에 기초한 것으로서, 거래 상대방의 합리적 선택을 침해하는 것에 위법성의 본질이 있는 위반유형이라 할 수 있다. 이러한 점은 위법성 판단 및 정당화 사유를 검토하는 과정에서, 그리고 과징금 부과와 같은 제재 범위를 결정함에 있어서 충분히 고려되어야 할 것이다.

공정거래위원회의 심결이나 대법원 판결에서 의약품 시장과 제약산업의 특수성, 특히 제3자에 의한 상품 선택이 이루어지는 구조적 특성에 대한 이해가 적절하게 반영된 것은 긍정적으로 평가할 만하다. 그러나 과다한 판촉비용을 줄여서 연구·개발 투자의 확대를 유도하여야 한다는 것과 같은 산업정책적 이해는, 그 자체로 정책의 타당성을 인정할 수 있다 하더라도, 구체적인 제재 과정에 과도하게 반영되는 것은 경계할 필요가 있다. 이와 관련하여 Rittner가 부정경쟁방지법(UWG)은 고유한 임무에 자신을 제한하고, 다른 경제정책적 판단을 포기할수록, 더 명확하고 성공적으로 기능할 것이라고 한 지적을[43] 유념할 필요가 있다.

---

43) Fritz Rittner, Wettbewerbs- und Kartellrecht, C. F. Müller Verlag, 1999, 30면.

# 13. 끼워팔기 등 불공정거래행위

**-대법원 2006. 5. 26. 선고 2004두3014 판결-**

## I. 판결개요

### 1. 사실관계

원고는 토지를 취득·관리·개발 및 공급하기 위하여 설립된 정부투자 기관으로서 「독점규제 및 공정거래에 관한 법률」(이하 독점규제법) 제2조 제1호에 규정된 사업자에 해당한다. 「택지개발촉진법」에 의한 택지개발사업의 시행자는 국가, 지방자치단체, 원고 또는 대한주택공사 중 건설교통부장관이 지정하는 자로 한정되어 있는데, 원고는 국내 택지개발 예정지구 지정실적에 있어서는 총 84,215,000㎡로 49.5%를 점하고 있고, 택지개발사업 추진실적에 있어서는 총 95,425,000㎡로 40.6%를 점하고 있다.

독점규제법상 문제가 된 원고의 행위는 다음과 같다. ① 원고는 2000. 10. 12. 및 11. 13. 다른 공사들과 공동으로 출자하여 설립한 자회사인 건설관리공사에게 군장국가산단 군산지구 군사시설물 대체시설공사 책임감리용역 등 2건을 수의계약에 의하여 총 1,165,000,000원(예정가격 대비 94.2%)에 발주하였다. ② 원고는 남양주지구 공동주택지 판매에 대한 선

수협약을 체결함에 있어, 대한주택공사(1999. 6. 30. 계약체결)에 대하여
는 공급가격이 10% 이상 상승할 경우 대한주택공사가 협약을 해약할 수
있고, 원고는 대한주택공사로부터 수납한 선수금에 법정이자를 가산하여
반환한다는 조항을 설정한 반면에, 우미건설(1999. 6. 30. 계약체결)과 신
명주택(1999. 9. 17. 계약체결)에 대하여는 공급가격이 10%이상 상승할
경우 원고와 협의하여 해약할 수 있다는 조항만 설정하고, 선수금 반납에
관해서는 아무런 규정을 하지 않았다. ③ 원고는 인천마전지구 공동주택
지의 판매가 저조하자 판매가 잘 되는 부천상동지구 공동주택지를 판매하
면서 인천마전지구 4블럭을 매입한 자에게 부천상동지구 공동주택지 21블
럭 및 22블럭의 매입우선권을 주는 방식으로 연계판매를 실시하였고, 이
에 따라 비인기지구인 인천마전지구 공동주택지 4블럭을 매입한 창보종합
건설에게 인기지구인 부천상동지구 공동주택지 21블럭 및 22블럭을 판매
하였다. 또한 원고는 남양주호평·평내·마석 3개 지구 공동주택지의 판
매가 저조하자, 판매가 잘 되는 용인신봉·동천·죽전·동백 4개 지구 공
동주택지를 판매하면서 남양주호평·평내·마석 등 3개 지구 공동주택지
를 매입하는 자에게 용인신봉·동천·죽전·동백 등 4개 지구 공동주택지
의 매입우선권을 주는 방식으로 연계판매를 실시하였고, 1999. 9.에서
2000. 9. 사이에 비인기지구인 남양주호평·평내·마석 등 3개 지구의 공
동주택지를 매입한 현대산업개발 등 7개 회사에게 인기지구인 용인신봉·
동천·죽전·동백 등 4개 지구의 공동주택지를 판매하였다. ④ 원고는 광
주첨단지하보차도 설치공사 등 3건의 공사를 추진하면서, 유관기관과의
용지미보상 등 시공업체의 귀책사유가 아닌 사유로 공사기간이 연장됨으
로써 125,825,000원 상당의 간접비용이 발생하였음에도 시공업체에게 이
를 지급하지 아니하였다. 또한 원고는 청주공항도로연결공사에서 시공업
체인 한진건설의 귀책사유가 아닌 유관기관의 공사계획 협의지연 등의 사
유로 공사기간을 8.3개월 연장하고 이에 대한 간접비용을 반영하면서, 공
기연장일수가 8.3개월(254일)임에도 불구하고 7.3개월분에 해당하는 간접

비용 141,898,000원을 지급하고, 나머지 1개월분에 해당하는 간접비용 10,300,000원을 지급하지 아니하였다.

이상의 행위에 대하여 공정거래위원회는, 원고의 ①과 같은 책임감리용역을 건설관리공사에 대한 수의계약으로 발주한 행위에 의하여 경쟁입찰을 통한 비관계회사와의 책임감리용역 계약시의 낙찰율 72.6%보다 현저히 높은 수준인 예정가격의 94.2% 수준에서 계약금액이 결정되었을 뿐만 아니라, 건설관리공사의 공동주주인 한국도로공사, 대한주택공사, 및 한국토지공사와 사전에 합의하여 4개사가 건설관리공사에 합계 13,806,000,000원에 이르는 현저한 규모의 수의계약을 하여 줌으로써 건설관리공사를 지원하였고, 건설관리공사는 원고 등 4개사의 이러한 지원 덕분에 관련시장인 책임감리용역시장에서 사업자로서의 지위를 유지·강화할 수 있었으므로, 이러한 행위는 독점규제법 제23조 제1항 제7호, 같은법 시행령 [별표1] 일반불공정거래행위의유형및기준(이하 '불공정거래행위기준') 제10호의 부당지원행위에 해당한다고 보았다. ②에서 선수협약시 거래조건을 차별한 행위는 거래상대방에 따라 거래조건을 달리한 것이므로, 부당하게 특정사업자에 대하여 거래조건이나 거래내용을 현저히 유리하게 하거나 불리하게 하는 행위로서 독점규제법 제23조 제1항 제1호, 동법 시행령 불공정거래행위기준 제2호의 차별적 취급에 해당한다고 보았다. ③에서 공동주택지를 연계하여 판매한 행위는, 당해 인기지구의 공동택지를 필요로 하는 건설사업자의 입장에서 원고 이외의 자로부터 이를 구입할 방법이 없기 때문에 인기지구의 택지를 매입하는 자에게 비인기지구의 택지를 구입하도록 사실상 강제한 행위로서 독점규제법 제23조 제1항 제3호, 동법 시행령 불공정거래행위기준 제5호의 거래강제에 해당한다고 보았다. ④에서 원고가 시공업체에게 간접비용을 지급하지 아니한 행위는, 원고가 택지개발공급 및 공업용지개발공급 등과 관련한 각종 공사 및 물품구매시장에서 대규모 수요자의 위치에 있으므로 시공업체로서는 원고와의 계속적인 거래관계 유지를 위하여 원고의 요구 또는 제시사항을 거절하기 어렵다는 점에서 시공업체에 대하여 거래상 지위가 우위에 있고, 시공업체의 귀책사유가 아닌 사유로 인한 제반 간접비용은 모두 원고가 부담하여야 할 성질의 것이기 때문에, 거래상대방에게 불이익이 되도록 거래조건을 설정 또는 변경하거나 그 이행과정에서 거래상대방에게 불이익을 주는 행위로서 독점규제법 제23조 제1항 제4호, 동법 시행령 불공정거래행위기준 제6호의 거래상 지위의 남용행위에 해당한다고 판단하였다.

이상의 판단에 따라서 공정거래위원회는 2001. 4. 2. 의결 제2001-045호로 당해 행위의 금지와 시정 그리고 공표를 명하고, 총액 553,000,000원의 과징금을 부과하였다.

## 2. 소송경과

이상의 공정거래위원회의 명령에 대하여 원고는 당해 명령의 취소를 구하는 소송을 제기하였다. 이에 대하여 서울고등법원은 공표명령의 취소를 각하하고, 수의계약, 거래조건 차별, 간접비 미지급행위에 대한 시정명령과 과징금 납부명령은 취소하며, 끼워팔기에 대한 원고 청구를 기각하는 판결을 하였다.[1]

동 판결에 대하여 원고와 피고 모두 상고하였고, 대법원은 원·피고 양자의 상고를 모두 기각하였다.[2]

## 3. 판결요지

### (1) 원심 판결

원심판결에서 공표명령의 취소를 구하는 부분과 관련하여, 소송 계속

---

1) 서울고등법원 2004. 1. 10. 선고 2001누16288 판결.
2) 대법원 2006. 5. 26. 선고 2004두3014 판결.

중에 공정거래위원회는 공표명령의 내용을 "독점규제법을 위반하였다는 이유로 피고로부터 시정명령을 받은 사실"을 공표하는 것으로 직권 변경하였기 때문에, 소의 이익이 소멸되었으므로 이에 대한 소는 부적법한 것으로 판단하였다.

나머지 청구에 관한 판시사항을 보면, 우선 수의계약에 의한 발주행위가 독점규제법 제23조 제1항 제7호에 규정된 "부당지원행위"의 대상이 되는 행위에 해당하는지와 관련하여, 경쟁입찰에 의한 경우보다 과다하게 대금 지급이 이루어졌다는 이유로 원고의 행위를 부당지원행위에 해당하는 것으로 볼 수 없다고 판단하였다. 그 이유로서 동 규정에 의한 부당지원행위 규제는 자금·자산 등의 지원을 대상으로 하는데, 책임감리용역은 상품·용역의 거래를 의미하고, 따라서 동 규정의 규제 대상이 아니라고 보았다. 또한 설사 규제 대상이 되는 경우에도 거래상대방이었던 원고 자회사인 건설관리공사를 민영화하는 과정에서 건설교통부장관에게 정부투자기관회계규칙 제15조 제2호 라목에 의한 승인을 신청하고 이에 따라서 수의계약이 이루어졌다는 점을 고려할 때, 독점규제법 제58조의 법령에 따른 행위에 해당하거나, 적어도 정당한 이유가 있는 행위에 해당하는 것으로 보았다.

원고의 거래조건 차별행위와 관련하여, 공급가격이 10% 이상 상승할 경우 협약해약권을 부여한 대한주택공사와 그렇지 않은 우미건설 등 다른 회사 사이에 거래조건상 차별이 있었던 것으로 볼 수 있지만, 원고의 내부지침인 「선수공급에 관한 지침」 제20조 제4항에 "공급가격이 선수공급가격보다 상승한 경우로서 정상지가상승분을 차감한 초과상승액이 선수공급가격의 10%를 초과하는 경우에는 매수인의 요청에 따라 위약금 귀속 없이 선수협약을 해제할 수 있다"는 취지의 규정을 두고 있는 등의 상황을 고려할 때, 매수인의 요청 시 협약은 해제될 수 있는 것으로 보이기 때문에, 문제가 된 거래조건의 차이가 특정사업자를 현저하게 유리하거나 불리하게 하는 행위에 해당한다고 보기 어렵다는 점에서 당해 행위의 부당성을 부인하였다.

원고가 비인기토지의 매입에 따라서 인기토지의 매입우선권을 부여한 행위와 관련하여, 원심은 우선 끼워팔기에 있어서 별개의 상품은 독립하여 거래의 대상이 되면서 통상적으로 주된 상품과 짝지워 하나의 단위로 판매 또는 사용되지 않는 상품이면 충분하며, 주된 상품과 종된 상품의 구별은 거래상대방의 입장에서 구입을 원하는 상품이 어느 것인지 여부에 의하여 결정되는 것이라는 점을 전제하였다. 또한 끼워팔기에 해당하려면 주된 상품의 공급과 연계하여 거래상대방이 종된 상품을 구입하도록 하는 상황을 만들어내면 족하고, 반드시 주된 상품에 대하여 시장지배적 사업자일 필요는 없다고 보았다. 원고는 공공부문 택지개발사업의 40% 이상을 점하고 있는 사업자로서 원고의 거래상대방인 주택사업자들은 주된 상품인 인기토지를 매입하기 위하여 사실상 종된 상품인 비인기토지를 매입할 수밖에 없는 상황에 있었으므로, 원고의 연계판매행위는 주택사업자들의 상품선택의 자유를 침해하고, 양질·염가를 통한 능률경쟁을 침해할 우려도 있으므로, 끼워팔기로서 불공정거래행위에 해당한다고 판단하였다.

원고가 간접비용을 미지급한 행위에 관하여, 원심은 원고가 택지개발공급 및 공업용지개발공급 등과 관련한 각종 공사 및 물품구매시장에서 대규모 수요자의 위치에 있으므로 원고와 거래하는 시공업체에 대하여 우월한 지위에 있음을 인정하였다. 그러나 간접비용 미지급행위의 부당성 판단과 관련하여 한진건설의 경우 실사결과에 따라서 8.3개월에서 7.3개월에 해당하는 간접비만을 인정한 것이고, 다른 시공업체들은 간접비용이 비교적 적은 액수에 불과하여 지급 신청을 하지 않은 결과로 볼 수 있기 때문에, 원고의 간접비용 미지급행위가 거래상 지위를 남용한 불이익제공으로서 불공정거래행위에 해당하지 않는 것으로 판단하였다.

이상의 판단에 따라서 원심은 연계판매행위에 대해서는 끼워팔기로서 불공정거래행위에 해당하는 것으로 보고 원고의 청구를 기각하였으며, 다른 유형의 불공정거래행위의 성립은 부인함으로써 공정거래위원회의 해당

부분에 관한 명령을 취소하는 판결을 내렸다.

## (2) 대법원 판결

원심 판결에 대하여 원고와 피고는 각각 상고하였으며, 대법원은 대체적으로 원심의 판단을 유지하면서 원고와 피고의 상고를 모두 기각하였다.

우선 원고의 연계판매행위가 끼워팔기로서 불공정거래행위에 해당한다고 본 원심판결에 대한 원고의 상고에 관하여, 대법원은 원고가 비인기토지의 매입에 인기토지의 우선매입권을 부여한 행위가 끼워팔기에 해당한다는 점을 인정하였다. 그리고 공공부문 택지개발사업의 40% 이상을 점하고 있는 원고가 이와 같은 행위를 할 경우에 거래상대방인 주택사업자들의 상품 선택의 자유를 제한하는 등 공정한 거래질서를 침해할 우려가 있으므로, 법 제23조 제1항 제3호 후단에서 규제하는 끼워팔기로서 불공정거래행위에 해당한다고 판단하였다.

대법원은 피고의 상고에 대해서는 다음과 같이 판단하였다. 우선 원고의 수의계약에 의한 발주행위와 관련하여 대법원은 원심과 달리 상품·용역의 제공 또는 거래도 부당지원행위의 규제 대상에서 제외되지 않는다는 점을 분명히 하였다. 그러나 부당성 판단에 있어서, 수의계약에 의한 책임감리용역 발주행위가 건설공사의 감리 및 설계용역시장에서의 경쟁을 제한하는 측면이 전혀 없는 것은 아니나, 소외 공사의 인력감축 등 구조조정을 전제로 민영화를 달성하기 위한 공익적 목적으로 원고에게 부여된 수의계약 집행권한의 범위 내에 속하는 행위인 점, 이 사건 책임감리용역 발주행위의 규모 및 그로 인한 경제상 이익이 그다지 크지 아니한 점 등에 비추어, 이 사건 책임감리용역 발주행위가 부당하다고 볼 수는 없다고 판시함으로써 원심의 결론을 유지하였다.

거래조건 차별과 관련하여, 공동주택지의 판매에 있어서 대한주택공사와 다른 매수인 사이에 거래조건 상의 차이는 인정되지만, 외형상의 거래

조건의 차이가 특정 사업자를 현저하게 유리하거나 불리하게 하는 행위에 해당한다고 보기 어렵다는 취지의 원심 판결의 결론은 타당한 것으로 보았다.

또한 간접비용 미지급행위로 인한 불이익제공과 관련하여, 원고의 실사 결과에 따른 간접비용 삭감이나 거래상대방이 신청하지 않음으로 인한 간접비용 미지급 행위가 거래상 지위를 부당하게 이용한 행위에 해당하지 않는다는 원심 판결이 타당한 것으로 판시하였다.

## II. 평석

### 1. 쟁점정리

이 사건에서 원고의 토지 거래에 관한 일련의 행위들이 독점규제법 제 23조 제1항에서 규제하는 불공정거래행위에 해당하는지가 문제가 되었다. 구체적으로 끼워팔기, 부당지원행위, 거래조건차별 그리고 지위남용에 의한 불이익제공 행위로서 불공정거래행위에 해당하는지 여부가 다투어졌으며, 각각의 유형별로 구체적인 쟁점이 드러났다.

우선 원고가 인기토지와 비인기토지를 연계판매한 행위와 관련하여, 끼워팔기에 해당하기 위하여 끼워팔기의 주체가 시장지배적 사업자이어야 하는지가 쟁점이 되었다. 이에 관하여 대법원은 종된 상품을 구입하도록 하는 상황을 만들어낼 정도의 지위로 충분하다고 판시하였는데, 이러한 입장은 상대방의 자유로운 선택의 침해에서 끼워팔기 부당성의 근거를 구하고 있는 대법원의 판단과 동일한 맥락에 있다. 즉 끼워팔기의 부당성을 어떻게 이해하는지에 따라서 끼워팔기를 행하는 주체에게 요구되는 지위가 달라질 수 있으며, 끼워팔기의 부당성을 주로 경쟁제한적 효과에 기초하여 파악하는 견해는 끼워팔기 주체가 시장에서 차지하고 있는 지배력의 정도에 보다 큰 의미를 부여할 것이다.

부당지원행위의 부당성 판단에 있어서 동 판결은 이전 대법원 판결에서 제시되었던 판단 기준을 수용하고 있다. 구체적인 쟁점으로서 정부투자기관이 용역의 발주를 수의계약에 의한 경우에 이러한 행위가 부당지원행위에 해당할 수 있는지가 다투어졌으며, 동 판결은 민영화 등의 공익적 목적의 형량 등을 통해서 부당성은 부인하였지만, 이러한 행위 자체가 거래 상대방에게 이익이 될 수 있는 지원행위로서의 의미가 있음을 인정한 것은 주목할 만하다.

거래조건차별과 관련하여 거래상대방에 따라서 계약서상 드러난 거래조건의 차이가 현저한 것인지가 쟁점이 되었는데, 당해 계약의 외형상의 차이뿐만 아니라 거래 상황을 종합적으로 고려하여 대법원은 그 차이의 현저성을 부인하였다.

거래상 지위남용으로서 불이익제공 행위와 관련하여, 거래상대방의 불이익이 실질적인 것인지가 쟁점이 되었다. 대법원은 간접비 미지급행위가 상대방에게 실질적으로 불이익한 것인지를 판단함에 있어서 불이익의 규모나 간접비 지급이 이루어지지 않은 이유 등에 대한 종합적인 분석을 통하여 원고의 행위가 불이익제공에 해당하지 않는다는 결론을 내렸다.

## 2. 관련판례

동 판결은 4가지 유형의 불공정거래행위를 다루고 있으며, 특히 끼워팔기와 거래조건 차별에 관한 것은 최초의 대법원 판결로서 의미가 있다. 부당지원행위와 불이익제공에 관해서는 기존의 판례에서 제시되었던 판단기준을 대체로 수용하고 있다.

부당지원행위와 관련하여 원심은 상품·용역의 제공 또는 거래가 부당지원행위 규제 대상에서 제외되는 것으로 보았지만, 대법원은 이전 판결에서 판시하였던 것처럼,3) 이러한 행위도 부당지원행위의 요건을 충족하는 경우에 부당지원행위의 규제대상이 될 수 있다고 보았다. 또한 지원행위의 부당성 판단과 관련하여 이전 판결에서 제시되었던 판단기준을4) 원용하여, "부당성 유무는 지원주체와 지원객체와의 관계, 지원행위의 목적과 의도, 지원객체가 속한 시장의 구조와 특성, 지원성 거래규모와 지원행위로 인한 경제상 이익 및 지원기간, 지원행위로 인하여 지원객체가 속한 시장에서의 경쟁제한이나 경제력 집중의 효과는 물론 경쟁사업자의 경쟁능력과 경쟁여건의 변화 정도, 지원행위 전후의 지원객체의 시장점유율의 추이, 시장개방의 정도 등을 종합적으로 고려하여 판단하여야 할 것이다"라고 판시하였다.

또한 불이익제공에 대해서도 기존의 판례를 따르고 있는데,5) "불이익제공에 해당되기 위하여는, 일방 당사자가 자기의 거래상의 지위를 부당하게 이용하여 그 거래조건을 설정 또는 변경하거나 그 이행과정에서 불이익을 준 것으로 인정되고, 그로써 정상적인 거래관행에 비추어 상대방에게 부당하게 불이익을 주어 공정거래를 저해할 우려가 있어야 하며, 또한 상대방에게 부당하게 불이익을 주는 행위인지 여부는, 당해 행위가 행하여진 당시를 기준으로 당해 행위의 의도와 목적, 당해 행위에 이른 경위, 당해 행위에 의하여 상대방에게 생길 수 있는 불이익의 내용과 정도, 당해 행위가 당사자 사이의 거래과정에 미치는 경쟁제약의 정도, 관련업계의 거래관행, 일반경쟁질서에 미치는 영향 및 관계 법령의 규정 등 여러 요소를 종합하여 전체적인 관점에서 판단하여야 한다"고 판시하였다.

---

3) 대법원 2004. 10. 14. 선고 2001두2935 판결.
4) 대법원 2004. 3. 12. 선고 2001두7220 판결.
5) 대법원 2002. 5. 31. 선고 2000두6213 판결.

## 3. 판결의 검토

### (1) 판결의 의의

동 판결은 다양한 불공정거래행위 유형들이 쟁점으로서 다루어지고, 특히 끼워팔기와 거래조건차별의 경우 의미 있는 선례로서 자리매김 되고 있다. 그러나 판결 이후 논의는 동 판결에서 원고의 청구를 기각하였던 끼워팔기에 집중되었다. 그 원인은 동 판결이 끼워팔기로서 불공정거래행위에 관한 최초의 판결이었다는 점에서도 찾을 수 있지만, 동 판결에서 제시된 끼워팔기의 부당성 판단 등에 대한 비판적인 견해나 추가적으로 논의되어야 할 부분에 대한 지적이 유력하였다는 점도 동 판결이 주목받게 된 이유가 될 것이다.

### (2) 끼워팔기의 성립여부

끼워팔기는 주된 상품에 종된 상품을 연계하여 판매하는 행위를 말하며, 개념적으로 복수의 상품을 전제하기 때문에, 상품의 단일성 여부의 검토가 불가피하다. 일반적으로 상품은 더 작은 구성 단위로 세분화될 수 있기 때문에, 어느 범위까지 하나의 상품으로 볼 것인지가 문제가 될 수 있으며, 거래상의 일반적인 인식이 결정적인 기준으로 작용한다. 그리고 이러한 인식을 구체화하는 의미에서, 어느 단위에서의 상품 판매가 가장 효율적인지를 분석하여 이를 객관적 기준으로 활용할 수 있다.[6] 대법원 판결이 이에 대하여 특별한 언급을 하고 있지 않지만, 원심 판결에서 상품의 별개성과 주종성을 거래 주체들의 의사에 따라서 판단하여야 한다고 판시

---

6) Herbert Hovenkamp는 효율성(efficiency) 또는 '보다 명백한 경제성'(rather obvious economies) 기준이 끼워팔기의 부당성 판단의 항변 사유보다는 오히려 상품의 단일성 판단에 기여할 수 있다고 보고 있다. Herbert Hovenkamp, Federal Antitrust Policy, Thompson/West, 2005, 419-420면 참조.

한 부분은 주목할 만한 것이다. 즉 인기토지와 비인기토지를 별개의 상품
으로 볼 수 있는지 그리고 주된 상품과 종된 상품으로 각각 분류될 수 있
는지와 관련하여, 원심은 거래주체의 의사에 따라서 상품의 별개성과 주
된 상품 및 종된 상품 구별이 이루어지는 것으로 판단하였다. 이러한 결론
은 끼워팔기에 있어서 상품의 단일성 판단이 거래주체의 인식에 기초한다
는 원칙에 부합하는 것이며,[7] 특히 그 동안 논의되지 않았던 주된 상품과
종된 상품의 구별을 구체적인 사례를 통하여 다루었다는 점에서 의의를
찾을 수 있다.[8]

　전술한 것처럼 동 판결에서 끼워팔기 주체의 요건이 중요한 쟁점으로
다루어졌으며, 이는 끼워팔기의 부당성 판단과 궤를 같이하는 것이다. 미
국 반독점법상 끼워팔기는 주로 경쟁제한성 관점에서 규제되며, 미국 법
원은 끼워팔기에 의한 경쟁제한 효과가 발생하기 위하여 끼워팔기의 주체
가 주상품시장에서 일정한 수준의 지배력을 갖고 있어야 한다는 것을 인
정하여 왔다.[9] 이러한 태도는 주상품 시장에서 지배력을 갖고 있는 경우
에만, 종된 상품과의 연계판매를 통하여 그 시장에 의미 있는 경쟁제한 효
과를 낳을 수 있다는 논리에 기초한다. 그러나 후술하는 것처럼 동 판결에
서 대법원은 끼워팔기의 부당성을 거래 상대방의 선택의 자유에 초점을
맞추어 구성하고 있고, 이러한 입장에서 끼워팔기 주체가 시장지배력을
갖고 있어야 한다는 것이 필연적이지 않으며, 단지 거래 상대방의 선택의

---

7) 이에 관한 판결의 태도가 미국 판례법상 발전하여 온 별개성 판단기준으로서 별
　개수요(separate demand) 테스트에 부합하는 것으로 보는 견해로서, 이황, "불
　공정거래행위 중 끼워팔기에 관한 소고", 경쟁법연구 제14권, 2006, 263-264면
　참조.
8) 인기토지와 비인기토지를 별개의 상품으로 보는 것에 관하여 의문을 표하는 견해
　로서, 이호영, 독점규제법, 홍문사, 2010, 288면.
9) Herbert Hovenkamp, 주 6)의 책, 402면에서는 미국 판례가 경향적으로 주상품
　시장에서 30% 미만의 시장지배력을 갖고 있을 경우에 끼워팔기의 위법성을 부인
　하고 있는 것으로 보고 있다.

자유를 침해할 수 있는 구속적인 상황을 만들 수 있는 것으로 충분하다는 결론을 도출하고 있다.

### (3) 끼워팔기의 부당성 판단

끼워팔기가 종된 상품 시장에서의 경쟁제한적 효과를 낳을 수 있다는 우려는 끼워팔기 규제의 주된 근거가 된다. 물론 주된 상품 시장에서 지배력을 갖고 있는 사업자가 종된 상품의 연계 판매를 통하여 추가적인 이윤을 확보할 수 있는지에 의문을 표하며, 따라서 미국 판례법상 당연위법적인 끼워팔기 규제에 비판적 입장을 취하고 있는 시카고 학파의 주장도 존재한다.[10) 그러나 이러한 논의도 끼워팔기의 경쟁제한적 효과를 대상으로 전개되고 있는 것이며, 기본적으로 독점규제법상 끼워팔기가 경쟁제한성의 관점에서 문제되고 있다는 것에 대체적인 동의가 주어지고 있다. 그리고 이러한 관점에서 동 판결의 끼워팔기 부당성 판단에 의문을 표하는 견해가 있다.[11)

그러나 끼워팔기의 부당성이 경쟁제한의 관점에서만 구성될 수 있는지는 별개의 문제이며, 공정거래위원회가 제정한 「불공정거래행위 심사지침」도 끼워팔기의 부당성을 경쟁제한 효과와 거래상대방의 자율적 선택의 침해를 병렬적으로 규정함으로써, 부당성 판단에 있어서 이중적인 관점을

---

10) 이러한 주장에 대한 상론으로서, 이상승·장승화, "독점규제법상 컴퓨터 소프트웨어의 끼워팔기 규제 - 윈도우 XP와 윈도우 메신저의 통합이 경쟁에 미치는 효과에 관한 법경제적 분석", 법학 제43권 제3호, 서울대학교 법학연구소, 2002, 301면 이하 참조.

11) 이호영, 주 8)의 책, 288면에서는 경쟁제한적 효과에 초점을 맞추지 않음으로써 효율성이 있는 끼워팔기까지 규제할 수 있는 위험이 있다는 점에서 동 판결에 비판적 입장을 보이고 있다. 또한 상대방 선택의 자유의 침해는 강제성을 인정할 수 있는 요소이지, 부당성 판단의 요소는 아니라는 입장에서 동 판결(원심 판결)을 비판하는 것으로서, 김차동, "끼워팔기", 경제법판례연구 제3권, 2006, 286면 참조.

수용하고 있다. 또한 비교법적으로 독일의 부정경쟁방지법(Gesetz gegen den unlauteren Wettbewerb; UWG) 제4조 제1호는 상대방 선택의 제한 또는 왜곡의 관점에서 끼워팔기를 규제하는 근거가 되고 있다는 점에도 주목할 필요가 있다.[12]

따라서 대법원이 동 판결에서 끼워팔기의 부당성을 상대방 선택의 자유에 대한 침해에서 구하고 있는 것이 독점규제법상 불공정거래행위로서 끼워팔기를 규제하는 의의에서 벗어난 것으로 보기는 어려우며,[13] 다만 경쟁제한적 효과에 근거한 끼워팔기의 부당성 판단과의 차이점과 양자 사이의 관계에 대한 추가적인 논의가 필요할 것이다.[14]

---

12) 독일 부정경쟁방지법 제4조 제1호는 "소비자 그 밖의 시장참가자의 결정의 자유에 인격 침해적인 압력의 행사 또는 기타 부당하게 영향을 미치는 것으로 볼 수 있는 거래행위"를 불공정한 거래행위로서 규제하고 있으며, 끼워팔기는 동 규정에 해당할 수 있는 것으로 이해된다. 즉 오인 내지 가격은폐, 구매 강제 등이 끼워팔기 형태로 나타날 수 있고, 이러한 행위는 동 규정에 의하여 불공정한 거래행위가 될 수 있다. 끼워팔기에 의한 오인 내지 가격은폐의 구체적 예를 보면, 끼워팔기에서 전체 가격만을 표시하고, 구성 상품 각각의 가격을 은폐함으로써 거래상대방이 가격에 관한 합리적 판단을 제한하는 방식으로 끼워팔기가 나타날 수 있다. Friedrich L. Ekey u. a., Wettbewerbsrecht 2. Aufl., C. F. Müller, 2005, 136-144면(Gunda Pla $\beta$ 집필부분) 참조.

13) 끼워팔기의 경쟁정책적 손해는 무엇보다 구매의 선택의 제한에 기인하는 것으로 보는 견해로서, David Slawson, "A Stronger, Simpler Tie-in Doctrine", The Antitrust Bulletin 4, 1980, 676면. 한편 동 판결에서 끼워팔기의 부당성 판단과 관련하여 경쟁제한성을 배제하고 공정거래저해성에 기초하고 있는 것을 긍정적으로 보고 있는 것으로서, 이황, 주 7)의 글, 275면.

14) 동 판결에서 끼워팔기의 경쟁제한적 효과에 대한 분석이 이루어지지 않은 것에 대한 의문을 표하는 견해로서, 김진홍, "독점규제법상 끼워팔기의 규제 요건(대법원 2006. 5. 26. 선고 2004두3014 판결)", 법률신문 2007. 1. 29. 참조.

## 4. 판결의 의미와 전망

동 판결에서 원고의 다양한 행위가 불공정거래행위의 여러 유형, 즉 끼워팔기, 부당지원행위, 거래조건차별 그리고 거래상 지위남용에 의한 불이익제공에 해당하는지가 개별적으로 검토되었다. 끼워팔기에 대한 최초의 판결로서 의미가 있으며, 판시 사항 중에서 부당성 판단과 관련하여 많은 논의가 이루어지고 있다. 특히 끼워팔기의 경쟁제한적 효과를 중시하는 입장에서 비판이 있지만, 앞에서 살펴본 것처럼 거래 상대방의 선택을 제한하는 측면에서 끼워팔기의 부당성을 인정하고 있다는 점에서 동 판결의 의의를 찾을 수 있다.[15]

한편 원고가 용역의 발주를 수의계약에 의한 것과 관련하여, 동 판결은 공정거래위원회의 심결과 달리 민영화와 같은 공익적 측면과의 형량을 통하여 지원행위의 부당성을 부인하였지만, 정부투자기관에 의한 수의계약 자체가 지원행위에 해당할 수 있음을 인정하였다는 점에 주목할 필요가 있다. 일반적으로 공적 기관에 의한 조달에 있어서 입찰 방식은 경쟁을 창출하는 이상적인 계약방식으로 이해되지만,[16] 실제 거래에서 이러한 원칙이 언제나 관철되는 것은 아니다. 동 판결은 수의계약 형태의 발주에 대하여 독점규제법상 부당지원행위로 규제할 수 있음을 긍정함으로써, 향후 유사한 형태의 수의계약에 대한 규제 가능성을 시사하고 있다.

---

15) 이와 같은 불공정거래행위로서 끼워팔기의 부당성 판단의 이중적 성격은 경쟁제한적 효과에 근거하여 이루어지는 시장지배적 지위남용으로서 끼워팔기의 부당성 판단에 대비하여 이해하는 견해로서, 홍명수, 경제법론II, 경인문화사, 2010, 330면 참조.

16) Peter Trepete, Public Procurement in the EU, Oxford Univ. Press, 2007, 40면.

# 14. 부당지원행위 사건

## -대법원 2004. 3. 12. 선고 2001두7220 판결-

## I. 판결개요

### 1. 사실관계

기업집단 SK에[1] 속하고 통신서비스업을 영위하는 에스케이씨앤씨(주)
(이하 SK씨앤씨, 1998년 매출액은 127,378백만원)는 기업집단 SK에서 계
열분리된 친족독립경영회사인 (주)에스케이엠(이하 에스케이엠, 1998년
매출액은 225,144백만원)이 발행한 기업어음(CP)을 저리로 매입하였다.
구체적으로 SK씨앤씨는 1998. 11. 30.부터 1999. 7. 7.까지의 기간 동안 8
회에 걸쳐 6.0~8.5%의 할인율로 한국종합금융(주)(이하 한국종금)이 발
행한 기업어음 39,320백만원을 매입하고, 한국종금은 1998. 11. 30.부터
1999. 7. 30.까지의 기간 동안 9회에 걸쳐 7.0~9.5%의 할인율로 에스케
이엠이 발행한 기업어음 44,070백만원을 매입하였다.

이 행위에 대하여 공정거래위원회는 SK씨앤씨가 IMF 경제위기 이후 경

---

1) 1999년 4월 1일 기준으로 기업집단 SK는 공정거래위원회가 지정한 대규모기업집
   단이었으며, 자산총액은 32조 7,660억원으로 기업집단 중 5위에 해당하였다.

영여건이 매우 좋지 않은 상황에서 거래관계나 업무적 연관성이 없는 에스케이엠이 발행한 기업어음을 한국종금을 우회하여 정상할인율보다 2.26% ~9.50% 수준의 현저히 낮은 할인율로 매입한 것은 에스케이엠을 지원하기 위한 의도에서 이루어진 지원행위에 해당한다고 보았다. 또한 동 행위에 의하여 에스케이엠의 자금사정이 개선되고 경쟁조건이 유리해 짐으로써, 에스케이엠이 관련시장에서[2] 독점적 지위를 유지 또는 강화시킬 우려가 있다는 점에서 부당성을 인정하였다. 공정거래위원회는 동 지원행위에서 정상금리(에스케이엠의 동일자 또는 유사일자 CP차입금리 적용이 불합리한 경우는 당좌차월금리)와 실제 매입금리의 차이를 지원금액으로 산정하고, 이에 기초하여 98백만원의 과징금을 부과하고, 동 행위를 금지하는 등의 시정명령을 내렸다.[3]

## 2. 소송경과

피심인 SK씨앤씨는 공정거래위원회의 심결에 불복하고, 서울고등법원에 동 처분의 취소를 구하는 항고소송을 제기하였으며, 동 법원은 원고의 청구를 기각하는 판결을 하였다.[4]

원고는 동 판결에 불복하고 상고하였다. 대법원은 원심판결 중 법위반사실의 공표명령 부분을 파기하고, 이 부분 소를 각하하였다. 또한 원심판결 중 과징금납부명령 부분과 1999. 7. 30. 한국종합금융 주식회사가 에스

---

2) 에스케이엠은 1998년 기준 국내 오디오테이프 시장에서 64%의 시장점유율을 갖고 있었다.

3) 공정위 2000. 2. 25. 의결 제2000-36호. 동 심결은 에스케이엠이 우회 저리대출 및 운영자금의 저리대출을 통해 자회사인 (주)동산씨앤지를 지원한 행위에 대해서도 부당지원행위로 판단하고, 648백만원의 과징금 부과와 동 행위를 금지하는 등의 시정명령도 내렸으나, 이 부분에 대해서는 항고소송으로 다투어지지 않았다.

4) 서울고법 2001. 7. 24. 선고 2000누11064 판결.

케이엠 주식회사 발행의 기업어음을 매입한 행위가 원고의 에스케이엠 주식회사에 대한 부당지원행위임을 전제로 한 시정명령 부분을 파기하여, 이 부분 사건을 서울고등법원에 환송하고, 나머지 상고를 기각하는 판결을 하였다.[5]

## 3. 판결요지

대법원은 원심판결을 대체적으로 유지하면서, 일부에 대해서, 특히 과징금 산정 부분 등에서 원심과 다른 내용의 판결을 하였다.

우선 피고인 공정거래위원회의 공표 명령과 관련하여, 사건 계속 중에 피고가 직권으로 공표 명령 부분을 취소하여 원고의 소의 이익이 소멸한 것을 이유로 대법원은 이 부분 소를 각하하였다.

부당지원행위의 객체에 대하여, 법령이 명시적으로 지원객체에 특수관계인과 '다른 회사'를 포함하는 것으로 하고 있고, 경제력집중 방지와 공정한 거래질서 확립이 부당지원행위 금지의 입법취지인 점과 헌법 제119조 제2항에[6] 근거하여 시장의 지배와 경제력의 남용을 방지하기 위한 국가의 경제 규제와 조정이 이루어질 수 있는 점을 고려하여 볼 때, 이때의 다른 회사가 대규모기업집단의 계열회사에 한정되는 것은 아니라는 원심의 판단을 타당한 것으로 보았다.

부당지원행위의 성립과 관련하여, 원심은 제3자를 매개로 한 우회적 지원행위를 지원객체에 대한 지원의 한 방식으로 인정하였고, 원심의 이러한 태도는 대법원 판결에서도 유지되었다. 다만 행위 사실 중에 한국종금이 1999. 7. 30. 에스케이엠 발행 기업어음 49억 9,500만원을 연 7.0%의

---

5) 대법원 2004. 3. 12. 선고 2001두7220 판결.
6) 헌법 제119조 ② 국가는 균형 있는 국민경제의 성장 및 안정과 적정한 소득의 분배를 유지하고, 시장의 지배와 경제력의 남용을 방지하며, 경제주체간의 조화를 통한 경제의 민주화를 위하여 경제에 관한 규제와 조정을 할 수 있다.

할인율로 매입한 것은 원고와 관련 없이 이루어진 것이므로, 지원행위에 해당하지 않는다고 판시하였다.

부당성 판단과 관련하여 대법원 판결은 "지원주체의 지원객체에 대한 지원행위가 부당하게 이루어져야 하는바, 지원주체의 지원객체에 대한 지원행위가 부당성을 갖는지 유무를 판단함에 있어서는 지원주체와 지원객체와의 관계, 지원행위의 목적과 의도, 지원객체가 속한 시장의 구조와 특성, 지원성 거래규모와 지원행위로 인한 경제상 이익 및 지원기간, 지원행위로 인하여 지원객체가 속한 시장에서의 경쟁제한이나 경제력 집중의 효과 등은 물론 중소기업 및 여타 경쟁사업자의 경쟁능력과 경쟁여건의 변화 정도, 지원행위 전후의 지원객체의 시장점유율의 추이, 시장개방의 정도 등을 종합적으로 고려하여 당해 지원행위로 인하여 지원객체의 관련 시장에서 경쟁이 저해되거나 경제력 집중이 야기되는 등으로 공정한 거래가 저해될 우려가 있는지 여부"를 판단기준으로 제시하고 있다. 지원객체인 에스케이엠은 1998년 말 6억 9,300만원의 당기순손실을 기록하고 있었고, 부채비중이 30% 증가하는 등 재무구조가 악화되었으며, 이러한 상황에서 원고에 의한 현저한 금액의 지원은 에스케이엠의 자금 사정을 개선시켜 유리한 경쟁조건을 가능하게 함으로써, 에스케이엠의 관련 시장에서 유력한 사업자의 지위를 유지 또는 강화시킬 우려가 있었다. 대법원은 이러한 의미의 지원행위는 전술한 판단 기준에 따라서 부당한 것으로 보았으며, 특히 지원객체인 에스케이엠의 지원행위 후 4개월이 지나서 자금사정 악화 등의 이유로 회사정리개시절차결정을 받았다는 사실이 부당성 판단에 영향을 미치지 않는다고 판시하였다.

과징금 부과와 관련하여, 과징금 부과대상을 지원주체로 하는 것에 대하여 대법원은 원심과 마찬가지로 이는 입법 정책에 따른 것이며, 헌법에 반하지 않는 것으로 보았다. 그러나 지원금액의 산정에 관해서 대법원은 원심과는 달리 판단하였다. 지원금액은 정상적인 금리와 실제 적용된 금리 간의 차이에 기초하여 구하게 되는데, 정상금리를 산정하기 어려운 경

우 원심은 평균당좌대출금리를 적용할 수 있다고 보았으나, 대법원은 "당
좌대출과 같은 고율의 단기대출에 의하지 아니하고는 자금을 조달할 수
없을 정도에 이르렀다고 볼 사정에 대한 아무런 입증도 없이" 에스케이엠
의 개별정상금리보다 높은 수준의 평균당좌대출금리를 정상금리로 파악한
것은 정상금리산정 법리를 오해한 위법이 있다고 판시하였다. 또한 실제
적용금리와 관련하여 원심은 우회적 지원과정에서 지원주체가 중간에 매
개된 제3자에게 지불한 금액을 기준으로 하였지만, 대법원은 지원행위의
부당성은 지원객체를 중심으로 하여 판단하여야 하므로, 실제적용금리는
우회적 지원과정을 거쳐 지원객체에 실제 지원된 행위를 기준으로 하여야
한다고 판시하였다. 이상의 판단에 기초하여 대법원은 과징금 부과처분에
위법이 있고, 이를 취소하여야 하는 것으로 판결하였다.


## II. 평석

### 1. 쟁점정리

부당지원행위의 지원객체로서 독점규제법 제23조 제1항 제7호에 규정
된 '특수관계인 또는 다른 회사' 중 다른 회사에 계열관계가 없는 회사도
포함되는지가 쟁점이 되었으며, 대법원은 다른 회사에 비계열회사가 배제
되는 명문의 근거가 없고, 또한 시장 지배와 경제력 남용을 방지하기 위한
국가의 규제와 조정에 관한 헌법 제119조 제2항에 비추어 다른 회사에 비
계열회사도 포함되는 것으로 판단하였다.

동 판결의 대상 사건은 제3자가 매개된 우회적 지원행위로 볼 수 있는
데, 대법원은 이러한 유형의 지원행위도 부당지원행위에 해당하는 것으로
판단하였다. 또한 부당성 판단과 관련하여, 대법원은 판시사항으로서 지원

행위의 부당성은 지원객체의 관련시장에서의 경쟁 저해와 경제력집중 야기의 관점에서 판단하여야 한다는 원칙을 제시하고 있다.

지원금액을 산정함에 있어서 정상금리의 판단 기준으로 평균 당좌대출금리를 원용할 수 있는지 그리고 우회적 지원행위에 있어서 실제적용금리의 기준이 지원주체와 직접 거래한 상대방인지 최종적으로 지원을 받은 지원객체인지가 쟁점으로 다루어졌다. 대법원은 전자에 관하여 지원객체의 개별거래에서 적용되는 금리를 원칙적인 기준으로 하여야 하고, 평균 당좌대출금리의 적용은 특별한 상황에서 예외적으로 가능한 것임을 밝히고 있다. 또한 후자에 관하여 지원행위의 부당성은 지원객체를 중심으로 판단되어야 하는 것이므로, 실제적용금리는 지원객체에게 지원된 행위를 기준으로 삼아야 한다고 판시하였다.

## 2. 관련판례

동 판결은 부당지원행위에 관한 대법원의 첫 번째 판결이며, 이후 부당지원행위에 관한 의미 있는 선례로서 기능하고 있다. 특히 동 판결에서 제시한 부당지원행위의 부당성 판단 기준으로서 관련시장에서의 경쟁 저해와 경제력집중 우려의 종합적 고려는 이후 판결에서도 확고한 원칙으로 자리잡게 되었다.[7] 또한 동 판결은 지원금액의 산정과 관련하여 원칙적으로 평균 당좌대출금리를 정상금리의 기준으로 원용하는 것을 부정하고, 예외적으로 특수한 상황에서 적용될 수 있음을 밝히고 있는데, 이후 판결에서 대법원이 개별정상금리가 일반정상금리(평균 당좌대출금리)를 하회하지 않을 것으로 인정되는 특별한 사정이 있는 경우에 일반정상금리를 정상금리로 적용할 수 있다고 판시한 것도[8] 동일한 입장에 있다.

---

7) 대법원 2006. 7. 27. 선고 2004두1186 판결; 대법원 2007. 1. 25. 선고 2004두1490 판결; 대법원 2008. 6. 26. 선고 2006두8792 판결 등.
8) 대법원 2004. 4. 9. 선고 2001두6197 판결.

## 3. 판결의 검토

### (1) 부당성 판단

전술한 것처럼 동 판결은 불공정거래행위의 한 유형으로서 부당지원행위에 관한 최초의 대법원 판결이다. 특히 지원객체의 관련시장에서 경쟁의 저해와 경제력집중의 우려를 고려하여 지원행위의 부당성을 판단하여야 한다고 판시한 것은 주목할 만하다.[9] 즉 동 판결은 지원행위 부당성의 판단기준으로서 개별시장에서의 경쟁제한성과 일반집중 또는 소유집중의 의미를 갖는 경제력집중을 종합적으로 제시하고 있으며, 이러한 태도는 부당지원행위 규제의 입법취지가 경제력집중을 억제하는 것에 있다는 이해에[10] 부합하는 것이다.[11]

### (2) 지원금액의 산정 – 정상금리의 판단

동 판결은 지원금액을 산정하기 위하여 정상금리와 실제적용금리 간의 차이를 분석하고, 그 과정에서 정상금리의 판단기준으로서 평균 당좌대출금리를 원용하는 것에 부정적인 입장을 보여주었다. 즉 지원객체의 개별 정상금리를 대신하여 평균 당좌대출금리를 적용할 수밖에 없는 특수한 상황에 대한 입증 없이 평균 당좌대출금리를 정상금리로 파악할 수 없다고 보았으며, 이후 다른 판결에서 대법원은 정상금리를 "동일 또는 유사한 상황에서 특수관계 없는 독립된 자 사이에 자금거래가 이루어졌다면 적용될 금리"로 판시함으로써,[12] 동 판결의 태도를 유지하고 있다.

---

9) 동 판결에서 부당성에 관한 판시 내용을 공정거래저해성이 있으면 부당성이 인정되는 것으로 이해하고 있는 것으로서, 최승재, "독점규제 및 공정거래에 관한 법률 제23조 제1항 제7호 상의 부당지원행위에 있어서 부당성 판단의 고려요소", 법률신문 2005. 2. 28. 참조.
10) 권오승, 경제법, 법문사, 2005, 285면.
11) 홍명수, 경제법론II, 경인문화사, 2010, 364면.

일반적으로 평균 당좌대출금리는 금융시장에서의 이자율을 판단하는 정책적 지표로 활용되는 것으로서, 이를 개별 거래에서 정상적으로 적용되는 금리 수준으로 이해하는 것에는 한계가 있다.13) 따라서 동 판결의 태도는 타당한 것으로 생각되며, 공정거래위원회도 이러한 대법원의 판시사항을 수용하여, 「부당한 지원행위의 심사지침」에서 "개별정상금리를 전항에 규정된 방법에 의해 산정하기 어렵고, 또한 지원객체의 재무구조, 신용상태, 차입방법 등을 감안할 때 개별정상금리가 한국은행이 발표하는 예금은행의 가중평균 당좌대출금리(일반정상금리)를 하회하지 않을 것으로 보는 것이 합리적인 경우에는 당해 자금거래의 실제적용금리와 일반정상금리를 비교하여 지원행위 여부를 판단한다"는(III. 1. 다.) 규정을 두고 있다.

## 4. 판결의 의미와 전망

동 판결은 부당지원행위에 관한 첫 번째 대법원 판결로서 이후 부당지원행위 규제에 관한 선례에 해당한다. 특히 동 판결의 대상 사건은 우회적 지원행위로서의 특징을 갖고 있으며, 이와 같이 제3자를 매개로 하는 지원 형태에서 지원 규모와 부당성 등을 판단함에 있어서 고려되어야 하는 요소들과 기준을 제시하고 있다는 점에서 그 의의가 크다.

무엇보다 부당지원행위 규제의 입법취지에 부합하는 부당성 판단의 일반적 원칙을 제시한 것은, 부당지원행위 규제 법리를 기초하는데 의미 있는 기여를 한 것으로 평가할 수 있다. 또한 자금지원행위에 있어서 지원금액의 규모를 판단하는 기준이 되는 정상금리를 파악하기 위하여 평균 당좌대출금리를 원용하는 것에 한계가 있음을 지적한 것은 주목할 만한 것이며, 이러한 대법원의 판시사항은 공정거래위원회의 심사지침에 반영되

---

12) 대법원 2008. 6. 26. 선고 2006두8792 판결.
13) 홍명수, 주 11)의 책, 368면.

는 등의 규제 실무에 직접적인 영향을 미쳤다는 점도 동 판결의 의미 있
는 기여로 평가할 수 있다.

# 15. 현저한 규모에 의한 지원행위의 규제 법리

## I. 논의의 기초

부당지원행위 규제는 1996년 「독점규제 및 공정거래에 관한 법률」(이하 독점규제법) 개정에 의하여 도입되었다. 당시 정부가 "기업 간의 부당한 자금·자산 등의 지원금지 등을 통하여 경제력집중을 억제"하는 것을 개정 이유로 밝힌 것에서 알 수 있듯이,[1] 계열회사 간 내부거래에 의하여 발생할 수 있는 여러 가지 폐해, 즉 한계기업의 퇴출 억제에 따른 경제력 집중의 심화, 기업집단 전체의 동반 부실화, 나아가 개별 시장에서의 경쟁 제한 효과에 의한 소비자 후생 감소 등의 문제를 해소하기 위하여 입법된 것으로 이해되었다.[2]

그러나 초기부터 입법취지가 비교적 명확하게 인식되고 있었음에도 불구하고, 제도 운영에 있어서 일정한 혼선이 뒤따랐다. 우선 특정 사업자 간 거래를 통한 지원행위에 대한 규제는 경쟁법에 관한 선진 입법례에서 찾아보기 힘든 유형으로서 비교법적으로 유사한 규제 예를 참고하기 어려운 점도 있었지만, 경제력집중 억제를 목적으로 하면서도 동 규제가 불공

---

1) http://likms.assembly.go.kr/bms_svc/img_attach2/15/doc_10/150310_10.PDF, 1면.
2) 공정거래위원회, 시장경제 창달의 발자취, 2001, 330-331면 참조.

정거래행위의 한 유형으로 입법화되었다는 점은 법적용상의 어려움을 낳은 중요한 원인이 되었다. 독점규제법 규제체계에서 부당지원행위의 위치에 관하여, 애초의 의도는 경제력집중 억제의 장에 규정하는 것이었는데, 이러한 문제는 재벌(대규모 기업집단)에 한정되는 것은 아니라는 의견이 반영되어, 모든 사업자를 수범자로 하는 불공정거래행위의 한 유형으로 도입되었다는 설명이 주어졌다.3) 그러나 이와 같은 규정 방식이 단지 수범자의 확대만을 가져온 것은 아니며, 입법자가 이를 의도하였는지가 명확치는 않지만, 부당지원행위를 불공정거래행위의 관점에서 바라보아야 하는 규범적 요구를 피할 수 없게 되었다. 즉 경제력집중 우려를 낳는 일정한 행위를 불공정거래행위의 위법성 표지인 공정거래저해성의 관점에서 평가할 필요가 생겼으며, 그 과정에서 개별 시장적인 접근과 국민경제 전체의 관점이 조화되도록 하는 과제가 부과되었다.

제도 도입 이후 공정거래위원회의 규제 사례와 법원의 판결이 축적되면서, 법리적으로 불명확하였던 부분에 많은 개선이 이루어졌다. 특히 2004년에 나온 일련의 대법원 판결들은 90년대 후반부터 공정위가 의욕적으로 추진한 부당지원행위의 일괄조사에 대한4) 규범적 평가의 의미를 갖는데, 이를 통하여 그 동안 모호하게 남아 있었던 지원행위의 위법성에 관하여 주목할 만한 판단 기준을 제시하였다. 구체적으로 대법원은 부당성 판단

---

3) 권오승, 경제법, 법문사, 1998, 324면. 한편 1992. 7. 1. 공정거래위원회의 내부지침으로 제정된 「대규모기업집단의 불공정거래행위에 대한 심사기준」에서 상품 · 용역 거래에 의한 부당지원을 불공정거래행위 유형인 '계열회사를 위한 차별취급'으로 보았는데, 이를 확장한 것으로 부당지원행위 규정을 이해하고 있는 것으로서, 위의 책, 332면 참조.

4) 공정거래위원회는 1998년 5대 기업집단을 시작으로 총 9차례에 걸쳐 부당지원행위에 관한 일괄 조사를 수행하였고, 총 29조 2,000억원의 지원성 거래를 적발하여, 총 2,955억원의 과징금을 부과하였다. 공정위는 이와 같은 조사 방식이 소기의 성과를 달성하였다고 판단하고, 2004년 2월부터 개별 조사 방식으로 전환하였다. 공정거래위원회, 공정거래위원회 30년사, 2011, 448-458면 참조.

에 있어서 "지원주체와 지원객체와의 관계, 지원행위의 목적과 의도, 지원
객체가 속한 시장의 구조와 특성, 지원성 거래규모와 지원행위로 인한 경
제상 이익 및 지원기간, 지원행위로 인하여 지원객체가 속한 시장에서의
경쟁제한이나 경제력집중의 효과 등은 물론 중소기업 및 여타 경쟁사업자
의 경쟁능력과 경쟁여건의 변화 정도, 지원행위 전후의 지원객체의 시장
점유율의 추이, 시장개방의 정도 등을 종합적으로 고려하여 당해 지원행
위로 인하여 지원객체의 관련시장에서 경쟁이 저해되거나 경제력 집중이
야기되는 등으로 공정한 거래가 저해될 우려가 있는지 여부를 기준으로
한다"고5) 판시하였다. 이와 같은 판단기준은 동 규정의 입법취지를 반영
하면서도 공정한 거래를 저해하는 행위의 규제체계 내에서 부당성의 근거
를 구하고 있다는 점에서 법적 타당성을 기할 수 있었으며,6) 공정위는
2005년 8월 「부당한 지원행위의 심사기준」(이하 심사기준)의 개정을 통하
여 대법원이 제시한 기준을 부당성 판단의 기본원칙으로 수용하였다.

　부당지원행위 규제 법리의 진전에도 불구하고, 규제기관과 수범자 모두
에게 불명확한 부분은 여전히 남아 있다. 대표적으로 지원행위의 한 방식
으로서 현저한 규모의 거래에 의한 지원행위는, 규제의 타당성이나 실효
성 측면에서 많은 논란을 불러일으키고 있으며, 해석론뿐만 아니라 규제
방식의 변경을 포함하는 입법론에 이르기까지 다양한 의견이 개진되고 있
다. 그러나 이 문제의 핵심은 이러한 형태의 지원행위에서 부당성 판단의
법리를 밝히는 것에 있으며, 나아가 2004년 대법원 판결이 제시하고, 이에
대한 일반적인 동의가 주어지고 있는 지원행위의 부당성 판단기준을 세부

---

5) 대법원 2004. 3. 12. 선고 2001두7220 판결; 대법원 2004. 10. 14. 선고 2001두
　 2881 판결.
6) 권오승, 경제법, 법문사, 2009, 242-243면; 정호열, 경제법, 박영사, 2010, 430면;
　 신현윤, 경제법, 법문사, 2010, 310면; 이호영, 독점규제법, 홍문사, 2011, 337면.
　 한편 헌법재판소는 시장 기능의 저해, 경제력집중의 폐해, 기업집단의 동반 부실
　 화의 위험, 주주 및 이해관계자의 이익 침해 등의 4가지 측면에서 부당지원행위
　 의 폐해를 인정하고 있다. 헌재 2003. 7. 24. 선고 2001헌가25 결정.

유형에 구체적으로 적용하는 문제와 직접적으로 관련된다. 즉 경쟁제한적 효과와 경제력 집중의 우려에 기초한 부당성 판단을 현저한 규모의 부당 지원행위에 구체화할 필요가 있으며, 이로부터 규모 측면에서 이루어지는 내부 거래의 규제 범위가 제시되어야 한다.

이하에서의 논의는 현저한 규모의 거래, 이른바 물량몰아주기에 있어서 부당성 판단의 구체적인 기준에 관한 것이다. 위법행위에 대한 규제의 일 반적인 심사과정과 마찬가지로, 부당지원행위의 경우에도 지원행위를 확 정하고 이에 대한 부당성 판단 과정을 거치며, 여기서의 논의도 이러한 순 서에 맞추어 진행할 것이다. 우선 현저한 규모의 거래에 의한 지원행위의 의의를 살펴본다. 동 유형의 지원행위 역시 부당지원행위로서 규제되는 지원행위에 공통되는 표지에 기초하지만, 또한 다른 유형의 지원행위와 구별되는 고유한 특징을 찾을 수 있으며, 이러한 점이 경쟁정책적으로 어 떠한 의미를 갖게 되는지까지 논의를 이어갈 것이다(II). 이어서 현저한 규모의 지원행위의 부당성 판단에 관하여 논의할 것이다. 우선 '심사기준' 상의 판단기준을 살펴보고, 경쟁제한과 경제력집중 측면에서 부당성 판단 을 위한 구체적인 기준을 제시하고자 한다. 또한 정당화 사유를 검토함으 로써 최종적인 위법성 판단에서 이를 종합할 것이다(III).


## II. 현저한 규모에 의한 지원행위의 의의


### 1. 지원행위의 의의

독점규제법 제23조 제1항 본문은 공정한 거래를 저해할 우려가 있는 행 위를 금지하며, 이에 해당하는 행위로서 제7호는 "부당하게 특수관계인 또는 다른 회사에 대하여 가지급금·대여금·인력·부동산·유가증권·

상품·용역·무체재산권 등을 제공하거나 현저히 유리한 조건으로 거래하여 특수관계인 또는 다른 회사를 지원하는 행위"를 규정하고 있고, 부당한 지원행위의 규제는 이에 근거한다. 동 규정을 구체화한 동법 시행령 [별표 1의2] 「불공정거래행위의 유형 및 기준」(이하 일반유형) 제10호는 부당지원행위의 세부유형으로 자금지원, 자산·상품 등의 지원, 인력지원 등을 제시하고, 구체적인 행태를 "부당하게 특수관계인 또는 다른 회사에 대하여, … 현저히 낮거나 높은 대가로 제공 또는 거래하거나 현저한 규모로 제공 또는 거래하여 과다한 경제상 이익을 제공함으로써 특수관계인 또는 다른 회사를 지원하는 행위"로 규정하고 있다. 한편 심사기준[7] II. 4.는 지원행위에 대하여 "지원주체가 지원객체에게 직접 또는 간접으로 제공하는 경제적 급부의 정상가격이 그에 대한 대가로 지원객체로부터 받는 경제적 반대급부의 정상가격보다 높거나(무상제공 또는 무상이전의 경우를 포함) 현저한 규모로 거래하여 지원주체가 지원객체에게 과다한 경제상 이익을 제공하는 작위 또는 부작위를 말한다"고 구체적인 설명을 부가하고 있다.

이상의 독점규제법과 동법 시행령상 부당지원행위 규제에 관한 규정은, 규제 대상이 되는 지원행위의 몇 가지 핵심적인 표지를 제공하고 있다. 우선 지원객체는 특수관계인[8] 또는 다른 회사를 의미하며, 동일 기업집단에 속한 계열회사에 한정되지 않는다. 이와 같은 규정 방식은 기업집단 간 교차지원 행태나 우회적인 지원행위를 포섭하기 위한 것으로 이해되며, 이와 관련하여 대법원은 부당지원행위 금지제도의 입법 취지에 비추어 다른

---

[7] 대법원은 동 심사기준의 법적성격을 사무처리준칙에 불과한 것으로 보고, 법원이나 수범자에 대한 기속력을 인정하지 않는다. 대법원 2004. 4. 23. 선고 2001두6517 판결 참조.

[8] 대법원은 자연인인 특수관계인에 대한 지원도 동 규정에서 규제하는 지원행위에 해당할 수 있다고 보고 있다. 대법원 2004. 9. 24. 선고 2001두6364 판결. 자연인인 특수관계인이 시장에 참가하지 않는 상황에서 지원행위 규제 문제에 대해서는, 홍명수, 경제법론II, 경인문화사, 2010, 364-365면 참조.

회사의 범위를 계열회사에 한정되지 않는 것으로 보고 있다.[9)]

일반유형 제10호는 법에서 규정한 지원의 의미를 지원객체에게 경제상 이익을 제공하는 것으로서 구체화하고 있다. 즉 이때 지원은 경제상 이익을 제공하는 방식이어야 하는데, 동어반복적인 의미를 넘어서 지원객체에게 귀속되는 경제상 이익의 크기에 주의를 환기시키는 기능을 한다. 모든 거래는 경제주체의 이익추구의 결과로 이해할 수 있고 거래 자체가 이미 이익을 내포하는 것이기 때문에, 여기서의 경제상 이익은 정상적인 거래에서 지원객체가 속한 시장 상황이나 경제적 능력에 비추어 기대할 수 있는 수준 이상의 것을 의미하는 것으로 볼 수 있으며, 이에 관한 판단에 의하여 사실관계로서 지원의 존부가 구체적으로 확정된다.

또한 독점규제법 제23조 제1항 제7호와 일반유형 제10호에 의하여 현저하게 유리한 조건으로 거래함으로써 과다한 경제상 이익을 제공하는 경우 지원행위가 최종적으로 성립하며, 부당성 심사를 통한 규제 대상이 된다.[10)] 논리적으로 보면, 거래조건 측면에서 현저성이 과다한 경제적 이익으로 이어지며,[11)] 이러한 메커니즘이 궁극적으로 부당성 판단의 대상이 될 것이다. 이와 같이 현저성 판단은 정상적인 거래와의 비교를 통하여 사실관계 영역에서 이루어지지만, 규범적 평가와 무관한 것은 아니다. 거래조건의 차이가 현저한 것으로 인정되려면, 그 차이를 경쟁제한적 효과나 경제력집중의 관점에서 평가하는 것과도 관련될 수밖에 없으며, 따라서

---

9) 대법원 2004. 10. 14. 선고 2001두2881 판결.
10) 지원행위성과 현저성을 별개의 요건으로 이해하는 견해도 있다. 신영수, "현저한 규모에 의한 지원행위(물량몰아주기)의 위법성 판단", 서울대학교 경쟁법센터, 부당지원행위 규제의 문제점과 대안, 2011, 25면 참조.
11) 과대한 이익의 제공은 현저한 조건의 거래로 인한 것이어야 하며, 따라서 양자는 별개의 판단을 필요로 하는 고유한 의미를 갖는다. 이와 관련하여 양자의 중요도를 대립적으로 이해하고 과대한 이익제공에 초점을 맞추는 실무 경향을 비판하는 견해로, 이봉의, "부당지원행위와 경쟁질서", 서울대학교 경쟁법센터, 부당지원행위 규제의 문제점과 대안, 2011, 65면 참조.

현저성 또는 경제적 이익의 과대성에 관한 최종적인 판단이 부당성 심사
와 일치하는 것은 아니지만 중복되는 측면이 있다. 즉 지원행위의 부당성
심사가 필요한 수준의 현저성이 있는지가 지원행위 판단과정에서 검토되
어야 하며, 부당성 판단의 중요한 고려 요소들이 이 과정에 영향을 미칠
것이다.

## 2. 지원방식에 따른 분류

독점규제법 제23조 제1항 제7호에서 규정한 지원행위의 방식으로서 '현
저히 유리한 거래조건'은 일반유형 제10호에 의하여 현저히 높거나 낮은
대가로 거래하는 경우와 현저한 규모로 거래하는 경우로 나뉜다. 일반적
인 거래 조건 중에서 가장 중요한 것으로 취급되는 가격과 수량에 따른
구분인데, 형식적으로 파악한 이러한 분류를 실제 거래에서 엄격하게 유
지하기는 어려운 측면도 있다. 예를 들어 가격 차이가 커도 거래량이 미미
한 경우라면 부당한 지원행위로 보기 어렵고, 반대로 가격 차이가 크지 않
아도 거래량이 상당한 경우에는 부당한 지원행위로 평가될 가능성이 있
다. 즉 대가 측면에서의 차이는 거래량의 분석과 결합할 때에 실질적인 의
미를 갖게 된다.

따라서 정상가격과 비교하여 가격상의 차이가 거의 없는 상황에서 오직
거래의 규모 측면에서 경제적 이익의 제공이 이루어지는 경우에, 현저한
규모로 거래하는 지원행위의 고유한 의의가 존재한다.[12] 앞에서 언급한
것처럼 거래 자체가 일정한 경제적 이익을 포함하는 것이기 때문에, 거래
규모 측면에서 그 이상의 경제적 이익의 발생이 가능하기 위해서는, 정상

---

12) 한편 '대법원 2007. 1. 25. 선고 2004두7610 판결'은 현저한 규모의 거래로 인하
여 과다한 경제상 이익을 제공한 것인지 여부의 판단에서 '지원성 거래규모 및 급
부와 반대급부의 차이'도 고려되어야 하는 것으로 보고 있다. 그러나 급부와 반대
급부의 차이는 대가기준에 따른 지원행위 판단의 문제이다.

적인 거래량과의 비교가 이루어져야 한다. 이러한 점에서 심사기준이 현저한 가격 차이에 대해서는 정상가격과의 비교를 규정하면서도, 현저한 규모의 거래에 대해서는 이러한 규정을 두고 있지 않은 것에 대해 문제제기가 가능하다. 대신 심사기준 III. 4. 나. 2)의 규정은 "비용절감 효과가 지원객체에게 과도하게 귀속되는지 여부"와 "지원객체의 사업위험이 제거되는지 여부"를 판단 기준으로 제시하고 있다. 그러나 전자의 경우 비용절감 효과의 귀속 여부는 결국 가격 책정의 문제이고, 현저한 규모의 거래의 고유한 의의에 직접적으로 관련되는 것은 아니다. 후자의 경우 역시 사업 위험의 제거 문제는 본질적으로 부당성 판단에서 다루어져야 할 문제라는 점에서 현저한 규모에 의한 지원행위를 확정하는데 있어서 타당한 기준인지에 의문이 있다. 이와 같이 심사기준상의 적절한 기준제시가 이루어지지 않고 있지만, 규모 측면에서의 경제적 이익을 파악하기 위하여 정상 거래량과의 비교는 불가피한 것으로 보아야 할 것이다.

한편 정상가격이나 정상거래량과의 비교는 법리적으로 유사한 의미를 갖지만, 양자의 판단 기준과 방식에는 일정한 차이가 있다. 무엇보다 정상가격의 경우 시장에서 형성된 가격을 참고하는 것이 가능하지만, 정상거래량은 시장으로부터 일정한 기준을 도출하는 것이 용이하지 않다. 물론 이 경우에도 거래가 이루어진 시장 상황의 분석은 당연하지만, 이 외에도 거래주체와 거래객체의 경제적 상황, 특히 거래 대상이 되는 상품의 수급 필요성이나 제공 능력 등에 대한 종합적인 분석이 필요할 것이다.

이상의 기준에 따라서 정상적인 거래량을 초과하는 거래가 있을 경우에 지원행위는 성립하며, 이를 대상으로 부당성 판단이 이루어질 것이다.

## 3. 정상적 거래량을 초과하는 지원행위의 경쟁정책적 의의

이상의 지원방식에 따른 유형화는, 해당하는 행위의 경쟁정책적 의의를 이해함에 있어서도 유의미한 시사점을 제공한다. 계열회사 간 거래로 이루어지는 지원행위는 일반적으로 거래를 내부화한다. Oliver Williamson 에 따르면, 기업과 시장의 범위는 경제적 자원을 내부에서 조달하는 방식과 시장에서의 거래를 통한 방식, 구체적으로 내부 조직운영 등과 같은 비용과 거래비용(transaction cost)의 비교에 의하여 보다 효율적인 방식을 선택함으로써 이루어지며, 계열회사로 구성된 기업집단은 기업과 시장의 성격이 혼합된 유형(hybrid form)으로 이해된다.[13] 이러한 이해를 전제하면, 계열회사 간 거래는 단일한 조직의 내부적 특성과 시장의 특성을 공유하며, 그 한도에서 외부적 거래를 기업집단의 범위로 내부화 하는 의미를 갖는다.

물론 이러한 거래 방식은, 경제적 자원을 수요하는 기업이 여러 가지 가능한 방식 중에서 선택한 결과로 나타난 것이며, 그 자체로 경쟁정책적 문제가 야기되는 것은 아니다. 그러나 단일 기업이 아니라 기업집단의 범위에서, 즉 중간적 영역에서 이루어지는 내부화는 여전히 당해 거래가 행해지는 시장에서 경쟁상의 문제를 야기할 수 있으며, 특히 이러한 형태의 내부화(internalization)가 갖는 배타적(exclusive) 성격에 주의를 기울일 필요가 있다.

이러한 특성은 현저한 규모의 거래에 의한 지원행위에서 보다 두드러진다. 계열회사 간에 정상적인 수준의 규모를 넘는 거래가 이루어질 경우에, 남아 있는 시장의 범위가 축소되는 시장봉쇄(foreclosure) 효과를 낳을 수 있으며, 이로 인하여 경쟁사업자가 배제될 우려가 구체화될 것이다.

또한 전술한 것처럼 지원행위는 기업집단의 유지 및 확대를 낳을 수 있다는 점에서 경제력집중 효과와 관련된다. 특히 현저한 규모에 의한 지원행위의 경우 일회적인 거래가 아니라 일정 기간에 걸쳐서 이루어지는 거래를 전체적으로 고려할 필요가 있고, 이는 경제력 집중의 분석에서 보다

---

13) Oliver E. Williamson, "Antitrust Lenses and the Uses of Transaction Cost Economics Reasoning", Thomas M. Jorde & David J. Teece ed., Antitrust, Innovation, and Competitiveness, Oxford Univ. Press, 1992, 140면.

장기적인 관점이 요구된다는 점을 시사하는 것이다

## III. 현저한 규모에 의한 지원행위의 부당성 판단

### 1. 심사기준상의 판단기준 검토

부당성 판단과 관련하여 심사기준은 전술한 대법원 판결에 나타난 판단기준을 기본 원칙으로 제시하고(IV 1), 부당한 지원행위에 해당하는 경우를 열거하고 하고 있다(IV 2). 구체적으로 지원객체가 당해 지원행위로 인하여 일정한 거래분야에 있어서 유력한 사업자의 지위를 형성·유지 또는 강화할 우려가 있는 경우(가목), 지원객체가 속하는 일정한 거래분야에 있어서 당해 지원행위로 인하여 경쟁사업자가 배제될 우려가 있는 경우(나목), 지원객체가 당해 지원행위로 인하여 경쟁사업자에 비하여 경쟁조건이 상당히 유리하게 되는 경우(다목), 지원객체가 속하는 일정한 거래분야에 있어서 당해 지원행위로 인하여 지원객체의 퇴출이나 타사업자의 신규진입이 저해되는 경우(라목), 관련법령을 면탈 또는 회피하는 등 불공정한 방법 또는 절차를 통해 지원행위가 이루어지고, 이로 인하여 지원객체가 속하는 일정한 거래분야에서 경쟁이 저해되거나 경제력 집중이 야기되는 등으로 공정한 거래가 저해될 우려가 있는 경우(마목) 등이 이에 해당한다. 또한 부당지원행위에 해당하지 않는 경우로서 구조조정 등의 다른 정책을 수행하거나, 「중소기업의 사업영역 보호 및 기업 간 협력 증진에 관한 법률」과 같은 법률에 근거한 행위, 지원액이 1,000만원 이하로 지원 규모가 미미한 경우 등을 예시하고 있다.

심사기준상의 부당성 판단기준은 지원행위 일반을 대상으로 한 것으로서, 당연히 현저한 규모에 의한 지원행위에도 적용된다. 마목의 규정은 원칙적인 판단기준을 재차 기술한 것이고, 가목 내지 라목의 규정이 구체적인 판단기준으로서 열거된 것인데, 이러한 규정들이 부당성 판단기준으로서 실질적으로 기여할 수 있는지에 의문이며, 추가적으로 논의되어야 할 부분도 있다.

우선 가목에서 지원객체의 유력 사업자로서의 지위라는 개념을 사용하고 있는데, 시장지배적 사업자 개념을 의도적으로 피하여 시장지배적 지위에 미치지 못하는 경우까지 포함시키려는 의도로 이해되지만, 의미가 명확하게 드러나는 것은 아니다. 대법원은 거래거절(단독의 거래거절) 사건에서 거래 상대방을 시장에서 배제할 우려를 낳을 수 있는 지위의 의미로서 유력사업자 개념을 사용한 경우가 있는데,[14] 동 개념을 원용한 것이라면, 경쟁제한 효과에 초점을 맞춘 판단기준으로 보아야 할 것이다. 그렇다면 이러한 효과에 상응하는 유력 사업자의 요건이 보충되어야 하며, 일본 公正取引委員會가 관련 시장에서 시장점유율 10% 이상 또는 상위 3위 이내를 유력 사업자 판단 기준으로 사용하고 있는 것을 참고할 수 있을 것이다.[15] 그러나 이러한 접근 방식이 갖는 근본적인 한계는, 유력사업자의 지위가 유지·형성되는 것만으로 당해 시장에서의 경쟁제한 효과를 인정하기 어렵고, 또한 오히려 유력사업자의 지위가 시장의 경쟁을 활성화하는 방향으로 작용할 수 있다는 점이다.[16] 따라서 유력 사업자의 기준 외에 추가적으로 경쟁제한적 효과에 대한 분석이 결합되지 않는 한, 동 기준의 적용만으로 타당성을 기하기 어렵다. 다목에서 정한 '경쟁조건의 유리' 기준도 동일한 맥락에서 이해가 가능하다. 경쟁사업자에 비하여 경쟁

14) 대법원 2001. 1. 5. 선고 98두17869 판결.
15) 김차동, "단독거래거절에 의한 불공정거래행위의 규제원리", 권오승 편, 공정거래와 법치, 2004, 법문사, 700면 참조.
16) 지원행위와 경쟁제한성 간의 인과관계와 관련하여 유사한 취지의 논의를 전개하고 있는 것으로서, 서정, 부당한 지원행위 규제에 관한 연구, 서울대학교 박사학위논문, 2008, 97면 이하 및 송옥렬, "부당내부거래규제에 대한 이론적 논쟁", 권오승·이원우 편, 독점규제법과 규제산업, 법문사, 2007, 232면 참조.

조건의 상당한 유리는, 그 자체로 경쟁사업자에 대한 경쟁제한의 효과를 의미하는 것은 아니기 때문에, 이를 구체적으로 검토하는 과정이 요구되며, 또한 지원객체의 경쟁력 강화가 친경쟁적 효과를 낳을 가능성에 대해서도 주의할 필요가 있다.

나목의 '경쟁사업자 배제' 기준과 라목에 부분적으로 규정된 '타사업자의 신규진입 저해' 기준은 현저한 규모의 지원행위의 부당성 판단과 관련하여 보다 실질적인 의미를 갖는다. 전술한 것처럼 정상적인 거래량을 초과하는 거래가 지원주체와 지원객체 사이에 행해질 경우에, 이는 경쟁사업자 또는 잠재적 경쟁사업자에게 귀속될 수 있었던 거래 기회의 축소를 의미하며, 이러한 점에서 경쟁사업자 배제 가능성은 현저한 규모의 지원행위의 부당성 판단에 유력한 기준이 된다. 물론 이러한 가능성을 검토함에 있어서, 시장봉쇄 효과 등에 대한 구체적인 분석이 수반되어야 할 것이다.

한편 라목은 '지원객체의 퇴출 방지'도 부당성 판단기준의 하나로 규정하고 있다. 우선 경쟁제한성 측면에서 특정 사업자의 퇴출 억제가 갖는 의미가 단일하게 파악될 수 없다는 점에 주의를 요한다. 형식적으로 보면, 시장참가자의 수가 유지되는 것은 시장구조적 측면에서 긍정적인 평가가 가능하며, 이러한 행태가 현재 또는 잠재적 경쟁사업자의 배제와 결합될 경우에만, 당해 시장에서의 경쟁제한 효과를 인정하는 근거가 될 수 있다. 한편 '지원객체 퇴출 방지'는 경제력집중의 측면에서도 유력한 고려 사항이 된다. 부당지원행위 규제의 입법취지에서 언급된 것처럼, 한계 계열사의 퇴출을 억제함으로써 기업집단의 규모를 유지 또는 확대하고, 또한 전체 기업집단의 동반 부실화를 초래할 수 있다는 우려가 제도 도입의 유력한 배경이 되었다는 점에서, 퇴출 방지의 문제를 경제력집중의 관점에서 다룰 필요성을 부인할 수 없을 것이다. 다만 경제력집중의 의의에 기초하여 이러한 행태가 경제력집중의 효과를 낳는 메커니즘에 대한 분석적 접근이 이루어져야 한다.

전술한 것처럼 심사기준은 지원행위의 정당화 사유의 예를 열거하고 있다. 그러나 동 심사기준이 법적 구속력을 갖는 것은 아니며, 이러한 예외사유에 해당하는 경우에도 당해 행위의 부당성에 관한 심사가 제한되지 않는다. 특히 다른 법령에 따라서 행해진 지원행위에 대하여 독점규제법 제58조에 의하여 정당한 행위인지 여부가 검토되어야 한다. 법적 근거 없이 구조조정이나 중소기업보호와 같은 정부의 중요한 정책 수행 결과로 나타난 지원행위도 정당한 행위인지의 평가를 거쳐 허용될 수는 있지만, 이는 시장 기능을 대신하여 정부의 규제 기능이 우선하는 것을 의미하는 것이므로, 추구하는 정책과 경쟁정책 간의 비교형량 과정이 수반되어야 할 것이다. 이와 관련하여 미국 AMC(Antitrust Modernization Commission)가 지적한 것처럼 규제가 경쟁을 대신하는 문제에 대하여 신중한 접근이 필요하다.[17] 한편 앞에서 살펴본 것처럼, 심사기준은 효율성 증대 효과를 지원행위의 존부와 관련하여 기술하고 있는데, 일반적으로 경쟁정책상 효율성은 소비자 후생의 증대로 이어짐으로써 경쟁제한성을 상쇄하는 효과가 있는지에 초점을 맞추어 다루어지는 지는 것을 감안하면, 정당화 사유로서 고려되는 것이 법리적으로 타당할 것이다. 이러한 관점에서 동 규정이 효율성 증대 효과를 지원주체에 한정하는 것은 의문이며, 지원객체까지 포함한 거래 전체적인 분석이 이루어질 필요가 있다.

이상의 심사기준은 지원행위 일반을 대상으로 한 부당성 판단기준을 규정하고 있는데, 지원방식의 유형에 따라서 현저한 규모의 지원행위에 보다 적합한 구체적인 기준이 제시될 필요가 있다. 또한 심사기준상의 판단기준은 그 자체로 타당성을 갖고 있다 하더라도, 지원행위 부당성 판단의 핵심적인 표지인 경쟁제한성과 경제력집중의 관점에서 판단기준의 의의가 명확하지 않으며,[18] 따라서 적용상의 한계가 드러나고 있다는 점도 지적

---

17) Antitrust Modernization Commission, Report and Recommendations, 2007, 338면.
18) 외부의 경쟁과 관련된 부분과 계열사 간 부의 이전의 문제는 분명하게 구분하여

할 수 있을 것이다.

## 2. 경쟁제한 효과의 분석

### (1) 경쟁제한 효과 분석의 기초

현저한 규모의 지원행위에 대한 부당성 판단을 경쟁제한 효과에 초점을 맞추어 분석하는 것은, 불공정거래행위의 한 유형으로서 부당지원행위를 규제하는 체계에서 법리적 타당성을 갖고 있으며, 대법원 판결에 의해서도 뒷받침되고 있다. 또한 부당지원행위 규제는 경제력집중에 관한 정책적 변화도 시사한다. 즉 경제력집중 억제 정책과 관련하여 사전적 규제에서 사후적 규제로, 또한 국민경제적 차원에서 개별 시장 중심으로의 정책 변화를 수용한 것이라 할 수 있으며,[19] 이러한 점에서 개별 시장에서의 경쟁제한 효과 분석의 중요성이 있다.

한편 지원행위는 지원행위가 나타난 당해 시장에서의 경쟁에 영향을 미칠 수 있으며, 또한 지원을 받은 지원객체가 참가하고 있는 다른 시장의 경쟁에 대해서도 일정한 효과를 낳을 수 있다. 이러한 점에서 지원행위에 의하여 개별시장에서 발생하는 경쟁제한 효과의 분석은, 거래상 차별에서 1선(primary) 차별과 2선(secondary) 차별의 구별과 유사한 방식으로,[20] 지원행위가 나타난 시장과 지원행위 이후 다음 단계 시장에서의 효과로 구분하여 수행하는 것이 유용하다.

---

야 한다고 언급하고 있는 것으로서, 송옥렬, 주 16)의 글, 239면 참조.

19) 홍명수, "경제력집중 억제", 권오승 편, 독점규제법 30년, 법문사, 2011, 262-263 면 참조.

20) Herbert Hovenkamp, Federal Antitrust Policy 3. ed., Thomson/West, 2005, 581-582면에서, 이러한 구별은 경쟁정책적으로도 상이한 접근 방식을 필요로 한다는 점에서 유의미한 것으로 보고 있다.

## (2) 지원행위 관련시장의 분석

현저한 규모의 지원행위와 관련하여 지원행위 자체가 당해 시장에서 경쟁정책적 문제를 야기하는 경우로서, 특히 상품·용역의 거래를 통한 지원행위를 전형적인 예로 상정할 수 있다. 지원주체와 지원객체 간의 거래가 당해 시장에서 상당한 비중을 차지할 경우에, 이러한 거래는 당해 시장의 경쟁사업자에게 경쟁상 손실을 낳을 수 있으며, 구조적으로 배타적 거래(exclusive dealing)와 매우 유사한 경쟁정책적인 문제를 낳는다. 즉 배타적 거래가 양 당사자 간의 계약의 형식을 통해서 이루어지는 것이라면, 특히 계열회사 관계에 있는 사업자 간의 거래는 배타적 계약 형식을 취하지 않더라도 단일한 기업집단의 운영 원리에 의하여 유사한 경제적 효과를 낳을 수 있다.

이러한 점에서 배타적 거래와 관련하여 형성된 경쟁법상 분석 방식과 규제 법리를 살펴보는 것은 유용한 의미가 있다. 경쟁정책상 배타적 거래는 관련 시장에서 경쟁사업자에게 경쟁상의 불이익을 초래할 수 있다는 것, 즉 시장 접근의 제한을 포함한 비용 상승을 초래함으로써 경쟁사업자의 경쟁력을 약화시킬 수 있다는 것에 근거한다.[21] 미국 반독점법상 배타적 거래의 규제 법리를 개략적으로 보면, 연방대법원의 Tempa Electronic 판결[22] 이후 규제 대상이 되는 배타적 거래는, 관련 시장에서 경쟁사업자에 대한 시장봉쇄효과가 발생하며, 또한 이러한 거래가 실질적으로 경쟁상 손실을 낳을 수 있는 기간 동안[23] 이루어질 경우에 반독점법상 위법한

---

21) 경쟁정책상 배타적 행위를 경쟁자의 비용 상승(Raising Rivals' Costs) 구조로 분석하고 있는 것으로서, Andrew Gavil, William Kovacic & Jonathan Baker, Antitrust Law in Perspective, Thomson/West, 2008, 592-594면 참조.

22) Tempa Electronic Co. v. Nashville Coal Co. 365 U.S. 320 (1961).

23) 예를 들어 Motion Picture 사건에서 FTC는 배타적 거래의 기간을 1년 이하로 단축할 것을 명령하였으며, 연방대법원은 이를 지지하였다. FTC v. Motion Picture Advertising Service 344 U. S. 392 (1953). 한편 독일의 경쟁제한방지법(GWB) 규제 실무에서는 3개월 이하의 배타적 거래는 경쟁정책상 문제가 되지 않는 것으

것으로 평가되고 있다. 이때 봉쇄되는 정도를 시장점유율로 환산하는 것
이 필요하지만,24) 시장점유율 외에도 당해 시장의 구조나 특성, 경쟁사업
자의 거래 전환 등의 대응 가능성, 기존 경쟁사업자가 행하는 배타적 거래
의 정도, 신규 사업자의 진입제한 가능성 등이 종합적으로 고려되고 있다.
한편 경쟁사업자에 대한 시장봉쇄효과를 실질적으로 파악하기 위하여, 경
쟁사업자의 최소효율규모를 기준으로 하는 분석 방식이 유용하다. 이때
최소효율규모(minimum efficient scale)는 평균비용이 최저인 수준을 의미
하는데, 이에 미치지 못하는 수준에서 생산이 이루어질 수밖에 없을 경우
에 비용 증가의 부담이 발생하고, 이러한 상황이 지속됨으로써 경쟁사업
자가 시장에서 배제될 수 있다. 이러한 기준은 시장봉쇄의 절대적인 크기
뿐만 아니라 경쟁사업자의 침해 가능성을 구체적으로 고려함으로써 시장
봉쇄의 의의를 경쟁정책적으로 평가할 수 있다는 점에서 긍정적인 측면이
있다.25) 이상의 논의를 현저한 규모의 지원행위에 원용한다면, 지원주체
와 지원객체의 상당 기간에 걸쳐 진행된 거래를 통하여 당해 시장에서 배
제된 거래량이 경쟁사업자가 동 시장에서 퇴출될 우려를 낳을 정도의 규
모라면, 경쟁제한성의 관점에서 당해 지원행위의 부당성을 인정할 수 있
는 근거가 될 것이다.26)

---

로 보고 있다는 것에, Ulrich Gassner, Grundzüge des Kartellrechts, Verlag
Vahlen, 1999, 114면 참조.

24) Tempa Electronic 판결 이후, 지속적으로 시장봉쇄의 비율에 초점을 맞추는 것에
서 배타적 거래가 시장지배력을 형성하거나 강화하고 나아가 반경쟁적 효과를 낳
을 수 있을지에 대한 실질적 분석으로 옮겨 가고 있다고 보는 것으로서, ABA,
Antitrust Law Development 6. ed., ABA Publishing, 2007, 216면 참조.

25) 이때 경쟁침해 효과는 경쟁사업자가 시장에서 완전히 배제되는 정도가 아니라,
비용상의 부담으로 퇴출의 압력을 받는 정도에 이른 경우에도 인정될 수 있다.
Phillip Areeda, Antitrust Law Vol. IX, Little, Brown & Company, 1991, 55-61면
참조.

26) 이러한 점에서 지원객체 자신의 퇴출 억제 효과는 경쟁제한 효과의 분석에 있어
서 결정적인 의미를 갖는 것은 아니다. 지원행위 부당성 판단에 있어서 지원객체

## (3) 지원행위 이후 단계 시장의 분석

한편 지원행위에 의하여 지원객체가 속한 다음 단계의 시장에서 경쟁제한적 효과를 낳을 가능성도 있다. 예를 들어 자금·자산 등의 지원에 의하여 지원객체가 다른 상품 시장에서 경쟁사업자에 비하여 경쟁조건상 유리한 위치에 있게 될 경우를 상정할 수 있다. 전술한 것처럼 심사기준은 '경쟁조건의 유리'에 기초하여 부당성을 판단할 수 있는 것으로 규정하고 있지만, 이것만으로 경쟁제한적 효과를 인정하는 것은 타당하다고 보기 어려우며,[27] 시장 행태를 분석하는 과정이 필요하다.

구체적으로 지원행위 이후, 즉 지원주체로부터 경제적 이익을 제공받은 이후 지원객체가 자신이 참가하고 있는 시장에서 유리한 경쟁조건에 기초하여 일정한 행위를 하고, 이로부터 경쟁사업자가 받게 되는 효과에 대하여 살펴볼 필요가 있다. 우선 유리한 경쟁조건을 지원객체가 상품의 가격에 반영하는 경우, 이때 가격 책정이 부당염매에 해당하는 수준에서 이루어지면, 이 행위를 불공정거래행위의 하나인 부당염매로 규제하는 것으로 충분할 것이다. 이때 지원행위의 부당성이 대가의 차이에 기초하는 경우에는, 지원객체의 가격책정이 지원주체로부터의 거래 가격에 기반하는 것이기 때문에 비용 기준에 의한 부당염매 판단이 용이하지 않다는 지적이 유력하다.[28] 그러나 현저한 규모의 지원행위에 있어서 대가는 정상가격과 동일한 수준을 전제하는 것이기 때문에, 상대적으로 지원객체의 부당염매 규제는 용이한 측면이 있다. 그리고 부당염매에 해당하지 않는다면, 이와 같은 가격책정이 경쟁사업자에 비하여 유리하게 작용하는 경우에도, 이를 가격경쟁의 본질이나 소비자 후생의 측면에서 지원행위의 부당성 판단의

---

퇴출 억제 효과 분석의 한계에 관하여, 주진열, "독점규제법상 부당지원행위 규제에 대한 비판적 고찰", 서울대학교 법학, 2012, 653-654면 참조.

27) 어떤 기업의 자금력 제고 내지 경영여건 개선이 장기적으로 경쟁자의 축출을 통한 소비자후생의 감소로 이어진다는 것은 불확실한 몇 가지 조건을 충족해야만 가능하다는 것에 관하여, 서정, 주 16)의 글, 108면 이하 참조.

28) 송옥렬, 주 16)의 글, 242면 참조.

근거로 삼는 것에는 한계가 있다. 결국 지원행위의 부당성 판단과 관련하여 의미 있는 영역은, Areeda & Turner가 시사한 것처럼 부당성이 추정되는 기준인 (단기)평균가변비용보다 높은 수준에서 가격이 책정되고,[29] 염매 해당 기준인 평균총비용에 미치지 않는 경우이다.[30] 판례는 조업중단점 이상에서의 가격책정과 같은 것은 정당화 사유로서 검토될 수 있다고 보고 있는데, 또한 이 영역에서의 가격책정은 지원행위의 부당성 판단의 관점에서도 고려될 수 있을 것이다.[31] 한편 지원객체의 유리한 경쟁조건이 상품의 품질 제고, 부가서비스의 제공, 유통망의 확대 등과 같은 가격 외적인 요소에 반영되고, 이로 인하여 경쟁사업자가 경쟁상 불리한 위치에 처할 수도 있다. 그러나 이러한 경우에도 이들 행태 자체가 경쟁정책적으로 문제되지 않는다면, 이를 지원행위의 부당성 판단의 근거로 원용하는 것은 용이하지 않을 것이다.

## 3. 경제력집중 효과의 분석

### (1) 경제력집중의 의의

부당지원행위 규제의 입법 취지에 비추어, 경제력집중 효과는 지원행위의 부당성을 판단하는 유력한 기준으로 받아들여지고 있다.[32] 경제력집중

---

29) Areeda & Turner에 따르면, 평균총비용보다 높은 수준의 가격은 약탈적 가격 문제를 낳지 않으며, 평균가변비용보다 낮은 수준에서의 가격은 위법한 것으로 추정된다고 보고 있다. Phillip Areeda & Donald F. Turner, "Predatory Pricing and Related Practices under Section 2 of the Sherman Act", Harvard Law Review vol. 88, 1975, 700-702면 이하 참조.
30) 대법원은 총원가(평균총비용)를 염매에 해당하는지를 판단하는 기준으로 삼고 있다. 대법원 2001. 6. 21. 선고 99두4686 판결.
31) 지원행위와 지원객체의 위법행위 규제와 관련하여, 경쟁정책상 종착점(지원객체의 위법행위)보다 시작점(지원행위)의 규제가 타당하다고 보는 견해로서, 송옥렬, 주 16)의 글, 243면(전성훈 교수 의견 부분) 참조.

은 시장집중, 일반집중, 소유집중 등 다의적으로 사용되는 개념이기 때문에, 지원행위의 부당성 판단기준으로서 경제력집중의 의미를 명확히 할 필요가 있다. 일반적으로 시장집중은 개별 시장에서의 집중도를 나타내는 것으로서 경쟁제한 효과를 판단하는 것과 관련되기 때문에, 경쟁제한성과 독립적으로 사용되고 있는 경제력집중의 경우 시장집중의 의미는 포함하지 않는 것으로 이해하는 것이 타당하다. 따라서 지원행위의 부당성 판단기준으로 경제력집중은 소유집중과 일반집중의 관점에서 구체화될 필요가 있다.[33]

### (2) 소유집중 효과의 분석

소유집중은 기업의 발행주식 또는 잔여청구권이 소수의 자연인 또는 그 가족에 집중되는 것을 의미한다.[34] 다음과 같은 경우를 지원행위, 특히 현저한 규모의 지원행위에 의하여 소유집중이 강화되는 예로 검토할 수 있을 것이다. 우선 단순한 지분권 이전의 경우에 소유집중의 총량에 변화가 없다면, 소유집중의 관점에서 문제가 되지 않을 수 있다. 그러나 이러한 경우에도 몇 가지 측면에서 논의의 여지는 있다. 우선 지분 이전이 지배권 승계의 의미를 갖는 경우를 상정할 수 있는데, 지배권 승계를 제한하는 근거 규정을 갖고 있지 않은 상황에서 이에 대한 독점규제법상 평가가 가능한지는 의문이다. 또한 지분의 구성 변화의 관점에서도 검토할 필요가 있다. 일반적으로 총수가 자연인인 기업집단에 속한 기업의 지배를 가능하게 하는 내부지분은 총수 자신의 지분과, 총수의 동일인 관련자로서 친족, 계열회사, 임원 등의 지분으로 구성된다.[35] 이때 전체적인 내부지분

---

32) 경제력집중 효과는 위법성의 단독 요건이 되지 못하며, 일종의 가중 요건으로 이해하는 것으로서, 신영수, 주 10)의 글, 26면 참조. 또한 경제력집중이 규범적 판단 요소로서 적합하지 않다는 견해로, 이봉의, 주 11)의 글, 68면 참조.

33) 경제력집중은 가치중립 개념이므로 이에 따른 부당성 판단이 가능하지 않다는 견해로, 주진열, 주 26)의 글, 652면 참조.

34) 황인학, 경제력집중 한국적 인식의 문제점, 한국경제연구원, 1997, 26면.

의 총량에는 변화가 없지만 구성 비율이 달라지는 경우, 예를 들어 동일인 관련자인 계열회사의 비중이 높아지거나 또는 동일인의 비중이 높아지는 경우, 이로 인하여 소유지배 괴리도[36] 등의 지표에 변화가 나타날 수 있지만, 후술하는 것처럼 이에 기초한 규범적 평가는 용이하지 않을 수 있다. 다만 이와 같은 내부 지분 구성 비중의 변화가 기업집단의 유지를 강화하는 방향으로 작용하고 있다면, 이에 대한 일반집중 관점에서의 평가가 필요할 수 있을 것이다.

또한 현저한 규모의 지원행위에 의하여 소유집중의 강화는 상품, 유동자산 등의 거래를 통한 방식에 의해서도 가능할 수 있다. 예를 들어 지원행위를 통하여 지원객체의 시장 가치가 증대하고, 이에 대한 지분가치가 아울러 상승할 경우에 소유집중의 강화로 이어질 수도 있다. 특히 이러한 현상은 터널링 효과(tunnelling effect)의 관점에서도 이해가 가능하다.[37] 지배주주가 자신의 이익을 극대화하기 위하여 계열회사 간 부의 이전을 행할 경우에, 기업과 지배주주 간에 이익 충돌이 발생할 수 있으며, 이러한 효과도 소유 또는 지배권 집중에 대한 부정적 평가의 근거가 될 수 있다.

그러나 이상의 행태에 대한 평가를 하기 이전에, 소유집중을 둘러싼 우리 사회의 문제의식에 일정한 변화가 계속되었다는 점에 주의를 요한다. 1990년대에는 주로 소유와 경영의 관계가 사회적 의제로서 영향을 미쳤으

---

35) 공정거래위원회, 2009년 대기업집단 주식소유현황 등 정보 공개, 2009. 10., 3면에 의하면, 총수가 자연인인 31개 대규모기업집단에서 총수의 지분율 2.02%, 친족 2.49%, 계열회사 46.04%, 임원, 비영리법인 등의 동일인관련자 및 자기주식 2.46%로서 전체 내부지분율은 53.01%로 조사되었다.

36) 일반적으로 소유지배 괴리도는 소유지분율과 의결지분율의 차이로 파악된다.

37) 가족이 지배하는 기업집단에서 터널링 효과에 의하여 지배주주의 사적 이익 실현이 기업 이익에 우선하는 것에 대한 분석으로서, Sumon Bhaumik & Andros Gregoriou, "Family" ownership, tunneling and earnings management: A review of the literature, William Davidson Institute Working Paper No. 954, 2009, 12-13면 이하 참조.

며, 소유와 경영을 분리하고자 하는 논의가 많은 반향을 불러일으켰다.[38] 그러나 소유와 경영이 분리되는 경우와 그렇지 않은 경우에 기업 경영의 효율성을 일의적으로 판단하기 어렵다는 경험적 연구결과가 보고되고,[39] 소유와 경영 관계의 다양한 가능성이 인식되면서, 논의의 초점은 소유와 지배의 괴리로 옮겨가는 양상이 나타났다. 즉 기업의 소유권 또는 지배권이 소수의 개인에 집중되는 것이 아니라, 적은 지분으로 절대적인 의사결정을 행하는 것이 문제라는 사고가 유력해지면서,[40] 소유·지배 괴리의 해소가 정책적 과제로 추진되기도 하였다. 즉 독점규제법은 2007년 법개정을 통하여(구법 10조 8항) 소유지배 괴리도가 25p 이하이고 의결권 승수가 3 이하인 기업집단에 대한 출자총액제한제도의 적용을 면제하였다. 이와 같은 소유집중과 관련된 문제의식의 변화는, 소유집중을 규범적 평가의 판단기준으로 원용하는 것에 한계로 작용한다. 즉 경쟁정책적으로 바람직한 소유집중의 모습을 상정하기 어려운 상황에서, 수범자의 행위를 동 기준으로 평가하는 것은 가능하지도, 타당하지도 않다. 더욱이 2009년 독점규제법 개정으로 출자총액제한제도가 폐지됨으로써 소유집중에 관한 정책기조를 시사하는 법적 근거는 존재하지 않는 상황이라는 점도 염두에 두어야 한다.

## (3) 일반집중 효과의 분석

일반집중은 산업이나 국민경제 일반에서 특정 기업이나 기업집단이 차지하는 비중을 의미한다.[41] 한 나라의 경제적 자원이 소수의 기업집단에

---

38) 예를 들어 박상용, "전문경영체제와 기업지배구조", 한국 기업지배구조의 현재와 미래, 미래경영개발연구원, 2000, 168면 이하 참조.
39) 대표적으로 Mark Roe, Strong Managers Weak Owners, Princeton Univ. Press, 1994, 239면.
40) 김선구·류근관·빈기범·이상승, 출자총액제한제도의 바람직한 개선방안, 서울대학교 경제연구소 기업경쟁력연구센터, 2003. 10, 9면 이하.
41) 황인학, 주 34)의 책, 25면.

의하여 통제되는 것에 따른 폐해를 우려하여42) 독점규제법은 경제력집중
억제를 위한 규제를 두고 있으며, 특히 상호출자금지 등의 사전적 규제는
자산총액 5조원 이상의 기업집단을 대상으로 적용하고 있다(법 9조 및 영
17조). 이와 같은 독점규제법의 규제 태도는 몇 가지 중요한 정책 방향을
시사하는데, 우선 규제 내용 측면에서 2009년 법개정 이후 상호출자 금지
등의 제한된 범위로 규제 수준이 완화되었다는 것이 중요하지만, 형식적
측면에서 자산총액 5조원 이상을 절대적 기준으로 하여 수범자를 정하고
있다는 것에도 주목할 필요가 있다. 이와 같은 규정 방식은 일반집중을 나
타내는 다양한 지표 중에서 입법자가 '자산'을 실제적인 지표로 선정하였
음을 의미하며,43) 또한 5조원을 경제력집중의 우려를 구체화하는 기준으
로 상정하고 있음을 보여준다. 물론 자산 기준이 일반집중의 지표로서 가
장 적합한 것인지, 5조원 기준이 경제 현실을 반영하는지, 5조원 이상인
경우에도 200조원이 넘는 거대 기업집단까지 편차가 큰데 일률적인 규제
를 적용하는 것이 타당한지 등에 관한 논의의 여지는 있으며, GDP와 실
질적인 비교가 가능한 부가가치 창출액과 같은 지표를 활용하는 등의 대
안 검토도 가능할 것이다. 그러나 현행법의 태도를 존중한다면, 일반집중
의 우려를 구체화할 수 있는 일차적인 기준으로 자산 기준을 활용하는 것
의 타당성이 있다.

경제력집중 측면에서 지원행위의 부당성 판단 기준으로 자산 기준을 원
용한다면, 지원행위를 통하여 자산총액의 증가 여부가 현실적인 판단 기
준으로 기능할 것이다. 이때 가정적인 평가 방식이 활용될 수 있다. 예를
들어 지원행위가 없을 경우에 예상되는 자산총액과44) 지원행위 이후의 총

---

42) 일반집중의 폐해에 관한 논의는, 홍명수, 재벌의 경제력집중 규제, 경인문화사,
2006, 13-16면 참조.
43) 독점규제법과 유사한 일본 獨占禁止法 제9조의 사업지배력 과도집중 규제도 자산
총액을 기준으로 하고 있다. 이에 관한 상론은, 홍명수, 경제법론I, 경인문화사,
2008, 194면 이하 참조.
44) 지원객체에 대한 지원행위가 없을 경우에 지원객체가 관련 시장에서 존속할 가능

액을 비교하여, 증가가 상당한 수준에 이르는 경우라면, 일반집중의 관점에서 당해 지원행위에 대한 부당성 평가가 가능할 것이다. 반면 그 변화가 없거나 미미한 경우에는 경제력집중의 관점에서 부당성 평가는 유보되어야 할 것이다. 그러나 지원행위에 따른 자산총액에 있어서 의미 있는 변화가 없는 경우에도, 전체 기업집단의 관점에서 주의해야 할 부분이 있다. 우선 여전히 많은 대규모기업집단은 순환출자적인 구조를 취하고 있는데, 이러한 출자구조에서 지분 관계의 핵심적인 역할을 수행하는 계열회사가 존재한다. 이러한 회사에 대한 지원행위와 관련하여 자산총액뿐만 아니라, 전체 기업집단 유지의 관점에서 지원행위의 의의를 파악할 필요가 있으며, 이에 대한 지원행위의 기여가 드러나면, 일반집중의 차원에서 부당성 평가가 가능할 수 있다. 또한 일반적으로 기업집단을 유지·운영함에 있어서 일정한 비용이 발생한다는 점도 주의를 요하는 부분이다. 즉 계열관계를 유지하기 위한 일정한 출자는 불가피하며, 이때 출자는 대부분 계열관계를 유지하는 동안 매몰비용의 성격을 갖는다. 이때 기업집단은 계열관계를 유지하는데 들어간 비용을 회수할 유인을 갖게 되며, 계열회사 간 거래는 일정 정도 이러한 비용을 줄이는 방향으로, 따라서 전체 기업집단의 유지를 용이하게 하는 방향으로 작용할 수도 있다.

결론적으로 일반집중의 관점에서 지원행위의 부당성을 평가할 경우에, 기업집단 규모의 증대 여부는 일차적인 고려 사항이 되지만, 나아가 지원주체와 지원객체가 속한 기업집단의 유지나 운영에 관한 종합적인 관점이 반영되어야 한다.

---

성이나 범위 등에 대한 실질적인 평가를 통하여, 지원객체의 자산 변화를 객관적으로 예상할 필요가 있다.

## 4. 정당화 사유의 검토

지원행위의 부당성이 인정되는 경우에도, 이를 조각할 수 있는 정당화 사유가 존재하는 경우에, 최종적으로 위법성이 부인될 수 있다. 우선 사업상의 필요성이 정당화 사유로서 고려될 수 있는지에 관하여 대법원은 이를 긍정하면서도, 단순한 사업경영상의 필요 또는 거래의 합리성 내지 필요성이 있다는 사유만으로는 부당지원행위의 성립요건으로서 부당성이 부정될 수 없다고 판시하였다.[45] 이윤추구를 목적으로 하는 기업 활동은 본질적으로 사업상 필요성과 무관한 것으로 보기 어렵기 때문에, 매우 제한된 범위에서 사업상 필요성을 정당화 사유로 인정할 수밖에 없을 것이다.

그렇다면 어떠한 경우에 사업상 필요성이 긍정적으로 평가될 수 있는지에 대한 논의가 필요하며, 이는 결국 부당지원행위를 정당화 할 수 있는 사유들에 대한 종합적인 이해를 통하여 가능할 것이다. 특히 사업자가 지원객체에 대한 지원을 의도하였는지가 중요한 고려 대상이 된다. 경쟁법상 의도는 행위로부터 추론되는 객관적 증거로 이해할 수 있으며,[46] 직접적인 입증 대상이기 보다는 행위의 합리적 설명에 의해서 판단되어질 것이다. 이러한 설명 방식의 예를 들면, Aspen사가 Highlands사의 거래 요청을 거부한 사건에서[47] 미국 연방대법원은 이러한 행위는 Aspen사에게도 경제적으로 불이익이 됨에도 불구하고 거래를 거절하였으며, Highlands사를 시장에서 배제하는 의도 외에 다른 어떠한 경제적 동기도 찾을 수 없다고 판단하였다. 또한 카르텔이 문제가 되었던 Interstate Circuit 사건에서[48] 합의가 없는 한 개별 사업자의 이윤극대화와 모순되는 상황을 설명할 수 없었던 것이 합의 입증에 유력한 근거가 되었던 것도 참고할 수

---

45) 대법원 2004. 10. 14. 선고 2001두2935 판결.
46) Herbert Hovenkamp, 주 20)의 책, 281-283면 참조.
47) Aspen Skiing Co. v. Aspen Highlands Skiing Corp., 472 U.S. 585(1985).
48) Interstate Circuit, Inc. v. U. S. 391 U.S. 208(1939).

있을 것이다. 이러한 논리를 지원행위에 적용하면, 결국 문제가 된 행위에서 지원의도를 배제하거나 부차적인 것으로 할 수 있는 합리적인 설명이 가능할 경우에 지원행위의 부당성이 부인될 가능성이 주어진다.

한편 효율성에 기초한 정당화 항변은 당연히 가능하며, 특히 현저한 규모의 거래에 의한 지원행위와 관련하여, 다양한 효율성 제고 효과에 대한 분석이 이루어질 필요가 있다. 전술한 것처럼 계열회사 간 거래의 내부화적 성격은 배타적 거래와 유사한 측면이 있으며, 배타적 거래에 의한 경쟁제한성 분석의 최종적인 단계로서 효율성에 따른 정당화 사유가 검토되어야 한다. 배타적 거래에 '경쟁자 비용 상승' 구조를 적용하여, 경쟁사업자의 비용 상승(시장에 대한 접근 제한 등을 포함)을 확인하는 단계, 경쟁자 배제로 인하여 독점력을 갖게 되고, 이를 가격에 반영하는지를 평가하는 단계, 그리고 최종적으로 배타적 행위로 인한 효율성이 경쟁사업자의 경쟁상 손해를 상회하는지, 특히 배타적 행위에 따른 비용절감이 가격인하를 통하여 소비자에게 귀속되는지 등을 분석하는 단계로 구분하는 방식을 취할 수 있으며,[49] 이와 같은 단계적 분석 방식은 지원행위 부당성 판단에도 원용할 수 있다. 이때 안정적인 거래 관계의 형성, 장기적 생산계획의 확립, 기술조건의 특화에 따른 향상, 안정적 유통망의 구축, 거래객체의 성실성 확보를 통한 무임승차의 방지 등이 효율성 제고 효과로서 고려될 수 있다.[50] 결국 이러한 효과가 경쟁사업자에게 미친 경쟁상의 손해보다 큰 것으로 평가할 수 있는지의 문제로 전환할 것이다.

끝으로 이러한 효율성 항변이 경쟁제한성이 아닌 경제력집중 효과에 근거한 부당성 판단에 대해서도 가능한지에 대한 논의가 추가될 필요가 있다. 이와 관련하여 독점규제법상 경제력집중 억제를 위한 규제도 동법이 추구하는 창의적인 기업활동, 소비자 보호, 국민경제의 균형 발전 등의 목적에 복무하는 것이라는 점을 염두에 두어야 한다. 효율성 제고는 근본적

49) Andrew Gavil, William Kovacic & Jonathan Baker, 주 21)의 책, 596면.
50) ABA, 주 24)의 책, 221면 참조.

으로 이러한 목적에 긍정적으로 작용하는 것을 전제로 항변 사유로 수용된 것이기 때문에, 경제력집중에 따른 부당성 판단에 있어서도 정당화 사유로서 의미를 가질 수 있다.


## IV. 결론

2009년 독점규제법 개정으로 출자총액제한제도가 폐지된 이후, 대규모 기업집단의 규모나 비중은 상승하고 있는 추세이다. 2009년과 비교하여 2011년 대규모기업집단의 수는 48개에서 55개 기업집단으로 늘었으며, 대규모기업집단에 속한 계열회사의 수도 1,137에서 1,554로 290개사의 증가가 있었다. 영위 업종수도 30대 기업집단의 경우 2007년 490업종에서 2010년 619업종으로 증가하였고, 내부지분율의 경우도 동일인이 자연인인 상위 10대 기업집단의 내부지분율은 2008년 48.3%에서 2011년 53.5%로 상승하였다.[51] 30대 기업집단의 매출액이 전체 기업 매출에서 차지하는 비중도 지속적으로 상승하였다.[52]

이와 같은 경제력집중에 관한 주요 지표의 변화는, 그 동안 축소되어 왔던 사전적 규제의 필요성을 再考하는 계기가 되고 있다. 그러나 사전적 규제의 완화 정책은 다른 한편으로 사후적 규제의 강화나 정보 제공을 통한 자율적 조정의 확대와 같은 대안적 제도와의 결합을 전제하였던 것이며,[53] 특히 부당지원행위 규제의 의의가 강조되었던 점을 상기할 필요가 있다. 따라서 독점규제법상 경제력집중 억제 정책을 유지하는 한, 부당지원행위 규제의 중요성은 부인할 수 없다. 이를 위하여 지금까지 형성된 법

---

51) 공정위 경쟁정책국 기업집단과, 경제력집중 현황과 대기업집단정책 추진방향, 2011. 11., 2면.
52) 〈표 7-3〉 '대기업집단 매출비중 변화' 참조.
53) 공정거래위원회, 주 4)의 책, 589-590면 참조.

리에 기초하여, 규제 법리의 개선을 지속할 필요가 있다.[54]

현저한 규모에 의한 지원행위의 성립과 관련하여, 지원행위 일반에 적용되는 판단 기준에 따르지만, 특히 현저성 판단에서 정상적인 거래량과의 비교가 필요하다. 즉 현저한 가격 차이에 따른 지원행위에 있어서 정상 가격과의 비교가 요구되듯이, 현저한 규모에 의한 지원행위에 있어서 정상적인 거래량이 중요한 비교 기준이 되며, 이때 시장 상황뿐만 아니라, 지원주체와 지원객체의 거래상 필요나 능력 등에 구체적인 분석으로 통하

---

54) 2013년 7월 독점규제법 개정에 의하여 부당 지원행위 규제가 강화되었다. 동 개정에 의해서 종래 법 제23조 제1항 제7호에 의한 위법성의 판단 기준은 거래조건의 유리 정도가 현저한 것에서 상당한 것으로 변경되었는데, 이로써 위법성의 인정 범위가 확대될 것이다. 또한 동호의 유형을 가목과 나목으로 세분하고, 종래의 행위 유형을 규정한 가목 외에 나목에서 "다른 사업자와 직접 상품·용역을 거래하면 상당히 유리함에도 불구하고 거래상 실질적인 역할이 없는 특수관계인이나 다른 회사를 매개로 거래하는 행위"를 신설하였다. 동 규정은 거래의 최종 당사자가 아닌 매개 역할을 담당하는 사업자에 대한 지원행위를 규제하고자 하는 취지에서 도입된 것이다. 또한 법 제23조의2를 신설하여 특수관계인과의 거래에서 거래 상대방에게 부당한 이익을 귀속시키는 행위를 별도로 규제하게 되었는데, 동조 제1항에서 정상적인 거래에서 적용되거나 적용될 것으로 판단되는 조건보다 상당히 유리한 조건으로 거래하는 행위(1호), 회사가 직접 또는 자신이 지배하고 있는 회사를 통해 수행할 경우 회사에 상당한 이익이 될 사업기회를 제공하는 행위(2호), 특수관계인과 현금 기타 금융상품을 상당히 유리한 조건으로 거래하는 행위(3호), 사업능력, 재무상태, 신용도, 기술력, 품질, 가격 또는 거래조건 등에 대한 합리적인 고려나 다른 사업자와의 비교 없이 상당한 규모로 거래하는 행위(4호)가 이에 해당한다. 동 규정에서 제2호와 같이 터널링 효과와 같은 동일인의 사익추구행위에 대한 규제 가능성을 명확히 한 부분도 있으며, 지원 대상이 특수관계인인 경우에 당해 거래에서 발생할 수 있는 부당 지원적 의의를 보다 구체화한 측면도 있다. 특히 제4호는 규모 측면에서 파악한 부당 지원행위의 특별 규정적 성격을 갖는다. 이상의 법개정 내용은 종래 부당 지원행위의 위법성 인정 범위를 확대하고, 또한 규제 대상이 되는 행위를 구체화한 것으로 볼 수 있다. 그러나 개정 이전의 규제체계에서 지원행위를 파악하고 위법성을 인정하는 법리는 유지되는 것으로 보아야 할 것이다.

여 정상 거래량을 상정할 수 있을 것이다.

부당성 판단과 관련하여 입법목적과 법체계에 부합하는 방향으로, 즉 경쟁제한성과 경제력집중의 관점에서 판단 기준을 구체화시키는 것이 핵심적인 과제이며, 현저한 규모에 의한 지원행위의 부당성 판단도 이러한 방향으로 나아가야 한다. 특히 경쟁제한성 관점에서는 현저한 규모의 거래가 당해 시장에서 야기하는 시장봉쇄 효과의 존부와 정도가 중요한 기준이 되며, 경제력집중 관점에서는 일반집중의 측면에서 기업집단 전체의 규모 증가를 보아야 하지만, 기업집단 유지의 관점에서 지원객체가 수행하고 있는 역할에도 주목할 필요가 있다. 최종적인 부당성 판단에 이르기 전에 정당화 사유에 대한 검토도 이루어져야 하며, 특히 거래 내부화를 통해서 발생하는 효율성 제고 효과가 지원행위의 부당성을 상쇄할 수 있는 수준의 것인지를 형량하는 과정이 필요하다.

# 16. Leegin 판결이 남긴 것

## I. 서론

2007년 미국 최고재판소의 Leegin 판결은[1] 미국에서 뿐만 아니라 전세계적으로 주목받는 판결 중 하나이다. 미국에서 Leegin 판결은 사안 자체의 복잡성이나 법리 구성의 특별함 보다도, 거의 1세기 동안 유지되었던 선례를 변경한 것 자체가 주는 정책적 관점에서의 중요성이 부각된 측면이 강하다. 주지하다시피, 1911년 미국 최고재판소는 Dr. Miles 판결에서[2] 제조업자와 유통업자 간의 수직적 거래제한은 셔먼법 제1조에 의해 규율되며, 그 절차는 당연위법의 법리에 의한다는 원칙을 제시하였다. 동판결에서 정립된 Dr. Miles 원칙은, 비록 지속적으로 원칙의 적용 범위가 축소되었지만,[3] 적어도 최저가격 형태의 재판매가격유지에 대해서는 최근

---

1) Leegin Creative Leather Products, Inc. v. PSKS, Inc., 551 U.S. 877 (2007).
2) Dr. Miles Medical Co. v. John D. Park & Sons Co., 220 U.S. 373 (1911).
3) 일방적 행위를 셔먼법 제1조의 수직적 거래제한 규제의 적용 범위에 해당하지 않음을 밝힌 Colgate(United States v. Colgate & Co., 250 U. S. 300 (1919)), 수직적 비가격제한에 대한 당연위법 원칙의 적용을 배제한 Sylvania 판결(Continental T. V., Inc. v. GTE Sylvania Inc., 433 U. S. 36 (1977)), 최고 재판매가격유지에 대한 당연위법 원칙의 적용을 배제한 Kahn 판결(State Oil Co. v. Khan, 522 U. S. 3 (1997)) 등이 이에 해당한다.

까지 여전히 유효한 원칙으로 기능하여 왔다.

Leegin 판결은 Dr. Miles 원칙을 폐기하고, 최저 재판매가격유지에 대해서도 당연위법 원칙이 아닌 합리의 원칙이 적용된다는 점을 명시적으로 밝힘으로써, 오랫동안 유효하게 남아 있었던 선례인 Dr. Miles 판결을 변경하였다. 실제 최고재판소의 심리 과정에서도 최저 재판매가격유지에 대한 당연위법 원칙 적용의 타당성에 관한 논의가 핵심이었으며, 논의 과정에서 5인 대법관의 의견으로 다수를 구성하고 판례 변경이 확정되었다.

물론 미국 반독점법의 판례법상 절차적 원리인 당연위법 원칙(per se illegal)과 합리의 원칙(rule of reason)의 구분과 각각의 적용은 미국의 고유한 반독점법 원리로서 형성되어 온 것이고, 비교법적으로 이러한 법원리를 수용한 예는 드물다. 따라서 Leegin 판결의 의의가 다른 나라에서 갖는 의미는 제한적일 수밖에 없지만, 동 판결은 재판매가격유지에 대한 경쟁정책적 의의를 再考하는 계기가 되었다는 점에서 그 의의가 작지 않다. 다수 의견과 반대 의견 사이에 치열한 논쟁이 전개되는 과정에서, 최저 재판매가격유지의 친경쟁적 효과와 반경쟁적 효과에 대한 상세한 분석이 이루어지고, 그 동안 축적되었던 규제 경험과 경제학 문헌 등에서 제시된 다양한 의견들이 종합적으로 검토됨으로써, 동 판결은 경쟁법상 유사한 행태를 규제하고 있는 나라에 많은 시사점을 제공할 것이다. 동 판결의 비교법적인 의의는 특히 우리나라에서 특별한 의미가 있다. 입법자의 의도가 법제정시부터 명확하였던 것은 아니지만, 「독점규제 및 공정거래에 관한 법률」(이하 독점규제법) 제29조 제1항은 최저 재판매가격유지에 관한 당연위법적 규정 형식을 취하고 있고, 따라서 동 규정의 해석과 나아가 입법론 차원에서 당연위법의 법리를 지양한 Leegin 판결은 주목의 대상이 되지 않을 수 없다.

당연히 Leegin 판결로 인하여 최저 재판매가격유지가 합법의 영역으로 들어선 것은 아니다. Sylvania 판결 이후 수직적 비가격제한의 규제에서 확인할 수 있듯이,[4] 합리의 원칙에 따라서 경쟁제한적 효과와 경쟁촉진적 효과를 비교·형량하는 과정이 규제기관과 법원에 요구될 것이며, 이러한 과제는 재판매가격규제를 규제하는 각 나라에 공통되는 것이다. 이하에서 의 논의는 우선 Leegin 판결의 내용과 의의를 상세히 살펴보고, 이어서 동 판결이 재판매가격유지에 관한 주요 나라의 규제에 미친 영향을 살펴본 후에, 독점규제법상 재판매가격유지 규제의 의의와 개선의 필요성에 관하 여 논의할 것이다. 마지막 부분으로 결론에 대신하고자 한다.

## II. Leegin 판결의 내용

### 1. 사실관계와 소송 절차

#### (1) 사실관계

Leegin Creative Leather Products, Inc.(이하 Leegin)은 가죽 제품과 액 세서리를 디자인, 제조, 유통하고 있는 사업자이다. 1991년 Leegin은 'Brighton'이라는 브랜드로 벨트를 팔기 시작하였으며, 동 브랜드로 다양 한 여성 패션 액세서리 시장에 진입하였다. Brighton 제품은 미국 전역에 서 5,000개 이상의 소매점에서 팔렸으며, 이들 소매점의 대부분은 독립적 인 소규모 여성의류 전문점이었다. Leegin의 대표 Jerry Kohl은 Brighton 제품을 팔고 있는 약 70개 점포에 관심을 갖고 살펴본 후에, 자신의 제품 판매에 있어서 소규모 소매점들이 대형 소매점보다 고객들에게 더 좋은 서비스와 만족스러운 쇼핑 경험을 제공한다고 판단하였다.[5]

---

4) 수직적 비가격제한에 있어서 고유한 경쟁제한적 효과 분석의 문제를 제시하고 있 는 것으로서, Warren S. GRimes, "GTE Sylvania and the Future of Vertical Restraints Law", Antitrust vol. 17 no. 1, 2002, 27면 이하.

5) Leegin의 대표 Kohl은 "우리는 소비자들이 Sam's Club이나 Wal-Mart와는 다른 경험을 갖게 되기를 원한다. 그리고 당신은 Wal-Mart와 같은 점포에서 그러한 종

PSKS, Inc.(이하 PSKS)는 텍사스 Lewisville에서 여성의류 전문점인 Kay's Kloset을 운영하고 있었다. Kay's Kloset은 모두 75개의 다른 제조업자로부터 상품을 구입하고 있었으며, 1995년 처음으로 Leegin으로부터 Brighton 제품을 구매하여 판매하였다. PSKS는 Brighton 제품 판매를 시작하면서, Brighton 광고나 점포에 Brighton Day 행사와 같은 Brighton 제품의 판촉 활동을 하였다. 결국 Kay's Kloset은 해당 지역에서 Brighton 제품을 파는 최종적인 매장이 되었고, Brighton은 그 점포의 가장 중요한 브랜드로서 매출액 비중은 한때 수익의 40~50 퍼센트에 이르렀다.

1997년 Leegin은 Brighton 제품의 소매가격 책정과 판촉 정책을 수립하였다. 이 정책에 따라서 Leegin은 제시된 가격 이하로 할인하여 Brighton 제품을 파는 소매상들에 대한 제품 공급을 거절하였으며, 이 정책은 소매상들이 재 주문을 계획하지 않았던 잘 팔리지 않는 상품들에 대한 예외를 포함하였다. 소매상들에 대한 편지를 통하여 이 정책을 제안하면서, Leegin은 다음과 같이 언급하였다. "Macy's, Bloomingdales, May Co. 등과 같은 대형 점포의 시대에, 이러한 점포들에서 결여되어 있는 제품의 질을 보장하고 제품의 지원을 약속하는 것은 소비자들에게 놀라움을 주고 있다. 소비자들은 이러한 소비자 중심의 판매가 계속됨으로써 충격을 받고 있다." "우리 Leegin은 매우 높은 질의 상품과 최고의 서비스를 제공할 수 있고, 동일한 기초 위에서 1년 365일 Brighton 제품을 제공할 수 있는 전문 매장을 통한 판매에 의하여 더욱 성장하는 것을 선택하였다." "우리는 이 정책이 반은 Leegin이 생산하는 Brighton의 높은 질, 나머지 반은 높은 수준의 서비스로 우리의 상품을 판매하고 있는 훌륭한 점포들이 만들어낸 것이라는 점을 알고 있다."

Leegin은 자신의 유통전략의 핵심인 서비스가 고객에게 제공될 수 있도록 소매상들에게 충분한 마진을 줄 수 있는 정책을 채택하였다. 또한 Leegin은 가격할인이 Brighton의 브랜드 이미지와 평판에 손해를 미칠 것

류의 경험이나 지원 또는 고객 서비스를 받을 수 없다"고 설명하고 있다.

이라는 점에 대해서도 주목하였다. Leegin은 이 가격정책을 수립한 지 1년 후에 'Heart Store Program'으로서 알려진 마케팅전략을 추가적으로 도입하였다. Leegin은 소매상들에게 Heart Stores가 되기 위한 유인을 제공하였고, 이에 대한 대가로 소매상들은 무엇보다 Leegin이 제시한 가격에 판매할 것을 약속하였다. Kay's Kloset은 Leegin이 이 프로그램을 도입한 후 바로 Heart Store가 되었다. 그러나 Leegin 관계자가 Kay's Kloset을 방문하였을 때, 이 점포가 Heart Store에 적합하지 않음을 발견하였고, 양 당사자는 1998년 이후 Kay's Kloset이 Heart Store가 되지 않는 것에 합의하였다. 이러한 지위를 잃었음에도 불구하고, Kay's Kloset의 Brighton 판매 증가는 계속 이어졌다.

2002년 12월 Leegin은 Kay's Kloset이 Brighton의 라인 전체를 20퍼센트 정도 낮추었다는 사실을 발견하였다. Kay's Kloset은 Leegin이 제시한 가격을 할인하고 있었던 근처 소매상들과 경쟁하기 위하여 Brighton 제품을 세일에 내놓았다. 이러한 정황에도 불구하고, Leegin은 Kay's Kloset에게 가격할인의 중단을 요청하였다. 자신의 요청이 거절되자, Leegin은 Kay's Kloset에 대한 판매를 중단하였다. Brighton 제품의 공급 거절에 따른 손실은 Kay's Kloset의 판매 수입에 상당한 부정적 영향을 미쳤다.

### (2) 소송 절차

PSKS는 미연방 텍사스 동부 지방법원(United States District Court for the Eastern District of Texas)에 Leegin을 제소하였다. PSKS는 다른 주장과 함께, Leegin이 자신이 책정한 수준으로만 가격을 부과할 수 있도록 소매상들과 합의하는 것에 의하여 반독점법을 위반하였다고 주장하였다. Leegin은 자신이 행한 가격 정책의 친경쟁적 효과를 보여주는 전문가 증언(expert testimony)을 요청하였고, 지방법원은 Dr. Miles 판결에 의하여 형성된 당연위법 원칙에 따라서 이러한 증언 요청을 받아들이지 않았다. 심리에서 PSKS는 다른 무엇보다도 'Heart Store Program'은 Leegin과 소

매상들 간에 가격을 고정하는데 합의한 사실을 보여주는 것이라고 주장하
였고, 이에 대하여 Leegin은 Heart Store Program이 단지 동조적 행위에
적용되는 셔먼법 제1조 하에서 일방적 가격 정책에 불과하다고 항변하였
다.6) 배심원은 PSKS의 주장을 지지하였고, 피해액을 $1.2million으로 산
정하였다. 15 U. S. C. §15(a) 규정에 따라서, 법원은 손해에 3배를 하고,
또한 변호사보수와 비용을 PSKS에게 배상하도록 결정하였다. Leegin에 배
상액으로서 부과된 총 금액은 $3,975,000.80이었다.

Leegin은 동 판결에 대하여 항소하였으며, 제5 항소법원(The Court of
Appeals for the Fifth Circuit)은 Leegin의 항소를 기각하고 지방법원 판결
을 유지하였다. 항소심에서 Leegin은 자신의 소매상들과 수직적 가격고정
합의를 하였다는 사실은 더 이상 문제 삼지 않았다. 대신에 합리의 원칙이
이 합의에 적용되어야 하는지를 다투었으며, 항소심은 이러한 항변을 받
아들이지 않았다. 항소심은 최고재판소가 일관성 있게 수직적 최저가격고
정 합의에 당연위법 원칙을 적용하여 왔고, 따라서 Dr. Miles 판결이 유효
하다고 본 것은 타당하다고 전제하였다. 이러한 전제에서 당연위법은
Leegin 가격정책의 친경쟁적 정당화와 상관없는 것이기 때문에, 지방법원
이 Leegin의 경제전문가 증언을 배제한 것은 자신의 재량을 남용한 것이
아니라고 판시하였다.7)

항소심 판결에 불복하고 Leegin은 상고하였으며, 최고재판소는 수직적
최저 재판매가격유지가 당연위법으로서 다루어져야 하는지를 결정하기 위

---

6) Colgate 판결은 제조업자가 유통업자에게 소매 단계에서 일정한 판매액을 제시하
고, 이에 따르지 않은 유통업자에 대해서 공급을 거절한 행위는 일방적 행위로서
수직적 가격합의에 해당하지 않으며, 따라서 셔먼법 제1조의 적용 대상이 아니라
고 판시한 것으로서, Leegin은 Colgate 판결에 따라서 자신의 행위에 대하여 셔
먼법 제1조가 적용되지 않는다고 주장한 것이다. Colgate 원칙의 의의에 관하여,
홍명수, "Colgate 원칙의 전개과정과 Monsanto 판결의 의의", 경제법론 II, 경인
문화사, 2010, 430-431면 참조.
7) 171 Fed. Appx. 464 (2006).

하여 Leegin의 상고를 허용하였다.

## 2. 최고재판소 판결

### (1) 판결의 내용

1) Dr. Miles 판결의 의의

최고재판소에서의 논의는 최저 재판매가격유지에 대한 당연위법 원칙의 적용이 타당한지에 집중되었다.

우선 법원(다수의견)은[8] Dr. Miles 판결에서 제시하였던 논거가 수직적 가격제한에 대한 당연위법 원칙의 적용을 정당화하지 않으며, 따라서 당연위법 적용의 타당성을 검토할 필요성이 있다는 것을 전제하였다. 법원은 1911년에 나온 동 판결이 양도 제한에 관한 커먼로 법리에(a general restraint upon alienation is ordinarily invalid) 근거하면서, 입증 가능한 경제적 효과 보다는 형식적인 법원리에 기초하여 자신의 판단을 정당화하였다고 보았다. 비유적인 설명을 추가하였는데, Dr. Miles 판결은 1618년에 발표된 논문에 의존하면서, 대신 1911년의 상황에서 제조업자로 하여금 수직적 가격제한을 하게끔 한 사업적 이유에 대한 논의에는 실패하였다고 지적하였다. 또한 Dr. Miles 판결은 셔먼법상 거래제한 규정은 커먼로가 1890년에 그 용어에 위임한 법적 내용이 아니라, 커먼로 자체를 상기시키는 측면이 있으며,[9] 100년전 커먼로의 법칙이 오늘날 미국 경제에서 수직적 유통제한에 대한 반독점법의 효과와 관련이 없다는 점을 재확인하였다.

---

8) 법원의 의견을 대표한 다수의견은 5인의 대법관이 참여하였으며, Kennedy 대법관이 대표 작성하였다.

9) Business Electronics Corp. v. Sharp Electronics Corp., 485 U. S. 717, 732 (1988).

2) 당연위법과 합리의 원칙의 의의

또한 법원은 논의의 전제로서 판례를 통하여 형성된 당연위법 원칙과 합리의 원칙의 의의에 관한 이해를 보여주고 있다.

합리의 원칙은 어떠한 행위가 셔먼법 제1조에 반하는 거래 제한인지를 판단하기 위하여 채택된 기준으로서[10] 사건에 관련된 모든 상황에 대한 고려가 요구되는데, 사업의 특성에 대한 이해, 거래제한의 역사, 성격 그리고 효과 등이 고려 사항에 해당하며, 특히 관련 사업에 있어서 시장지배력의 보유 여부는 보다 중요한 의미를 갖는다.[11]

이에 반하여 경쟁자들 사이의 가격 고정이나 시장 분할에 관한 수평적 합의 등에 적용되는 당연위법은 언제나 또는 거의 대부분(always or almost always) 경쟁을 제한하고 거래량을 감소시키는 경향이 있는 제한에 한정된다. 이때 당연위법적 금지가 정당화되기 위해서는, 어떠한 제한이 명백히 반경쟁적 효과를 가져야 하며, 그리고 상쇄할 수 있는 가치를 결여하고 있어야 한다.[12] 결국 당연위법 원칙은 법원이 문제가 된 거래제한 유형에 관한 상당한 경험을 가진 후에,[13] 그리고 법원이 그 제한이 언제나 또는 거의 대부분의 경우에 합리의 원칙 하에서 무효화 될 것이라는 확신을 가질 경우에만[14] 타당한 것이다. 따라서 합리의 원칙과 당연위법의 구분은 형식적으로 그어진 선이 아니라, 입증 가능한 경제적 효과에 기초하여야 한다.

---

10) Texaco Inc. v. Dagher, 547 U. S. 1, 5 (2006).

11) Copperweld Corp. v. Independence Tube Corp., 467 U. S. 752, 768 (1984).

12) Northwest Wholesale Stationers, Inc. v. Pacific Stationery & Printing Co., 472 U. S. 284, 289 (1985).

13) Broadcast Music, Inc. v. Columbia Broadcasting System, Inc., 441 U. S. 1, 9 (1979).

14) Arizona v. Maricopa County Medical Soc., 457 U. S. 332, 344 (1982).

3) 최저 재판매가격유지의 친경쟁적 효과

이상의 두 원칙의 적용이 행위의 구체적인 경제적 효과에 기초한다면, 여기서 문제가 된 최저 재판매가격유지의 경제적 효과에 대한 분석이 불가피할 것이다. 법원은 이와 관련하여 그 동안의 제시된 경제학적 논의의 성과 등을 종합적으로 검토하였다.

우선 법원은 이론적으로 최저 재판매가격유지가 친경쟁적 효과를 가질 수 있고, 또한 다양한 시장 조건 하에서 반경쟁적 효과를 갖지 않을 수 있다는 것에 관하여 논쟁의 여지는 없으며, 제조업자가 자신의 상품의 판매 가격을 통제하는 것을 허용하는 것은 다양한 방식으로 브랜드 간 경쟁과 소비자 후생을 제고할 수 있다는 것에 관한 광범위한 합의가 존재한다고 보았다.15) 제조업자의 수직적 가격제한 행사는 분명히 브랜드 내 가격경쟁을 제한하는 경향이 있지만, 역으로 소매상들이 경쟁 제조업자에 대항하는 제조업자의 입지에 도움이 되는 유무형의 서비스와 판촉 노력에 투자하는 것을 격려한다. 즉 수직적 가격제한은 브랜드 내 경쟁을 제한하는 대신에 브랜드 간 경쟁을 촉진시킬 수 있으며, 반독점법의 주된 목적이 브랜드 간 경쟁을 촉진하는 것에 있다는 점에서 이러한 효과의 중요성을 부인할 수 없다. 또한 법원은 재판매가격유지는 소비자들이 낮은 서비스-낮은 가격 브랜드, 높은 서비스-높은 가격 브랜드 그리고 양자 사이에 위치한 브랜드들 중에 선택할 수 있는 더 많은 기회를 제공하는 의미를 갖는다는 점도 지적하였다.

---

15) 이에 관하여 법원이 인용하고 있는 경제학 문헌은 Herbert Hovenkamp, The Antitrust Enterprise: Principle and Execution, Harvard Univ. Press, 2005, 184-191면, Robert Bork, The Antitrust Paradox, Free Press, 1993, 288-291 등이다. 또한 재판매가격유지의 효율적 행사가 이례적이거나 드문 것이 아니라고 지적하고 있는 것으로서, Thomas Overstreet, Resale Price Maintenance: Economic Theories and Empirical Evidence, FTC Bureau of Economics Staff Report, 1983, 170면, Pauline Ippolito, "Resale Price Maintenance: Empirical Evidence From Litigation", 34 J. Law & Econ., 1991, 292-293면 등을 인용하고 있다.

　법원은 수직적 가격제한이 없다면, 소매상들은 브랜드 간 경쟁을 제고할 수 있는 서비스를 과소 제공할 수 있다는 점에 대해서도 주목하였다. 일반적으로 가격 할인을 하는 소매상은 서비스를 제공하는 소매상에 무임 승차할 수 있고, 이러한 서비스에 의해 증가된 수요의 일정 부분을 차지할 수 있기 때문에, 소매상에 의한 서비스 제공이 제한될 수 있다. 최저 재판매가격유지는 가격 할인자가 서비스 제공자의 매출을 감소시키는 것을 방지하기 때문에, 제조업자의 소매상들이 그들 사이에서 서비스에 대하여 경쟁을 하는 방향으로 유인할 수 있다.

　또한 재판매가격유지는 신규 사업자나 브랜드의 시장 진입을 용이하게 하는 측면에서 브랜드 간 경쟁을 증가시킬 수 있다고 보았다. 신규 제조업자는 소비자에게 낯선 상품을 유통함에 있어서 필요한 자본과 인력을 능력 있고 공격적인 소매상들이 지출하도록 유인하기 위하여 거래제한을 사용할 수 있다. 이와 같이 재판매가격유지에 의하여 신상품 신규 브랜드의 시장 진입이 보다 용이해진다면, 경제의 동적 측면에서 친경쟁적 효과의 존재를 인정할 수 있다.

　한편 재판매가격유지는 무임승차가 없는 경우에도 소매상 서비스의 촉진에 의하여 브랜드 간 경쟁을 증대시킬 수 있다. 제조업자가 소매상들의 판매촉진 서비스를 계약에 반영하고 강제하는 것은 현실적으로 어려울 수 있고, 나아가 비효율적일 수 있다. 이때 제조업자는 소매상들에게 일정한 마진의 보장과 계약의 지속 여부를 조건으로 소매상들의 판촉활동을 유인하고, 다양한 서비스 제공에 있어서 소매상 자신의 창의성과 경험을 발휘하도록 할 수 있는데, 이는 제조업자의 시장점유율을 확대하기에 가장 효율적인 방법일 수 있다.[16] 또한 재판매가격유지가 불확실한 소비자 수요

---

16) 법원은 이에 관하여, Frank Mathewson & Ralph Winter, "The Law and Economics of Resale Price Maintenance", 13 Rev. Indus. Org., 1998, 74-75면과 Benjamin Klein & Kevin Murphy, "Vertical Restraints as Contract Enforcement Mechanisms", 31 J. Law & Econ., 1988, 295면을 인용하고 있다.

에 직면하여 소매상들이 적절하게 제조업자 상품의 재고를 유지하는 것을 유인하는데 이익이 될 수 있다는 점도 언급하였다.17)

4) 반경쟁적 효과와 종합

법원은 최저 재판매가격유지가 반경쟁적 효과를 낳을 수 있다는 것을 부인하지 않았으며, 이러한 효과에 대한 상세한 검토를 행하였다.

우선 고려될 수 있는 것으로서, 재판매가격유지는 카르텔을 용이하게 하는데 이용될 수 있다. 예를 들어 제조업자에 의한 카르텔의 경우, 재판 매가격유지는 카르텔 이탈자를 특정할 수 있는 수단을 제공한다. 또한 소매상들이 주도하여 카르텔을 형성하고 이를 위하여 제조업자에게 재판매 가격유지를 요구하는 형태로 나타날 수도 있는데, 이 경우 제조업자는 서 비스를 촉진하여 자신의 브랜드 판촉을 장려하기 위한 것이 아니라, 비효 율적인 소매상들에게 높은 이익을 주기 위하여 재판매가격유지를 행하는 것이 될 수 있다.18)

또한 재판매가격유지는 시장지배력 있는 제조업자 또는 소매상에 의하 여 남용될 수 있다. 예를 들어 지배력 있는 소매상은 비용을 낮추는 유통 혁신을 사전에 차단하기 위하여 재판매가격유지를 요청할 수 있는데, 제 조업자가 소매상의 유통망에 접근할 필요가 있는 상황이라면, 재판매가격 유지에 대한 소매상의 요구를 수용하는 것 외에 다른 선택의 여지는 없을 것이다. 반대로 시장지배력을 갖고 있는 제조업자가 자신의 경쟁자 또는 새로운 시장 진입자의 제품을 판매하지 않도록 소매상에게 유인을 제공하 기 위하여 재판매가격유지를 할 수도 있다.19)

---

17) 이에 관하여, Raymond Deneckere, Howard Marvel & James Peck, Demand Uncertainty, Inventories, and Resale Price Maintenance, 111 Q. J. Econ., 1996, 911면.

18) Hovenkamp는 Dr. Miles 사건에서 재판매가격유지는 의약품 소매상들이 카르텔 을 유지할 목적으로 추진된 것으로 분석하고 있다. Herbert Hovenkamp, 주 15) 의 책, 186면.

나아가 재판매가격유지는 소비자들이 보다 싼 가격으로 이익을 얻을 수 있는 소매상들의 가격할인을 제조업자가 금지하는 것이므로, 이와 같은 의미에서 소비자 이익의 침해는 재판매가격유지의 반경쟁적 효과로 이해할 수 있다.[20]

법원은 이상의 수직적 가격제한의 반경쟁적 효과는 간과되거나 과소평가되어서는 안 된다고 보았다. 그러나 이러한 반경쟁적 위험의 존재에도 불구하고, 전술한 것처럼 재판매가격유지가 언제나 또는 거의 대부분 경쟁을 제한하고 거래량을 감소시키는 경향에 대한 확신을 가질 수는 없다는 점을 분명히 밝히고 있다. 비록 경험적 증거가 한정되어 있지만, 이러한 증거가 재판매가격유지에 관한 합의의 효율적 사용이 드물거나 가정적이라는 것을 시사하지 않는다.[21] 결국 재판매가격유지에 대한 당연위법적 금지는 상당한 정도로 친경쟁적 행위를 금지하는 것이 될 수 있으며, 따라서 이에 대한 당연위법 원칙의 적용은 적합한 것으로 보이지 않는다고 판단하였다.

### 5) 경쟁정책적 문제의 검토

최저 재판매가격유지에 대한 당연위법 원칙을 폐기하였을 때, 제기될 수 있는 추가적인 문제들에 대해서도 법원은 견해를 밝히고 있다.

우선 명확한 규제 기준으로서 당연위법 원칙이 주는 행정적 편의의 상실에 관하여 일정한 언급을 하고 있다. 법원의 입장은 다음과 같은 기술에

---

19) 이에 관하여, Howard Marvel & Stephen McCafferty, "Resale Price Maintenance and Quality Certification", 15 Rand J. Econ., 1984, 366-368면을 인용하고 있다.

20) 이에 관하여, Richard Posner, Antitrust Law, Univ. of Chicago Press, 2001, 172면과 Thomas Overstreet, 주 15)의 글, 19-23면을 인용하고 있다.

21) 이러한 주장의 근거로서 법원은 1965부터 1982까지의 FTC가 시정조치를 내린 다수의 사건에서 그들의 공급자를 성공적으로 강제하였던 공모적인 배급업자들에 의하여 재판매가격유지의 행사가 시작되었던 것은 아니었다는 것을 언급하는, Thomas Overstreet, 주 15)의 글, 80면을 이용하고 있다.

적절히 나타나고 있는데, 최저 재판매가격유지에 대한 당연위법 적용은 "반독점법이 촉진하고자 하는 친경쟁적 행위를 금지함으로써 반독점법 시스템의 총 비용을 증가시킬 수 있다"고 판시하였다.

최저 재판매가격유지가 가격 상승으로 이어질 수 있다는 것에 관해서, 법원은 이러한 가능성에 이론은 없지만, 친경쟁적 효과와 반경쟁적 효과의 비교형량 과정에서 검토될 문제이며, 이러한 가능성만으로 당연위법 원칙이 정당화되지 않는다고 보았다. 이와 관련하여 법원은 주목할 만한 두 가지 지적을 하고 있다. 우선 법원은 소매상의 마진에 관하여 제조업자와 소비자의 이해는 일치한다는 점을 강조하였다. 즉 제조업자의 소매상의 마진이 지나치게 높게 책정되어 매출액과 시장점유율의 감소로 이어지는 것에 대한 우려를 가지며, 따라서 제조업자는 소매상들에게 과도하게 마진을 보상하는 것에 대한 유인을 갖지 않는다고 보았다. 이러한 점은 최저 재판매가격유지에 의한 가격 상승에 한계가 있음을 시사하는 것이다.[22] 또한 제조업자는 상품의 인지도를 높이기 위하여 광고 대행 등 다양한 비용을 지출하는데, 재판매가격유지와 이러한 행위들 사이에 질적인 차이가 있는지에 의문을 제기하였다.

합리의 원칙에 따른 규제는 당연위법 원칙을 적용하는 경우에 비하여, 규제 기관이나 법원이 거래제한에 보다 더 주의를 기울일 것을 요구한다. 이와 관련하여 법원은 합리의 원칙에 의하여 최저 재판매가격유지를 심사할 경우에 중요한 기준을 제시함으로써, 합리의 원칙의 경쟁정책적 타당성을 뒷받침하고 있다. 우선 법원은 재판매가격유지를 행하고 있는 제조업자의 수에 유의하여야 한다는 점을 언급하고 있는데, 소수의 제조업자가 재판매가격유지를 행하면 소비자는 다른 대체재로 전환할 수 있기 때

---

22) 이에 관하여 법원은, 높은 소매가가 수요에 미치는 부정적인 영향을 상쇄하는 것 이상일 때에만 최저 재판매가격을 설정하고자 할 것이라고 한 Frank Mathewson & Ralph Winter, "The Law and Economics of Resale Price Maintenance", 13 Rev. Indus. Org., 1998, 67면을 인용하고 있다.

문에, 재판매가격유지 사업자가 많을수록 이러한 행위에 대하여 더 많은
주의가 기울여져야 한다고 보고 있다.[23] 한편 법원은 거래제한의 시작이
어디에서 이루어졌는지도 중요한 고려 사항이 되는 것으로 보았는데, 소
매상들이 수직적 가격제한을 추진한 경우 그 제한은 소매상 카르텔을 용
이하게 하거나 비효율적인 소매상을 지원할 가능성이 큰 반면에, 제조업
자가 독립 소매상을 압박하기 위한 정책으로 거래제한을 행한 경우 그 제
한은 반경쟁적 행위를 촉진할 가능성이 작다고 보았다.[24] 끝으로 법원은
소매상이나 제조업자가 시장지배력을 결여한 상대라면 재판매가격유지로
경쟁 사업자를 배제하기 어렵기 때문에, 경쟁정책적 판단에 있어서 시장
지배력의 존재도 중요한 고려 사항이라고 이해하고 있다.

6) 선례구속 원칙의 문제

오랜 선례인 Dr. Miles 판결을 변경하는 것이 쟁점이 된 만큼, 여기에서
선례 구속(Stare Decisis)의 원칙이 어떠한 의미를 갖는지에 대한 논의가
불가피하였다. 이와 관련하여 법원은 최고재판소가 초기부터 셔먼법을 커
먼로의 성문화(a common-law statute)로 이해하였으며, 커먼로가 근대적
이해와 많은 경험을 받아들였던 것처럼, 거래제한에 관한 셔먼법상의 금
지도 현재 경제적 조건의 동적 변화에 상응하기 위하여 발전하여 왔다. 이
러한 맥락에서 당연위법 원칙의 경계는 고정 불변의 것은 아니라고 판시
하였다.

---

23) 이와 관련하여, 재판매가격유지가 산업의 상당 부분에 걸쳐서 행사되고 있는 경
우를 제외하면, 재판매가격유지는 아마도 유해하지 않을 것이라고 한 Frederic
Scherer & David Ross, Industrial Market Structure and Economic Performance,
Houghton Mifflin Company, 1990, 558면을 인용하고 있다.

24) 이와 관련하여 법원은 최저 재판매가격이 매장에서의 서비스를 촉진하기 위하여
제조업자에 의하여 부과되었는지 아니면 독점적 이윤을 얻기 위하여 유통업자들
에 의한 것인지의 차이가 결정적이라고 한 Richard Posner, 주 20)의 책, 177면을
인용하고 있다.

법원은 Dr. Miles 판결 이후 동 판결의 적용 범위를 지속적으로 축소시켜 왔던 중요 판결들을 언급하면서, 선례 구속의 원칙이 당연위법 원칙의 고수를 강제하는 것은 아니라는 점을 밝히고 있다. 즉 일방적 행위의 원칙을 제시한 Colgate 판결, 수직적 비가격제한을 합리의 원칙에 따르도록 한 Sylvania 판결, 최고 재판매가격유지에 대한 합리의 원칙 적용을 인정한 Khan 판결 등은, 커먼로적 접근에 따라서 수직적 제한에 대한 엄격한 금지를 완화한 예로 이해하였다.

법원은 이러한 관점에서 Dr. Miles 판결이 현재 경제적 합리성을 갖고 있지 않다고 보았다. 예를 들어 수직적 구조에서 친경쟁적 목적을 달성하고자 할 경우에 Colgate 원칙에 따라서 일방적 행위 방식으로 가격제한을 할 수 있지만, 이는 소송과정에서 위법한 행위로 평가될 위험을 부담할 수밖에 없는 것이다. 수직적 합의 대신에 수직적 통합의 방식을 취할 수 있지만, 이러한 방식의 선택은 당연위법 적용에 따른 수직적 합의의 비용 증가로 인한 왜곡된 결과일 수 있으며, 수직적 통합은 오히려 브랜드 내 모든 경쟁을 제거한다는 점에서 합의에 의한 수직적 가격제한보다 경쟁정책적으로 바람직한 것이 아닐 수 있다. 또한 법원은 합리의 원칙에 따르고 있는 수직적 비가격제한과 가격제한 사이에 경쟁정책적 구분을 정당화할 수 있는 근거가 없으며, 오히려 비가격제한은 가격과 서비스 경쟁 모두를 제거함으로써 가격제한보다 더 많은 브랜드 내 경쟁의 감소를 초래할 수 있다고 지적하였다.

선례 구속 원칙과 관련하여 입법부의 태도도 논쟁의 대상이 되었다. 특히 각 주의 독점규제법에 의하여 허용된 수직적 가격제한을 합법으로 한 1937년과 1952년에 각각 제정되었던 Miller-Tydings법과 McGuire법이 1975년 Consumer Goods Pricing 법에 의하여 폐지된 상황에 대한 이해가 상이하였다. 법원은 동법의 폐지는 허용되었던 수직적 가격제한을 다시 셔먼법 제1조의 규제 대상으로 위치시킨 것일 뿐, 당연위법 원칙을 입법적으로 확인한 것은 아니라고 보았다. 더욱이 Miller-Tydings법과

McGuire법의 목적은 대규모 할인업자에 의하여 퇴출 우려가 있었던 소규모 소매상을 보호하기 위한 것이었고, 두 법의 폐지는 다시 반독점법의 고유한 목적에 부합하는 방향으로 이루어진 것이라는 점을 강조하였다.

Dr. Miles 판결에 의하여 형성된 기대 이익(Reliance interests)의 문제와 관련하여, 이러한 기대 이익이 불합리한 원칙을 정당화 할 수 없다고 보았다. 끝으로 법원은 재판매가격유지가 허용되는 상황에서 단일 연도에 10%를 넘지 않는 소비자가 구매하는 것으로 계산된, 1%를 넘지 않는 사업자만이 재판매가격유지를 행하였다는 점을 지적하면서, 합리의 원칙에 따라 최저 재판매가격유지를 규제하는 것에 의하여 소비자가 저렴한 상품을 구매할 가능성을 침해하지 않을 것으로 보았다.[25]

법원은 이상의 논거에 기초하여 Dr. Miles 판결을 변경하고, 최저 재판매가격유지에 대한 합리의 원칙의 적용이 타당한 것으로 결론을 내렸다.

### (2) 반대 의견의 검토

#### 1) 반대 의견의 전개

동 판결의 입장을 지지 하지 않은 4 대법관이 반대 의견을 개진하였는데, 96년간 지속되었던 판례를 변경하는 것인 만큼 치열한 반대 주장은 어느 정도 예상되는 것이라 할 수 있다. Breyer 대법관이 대표 작성한 반대 의견은 최저 재판매가격유지에 당연위법 원칙을 변경할 만한 충분한 근거를 다수의견에서 제시하지 못하고 있다고 보면서, 기존 판례의 유지를 주장하였다.

---

25) 제한된 거래에서 어느 것도 소비자가 낮은 가격을 찾아내는 능력을 위협하지 않았다고 언급하는 것으로서, Frank Easterbrook, "Vertical Arrangements and the Rule of Reason", 53 Antitrust L. J. 135, 1984, 158면. 그리고 대부분의 경우 Consumer Goods Pricing Act의 효과는, 이미 경쟁의 힘에 의하여 반독점법 면제의 의미가 퇴색하였기 때문에, 감지할 수 없었다고 언급하는 Frederic Scherer & David Ross, 주 23)의 책, 557면을 인용하고 있다.

2) 합리의 원칙 정당화 사유의 검토

반대 의견에서도 다수의견과 마찬가지로 재판매가격유지의 반경쟁적 효과와 소비자 이익으로 귀결될 수 있는 효과가 모두 가능하다는 전제에서 논의를 전개하고 있다. 즉 반경쟁적 효과와 관련하여, 이러한 행위가 가격 경쟁을 감소시키거나 배제시킬 수 있다는 점을 인정하고 있으며, 논의 구조는 기본적으로 다수 의견과 다르지 않다. 다만 Miller-Tydings법과 McGuire법에 의하여 개별 주에 재판매가격유지가 허용된 시기를 대상으로 한 DOJ 조사에서 재판매가격유지가 19~27%의 가격 인상을 낳았다는 분석이나,26) 대부분의 주에서 재판매가격유지가 가격 상승을 초래하였다는 FTC의 분석 결과를 인용한 것은 재판매가격유지와 가격 간의 상관성에 대한 경험적 근거로 주목할 만한 것이다.

소수의견 역시 재판매가격유지의 긍정적 측면과 관련하여 다수의견이 언급한 효과들에 기본적인 이해를 같이 하고 있다. 예를 들어 재판매가격유지가 소매상들의 적극적인 판촉 활동을 유인함으로써 신규 진입을 용이하게 할 수 있으며, 무임승차 문제를 해결하여 소매상들의 판매 서비스 제공을 확대할 수 있다는 점을 인정하고 있다. 또한 Bork가 언급한 것처럼,27) 소매상들이 가격경쟁을 하는 것이 제조업자에게 이익이 됨에도 불구하고 이를 억제하는 행위를 하는 것은, 그 행위가 경제적으로 이득이 되기 때문이라는 점도 재판매가격유지의 일반적 이익으로서 인용하고 있다.

소수의견이 재판매가격유지의 친경쟁적 효과에 대하여 이견을 제시한 부분은, 효과의 존재 자체가 아니라, 법원이 주목할 만한 이러한 효과가 실제 발생하는지 그리고 어떠한 경우에 법원이 이러한 효과가 부정적 효과보다 크다고 판단할 수 있는지에 관한 것이다. 특히 무임승차에 관한 소수의견의 이해는 흥미로운데, 새로운 아이디어에 대한 후발자의 편승이

---

26) 두 법이 시행되던 시기에 재판매가격유지는 36주에서 합법이었고, 14주에서 위법이었다.
27) Robert Bork, 주 15)의 책, 290면을 인용하고 있다.

빈번하게 발생하고, 복잡하고 기술적인 상품들(소비자에게 설명이 불가피
한)의 판매가 일반적인 경제 현실에서 무임승차가 과연 실제적인 문제인
지에 대한 의문을 제기하고 있다.[28] 또한 재판매가격유지의 이익이 손해
보다 클 수 있다는 판단이 용이하게 이루어질 수 있는가에 대한 문제제기
도 합리의 원칙의 적용에 따른 실무적 의미를 재고한다는 점에서 의미가
있다. 특히 소수의견이 예로 들고 있는 것으로서, 몇몇 대형 소매상들이
재판매가격유지를 하는 경쟁 제조업자로 전환할 것을 우려하여 상대적으
로 소규모인 제조업자가 재판매가격유지를 하였을 경우에, 이때 재판매
가격유지는 누구에 의해 시작된 행위로 볼 수 있는지와 같은 문제는, 실
제 재판매가격유지의 효과를 판단함에 있어서 제시된 기준(체크리스트)
의 적용이 문제 해결의 용이성을 보장해 주는 것은 아니라는 점을 보여
주고 있다.

결국 소수의견은 다수의견이 제시하는 논거의 불확실성을 고려할 때,
일시적인 새로운 진입을 위한 조건으로서 예외를 인정하는 정도로 재판매
가격유지의 당연위법 원칙 적용을 수정한다는 것에 동의할 수 있을 뿐이
라고 입장을 정리하고 있다.

### 3) 거래 현실의 고려

1975년 Miller-Tydings법과 McGuire법 폐지의 의의에 대해서도 소수의
견은 견해를 달리한다. 소수의견은 두 법의 폐지 결과가 최저 재판매가격
유지에 대한 당연위법 적용으로 이어질 것이라는 점을 의회가 분명히 인
식하고 있었던 것으로 이해한다. 즉 의회는 최고재판소가 당연위법 원칙
을 재고하는 것을 금지하지는 않았지만, 동 원칙을 전제한 입법 행위를 통
하여 동 원칙에 대한 중요한 공적 지지를 표한 것으로 보았다.

---

28) 무임승차에 기초한 정당화의 결정적인 한계를 언급하는 Frederic Scherer &
David Ross, 주 23)의 책, 551-555면과 Robert Pitofsky, Why Dr. Miles Was
Right, 8 Regulation, No. 1, 1984, 27, 29-30면을 인용하고 있다.

또한 소수의견은 두 법의 폐지 이후 재판매가격유지가 소비자 이익에 기여한다는 것에 관한 논의가 있어 왔고 동 판결에 반영되고 있지만, 다수 의견을 뒷받침하는 주장이 새로운 것인지 그리고 그 논거가 실질적인지에 대한 의문을 제기하고 있다. 소수의견의 관점에서 새로운 분석이라 할 수 있는 것은, 무임승차가 없는 경우에도 소매상이 서비스를 적극적으로 제공하도록 유인함으로써 제조업자의 시장점유율을 확대할 수 있는 가장 효율적인 방식일 수 있다는 주장이었는데, 이 주장에 대해서도 무임승차가 없는 경우에 제조업자가 재판매가격유지를 행할 필요성이 있는지에 대한 의문을 제기하면서, 이러한 주장의 함의에 대하여 부정적인 입장을 취하였다.

시장 또는 산업의 현황에 대한 고려를 행하면서, 특히 집중도와 관련하여 의미 있는 분석이 이루어졌다. 앞에서 살펴본 것처럼, 다수의견은 정책적으로 제조업자의 단계나 소매단계에서 집중도가 높을수록 재판매가격유지의 반경쟁적 효과가 클 수 있다는 정책적 함의를 가진 주장을 전개하였다. 이와 관련하여 소수의견의 분석은 시장 상황의 변화가 다수의견의 주장을 뒷받침하는 방향으로 전개되지 않고 있음을 보여준다. 즉 소매 단계에서의 집중도는 꾸준히 증가하였는데, 예를 들어 지난 수십년간 미국의 5대 식품 소매상들은 시장의 20% 미만을 지배하였는데, 1997년부터 2000년까지 5대 회사의 시장점유율은 24%에서 42%로 증가하였고, 2003년에는 모든 식품 판매에서 50% 이상을 지배하고 있다는 분석을 제시하였다. 제조업자 단계에서도 집중도 경향은 유사하게 나타나고 있는데, 미국 시장에서 가정용 요리기구 8대 제조업자의 시장점유율은 1963년 68%에서 2002년 77%, 가정용 세탁기 8대 제조업자는 1963년 95%에서 2002년 99%, 냉장고 8대 제조업자는 1963년 91%에서 2002년 95%로 증가하였다. 소수의견은 다수의견이 이와 같은 집중도 변화를 재판매가격유지의 경쟁정책적 관점에서 어떻게 이해하는지를 보여주지 않고 있다는 점을 지적하고 있다.

결국 소수의견은 당연위법 원칙을 폐기하는 것을 정당화할 만한 거래 현실에서의 변화를 찾기 어렵고, 이러한 점에서 판례 변경의 정당성을 인정하기 어렵다고 보고 있다.

### 4) 선례구속 원칙의 검토

소수의견은 선례를 변경하는 경우에 판례법상 형성된 원칙을 제시하고, 이러한 기준에 따라서 Dr. Miles 판결의 변경이 타당한지를 검토하고 있다. Scalia 대법관이 정리한 기준은 다음과 같다.

첫째 법원은 헌법 사건에서 보다 성문법 사건에서 선례구속의 원칙을 더욱 엄격히 적용한다.[29] 둘째 법원은 상당히 짧은 시간 전에 잘못 결정하였던 판결을 변경하는 경향이 있다. 셋째 판결이 실행 불가능한 법 제도를 창출한 사실은 변경의 근거가 된다.[30] 넷째 판결이 법을 불확실하게 하고 있다는 사실은 변경의 근거가 될 수 있다. 다섯째 판결이 기대이익이 관련된 재산권 또는 계약상 권리를 포함하고 있는 사실은 변경에 반대하는 논거가 될 수 있다. 여섯째 법원칙이 우리의 국민 문화에 내재되었다는 사실은 변경에 대한 강력한 반대 논거가 될 수 있다.

소수의견은 이와 같은 선례 변경의 원칙에 Dr. Miles 판결의 변경은 부합하지 않는 것으로 보고, 동 판결의 타당성을 부인하는 근거로 삼았다.

---

29) Glidden Co. v. Zdanok, 370 U. S. 530, 543 (1962).
30) Payne v. Tennessee, 501 U. S. 808, 827-828 (1991).

## III. Leegin 판결의 의의와 비교법적 영향

### 1. Leegin 판결의 의의

Leegin 판결 과정에서의 치열한 논쟁, 나아가 수직적 가격제한에 관한 1세기에 걸친 논쟁은 동 판결에서 최저 재판매가격유지에 대한 당연위법 원칙 적용을 폐기함으로써 일단락을 맺게 되었다. 그러나 판결 과정에서 개진된 재판매가격유지에 대한 상이한 입장이 최종 판결로 해소된 것으로 보기는 어려우며, 이러한 입장의 차이는 향후 합리의 원칙에 따른 최저 재 판매가격유지의 규제에서 상반되는 효과를 수용하고 평가하는 과정을 통하여 다시 재현될 가능성이 크다. 결국 최저 재판매가격유지에 대한 합리의 원칙의 적용을 통한 새로운 규제 법리의 구축은 공동의 과제로 남게 되었다.

Leegin 판결에서 제시된 경제적 측면에서의 논거를 살펴보면, 재판매가격유지의 친경쟁적 효과와 관련하여 실질적 가능성이나 크기에 이론은 있지만, 신규 브랜드의 시장 진입을 용이하게 할 수 있고, 무임승차 문제를 해결하여 소매 서비스를 촉진할 수 있으며, 나아가 무임승차와 무관하게 소매상의 판촉활동의 강화를 이끌 수 있다는 점이 지적되었고, 고서비스-고가격 상품과 저서비스-저가격 상품들 간의 소비자 선택의 폭을 넓히는 것도 소비자 이익에 기여할 수 있다는 점도 판시사항에 나타났다. 반면 부정적 효과로서 가격 경쟁이 제한된다는 것에는 어느 정도 의견의 일치가 있었으며, 특히 소수의견에서는 최저 재판매가격유지가 일반적 가격 상승으로 이어질 수 있다는 점을 강조하였다. 부정적 효과가 친경쟁적 효과를 상쇄하여 전체적으로 재판매가격유지가 위법한 것으로 평가할 수 있는 기준으로서, 다수의견은 재판매가격유지에 참가하는 사업자의 수가 크거나, 수평적 카르텔과의 관련성이 있는 경우 그리고 제조업자나 소매상이 시장

지배력을 갖고 있는 경우에 문제가 된 재판매가격유지가 위법한 것으로
평가될 가능성이 큰 것으로 보았으며, 이에 대하여 소수의견은 이러한 기
준이 실제적인 판단기준으로 유용한 것인지에 의문을 제기하였다.

　이상의 상호 대립하는 의견을 종합하여, 장래의 올바른 최저 재판매가
격유지의 규제 법리를 형성하는 것과 관련하여, 대립하는 의견 사이에서
최소한의 합의를 도출하여 법리 형성의 기초로 삼아야 한다는 Warren
Grimes의 견해는 참고할 만하다. Grimes는 이러한 최소한의 합의가 이루
어지고 있는 부분을 기술하고 있는데, 우선 소수의견에서도 인정하였듯이
신규 진입자의 재판매가격유지는 경쟁정책상 긍정적으로 평가할 여지가
크다.31) 신규 진입을 위하여 능력 있는 소매상으로부터 적극적인 판촉활
동이 필요하고, 이때 재판매가격유지가 이러한 활동의 유인 방식이 될 수
있다는 것은 비교적 명확하고, 새로운 상품의 시장 진입은 경쟁정책상 긍
정적으로 평가될 수 있는 것이기 때문이다. 또한 협소한 유통 범위에서 이
루어지는 재판매가격유지가 반경쟁적 효과를 상회하는 친경쟁적 효과를
낳을 가능성이 큰데 반하여, 넓은 범위에서 이루어지는 재판매가격유지는
더 큰 반경쟁적 효과를 가질 수 있다는 것에 대해서도 합의가 이루어지고
있는데,32) 전자의 경우 유통업자가 제조업자의 의도대로 서비스를 투자할
가능성이 크며, 소비자의 대체가능성 측면에서도 이러한 사고가 정당화
될 수 있다. 한편 공개된 유통 시스템에서의 가격제한이 유통업자의 판촉
활동의 의미를 왜곡할 수 있다는 점에 대해서도 주의를 요한다.33) 즉 공
개적인 최저 재판매가격유지가 판매량의 증가를 낳았을 경우에, 유통업자
의 서비스가 촉진된 결과로서 긍정적 평가의 근거로만 볼 것이 아니라, 이
러한 판매량 증가가 소비자의 이익을 침해하는 왜곡된 판촉활동의 결과로

31) Warren Grimes, "The Path Forward After Leegin: Seeking Consensus Reform of
　　The Antitrust Law of Vertical Restraints", Antitrust Law Journal vol. 75 issue 2,
　　2008, 480-481면.
32) 위의 글, 481-487, 504면 참조.
33) 위의 글, 493-494, 504면 참조.

이해할 여지도 있다. 끝으로 최저 재판매가격유지가 합리의 원칙에 따라서 규율되게 된 상황에서, Colgate 판결에 따른 일방적 행위의 항변을 더 이상 유용한 것으로 볼 수 있는지에 대한 의문도 유력하다.[34] 여러 차례 수정을 거치면서 일방적 행위의 의미 자체가 여전히 모호한 측면이 있으며, 이제 합리의 원칙에 따라서 재판매가격유지의 경제적 효과에 대한 분석이 가능하게 되었다면, 일방적 행위의 항변과 같은 우회적 수단에 의존할 필요가 크지 않을 것이다.

또한 Leegin 판결에서 제기된 문제를 구체화하는 논의의 계속은 여전히 중요한 과제라 할 수 있다. 예를 들어 동 판결에서 소수의견은 무임승차와 무관하게 소매상의 판매촉진을 이끌 수 있는 최저 재판매가격유지의 가능성에 대하여 부정적인 견해를 취하였다. 그러나 무임승차의 경쟁정책적 함의에 대하여 다툼이 있는 상황에서 이러한 이론 구성은 충분히 의미가 있으며, 따라서 소수의견이 제시한 문제제기까지 포함하여 이에 대한 분석이 지속적으로 이루어질 필요가 있을 것이다. 이에 관하여 최근 제시된, 제조업자 간의 경쟁 상황에서 판촉서비스를 제공하는 유통업자와의 관계를 안정적으로 유지하기 위한 필요성이 재판매가격유지로 나타날 수 있다는 지적은[35] 주목할 만한 것이다.

## 2. 비교법적 영향

### (1) 유럽

당연위법 원칙의 적용을 폐기한 Leegin 판결은 유럽에서도 상당한 주목을 받았으며, EU기능조약 제101조에 의하여 수직적 합의의 하나로서[36]

---

34) 위의 글, 487-491면 참조.
35) Benjamin Klein, "Competitive Resale Price Maintenance in the Absence of Free Riding", Antitrust Law Journal vol. 76 issue 2, 2009, 480-481면 참조.
36) EU기능조약 제101조 제1항은 제정시에 수직적 합의까지 대상으로 하는 것을 의

재판매가격유지의 규제를 돌아보는 계기가 되었다. 물론 EU 경쟁법 체계가 당연위법의 법리를 수용하고 있지는 않지만, 당연위법적 금지로 볼 수 있는 규제 유형도 있으며, 일반적으로 재판매가격유지는 이에 해당하는 것으로 이해되고 있다.[37] 실제로 Binon 사건을[38] 제외하고, EU기능조약 제101조에 근거하여 재판매가격유지를 허용한 사례를 찾기 어려우며, 이와 같은 엄격한 규제 태도를 타당한 것으로 볼 수 있는지에 관한 논의가 친경쟁적 효과에 기초한 Leegin 판결에 의해 촉발된 측면이 있다. 예를 들어 Mart Kneepkens는 각각의 특수한 상황에서 특유의 조건을 분석함으로써 부과된 재판매가격유지가 소비자후생의 증대 효과를 낳는지를 검토할 필요가 있으며, 이러한 행위가 EU기능조약 제101조 제1항에 해당하는지 또는 제3항의 예외 대상이 되는지를 판단하기 위하여 표준적인 경쟁법 기준을 적용하지 않을 이유가 없다고 보고 있다.

　미국과 법체계에서 일정한 차이가 존재함에도 불구하고, EU 경쟁법은 지속적으로 미국 반독점법의 전개에 보조를 맞추어 왔고, 특히 수직적 거래제한에 있어서 미국 최고재판소의 판례 흐름은 EU 경쟁법의 적용에도 영향을 미친 것으로 볼 수 있다.[39] 그렇지만 EU 경쟁법 체계에 특유한 구조와 고유한 문제의식 하에서 새로운 변화를 수용해 왔으며, 최저 재판매가격유지에 관한 EU의 법적 대응도 동일한 맥락에서 이해할 수 있을 것이다. 예를 들어 미국 반독점법상 친경쟁적 효과와 반경쟁적 효과의 비교·

---

　　도하였던 것은 아니며, 유럽 법원의 판례를 통하여 수직적 합의도 동 규정에 포섭하는 방향으로 확대되었다고 보는 것에, Margot Horspool & Matthew Humphreys, European Union Law, Oxford Univ. Press, 2008, 469면 참조.

37) Joanna Goyder & Albertina Albors-Llorens, EC Competition Law, Oxford Univ. Press, 2009, 215면 참조.

38) Mart Kneepkens, "Resale Price Maintenance: Economics Call for a More Balanced Approach", 656 European Competition Law Review, vol 28 issue 12 2007 664면.

39) Richard Whish, Competition Law, Oxford Univ. Press, 2010, 122면 참조.

형량을 함축하는 합리의 원칙이 EU기능조약 제101조의 해석에 미치는 영향은 동 규정의 구조와 관련하여 이해되어야 할 측면이 있다. 즉 제101조 제1항의 규정 해석에 합리의 원칙적인 접근이 가능한 것으로 볼 수 있지만, 제1항의 원칙과 제3항의 예외로 이루어진 규제체계를 전제하고, 거래 제한 행위의 친경쟁적 효과와 반경쟁적 효과의 분석은 제3항의 구조 안에서만 이루어질 수 있다고 보고 있는 CFI의 태도도 눈여겨 볼 부분이다.[40]

이러한 점에서 2010년 개정된 재판매가격유지에 관한 EU 가이드라인 (이하 가이드라인)은[41] 중요한 의미가 있다. 우선 가이드라인 para. (47)에 주목할 필요가 있는데, 동 규정은 수직적 합의의 경우 경성적 (hardcore) 제한으로서 EU기능조약 제101조 제1항에(구 EC조약 81조 1항) 해당하고, 제101조 제3항의(구 EC조약 81조 3항) 예외 요건은 충족하지 못하는 것으로 추정되고, 다만 사업자가 개별 사건에서 제3항을 적용받기 위하여 친경쟁적 효과를 입증할 수 있다고 규정하고 있다. 동 규정은 수직적 합의를 경성적 제한으로 다루어 엄격한 규제 태도를 유지하면서도, 친경쟁적 효과를 고려할 수 있는 근거를 마련하고 있다는 점에서 특징적이다.[42]

특히 동 가이드라인에서 수직적 제한의 친경쟁적 효과를 판단하는 기준을 상세하게 제시하고 있는 것은 시사하는 바가 크다. 우선 para. (106)은 수직적 제한이 긍정적 효과를 가질 수 있음을 분명히 밝히고 있으며, para. (107)은 긍정적인 효과의 개별적인 예를 들고 있다. 구체적으로, a. 무임승차 문제의 해결, b. 새로운 시장에의 진입, c. 평판 있는 소매상의 이용(certification free-rider issue), d. 공급자와 구매자 간의 고객에 특화된 투자의 위험, 즉 고착(hold-up) 문제, e. 특수한 고착 문제로서 실질적 노하우(know-how)의 전수, f. 수직적 외부효과의 문제, g. 유통에 있어서

---

40) Margot Horspool & Matthew Humphreys, 주 36)의 책, 472-473면 참조.
41) Guidelines on Vertical Restraints (2010/C 130/01).
42) Richard Whish, 주 39)의 책, 637면 참조.

규모의 경제, h. 자본 거래에 있어서 특유한 자본시장의 불완전성, i. 프랜차이즈 등에서 흔히 나타나는 통일성과 상품 질의 확보 등이 이에 해당한다. 이 중에서 특히 a. 내지 c.의 긍정적 효과는 최저 재판매가격유지에 해당하는 것으로서, Leegin 판결을 전후로 미국에서 전개된 논의에 상응하는 것이다.

### (2) 일본

#### 1) 재판매가격유지 규제 체계

일본 「私的獨占の禁止及び公正取引の確保に關する法律」(이하 독점금지법)상 재판매가격유지에 대한 규제는 '불공정한 거래방법'의 하나로서 동법 제19조의 "사업자는 불공정한 거래방법을 하여서는 아니 된다"는 규정에 의한다. 불공정한 거래방법에 해당하는 행위는 동법 제2조 제9항의 "이 법에서 불공정한 거래방법이란 다음 각호의 어느 하나에 해당하는 행위로서 공정한 경쟁을 저해하는 것 중에 公正取引委員會가 지정한 것을 말한다"고 규정되어 있다.

동 규정의 각호는 불공정한 거래방법의 유형으로서, 부당하게 다른 사업자를 차별적으로 취급하는 것(1호), 부당한 대가로 거래하는 것(2호), 부당하게 경쟁자의 고객을 자기와 거래하도록 유인하거나 또는 강제하는 것(3호), 상대방의 사업활동을 부당하게 구속하는 조건으로 거래하는 것(4호), 자기의 거래상의 지위를 부당하게 이용하여 상대방과 거래하는 것(5호), 자기 또는 자기가 주주 또는 임원인 회사와 국내에서 경쟁관계에 있는 다른 사업자에 대하여 그 사업자의 거래 상대방과의 거래를 부당하게 방해하거나, 또는 당해 사업자가 회사인 경우에 그 회사의 주주 또는 임원에 대하여 그 회사에게 불이익이 되는 행위를 하도록 부당하게 유인, 교사, 또는 강제하는 것(6호)을 규정하고 있고, 동항 본문에 의한 公正取引委員會의 지정은 이상의 각호에 해당하는 불공정한 거래방법의 유형들을 구체화하는 의미가 있다. 즉 불공정한 거래방법(不公正な去來方法)에 관한 고시로서, 「公正取引委員會 고시 제15호」가 있고, 모두 16가지 행위유형이 불공정한 거래방법으로서 지정되어 있다(一般指定). 이 중에서 재판매가격유지는 제4호에 해당하며, 일반지정 ⑫의 '재판매가격의 구속'으로 규정되어 있다.

2) 규제의 의의

재판매가격의 구속은 자기가 공급하는 상품을 구입하는 상대방에 대하여, 정당한 이유 없이 다음 각 호의 어느 하나에 해당하는 구속적인 조건을 부과하여 당해 상품을 공급하는 것을 말하며, 다음 각 호에 해당하는 행위로서, 상대방에 대하여 그가 판매하는 당해 상품의 판매가격을 정하고 이를 유지하게 하는 것, 기타 상대방의 당해상품의 판매가격의 자유로운 결정을 구속하는 것(1호), 상대방이 판매하는 당해 상품을 구입하는 사업자의 당해 상품의 판매가격을 정하고 상대방으로 하여금 당해 사업자에게 이를 유지하도록 하는 것, 기타 상대방으로 하여금 당해 사업자의 당해 상품의 판매가격의 자유로운 결정을 구속하게 하는 것(2호)이 규정되어 있다.

재판매가격유지의 부당성과 관련하여 브랜드 내 경쟁제한이 우선적으로 문제가 된다. 이때의 경쟁제한은 당해 상품을 취급하는 유통업자들 간의 경쟁제한을 말하는데, 미국이나 유럽에서와 마찬가지로 브랜드 간 경쟁을 촉진하는 효과를 가질 수 있다는 점에 대해서도 논의가 이루어지고 있다.[43] 이때 브랜드 간 경쟁촉진 효과가 브랜드 내 경쟁제한 효과보다 클 경우에, 공정경쟁저해성이 부인될 수 있다. 이와 관련하여 育兒用粉ミルク(육아용분유) 사건에서[44] 최고재판소의 판결은 부정적인 입장을 취하였다. 구체적으로 시장점유율이 낮은 사업자의 재판매가격유지행위는 브

43) 根岸 哲 編, 註釋 獨占禁止法, 有斐閣, 2009, 545-546(土田和博 집필부분) 참조.
44) 育兒用粉ミルク 事件・最判・昭・50(1975)・7・10.

랜드 간 경쟁촉진효과가 보다 크다는 주장에 대하여, 동 판결은 "행위자와 경쟁자 간의 경쟁관계가 강화된다 하더라도, 당해상품의 판매업자 간의 자유로운 가격경쟁이 행하여지고 있는 경우와 동등한 경제상의 효과를 갖는 경우가 아닌 한, 경쟁저해성이 있다는 것을 부정할 수는 없다"고 보았다. 한편 동 판결은 당해 사건에서 소비자가 특정의 브랜드 상품(銘柄)을 지정하여 구입하는 것이 일반적이고, 사용 후에 브랜드를 교체하지 않기 때문에 특정 브랜드에 대한 수요가 중단되는 것은 아니고, 판매업자는 이에 대응하여 판매량의 다소에 상관없이 브랜드 상품을 갖추고 있어야 할 필요가 있는 특수사정을 인정하고, 이러한 경우에 재판매가격유지행위가 브랜드 간 경쟁촉진효과를 가질 수 없다는 것에 근거한 것이므로, 이상의 특수사정을 전제하여 동 판결의 의의를 이해할 필요가 있다는 지적도 있다.[45)]

한편 적용제외와 관련하여 동법 제23조는 우리 독점규제법 제29조 제2항과 유사한 재판매가격유지계약에 대한 특별 규정을 두고 있다. 동조 제1항은 "이 법률의 규정은 公正取引委員會가 지정하는 상품으로서 그 품질이 동일하다는 것을 용이하게 식별할 수 있는 것을 생산하거나 또는 판매하는 사업자가 당해 상품의 판매상대방인 사업자와 그 상품의 재판매가격을 결정하고 이를 유지하기 위하여 하는 정당한 행위에 대하여는 이를 적용하지 아니한다. 단 당해 행위가 일반소비자의 이익을 부당하게 해하는 것이 되는 경우 및 그 상품을 판매하는 사업자가 하는 행위에 있어서 그 상품을 생산하는 사업자의 의사에 반하여 하는 경우에는 그러하지 아니하다"라는 규정을 두고 있다. 또한 동조 제2항은 전항에 의한 지정 요건으로서, 당해 상품이 일반 소비자에 의하여 일상적으로 사용되고 있을 것(1호)과 당해 상품에 대하여 자유로운 경쟁이 행하여지고 있을 것(2)을 규정하고 있다.[46)]

---

45) 金井貴嗣 · 川濱 昇 · 泉水文雄 編, 獨占禁止法, 弘文堂, 2010, 313-314면(金井貴嗣 집필부분) 참조.

3) Leegin 판결의 영향

독점금지법상 재판매가격유지에 대한 규제와 관련하여 일본에서도 Leegin 판결은 큰 주목을 받았으며, 특히 독점금지법상 정당한 사유가 없는 재판매가격유지만을 규제하는 입법 형식에서, 정당화 사유의 하나로 Leegin 판결에서 당연위법 원칙을 폐기하는 논거로 제시된 무임승차를 해결하고 소매상의 서비스 확대로 인한 브랜드 간 경쟁의 촉진 효과가 받아들여질 수 있는지의 차원에서 논의가 전개되고 있으며, 이를 긍정적으로 보는 견해가 유력하다.[47)]

다만 이러한 논거의 수용이 쉽지 않은 이유로, 여전히 소매 서비스의 제고로 브랜드 간 경쟁이 촉진된다는 것에 관한 의문이 있고, 경쟁촉진 효과가 궁극적으로 소비자의 이익에 기여한다는 것에 관한 합리적 판단기준이 마련되어 있지 않으며, 규제 기관이나 법원이 이러한 판단기준이 결여된 상황에서 위법 여부를 판단하는데 많은 비용이 추가적으로 발생하는 것을 무시할 수 없다는 등이 언급되고 있다.[48)]

---

46) 동 규정과 관련하여 일본 最高裁判所는 明治商社(株) 사건에서 동 규정의 요건에 해당하지만, 공정취인위원회의 지정을 받지 않은 경우에, 이러한 사유가 재판매가격 구속의 정당화 사유가 될 수 있다는 주장을 받아들이지 않았다. 最判・昭・50(1975)・7・11. 한편 동 판결에 대하여 비판적인 견해로서 根岸 哲・舟田 正之, 獨占禁止法 槪說, 有斐閣, 2006, 270면.

47) 金井貴嗣・川濱 昇・泉水文雄, 주 45)의 책, 315-316면.

48) 위의 책, 316면 참조.

## IV. 독점규제법상 재판매가격규제와 Leegin 판결의 의의

### 1. 독점규제법상 재판매가격규제

#### (1) 규제 근거

독점규제법 제2조 제6호는 "재판매가격유지행위라 함은 사업자가 상품 또는 용역을 거래함에 있어서 거래상대방인 사업자 또는 그 다음 거래단 계별 사업자에 대하여 거래가격을 정하여 그 가격대로 판매 또는 제공할 것을 강제하거나 이를 위하여 규약 기타 구속조건을 붙여 거래하는 행위 를 말하는 것"으로 규정하고 있다.

동 규정에서 재판매가격유지는 상품 유통단계를 전제하며, 행태적으로 가격유지를 강제하거나 기타 구속조건을 붙여 거래하는 것을 의미한다. 따라서 셔먼법 제1조를 규제 근거로 하여 수직적 합의를 전형적인 모습으 로 상정하고 있는 미국 반독점법상 재판매가격유지와는 행태적으로 구별 되고, 미국에서 주된 항변사유로 기능하고 있는 일방적 행위 항변은 우리 독점규제법 규제체계에 적용되기 어렵다. 한편 강제 등을 요건으로 하고 있기 때문에, 수직적 관계에서의 행위라 하더라도 강제 등이 결여된 행위 는 동법에서 규제하는 재판매가격유지에 해당하지 않는다.

재판매가격규제의 구체적 근거로서 독점규제법 제29조 제1항 본문은 "사업자는 재판매가격유지행위를 하여서는 아니된다"고 규정하고 있다. 또한 동항 단서는 "상품이나 용역을 일정한 가격 이상으로 거래하지 못하 도록 하는 최고가격유지행위로서 정당한 이유가 있는 경우에는 그러하지 아니하다"고 규정하여, 최고가격 형태의 재판매가격유지행위가 허용될 수 있는 근거를 마련하고 있으므로, 동항의 본문은 최저가격 형태의 재판매 가격유지에 적용되는 것으로 이해된다. 이와 같이 최저 재판매가격유지와 최고 재판매가격유지의 규범적 분리는 1997년 미국의 Khan 판결의 영향을 받은 것으로 볼 수 있으며,[49] Khan 판결에서 제시된 최고 재판매가격 유지의 친경쟁적 효과, 특히 균형 가격 이하로 가격이 설정됨으로써 발생 하는 소비자 이익 측면에 대한 고려가 입법적으로 수용된 결과라 할 수 있을 것이다.

한편 독점규제법이 최저 재판매가격유지에 대하여 당연위법적 규정 태도를 취하고 있다 하더라도, 당연위법 원칙을 독점규제법 체계에 수용하기 어렵고, 이러한 행위의 경제적 효과가 친경쟁적 효과를 포함하여 다양하게 나타나는 것에 대한 이해가 충분한 상황에서, 규정 형식에도 불구하고 경쟁제한성 판단에 관한 실질적 심사를 다른 독점규제법 위반 유형과 마찬가지로 실행하여야 한다는 견해도 있다.[50]

## (2) 대법원 판결

최근 재판매가격유지에 관한 두 개의 대법원 판결이[51] 나옴으로써, 동 규제의 법리에 관한 논의가 활발히 이루어지고 있다. 두 판결은 최저 재판 매가격유지에 관하여 동일한 입장을 취하고 있는데, 특히 한미약품(주)을 상고인으로 한 판결에서 재판매가격유지에 해당하는 부분을 보면, "독점 규제 및 공정거래에 관한 법률 제2조 제6호, 제29조 제1항 등 독점규제 및 공정거래에 관한 법률의 입법 목적과 재판매가격유지행위를 금지하는 취지에 비추어 볼 때, 최저재판매가격유지행위가 당해 상표 내의 경쟁을 제한하는 것으로 보이는 경우라 할지라도, 시장의 구체적 상황에 따라 그 행위가 관련 상품시장에서의 상표 간 경쟁을 촉진하여 결과적으로 소비자후생을 증대하는 등 정당한 이유가 있는 경우에는 이를 예외적으로 허용하

---

49) 독점규제법 제29조 제1항은 2001년 현행 규정과 같은 내용으로 개정되었다.
50) 홍명수, "재판매가격유지행위에 대한 대법원 판결의 검토", 경제법론II, 경인문화사, 2010, 398-399면 참조.
51) 대법원 2010. 11. 25. 선고 2009두9543 판결 및 대법원 2011. 3. 10. 선고 2010두9976 판결.

여야 할 필요가 있다. 그리고 그와 같은 정당한 이유가 있는지 여부는 관련시장에서 상표 간 경쟁이 활성화되어 있는지 여부, 그 행위로 인하여 유통업자들의 소비자에 대한 가격 이외의 서비스 경쟁이 촉진되는지 여부, 소비자의 상품 선택이 다양화되는지 여부, 신규사업자로 하여금 유통망을 원활히 확보함으로써 관련 상품시장에 쉽게 진입할 수 있도록 하는지 여부 등을 종합적으로 고려하여야 할 것이며, 이에 관한 증명책임은 관련 규정의 취지상 사업자에게 있다고 보아야 한다"고 판시하고 있다.

동 판결은 최저 재판매가격유지에 관하여 논의되고 있는 반경쟁적 효과와 친경쟁적 효과를 비교·형량하는 분석에 상응하는 접근을 보여주고 있으며, 특히 예외적 허용 사유로서 앞에서 논의되었던 다양한 고려 요소들을 원용하고 있는 것에 대해서는 긍정적인 평가가 가능할 것이다.

동 판결에 대한 비판적 입장은 독점규제법상 최저재판매가격의 유지를 강제 또는 구속하는 행위에 있어서 그 본질은 강제성에 있는 것이지 상표 내 경쟁제한이 아니라는 점을 비판의 논거로 제시하고 있다.[52] 여기서 강제성의 의미, 독점규제법 위반행위의 위법성의 본질로서 강제의 의미가 무엇인지에 대한 추가적인 설명이 나타나고 있지는 않지만, 경쟁제한성과 다른 기초에서 그 의미를 구한다면, 독점규제법상 거래 상대방의 선택 또는 거래의 불공정성의 관점에서 이해할 수 있다. 결국 재판매가격유지의 위법성의 본질이 무엇인지, 구체적으로 거래의 불공정성인지 경쟁제한성인지의 문제는, 독점규제법의 목적과 법체계를 종합적으로 고려하여 판단할 문제라 할 수 있지만, 적어도 독점규제법상 규제되는 재판매가격유지가 경쟁제한성과 무관한 것으로 보기는 어려울 것이다.

동 판결에 대한 비판으로서 여전히 유력한 것은, 무엇보다 독점규제법 제2조 제6호나 제29조 제1항 본문의 규정이 위법성에 관한 기술을 포함하고 있지 않다는 것이다. 법제정시는 별론으로 하고, 적어도 2001년 제29

---

52) 이봉의, "독점규제법상 재판매가격유지행위의 개념 및 위법성", 최근 독점규제법 주요 판례의 법·경제학적 분석, 2011, 22면.

조 제1항에서 최저 형태와 최고 형태를 구분하는 법개정을 하였을 당시에, 최저 재판매가격유지에 대하여 당연위법적인 접근을 할 것이라는 점에 대한 입법자의 인식이 없었을 것으로 보기는 어려우며, 법원이 동 규정에 대한 입법적 해석을 한 것이라는 지적은 가능한 것으로 보인다.

그러나 독점규제법 제1조는 목적 조항으로서, 경쟁의 촉진과 이로써 달성하고자 하는 궁극적 목적을 분명히 제시하고 있다. 이와 같은 목적 조항을 법체계적 해석의 근거로 삼는다면, 제29조 제1항 본문에서 허용되는 최저 재판매가격유지의 판단이 가능할 수도 있을 것이다. 여하튼 동 판결의 입론 과정에서 법적 근거를 명확히 제시하지 않은 점에 대한 비판은 타당한 것으로 생각된다.

## 2. Leegin 판결의 의의

최저 재판매가격유지에 관하여 예외적 허용 가능성을 인정한 대법원 판결이 타당한 것인지가 논의의 대상이 되고 있지만, 이제 논의의 차원은 예외적 허용을 가능하게 하는, 즉 경쟁정책적으로 정당화 될 수 있는 친경쟁적 효과를 판단하는 기준에 관한 것으로 옮겨 갈 필요가 있다. 판시사항에서 언급한 신규진입 가능성의 확대는 비교법적으로도 많은 동의가 주어지고 있는 것이지만, 그 외에 동 판결이 제시한 판단기준은 여전히 불명확하고, 특히 경쟁정책적 의의에 관한 상세한 검토가 결여되어 있는 측면이 있다. 이러한 점에서 Leegin 판결과 그리고 판결 이후 진전된 논의에서 드러난 여러 가지 기준, 예를 들어 사업자의 수, 카르텔과의 관련성, 시장지배력의 존부와 정도, 재판매가격유지가 나타난 유통망의 성격, 무임승차의 문제, 소매 서비스 제공 확대의 구체적인 메커니즘 등을 검토하고 타당성을 확인하는 과정이 이어져야 할 것이다.

# 17. 독점규제법상 표준특허 관련 행위의 규제

## I. 서론

글로벌 차원에서 벌어지고 있는 삼성과 애플 간의 치열한 소송과정에서 알 수 있듯이, 최근 정보통신산업이나 전자산업 등에서 전개되고 있는 경쟁의 두드러진 특징의 하나로 특허분쟁이 주목을 받고 있다. 이러한 다툼은 전통적으로 경쟁사업자에 대하여 기술적 우위를 취하려는 경쟁과정의 연장선에 있지만, 특허 보유자에게 독점적 지위를 부여하는 지적재산권 법리를 원용하여 법제도적 환경을 자사에게 유리하게 조성하려는 목적으로 수행되고 있다는 점에서 경쟁의 새로운 양상으로 이해할 수도 있다.[1] 그러나 특허권자에게 독점적 이익을 제공함으로써 사회 전체의 효율성과 공동의 이익을 증진시키려는 지적재산권법의 궁극적 목적에 비추어, 이와 같은 배타적인 권리의 행사로서 나타나는 특허분쟁의 과정이 언제나 긍정적인 결과를 낳을 수 있을지에 대하여 회의적인 시각도 존재한다.[2]

---

1) 박찬수·최병삼·이창용·조원영, "글로벌 특허전쟁의 확산과 산업의 경쟁구도 변화", CEO Information 제823호, 2011, 3면 참조.
2) 최초의 개발자가 배타적으로 보상의 전부를 취득하고, 이후 독립적 개발자, 개선자 그리고 배제된 경쟁자들은 아무것도 취득하지 못하는 구조는 산업 전체의 효율성을 감소시킬 수 있다는 점에서 지적재산권법 구조의 문제점과 효율성 제고

이러한 문제의식은 필수적 기술 이용과 관련하여 공동의 이해관계를 가진 당사자들 사이에 자율적 조정이 이루어지는 계기가 되고 있다. 예를 들어 동종의 제품을 생산하는 사업자 사이에서 특정한 기술을 표준으로 정하고, 이에 관한 특허 실시의 조건을 타당하게 제시하는 방식은 특허를 보호하는 근본적인 취지에 부합하는 방향으로 지적재산권이 활용될 가능성을 보여주는 것이다. 또한 표준화된 기술에 사용된, 이른바 표준특허(essential patent)를 확인하고 합리적인 사용조건을 제시함에 있어서 표준화기구(standards setting organization)의 자율적 활동도 이러한 방향으로 의미 있는 기여를 할 것으로 예상된다.

그러나 표준특허와 관련된 다수의 분쟁이 시사하듯이, 표준특허의 형성과정 또는 표준화기구의 활동이 부정적인 효과를 낳을 가능성을 배제하기는 어렵다. 표준특허에 의하여 시장지배적 지위가 강화되거나 남용될 여지는 여전히 존재하며, 다양한 이해관계자가 참여하는 표준화기구가 사업자 간의 공동의 이익을 도모하는 방향으로 운영될 수도 있다. 이러한 점에서 정부의 산업정책이 표준특허의 보유 확대를 우선적으로 고려하는 방향으로 추진되는 것은 일견 불가피한 것으로 보인다.3) 그러나 표준특허의 권리 행사는 경쟁법에 의한 규제와 밀접히 관련되며, 이러한 부분에 대한 이해의 부족은 개별 기업차원에서 뿐만 아니라 국가 전체적으로도 불이익한 경쟁 환경을 조성하게 될 것이다.4)

---

방안을 논의하는 것으로서, Vinscenzo Denicolo & Luigi Alberto Franzoni, "Rewarding Innovation Efficiently", Geoffrey Manne & Joshua Wright ed. Competition Policy and Patent Law under Uncertainty, Cambridge Univ. Prss, 2011, 299면 참조.

3) 박찬수·최병삼·이창용·조원영, 앞의 논문, 19면에서는 정부가 최근 특허전쟁을 단순히 기업 간 합의·배상의 문제가 아니라 미래의 국가경쟁력이 달려 있는 중차대한 문제로 인식할 필요가 있다고 보고 있다.

4) 정우성, "산업정책으로서의 표준특허 전략의 방향성", 지식재산정책 제11권, 2012, 52면에서는 삼성전자가 스마트폰 시장에서 애플사와 경쟁하는 과정에서 자사가 보유한 표준특허의 행사를 통하여 경쟁상 우위를 시도하였지만, 경쟁법 위

이러한 인식을 반영하여, 공정거래위원회는 2000년부터 '지식재산권의 부당한 행사에 대한 심사지침'(이하 지식재산권 지침)을 제정하여 운영하고 있고, 2012년에는 표준화기구 활동의 경쟁정책상 적합한 모델로서 '독점규제법 자율준수를 위한 표준화기구의 모범운영기준'(이하 표준화기구 기준)을 제정하였다. 특히 표준화기구 기준은 공정거래위원회가 표준화기구 활동에 관련된 경쟁정책상의 문제를 체계적으로 다룬 최초의 시도로서, 향후 이에 관한 규제 기준으로서도 의미 있는 역할을 할 것으로 기대된다. 그러나 지식재산권 지침과 표준화기구 기준이 표준특허에 관련된 모든 문제를 포괄한 것으로 보기는 어려우며, 또한 구체적인 적용과정에서 드러날 관련 쟁점에 대한 추가적인 논의가 필요할 것이다.

이하에서는 우선 표준특허 및 표준화기구의 의의와 경쟁법상 제기되는 문제에 관하여 살펴보고(II), 이에 대한 미국과 EU의 규제 상황을 비교법적으로 분석한 후에(III), 「독점규제 및 공정거래에 관한 법률」(이하 '독점규제법')에 의한 규제 가능성을 검토하는(IV) 순으로 논의를 전개할 것이다.

## II. 표준특허 및 표준화 기구의 의의와 경쟁정책

### 1. 표준특허의 의의

표준특허(essential patent)는 특정 상품을 생산함에 있어서 필수적으로 사용되는 특허를 의미한다. 제품 생산에 있어서 단일한 생산방식이 존재하는 경우는 드물며, 사업자에 의하여 매우 다양한 방식이 이용 가능하고,

---

반 문제로 반독점소송 제기를 당한 상황을 표준특허전략의 딜레마로 표현하고 있다.

특히 제품생산 초기에는 이러한 방식 간의 경쟁이 이루어지는 것이 일반적이다. 그러나 상이한 생산 방식에서 적용된 기술의 차이는 제품 상호 간의 호환성이나 범용성을 저해하고, 생산 과정의 중복으로 인한 비효율을 낳을 수 있으며, 이는 궁극적으로 제품 이용자의 후생 감소로 이어질 수 있다.[5] 이러한 이유로 제품 생산에 공통의 기술적 조건을 적용하는 것이 중요하다. 이를 실현하는 방식으로서 QWERTY 키보드나 마이크로소프트의 운영체제인 windows의 경우처럼 네트워크 효과에 기반하여 자연적으로 기술 표준화가 이루어지는 경우도 있지만, 많은 경우에 공적 기구나 산업 주체의 의도적인 조정 과정을 통하여 기술표준이 결정된다.[6] 이러한 방식으로 사업자 간에 기본적인 기술 표준화가 실현되면서 표준적 기술에 결합된 표준특허도 구체화된다. 즉 표준화된 기술을 실시할 경우에 필수적이며 또한 회피할 수 없는(inevitable and unavoidable) 특허 침해가 발생한다면, 당해 특허는 표준특허로서의 의미를 갖게 된다.

전술한 것처럼 기술 표준화 과정에서 구체화되는 표준특허는 제품 생산의 효율성을 제고하고 제품의 범용성을 실현함으로써 궁극적으로 소비자의 이익에 기여하는 측면이 있다. 그러나 표준화된 기술 실현에 결합된 표준특허는, 그 보유자에게 기술이 적용되는 생산과정에 영향력을 미칠 수 있는 지위를 부여할 수 있다는 점에도 주의할 필요가 있다. 즉 특허권에 내재된 배타적 권리는 생산과정과 나아가 제품에 대한 지배력의 근원이 될 수 있으며, 이러한 지배적 지위가 남용되거나 또는 지배적 지위의 근거가 된 표준화 과정에서 반경쟁적인 의도가 개입되었다면, 경쟁법적인 관심의 대상이 되는 것을 피할 수 없을 것이다.[7]

---

5) Janice M. Mueller, "Patent Misuse Through the Capture of Industry Standards", 17 Berkeley Tech. L.J., 2002, 631면에서는 기술 표준이 설정되는 가장 중요한 요인으로 생산에 있어서 호환성(interoperability)을 들고 있다.

6) 위의 글, 632-633면 참조.

7) 위의 글, 653면 이하 참조.

## 2. 표준화 기구의 의의와 경쟁정책

이상에서 언급한 기술적인 표준은 시장에서의 기술 경쟁 과정에서 자율적으로 형성되는 경우도 있지만, 많은 경우 표준화를 수행하는 조직인 표준화기구(standard setting organization)에 의하여 정하여 진다. 대표적으로 ISO(international standardization union), ITU(international telecommunication union), IEC(international electrotechnical commission), ETSI(european telecommunications standards institute), TIA(telecommunications industry organization) 등과 같은 기구들이 있으며, 이들 기구가 공적 기구의 형태로 존재하는 경우에도 이들 기구에서 진행되는 표준화 과정에는 다양한 이해관계자로서 사적 주체들도 참여하게 된다.

표준화기구는 기본적으로 기술 표준을 정하는 일을 수행하며, 이에 의하여 일정한 제품 생산에 관련된 기술 간의 경쟁과 관련 산업에 속한 사업자들의 기술 선택의 여지는 소멸하게 된다. 한편 특허의 관점에서 보면, 기술의 표준화는 당해 기술에 결합된 특허의 이용을 제품 생산에 있어서 필수적인 것으로 만들며, 따라서 이러한 특허(표준특허)의 이용이 공정하게 이루어질 수 있도록 하는 것이 표준화기구의 중요한 정책과제로 남게 된다.[8]

그러나 표준화기구가 올바른 지적재산권 정책을 추구하면서 역할을 수행하는 경우에도 표준특허의 이용에 관한 공정성이 당연히 보장되는 것은 아니다. 대체로 표준화기구의 활동은 표준화 과정의 참가자들에게 개발 중에 있는 표준과 관련될 수 있는 특허를 밝히고 제시하는 것에 관하여 합리적으로 노력할 것, 그리고 제시된 특허를 FRAND(fair, reasonable and non-discriminatory) 조건에 따라서 실시 허용할 것을 요구하는 방식

---

8) 계승균, "표준특허의 법적 성격과 명암", 지식재산정책 제11권, 2012, 47면에서 표준특허를 채택하는 대신에 특허권자가 일정한 조건을 지키도록 유도하는 것을 표준화기구의 중요한 역할로 이해하고 있다.

으로 진행된다.9) 그러나 무엇보다 표준화기구에서 제시하는 일정한 기준이 당사자에게 구속력을 갖는 것은 아니며, 표준특허 실시에 관한 공정한 원칙을 실현할 수 있는 현실적인 강제 수단이 표준화기구에 주어지지 않는다는 점은, 표준화기구의 활동에 기본적인 한계가 될 것이다. 그러나 표준화기구에서 제시한 표준특허 이용 조건이 공정하고 합리적인 내용으로 구성된 FRAND 조건에 해당하는 것이라면, 동 조건에 위반하는 행위에 대한 지적재산권법 또는 경쟁법상 규제의 계기가 될 수 있으며, 이러한 점에서 표준화기구 활동에 주목할 필요성은 여전히 존재한다.

### 3. 표준특허 및 표준화기구에 관련된 반경쟁적 행태의 유형

표준화기구의 활동 또는 표준화기구가 제시한 표준특허의 이용과 관련하여 다양한 측면에서 경쟁정책상의 문제가 제기되고 있는데, 표준특허가 형성되는 과정과 형성 이후 이용 단계를 구분하여 크게 두 가지 유형으로 분류할 수 있다.

우선 표준화 과정 자체가 경쟁제한적 효과를 낳을 수 있는 경우를 상정할 수 있다. 예를 들어 표준화기구의 표준설정을 위하여 모인 사업자들이 회합의 기회를 이용하여 가격이나 거래조건 등에 대한 담합을 시도할 수 있으며, 또한 보다 직접적으로 특허활동에 관련된 문제로서 특정 사업자를 배제하거나 경쟁력을 약화시키기 위한 의도로서 표준화가 이루어질 수 있다.10) 이와 같이 표준화 과정에서 나타날 수 있는 반경쟁적 행태의 가능성은, 표준화기구의 활동에 대한 경쟁정책상의 주의를 환기시킨다.

또한 기술 표준과 이에 관련된 필수적인 특허에 대한 이용가능성이 제

---

9) Anne Layne-Farrar, A. Jorge Padilla & Richard Schmalensee, "Pricing Patents for Licensing in Standard Setting Organizations: Making Sense of FRAND Commitments", ICR ed., 지적재산권 라이센싱의 법적 규제, 2011, 151면.
10) 계승균, 주 8)의 글, 46면 참조.

한될 경우에도 경쟁법상 문제가 나타날 수 있다. 이와 관련하여 빈번히 발생하는 행태로서 특허매복행위(patent ambush)가 언급되고 있다. 특허매복은 기술 표준화 과정에서 의도적으로 기술 관련 특허에 대한 정보를 은폐하는 행위로서 특허권 남용으로 이어질 가능성이 큰 것으로 이해된다.[11] 즉 관련 특허 정보를 숨긴 상태에서 기술표준화가 이루어진 이후, 특허권에 근거한 과도한 이용료를 요구하거나 특허침해소송을 제기하는 행태는 특허권 남용으로 평가할 수 있을 것이다.

한편 기술 표준화 과정에서 관련 특허 정보가 공개된 경우에도, 표준적인 기술로 채택된 이후 특허를 실시하는 과정에서 실시 조건 등으로 인하여 관련 사업자의 특허 이용가능성이 제한될 수 있다. 특히 표준화기구가 기술 표준을 정하면서 표준특허의 공정하고 합리적인 이용 조건을 제시한 경우에, 전술한 것처럼 이러한 조건이 당사자를 구속하는 것은 아니기 때문에 제시된 조건에 위반하는 행태가 나타날 수 있으며, 이는 FRAND 조건의 위반 문제로서 경쟁법상 규제가능성이 논의되고 있다. FRAND 조건에서 공정성(fair)은 특허권에 내재한 배타적 권리를 부당하게 이용하는 것에 대비되는 개념으로서, 특히 여기서는 표준특허에 근거한 지배적 지위를 남용하지 않는 것과 직접적으로 관련된다. 예를 들어 특허 이용자가 기존의 라이선스 계약을 활용하여 새로운 기술을 개발하였을 때, 그 권리를 특허권자에게 무료로 기속시키는 것은 불공정한 것으로 볼 수 있다. 합리성(reasonable)은 원칙적으로 비용 측면에서 파악할 수 있는 개념이며, 착취적인 이용료 부과가 이루어지는 경우 합리성 원칙을 침해하는 것이 된다. 한편 이때 비용기초적인 합리성 판단은 모든 특허 이용자에 대하여 부과되는 이용료의 총액에 의한다. 비차별성(non-discriminatory)은 특허권자가 모든 특허 이용자에게 이용 조건을 동등하게 적용할 것을 요구하는 원칙이다. 물론 이러한 원칙이 특허 이용자의 신용도 등 개별적 조건에 따

---

11) European Commission, "Antitrust: Commission confirms sending a Statement of Objections to Rambus", 2007. 8. 23.

라서 구체적 이용료 등에 차이가 발생하는 경우를 부정하는 것은 아니지만, 적어도 기본적인 이용 조건은 동일하게 제시되어야 한다는 것을 의미하며, 특히 신규 진입에 있어서 동등한 경쟁조건이 유지되는 것은 비차별성 판단에 있어서 중요한 고려 사항이 된다. 이상의 FRAND 조건은 내용적으로 경쟁정책적 관점에서 의미 있는 내용으로 구성되어 있으며, 경쟁법상 규제 가능성을 뒷받침한다.[12]

## III. 표준특허 등에 관한 비교법적 규제 분석

### 1. 미국 반독점법상 표준특허 등에 대한 규제

미국 반독점법 체계에서 표준특허 관련 담합행위는 Sherman법 제1조, 표준특허 보유자의 일방적 행위에 대한 규제는 Sherman법 제2조의 독점화 금지 규정이 우선적인 근거가 된다.[13] 특히 Sherman법 제2조의 규정은 독점(monopolize or attempt to monopolize) 자체를 금지한다는 점에서 시장지배적 지위의 남용적 행태만을 규제 대상으로 하는 규제방식에 대비된다. 판례법상 정립된 동 규정의 적용 요건은, 행위자가 관련시장에서 독점력을 보유하고 있을 것, 그리고 그 독점력이 반경쟁적, 배타적인 수단에 의하여 또는 반경쟁적, 배타적인 목적을 위해서 의도적으로 획득, 유지 또는 활용되었을 것 등으로 구성되어 있다.[14] 이와 같은 독점화 금지 요건은 표준특허에 관련된 일련의 행위를 Sherman법 제2조에 의하여 규제할 경우에도 당연히 적용될 것이다.

---

12) 이 개념들은 사적인 계약법의 영역에 있는 것이 아니고, 이미 경제질서에 속하는 것이라는 지적으로 계승균, 주 8)의 글, 48면.
13) Janice M. Mueller, 주 5)의 글, 653-654면.
14) United States v. Grinnell Corp., 384 U.S. 563, 570-571 (1966).

그러나 실제 사례를 보면, 이러한 요건의 충족이 용이하지 않으며, 따라서 표준특허와 관련하여 남용적 행태가 문제가 된 경우에도 동 규정에 의한 규제 가능성이 크지 않은 것으로 나타나고 있다. 예를 들어 표준특허의 실시허용을 거부한 것이 문제가 되었던 Rambus 사건에서,[15] 연방거래위원회(Federal Trade Commission; FTC)는 표준화기구인 JEDEC(joint election device engineering council)이 가능한 한 표준설정에 특허를 배제하고 포함될 경우에도 무료 실시나 최소한 FRAND 조건에 따라서 실시하여야 한다는 정책을 유지하는 것에 대응하여 Rambus는 표준 채택 이후 기술 시장에서의 독점력을 얻기 위하여 자신의 특허를 공개하지 않는 방식으로 기만적 행위를 하였고, 이는 Sherman법 제2조와 FTC법 제5조를 위반하는 행위라고 판단하였다. 그러나 연방항소심법원은 Rambus가 기만적 행위를 통하여 고액의 실시료를 받게 된 것이 곧바로 반독점법 위반행위에 해당하는 것은 아니며, Rambus가 특허 정보를 공개한 경우에 JEDEC이 표준화 과정에서 다른 결정을 하였을 것이라는 입증이 이루어지지 않았다는 점에 근거하여 Rambus의 기만행위와 독점화 사이의 인과관계를 부인하고 FTC의 결정을 파기하였다.[16] 이와 같은 Rambus 사건에서 법원의 판결은 표준화과정에서 표준특허 보유자의 기만적인 행태가 드러난 경우에도, 이러한 행위를 경쟁제한적인 것으로 평가하는 것이 용이하지 않을 수 있음을 보여준다.

한편 Rambus 사건은 표준특허 보유자의 일방적 행위를 불공정행위 규제 근거가 되는 FTC법 제5조에 의하여 규제할 수 있음을 보여주고 있다는 점에서도 주목할 필요가 있다. 전술한 것처럼, FTC는 Rambus의 행위에 대하여 Sherman법 제2조와 함께 FTC법 제5조에 의해서도 규제가 가능하

---

15) Rambus Incorporated v. FTC, 522 F.3d 456 (D.C. Cir. 2008).

16) 동 판결에 대한 FTC의 상고는 연방대법원에서 기각되었다. US Supreme Court certiorari denied by FTC v. Rambus Inc., 129 S. Ct. 1318, 173 L. Ed. 2d 586, 2009 U.S.

다는 입장을 취하였으나, 이러한 태도가 법원에 의하여 지지되지는 않았다. 이러한 문제가 전형적으로 드러났던 예는 Negotiated Data Solutions, LLC(N-Data) 사건인데,[17] 동 사건에서 최초의 특허권 보유자(National Semiconductor)는 표준화기구에 실질적으로 무료에 해당하는 액수로 실시 허락할 것을 약속하였고 이후 당해 특허는 표준특허가 되었는데, 당해 특허의 최종 양수인인 N-Data가 고액의 특허 실시료를 요구한 것이 문제가 되었다. FTC는 3대2 다수결로 N-Data의 행위가 FTC법 제5조가 금지하는 불공정한 경쟁방법(unfair method of competition)에 해당하는 것으로 판단하였다. 동 사건은 FTC의 결정을 N-Data가 수용하면서 동의명령으로 종결되었지만, Sherman법 위반에 해당하지 않는 행위가 FTC법 제5조 위반에 의하여 규제하는 것이 가능한지, 즉 FTC법 제5조의 불공정성이 경쟁제한성을 넘어서 판단될 수 있는 것인지에 대한 비판이 제기되었다.[18] 물론 FTC의 입장을 뒷받침하는 연방대법원의 판결을 확인할 수 있는데, 예를 들어 Sperry & Hutchinson 사건에서[19] 연방대법원은 FTC가 반독점법의 명문 규정이나 취지에 반하지 않는 행위에 대해서도 이를 FTC법 제5조의 불공정한 경쟁방법으로 규제할 수 있는 권한을 갖고 있다고 보았으며, Indiana Dentists 사건에서는[20] 불공정성의 판단 기준이 반독점법을 위반하는 것뿐만 아니라 다른 공공정책(public policy)에 반하는 경우까지 포함한다고 판시하였다. 그러나 이러한 연방대법원의 입장이 후속 사건에서 일관성 있게 유지되고 있지는 않으며,[21] 따라서 N-Data 사건에서 FTC가

---

17) Negotiated Data Solutions, LLC, FTC File No. 0510094, Statement of the Federal Trade Commission (Jan. 23, 2008).
18) Charles T. Compton, "Tumultuous times: the escalating US debate on the role of antitrust in standard setting", Competition Law International vol. 5 no. 1, 2009. 34-35면 참조.
19) FTC v. Sperry & Hutchinson Co., 405 U.S. 233 (1972).
20) FTC v. Indiana Federation of Dentists, 476 U.S. 447 (1986).
21) Herbert Hovenkamp, Federal Antitrust Policy, Thomson/West, 2005, 596-597면 참조.

취한 입장이 향후 법원에 의하여 수용될 수 있을지는 여전히 의문인 상황이다.[22] 이와 관련하여 FTC법 제5조가 확대 적용되기 위한 요건으로 Hovenkamp가 제시한 요건, 즉 반경쟁적으로 보이나 법기술적으로 반독점법에 포섭되기 어려운 경우 그리고 판단 실수에 따른 사회적 비용 (social cost of an error)이 상대적으로 작은 경우의 두 가지 요건은 시사하는 바가 크다.[23]

이상의 FTC법 제5조에 의한 규제 가능성에 관한 논의는 Sherman법 제2조에 의한 규제의 한계와 무엇보다 표준특허와 관련하여 나타나는 특허매복이나 표준화 이후 실시허락 거절이 경쟁정책적으로 문제될 수 있다는 사고의 일단을 보여주고 있다는 점에서 주목을 요하는 것이다.[24]

## 2. 유럽 경쟁법상 규제

유럽 경쟁법 체계에서 표준특허 관련 행위의 규제에 관하여, 표준화 과정에서 나타나는 카르텔에 대해서는 유럽기능조약(EUFT) 제101조, 일방적 행위에 대해서는 시장지배적 지위남용행위를 규제하는 유럽기능조약 제102조가 주된 근거가 된다.

우선 카르텔과 관련하여, 유럽 위원회는 2011년 ①에 ②, 2001년 가이드라인을 개정한 새로운 수평담합 가이드라인(Guidelines on the applicability of Article 101 of the Treaty on the Functioning of the European Union

---

22) 표준특허 관련 행위를 FTC법 제5조에 의하여 규제하는 태도의 향후 전망에 관하여, 이문지, "표준특허의 기회주의적 행사와 미국 반트러스트법 및 연방거래위원회법 제5조 부활의 의미", 서강법학 제11권 제2호, 2009, 223-229면 참조.

23) Herbert Hovenkamp, 주 21)의 책, 597면.

24) FTC법 제5조가 소비자후생에 부정적인 영향을 미치는 특허관련 행위에 대하여 가장 실효성 있는 규제 수단이 될 수 있다는 분석으로서, Alden F. Abbott, "Standard Setting Enforcement Under Section 5 of the Federal Trade Commission Act", ICR ed., 지적재산권 라이센싱의 법적 규제, 2011, 111-112면 참조.

to horizontal co-operation agreements, 2011/C 11/01; 이하 New Guide-lines)을 제정하였는데, 동 가이드라인은 표준화와 관련된 카르텔에 관한 규정을 포함하고 있다. 특히 표준화와 관련하여 카르텔 면책이 주어지는 요건에 대한 기술은 주목할 만한데, 표준설정 절차가 투명하고 산업의 참가에 제한이 없을 것, 채택된 표준의 수용이 의무화되지 않을 것, 표준에 결합된 필수적인 지적재산권이 신의성실의 원칙에 따라서 제시될 것, FRAND 조건에 따라서 표준에 접근할 수 있을 것 등을 면책 요건으로 제시하고 있다.[25] 그리고 동 요건이 충족되지 않을 경우 일반적인 카르텔 심사 절차에 따라서 규제가 이루어질 것이다.

표준특허에 관련된 일방적 행위는 시장지배적 지위와 남용 여부를 심사하는 과정을 거치게 될 것이다. 이때 남용 판단과 관련하여 Hoffmann-La Roche 사건에서 유럽법원이 제시한 "남용은 문제가 되는 사업자의 존재의 결과로서 경쟁의 정도가 약화된 시장의 구조에 영향을 미치고, 또한 상업적 주체들의 거래에 기초한 상품과 용역에 있어서 통상적인 경쟁이 이루어지는 조건과는 다른 방법을 이용하여 현재의 시장에서 존재하는 경쟁의 정도를 유지하거나 그 경쟁의 발전을 저해하는 효과를 갖는 지배적 지위에 있는 사업자의 행위에 관련된 객관적 개념"[26]이라는 정의는 남용의 판단 기준으로 기능한다. 이와 같은 정의에 함축되어 있는 것처럼, 시장지배적 지위의 남용에 대한 평가도 경쟁제한성을 본질로 한다. 그러나 구체적인 행위를 경쟁정책적 관점에서 객관적으로 판단하는 과정은 경쟁제한적 효과에 대한 계량화된 분석을 판단의 근거로 삼는 effect-based 방식과 구별되는, 이른바 form-based 방식에 의하여 이루어지고 있으며,[27] 이러

---

25) new Guidelines, para. 220-228.
26) Hoffmann-la Roche Case 85/76[1979] ECR 461, 541면.
27) 1990년대 후반 이후 EU에서 시장지배력 남용에 대한 규제는 경제적 분석을 중시하고 'effect-based'적인 접근이 강화되는 방향으로 변화하고 있다는 지적으로, Luc Peeperkorn & Katja Viertio, "Implementing an effects-based approach to Article 82", Competition Policy Newsletter, 2009, 20면 참조. 한편 2005년 EC

한 접근 방식의 차이에 의하여 동일한 유형의 행위에 대한 남용(경쟁제한 성) 판단이 상이하게 나타날 수도 있다.[28]

표준특허의 실시허락을 거부하거나 실시허락 조건에 관한 문제가 EU 경쟁법상 시장지배적 지위 남용행위로 다루어진 사례로서 Microsoft 사건 은[29] FRAND 조건에 대한 경쟁법적 이해를 보여주고 있다는 점에서 의의 가 있다. Microsoft사가 자신의 window media player를 운영체제에 끼워 판 것과 상호 작동이 가능하도록 하는 정보를 경쟁자에게 제공하는 것을 거부한 것이 문제가 되었던 사건에서 EC위원회는 Microsoft사 행위의 남 용성을 인정하고 시정조치로서 자신의 정보를 공정하고 비차별적인 조건 으로 경쟁자에게 제공할 것을 명하였다. 특히 공정성에 부합하기 위한 조 건의 제시는 주목할 만한 것인데, EC위원회는 Microsoft사에 대한 제재를 최종적으로 확정하는 결정에서[30] 상호작동 정보의 제공에 따른 대가가 공 정한 것이 되기 위해서, 경쟁자들에게 Microsoft사와의 경쟁이 충분히 가 능한 것이 될 수 있도록 하여야 하고 또한 Microsoft사가 제공한 기술적 가치(value of technology)에 상응하는 수준으로서 Microsoft사의 시장지 배력에 기인하는 전략적 가치(strategic value)가 여기에 반영되어서는 안 된다는 것을 요건으로 제시하였다. 한편 앞에서 다룬 Rambus의 행위와

---

Commission이 'Discussion Paper on the Application of Article 82 to Exclusionary Abuses'을 발행한 이후 남용 판단에 있어서 경제적 분석이 강조되고 있지만, 유럽 법원에서 이러한 태도의 수용이 적극적으로 일어나지 않고 있다는 분석에 관하여, Ariel Ezrachi, EU Competition Law, Oxford Univ. Press, 2010, 155-156면 참조.

28) 특허권 남용과 관련하여, 'essential'이나 'market power'와 같은 개념에 기초하여 판단하는 court based(form-based) rules과 시장 효율성이나 게임이론적 분석에 기초하여 판단하는 economic(effect-based) rules의 접근 방식과 그 차이를 설명 하는 것으로서, Anne Layne-Farrar, A. Jorge Padilla & Richard Schmalensee, 주 9)의 글, 160-162면 참조.

29) Microsoft Co. v. Commission, Case T-201/04, CFI (2007).

30) Commission Decision, 27. 2. 2008., Case COMP/C-3/34.792.

관련하여 유럽법원에서 전개된 사건의[31] 경과는 미국 반독점법과 규제상의 차이를 보여주는 구체적인 예가 된다. 표준특허의 실시허락 거부가 시장지배적 지위의 남용에 해당하는지와 관련하여, EC위원회는 Rambus의 특허를 대체할 수 있는 다른 기술이 존재하였고, Rambus의 기만행위가 없었다면 다른 기술을 채택할 가능성이 있다는 점에 근거하여 시장지배적 지위의 남용 가능성을 인정하는 입장을 취하였다. 동 사건은 Rambus 측이 특허 실시료의 감액을 제안하고 EC위원회가 이를 수락하면서 종결되었고, 따라서 Rambus 행위에 대한 위원회의 최종적인 판단이 제시되지 않았지만, EC위원회에서 전개된 사건의 경과는 동일한 사건이 미국과 유럽의 상이한 경쟁법 체계로 인하여 다른 결론에 이를 수 있음을 시사한다. 또한 판단 과정에서 EC위원회가 "효율적인 표준 설정 과정은 장점에 의한 경쟁을 보장하고, 소비자가 기술 발전과 혁신에 따른 이익을 향유일 수 있도록 비차별적이고, 공개적이며 투명한 방식으로 이루어져야 한다"고[32] 밝힌 부분은 경쟁법이 표준 특허 과정에 관여할 수 있는 기본 원칙을 제시하였다는 점에서 의의가 있다.

이와 같이 몇 차례 사건에서 EU 경쟁법상 표준 특허 관련행위가 시장지배적 지위남용으로서 다루어졌지만, 여전히 규제 가능성에 관하여 견해가 일치하고 있는 것은 아니다. 즉 라이센스 사용의 복잡성과 불확실성으로 인하여 사용료의 과다성(excessiveness of royalty) 판단이 어렵다는 점에서 경쟁법에 의한 사후적 규제가 적합한 것인지에 대한 의문이 제기되고 있다.[33] 그러나 현재의 표준설정 절차는 표준에 포함되어 있는 지적재

---

31) Commission Decision, 9. 12. 2009., Case COMP/38.636.

32) Commission MEMO 09/273.

33) Ariel Ezrachi, 주 27)의 책, 301면. 한편 국내 논의에서도 실시료의 가격남용 여부를 판단할 수 있는 합리적 기준의 부재를 지적하면서, 이에 대한 규제 가능성에 대하여 회의적인 입장을 보여주는 것으로서, 권남훈·홍대식, "지식재산권 실시료 과다 책정 여부의 경쟁법적 판단은 가능한가?", 경쟁저널 제156호, 2011. 39-40면 참조.

산권 보유자에게 라이센스에 대한 과도한 사용료를 부과할 수 있도록 하는 자의적 운영 가능성이 있으며, 따라서 경쟁법이 FRAND 조건에 대한 집행가능성을 제고할 필요가 있다는 주장도 유력하며,[34] 따라서 이 영역에서 향후 EC경쟁법에 의한 규제 동향을 주시할 필요가 있다.

## IV. 독점규제법에 의한 규제 가능성

### 1. 규제체계

이상에서 비교법적으로 검토한 것처럼, 표준특허 관련 행위에 대하여 독점규제법도 담합행위 또는 일방적 행위에 대한 규제 근거를 마련하고 있다. 우선 표준화기구 활동에서 담합행위가 있을 경우에, 이에 대하여 독점규제법 제19조 제1항에 의한 규제가 가능하며, 2012년 제정된 '표준화기구 기준'도 이러한 위반 가능성에 주의하고 있다.

일방적 행위와 관련하여, 독점에 대한 대응 측면에서 EU와 유사한 규제체계를 채택하고 있는 독점규제법상 표준특허 관련 행위에 대하여 시장지배적 지위남용규제는 유력한 규제 수단이 될 수 있다. 즉 표준특허의 보유자가 당해 특허와 관련된 시장에서 시장지배적 지위에 있는 경우, 표준특허의 실시 허용을 제한하는 일련의 행위는 지배적 지위의 남용으로서 독점규제법 제3조의2 제1항에 의한 규제가 가능할 것이다. 이러한 규제 예는 퀄컴(Qualcomm Incorporated) 사건이[35] 대표적인데, 동 사건에서 퀄컴사는 표준설정시 FRAND 조건에 따라서 특허 실시료를 부과할 것을 약정하였는데, 이후 경쟁사의 모뎀칩을 사용한 휴대폰에 대해서 자사의 모

---

34) Ariel Ezrachi, 주 27)의 책, 301면.
35) 공정위 2009. 12. 30. 의결, 제2009-281호.

템칩을 사용한 휴대폰에 대하여 높은 실시료를 부과한 것이 문제가 되었고, 공정거래위원회는 이러한 차별적 행위가 독점규제법 제3조의2 제1항 제3호 및 동법 시행령 제5조 제3항 제4호에 의하여 다른 사업자의 사업활동을 부당하게 방해하는 행위에 해당하는 것으로 보고, 시정명령과 과징금을 부과하였다.

한편 미국 반독점법 체계에서 FTC법 제5조에 의한 규제 가능성에 관한 논의가 시사하듯이, 독점규제법상 불공정거래행위로서의 규제 가능성도 고려되어야 한다. 특히 시장지배적 지위남용규제에서 요구되는 시장지배력이나 경쟁제한성에 근거한 남용 판단을 배제할 수 있다는 점은, 표준특허 관련 행위를 불공정거래행위로 규제하는 것의 유용성을 부각시키는 요인이 된다. 앞에서 살펴본 것처럼, FTC법 제5조에 의한 표준특허 관련 행위의 규제에 부정적인 입장은 동 규정에서의 위법성이 경쟁제한성에 기초한다는 점에 근거하는데, 독점규제법상 불공정거래행위에서 불공정성은 경쟁제한성뿐만 아니라 거래의 불공정성 측면에서도 파악할 수 있다는 것이 지배적인 견해이며,[36] 이와 같은 독점규제법상 불공정거래행위 특유의 위법성 판단 구조는 표준특허 관련 행위에 대한 적절한 경쟁법상 규제 근거를 제공할 수 있다.[37] 즉 불공정거래행위의 유형인 거래상 지위남용행위, 거래거절, 차별적 취급 등은 표준특허 관련 행위를 규제할 수 있는 근거로서 실질적인 의미를 갖는다.

---

36) 권오승, 경제법, 법문사, 2010, 278-279면; 신현윤, 경제법, 법문사, 2012, 268면; 이기수 · 유진희, 경제법, 세창출판사, 2012, 176면.

37) Sung Jai Choi(최승재), "Discussion on Standard Setting Enforcement Under Section 5 of the Federal Trade Commission Act", ICR ed., 지적재산권 라이센싱의 법적 규제, 2011, 117-118면 참조. 한편 이때 불공정성 판단이 경쟁제한성에 기초하여야 한다는 입장에서 불공정거래행위로서 규제 가능성에 부정적인 입장을 보이는 견해로서, 김현아, "우리나라 지식재산권의 부당한 행사에 대한 심사지침의 주요내용 및 개선방향", ICR ed., 지적재산권 라이센싱의 법적 규제, 2011, 491-492면 참조.

## 2. 공정거래위원회의 규제 기준

공정거래위원회는 지식재산권 분야에서 법위반행위를 규제하기 위한 기준으로서 2000년부터 '지식재산권 지침'을 제정하여 운영하고 있다. 동 지침은 독점규제법상 특허권 행사 등에 관련된 규제 가능한 여러 유형들을 포괄하는데, 즉 시장지배적 지위남용행위, 부당한 공동행위, 불공정 거래행위, 재판매 가격유지행위, 기업결합 등에서 일정한 기준을 제시하고 있다. 그러나 대체적으로 지식재산권 지침은 부당성 판단에 관한 일반적 기준 제시에 머무르고 있으며, 특히 현재 많은 논의가 이루어지고 있는 표준특허나 표준화기구의 행태와 관련해서는 구체적이지 못한 점이 있다. 예를 들어 동 지침은 표준화기구 활동이 효율성 제고 등과 같은 친경쟁적인 효과를 낳을 수 있고, 종합적인 판단에서 형량되어야 한다고 언급하고 있지만, 효율성 제고가 구체적으로 어떻게 평가되고 비교될 수 있는지에 대한 세부적인 기준이 마련되어 있지는 않다. 또한 동 지침에서 제시한 기준이 독점규제법상 개별 위법 유형들의 위법성 판단에 구체적으로 어떻게 반영될 것인지에 관하여 불명확한 부분이 있으며, 결국 구체적인 문제 해결에서 실효성 있는 기준이 되기에는 한계가 있다. 예를 들어 시장지배적 지위남용행위와 관련하여 가격남용, 사업활동 방해행위, 경쟁사업자배제, 소비자에게 불이익한 행위 등의 고유한 위법성 표지에 지식재산권 관련 행위의 부당성이 반영될 수 있는 구체적 기준이 제시될 필요가 있다.

2012년에 제정된 '표준화기구 기준'은, 규제 기준으로서 법적 성격을 취하지는 않았지만, 앞에서 살펴본 '지식재산권 지침'의 한계를 보완하는 의미를 갖는다. 지식재산권지침에 의해서도 특허권자들의 권리행사 남용 규제가 이루어지고 있었지만, 특히 표준화기구의 활동과 관련해서는 부족한 측면이 있었고, 이를 보완하면서 특히 내용적으로 표준화기구의 활동이 실제로 경쟁상의 문제를 일으킬 수 있는 행태를 유형화시켜 제시하고 있다는 점에서 의의를 찾을 수 있다. 일반적으로 표준화기구에는 사업자뿐만 아니라 다수의 정부 기관도 참여하고 있기 때문에, 이들의 활동에 대한 법적 구속력을 갖는 기준을 마련하는데 한계가 있으며, 표준화기구지침도 명시적으로 동 지침이 규범력을 갖지 않음을 밝히고 있다. 즉 동 지침은 하나의 모델로서 운영기준을 제시한 것에 불과하지만, 규제기관들이 표준화기구 문제를 다룰 때 사실상의 규제 기준으로서의 역할을 할 수 있을 것으로 예상된다. 동 지침의 구성을 보면, 표준화 과정자체가 경쟁제한성을 낳을 수 있는 경우와 특정한 표준이 제정된 이후에 이용가능성이 제한되는 경우를 유형화하여 각각의 부당성 판단에 관한 기준을 제시하고 있다는 점은 타당한 접근 방식으로 보인다. 특히 후자와 관련하여 특허매복 행위나 FRAND조건 확약위반행위가 독점규제법에 반할 가능성이 있다는 점을 명시적으로 언급하고 있는 것은 표준특허 또는 표준화기구에 관한 독점규제법 적용에 있어서 의미 있는 기준으로 작용할 것이다.

## 3. 현안과 과제

기술 표준화는 산업 효율성을 제고하고, 궁극적으로 소비자 이익에 기여할 수 있으며, 표준화 과정에서 형성되는 표준특허도 이와 같은 긍정적인 측면을 공유한다. 그러나 표준화 과정에 참가하는 사업자들 간에 담합 가능성에도 주목할 필요가 있으며, 특히 표준의 선정이 특정 사업자를 배제하는 것과 같은 경쟁제한적 효과를 의도한 것인지에 대한 규제기관의 주의가 요구된다.

또한 표준화기구의 운영과 관련된 현안의 하나로서 표준특허가 정해지는 과정에서 나타난 기만적인 행위에 대한 규제가 경쟁법 안에서 이루어질 수 있는지가 쟁점이 되고 있다. 예를 들어 표준특허 보유자가 표준화 과정에서 자신의 특허에 관한 정보를 은폐하고, 표준 선정 이후에 특허권 실시 허용에 관련된 권한을 행사하는 것이 전형적인데, 경쟁제한성 효과에 근거하여 이러한 행태를 규제하는 것이 용이한 것은 아니다. 특히 많은 경우에 표준특허는 특허권 실시 이용료를 주 수익으로 하는 NPE(non-practicing entity)에 의하여 보유되고 있는데,[38] NPE에 의한 표준특허 이용 제한 행위는 기본적으로 경쟁사업자 배제를 의도한 것으로 보기는 어렵기 때문에, 경쟁법에 의한 규제의 한계가 있음을 부인하기 어렵다. 다만 전술한 것처럼 독점규제법은 거래상 불공정성을 위법성의 한 근거로 하는 불공정거래행위를 규제하고 있으며, 거래상 지위남용행위와 같은 불공정거래행위 유형은 NPE의 이러한 행위에 대한 규제 근거로서 고려될 수 있을 것이다. 한편 표준특허 보유자의 성격을 구분하여 경쟁정책적 접근을 행하는 것도 유력한 의미가 있다. 즉 특허권 보유자가 전술한 NPE와 같이 특허를 이용한 제조업 시장에 진출하고 있지 않은 경우와 실제 제조업 시장에 참가자로서 특허를 보유하고 있는 경우, 후자는 수직적인 통합을 통하여 경쟁사업자의 배제에 관한 구체적인 목적을 가질 수 있다는 점이 경쟁제한성 판단에 있어서 차이를 낳을 수 있다.[39]

FRAND조건 위반에 대한 경쟁법상 규제 가능성과 관련하여, FRAND 조건은 지식재산권 정책에 부합하는 방향으로 형성되는 것이지만 그 자체로 이미 경쟁정책적 의의를 포함하고 있기 때문에,[40] 이러한 조건 위반에 대한 경쟁법에 의한 규제가 가능한 것으로 볼 수 있다. 이에 대하여 지식재산권의 보호는 혁신과 동태적 효율성 제고를 지향하며, 경쟁법에 의한 FRAND 조건에 대한 규제는 사적자치적 형성에 대한 지나친 개입일 수 있

---

38) 특허침해소송을 통하여 수익을 창출하는 NPE 비즈니스가 미국을 중심으로 확대되고 있으며, 미국 특허소송 중 NPE의 비중이 1998년 2.5%에서 2008년 13%로 상승하였다. 박찬수·최병삼·이창용·조원영, 주 1)의 글, 5면.

39) Damien Geradin, "What's Wrong with Royalties in High-Technology Industries?", Geoffrey Manne & Joshua Wright ed. Competition Policy and Patent Law under Uncertainty, Cambridge Univ. Prss, 2011, 478면 참조.

40) 공정거래위원회는 퀄컴 사건 심결에서, "표준에 포함된 특허 기술의 보유자가 FRAND 조건에 반하는 행위를 할 경우 그 자체로 경쟁제한 우려가 있다는 것을 보여준다 할 것이다"라는 견해를 표하였다.

다는 점에서 규제 가능성에 소극적인 입장을 취할 수도 있다.[41] 그러나 지적재산권법과 경쟁법은 혁신의 제고와 소비자 후생 증대라는 공동의 목적을 갖고 있으며, 다만 구체적인 목적을 추구하는 수단으로 상이한 방식을 채택하고 있을 뿐이며, 이러한 점에서 특허권의 남용과 경쟁법에 의한 규제 가능성은 밀접히 관련될 수밖에 없을 것이다.[42] 이러한 이해는 특허권의 남용, 예를 들어 FRAND 조건에 위반하는 행위를 경쟁법 고유의 관점에서 판단할 필요가 있음을 시사하는 것이다.[43] 예를 들어 FRAND조건 중에서 비차별성 원칙이 반영된 조건을 위반한 경우, 경쟁법에서 차별적 행태를 규제하는 법리에 비추어 판단하는 과정이 불가피하다. 경쟁법상 차별행위는 비용기초가 동일함에도 불구하고 상이한 거래조건을 부과하는 것을 차별로 파악하고, 이러한 행위를 통하여 불리한 거래조건을 제시받은 사업자가 경쟁상의 불이익을 갖게 될 경우에 위법성을 인정하는데, FRAND조건에서 비차별성 원칙 위반이 경쟁법적으로 문제가 되고 이에 대한 규제가 가능하려면, 비차별적인 조건이 관련시장에 경쟁제한적 효과를 미치는지가 핵심적인 고려 요소가 될 것이다.

끝으로 표준특허 보유자에 대한 특허 강제 실시의 가능성을 논의할 필요가 있다. 물론 이러한 논의는 지적재산권법의 영역에서 고유한 정책적 관점에 기초하여 전개되고 있지만, 경쟁법의 영역에서도 논의될 필요가 있으며, 이와 관련하여 필수설비론에 근거한 입론도 제시되고 있다.[44] 일

---

41) 권남훈·홍대식, 주 33)의 글, 41-44면 참조.

42) Willard K. Tom & Joshua A. Newberg, "Antitrust and Intellectual Property: From Seperate Spheres to Unified Field", Antitrust L. J. vol. 66 Issue 1, 1997, 228-229면 참조.

43) Mario Mariniello, "Fair, Reasonable and Non-Discriminatory(FRAND) Terms: A Challenge for Competition Authorities", Journal of Competition & Economics vol. 7 no. 3, 2011, 240-241면.

44) Jay Pil Choi, "Compulsory Licensing as an Antitrust Remedy", ICR ed., 지적재산권 라이센싱의 법적 규제, 2011, 13면 이하 참조.

반적으로 필수설비에 무형의 자산도 포함되는 것으로 이해되고 있고, 독점규제법 시행령 제5조 제3항 제3호도 '필수요소'라는 용어를 사용하고 있기 때문에, 배타적인 권리가 인정되는 표준특허에 대한 이와 같은 접근 방식도 가능할 것으로 생각된다. 다만 이러한 이론 구성에 대하여, 경쟁법 고유의 관점에서 필수설비론의 유용성이나 장기적인 설비투자를 저해함으로써 궁극적으로 소비자 이익을 저해할 수 있다는 점에서 부정적인 입장이 유력하다는 점도 고려되어야 할 것이다.

## V. 결론

기술 표준화는 제품 호환성과 범용성을 높임으로써 궁극적으로 소비자 이익에 기여할 수 있다. 그러나 특정한 표준의 채택은 기술 간의 경쟁을 실질적으로 배제하는 측면이 있으며, 특히 표준화 과정에 경쟁제한적인 의도가 개입하거나 표준 설정 이후 표준화된 기술에 필수적으로 결합되어 있는 표준 특허의 이용이 공정하고, 합리적인 조건에서 비차별적으로 이루어지지 않는 경우에, 전술한 소비자 후생의 제고 효과를 기대하기 어려울 것이다. 이러한 관점에서 표준특허 관련행위에 대한 경쟁법의 관심이 구체화되고 있다.

물론 표준화 과정의 공정성을 기하기 위하여 표준화 기구 등에 의한 자율적 조정 시스템이 운영되고 있으며, 경쟁법에 의한 규제가 이러한 영역에서 적합한지에 대한 의문도 제기되고 있다. 그러나 표준화 기구의 활동이 공정한 표준 특허 이용을 보장하지 못한다는 점은 경험적으로 드러나고 있고, FRAND 조건의 중요 원칙인 공정성, 합리성, 비차별성은 경쟁정책적인 이해에 의하여 뒷받침될 필요가 있으며, 미국의 반독점법이나 EU 기능조약의 경쟁 관련 조항에 의한 규제가 이미 이루어지고 있다는 점을 고려할 때, 경쟁법에 의한 규제 가능성은 충분한 것으로 생각된다.

결국 표준특허와 관련된 특허매복행위나 FRAND 조건 위반 등에 관하여 경쟁법 내에서 적합한 규제 법리를 확인하고, 구체적인 위반행위에 적절히 대응할 수 있도록 하는 것은 경쟁법의 새로운 과제로 주어지고 있다. 특히 특허 관련 문제가 되는 행위가 사업자의 일방적 행위로 나타날 경우에, 독점규제법상 시장지배적 지위남용행위나 불공정거래행위로서 규제될 수 있으며, 이에 대한 법리 구성에 초점을 맞출 필요가 있다. 특히 표준특허의 보유는 시장지배력의 근원이 될 수 있다는 점에서[45] 문제가 된 행위가 시장지배적 지위남용행위에 해당하는지가 검토될 필요가 있으며, 또한 경쟁제한성뿐만 아니라 거래의 불공정성도 위법성 판단 기준이 되고 있는 불공정거래행위의 특성은 특허 관련 행위에 대한 규제 가능성과 관련하여 고려되어야 한다.

---

45) Ariel Ezrachi, 주 27)의 글, 283면.

# 18. 자진신고자 감면제도의 적용제외 사유

## I. 서론

「독점규제 및 공정거래에 관한 법률」(이하 독점규제법)상 규제 대상인 공동행위는 실행행위 여부와 무관하게 합의만으로 성립한다.[1] 따라서 공동행위 규제에서 합의의 존재를 확인하는 것이 필수적이지만, 주지하다시피 입증 책임을 부담하는 규제기관에서 합의를 입증하는 것이 수월한 과제는 아니다. 더욱이 갈수록 사업자 간의 합의가 지능적이고 은폐적인 방식으로 이루어지면서, 주관적 요건으로서 합의를 찾아내고 적절한 조치를 취하여야 하는 규제기관의 역할에 한계가 드러나고 있다.

이와 같은 합의 입증의 어려움을 완화하고, 규제의 실효성을 제고하기 위하여 여러 가지 대응 방안이 모색되어 왔다. 독점규제법에 수용된 제도로서 실체법적으로 동법 제19조 제5항에 의한 합의 추정제도가 있으며, 절차법적으로 동법 제22조의2에 규정된 자진신고자 감면제도가 중요한 기능을 수행한다. 부당 공동행위 규제에 있어서 합의 입증의 곤란을 해소하는 문제는 경쟁법을 집행하고 있는 나라에서 공통적으로 나타나는 현상이며, 특히 자진신고자 감면제도(leniency program)는 우리나라뿐만 아니라

---

1) 대법원 1999. 2. 23. 선고 98두15849 판결.

여러 나라에서 이러한 문제를 해결하는 유력한 방안의 하나로 적극적으로 활용되고 있다.[2] 독점규제법도 1996년 법 개정을 통하여 최초로 공동행위에 참가한 사업자가 신고한 경우에 시정조치나 과징금을 감면할 수 있는 근거를 마련한 후 일정한 수정을 거치면서 현재에 이르고 있다.

정책적으로 보면, 자진신고자 감면제도는 부당한 공동행위에 참가한 사업자가 적법 영역으로 돌아올 수 있도록 하는 '황금교'로서의 역할에서 의미를 찾을 수 있지만, 공동행위의 고유한 속성인 내부 이탈자에 취약한 구조를 이용하여 공동행위에 관한 정보 제공을 규제기관이 유인할 수 있는 방안으로서도 유력하다.[3]

동 제도가 독점규제법상 수용된 이후 점차적으로 제도 이용이 높아지고, 중요한 부당 공동행위 사건에서 카르텔 참가자의 신고가 결정적인 계기가 된 사건들도 나타나면서 제도에 대한 긍정적인 평가가 주어지고 있다. 그러나 동 제도의 활용도가 높아지면서, 다른 한편으로 제도 운영상의 부정적인 측면에 대한 지적도 있는데, 특히 자진신고자 감면제도의 악의적 이용에 관한 문제가 현안의 하나로 대두하고 있다.[4] 물론 독점규제법상 자진신고자 감면제도는 일정한 요건에 해당하는 사업자에 대해서는 적용을 배제함으로써 이러한 문제에 대비하고 있지만, 현행 제도가 충분하고 적절한 대응인지에 대해서 의문이 있으며, 이에 대한 검토가 필요할 것이다. 이하에서의 논의는 우선 독점규제법상 자진신고자 감면제도의 내용과 제도 운영의 현황을 살펴보고, 이어서 동 제도의 적용 제외에 관한 문제점들을 분석하고 대안을 제시하는 순으로 전개할 것이다.

---

2) OECD, Trade and Competition: From Doha to Cancun, 2003, 18면 참조.

3) 카르텔 이탈의 전략적인 행태에 관한 구조적 분석으로서, Herbert Hovenkamp, Federal Antitrust Policy 3. ed., Thomson/West, 2005, 150-151면 참조.

4) 오영중, "담합 근절을 위한 독점규제법 개정 방향", 담합 근절을 위한 독점규제법 개정 심포지엄, 2012, 40-41면 및 참여연대 시장경제위원회, "담합 관련 과징금 제도의 문제점과 대안", 이슈리포트, 2010. 8., 16면 참조.

## II. 자진신고자 감면제도의 의의

### 1. 자진신고자 감면제도의 내용

#### (1) 감면 요건

독점규제법 제22조의2 제1항에 의한 감면은 부당한 공동행위의 사실을 자진신고한 자(1호)와 증거제공 등의 방법으로 조사에 협조한 자(2호)를 대상으로 한다. 동법 시행령 제35조 제1항은 감면 대상인 자진신고자와 조사협조자의 구체적인 요건을 밝히고 있다. 우선 자진신고자는 공동행위 입증에 필요한 증거를 최초로 제공한 자를 의미하며, 특히 공정거래위원 회가 부당 공동행위에 관한 정보를 입수하지 못하였거나 입증에 필요한 정보를 충분히 확보하지 못한 상태에서 자진신고한 경우에 여기서의 자진 신고자에 해당한다. 또한 자진신고자로서 감면 대상이 되기 위해서는 조 사 종료까지 성실한 협조와 부당 공동행위의 중단이 요구된다. 조사에 대 한 성실한 협조와 공동행위의 중단은 감면 조치의 타당성을 위하여 불가 피한 요건이라 할 수 있지만, 요건 충족 여부를 판단함에 있어서 불명확한 점이 있으며, 「부당한 공동행위 자진신고자 등에 대한 시정조치 등 감면 제도 운영고시」(이하 감면고시) 제5조는 조사 협조5) 그리고 제6조는 공동

---

5) 제5조 시행령 제35조 제1항 각 호의 요건 중 "조사가 끝날 때까지"라 함은 "위원 회 심의가 끝날 때 까지"를 의미하며, "성실하게 협조"하였는지 여부는 다음 각 호의 사유를 종합적으로 고려하여 판단한다.
   1. 자진신고자 등이 알고 있는 당해 공동행위와 관련된 사실을 지체없이 모두 진 술하였는지 여부
   2. 당해 공동행위와 관련하여 자진신고자 등이 보유하고 있거나 수집할 수 있는 모든 자료를 신속하게 제출하였는지 여부
   3. 사실 확인에 필요한 위원회의 요구에 신속하게 답변하고 협조하였는지 여부
   4. 임직원(가능하다면 전직 임직원 포함)이 위원회와의 면담, 조사 등에서 지속적 이고 진실하게 협조할 수 있도록 최선을 다하였는지 여부

행위 중단에 관한 구체적인 기준을 제시하고 있다.6) 특히 공동행위 중단
에 관하여 감면고시는 합의의 존속 여부를 판단 기준으로 제시하고 있다.
이러한 기준이 이론적 타당성은 있지만, 감면 조치의 요건으로 규정되어
있다는 점에서 미국 DOJ의 'Corporate Leniency Policy' A. 2.에서 규정하
듯이 즉각적이고 효과적인(prompt and effective) 중단조치와 같은 적극적
인 행위 내용을 요구하는 것이 정책적으로 바람직할 수 있다.7) 또한 EU
의 자진신고자 감면 고시(Commission Notice on Immunity from Fines
and Reduction of Fines in Cartel Case, OJ 2006, C 298/;17; 이하
Immunity Notice)의 규정처럼, 조사가 완전히 이루어지도록 하기 위한 예
외 규정의8) 도입도 조사과정의 실효성 측면에서 고려할 만하다.

조사협조자는 공정거래위원회가 조사를 시작한 후에 조사에 협조한 자
로서, 자진신고자의 경우와 마찬가지로 동 위원회가 정보를 입수하지 못
하였거나 충분한 정보를 확보하지 못한 상태에서의 조사협조가 이에 해당
하고, 감면 대상이 되기 위하여 성실 협조와 부당 공동행위의 중단이 추가
적으로 요구된다. 자진신고자와 조사협조자는 공정거래위원회의 조사 개

---

5. 공동행위와 관련된 증거와 정보를 파기, 조작, 훼손, 은폐하였는지 여부
6. 심사보고서가 통보되기 전에 위원회의 동의 없이 제3자에게 행위사실 및 감면
신청 사실을 누설하였는지 여부
6) 제6조 ① 시행령 제35조 제1항 각 호의 요건 중 "당해 부당한 공동행위를 중단"
하였는지 여부는 공동행위의 합의가 더 이상 존속하지 아니하게 되었는지 여부에
따라 판단한다. 참가사업자들이 여러 차례의 합의를 한 경우에는 합의의 구체적
내용과 사정 등을 종합적으로 고려하여 판단한다.
② 공동행위는 감면신청 후 즉시 중단하여야 한다. 다만, 심사관이 조사상 필요에
의하여 일정한 기간을 정하는 경우 그 기간이 종료한 후 즉시 중단하여야 한다.
7) DOJ, Corporate Leniency Policy, A. 2. "The Corporation took prompt and
effective action to terminate its part in the activity."
8) Immunity Notice, (12) (b). 2006년 제정된 현행 Immunity Notice에 대하여, EU
전체를 포괄하는 단일한 자진신고가 감면시스템으로 운영되기 위한 첫 단계로서
평가할 수 있다는 것으로서, Ariel Ezrachi, EU Competition Law, Oxford Univ.
Press, 2010, 408면 참조.

시 시점을 기준으로 구분되며(부당한 공동행위 자진신고자 등에 대한 시정조치 등 감면제도 운영고시(이하 감면고시) 2조 1호 및 2호), 감면고시 제3조 제1항은 "공정거래위원회가 당해 공동행위에 참여한 혐의로 1인 이상의 사업자에게 구두, 전화, 서면 등의 방법으로 자료제출 요구, 사실관계 확인, 출석 요구 또는 현장 조사 등을 실시한 때를 조사개시 시점으로 본다"고 규정하고 있다.

한편 독점규제법은 최초의 자진신고자와 조사협조자 외에 두 번째로 자진 신고하거나 조사에 협조한 자도 감면 대상에 포함하고 있는데, 미국의 경우 감면 대상을 자진신고자 또는 첫 번째 조사 협조자에 한정하고 있는 것과 비교하여 보면,[9) 독점규제법상 자진신고자 감면제도의 적극적인 운영을 시사한다. 이 경우에도 최초의 자진신고자 등과 동일하게 성실한 협조와 부당 공동행위의 중단이 요구된다(영 35조 1항 3호).

### (2) 감면 효과

이상의 감면 대상자에 대하여, 유형 별로 상이한 효과가 부여된다. 우선 최초의 자진신고자에 대해서는 과징금 및 시정조치를 필요적으로 면제한다. 다른 유형의 감면 대상자에 대해서는 감면의 정도가 축소되는데, 조사협조자에 대해서는 과징금은 필요적으로 면제되지만, 시정조치는 감경 또는 면제된다. 또한 두 번째 자진신고자 등에 대해서는 과징금의 100분의 50이 감경되고, 공정거래위원회의 재량에 의하여 시정조치가 감경될 수 있다.[10)

이와 같이 차등화된 감면 조치의 내용은 정책적 판단에 따른 것이고, 또한 부분적으로 공정거래위원회의 재량 여지를 배제함으로써 감면 조치의 명확성을 기하고 있다. EU의 Immunity Notice는 과징금의 감액은 규

---

9) DOJ, Corporate Leniency Policy, A. B.
10) 두 번째 자진신고자 등에 대한 감경비율은 2007년 동법 시행령 개정에 의하여 30%에서 50%로 상향되었다.

제기관의 조사에 대한 대상자의 실제 기여도를 반영하여야 한다고 지적하고 있는데,[11] 이러한 관점에서 자진신고자 유형에 따라서 형식적으로 정한 감면 기준은 구체적인 타당성을 결할 가능성도 있다.

한편 자진신고자 감면조치의 대상자라 하더라도, 일정한 경우에 적용이 배제된다. 즉 동법 시행령 제35조 제1항 제5호에 의하여 "다른 사업자에게 그 의사에 반하여 부당한 공동행위에 참여하도록 강요하거나 이를 중단하지 못하도록 강요한 사실이 있는 경우"와 일정 기간 동안 반복적으로 부당 공동행위를 한 경우"에 감면 대상에서 제외된다. 비교법적으로 보면 EU의 Immunity Notice나 미국 DOJ의 Corporate Leniency Policy 모두 강요자에 대한 감면 혜택을 부여하고 있지 않으며,[12] 정책적으로 이러한 유형의 사업자에게까지 감면 규정을 적용한다면 불공정한 결과를 낳을 수 있다는 점에서 타당한 태도로 이해된다. 이와 관련하여 EU Immunity Notice는 강요자에 대한 과징금 면제를 규정하면서, 동시에 강요자가 다른 모든 조건을 충족하는 경우에 여전히 과징금 감액의 대상이 될 수 있다고 규정하고 있는데,[13] 강요자 판단이 용이하지 않다는 점까지 아울러 고려한다면, 이러한 태도의 수용은 정책적으로 고려할 만하다. 한편 공동행위의 위반 사례를 적용 배제 요건으로 한 것은 비교법적으로 드문 예이며, 또한 미국 Corporate Leniency Policy에서 규정하고 있는 것과 같은 주도자에 대한 적용 제외 규정을 두고 있지 않은 점도 특징적이다.

## 2. 제도 운영 현황

### (1) 부당 공동행위 사건에서 제도 운영의 비중

자진신고자 감면제도는 1997년부터 시행되었지만, 입법 초기에는 동 제

---

11) Immunity Notice, (5).
12) Corporate Leniency Policy, A. 6., Immunity Notice, (13), (22).
13) Immunity Notice, (13).

도가 조사 과정에 활용된 예가 많지 않았다. 제도 활용도가 높아진 것은 2005년 이후인데, 동 시기에 동법 시행령 개정에 의하여 자진신고자에 대한 감면 요건과 효과가 예측가능하고 명확하게 제시된 것이 제도 활용도를 높인 원인이 된 것으로 분석된다.[14)]

다음의 〈표 18-1〉은 전체 부당 공동행위 사건에서 자진신고자 감면제도가 활용된 비중을 보여주고 있다.

〈표 18-1〉 자진신고자 감면제도가 활용된 카르텔 사건 수[15)](단위 : 건)

| | '99 | '00 | '01 | '02 | '03 | '04 | '05 | '06 | '07 | '08 | '09 | '10 | '11 | 계 |
|---|---|---|---|---|---|---|---|---|---|---|---|---|---|---|
| 카르텔사건 과징금 부과건수 | 15 | 15 | 8 | 14 | 11 | 14 | 23 | 27 | 24 | 43 | 21 | 26 | 34 | 275 |
| 자진신고자 감면제도 적용건수 | 1 (1) | 1 (1) | - | 2 (1) | 1 (1) | 2 (0) | 7 (6) | 7 (6) | 10 (10) | 21 (20) | 17 (13) | 18 (18) | 32 (29) | 119 (106) |
| 비율(%) | 6.7 | 6.7 | - | 14.3 | 9.1 | 14.3 | 30.4 | 25.9 | 41.7 | 48.8 | 61.9 | 69.2 | 85.2 | 38.8 |

* ( )의 숫자는 자진신고자 감면제도가 적용된 사건 중 과징금이 부과된 사건이며, 비율은 전체 과징금 부과 사건 중 감면제도가 적용되어 과징금이 부과된 사건의 비율을 의미

---

14) 공정거래위원회, 공정거래위원회 30년사, 2011, 558면 참조. 이와 관련하여 Gordon J. Klein의 견해를 참고할 만한데, 자진신고자 감면제도가 산업에 미친 영향에 대한 경험적 분석에서 동 제도가 비용이익마진(PCM)의 3-5%의 감소를 낳았다는 결과에 근거하여 긍정적인 평가를 하면서, 이러한 결과가 카르텔의 규제 효과(detection of cartels) 보다는 카르텔 억지 효과(deterrence of cartels)에 기인한 것으로 분석하고 있다. Gordon J. Klein, Cartel Destabilization and Leniency Programs - Empirical Evidence, ZEW(Zentrum für Europäische Wirtschaftsfor-schung GmbH), 2010, 16-17면 참조.
15) 공정거래위원회, 공정거래백서, 2012, 204면.

### (2) 제도 활용 사례

초기 제도 이용 사례로서 비타민을 생산하는 에프 호프만-라 로슈 (주)(F. Hoffmann-La Roche Ltd.) 등 6개 외국 사업자의 부당공동행위 사건이 있다. 동 사건에서 사업자들을 비타민 종류별로 가격과 판매량 할당에 관한 합의를 하고 이를 실행하였는데, 공정거래위원회는 법률상 명시적 근거가 없는 상황에서 영향이론에 따른 역외적용 법리를 원용하여 당해 사업자들의 행위를 부당 공동행위로서 규제하였고,[16] 동 심결에 대한 항고소송에서 고등법원은 공정위 심결이 적법한 것으로 판단하였다.[17] 특히 동 사건은 외국 사업자들의 공동행위로서 조사에 어려움이 있었지만, 공동행위에 참가한 일부 사업자들이 조사협조자로서 감면을 받기 위하여 적극적으로 협조함으로써 수월하게 조사가 진행되었으며, 동법 시행령 제35조에 의하여 과징금 감면이 이루어졌다.

굴삭기 및 휠로다 제조 3개 사업자의 부당공동행위 사건에서[18] 공동행위 참가자 중 일부에 의한 조사협조에 따른 감면이 있었는데, 특히 과징금 감면액이 98억원에 이르러 동 제도 활성화의 계기가 되었다. 한편 동 사건의 항고소송에서 대법원이 조사협조자가 감경을 받기 위한 요건으로서 '필요한 증거'는 부당한 공동행위를 직·간접으로 입증할 수 있는 증거를 의미하며, 여기에 구두 진술도 포함된다고 판시한 부분도[19] 주목할 만한 것이다.

8개 고밀도폴리에틸렌 제조·판매사업자들의 가격담합 사건에서는[20] 공동행위 참가사업자들의 조사협조가 합의 입증에 있어서 결정적인 역할을 하였고, 이에 따라 당해 사업자들에 대하여 과징금이 감면되었다. 특히 당해 사건에서 자진신고자 감면제도에 따른 감면은 당시 동법 시행령 제

16) 공정위 2003. 4. 29. 의결 제2003-098호.
17) 서울고법 2004. 11. 24. 선고 2003누9000 판결.
18) 공정위 2007. 6. 5. 의결 제2007-300호.
19) 대법원 2008. 9. 25. 선고 2007두3756 판결.
20) 공정위 2007. 6. 5. 의결 제2007-300호.

35조에 의하여 두 번째 조사협조자 이후의 조사협조자에 대해서도 행해지고, 또한 「과징금 부과 세부기준 등에 관한 고시」(이하 과징금 부과고시)에 의하여 조사협조에 대한 임의적 과징금 감경도 있었다. 즉 최초의 조사협조자에 대해서 100%, 두 번째 조사협조자에 대하여 49.99%, 세 번째 조사협조자(두 사업자)에 대하여 30%, 그리고 순위에 포함되지 않는 다른 두 사업자에 대해서 20% 감경이 이루어졌으며, 결국 공동행위 참가 사업자 중 한 사업자를 제외하고 조사협조로 인한 과징금 감경을 받게 되었다.

CJ, 삼양사, 대한제당 등 3개 설탕 제조·판매 사업자들 간의 가격담합 사건에서는[21] 첫 번째 조사협조자에 대하여 과징금 감면이 주어지고 고발 대상에서 제외되었다. 동 사건에서는 다른 두 사업자도 공동으로 증거가치 있는 추가 자료를 제출하고 과징금 감면을 신청하였는데, 감면고시 제9조 제4항에 의하여 공정거래위원회는 두 사업자에 대하여 과징금 감면의 지위를 인정하지 않았다. 동 조항은 2 이상의 사업자가 공동으로 감면신청을 한 경우 받아들이지 않는다고 규정하고 있는데, 조사협조를 담합의 방식으로 행할 수도 있다는 우려를 반영한 것으로서, 동 사건은 이에 관한 구체적인 적용사례에 해당한다.

10개 손해보험사가 보험료 산출 기준에 관하여 담합한 사건에서[22] 세 사업자의 조사협조가 공정거래위원회의 조사과정에서 결정적인 기여를 하였다. 공정거래위원회는 세 사업자의 조사협조에 따른 과징금 감면 요건을 검토하고, 순위에 맞추어 첫 번째 조사협조자에 대하여 100%, 두 번째 조사협조자에 대하여 49.99%, 세 번째 조사협조자에 대하여 30%의 과징금을 감경하였다.

10개 신용카드 VAN 사업자가 DC 수수료에 관하여 담합한 행위에 대하여 공정거래위원회는 부당 공동행위로 규제하였는데,[23] 조사과정에서 자

---

21) 공정위 2007. 8. 20. 의결 제2007-409호.
22) 공정위 2007. 9. 12. 의결 제2007-443호.
23) 공정위 2008. 3. 5. 의결 제2008-080호.

진신고자 감면제도는 결정적인 기여를 하였다. 특히 동 사건은 자진신고자 감면제도가 카르텔로부터의 이탈을 유인할 수 있음을 보여주는 전형적인 사례에 해당하는데, 최초의 자진신고가 있은 후에 카르텔에 의한 결합이 와해되고 공동행위 참가 사업자들의 자진신고가 연이어 이루어짐으로써 공동행위 내용의 상세를 규제기관에서 확인할 수 있었다.

공정거래위원회가 다룬 최대 규모의 국제 카르텔로서 26개 항공운송사업자가 유류할증료 담합에 참가하였던 사건에서,[24] 공정위는 규제당국 간 협력과 로거토리 레터(Rogatory Letter, 외국당국 간 자료협조 절차)에 의한 자료 수집 등에 의하여 공동행위의 상세한 내용을 파악하고 이에 대한 과징금 부과와 시정조치를 내렸는데, 최초의 자진신고에 의하여 공정위의 사건 인지가 가능하게 되었다.

## III. 자진신고자 감면제도의 적용 제외 검토

### 1. 악의적 이용 가능성 문제

위에서 살펴본 것처럼 자진신고자 감면제도가 활성화되면서, 부당 공동행위 규제의 실효성을 제고하는데 의미 있는 기여를 하고 있는 것으로 볼 수 있지만, 다른 한편으로 제도의 남용 가능성에 대해서도 주의를 기울일 필요가 있다.

이러한 관점에서 몇 가지 사례를 보면, 6개 LPG 공급회사의 부당공동행위 사건에서,[25] 공정거래위원회는 가격담합을 인정하고 공동행위에 참가한 6개 사업자에 대하여 과징금을 부과하였다. 특히 자진신고자 감면제

---

24) 공정위 2010. 6. 18. 의결 제2010-061호.
25) 공정위 2010. 4. 23. 의결 제2010-045호.

도에 의하여 SK 및 SK에너지(SK는 2007. 7. 1. 지주회사 SK와 사업회사 SK에너지로 분리되어, LPG 공급사업의 주체는 SK에서 SK에너지로 변경)는 100%, SK가스는 50%의 과징금 감경을 받았는데, 과징금 감면을 받은 SK가스와 SK에너지는 계열관계에 있었고, 양사의 시장점유율 합계는 2008년 47.0%로서 1위 사업자에 해당하였다. 또한 앞에서 살펴본 3개 설탕 제조업자의 공동행위 사건에서 유일하게 과징금 감면을 받은 CJ는 2005년 기준으로 48.9%의 시장점유율을 가진 1위 사업자였다.

행태적인 측면에서 주목할 만한 것으로서, 공정거래위원회는 9개 폴리프로필렌 제조업자들의 가격담합 행위를 부당 공동행위로 규제한 사건을 들 수 있다.26) 동 사건에서 공동행위 참가 사업자 중 호남석유화학은 가격조정안을 작성하여 가격담합 기준을 제시하는 등 담합을 적극적으로 주도하였지만, 최초의 조사협조자라는 이유로 314억 9천만원의 과징금 100%를 면제받았다.

물론 독점규제법상 자진신고자 감면제도는 담합 주도자에 대한 적용을 배제하지 않고 있으며, 더욱이 시장점유율 1위 사업자라 하더라도 현행 제도에서 감면대상에서 제외되는 것은 아니기 때문에, 이상의 사례에서 나타난 과징금 감면 사례가 법적용의 오류를 의미하는 것은 아니다. 그러나 과징금 감면의 결과는 사업자 간의 경쟁관계에 비추어 불공정한 것으로 볼 여지가 있다.27) 특히 시장지배적 지위에 있는 사업자나 가격선도기업 등은 카르텔 형성에 있어서 뿐만 아니라 카르텔 해체에 있어서도 전략적으로 유리한 위치에 있으며, 공정거래위원회의 규제에 대하여 상대적으로 탄력적인 대응이 가능하다는 점도 염두에 둘 필요가 있다.

26) 공정위 2007. 6. 5. 의결 제2007-301호.
27) 이러한 관점에서 자진신고자 감면제도의 문제를 제기하고 있는 것으로서, 오영중, 주 4)의 글, 40-41면 참조.

## 2. 적용 제외의 한계와 개선 방안

### (1) 적용 제외 규정의 연혁과 의의

전술한 것처럼 독점규제법상 자진신고자 감면제도의 적용 제외에 관한 규정을 둠으로써 이러한 문제에 입법적으로 대비하고 있다. 그러나 구체적인 내용에는 상당한 변화가 있었다. 2005년 동법 시행령 개정 이전에는 부당 공동행위를 주도하거나 강요한 자는 감면 대상에서 제외되었으나, 동 개정에 의하여 삭제되었다. 2007년 개정에 의하여 강요의 경우는 다시 자진신고자 감면제도의 적용이 제외되는 것으로 변경되었고, 2011년 개정에 의하여 반복적으로 부당 공동행위를 행한 사업자도 적용 제외 대상에 포함되었다.

이와 같은 잦은 개정은 적용 제외에 관한 정책적 판단의 어려움을 시사하는 것이기도 하다. 2005년 동법 시행령 개정에서 적용 제외 규정을 삭제한 것은, 주도나 강요의 입증이 곤란하기 때문에 자진신고자 감면제도의 운영에 있어서 불명확성이 커지고, 이로 인하여 제도의 이용이 제한되고 있다는 인식에 따른 것으로 이해된다.[28] 그러나 적용 제외 규정이 없는 상황에서 공동행위 참가자 중 일부에 대한 과징금 감면이 불공정한 결과를 낳을 수 있다는 우려가 반영되어, 2007년 개정에서 강요의 경우에 한해서 적용 제외 규정이 재도입되었다. 특히 이 개정에는 강요의 경우 미국이나 EU에서 모두 감면제도의 적용 제외 대상으로 하고 있다는 비교법적 상황도 영향을 미친 것으로 볼 수 있다. 그러나 강요에 한정하여 적용 제외 범위를 정하는 것으로는 불공정한 결과를 피할 수 없다는 인식에 따라서, 2011년 개정에서 반복적인 부당 공동행위 위반의 경우가 적용 제외 대상에 추가되었다.

---

28) 오행록, "Leniency 제도 집행성과와 향후 과제", 경쟁법연구 제16권, 2007, 112면 참조.

그러나 현재의 적용 제외 규정을 포함한 자진신고자 감면제도 운영이, 공동행위 참가자 또는 거래 상대방 나아가 궁극적으로 소비자의 관점에서 공정하게 이루어질 수 있는지에 대해서는 여전히 일정한 문제제기가 가능할 것이다. 또한 감면제도 운영의 공정성을 강화하는 것과 불명확성을 제거하여 제도의 실효성을 제고하는 것은 상충되는 측면이 있으며, 정책적으로 양자를 조화하는 문제는 지속적으로 논의될 필요가 있다.

## (2) 현행 적용 제외 규정의 분석

앞에서 살펴본 것처럼, 자진신고자 감면제도에 있어서 적용 제외는 공동행위의 강요와 반복적인 부당 공동행위의 위반의 경우에 인정된다. 이와 관련하여 감면고시는 각각의 경우에 대하여 구체적인 판단기준을 제시하고 있다.

우선 감면고시 제6조의2는 강요 여부의 판단과 관련하여, 다른 사업자에게 그 의사에 반하여 당해 부당한 공동행위에 참여하도록 하기 위하여 또는 이를 중단하지 못하도록 하기 위하여 폭행 또는 협박 등을 가하였는지 여부(1호)와 다른 사업자에게 그 의사에 반하여 당해 부당한 공동행위에 참여하도록 하기 위하여 또는 이를 중단하지 못하도록 하기 위하여 당해 시장에서 정상적인 사업활동이 곤란할 정도의 압력 또는 제재 등을 가하였는지 여부(2호)를 제시하고 있다. 즉 행태적 측면을 주로 하여 강요의 개념을 구성하고 있다. 그러나 이러한 개념 구성이 공동행위, 특히 수평적 카르텔에서[29] 강요가 갖는 의미와 어떠한 관련성을 갖는지의 관점에서 논의의 필요성이 있다. 일반적으로 수평적 카르텔은 참가자들의 공동의 이

---

29) 수직적 제한에 관한 공동행위에 있어서 강요(coercion)가 합의의 존재와 관련하여 필수적인 요소일 수 있다고 보는 것으로서, Jean Wegman Burns, "The New Role of Coercion in Antitrust", Fordam Law Review vol. 60. issue 3, 1991, 434-435면 참조. 그러나 이러한 논의에 앞서 독점규제법 제19조에 의하여 수직적 공동행위가 규제될 수 있는지가 선행적으로 다루어져야 한다.

익을 추구하거나 향유하는 것을 상정하며,[30] 따라서 카르텔 형성이나 유지에 강요가 매개된 경우에도 경쟁법은 카르텔 참가자 모두에게 책임을 귀속시키는 규제체계를 이루고 있다. 이러한 점에서 감면제도의 적용에서 강요자의 배제는 카르텔 참가자 중 일부에게 차별화된 이익이 존재할 수 있음을 전제하는 것이며, 특히 행태적 측면이 아니라 경제적 측면에서 강요를 파악할 경우에 이에 대한 이해가 뒷받침되어야 한다. 또한 참가자들의 행위가 투명하게 모니터링 될 수 있고, 이탈자에 대한 보복이 이루어질 가능성이 높은 시장구조인지, 강요 주체와 상대방의 상대적 규모 등이[31] 객관적으로 분석될 필요가 있다.

또한 감면고시 제6조의3는 반복하여 부당 공동행위를 행한 경우의 판단 기준으로서, 법 제19조 제1항을 위반하여 시정조치와 과징금납부명령을 받은 자가 시정조치를 받은 날로부터 5년 이내에 다시 당해 시정조치에 위반되는 부당한 공동행위를 한 경우(1호) 그리고 법 제19조 제1항을 위반한 부당한 공동행위에 대하여 법 제22조의2의 규정에 의하여 시정조치 또는 과징금을 감경 또는 면제 받은 자가 감경 또는 면제받은 날로부터 5년 이내에 새롭게 법 제19조 제1항을 위반하여 부당한 공동행위를 한 경우(2호)를 제시하고 있다. 2011년에 새롭게 도입된 동 규정의 취지는 강요자의 적용 제외만으로는 자진신고자 감면제도의 공정한 운영에 한계가 있다는 인식에 따른 것으로 볼 수 있다. 따라서 동 규정의 의의는 강요자 적용 제외의 한계를 보완하는 관점에서 이해할 필요가 있을 것이다.

즉 동 규정은 행태적으로 또는 경제적으로 강요에 해당하는 것으로 볼 수 없지만 당해 공동행위에 실질적인 영향력을 행사하고 있는 것으로 평가할 수 있는 경우, 또는 당해 공동행위 참가자에게 과징금 등을 감면하는 것이 공정성의 관점에서 문제가 될 수 있는 경우를 포괄하는 것이 되어야

---

30) 위의 글, 381-385면 참조.
31) Richard Whish, Competition Law 6. ed., Oxford Univ. Press, 2009, 406-407면 참조.

한다. 그러나 동 규정이 전자의 경우에 대하여 의미 있는 징표로 보이지는 않으며, 또한 5년의 형식적 기준에 따라서 행위자에 대한 감면의 공정성을 일률적으로 결정하는 것에도 의문이 있다.[32]

### (3) 개선 방안의 검토

EU의 'Immunity Notice'가 지적하고 있는 것처럼 자진신고자 감면제도의 정당성은 은폐적인 방식으로 이루어지는 카르텔을 찾아내고 규제함으로써 얻게 되는 소비자와 공동체 구성원들의 이익이 카르텔에 참가한 사업자에 대한 금전적 제재로부터 발생하는 이익보다 큰 것에서 도출된다.[33] 이는 상반되는 가치의 형량의 필요성을 시사하는 것이며, 부당 공동행위 참가 후 자진신고 등을 행한 자에 대한 감면이 정당성을 잃게 되는 경우에 대한 폭넓은 고려가 필요하다.

이러한 관점에서 미국 'Corporate Leniency Policy' A. 6.에서 강요자뿐만 아니라 카르텔의 주도자(leader) 또는 창안자(originator)를 감면 대상에서 제외하고 있는 것에 대하여 주목할 필요가 있다. 전술한 것처럼 독점규제법상 자진신고자 감면제도에서 주도자에 대한 적용 제외가 폐지된 것은, 주도자에 대한 판단이 용이하지 않고 따라서 제도 운영의 불명확성을 초래하여 부당 공동행위 참가자들의 적극적인 제도 활용이 제한될 수 있다는 정책적 판단에 따른 것이다. 그러나 강요자를 중심으로 구성된 현행 자진신고자 감면제도의 적용제외 규정의 한계가 있다는 점도 간과할 수 없으며, 'Corporate Leniency Policy' A. 6.도 명백하게(clearly) 주도자 등에 해당하는 경우로 한정하여 적용 제외 규정을 운영하고 있다는 점을 참고하여, 주도자에 대한 적용 제외를 재도입하는 것에 대한 논의가 이루어질 필요가 있다.[34]

---

32) 대안으로서 시장점유율이 높은 사업자에 대한 감경 비율을 조정하는 '시장점유율 연동 감면제도'를 주장하는 견해로서, 오영중, 주 4)의 글, 45면 참조.

33) Immunity Notice, (3).

또한 감면의 조건으로 'Corporate Leniency Policy' A. 5.에서 제시하고 보상 조건도 참고할 필요가 있다. 즉 동 규정은 가능한 경우에 공동행위로 인한 피해자에 대하여 보상(the corporation makes restitution to injured parties)할 것을 감면의 조건으로 하고 있는데, 전술한 것처럼 자진신고자 감면제도는 상충되는 소비자 이익의 형량에 근거하는 것이므로, 이러한 조건의 충족은 제도 운영의 정당성 측면에서 의미 있는 기여를 할 수 있을 것이다.

## Ⅳ. 결론 - 적용 제외의 개선

자진신고자 감면제도에 대하여 OECD는 동 제도가 실효성 있게 기능하기 위하여 신고자에 대한 확실한 보상이 제시되어야 할 필요가 있다는 지적을 하고 있다.[35] 이때 확실한 보상이 제시되기 위해서는 감면의 내용과 범위 그리고 감면이 배제되는 경우가 명확하게 규정되어야 함을 의미하는 것이고, 이러한 관점에서 독점규제법 시행령에 규정된 자진신고자 감면의 적용 제외에 관한 연혁적 흐름을 이해할 수 있을 것이다. 즉 감면 적용 제외 규정은 사전에 명확하게 제시되어야 하며, 판단과정에서 재량에 따른 판단 여지가 있는 개념 구성은 가능한 한 입법적으로 배제할 필요가 있다.

그러나 앞에서 살펴본 것처럼 자진신고자 감면제도는 부당 공동행위에 참가한 위법한 사업자에 대한 면책보다 부당 공동행위를 찾아내고 규제함으로써 얻게 되는 소비자 일반의 이익이 보다 크다는 것에 정당성이 있는 제도이며, 이때의 면책이 공정성을 잃게 되면 제도의 정당성 자체가 인정

---

34) 주도자에 대한 감면 적용의 제외를 주장하는 견해로서, 황태희, "현행 카르텔 자진신고자 감면제도의 문제점과 개선방안", 경쟁법연구 제16권, 2007, 90면 이하 참조.
35) OECD, 주 2)의 책, 18면 참조.

되기 어렵다는 점도 염두에 두어야 한다. 결국 상충되는 두 제도적 의의가 조화될 필요가 있다. 이러한 관점에서 현행 자진신고자 감면제도에서 적용 제외 규정은 전자에 치우치게 구성된 것으로 볼 여지가 있으며, 입법적 개선의 필요성이 있다.

이러한 점에서 과거 우리 법체계에서 규정하고 있었던 주도자에 대한 적용 제외의 도입도 재고될 필요가 있다. 비록 주도자 개념의 모호함을 부인할 수 없지만, 주도자로서의 지위가 명백한 경우에 한정하여 운영한다면, 개념의 불명확성에 따른 문제를 어느 정도 극복할 수 있을 것으로 생각된다.

또한 전술한 것처럼 피해자에 대한 보상 문제와 관련하여, 피해자에 대한 보상을 감면의 조건으로 규정하는 것도 적극적으로 검토할 필요가 있을 것이다. 미국의 'Corporate Leniency Policy'가 피해자 보상을 감면조건으로 하고 있는 것을 비교법적으로 참고할 수도 있지만, 무엇보다 이러한 정책은 자진신고자 감면제도의 상반되는 의의, 즉 부당 공동행위 규제의 실효성 제고와 법위반자에 대한 공정한 제재 두 측면을 조화할 수 있다는 점에서 긍정적이다.

또한 입법적 변경에 이르지 않는 경우에도, 현행 규정의 해석과 적용에 있어서 자진신고자 감면제도의 취지가 반영될 필요가 있다. 즉 강요자에 대한 적용 제외는 카르텔 형성과 유지에 실질적인 영향력을 행사한 자에 대한 감면이 공정하지 못하다는 인식에 따른 것이다. 현행 고시에서 규정하고 있는 것과 같이 폭행·협박이나 압력·제재와 같은 행태적 측면에 초점을 맞추는 것이 타당성을 결한 것으로 볼 수는 없지만, 이에 한정할 경우에 실질적인 영향력 행사의 경우를 충분히 포섭할 수 있는지에 의문이다. 따라서 시장의 객관적 조건과 구조적 관점에서 강요를 이해할 필요가 있을 것이다.

# 19. 엔지니어링 산업에서 하도급거래의 실태분석

## I. 서론

### 1. 연구의 목적

엔지니어링 산업은 사회적 필요에 따라서 물리적, 수학적, 경제학적, 사회적 그리고 실무적 지식 등을 활용하여 설비나 기계, 기타 다양한 장치를 개발하고, 적용하는 것과 관련된 창조적이고, 기술적인 서비스 산업을 의미한다.[1] 「엔지니어링산업 진흥법」(이하 '엔지니어링법') 제2조 제1호는 엔지니어링 활동을 "과학기술의 지식을 응용하여 수행하는 사업이나 시설물에 관하여, 연구, 기획, 타당성 조사, 설계, 분석, 계약, 구매, 조달, 시험, 감리, 시험운전, 평가, 검사, 안전성 검토, 관리, 매뉴얼 작성, 자문, 지도, 유지 또는 보수(가목) 그리고 이러한 활동에 대한 사업관리(나목)의 활동"으로 규정하고 있으며, 동조 제2호는 이와 같은 엔지니어링활동을 통하여

---

[1] 미국의 엔지니어 단체인 Engineers' Council for Professional Development (ECPD)는 엔지니어링의 의의와 관련하여 특히 과학적 원리의 창조적 적용 (creative application of scientific principles)을 강조하고 있다. http://www.abet. org/history. shtml 참조.

경제적 또는 사회적 부가가치를 창출하는 산업을 엔지니어링 산업으로 정의하고 있다.

이러한 정의에서 알 수 있듯이, 엔지니어링은 다양한 지식을 종합하여 특정한 산업에서의 제조과정이나 공정과정에 과학적 기술 등을 적용하는 것이 본질이며, 엔지니어링 활동을 통하여 창출되는 부가가치는 그 자체로 독립적으로 실현되는 경우도 있지만, 전체 제조과정이나 공정과정에 반영되는 경우가 보다 일반적인 모습이라 할 수 있다. 따라서 엔지니어링은 전체 사업의 한 부분으로서 하도급의(sub-contract) 형태로 나타나는 경우가 많으며, 이러한 계약구조적 특징은 엔지니어링 산업의 발전을 모색함에 있어서 반드시 고려되어야 할 부분이다. 즉 엔지니어링 활동의 주체가 자신의 서비스를 공정한 거래 환경에서 제공하도록 하는 것은, 엔지니어링에 의하여 창출되는 부가가치를 제고함으로써 사회적 후생의 증대에 기여할 수 있다.

하도급 거래가 공정하게 이루어질 수 있도록 하는 제도적 환경을 조성할 목적으로 「하도급거래 공정화에 관한 법률」(이하 '하도급법')이 시행되고 있다. 하도급법 제2조 제1항에서 하도급거래는 용역위탁을 포함하는데, 이때 용역위탁이란 지식·정보성과물의 작성 또는 역무의 공급의 위탁을 의미하며(동조 11항), 동조 제12항 제3호 및 제13항 제1호에 의하여 엔지니어링법상 엔지니어링 활동은 지식·정보성과물의 작성 또는 역무의 공급에 해당한다. 이상의 규정으로부터 하도급 형식의 엔지니어링 활동은 용역위탁으로서 하도급법에서 규제 대상으로 하는 하도급 거래에 당연히 포함되며,[2] 동법에 의하여 거래의 공정화를 위한 규율이 이루어지고 있다.

---

2) 하도급법 제2조 제1항은 하도급거래를 "원사업자가 수급사업자에게 제조위탁·수리위탁·건설위탁 또는 용역위탁을 하거나 원사업자가 다른 사업자로부터 제조위탁·수리위탁·건설위탁 또는 용역위탁을 받은 것을 수급사업자에게 다시 위탁한 경우, 그 위탁을 받은 수급사업자가 위탁받은 것을 제조·수리·시공하거나 용역수행하여 원사업자에게 납품·인도 또는 제공하고 그 대가를 받는 행위"로 정의하고 있다.

하도급법은 원사업자와 수급사업자의 수직적 관계에서 발생할 수 있는 불공정거래행위를 규제하기 위하여 1984년 「독점규제 및 공정거래에 관한 법률」(이하 '독점규제법')의 특별법 형태로 제정되었다. 특히 독점규제법 상 불공정거래행위의 한 유형인 거래상 지위남용의 경우, 거래상 우월한 지위의 전형적인 예가 하도급거래에서 원사업자와 수급사업자의 관계에서 나타나고 있으며, 이에 대한 특별한 규율의 필요성이 인정되어 하도급법 제정에 이른 것으로 이해된다.[3] 따라서 하도급법은 원사업자가 수급사업 자에 대하여 상대적으로 우월한 지위를 남용하는 것에 대한 규제를 목적 으로 한다.[4] 그러나 이러한 입법적 규율에도 불구하고, 하도급 거래의 공 정화가 충분히 정착되었는지에 관하여 의문이 없는 것은 아니다. 1984년 하도급법이 제정된 이후 불공정한 하도급거래행위에 대한 규제로서 공정 거래위원회에 의한 시정조치를 보면, 하도급법의 위반 사례는 지속적으로 증가하였으며, 이러한 추세는 일정 기간 계속될 것으로 예상된다. 다음 〈표 19-1〉에 나타난 하도급법 위반 현황은 실제 하도급거래가 충분히 공 정하게 이루어지고 있는지에 대한 의문을 낳는다. 따라서 이러한 의문을 확인하고, 적절한 대안을 제시하기 위하여, 현실에서 전개되고 있는 하도 급거래에 대한 실태조사의 필요성이 크다 할 것이다.

---

3) 하도급의 입법 배경과 제정 과정에 관하여, 공정거래위원회, 시장경제 창달의 발 자취 - 공정거래위원회 20년사, 2001, 475-483면 참조.

4) 신현윤, 경제법, 법문사, 2010, 420-421면 및 若杉隆平, 不公正な取引方法に關す る規制(I): 不當廉買及び優越的地位の濫用·下請取引 -「不公正取引の一般指定」 と「下請代金支拂遲延等防止法」の考察 -, 後藤 晃·鈴村興太郎 編, 日本の競爭政 策, 東京大學出版會, 1999, 106면 참조.

〈표 19-1〉 불공정 하도급거래행위 시정조치(1984 - 2009)[5]　　　(단위: 건)

|  | 1984 - 1986 | 1987 - 1997 | 1998 - 2007 | 2008 -2010 |
|---|---|---|---|---|
| 고발 | 3 | 59 | 124 | 52 |
| 시정명령 | 148 | 421 | 612 | 332 |
| 시정권고 | 49 | 36 | 1 | 0 |
| 경고 | 127 | 1,373 | 13,356 | 2,255 |
| 조정 | 56 | 842 | 753 | 640 |
| 계 | 383 | 2,731 | 14,846 | 3,279 |

이 연구는 엔지니어링 산업에서 나타나는 하도급거래를 조사·분석하는 방식으로 수행하였다. 전술한 것처럼 하도급법이 규제하는 하도급거래의 대상에 용역위탁이 포함되지만, 그 동안 하도급법상 불공정한 하도급거래의 규제와 관련하여 주로 문제가 되었던 것은 제조위탁 거래이며, 용역위탁에 대해서는 그 중요성에도 불구하고 관심 대상에서 벗어나는 경향이 있었다.[6] 따라서 연구 수행에 있어서 용역위탁, 특히 엔지니어링 활동과 관련된 하도급거래의 고유한 특성이 무엇이고, 이러한 특성이 하도급거래의 불공정성에 어떻게 반영되는지에 주의를 기울일 필요가 있다.

예를 들어 엔지니어링은 지식산업의 특성상 과학적 지식이 인력에 체화되는 과정이 전제되는데, 대가 산정의 주를 이루는 인건비를 책정함에 있어서, 과학적 지식의 체화과정을 비용으로 계산하는 것에 어려움이 따르는 비용구조의 특수성이 있다. 또한 다양한 지식을 창조적으로 종합하는 과정이 불가피하기 때문에, 엔지니어링 사업은 원사업자와 수급사업자의 지위가 고정적으로 나타나지 않는 점도 고려되어야 한다. 즉 특정한 사업자가 경우에 따라서 원사업자의 지위에 나타날 수도 있고, 또한 그 역의 경우도 가능하기 때문에, 일률적으로 어느 하나의 지위에서 하도급거래를

---

5) 공정거래위원회, 공정거래위원회 30년사, 2011, 609면 참조.
6) 이상협, "하도급법의 새로운 영역, 용역하도급에 대하여", 경쟁저널 제126호, 2006, 51면 이하 참조.

평가하기 어려운 측면이 있다. 이러한 특성들은 하도급거래의 공정화에 관하여 용역위탁을 대상으로 하면서, 특히 엔지니어링 산업에 고유한 실태조사가 별도로 이루어질 필요성을 뒷받침하는 것이다.

## 2. 연구의 진행

분석의 기초가 되는 실태조사는 엔지니어링 사업자에 대하여 설문하고, 이에 대한 응답을 취합하는 방식으로 진행하였다.[7]

이상의 설문 결과에 기초하여 하도급거래의 실태를 분석하고, 구체적인 논의를 전개하였다. II에서 엔지니어링 산업 및 특히 설문에 참여한 사업자의 현황을 분석하고, 하도급거래 실태조사의 기초가 된 설문의 구성과 내용을 제시하였다. III에서 원사업자의 지위에서 하도급거래의 실태를 분석하였다. 특히 설문의 내용에 하도급거래의 기초가 되는 발주자와의 관계를 반영하였으며, 이러한 관계가 하도급거래에 미치는 영향에 대한 분석도 아울러 수행하였다. IV에서 수급사업자의 지위에서 불공정한 하도급거래의 실태를 살펴보았다. 특히 하도급법에서 규정하는 불공정 하도급거래 유형이 현실 거래에서 어떻게 나타나고 있는지에 초점을 맞추었다. 결론에 해당하는 V에서 이상의 분석에 기초하여 엔지니어링 산업에서 하도급거래의 공정성을 제고하기 위한 방안을 논의하였다.

---

7) 설문은 2010. 12. 14.부터 12. 27.까지 2주일간 진행되었으며, 1,000개의 엔지니어링 사업자에게 전화 요청을 하고, 미리 작성한 설문을 전송한 후 이에 대하여 회신한 내용을 토대로 분석하였다. 모두 77개 사업자가 설문에 응하였다.

## II. 설문의 구성 및 엔지니어링 사업자 현황

### 1. 설문의 구성

엔지니어링 사업자의 하도급거래 실태 조사를 위한 설문은 세 부분으로 구성하였다. 구체적으로 엔지니어링 사업자의 일반 현황 부분, 원사업자의 지위에서 하도급거래의 실태에 관한 설문 부분, 그리고 수급사업자의 지위에서 하도급거래의 실태를 묻는 부분으로 구성하였다.

엔지니어링 사업자의 일반 현황 부분은, 사업자의 주된 기술 부문 및 사업자의 규모, 그리고 하도급거래에 있어서 원사업자와 수급사업자의 지위 중 보다 비중이 높은 것을 묻는 것으로 구성하였다. 특히 후자에 관한 설문은 엔지니어링 사업자가 하도급거래에 있어서 원사업자와 수급사업자 중 주로 어떠한 지위에 있는지를 살펴보고, 각각의 그룹에 속한 사업자들이 하도급거래에서 나타나는 차이를 분석하여, 일정한 경향을 파악하기 위한 것이다.

원사업자의 지위에 있는 엔지니어링 사업자를 대상으로 한 하도급거래의 설문은, 주로 당해 하도급거래에서 발생하는 불공정한 거래 실태를 묻는 것으로 구성하였다. 그러나 하도급거래의 불공정성은 많은 경우 하도급거래의 기초가 되었던 원 위탁계약의 문제점에 기인한 것일 수 있기 때문에, 원사업자의 지위에서 발주자와의 관계에 대한 질문도 추가하였다.

끝으로 수급사업자의 지위에서 불공정한 하도급거래의 실태를 묻는 설문을 제시하였다. 설문은 하도급법에서 규제하는 불공정한 하도급거래 유형에 따라서 구성하였다. 하도급법상 불공정한 하도급거래는 공정거래위원회에 의한 규제 대상이 되고 있는데, 이러한 규제가 엔지니어링 사업자의 하도급거래에서 실효성이 있는지 그리고 하도급법의 규제 목적에 상응하여 공정한 하도급거래가 실제 거래에서 실현되고 있는지를 알아보고자 하였다.

## 2. 설문에 참여한 엔지니어링 사업자 일반 현황

### (1) 기술 부문 현황

엔지니어링 사업자의 주된 기술 부문이 어느 영역인지를 묻는 설문에 대한 응답에서, 건설이 가장 높은 비중을 차지하였다. 〈표 19-2〉에서 건설 57.1%, 통신정보처리 19.5%, 전기전자 11.7%의 순이었으며, 건설을 제외한 비건설 부문의 비중은 42.9%이었다. 이와 같은 설문 참여 사업자의 주된 기술 부문의 분포도는, 〈표 19-3〉의 전체 엔지니어링 사업자의 주된 기술 부문 현황과 대체적으로 일치하는 것인데, 2007년 기준 주된 기술 부문으로 가장 높은 비중을 차지한 것은 62.3%의 건설 부문이었다.

〈표 19-2〉 설문 참여 엔지니어링 사업자의 주된 기술 부문 　　　　　(비율: %)

| 기술부문 | 기계 | 선박 | 항공우주 | 금속 | 전기전자 | 통신정보처리 | 화학 | 광업자원 | 건설 | 환경 | 농림 | 해양수산 | 산업관리 | 응용이학 | 총계 |
|---|---|---|---|---|---|---|---|---|---|---|---|---|---|---|---|
| 해당업체수 | 4 | 1 | 0 | 0 | 9 | 15 | 0 | 0 | 44 | 4 | 3 | 1 | 0 | 3 | 77 |
| 비율 | 5.2 | 1.3 | - | - | 11.7 | 19.5 | - | - | 57.1 | 5.2 | 3.9 | 1.3 | - | 3.9 | 100 |

〈표 19-3〉 엔지니어링 사업자의 주된 기술 부문 현황: 2007[8) 　　　　(비율: %)

| 기술부문 | 기계 | 선박 | 항공우주 | 금속 | 전기전자 | 통신정보처리 | 화학 | 광업자원 | 건설 | 환경 | 농림 | 해양수산 | 산업관리 | 응용이학 | 총계 |
|---|---|---|---|---|---|---|---|---|---|---|---|---|---|---|---|
| 비율 | 4.9 | 0.4 | 0.1 | 0.1 | 4.9 | 18.2 | 0.9 | 0.1 | 62.3 | 3.0 | 1.6 | 0.8 | 0.4 | 2.8 | 100 |

---

8) 한국엔지니어링진흥협회, 엔지니어링 통계편람 2008, 2008. 2., 21면 참조.

## (2) 설문 참여 엔지니어링 사업자의 사업 규모 등 현황

설문 참여 엔지니어링 사업자의 자본금 현황을 보면, 대체로 영세한 규모의 사업자가 주를 이루는 것으로 나타났다. 법률상 중소기업으로 분류되는 기준의 하나인 자본금 500억원 미만에(중소기업기본법 시행령 3조 1호 다목) 대부분의 사업자가 속하고 있으며, 특히 5억원 미만의 사업자 수가 다수를 차지하였다.

〈표 19-4〉 설문 참여 엔지니어링 사업자 자본금 현황

| 자본금 규모 | 5억원 미만 | 5억원 이상 10억원 미만 | 10억원 이상 50억원 미만 | 50억원 이상 100억원 미만 | 100억원 이상 500억원 미만 | 500억원 이상 |
|---|---|---|---|---|---|---|
| 사업자 수 | 51 | 13 | 10 | 1 | - | 1 |
| 비율 | 67.1% | 17.1% | 13.1% | 1.3% | - | 1.3% |

설문 참여 엔지니어링 사업자의 연간 매출액 규모는 대체적으로 낮은 수준에 있음을 보여주고 있다. 31개 사업자가 연간 매출액이 10억원 미만이었으며, 중소기업기본법상 중소기업으로 분류되는 연간 매출액 1,500억원 미만에(중소기업기본법 시행령 3조 1호 라목) 응답 사업자 중 2 사업자를 제외한 나머지 사업자가 속하고 있다.

〈표 19-5〉 설문 참여 엔지니어링 사업자 연간매출액 현황

| 매출액 규모 | 10억원 미만 | 10억원 이상 50억원 미만 | 50억원 이상 100억원 미만 | 100억원 이상 1,000억원 미만 | 1,000억원 이상 1,500억원 미만 | 1,500억원 이상 |
|---|---|---|---|---|---|---|
| 사업자 수 | 31 | 30 | 6 | 7 | - | 2 |
| 비율 | 40.8% | 39.5% | 7.9% | 9.2% | - | 2.6% |

설문 참여 엔지니어링 사업자의 종업원 규모 역시 크지 않은 것으로 나타났다. 설문 참여 사업자 중 52.4% 사업자의 종업원 수가 25명 미만이었으며, 특히 중소기업기본법상 중소기업으로 분류되는 기준이 1,000명 미만에(중소기업기본법 시행령 3조 1호 가목) 대부분의 사업자가 해당하였다.

〈표 19-6〉 설문 참여 엔지니어링 사업자 종업원 현황

| 종업원 규모 | 10명 미만 | 10명 이상 25명 미만 | 25명 이상 50명 미만 | 50명 이상 100명 미만 | 100명 이상 1,000명 미만 | 1,000명 이상 |
|---|---|---|---|---|---|---|
| 사업자 수 | 15 | 26 | 17 | 9 | 9 | 1 |
| 비율 | 19.5% | 33.8% | 22.1% | 11.7% | 11.7% | 1.3% |

### (3) 설문 참여 사업자의 원사업자·수급사업자로서의 비중

전술한 것처럼 엔지니어링 사업자들은 하도급거래에서 원사업자와 수급사업자의 지위를 겸하는 것이 일반적이다. 즉 경우에 따라서 원사업자로서 수급사업자에게 위탁을 하는 경우와 수급사업자로서 원사업자로부터 위탁을 받은 경우가 모두 가능하다. 이때 유사한 내용의 하도급거래라 하더라도 원사업자와 수급사업자 중 어느 지위에 있는지에 따라서 하도급거래의 공정성 문제에 대한 이해가 상이할 수 있기 때문에, 이러한 점을 고려하여 엔지니어링 사업자로서 원사업자와 수급사업자의 업무 중에서 어느 것이 좀 더 높은 비중을 차지하는지를 살펴보는 것은 의미가 있다. 또한 앞에서 살펴본 것처럼 법적인 의미에서 중소기업은 중소기업기본법에 의한 형식적 기준에 따라서 정해지고 있지만, 실질은 대기업에 대비되는 개념이며, 그 범위가 상대적이고 가변적일 수밖에 없다는 점을 특징으로 한다.[9] 따라서 법률상 중소기업에 해당한다 하더라도, 구체적인 계약관계에서 어느 위치에 있는지는 하도급거래의 공정화를 바라보는 시각에 일정

---

9) 이경의, 현대중소기업경제론, 지식산업사, 2002, 23면 이하 참조.

한 영향을 미칠 수 있다.

〈표 19-7〉에 따르면, 원사업자로서의 업무 비중이 60% 이상 되는 엔지니어링 사업자가 33.8%, 수급사업자로서의 업무 비중이 60% 이상 되는 엔지니어링 사업자가 51.3% 그리고 원사업자와 수급사업자의 업무 비중이 대체적으로 비슷한 상태인 엔지니어링 사업자가 14.9%로 나타났다.

〈표 19-7〉 설문 참여 엔지니어링 사업자의 원·수급사업자 비중 현황

| 원·수급 사업자 비율 | 원사업자 비중 20% 미만 | 원사업자 비중 20% 이상 40% 미만 | 원사업자 비중 40% 이상 60% 미만 | 원사업자 비중 60% 이상 80% 미만 | 원사업자 비중 80% 이상 |
|---|---|---|---|---|---|
| 사업자 수 | 24 | 14 | 11 | 11 | 14 |
| 비율 | 32.4% | 18.9% | 14.9% | 14.9% | 18.9% |

## III. 원사업자로서 하도급거래 현황

### 1. 발주자와의 관계

#### (1) 경쟁입찰 방식의 비중

원사업자로서 용역위탁을 재위탁하는 방식의 하도급거래는 원사업자가 발주자와 체결하는 계약에 기초한다. 하도급법 제2조 제1항에 규정하고 있듯이, 원사업자와 발주자의 계약은 하도급거래의 원인이 되며, 특히 원사업자의 하도급거래 위탁에 있어서 계약 조건은 사실상 발주자와의 원계약에 영향을 받게 된다. 따라서 하도급거래의 공정성 문제를 실질적으로 이해하기 위해서는, 원사업자와 발주자 사이의 계약 체결로부터 수직적으로 이어지는 하도급거래를 종합적으로 파악할 필요가 있다.

우선 원사업자가 발주자와 계약을 체결함에 있어서 경쟁입찰 방식으로

체결되는 계약의 비중을 살펴보았다. 일반적으로 입찰은 거래 상대방과 거래 조건을 동시에 결정하는 방식으로서,[10] 이러한 계약 체결 방식이 효율성을 발휘할 수 있기 위해서는 경쟁 메커니즘의 작동이 전제되어야 한다. 따라서 독점규제법 제19조 제1항 제8호는 낙찰자나 낙찰가격을 사전에 정하는 입찰 담합 행위를 부당한 공동행위의 한 유형으로 규제하고 있다. 입찰 담합은 경쟁의 외관을 인위적으로 창출하여 경쟁제한 행위를 은폐하는 의미가 있기 때문에,[11] 공동행위 규제에 있어서 특별한 주의를 기울일 필요가 있으며, 동 규정은 이러한 입법적 필요성에 대응한 것이라 할 수 있다. 또한 독점규제법 제19조의2는 공공부문의 입찰 관련 담합행위에 대한 대처로서 공정거래위원회와 발주기관 간의 협력 프로세스를 법정하고 있다. 전술한 것처럼 입찰은 거래 과정에서의 효율성을 제고할 뿐만 아니라, 공공부문에서의 조달의 경우 조달 행정의 투명성을 강화하는 측면도 있기 때문에,[12] 「국가를 당사자로 하는 계약에 관한 법률」 제7조는 국가를 당사자로 하는 계약 체결에 있어서 일반경쟁에 의하는 것을 원칙적인 방식으로 규정하고 있다.

그러나 엔지니어링 사업자들의 설문 결과를 보면, 발주자와의 계약 체결에 있어서 입찰 방식의 비중이 높지만, 다른 계약체결 방식도 많이 행해지고 있음을 보여주고 있다. 즉 발주자와의 계약에서 일반경쟁입찰 방식의 비중이 60% 이상인 사업자는 44.1%로 나타났지만, 40% 미만인 사업자는 42.4% 그리고 경쟁입찰 방식의 비중이 그렇지 않은 경우와 비슷한 수준인 경우 13.6%로 나타났다. 한편 건설 부문 엔지니어링 사업자의 경우에는 상대적으로 경쟁입찰 방식의 비중이 높은 것으로 나타났는데, 일반

---

10) 鈴木滿, 入札談合の硏究, 信山社, 2001, 2면.

11) Ulrich Immenga & Ernst-Joachim Mestmäcker hrsg., Gesetz gegen Wettbewerbsbeschränkungen Kommentar, C. H. Beck, 2001, 145-146면(Daniel Zimmer 집필부분) 참조.

12) 신영수, 정부계약의 투명성 제고를 위한 법제개선방안 - 공공조달부문의 입찰담합 규제를 중심으로, 한국법제연구원, 2006, 31면 이하 참조.

경쟁입찰 방식의 비중이 60% 이상인 사업자가 51.4%이었다.

〈표 19-8〉 발주자와 경쟁입찰방식의 계약 체결 비중

| 경쟁입찰 방식 비중 | 경쟁입찰 방식의 비중 20% 미만 | 경쟁입찰 방식의 비중 20% 이상 40% 미만 | 경쟁입찰 방식의 비중 40% 이상 60% 미만 | 경쟁입찰 방식의 비중 60% 이상 80% 미만 | 경쟁입찰 방식의 비중 80% 이상 |
|---|---|---|---|---|---|
| 사업자 수 | 18(10) | 7(5) | 8(2) | 8(6) | 18(12) |
| 비율 | 30.5%(28.6%) | 11.9%(14.3%) | 13.6%(5.7%) | 13.6%(17.1)% | 30.5%(34.3%) |

* ( )은 건설 부문 엔지니어링 사업자의 수치이다.

이와 같이 발주자와의 계약에 있어서 수의계약과 같은 경쟁입찰 이외의 방식이 상당한 비중을 차지하고 있는 것은, 발주자가 원사업자에 대하여 우월한 지위에서 영향력을 행사할 가능성이 높다는 점을 시사하는 것으로 볼 수 있으며, 이러한 점은 하도급거래와 같은 후속 계약에도 영향을 미칠 수 있다.

### (2) 발주자 관계와 하도급거래에 미치는 영향

원사업자가 발주자와 체결하는 계약에서 갖는 불만 사항이 무엇인지에 대한 설문은, 최초의 위탁계약에서 드러난 불공정성이 이후 거래에 영향을 미칠 수 있다는 점에서 의미 있는 조사 항목이 될 것이다. 동 설문에 대한 엔지니어링 사업자의 답을 보면, 발주자가 지나치게 낮은 대가를 요구한다는 것을 지적한 사업자가 가장 많았으며(38.3%), 발주자와 체결한 계약 내용이 지나치게 경직적이어서 실제 계약 내용을 수행하는데 비효율적인 경우가 많다는 지적도 높은 비중을 차지하였다(31.7%). 다음으로 발주자와 체결한 계약 내용이 모호하거나 불분명한 경우가 많다는 지적이 많았으며(16.7%), 계약자의 선정 과정이 공정하거나 투명하지 않다는 지

적(8.3%)과 발주자가 계약 이행과 관련하여 지나치게 많은 간섭을 하다는 지적도 있었다(5.0%).

이러한 분포도는 건설부문 엔지니어링 사업자에 한정하여 볼 때도, 거의 유사하게 나타났다. 다만 불만 사항으로서 발주자와 체결한 계약 내용이 지나치게 경직적이어서 실제 계약 내용을 수행하는데 비효율적인 경우가 많다(35.1%)는 지적이 낮은 대가에 대한 지적에(32.4%) 비하여 다소 높게 나타났다.

〈표 19-9〉 발주자에 대한 불만 사항

| 불만사항 \ 구분 | 엔지니어링 사업자 설문 결과 | 건설 부문 설문 결과 |
|---|---|---|
| 계약자의 선정 과정이 공정하거나 투명하지 않다 | 5(8.3%) | 4(10.8%) |
| 발주자가 계약 이행과 관련하여 지나치게 많은 간섭을 한다 | 3(5.0%) | 3(8.1%) |
| 발주자와 체결한 계약 내용이 지나치게 경직적이어서 실제 계약내용을 수행하는데 비효율적인 경우가 많다 | 19(31.7%) | 13(35.1%) |
| 발주자가 체결한 계약 내용이 모호하거나 불분명한 경우가 많다 | 10(16.7%) | 5(13.5%) |
| 발주자가 지나치게 낮은 대가를 요구한다 | 23(38.3%) | 12(32.4%) |
| 총계 | 60(100%) | 37(100%) |

위 설문 결과에서 가장 많이 답으로 지적되었던 발주자가 지나치게 낮은 대가를 요구하는 문제에 기초하여, 보다 심화된 설문을 제시하였다. 즉 발주자가 지나치게 낮은 대금을 결정한 경우에, 이러한 대금 결정이 하도급거래에 영향을 미치는가에 대한 설문을 제시하였으며, 응답을 한 모든 사업자가 정도에 차이는 있지만 하도급거래에 영향을 미치는 것으로 답하였다. 특히 낮은 대가 산정에 따른 손실이 있을 경우에 수급사업자에게 더 많은 분담을 하게 하거나 대부분 수급사업자에게 전가한다는 응답이

45.3%에 달한 것은 주목할 만한 점이다. 건설 부문 엔지니어링 사업자들에 대한 설문에서도 동일한 답을 한 사업자의 비중은 45.6%로서 거의 비슷한 경향을 보여주었다.

이와 같은 설문 결과는 하도급거래의 공정화를 기하기 위하여, 원사업자와 발주자 사이의 계약의 공정성 문제에 대해서도 주의를 기울일 필요가 있다는 정책적 시사점을 보여주는 것이다.

〈표 19-10〉 낮은 대가 산정에 따른 손실 분담

| 손실분담 ＼ 구분 | 엔지니어링 사업자<br>설문 결과 | 건설 부문<br>설문 결과 |
|---|---|---|
| 거의 영향을 미치지 않는다 | 0(0%) | 0(0%) |
| 영향을 미치지만, 그 비중은 크지 않다 | 9(14.1%) | 5(13.2%) |
| 영향을 미치며, 수급사업자와 원사업자 간에 낮은 대금에 따른 손실을 공평하게 분담한다 | 26(40.6%) | 16(42.1%) |
| 영향을 미치며, 낮은 대금에 따른 손실은 수급사업자가 더 많은 부분을 분담하도록 한다 | 18(28.1%) | 12(32.4%) |
| 낮은 대금에 따른 손실 부분은 대부분 수급사업자에게 전가한다 | 11(17.2%) | 5(13.2%) |
| 총계 | 64(100%) | 38(100%) |

## 2. 수급사업자와의 관계

### (1) 수급사업자의 선정

하도급거래의 불공정성을 파악하기 위하여 원사업자가 수급사업자를 선정하는 단계부터 살펴볼 필요가 있다. 특히 수급사업자 선정 과정의 현황을 파악함으로서, 수급사업자에 대한 부당한 요구 등이 일어날 수 있는 가능성을 확인할 수 있다는 점에서 유용한 측면이 있다. 〈표 19-11〉은 수급사업자의 선정 이유에 대한 설문에서(복수 응답 가능), 엔지니어링 사업자가 답한 결과를 보여주고 있다. 이에 의하면, 합리적인 이유로서 업무능력이나(50.8%) 거래조건을 고려하여(37.3%) 수급사업자를 선정하는 경우의 비중이 높게 나타났다. 또한 기존의 거래관계를 우선적으로 고려한다는 경우도 45.8%이었다. 이 외에 발주청이 수급사업자를 직접 지정하는 것과 같은 합리적 선택으로 볼 여지가 없는 경우의 비중은 낮았다. 이러한 현황은 건설 부문에 대한 조사에서도 거의 유사하게 나타났으며, 다만 기존의 거래관계를 우선적으로 고려하는 경우가 전체 엔지니어링 사업자의 응답보다 낮은 비율을 보이고 있다(24.0%).

원사업자가 수급사업자를 선정함에 있어서 업무능력이나 거래조건과 같은 합리적 기준에 의하는 경우가 절대적으로 많지만, 합리적 선택과 무관하게 이루어진 수급사업자 선정의 경우도 있었으며, 이러한 상황은 정책적으로 참고하여야 할 부분이다.

〈표 19-11〉 수급사업자의 선정 이유

| 구분<br>선정이유 | 엔지니어링 사업자<br>설문 결과 | 건설 부문<br>설문 결과 |
|---|---|---|
| 기존의 거래관계에 있는 수급사업자를 우선적으로 고려한다 | 27(45.8%) | 12(24.0%) |
| 수급사업자 중에서 가장 좋은 거래조건을 제시한 자를 우선적으로 선정한다 | 22(37.3%) | 14(28.0%) |
| 수급사업자의 업무능력을 가장 우선시하여 선정한다 | 30(50.8%) | 21(42.0%) |
| 원사업자와 경쟁관계에 있는 사업자로서 발주계약에서 제외된 사업자에게 보상차원으로 하도급 거래를 제안한다 | 1(1.7%) | 0(0%) |
| 원사업자와 수급사업자의 지위가 바뀔 수 있으므로, 이후 거래의 상황을 고려하여 수급사업자를 선정한다 | 2(3.4%) | 1(2.0%) |
| 발주청에서 직접 수급업자를 지정하여 선정한다 | 3(5.1%) | 2(4.0%) |
| 총 응답자 수 | 59 | 35 |

### (2) 표준하도급계약서 사용 현황

하도급거래에서 표준하도급계약서를 사용하는지에 대한 설문에서, 대부분 사용하는 것으로 나타났지만, 전혀 사용하지 않거나 사용하지 않는 경우가 보다 많다고 응답한 사업자도 24.6%가 되었다. 하도급법 제3조의2는 "공정거래위원회는 이 법의 적용 대상이 되는 사업자 또는 사업자단체에 표준하도급계약서의 작성 및 사용을 권장할 수 있다"고 규정하고 있다. 이때 표준하도급계약서는 하도급거래의 공정성을 보장하는 내용으로 구성되며,[13] 따라서 하도급법도 공정거래위원회가 이를 작성하고 사용하는 것을 권장하는 근거 규정을 마련하고 있다.

그러나 동 규정이 표준하도급계약서의 사용을 강제하는 것은 아니며, 〈표 19-12〉의 설문 결과 역시 표준하도급계약서를 사용하지 않는 경우가 상당한 정도에 이르고 있음을 보여주고 있다. 이와 같이 표준하도급계약서가 사용되는 않는 상황에서 불공정한 하도급거래의 가능성은 보다 클 수 있다는 점에 주의를 요한다.

**〈표 19-12〉 원사업자 표준하도급계약서 사용 현황**

| 사용현황＼구분 | 엔지니어링 사업자 설문 결과 | 건설 부문 설문 결과 |
|---|---|---|
| 전혀 사용하지 않는다 | 3(4.9%) | 2(5.4%) |
| 사용하는 경우가 있지만, 사용하지 않는 경우가 많은 편이다 | 12(19.7%) | 6(16.2%) |
| 사용하는 경우가 50%정도이다 | 8(13.1%) | 5(13.5%) |
| 사용하는 경우가 그렇지 않은 경우보다 많은 편이다 | 2(3.3%) | 2(5.4%) |
| 대부분 사용한다 | 36(59.0%) | 22(59.5%) |
| 총 계 | 61(100%) | 37(100%) |

---

13) 한국공정경쟁연합회, 건설하도급 실무편람, 2010, 235면 이하 참조.

## (3) 하도급 대금 관련 현황

〈표 19-13〉은 원사업자에 대한 설문으로서 수급사업자에게 현저히 낮은 대가로 대금을 결정하거나 요구한 경우에 대한 답을 보여준다. 응답한 사업자의 대부분은 그러한 대금 결정이 없거나(51.7%) 상대적으로 그러한 경우가 많지 않은 것으로(33.3%) 답하였다. 이러한 수치는 건설 부문의 엔지니어링 사업자에 대한 설문에서도 유사하였는데, 각각 55.6%와 33.3%로 나타났다.

〈표 19-13〉 현저히 낮은 하도급거래 대금 산정 현황

| 구분<br>대금산정 현황 | 엔지니어링 사업자<br>설문 결과 | 건설 부문<br>설문 결과 |
|---|---|---|
| 그러한 경우는 거의 발생하지 않는다 | 31(51.7%) | 20(55.6%) |
| 그러한 경우가 발생하지만, 그렇지 않은 경우가 더 많다 | 20(33.3%) | 12(33.3%) |
| 그러한 경우가 발생하는 비중은 전체 거래에서 약 50% 정도 된다 | 3(5.0%) | 1(2.8%) |
| 그러한 경우가 발생하는 비중이 그렇지 않은 경우보다 높다 | 1(1.7%) | 0(0%) |
| 대부분의 거래에서 그러한 경우가 발생한다 | 5(8.3%) | 3(8.3%) |
| 총 계 | 60(100%) | 36(100%) |

〈표 19-13〉의 결과와 관련하여 추가적인 설문이 주어졌다. 즉 현저히 낮은 대가로 대금을 요구한 경우에, 가장 중요한 이유에 대한 설문에 대하여 응답이 가장 많았던 사유는 발주자가 원 계약대금을 낮게 설정하여 불가피하였다는 것이었다(81.1%). 이러한 상황은 앞에서 살펴본 〈표 19-10〉의 원 위탁계약의 낮은 금액에 따른 손실을 원사업자가 수급사업자에게 균등하게 분담시키거나 보다 많은 부담을 수급사업자에게 지운다고 한 응답이 85.9%에 이르렀던 점과도 맥을 같이 하는 것이다. 이러한 결과는 현

저히 낮은 하도급거래 대금 책정의 문제점을 하도급거래 자체만으로 이해하기 어렵고, 거래 관계 전체를 고려하여야 한다는 점을 시사하는 것이라 할 수 있다.

〈표 19-14〉 현저히 낮은 하도급거래 대금 산정의 이유

| 대금산정의 이유 | 엔지니어링 사업자 설문 결과 | 건설 부문 설문 결과 |
|---|---|---|
| 발주자가 원 계약대금을 낮게 설정하여 불가피하였다 | 30(78.9%) | 18(85.7%) |
| 불황 등 경제 상황이 전반적으로 악화된 것에 따른 결과였다 | 3(7.9%) | 1(4.8%) |
| 수급사업자들 간에 형평성을 맞추기 위한 불가피한 조치였다 | 1(2.6%) | 1(4.8%) |
| 원사업자로서 적정한 이윤을 확보하기 위하여 불가피하였다 | 3(7.9%) | 1(4.8%) |
| 이후 하도급거래에서 수급사업자에게 보상을 계획하는 등 전체 거래의 관점에서 대금을 책정한 결과였다 | 1(2.6%) | 0(0%) |
| 총 계 | 38(100%) | 21(100%) |

### (4) 하도급법 규정 위반 현황

하도급법에서 규제하고 있는 불공정한 하도급거래를 행한 경우가 있는지에 대한 설문에 응답한 엔지니어링 사업자들은, 위반 사례가 거의 없거나(75.4%), 위반한 경우보다는 그렇지 않은 경우가 더 많다는(23.0%) 응답이 절대적으로 많았다. 이는 뒤에서 살펴볼 수급사업자의 지위에서 하도급법 위반 여부를 묻는 설문의 결과와 약간의 차이를 보여준다.

〈표 19-15〉 하도급법 위반 현황

| 구분<br>위반현황 | 엔지니어링 사업자<br>설문 결과 | 건설 부문<br>설문 결과 |
|---|---|---|
| 그러한 경우는 거의 발생하지 않는다 | 46(75.4%) | 27(73.0%) |
| 그러한 경우가 발생하지만, 그렇지 않은 경우가 더 많다 | 14(23.0%) | 9(24.3%) |
| 그러한 경우가 발생하는 비중은 전체 거래에서 약 50% 정도 된다 | 0(0%) | 0(0%) |
| 그러한 경우가 발생하는 비중은 전체 거래에서 약 50% 정도 된다 | 0(0%) | 0(0%) |
| 대부분의 거래에서 그러한 경우가 발생한다 | 1(1.6%) | 1(2.7%) |
| 총 계 | 61(100%) | 21(100%) |

나아가 하도급 규정에 위반한 경우에 법위반행위의 가장 큰 이유는 무엇인가에 대한 설문에서 사업자들의 응답은 의미 있는 시사점을 제공하고 있다. 동 설문에 대하여, 하도급법의 규정이 현실과는 괴리가 있어서 위반이 불가피하였다는 답이 57.7%로 가장 많았으며, 법위반에 대한 특별한 인식은 없으며, 업계의 관행에 따른 결과였다는 답이 26.9%로 뒤를 이었다. 이 외에도 수급사업자가 특별한 이의를 제기하지 않았기 때문에, 하도급법 위반에 대한 주의를 기울이지 않았다는 답과(7.7%), 특별한 규제 감독기관이 존재하지 않으므로 하도급법 위반 여부에 주의를 기울이지 않았다는 답도(7.7%) 있었다.

하도급법 규정이 거래 현실을 반영하지 못하고 있다는 지적은 입법적으로 고려되어야 할 부분이며, 응답 비율이 높지 않았지만, 거래 관행을 언급하거나 (사전적) 규제 감독기관의 부재를 사유로 들고 있는 응답도 주목할 만한 것이다.

〈표 19-16〉 하도급법 위반 사유

| 구분<br>위반사유 | 엔지니어링 사업자<br>설문 결과 | 건설 부문<br>설문 결과 |
|---|---|---|
| 하도급법의 규정이 현실과는(엔지니어링 산업 현실) 괴리가 있어서 위반이 불가피하였다 | 15(57.7%) | 11(64.7%) |
| 법위반에 대한 특별한 인식은 없으며, 업계의 관행에 따른 결과였다 | 7(26.9%) | 4(23.5%) |
| 수급사업자가 특별한 이의를 제기하지 않았기 때문에, 하도급법 위반에 대한 주의를 기울이지 않았다 | 2(7.7%) | 1(5.9%) |
| 하도급법에 대한 충분한 인식은 있지만, 규정을 지키는 것이 비용상 부담이 되었다 | 0(0%) | 0(0%) |
| 특별한 규제 감독기관이 존재하지 않으므로, 하도급법 위반 여부에 주의를 기울이지 않았다 | 2(7.7%) | 1(5.9%) |
| 총 계 | 26(100%) | 17(100%) |

## IV. 수급사업자로서 하도급거래 현황

### 1. 표준하도급계약서 사용 현황

수급사업자로서 표준하도급계약서를 하도급거래시 사용하는지에 대한 설문에서, 사용 정도가 그렇지 않은 경우보다 높다는 응답이 다수였다 (56.4%). 또한 사용하는 경우가 50% 정도라고 답한 비율도 8.7%이었다. 이와 같이 수급사업자에 대한 조사에서도 표준하도급계약서의 사용 정도가 높은 것으로 조사되었지만, 원사업자에 대한 설문 결과와는 다소 차이가 존재한다. 예를 들어 원사업자에 대한 설문에서는 표준하도급계약서를 대부분 사용한다는 응답이 59.0%이었으나, 수급사업자에 대한 설문에서는 그 비율이 46.3%이었다. 여기서의 조사는 실제 표준하도급계약서의 사용을 확인한 것이 아니라, 표준하도급계약서 사용에 대한 원사업자와 수급사업자의 인식을 묻는 것이므로, 이러한 차이의 발생은 예상되는 것이며, 특히 수급사업자의 표준하도급계약서 사용에 대한 응답이 상대적으로 낮은 것으로 나타난 것은, 양자의 거래상 지위의 차이에 따른 것으로 볼 수도 있다.

동 설문 조사에서 드러난 것처럼, 표준하도급계약서 사용의 정도가 절대적으로 많은 것으로 나타났지만, 여전히 사용하지 않거나 비중이 적은 것으로 응답한 경우도 상당하므로, 이러한 현황에 대한 이해가 필요할 것이다.

〈표 19-17〉 수급사업자 표준하도급계약서 사용 현황

| 사용현황 \ 구분 | 엔지니어링 사업자 설문 결과 | 건설 부문 설문 결과 |
|---|---|---|
| 전혀 사용하지 않는다 | 3(4.3%) | 1(2.7%) |
| 사용하는 경우가 있지만, 사용하지 않는 경우가 많은 편이다 | 21(30.4%) | 10(27.0%) |
| 사용하는 경우가 50% 정도이다 | 6(8.7%) | 3(8.1%) |
| 사용하는 경우가 그렇지 않은 경우보다 많은 편이다 | 7(10.1%) | 4(10.8%) |
| 대부분 사용한다 | 32(46.3%) | 19(51.4%) |
| 총 계 | 69(100%) | 37(100%) |

## 2. 부당한 하도급대금 현황

### (1) 부당하게 낮은 하도급대금 결정

하도급거래에서 가장 핵심적인 문제는 하도급대금 결정에 관한 것이며,[14] 하도급법 제4조 제1항은 원사업자가 수급사업자에게 "일반적으로

---

14) 지철호, "최근 개정 하도급법의 쟁점과 전망", 서울대학교 경쟁법센터 세미나,

지급되는 대가보다 현저하게 낮은 수준으로 하도급대금을 결정하거나 하
도급받도록 강요하여서는 아니 된다"고 규정하고 있다. 이와 관련하여 현
저하게 낮은 수준으로 하도급대금이 결정되는 경우가 있는지에 대한 설문
이 제시되었다. 이때 현저성 판단이 용이한 것은 아니며, 공정거래위원회
의 심사지침도 "원칙적으로 목적물 등과 동종 또는 유사한 것에 대해 통
상 지급되는 대가와의 차액규모, 목적물의 수량, 차액이 수급사업자에게
미치는 부담의 정도 및 시장상황 등을 고려하여 판단한다"는("부당한 하
도급대금 결정 및 감액행위에 대한 심사지침" IV. 1. 다) 일반원칙을 제시
하고 있을 뿐이다.15) 이 설문은 사업자들의 주관적 판단에 따른 답을 요
구한 것인데, 다수의 사업자들은 그러한 경우가 상대적으로 적다는 답을
주었다(72.4%). 그러나 현저히 낮은 하도급대금 결정의 경우가 50% 이상
이라고 응답한 경우도 총 27.6%이었으며, 특히 대부분의 하도급거래에서
현저히 낮은 하도급대금 결정이 이루어진다는 응답 비율도 11.6%라는 점
은 주목할 만한 것이라 할 수 있다.

한편 이러한 설문 조사 결과는 원사업자의 관점에서 동일한 설문에 대
한 조사 결과와 다소 차이가 있다. 즉 〈표 19-13〉에서 살펴보았듯이, 현저
히 낮은 하도급대금 산정의 경우가 50% 이상이라고 응답한 사업자는 총
15%이었으며, 이는 원사업자와 수급사업자의 입장 차이가 반영된 결과로
이해할 수 있을 것이다.

건설 부문과 비건설 부문 사이의 전체적인 응답 분포도에 있어서도 유
의미한 차이가 있는 것으로 나타났다. 대체적으로 비건설 부문의 엔지니
어링 사업자들은 현저히 낮은 하도급대금 결정의 발생 정도가 높은 것으
로 응답하였는데, 이러한 결과는 하도급거래와 관련하여 건설 부문에 대

---

2011. 7, 7면 참조.

15) 이와 관련하여 통상가격과의 차이가 30% 이상일 것과 같은 구체적인 기준을 제
   시할 필요가 있다는 지적으로, 김관보, 부당한 하도급대금 결정 및 감액행위에 대
   한 심사지침 연구, 공정거래위원회, 2006, 181면 참조.

해서는 하도급법상의 규제 외에도 「건설산업기본법」에 의한 규율이 이루어지고 있다는 점도 하나의 원인으로 파악할 수 있다.[16]

〈표 18〉 현저히 낮은 하도급대금 결정 현황

| 구분<br>결정현황 | 엔지니어링 사업자<br>설문 결과 | 건설 부문<br>설문 결과 |
|---|---|---|
| 전혀 그러한 경우가 없다 | 19(27.5%) | 10(27.0%) |
| 그러한 경우가 있었지만 그렇지 않은 경우에 비하여 많지 않다 | 31(44.9%) | 21(56.8%) |
| 현저하게 낮은 수준의 하도급대금 결정의 경우가 약 50% 정도이다 | 5(7.2%) | 0(0%) |
| 현저하게 낮은 수준의 하도급대금 결정이 이루어지는 경우가 그렇지 않은 경우보다 많다 | 6(8.7%) | 3(8.1%) |
| 대부분의 하도급대금은 현저하게 낮은 수준으로 결정된다 | 8(11.6%) | 3(8.1%) |
| 총 계 | 69(100%) | 37(100%) |

　현저히 낮은 하도급대금 결정의 원인에 대한 설문에서, 응답자가 가장 많이 선택한 이유는 원사업자의 위탁업무에 대한 대가 자체가 낮게 책정되었기 때문에 현저히 낮은 수준의 하도급대금이 불가피하였다는 것이었으며(48.0%), 이 외에 원사업자의 이윤 확보를 위하여 합리적 이유 없이 하도급대금을 책정하거나(26.0%), 수급사업자들 간에 경쟁으로 인하여 낮

16) 건설산업기본법은 하도급거래와 관련하여, 발주자에 의한 하도급계약 해지 요청 권한(법 14조 4항), 복합공사를 하도급 받는 경우에 건설업자의 등록(법 16조 3항), 수급인의 자격제한(법 25조), 건설공사의 전부 또는 주요 부분의 대부분의 하도급 제한(법 29조 1항), 하수급인의 재 하도급의 원칙적 금지(법 29조 4항), 하도급계약의 적정성 심사(법 31조), 하도급 계획의 사전 제출 의무(법 31조의2), 하도급대금의 지급 의무(법 34조), 하도급대금의 직접 지급 의무(법 35조), 설계 변경 등에 따른 하도급대금의 조정(법 36조), 불공정행위의 금지(법 38조) 등에 관하여 규정하고 있다.

은 하도급대금을 감수할 수밖에 없는 상황을 원사업자가 이용하였다는 (26.0%) 응답도 있었다. 〈표 19-19〉에 나타난 원인에 대한 설문 결과는 부당한 하도급대금의 결정의 주요 원인이 구조적인 것에 있다는 인식이 수급사업자들에게도 형성되어 있다는 것을 보여주는 것이라 할 수 있다.

한편 이러한 결과는 원사업자에 대한 동일한 설문 조사 결과와 차이를 보여준다. 즉 〈표 19-14〉에 의하면, 현저히 낮은 하도급대금 결정의 원인으로서 발주자가 원 계약대금을 낮게 설정하여 불가피하였다는 응답이 78.9%로서 절대적인 비중을 차지하고 있다. 수급사업자에 대한 설문에서도 동일한 내용의 응답이 48.0%로서 가장 많은 비중을 차지하고 있다. 이는 수급사업자도 현저히 낮은 하도급대금의 문제를 구조적인 문제로 인식하고 있다는 것을 보여주는 것이지만, 그 비중은 원사업자에 대한 설문 결과처럼 절대적인 것은 아니라는 점에서 양자 사이에 차이가 있다.

〈표 19-19〉 현저히 낮은 하도급대금 결정의 원인

| 구분<br>결정현황 | 엔지니어링 사업자<br>설문 결과 | 건설 부문<br>설문 결과 |
|---|---|---|
| 원사업자의 위탁업무에 대한 대가 자체가 낮게 책정되었기 때문에 현저하게 낮은 수준의 하도급대금이 불가피한 경우 | 24(48.0%) | 13(48.1%) |
| 수급사업자의 비용 계산 등에 있어서 착오로 인한 경우 | 0(0%) | 0(0%) |
| 원사업자의 이윤 확보를 위하여 합리적 이유 없이 하도급대금을 책정한 경우 | 13(26.0%) | 9(33.3%) |
| 수급사업자들 간에 차별적으로 대금을 책정함으로써 특정한 수급사업자에게 불이익을 줄 목적에 의한 경우 | 0(0%) | 0(0%) |
| 수급사업자들 간에 경쟁으로 인하여 낮은 하도급대금을 감수할 수밖에 없는 상황을 원사업자가 이용한 경우 | 13(26.0%) | 5(18.5%) |
| 총계 | 50(100%) | 27(100%) |

## (2) 현저히 낮은 하도급대금 결정에 대한 이의와 조정

현저하게 낮은 수준으로 하도급대금이 결정된 경우에 수급사업자가 원사업자에 대하여 이의제기를 하는지에 대한 설문에서, 사업자들은 상대적으로 그러한 경우가 적으며, 특히 21.8%의 사업자들은 그러한 경우가 전혀 없다는 응답을 하였다. 〈표 19-20〉에서 이의 제기를 한 경우가 50% 이상이라고 답한 사업자는 20%에 불과하였다.

〈표 19-20〉 부당한 하도급대금 결정에 대한 이의제기 현황

| 구분<br>결정현황 | 엔지니어링 사업자<br>설문 결과 | 건설 부문<br>설문 결과 |
|---|---|---|
| 전혀 그러한 경우가 없다 | 12(21.8%) | 5(17.2%) |
| 이의를 제기한 경우는 있으나, 그렇지 않은 경우가 많다 | 32(58.2%) | 17(58.6%) |
| 이의를 제기한 경우의 비중이 약 50% 정도 된다 | 6(10.9%) | 3(10.3%) |
| 이를 제기하는 경우가, 그렇지 않은 경우보다 많다 | 3(5.5%) | 2(6.9%) |
| 대부분 이의를 제기한다 | 2(3.6%) | 2(6.9%) |
| 총계 | 55(100%) | 29(100%) |

한편 이의제기 후에 원사업자와 하도급거래 대금에 관한 자율적 조정이 이루어졌는지에 대한 설문에서, 66.7%의 사업자들은 자율적 조정이 거의 이루어지지 않거나 상대적으로 적다고 응답하였다. 자율적 조정이 이루어진 경우가 50% 이상이라고 답한 사업자들은 33.3%에 그쳤다.

결국 〈표 19-20〉과 〈표 19-21〉의 설문 결과는, 부당한 하도급대금의 결정에 있어서 수급사업자들이 이의제기를 하거나 이의제기를 통하여 자율적 조정에 이르는 경우가 많지 않음을 보여 주는 것이다.

〈표 19-21〉 부당한 하도급대금 결정에 대한 자율적 조정 현황

| 구분<br>조정현황 | 엔지니어링 사업자<br>설문 결과 | 건설 부문<br>설문 결과 |
|---|---|---|
| 원사업자와 자율적인 조정은 거의 이루어지지 않는다 | 18(28.6%) | 9(25.7%) |
| 자율적 조정이 이루어진 경우도 있으나, 이루어지지 않은 경우가 많다 | 24(38.1%) | 13(37.1%) |
| 자율적 조정이 이루어진 경우의 비중이 약 50% 정도 된다 | 6(9.5%) | 3(8.6%) |
| 자율적 조정이 이루어진 경우가 그렇지 않은 경우보다 많다 | 4(6.3%) | 3(8.6%) |
| 대부분 자율적 조정이 이루어진다 | 11(17.5%) | 7(20.0%) |
| 총계 | 63(100%) | 35(100%) |

〈표 19-22〉는 이의를 제기하지 않는 가장 중요한 원인이 무엇인지에 대한 설문 결과를 나타내고 있다. 이에 의하면, "이의를 제기하는 것이 이후 하도급거래에 부정적인 영향을 미칠 것을 우려해서"라는 답이 가장 많았으며(29.0%), "원사업자가 이의를 수용할 가능성이 거의 없기 때문에"(27.4%) 그리고 "원사업자와의 거래관계를 신뢰해서"라는(27.4%) 응답도 중요한 원인으로 지적되었다.

〈표 19-22〉 이의를 제기하지 않은 경우 가장 중요한 원인

| 구분<br>중요원인 | 엔지니어링 사업자<br>설문 결과 | 건설 부문<br>설문 결과 |
|---|---|---|
| 원사업자가 이의를 수용할 가능성이 거의 없기 때문에 | 17(27.4%) | 11(32.4%) |
| 원사업자가 현저히 낮은 하도급대금을 결정하게 된 사정을 이해하기 때문에 | 6(9.7%) | 4(11.8%) |
| 원사업자와의 거래관계를 신뢰해서 | 17(27.4%) | 6(17.6%) |
| 이의를 제기하는 것이 이후 하도급거래에 부정적 | 18(29.0%) | 11(32.4%) |

| | | |
|---|---|---|
| 인 영향을 미칠 것을 우려해서 | | |
| 대금에 관한 분쟁이 발생하면, 비록 대금에 관한 조정이 이루어져도 전체적으로 비용상 불이익할 수 있기 때문에 | 4(6.5%) | 2(5.9%) |
| 총계 | 62(100%) | 34(100%) |

## 3. 불공정한 하도급거래 현황

### (1) 불공정 유형에 따른 설문 결과

원사업자가 정당한 사유 없이 자신이 지정하는 물품·장비 또는 역무의 공급 등을 수급사업자에게 매입 또는 사용하도록 강요하는 행위는 하도급법 제12조에 의하여 규제된다. 이러한 법위반행위가 있는지에 관한 설문에서, 다수의 사업자는 그러한 경우가 거의 발생하지 않거나(76.8%), 상대적으로 발생 경우가 작다는(13%) 답을 하였다.

〈표 19-23〉 물품 등 구매강제 현황

| 구분<br>구매현황 | 엔지니어링 사업자<br>설문 결과 | 건설 부문<br>설문 결과 |
|---|---|---|
| 그러한 경우는 거의 발생하지 않는다 | 53(76.8%) | 30(81.1%) |
| 그러한 경우가 발생하지만, 그렇지 않은 경우가 더 많다 | 9(13.0%) | 5(13.5%) |
| 그러한 경우가 발생하는 비중은 전체 거래에서 약 50% 정도 된다 | 3(4.3%) | 0(0%) |
| 그러한 경우가 발생하는 비중이 그렇지 않은 경우보다 높다 | 2(2.9%) | 2(5.4%) |
| 대부분의 거래에서 그러한 경우가 발생한다 | 2(2.9%) | 0(0%) |
| 총계 | 69(100%) | 37(100%) |

수급사업자에게 위탁을 한 원사업자가 발주자로부터 선급금을 받은 경우에는 수급사업자가 용역 수행을 시작할 수 있도록 하도급법 제6조에서 정한 선급금을 지급하지 않은 경우가 있는지에 관한 설문에서, 대부분 선급금이 지급된다는 응답이 가장 많았다(42.0%). 그러나 선급금의 지급 경우가 상대적으로 많지 않다는 응답이 30.4%이었으며, 8.7%의 사업자는 거의 선급금이 지급되지 않는다고 답하였다. 선급금은 원사업자가 위탁업무를 원활히 수행할 수 있도록 하기 위하여 발주자로부터 향후 지급받을 금액을 미리 지급받는 금액을 의미하며, 일반적으로 업무에 착수할 수 있도록 하는 것을 목적으로 한다. 이러한 점에서 업무의 재위탁이 이루어져 하도급 관계가 형성된다면, 수급사업자에게도 선급금이 지급이 이루어지는 것이 공평성이나 업무의 효율성 관점에서 타당하며, 이러한 취지에서 하도급법 제6조는 법정 기한 안에 원사업자가 수급사업자에게 선급금의 일정 비율을 지급할 의무를 부과하고 있다.[17] 그러나 동 규정에도 불구하고 선급금이 지급되지 않거나 지급되는 경우가 많지 않다고 응답한 사업자 39.1%에 이르고 있으며, 이는 동 규제의 실효성에 의문을 낳는 것이라 할 수 있다.

〈표 19-24〉 선급금 지급 현황

| 구분<br><br>지급현황 | 엔지니어링 사업자<br>설문 결과 | 건설 부문<br>설문 결과 |
|---|---|---|
| 하도급법 제6조의 규정에 따른 선급금은 거의 지급되지 않는다 | 6(8.7%) | 2(5.4%) |
| 선급금이 지급되는 경우가 있으나, 그렇지 않은 경우가 더 많다 | 21(30.4%) | 13(35.1%) |
| 선급금이 지급되는 경우의 비중은 약 50% 정도이다 | 8(11.6%) | 3(8.1%) |
| 선급금이 지급되는 경우가 그렇지 않은 경우보다 | 5(7.2%) | 4(10.8%) |

17) 김홍석 · 구상모, 하도급법, 화산미디어, 2010, 58면 참조.

| | | |
|---|---|---|
| 많다 | | |
| 대부분 선급금이 지급된다 | 29(42.0%) | 15(40.5%) |
| 총 계 | 69(100%) | 37(100%) |

하도급법 제8조는 원사업자가 위탁을 한 후 수급사업자의 책임으로 돌릴 사유가 없는 경우에도 위탁을 임의로 취소하거나 변경 또는 목적물 등의 납품 등에 대한 수령 또는 인수를 거부하거나 지연하는 행위를 금지하고 있다. 이러한 부당한 위탁취소의 경우가 있는지에 대한 설문에서, 그러한 경우가 거의 발생하지 않거나(71.0%), 그러한 경우가 상대적으로 작다는(26.1%) 응답이 다수를 차지하였다.

〈표 19-25〉 부당한 위탁 취소 현황

| 구분<br>취소현황 | 엔지니어링 사업자<br>설문 결과 | 건설 부문<br>설문 결과 |
|---|---|---|
| 그러한 경우는 거의 발생하지 않는다 | 49(71.0%) | 26(70.3%) |
| 그러한 경우가 발생하지만, 그렇지 않은 경우가 더 많다 | 18(26.1%) | 11(29.7%) |
| 그러한 경우가 발생하는 비중은 전체 거래에서 약 50% 정도 된다 | 1(1.4%) | 0(0%) |
| 그러한 경우가 발생하는 비중이 그렇지 않은 경우보다 높다 | 1(1.4%) | 0(0%) |
| 대부분의 거래에서 그러한 경우가 발생한다 | 0(0%) | 0(0%) |
| 총계 | 69(100%) | 37(100%) |

하도급법 제9조 제1항은 "수급사업자가 납품 등을 한 목적물 등에 대한 검사의 기준 및 방법은 원사업자와 수급사업자가 협의하여 객관적이고 공정·타당하게 정하여야 한다"고 규정하고 있다. 동 규정은 원사업자가 자신의 이익을 위하여 검사 시기를 지연하는 등의 방법으로 수급사업자의

이익을 침해할 우려를 방지하고자 하는 취지에서 입법된 것이다.[18] 〈표 19-26〉에 의하면, 검사 기준이나 방법이 객관성을 결하거나 검사가 공정·타당하지 않게 이루어진 경우가 있는지에 관한 설문에서, 1사업자를 제외한 대부분의 사업자는 그러한 경우가 거의 발생하지 않거나(64.7%), 상대적으로 발생 경우가 많지 않다고(32.4%) 응답하였다.

〈표 19-26〉 납품 목적물 등에 부당한 검사 현황

| 구분 / 취소현황 | 엔지니어링 사업자 설문 결과 | 건설 부문 설문 결과 |
|---|---|---|
| 그러한 경우는 거의 발생하지 않는다 | 44(64.7%) | 23(62.2%) |
| 그러한 경우가 발생하지만, 그렇지 않은 경우가 더 많다 | 22(32.4%) | 13(35.1%) |
| 그러한 경우가 발생하는 비중은 전체 거래에서 약 50% 정도 된다 | 0(0%) | 0(0%) |
| 그러한 경우가 발생하는 비중이 그렇지 않은 경우보다 높다 | 0(0%) | 0(0%) |
| 대부분의 거래에서 그러한 경우가 발생한다 | 2(2.9%) | 1(2.7%) |
| 총계 | 68(100%) | 37(100%) |

하도급법 제10조 제1항은 "원사업자는 수급사업자로부터 목적물 등의 납품 등을 받은 경우 수급사업자에게 책임을 돌릴 사유가 없으면 그 목적물 등을 수급사업자에게 반품하여서는 아니 된다"고 규정함으로써, 원사업자에 의한 부당반품을 규제하고 있다. 〈표 19-27〉에 의하면, 부당반품의 경우가 있는지에 관한 설문에서 그러한 경우는 거의 발생하지 않는다는 응답이 77.9%, 상대적으로 많지 않다는 응답이 19.1%로 나타났다.

---

18) 위의 책, 71면 참조.

〈표 19-27〉 부당반품 현황

| 반품현황　　　　　　　　　　　구분 | 엔지니어링 사업자 설문 결과 | 건설 부문 설문 결과 |
|---|---|---|
| 그러한 경우는 거의 발생하지 않는다 | 53(77.9%) | 29(80.6%) |
| 그러한 경우가 발생하지만, 그렇지 않은 경우가 더 많다 | 13(19.1%) | 6(16.7%) |
| 그러한 경우가 발생하는 비중은 전체 거래에서 약 50% 정도 된다 | 1(1.5%) | 0(0%) |
| 그러한 경우가 발생하는 비중이 그렇지 않은 경우보다 높다 | 0(0%) | 0(0%) |
| 대부분의 거래에서 그러한 경우가 발생한다 | 1(1.5%) | 1(2.8%) |
| 총 계 | 68(100%) | 36(100%) |

하도급법 제11조 제1항은 원사업자가 위탁 시에 정한 하도급대금의 감액을 금지하며, 다만 원사업자가 정당한 사유를 입증하였을 때에만 예외를 허용하고 있다. 〈표 19-28〉에 의하면, 부당감액의 경우에 관한 설문에서, 그러한 경우가 거의 발생하지 않는다는 응답이 72.5%, 그러한 경우의 발생이 상대적으로 많지 않다는 응답이 26.1%로 나타났다.

〈표 19-28〉 부당감액 현황

| 감액현황　　　　　　　　　　　구분 | 엔지니어링 사업자 설문 결과 | 건설 부문 설문 결과 |
|---|---|---|
| 그러한 경우는 거의 발생하지 않는다 | 50(72.5%) | 29(82.9%) |
| 그러한 경우가 발생하지만, 그렇지 않은 경우가 더 많다 | 18(26.1%) | 5(14.3%) |
| 그러한 경우가 발생하는 비중은 전체 거래에서 약 50% 정도 된다 | 0(0%) | 0(0%) |
| 그러한 경우가 발생하는 비중이 그렇지 않은 경우보다 높다 | 0(0%) | 0(0%) |
| 대부분의 거래에서 그러한 경우가 발생한다 | 1(1.4%) | 1(2.9%) |
| 총 계 | 68(100%) | 35(100%) |

하도급법 제12조 제1항은 원사업자가 수급사업자의 위탁 수행에 필요
한 물품 등을 자기로부터 사게 하거나 자기의 장비 등을 사용하게 한 경
우 정당한 사유 없이 해당 목적물 등에 대한 하도급대금의 지급기일 전에
구매대금이나 사용대가의 전부 또는 일부를 지급하게 하는 행위(1호) 또
는 자기가 구입·사용하거나 제3자에게 공급하는 조건보다 현저하게 불리
한 조건으로 구매대금이나 사용대가를 지급하게 하는 행위(2호)를 금지하
고 있다. 이와 같은 물품 대금 등의 부당결제 청구의 경우가 있는지에 관
한 설문에서, 응답자의 89.9%는 그러한 경우가 거의 발생하지 않는다고 답
하였고, 7.2%는 그러한 경우의 발생이 상대적으로 많지 않다고 답하였다.

**〈표 19-29〉 물품 대금 등의 부당결제 청구 현황**

| 구분 / 청구현황 | 엔지니어링 사업자 설문 결과 | 건설 부문 설문 결과 |
|---|---|---|
| 그러한 경우는 거의 발생하지 않는다 | 62(89.9%) | 30(81.1%) |
| 그러한 경우가 발생하지만, 그렇지 않은 경우가 더 많다 | 5(7.2%) | 6(16.2%) |
| 그러한 경우가 발생하는 비중은 전체 거래에서 약 50% 정도 된다 | 1(1.4%) | 1(2.7%) |
| 그러한 경우가 발생하는 비중이 그렇지 않은 경우보다 높다 | 1(1.4%) | 0(0%) |
| 대부분의 거래에서 그러한 경우가 발생한다 | 0(0%) | 0(0%) |
| 총 계 | 69(100%) | 37(100%) |

하도급법 제12조의2는 원사업자가 정당한 사유 없이 수급사업자에게
자기 또는 제3자를 위하여 금전, 물품, 용역, 그 밖의 경제적 이익을 제공
하도록 하는 행위를 금지하고 있다. 이와 같은 경제적 이익의 부당요구가
있는지에 관한 설문에서, 그러한 경우는 거의 발생하지 않는다는 응답이
73.5%, 그러한 경우의 발생이 상대적으로 작다는 응답이 22.1%로 나타
났다.

〈표 19-30〉 경제적 이익의 부당요구 현황

| 구분<br>요구현황 | 엔지니어링 사업자<br>설문 결과 | 건설 부문<br>설문 결과 |
|---|---|---|
| 그러한 경우는 거의 발생하지 않는다 | 50(73.5%) | 29(80.6%) |
| 그러한 경우가 발생하지만, 그렇지 않은 경우가 더 많다 | 15(22.1%) | 5(13.9%) |
| 그러한 경우가 발생하는 비중은 전체 거래에서 약 50% 정도 된다 | 2(2.9%) | 2(5.6%) |
| 그러한 경우가 발생하는 비중이 그렇지 않은 경우보다 높다 | 1(1.5%) | 0(0%) |
| 대부분의 거래에서 그러한 경우가 발생한다 | 0(0%) | 0(0%) |
| 총계 | 68(100%) | 36(100%) |

하도급법 제12조의3 제1항은 원사업자가 정당한 사유 없이 수급사업자에게 기술자료를 자기 또는 제3자에게 제공하도록 요구하는 행위를 금지하고 있다. 이와 같은 행위가 발생하고 있는지에 관한 설문에서,[19] 응답자의 76.8%는 그러한 경우가 거의 발생하지 않는다고 답하였고, 20.3%는 그러한 경우의 발생이 상대적으로 작다는 답을 하였다.

이러한 결과는 하도급거래에서 큰 이슈가 되고 있는 문제 상황과 차이가 있는데,[20] 원사업자의 수급사업자에 대한 기술자료 요구를 원칙적으로 금지하는 규제 범위가 명확하지 않다는 점에도 주의를 요한다. 예를 들어 EU기능조약(Treaty on the Functioning of the European Union) 제101에

[19] 2011년 3월 동 규정의 개정에 의하여 금지되는 행위가 강요에서 요구로 변경되었다. 이러한 변경은 실제 거래에서 강요에 해당하는 행위의 판단이 여의치 않고, 또한 강요에 이르지 않는 경우에도 부당하게 수급사업자의 이익을 침해할 수 있다는 점에서 이루어진 것으로 이해된다(지철호, 주 14)의 글, 13-14면 참조). 여기서의 설문은 개정 전 법규정에 따라서 구성된 것이다.
[20] 김승일, "하도급법 개정의 배경과 쟁점", 서울대학교 경쟁법센터 세미나, 2011. 7., 22-24면 참조.

의하여 금지되는 수직적 합의와 관련하여, 수급사업자(sub-contractor)가 위탁업무를 수행하는 과정에서 원사업자(contractor)의 지적재산권의 사용 없이 기술적 진보나 발명을 할 수 없었을 경우에 배타적 기술 요구가 허용될 수 있는 것으로 보고 있으며,21) 이와 같은 구체적인 규제와 허용 범위를 입법적으로 정하는 것도 고려할 필요가 있을 것이다.

⟨표 19-31⟩ 기술자료 제공 강요 현황

| 강요현황＼구분 | 엔지니어링 사업자 설문 결과 | 건설 부문 설문 결과 |
|---|---|---|
| 그러한 경우는 거의 발생하지 않는다 | 53(76.8%) | 30(81.1%) |
| 그러한 경우가 발생하지만, 그렇지 않은 경우가 더 많다 | 14(20.3%) | 7(18.9%) |
| 그러한 경우가 발생하는 비중은 전체 거래에서 약 50% 정도 된다 | 1(1.4%) | 0(0%) |
| 그러한 경우가 발생하는 비중이 그렇지 않은 경우보다 높다 | 0(0%) | 0(0%) |
| 대부분의 거래에서 그러한 경우가 발생한다 | 1(1.4%) | 0(0%) |
| 총 계 | 69(100%) | 37(100%) |

원사업자가 하도급대금을 지급함에 있어서 하도급법 제13조가 정한 기한(60일 이내)이나 어음지급 규정 등을 위반한 경우가 있는지에 관한 설문에서, 그러한 경우가 거의 발생하지 않거나(45.7%), 발생 경우가 상대적으로 작다는(27.1%) 응답이 다수로 나타났다. 그러나 하도급대금 지급 규정의 위반의 경우가 50% 이상 된다는 응답의 비중도 27.1%이었으며, 이러한 설문 결과는 실제 하도급거래에서 동 규정의 위반 사례가 상당히 존재할 수 있음을 시사하는 것이라 할 수 있다.

---

21) Richard Whish, Competition Law, Oxford Univ. Press, 2009, 666-667면 참조.

〈표 19-32〉 하도급법상 하도급대금 지급 규정 위반 현황

| 구분<br>위반현황 | 엔지니어링 사업자<br>설문 결과 | 건설 부문<br>설문 결과 |
|---|---|---|
| 그러한 경우는 거의 발생하지 않는다 | 32(45.7%) | 15(40.5%) |
| 그러한 경우가 발생하지만, 그렇지 않은 경우가<br>더 많다 | 19(27.1%) | 12(32.4%) |
| 그러한 경우가 발생하는 비중은 전체 거래에서<br>약 50% 정도 된다 | 8(11.4%) | 4(10.8%) |
| 그러한 경우가 발생하는 비중이 그렇지 않은 경<br>우보다 높다 | 6(8.6%) | 3(8.1%) |
| 대부분의 거래에서 그러한 경우가 발생한다 | 5(7.1%) | 3(8.1%) |
| 총계 | 70(100%) | 37(100%) |

하도급법 제16조 제1항은 원사업자는 제조 등의 위탁을 한 후에 설계변경 또는 경제상황의 변동 등을 이유로 계약금액이 증액되는 경우(1호) 그리고 설계변경 또는 경제상황의 변동 등을 이유로 목적물 등의 완성 또는 완료에 추가비용이 들 경우에(2호) 모두 해당하는 때에는 그가 발주자로부터 증액 받은 계약금액의 내용과 비율에 따라 하도급대금을 증액하여야 한다고 규정하고 있다. 동 규정은 원사업자와 하도급사업자 사이의 공평을 도모하려는 취지에서 입법된 것이며,[22] 이에 의하여 설계나 경제상황의 변화에 따른 수급사업자의 이익이 보호될 수 있다. 동 규정에 위반한 경우가 있는지에 관한 설문에서, 그러한 경우가 거의 발생하지 않는다는 응답과(54.4%) 그러한 경우의 발생이 상대적으로 작다는(29.4%) 응답이 다수로 나타났다. 그러나 그러한 경우의 발생이 50% 이상이라는 응답도 16.2%로서, 동 규제가 실제 하도급거래에서 실효성 있게 기능하고 있는지에 관하여 검토할 필요성이 있음을 보여주고 있다.

---

22) 김홍석·구상모, 주 17)의 책, 118면 참조.

〈표 19-33〉 계약금액 증액 등에 의한 하도급대금 증액 규정 위반 사례 현황

| 구분<br>위반현황 | 엔지니어링 사업자<br>설문 결과 | 건설 부문<br>설문 결과 |
|---|---|---|
| 그러한 경우는 거의 발생하지 않는다 | 37(54.4%) | 21(58.3%) |
| 그러한 경우가 발생하지만, 그렇지 않은 경우가<br>더 많다 | 20(29.4%) | 10(27.8%) |
| 그러한 경우가 발생하는 비중은 전체 거래에서<br>약 50% 정도 된다 | 2(2.9%) | 2(5.6%) |
| 그러한 경우가 발생하는 비중이 그렇지 않은 경<br>우보다 높다 | 4(5.9%) | 2(5.6%) |
| 대부분의 거래에서 그러한 경우가 발생한다 | 5(7.4%) | 1(2.8%) |
| 총계 | 68(100%) | 36(100%) |

하도급법 제16조의2에 의하여, 수급업자가 위탁을 받은 후 원재료 가격의 변동으로 인해 하도급대금의 조정이 불가피하여 수급사업자가 원사업자에게 하도급대금의 조정을 신청한 경우에, 원사업자가 협의를 거부 또는 게을리 한 경우가 있는지에 관한 설문에서, 그러한 경우가 거의 발생하지 않는다는 응답이 60.2%, 그러한 경우의 발생이 상대적으로 작다는 응답이 23.5%로서 응답 비중이 높았다. 그러나 그러한 경우의 발생이 50% 이상 된다는 응답도 16.2%로 나타났다.

〈표 19-34〉 원재료 가격변동에 따른 하도급대금 조정 신청 거부
또는 태만 사례

| 구분<br>태만사례 | 엔지니어링 사업자<br>설문 결과 | 건설 부문<br>설문 결과 |
|---|---|---|
| 그러한 경우는 거의 발생하지 않는다 | 41(60.2%) | 28(77.8%) |
| 그러한 경우가 발생하지만, 그렇지 않은 경우가<br>더 많다 | 16(23.5%) | 4(11.1%) |
| 그러한 경우가 발생하는 비중은 전체 거래에서<br>약 50% 정도 된다 | 3(4.4%) | 2(5.6%) |

| | 엔지니어링 사업자 설문 결과 | 건설 부문 설문 결과 |
|---|---|---|
| 그러한 경우가 발생하는 비중이 그렇지 않은 경우보다 높다 | 4(5.9%) | 2(5.6%) |
| 대부분의 거래에서 그러한 경우가 발생한다 | 4(5.9%) | 0(0%) |
| 총계 | 68(100%) | 36(100%) |

하도급법 제17조는 원사업자의 수급사업자에 대한 부당한 대물변제를 금지하고 있다. 원사업자가 수급사업자의 의사에 반하여 하도급대금을 물품으로 지급한 경우가 있는지에 관한 설문에서, 그러한 경우가 거의 발생하지 않는다는 응답이 97.1%, 그러한 경우가 발생하지만 상대적으로 작다는 응답이 2.9%로서 설문에 참여한 모든 사업자가 동 규정의 위반 사례를 부인하는 답을 하고 있다.

〈표 19-35〉 하도급대금 물품 지급 현황

| 지급현황 \ 구분 | 엔지니어링 사업자 설문 결과 | 건설 부문 설문 결과 |
|---|---|---|
| 그러한 경우는 거의 발생하지 않는다 | 66(97.1%) | 33(91.7%) |
| 그러한 경우가 발생하지만, 그렇지 않은 경우가 더 많다 | 2(2.9%) | 3(8.3%) |
| 그러한 경우가 발생하는 비중은 전체 거래에서 약 50% 정도 된다 | 0(0%) | 0(0%) |
| 그러한 경우가 발생하는 비중이 그렇지 않은 경우보다 높다 | 0(0%) | 0(0%) |
| 대부분의 거래에서 그러한 경우가 발생한다 | 0(0%) | 0(0%) |
| 총계 | 68(100%) | 36(100%) |

하도급법 제18조는 원사업자가 하도급거래량을 조절하는 방법 등을 이용하여 수급사업자의 경영에 간섭하는 행위를 금지하고 있다. 이와 같은 금지 규정에 위반한 경우가 있는지에 관한 설문에서, 그러한 경우가 거의 발생하지 않는다는 응답이 94.0%, 그러한 경우의 발생이 상대적으로 작다

는 응답이 4.5%로 나타났다.

특히 건설 부문에서의 설문 조사결과를 보면, 설문에 참여한 건설 부문 엔지니어링 사업자 모두가 그러한 경우가 거의 발생하지 않는다고 응답하였다는 점에서 특징적인데, 이러한 결과는 수직적 계열화나 유통망 확대의 필요성이 크지 않은 건설 산업의 특성상 상대 회사의 경영에까지 간섭할 필요성이 크지 않은 현실에 따른 것으로 이해할 수 있다.

〈표 19-36〉 수급사업자에 대한 경영 간섭 현황

| 구분<br>결정현황 | 엔지니어링 사업자<br>설문 결과 | 건설 부문<br>설문 결과 |
|---|---|---|
| 그러한 경우는 거의 발생하지 않는다 | 63(94.0%) | 35(100%) |
| 그러한 경우가 발생하지만, 그렇지 않은 경우가 더 많다 | 3(4.5%) | 0(0%) |
| 그러한 경우가 발생하는 비중은 전체 거래에서 약 50% 정도 된다 | 0(0%) | 0(0%) |
| 그러한 경우가 발생하는 비중이 그렇지 않은 경우보다 높다 | 1(1.5%) | 0(0%) |
| 대부분의 거래에서 그러한 경우가 발생한다 | 0(0%) | 0(0%) |
| 총계 | 67(100%) | 35(100%) |

(2) 하도급 위반행위 신고 등의 경우 수급사업자의 불이익

원사업자의 하도급법 위반행위에 대하여 관계기관에 신고하거나 하도급대금의 조정신청을 한 경우 원사업자로부터 불이익을 받은 경우가 있는지에 관한 설문에서, 응답자의 다수는 그러한 경우가 거의 발생하지 않거나(89.4%), 그러한 경우의 발생이 상대적으로 작다는(4.5%) 답을 하였다. 그러나 비중이 크지는 않지만, 응답자의 6.1%가 신고나 조정신청의 경우에 대부분 불이익 받는 경우가 발생한다고 응답한 것은 주목할 만한 부분이다.

〈표 19-37〉 하도급 위반행위에 대한 신고·조정 신청시 불이익 현황

| 불이익 현황 　　　　　　　　　　　구분 | 엔지니어링 사업자 설문 결과 | 건설 부문 설문 결과 |
|---|---|---|
| 그러한 경우는 거의 발생하지 않는다 | 59(89.4%) | 30(85.7%) |
| 그러한 경우가 발생하지만, 그렇지 않은 경우가 더 많다 | 3(4.5%) | 3(8.6%) |
| 그러한 경우가 발생하는 비중은 전체 거래에서 약 50% 정도 된다 | 0(0%) | 0(0%) |
| 그러한 경우가 발생하는 비중이 그렇지 않은 경우보다 높다 | 0(0%) | 0(0%) |
| 신고나 조정신청의 경우에 대부분 그러한 경우가 발생한다 | 4(6.1%) | 2(5.7%) |
| 총계 | 66(100%) | 35(100%) |

　　나아가 수급사업자의 신고나 조정 신청의 경우 원사업자로부터 받게 되는 불이익의 내용에 관한 설문에서, "원사업자와의 이후 거래의 기회가 주어지지 않는다"는 답이 가장 많았으며(58.3%), "해당 원사업자뿐만 아니라 다른 원사업자로부터의 하도급거래도 이루어지기 어렵다", "거래의 기회는 주어지나 거래 조건이 다른 수급사업자에 비하여 차별적으로 불이익하게 제시된다", "거래의 기회는 주어지나 거래조건이 하도급거래를 하기 어려운 불리한 수준으로 제시되어, 실질적으로 거래에서 배제되도록 한다"는 응답도 있었다.

　　한편 동 설문에 대한 응답자의 수는 24 사업자에 불과하여 응답률은 31.2%로서 높지 않았는데, 〈표 19-37〉에서 원사업자의 불이익 제공에 관하여 부정적인 응답이 절대적으로 많은 것을 감안하며, 〈표 19-38〉의 결과는 이에 연동된 것으로 볼 수 있다. 그러나 응답 비중이 절대적으로 높지 않았다 하더라도, 31.2%의 응답률은 현실 하도급거래에서 조정 제도 등이 실효성 있게 기능하지 못하는 이유를 시사하는 것이라 할 수 있으며, 이와 같은 불이익 사유를 감안하여 조정제도의 실효성을 제고하는 방안을

강구할 필요가 있다. 가능한 방안의 하나로서 일본 公正取引委員會가 법 위반행위에 대한 심사절차를 개시함에 있어서 일반적인 신고나 직권 탐지 외에도 中小企業廳設置法 제4조 제7항에 의하여 중소기업청의 요구에 의 해서도 심사절차가 개시될 수 있는데, 동 제도는 기업 간의 거래관계의 지 속 필요 때문에 신고 등을 적극적으로 행하기 어려운 중소기업을 보호하 는 의미가 있으며,[23] 이러한 제도의 취지를 수용하여 중소기업 기관이나 단체에 하도급법 위반행위 등에 대한 신고나 조정신청을 대신할 수 있도 록 할 것을 고려할 수 있을 것이다.

〈표 19-38〉 불이익의 내용

| 구분 / 불이익 내용 | 엔지니어링 사업자 설문 결과 | 건설 부문 설문 결과 |
|---|---|---|
| 원사업자와의 이후 거래의 기회가 주어지지 않는 다 | 14(58.3%) | 9(60.0%) |
| 해당 원사업자뿐만 아니라 다른 원사업자로부터 의 하도급거래도 이루어지기 어렵다 | 3(12.5%) | 1(6.7%) |
| 관계기관의 시정 내용이나 조정 내용에 원사업자 가 따르지 않는다 | 1(4.2%) | 1(6.7%) |
| 거래의 기회는 주어지나 거래 조건이 다른 수급 사업자에 비하여 차별적으로 불이익하게 제시된 다 | 3(12.5%) | 2(13.3%) |
| 거래 기회는 주어지나 거래조건이 하도급거래를 하기 어려운 수준으로 제시되어, 실질적으로 거래 에서 배제되도록 한다 | 3(12.5%) | 2(13.3%) |
| 총 계 | 24(100%) | 15(100%) |

---

23) 谷原修身, 獨占禁止法の解說, 一橋出版, 2006, 73면 참조.

### (3) 불공정 하도급거래 현황 분석

이상에서 하도급법상 원사업자의 의무 규정이나 원사업자의 금지행위로 규정된 행위들이 실제 엔지니어링 사업자들을 거래상대방으로 한 하도급거래에서 어떻게 나타나고 있으며, 하도급법 위반행위에 대한 수급사업자의 이의제기나 조정 신청의 가능성에 관하여 살펴보았다.

부당한 하도급대금 결정을 포함하여 하도급법이 규제하는 불공정 하도급거래 행위에 있어서, 응답한 엔지니어링 사업자들은 하도급법 위반행위가 거의 없거나 상대적으로 발생 정도가 크지 않다는 결과를 보여주었다. 〈표 19-39〉는 엔지니어링 사업자들의 설문 조사에서 행위 유형 별로 위반행위의 발생 정도가 낮은 것으로 답한 비율을 나타낸 것이다.

〈표 19-39〉 행위 유형별 위반행위의 발생 정도가 낮은 것으로 답한 비율

| 구분<br>유형별 빈도 | 그러한 경우가<br>발생하지 않는다 | 발생하지만,<br>그렇지 않은 경우가<br>더 많다 | 합 계 |
|---|---|---|---|
| 부당한 하도급대금 결정 | 27.5% | 44.9% | 72.4% |
| 물품 등 구매 강제 | 76.8% | 13.0% | 89.8% |
| 선급금 지급규정 위반 | 42.0% | 7.2% | 49.2% |
| 부당한 위탁취소 | 71.0% | 26.1% | 97.1% |
| 납품 목적물 등에 대한 부당한 검사 | 64.7% | 32.4% | 97.1% |
| 부당 반품 | 77.9% | 19.1% | 97.0% |
| 부당 감액 | 72.5% | 26.1% | 98.6% |
| 물품 대금 등의 부당 결제 청구 | 89.9% | 7.2% | 97.1% |
| 경제적 이익의 부당 요구 | 73.5% | 22.1% | 95.6% |
| 기술자료 제공 강요 | 76.8% | 20.3% | 97.1% |
| 하도급대금 지급 규정 위반 | 45.7% | 27.1% | 72.8% |
| 하도급대금 증액 규정 위반 | 54.4% | 29.4% | 83.8% |

| 하도급대금 조정 신청 거부 등 | 60.2% | 23.5% | 83.7% |
| 하도급대금의 물품 지급 | 97.1% | 2.9% | 100% |
| 수급사업자에 대한 경영 간섭 | 94.0% | 4.5% | 98.5% |

〈표 19-39〉에서 알 수 있듯이, 모든 위반 유형들에 대한 설문에서 발생 가능성에 대한 부정적인 답이 절대 다수를 차지하였지만, 세부적으로 위반행위 유형별 설문 결과에 주목할 만한 차이도 존재한다. 예를 들어 위반 행위의 발생 가능성이 거의 없는 것으로 답한 비율을 낮은 순으로 보면, 부당한 하도급대금 결정 27.5%, 선급금 지급규정 위반 42.0%, 하도급대금 지급 규정 위반 45.7%, 하도급대금 증액 규정 위반 54.4%, 하도급대금 조정 신청 거부 등 60.2%, 납품 목적물 등에 대한 부당한 검사 64.7% 등인데, 이러한 수치는 적어도 당해 위법행위 유형이 다른 위법 유형에 비하여 위반 사례가 많이 나타나고 있음을 방증하는 것이다.

이러한 설문 결과는 공정거래위원회의 하도급 규제 실무와도 부합하는 측면이 있다. 하도급법이 시행된 1987년부터 2009년까지 불공정하도급거래행위로서 공정거래위원회에 의하여 규제된 시정실적을 보면, 전체 시정실적에서 가장 비중이 높았던 것은 하도급대금 지급 규정 위반으로서(대금미지급, 대금지급 지연, 어음할인료 미지급, 지연이자 미지급) 약 92.8%를 차지하고 있는데,[24] 이러한 수치는 위의 설문 조사에서 하도급대금 지급 규정 위반의 경우가 상대적으로 많은 것으로 나타난 결과와 맥을 같이 하는 것이다.

또한 설문 조사에서 엔지니어링 산업의 특성이 나타난 결과로 이해될 수 있는 부분도 있다. 예를 들어 선급금 지급 규정 위반과 관련하여, 엔지니어링 사업자들의 설문 결과는 다른 하도급법 위반 유형에 비하여 상대

---

24) 전체 19,050건의 시정실적 중에서 하도급대금 지급 규정 위반에 대한 시정실적은 17,693건으로 절대적으로 높은 비중을 차지하고 있다. 공정경쟁연합회, 주 9)의 책, 97면 참조.

적으로 법위반 사례가 많은 것으로 나타나고 있는데, 공정거래위원회의 규제 실무를 보면, 1987년 이후 2009년까지 불공정하도급거래행위 시정실적 중에서 선급금 규정 위반의 경우가 차지하는 비중은 2.5%에 지나지 않는다.[25] 이와 같은 조사 결과의 괴리는 엔지니어링 산업의 특성, 즉 지식을 활용한 창조적이고 기술적인 서비스를 제공하는 엔지니어링의 고유한 특성에 비추어 공정한 선급금 지급의 필요성이 크며, 하도급거래의 공정화와 관련하여 선급금 지급의 공정성 보장이 중요한 과제임을 시사하는 것이라 할 수 있다.

한편 〈표 19-39〉를 분석하면, 상대적으로 하도급법 위반의 가능성이 높은 유형들에 대한 하도급법상 규제 실효성에 일정한 문제제기도 가능하다. 즉 하도급법에 의한 규제가 이루어지고 있음에도 불구하고, 여전히 상당한 정도의 위법 관행이 존재하고 있다면, 이들 유형에 대한 법집행의 강화뿐만 아니라, 정책적으로 새로운 규제 수단을 정비할 필요성이 있음을 보여주는 것으로 평가할 수 있다.

## V. 결론

이 연구는 엔지니어링 산업에서의 하도급거래 현황을 엔지니어링 사업자를 대상으로 하는 설문 방식으로 조사하고, 이를 분석하는 과정을 통하여 진행되었다. 엔지니어링 활동의 상당 부분은 하도급거래를 통하여 이루어지며, 따라서 하도급거래 공정화의 실현은 거래 자체의 공정성을 제고할 뿐만 아니라, 엔지니어링 산업 발전의 중요한 기초를 제공하는 의미가 있다. 이러한 정책 목표를 달성하기 위하여 하도급 거래의 현황을 올바

---

25) 1987년부터 2009년까지 선급금 지급 규정 위반으로 규제된 사건은 469건으로서 불공정하도급거래행위 시정실적 중에서 약 2.5%의 비중을 차지하고 있다. 위의 책, 97면 참조.

르게 이해할 필요성이 크며, 특히 엔지니어링 산업의 특수성이 정확히 반영될 수 있도록, 엔지니어링 산업 종사자들로 범위를 제한하여 하도급 거래의 실태를 파악할 필요가 있다.

설문에 응한 엔지니어링 사업자들의 기술 부문 현황을 보면, 건설 부문 사업자가 57.1%로 가장 많았으며, 통신정보처리 19.5%, 전기·전자 11.7%의 순이었고, 건설 부문을 제외한 비건설 부문의 합계는 42.9%로 나타났다. 설문에 나타난 사업자들의 기술 부문 분포도는 전체 엔지니어링 산업에서 주된 기술 부문이 62.3%로 조사된 2007년 조사결과와 대체적으로 유사하다. 설문에 응한 사업자들의 현황을 파악하기 위하여 자본금, 매출액, 종업원 등의 규모를 조사하였다. 중소기업기본법에서는 자본금 500억원, 연간매출액 1,500억원, 종업원 수 1,000명을 중소기업으로 분류하는 기준으로 하고 있는데, 조사에 응한 대부분의 사업자는 1~2사업자를 제외하고 중소기업기본법에서 규정하는 중소기업에 해당하였다. 1990년대 이후 중소기업정책에서 경쟁정책적 관점이 반영되어 공정경쟁 여건의 조성은 중요한 정책 방향의 하나로 제시되었고, 하도급거래의 공정화를 목적으로 하는 하도급법의 적용은 이를 구체화하는 유력한 수단이 되고 있다.26) 이러한 점에서 엔지니어링 하도급거래의 실태 조사는 중소기업정책의 관점에서도 의미가 있다. 하도급거래와 관련하여 엔지니어링 사업자는 원사업자의 지위와 수급사업자의 지위 어느 하나에 고정되는 것은 아니고, 각각의 거래에서 양자의 위치를 갖게 된다. 설문에 응한 사업자는 수급사업자로서의 지위가 보다 많은 것으로 조사되었는데, 수급사업자로서의 비중이 60% 이상인 사업자가 51.3%이었으며, 원사업자로서의 비중이 60% 이상인 사업자는 33.8%로 나타났다.

원사업자의 관점에서 하도급거래에 관한 설문은 하도급거래의 수직적 구조로서의 특성을 반영하여, 원사업자와 발주자 사이의 관계, 원사업자와 수급사업자 사이의 관계로 나누어 구성하였다. 원사업자와 발주자 사이의

---

26) 이경의, 중소기업정책론, 지식산업사, 2006, 476-480면 참조.

관계에 있어서, 원사업자가 발주자와 체결하는 계약 방식이 수의계약과 같은 경쟁입찰 외의 방식으로 체결되는 비중이 42.4%로 나타났다. 이와 같은 원사업자와 발주자 사이의 계약체결 방식의 특성은 발주자의 우월한 지위가 남용될 가능성을 보여주는 것이다. 발주자에 대한 불만 사항에 관한 설문에서, 엔지니어링 사업자는 "발주자가 지나치게 낮은 대가를 요구한다" 38.3%, "발주자와 체결한 계약 내용이 지나치게 경직적이어서 실제 계약내용을 수행하는데 비효율적인 경우가 많다" 31.7%, "발주자와 체결한 계약 내용이 모호하거나 불분명한 경우가 많다" 16.7%의 순으로 응답하였다. 한편 이와 같은 발주자에 대한 불만 사항은 '낮은 대가 산정에 따른 손실 분담'에 관한 조사에서 알 수 있듯이, 이후 하도급거래에도 영향을 미치는 것으로 조사되었는데, 낮은 대가 산정에 따른 부담이 수급사업자에게 더 많이 귀속된다는 응답의 비중이 45.3%로 나타났다. 수급사업자와의 관계에 있어서, 수급사업자의 선정에 관한 설문 결과는 수급사업자의 선정이 주로 업무능력이나 거래대금과 같은 합리적 요소에 대한 고려에 의하지만, 기존의 거래관계 등의 사유도 중요한 거래상대방 선정 이유가 되고 있는 것으로 나타났다. 공정한 하도급거래를 보장할 수 있는 표준 하도급계약서의 사용 정도는 높은 것으로 조사되었지만, 여전히 전혀 사용하지 않거나 사용 정도가 낮다고 응답한 사업자의 비율도 24.6%로 조사되었다. 하도급거래에서 현저히 낮은 하도급대금 산정이 이루어지고 있는지에 대한 설문에서 다수의 사업자는 이를 부정하는 답을 제시하였지만, 그러한 경우가 50% 이상인 것으로 응답한 사업자는 14%이었고, 현저히 낮은 하도급거래 대금의 이유에 관하여 응답자의 78.9%가 발주자가 원 계약대금을 낮게 설정하여 불가피하였다고 답하였다. 이러한 조사 결과는 정책적으로 발주자와 원사업자 사이의 계약 공정화에도 주의를 기울일 필요가 있음을 반증하는 것이라 할 수 있다. 하도급법 규정 위반에 관한 설문에서, 응답자의 대부분은 위반 사례가 없거나 그 발생 빈도가 낮은 것으로 답하였다. 한편 하도급법 위반 사유에 대한 추가적 설문에서, 응답자의

57.7%는 하도급법의 규정이 엔지니어링 산업 현실과 괴리가 있는데 기인한다고 답하였는데, 이는 엔지니어링 산업 현실에 대한 고려가 충분히 이루어질 필요가 있음을 보여주는 것이다.

수급사업자의 관점에서 엔지니어링 사업자에 대한 하도급거래 현황에 대한 설문 조사와 관련하여, 표준하도급계약서의 사용에 관한 설문에서 다수의 사업자는 표준하도급계약서를 사용하는 경우가 대부분이거나 많은 것으로 답하였다(56.4%). 그러나 원사업자 설문 결과보다는 표준하도급계약서 사용 비중이 낮은 것으로 나타났다. 공정거래위원회의 조사에서 2009년 표준하도급계약서 사용 비율은 64.6%이었으며, 이는 엔지니어링 산업에서 표준하도급계약서 사용의 확대를 정책적으로 권장할 필요성이 있음을 보여주는 결과라 할 수 있다. 부당한 하도급대금 결정에 관한 설문에서 응답자의 다수는 부당한 하도급대금 결정의 경우가 없거나 있는 경우에도 발생 정도가 낮은 것으로 답하였다. 그러나 부당한 하도급대금 결정의 경우가 50% 이상이라고 응답한 사업자의 비율이 총 27.6%이었다. 현저히 낮은 하도급대금 결정의 원인에 관한 설문에서 "원사업자의 위탁업무에 대한 대가 자체가 낮게 책정되었기 때문에 현저히 낮은 수준의 하도급대금이 불가피하였다는 것"이라는 답이 가장 많았다(48.0%). 부당한 하도급대금 결정에 관하여 이의 제기를 한 경우가 50% 이상이라고 답한 사업자는 20%, 자율적 조정이 이루어진 경우가 50% 이상이라고 답한 사업자들은 33.3%로서, 그 비율이 높지 않았다. 이의를 제기하지 않은 가장 중요한 원인이 무엇인지에 대한 설문에서, "이의를 제기하는 것이 이후 하도급거래에 부정적인 영향을 미칠 것을 우려해서" 29.0%, "원사업자가 이의를 수용할 가능성이 거의 없기 때문에" 27.4%, "원사업자와의 거래관계를 신뢰해서" 27.4%의 순으로 응답 비중이 높았다. 이러한 실문 결과는 부당한 하도급대금 결정에 대한 이의 제기가 궁극적으로 자신에게 불이익이 될 수 있기 때문인 것으로 보이며, 이러한 부분이 시정될 수 있는 제도 개선의 필요성이 있음을 보여주는 결과로 이해된다. 불공정한 하도급거래의 현황에 관한 설문에서, 설문의 주제가 되었던 모든 불공정 하도급거래 유형에 관하여 응답에 참여한 엔지니어링 사업자들의 다수는 위반행위가 거의 없거나 발생 정도가 낮은 것으로 답하였다. 응답 내용을 구체적으로 보면, 불공정한 하도급거래 행위 중에서 발생 가능성이 거의 없는 것으로 응답한 비중이 부당한 하도급대금 결정 27.5%, 선급금 지급규정 위반 42.0%, 하도급대금 지급 규정 위반 45.7%, 하도급대금 증액 규정 위반 54.4%, 하도급대금 조정 신청 거부 등 60.2%, 납품 목적물 등에 대한 부당한 검사 64.7% 등으로 나타났다. 이러한 수치는 다른 위법 유형들과 비교하여 상대적으로 낮은 것으로서, 이들 위반행위의 발생 가능성에 대하여 법집행 차원에서 뿐만 아니라 입법정책적으로도 주의를 기울일 필요가 있다. 하도급법 위반행위를 신고하거나 조정 신청하는 것에 따른 불이익에 관한 설문에서 사업자의 다수는 그러한 경우가 거의 발생하지 않거나 (89.4%), 그러한 경우의 발생이 상대적으로 낮은 것으로 답하였다(4.5%). 그러나 불이익의 구체적 내용에 관한 설문에는 의미 있는 수준의 응답이 있었으며(31.2%), 특히 "원사업자와의 이후 거래의 기회가 주어지지 않는다"는 답이 절대적으로 가장 많은 비중을 차지하였다는 점은(58.3%) 조정 제도 등의 실효성을 제고하기 위한 논의에서 참고할 만한 것이다.

# 제3편
# 규제산업

# 20. 통신서비스의 이용자와 소비자 개념

## I. 서론

통신법에서 통신서비스를 이용하는 주체를 지칭하는 것으로 이용자 (user, Nutzer) 개념이 널리 사용되고 있다. 우리 통신법도 이러한 용어 관행에서 벗어나 있지 않으며, 전기통신사업법 제2조 제9호에서 정의하는 이용자는 전체 통신법 체계의 기초가 되고 있다. 통신서비스 역시 경제적 필요에 따라 시장에서 거래되는 상품과 다르지 않다는 점을 감안하면, 통신서비스의 수요 측면에 위치한 경제주체를 일반적으로 통용되는 소비자로 칭하지 않고 이용자 개념을 사용하는 것은 이례적인 것임에 분명하다. 물론 이러한 현상은 통신이 갖고 있는 고유한 특성에 기원한다. 기술적 발달에 따라서 끊임없이 방식의 진화가 계속되어 왔지만, 통신(communication)은 여전히 본질적으로 인간의 소통 수단이며, 인간 사회(human society)의 기초를 이룬다.[1] 즉 통신은 사회적 삶의 필수적인 요소이며, 이로부터 통신서비스의 이용에서 기본권적 성격을 확인할 수 있고,[2] 이러한 특성은 통신을 다른 상품과 분리하여 사고하게 되는 근거가 된다.

---

1) Ian Lloyd & David Mellor, Telecommunications Law, LexisNexis, 1999, 3-4면.
2) Kay Windthorst, Der Universaldienst im Bereich der Telekommunikation, Duncker & Humblot, 2000, 115면 이하 참조.

전기통신사업법은 법 제정시부터 이용자 개념을 명시적으로 언급하였으며,3) 1991년 제2차 개정시에 이용자를 "전기통신역무를 제공받기 위하여 전기통신사업자와 전기통신역무의 이용에 관한 계약을 체결한 자"로 정의하는 규정을 도입한 이후, 현행법에 이르기까지 기본적인 태도를 유지하고 있다. 이와 같은 개념 정의의 근거는 앞에서 언급한 바와 같지만, 지난 수십년간 전세계적으로 진행되어 온 통신산업의 변화는 통신서비스의 이용 주체를 현재와 같이 정의된 이용자 개념에 기초하여, 그리고 전적으로 이에 의존하여 파악하는 것이 앞으로도 타당할 지에 대한 의문을 낳고 있다. 통신산업은 자유화(liberalization), 민영화(privatization), 글로벌화(globalization)의 방향으로 나아가고 있으며, 이러한 변화 과정은 통신의 공적 서비스로서의 의의를 대신하는 상품적 가치와 시장의 중요성을 강조하는 것으로 구체화된다.4) 통신서비스를 하나의 상품으로서 자율적 거래의 장인 시장에 위치시킨다면, 수요 측면의 경제주체인 소비자의 관점에서 통신 서비스에 대한 이해를 가능하게 할 것이다. 또한 디지털화(digitalization)로 대표되는 통신산업의 급격한 기술 환경의 변화도 고려되어야 할 부분이다. 전자적 부호에 의한 정보의 형성, 저장, 송수신이 가능한 기술적 기반이 갖추어지면서 융합 현상이 보편적으로 나타나고 있고, 이러한 현상은 전통적인 의미에서 통신서비스의 이용 주체를 단일한 개념으로 파악하는 것에 한계로 작용한다. 이러한 점에서 EC 통신산업 기본지침(이하 기본지침)에서5) 다양한 관점에서 통신서비스 이용주체를 파악하

---

3) 1983년 제정된 공중전기통신사업법은 이용자에 관한 명시적인 규정을 두고 있지 않았지만, 법 제1조의 "이 법은 공중전기통신사업의 운영과 공중전기통신역무의 효율적인 제공 및 이용에 관한 사항을 정하여 공중전기통신사업의 발전을 기하고 이용자의 편의를 도모함으로써 공공복리의 증진에 이바지함을 목적으로 한다"는 규정 등에서 이용자 개념을 확인할 수 있다.

4) Ian Lloyd & David Mellor, 주 1)의 책, 12면 이하 참조.

5) Directive 2002/21/EC of the European Parliament and of the Council of 7 March 2002 on a common regulatory framework for electronic communications

고, 이에 대한 개념 정의를 시도한 것은 유력한 의미를 갖는다.

이하에서의 논의는 다음과 같이 전개할 것이다. 우선 유럽 통신법에서 나타나고 있는 다양하게 정의된 통신서비스 이용 주체를 살펴보고, 이에 기초하여 전기통신사업법상 이용자 개념의 의의와 한계를 논의할 것이다 (II). 이어서 여러 개념 중에서 소비자 개념의 의의와 입법적 도입 필요성에 관하여 고찰한다. 특히 소비자 개념이 입법적으로 수용되는 과정과 그 배경에 있는 시민사회 원리와 소비자 개념의 결합을 살펴보고, 통신산업에서 소비자 개념의 필요성을 구체화할 것이다(III). 끝으로 소비자 개념을 포함하여 통신서비스 이용 주체를 입법적으로 새롭게 정의하는 방안을 제안하며, 이로써 결론에 대신하고자 한다(IV).

## II. 통신서비스의 이용 주체

### 1. EC 기본지침에서 이용 주체의 정의

#### (1) 이용자

기본지침 제2조 h호는 이용자를 "공중이 이용할 수 있는 전자통신서비스를 이용(using) 또는 요청(requesting)하고 있는 법인 또는 자연인"으로 정의하고 있다. 동 규정은 통신서비스 이용 주체의 일반적 형태를 제시한 것으로서, 이들에 대한 권리와 이익 보호 나아가 통신산업 운영원리의 기초 개념으로 기능한다. 예를 들어 기본지침 제8조 제2항은 정책적 목적으로서 이용자(user) 이익을 최대한 보장하기 위하여 통신 규제 당국은 경쟁을 촉진하여야 한다고 규정하고 있으며, 제17조 제2항은 표준화(standar-

---

networks and services. 동 지침은 이동통신 로밍(roaming) 서비스에 대한 규율을 추가한 Regulation (EC) No 717/2007에 의하여 수정되었다.

526 _ 경제법론 III

dization)가 이용자의 선택의 자유를 향상시키는데 기여하여야 한다고 규
정하고 있다. 또한 EC 보편적역무 지침에서6) 이용자는 통신서비스 이용
과 관련된 이익 보호를 위하여 일반적으로 사용되고 있다.

동 규정에서 특징적인 것은 현재 이용하고 있는 경우뿐만 아니라 이용
을 요청하고 있는 자도 이용자에 해당하는 것으로 보고, 법인도 이용자 범
위에 포함시키고 있는 것에서 찾을 수 있다. 또한 이용 목적에 관한 특별
한 제한을 가하고 있지 않은 것도 주목할 만한 것인데, 이에 의하여 영업
적 목적으로 통신서비스를 이용하는 경우도 동 규정상 이용자에 해당하게
된다. 이와 같은 정의는 규정 형식에 있어서 다소 차이는 있지만, 회원국
의 통신법에서도 대체로 유지되고 있다. 예를 들어 독일 통신법(Telekom-
munikationsgesetz; TKG) 제3조 제14호는 이용자(Nutzer)를 사적 또는 영
업적 목적으로 통신서비스를 이용하는 모든 자연인이며, 이때 반드시 서
비스 가입자일 필요는 없는 것으로 규정하고 있다. 동 규정에서 이용자의
요건으로 서비스 가입을 요구하지 않는 것은 EC 기본지침이 통신서비스
이용을 요청하는 자도 이용자에 포함시키는 것에 대응하는 것이다. 다만
법인의 경우를 이용자에 포함시키지 않고 있는 TKG의 태도는 이용자 보
호의 관점이 보다 반영된 것으로 이해할 수 있다.[7]

---

6) Directive 2002/22/EC of the European Parliament and of the Council of 7
March 2002 on universal service and users' rights relating to electronic
communications networks and services.

7) 2004년 개정전 TKG에서 이용자는 법인도 포함되는 개념으로 규정되어 있었고
(Nutzer sind Nachfrager nach Telekommunikationsdienstleistungen), 이에 대하
여 동 규정은 통신망을 운영하는 지배적 사업자에 대한 접속 청구를 할 수 있는
기초가 되는 것으로 이해되었다. Klaus-Dieter Scheurle & Thomas Mayen hrsg.,
Telekommunikationsgesetz, C. H. Beck, 2002, 102면(Simone Lünenbürger 집필
부분) 참조.

## (2) 최종이용자

기본지침 제2조 n호는 최종이용자(end-user)에 관하여 별도의 규정을 두고 있는데, 이에 의하면 최종이용자는 공중 통신망이나 공중이 이용할 수 있는 전자통신서비스를 제공하지 않는 이용자로 정의된다. 동 규정에서 최종이용자 정의는 개념적으로 통신서비스를 재판매하거나 구성상품으로써 결합판매하는 자 등을 배제하며, 결국 통신서비스 거래 단계의 최말단에 있는 자가 여기에 해당할 것이다. 일반적으로 거래상의 최종단계에 위치함으로 인하여 거래의 위험을 더 이상 전가할 수 없는 자에 대한 특별한 보호 필요성이 인정되며,[8] 통신서비스의 최종이용자에 대한 별도의 정의도 대체로 이러한 필요성을 반영한 것이라 할 수 있다. 특히 최종이용자가 명시적으로 언급되는 경우는 보편적역무 지침에서 찾을 수 있는데, 동 지침은 최종이용자에게 제공되는 통신서비스가 적정한 가격에 일정한 수준의 질이 보장되는 것을 기본 목적으로 하고 있다(recital (4), 지침 1조, 22조 등). 독일 TKG에서의 최종이용자(Endnutzer) 정의도 대체로 유사한데, 동법 제3조 제8호는 통신망이나 통신서비스를 제공하지 않는 자연인 또는 법인으로 최종이용자를 정의하고 있다. 특히 이용자 규정에서 자연인에 한정한 것과 달리, 기본 지침과 마찬가지로 법인도 최종이용자에 해당하는 것으로 하였다.

## (3) 가입자

기본지침 제2조 k호는 가입자(subscriber)를 공중이 이용할 수 있는 전자통신서비스를 제공하는 자와 이러한 서비스의 공급을 위하여 계약한 상대방인 자연인 또는 법인으로 규정하고 있다. 동 규정에서 가입자는 통신서비스 제공 계약을 체결한 자를 의미하며, 계약 체결을 맺은 이용 주체에

---

8) 권오승, 소비자보호법, 법문사, 2005, 10면; 이호영, 소비자보호법, 홍문사, 2010, 13면.

한정하여 특별한 규정을 둘 경우에 개념적 기초를 제공한다. 예를 들어 기존의 통신서비스 계약을 철회하고자 하는 경우에 보편적역무 지침 제20조 제4항은 이를 가입자의 철회권으로서 보호하고 있으며, 제5조 제2항 및 제3항은 전화번호부의 등재나 정보의 제공과 관련하여 가입자를 보호 대상으로 하고 있고, 특히 EC 프라이버시 지침9) 제12조는 전화번호부 등재와 관련하여 가입자에 대한 공지나 추가적 동의를 요구하는 규정을 두고 있다. 또한 보편적역무 지침 제2조 e호에서와 같이 가입자는 기술적인 측면에서 통신망과 가입자를 연결하는 물리적 장소 개념을 위하여 사용되기도 한다. 독일 TKG도 비슷한 내용으로 가입자(Teilnehmer)를 규정하고 있는데, 동법 제3조 제20호에서 가입자는 통신서비스의 공급자와 서비스 제공계약을 체결한 모든 자연인 또는 법인을 의미하는데, 예를 들어 동법 제43조의a에서 통신서비스 공급자가 계약 체결시 일정한 정보를 제공하여야 하는 의무는 가입자를 대상으로 한다.

### (4) 소비자

기본지침 제2조 I호는 소비자(consumer)를 공중이 이용할 수 있는 통신서비스를 자신의 거래, 사업 또는 직업 외의 목적으로 이용(uses) 또는 요청(requests)하는 자연인으로 규정하고 있다. 동 규정에서 소비자 정의는, 기본지침상 이용자 개념이 통신서비스를 이용 또는 요청하고 있는 현재 상태에 초점을 맞추고, 자연인뿐만 아니라 법인도 포함하며, 통신서비스 이용 목적에 제한을 가하지 않는 내용으로 구성되어 있는 것에 대비된다. 이와 같은 규정 태도는 소비자보호 관련 법제에서 형성된 개념을 따른 것으로 볼 수 있는데,10) 특히 이용 목적의 제한에 있어서 소비생활 목적을

---

9) Directive 2002/58/EC, concerning the processing of personal data and the protection of privacy in the electronic communications sector.
10) EC 차원에서 소비자 정의의 입법적 선례가 되었던 '소비자 상품 매매와 담보에 관한 지침'(Directive 1999/44/EC on certain aspects of the sale of consumer

적극적으로 규정하지 않고, 영업적 활동을 배제하는 방식을 취하였다. 이러한 정의가 시사하듯이, EC 통신산업 지침에서 소비자는 통신서비스의 구체적인 이용을 넘어서 비영업적인 목적으로 거래를 하는 일방 당사자로서의 일반적 이익 보호에 관련된다. 예를 들어 기본지침 recital (5)에서 "전송 규제와 콘텐츠 규제의 분리는 소비자 보호(미디어 다원주의, 문화 다양성과 함께)를 보장하기 위하여 이들 간에 존재하는 관련성에 대한 고려를 배제하지 않는다"고 규정하고, 제8조 제4항 b호에서 "규제당국이 양 당사자로부터 독립된 간이하고 저비용인 분쟁해결기구의 이용 가능성을 보장하는 것에 의하여 통신사업자와 거래관계에 있는 소비자의 보호를 높은 수준으로 보장함으로써 EU 시민으로서의 이익을 증진시켜야 한다"고 규정한 것 등은 통신법에서 소비자 개념이 요구되는 상황을 적절히 보여주는 것이라 할 수 있다.

한편 독일 TKG에서는 소비자(Verbraucher)의 법적인 개념 정의를 시도하고 있지 않지만,[11] 용어 자체는 명시적으로 여러 맥락에서 사용하고 있다. 예를 들어 동법 제2조 제2항 제1호는 이용자 보호를 동법에 의한 규제 목적으로 들면서, 특히 통신 영역에서의 소비자이익과 통신비밀의 보장을 예시하고 있다. 또한 제44조 제1항에서 법령 또는 처분에 위반한 사업자에 대한 손해배상 청구와 중지 청구의 주체로서 경쟁자와 함께 최종 소비자(Endverbraucher)를 규정하고 있는 것도 주목할 만한 것이다.

---

goods and associated guarantees) 제1조 제2항 a호는 소비자를 "거래, 사업 또는 직업과 관련되지 않는 목적으로 행위하는 자연인"으로 정의한다.

11) 독일 법체계에서 소비자에 관한 일반적 정의는 민법 제13조에 의하는데, 동 규정에 의하면 소비자는 자신의 영업활동이나 독립적 직업활동에 속하지 않는 목적으로 법률행위를 하는 모든 자연인을 말한다. 동 규정에서의 소비자 정의는 앞에서 언급한 Directive 1999/44/EC에 영향을 받은 것으로 이해된다(Tilman Repgen, Kein Abschied von der Privatautonomie, Ferdinand Schöningh, 2001, 30면). 한편 TKG에서는 별도의 소비자 정의를 하지 않고 있다.

## 2. 전기통신사업법상 이용자의 의의와 한계

### (1) 전기통신사업법상 이용자의 의의

전기통신사업법 제2조 제1항 제2호는 이용자를 "전기통신역무를 제공받기 위하여 전기통신사업자와 전기통신역무의 이용에 관한 계약을 체결한 자"로 정의하고 있다. 동 규정에서 이용자는 전기통신사업자와의 계약을 전제하며, 개념상 이용 목적에 제한이 없고, 자연인 외에 법인도 포함되는 것으로 해석된다.

이와 같은 이용자 개념을 소비자기본법상 소비자나 방송법에서의 시청자 개념과 비교할 수도 있다. 특히 소비자기본법상 소비자 개념과 비교하여 시장에서의 경제활동과 무관하게 개념을 구성함으로써 사회적 맥락에서 이용자를 이해할 수 있는 계기를 제공하며, 네트워크의 특성상 생산자에 대비되는 수동적인 존재가 아닌 공급자와 적극적으로 상호작용하는 자를 상정하기 위하여 이용자 개념이 유용하다는 시각이 가능할 것이다.[12] 또한 방송법상 사용되는 시청자 개념은 공공적 영역에 속하는 시민적 요소가 소비자적 요소와 함께 투영되고 있다는 점에서 이용자 개념에 대비된다는 지적도 있다.[13]

나아가 전기통신사업법상 이용자의 의의를 이해하기 위해서는, 개념적 요소에 대한 분석 외에도 동 개념이 통신서비스의 이용 주체로서 동법이 보호하고자 하는 대상의 범위를 정하기 위한 수단이라는 점에 대한 인식이 전제되어야 한다. 이러한 관점에서 보면, 전기통신사업법이 통신서비스 이용에 관한 다양한 계기를 이용자라는 단일한 개념으로 파악하면서, 동시에 동법상의 이용자 정의를 계약 체결자로 한정하고 있는 것의 규범적

---

12) 홍대식, "방송·통신융합과 이용자보호제도의 개선: 총론적 고찰", 서울대학교 경쟁법센터 제2차 정책세미나, 2009, 22-25면 참조.
13) 위의 글, 25-27면.

의의가 두드러진다.

전기통신사업법상 이용자는 법 전반에 걸쳐 규제체계의 기초를 이루는 개념이며, 통신서비스 이용 주체의 이익이 고려되어야 하는 다양한 상황에서 정책이나 규제의 타당성을 뒷받침하는 기능을 수행한다. 대표적으로 이용자는 보편적 역무의 개념적 구성요소이고(법 2조 9호), 이용자 보호는 기간통신사업의 허가에 있어서 미래창조과학부장관이 심사기준의 하나이고(법 6조 2항 3호), 이용자 보호계획은 별정통신사업의 등록에 있어서 요구되는 사항의 하나이고(법 21조 1항 2호), 이용자 이익 침해 여부는 이용약관 인가에 있어서 중요한 심사기준이 된다(법 28조 3항). 또한 구체적인 이익 실현과 관련하여, 이용자는 전기통신사업자에 대하여 동법 제32조 제1항에 의하여 정당한 의견이나 불만을 제기할 수 있고, 제33조에 의하여 동법에 의한 손해배상청구를 할 수 있으며, 제45조 제1항에 의하여 미래창조과학부장관에 재정 신청을 할 수 있는 주체이다. 나아가 동법 제50조 제1항의 사업자 금지행위에 있어서 이용자 이익침해는 위법성 판단의 기준이 된다.

이와 같이 다양한 맥락에서 이용자 개념이 사용되고 있다는 점을 고려할 때, 법률에서 규정한 단일한 개념에 따라 이용자의 의의를 통일적으로 파악할 수 있는지, 그리고 그것이 타당한지에 대한 의문은 당연하며, 전기통신사업법상 이용자 개념의 한계에 대한 논의는 불가피한 것이다.

## (2) 전기통신사업법상 이용자 개념의 한계

우선 제기될 수 있는 문제는 이용자 개념 정의 자체에 관한 것이다. 전술한 것처럼 EC 기본지침에서의 이용자 개념과 비교하여 보면, 전기통신사업법상 이용자 개념은 계약 체결을 전제한다는 점에서 구별된다. 물론 EC 통신법상 가입자 규정에서 확인할 수 있듯이, 계약상의 권리를 행사하거나 계약 철회를 하는 경우처럼 계약 체결자에 한정하여 규율하는 것이 필요한 영역이 존재하지만, 통신서비스 이용 주체의 이익 보호를 위하여

통신서비스 공급자와의 계약이 언제나 요구되는 것은 아니다. 이러한 점
에서 독일 TKG 제3조 제14호의 이용자 정의에서 반드시 가입자일 필요가
없다는 것을(ohne notwendigerweise Teilnehmer zu sein) 명시적으로 밝
히고 있는 것에 주목할 필요가 있다. 실제 통신서비스 이용 측면에서 보
면, 계약 체결을 의도하면서 아직 계약 이전에 있는[14] 경우뿐만 아니라
계약 외적인 이용이 가능하며, 따라서 통신서비스의 이용이 이용계약과
무관하게 이루어질 수 있다는 것은 부인할 수 없다. 이러한 경우에도 통신
서비스가 여전히 공적 서비스로서의 본질을 갖고 있다는 점을 상기한다면,
이용자 개념에서 계약 외적인 이용 가능성의 배제는 타당한 것으로 보기
어렵다.

전기통신사업법상 규제에 관한 구체적인 예를 보면, 제50조 제1항은 이
용자의 이익을 저해하거나 저해할 우려가 있는 행위를 금지하고 있다. 동
규정에서 금지행위 규제는 이용자 이익 보호적 관점에서 통신사업자의 일
정한 행위를 규제하여 통신서비스의 공정한 거래를 확보하려는 것을 목적
으로 하며, 따라서 이익 주체를 반드시 계약을 체결한 일방 당사자로 하는
것은 동 규정의 입법 목적에 비추어 지나치게 제한적인 의미가 있다. 이러
한 문제의 해결로써 통신이용 계약 체결 이전에 있는 자를 잠재적 이용자
라는 개념으로 포섭하고, 이에 대한 동 규정의 적용을 인정함으로써 규제
범위를 확대하려는 주장이 유력하다.[15] 동 규정의 취지와 이용자 보호의
정책 목적에 비추어 이러한 논의는 충분히 타당한 것이지만, 동법은 수범
자의 권리를 제한하는 규제법으로서의 성격을 갖고 있음을 고려할 때, 규
제 범위의 확대를 결과할 수밖에 없는 이용자 개념의 확대는 해석론상 한

[14] 앞에서 살펴본 EC 기본지침상 이용자 정의는 이용을 요청 중인(requesting) 자도
이용자에 해당하는 것으로 규정하고 있다.
[15] 한기정, "전기통신사업법 제36조의3상 금지행위에 관한 법적 고찰", 이원우 편,
정보통신법연구 III, 경인문화사, 2008, 69-70면 참조. 나아가 전기통신사업법에서
사용되는 이용자를 개별 규정의 취지 및 내용을 고려하여 개별적으로 해석하는
것이 옳다는 주장으로서, 이원우, 경제규제법론, 홍문사, 2010, 475-476면 참조.

계가 있음을 부인하기 어려울 것이다.

또한 단일한 이용자 개념을 사용하는 것에 따른 문제도 지적할 수 있다. 전술한 EC 기본지침상의 통신서비스 이용 주체에 대한 정의를 보면, 이용자와 다른 주체들의 정의가 완전히 상이한 내용으로 구성되어 있는 것은 아니다. 즉 이용자는 자연인 또는 법인을 불문하고 이용(요청) 행위 자체에 초점을 맞추어 목적상에 제한 없이 규정된 것인데 반하여, 소비자, 가입자, 최종이용자 등은 통신서비스의 이용을 전제하면서도 구체적인 보호 이익의 내용과 보호 방식의 적합성을 고려하여 이용자 개념의 범위를 제한하거나 일정한 수정을 가하는 방식으로 구성되어 있다. 이러한 규정 방식은 정책적 필요성에 따라 이용 주체를 다양한 관점에서 파악하고, 구체적 타당성을 기할 수 있다는 점에서 긍정적이며, 전기통신사업법의 일의적인 이용자 개념 정의에 대비되는 것이다.

예를 들어 EC 기본지침이나 전기통신사업법은 모두 이용 목적상의 제한을 두지 않는데, 통신서비스의 이용자로서 보호 필요성은 사업적 목적에 의한 경우에도 여전히 존재하므로, 이러한 규정 태도 자체가 문제되는 것은 아니다. 그러나 기본지침은 통신서비스를 비사업적 목적으로, 즉 소비생활을 영위하기 위하여 이용하는 경우를 상정한 소비자 개념을 통하여 이에 대한 특별한 고려가 가능하도록 하고 있는데 반하여, 전기통신사업법은 이용자라는 단일한 개념에 의존함으로써 구체적인 정책이나 규제의 기초로서 한계를 드러낸다. 구체적으로 동법 제32조 제1항에 의한 불만제기 또는 제33조에 의한 손해배상청구에 있어서 주체는 이용자이다. 이러한 제도의 취지가 이용 주체 스스로의 이익 보호를 위한 권리 행사의 법적 근거를 제공하는데 있다고 한다면, 사업자까지 동 규정에 의한 권리 행사 주체에 해당하도록 하는 것은 과도한 측면이 있다. 오히려 전술한 독일 TKG 제44조 제1항처럼[16] 손해배상청구 등의 주체를 소비자(최종소비

---

16) 제44조 (1) 이 법, 이 법에 근거한 법규명령, 이 법에 근거한 판결에 따른 책임 또는 연방네트워크청의 처분을 침해한 사업자는 배제 및 반복의 위험에 있는 이

자)로 한정하고, 나아가 권리행사의 실효성을 제고하기 위한 보완 규정을 두는 방안을 고려할 수 있을 것이다.

## III. 전기통신사업법상 소비자 개념의 도입

### 1. 소비자 개념의 입법화 과정

소비자는 근대 이후 대량생산체제가 본격화되면서 등장한, 비교적 최근에 형성된 개념이다. 소비자는 경제적인 관점에서 개념적으로 상품 거래가 이루어지는 상황을 전제하지만, 소비를 사회문화적 상징체계로 보는 Baudrillard의 관점이[17] 시사하듯이 사회적 맥락에서 소비 또는 소비자의 이해도 가능하다. 이와 같은 관점의 다양성은 소비자를 법적인 개념으로 구체화함에 있어서, 그리고 소비자의 위치에 따른 보호 대상 영역을 설정함에 있어서 불명확성을 낳았고,[18] 소비자가 입법적으로 수용되는 과정에서 일정한 지체가 발생하는 원인이 되었다.

이와 관련하여 Medicus의 소비자가 법제도화 되는 과정에 대한 단계적 설명은 적절한 이해를 돕는다. 이에 의하면 소비자의 입법화는 3단계의

---

해관계자에 대하여 행위를 중지할 책임을 부담한다. 위반의 우려가 있을 때 이 청구권은 발생한다. 침해에 의하여 손해를 입은 최종소비자 또는 경쟁자는 이해관계자에 해당한다. 사업자가 고의 또는 과실이 있는 경우에, 침해로 인하여 최종소비자 또는 경쟁자에게 발생한 손해에 대하여 배상할 책임을 부담한다. 사업자는 제4문에 의한 금전배상에 있어서 손해 발생시부터 이자를 부담한다. 민법 제288조 및 제289조 제1문(이자제한 규정)은 여기에 적용된다.

17) Jean Baudrillard, 이상률 역, 소비의 사회: 그 신화와 구조, 문예출판사, 1993, 25면 이하.

18) Geraint G, Howells & Stephen Weatherill, Consumer Protection Law, Dartmouth, 1995, 4-7면 참조.

과정을 거치는데, 소비자 보호에 해당하는 사고가 입법에 영향을 미친 것
은 분명하지만 소비자 개념이 단지 주변적으로만 다루어졌던 1단계, 소비
자 보호의 사고가 의식적인 입법 동기로서 작용하였지만 소비자 개념이
직접적인 구성요건적 출발점으로서 채택되지는 않았던 2단계, 그리고 소
비자라는 용어가 법문에 직접적으로 등장하는 3단계로 구분된다.19) 또한
Medicus는 3단계에 이르러서도 소비자 의의에 관한 내용적 보충 없이 소
비자 개념이 제대로 기능하는데 한계가 있었음을 지적하였는데,20) 최근에
이루어진 소비자의 私法的 수용은 이러한 한계를 극복하는 시도의 하나로
볼 수 있을 것이다. 즉 앞에서 살펴본 2000년 법개정에 따른 독일 민법 제
13조의 소비자 정의 규정이나, 2000년 일본 消費者契約法 제정은 계약관
계 일반에서 구조적으로 열등한 지위에 있는 소비자를 파악하고, 계약 공
정의 실현을 위한 보호 체계의 형성을 사법적으로 승인한 것이라 할 수
있다. 나아가 이러한 입법 동향은 법체계 전반에 걸쳐 소비자 문제를 사고
할 수 있는 계기를 제공하였다는 의미를 갖는다.

　그러나 소비자 개념을 사법에 수용하는 과정에서 제기되었던 비판적 논
의는, 연혁적 의의를 넘어서 현재 시점에서도 참고할 만하다. 우선 소비자
개념을 사법에 수용하는 것은 사적자치로 대표되는 사법의 근본이념을 침
해할 수 있으며, 더욱이 개념의 모호성에 의하여 현실적으로 다양한 상황
에서 사용되는 소비자 개념을 통일적으로 규정하는 것에 한계가 있다는
지적도 유력하였다.21) 이러한 견해는 소비자 개념이 여전히 시민사회의
표상으로 기능하기에 충분한 보편성을 갖고 있지 않으며, 따라서 이로 인
하여 계약당사자의 자율영역이 제한되는 것이 정당화 될 수 없다는 사고
를 반영하지만, 다른 한편으로 소비자의 사법적 수용은 근본적으로 사회

---

19) Dieter Medicus, "Wer ist ein Verbraucher?", Festschrift für Zentaro Kitagawa,
　　Duncker & Humblot, 1992, 472-473면.
20) 위의 책, 473, 478-479면.
21) M. Dreher, "Der Verbraucher - Das Phantom in den opera des europäischen
　　und deutschen Rechts?", JZ, 1997, 170면 이하 참조.

국가적 요청에 따른 것이라는 입장에서의 비판이 따를 것이다.[22] 또한 포스트 복지국가론적 관점에서 소비자의 사법적 수용을 이해하는 시각도 논쟁적인 측면을 갖고 있다. 이러한 관점에서는 소비자의 보호를 위하여 과도한 국가 개입을 제한하는 대신에 소비자의 자율 영역을 제도적으로 확보하는 방향으로 나아가야 하며, 특히 소비자의 자율적 선택이 실질적인 것이 될 수 있도록 하기 위한 정보제공의 필요성을 정책적으로 강조한다.[23] 그러나 이에 대하여 사법상의 제도 보완을 통하여 소비자의 자율성이 충분히 확보될 수 있다는 사고가 지나치게 낙관적이라는 비판이 또한 가능할 것이다.[24]

## 2. 통신산업에서 소비자의 의의

이상의 논의에서 소비자가 법제도화 되고, 특히 사법적으로 수용되는 과정은 통신법 영역에서도 의미 있는 것이지만, 전통적으로 통신서비스의 이용 주체로서 형성되어 온 개념을 대신하거나 보완하는 의미에서 소비자 개념을 도입할 경우에 통신서비스 고유의 관점에서의 논의는 불가피할 것이다.

이와 관련하여 시민과 소비자의 개념적 결합을 제시하면서, 특히 공적 서비스의 수용 주체로서 소비자적 접근이 이루어지고 있는 상황에 대한 분석은 시사하는 바가 크다. John Clarke 등의 연구에 의하면, 시민-소비자(citizen-consumer)는 세 가지 관점에서 구성할 수 있다. 우선 근대성의

---

22) Norbert Reich. "Das Phantom "Verbraucher" - Erosion oder Evolution des Privatrechts?", JZ, 1997, 609면 참조.

23) 潮見佳男, "消費者契約法と二十一世紀民法", 民商法雜誌, 123卷 4-5號, 2000, 616-619면 참조.

24) Sandra Kind, Die Grenzen des Verbraucherschutzes durch Information - aufgezeigt am Teilzeitwohnrechtgesetz, Duncker & Humblot, 1997, 544-547면 참조.

관점에서 소비자에 대한 이해가 가능한데, 소비자 또는 소비자 문화는 국가와 서비스 그리고 공중의 관계를 지배하는 전통적인 권위주의적 모델과 관련되었던 공적 서비스를 변화시키는 의미로서 탈전통화(De-traditionali-sation)의 성격을 지닌다. 또한 정치경제학 관점에서 국가와 시장을 대비시킬 경우에 소비자 문화는 상품화의 확대와 심화로 특징지어지며, 시민으로부터 소비자로의 이동은 신자유주의적(neo-liberalism)으로 이론화된 서구 자본주의의 새로운 국면을 상징한다. 이러한 관점에서 소비자는 공적 주체보다는 사적 주체, 국가보다는 시장, 집단보다는 개인으로 구체화된다. 끝으로 푸코(Foucault)적 관점에서, 즉 개인의 사고 형식에 영향을 미치는 국가지배의 한 형태로서 소비자를 이해할 수도 있다.[25]

이상의 논의를 통하여 제시된 소비자는 상이한 관점에서 구성된 것이고, 특히 시민적 위치에서 공적 서비스(public services)를 수용하던 방식의 변화를 이해함에 있어서 대립하지만, 이러한 변화 자체가 전개되고 있는 상황에 대한 인식은 공통적으로 나타난다. 즉 변화된 상황에서 공적 서비스는 명시적 기준의 설정, 감독 및 공표, 서비스 이용자에 대한 정보제공과 공개, 실행 가능한 선택, 배려와 원조, 공표되고 이용하기 용이한 구제절차, 금액에 합당한 가치 등을 특징으로 하며, 정부는 이러한 공적 서비스와 공중(public)의 관계에서 중재자의 위치로 자리매김을 하고 있다.[26] 여기서 제시된 공적 서비스의 특징은 전형적으로 소비자적 요소에 해당하는 것이며, 공적 서비스로서의 성격을 갖고 있는 통신서비스의 제공 방식은 정부의 변화된 역할에 부합하는 방향으로 이루어지고 있다.

한편 통신서비스 제공 방식에 있어서 이행기적 특성은 규범적인 측면에서 특별한 고려가 요구된다. Ian Walden이 지적한 것처럼 일반적으로 경쟁의 도입은 선택, 가격, 그리고 상품의 질 측면에서 이용 주체의 이익에

---

25) John Clarke et al., Creating Citizen-Consumers, SAGE, 2007, 10-22면 참조.
26) 위의 책, 30-31면은 이러한 변화를 대처주의 또는 포스트 대처주의 영향으로 이해하고 있다.

기여하며, 통신산업의 경우에도 예외는 아니다.[27] 그러나 통신산업과 같이 시장의 자유화(liberalization)가 진행 중인, 즉 시장이 완전히 경쟁적인 구조로 변하지 않은 상황에서 과거 상당한 지배력을 보유한 사업자가 여전히 존재하는 영역에서는 시장 자유화 과정에서 서비스 질의 유지가 주된 문제가 될 수 있다. 이와 관련하여 EC 위원회는, 원칙적으로 양질의 서비스는 정부의 규제 보다는 사업자들 사이의 경쟁에 의하여 제공될 수 있는 것이지만, 서비스 질의 불균등이 나타나는 특수한 상황에서 이를 다루기 위하여 규제 당국은 일정한 권한을 보유할 필요가 있다는 견해를 피력하고 있다.[28] 이상의 논의는 통신산업의 경쟁적 구조가 완전히 정착되기 이전에, 시장 기능에 의하여 보장될 수 있는 이익의 수준을 소비자 개념에 기초하여 파악하고, 이를 규제 정책의 지표로서 활용하는 것을 제안하고 있으며, 이러한 관점에서 소비자 개념의 유용성을 시사하는 것으로 볼 수 있다.

## 3. 소비자보호법에 의한 통신서비스 소비자 보호의 한계

통신서비스의 이용 주체를 소비자로서 파악할 경우에, 기존의 소비자보호법 체계가 충분히 소비자 이익을 보호할 수 있는 근거가 될 수 있는지가 추가적으로 논의되어야 한다.

소비자기본법 제2조 제2호는 "소비자라 함은 사업자가 제공하는 물품 및 용역을 소비생활을 위하여 사용하거나 이용하는 자 또는 대통령령이 정하는 자를 말한다"고 규정하고 있으며, 동법 시행령 제2조에 의하여 사업자가 제공하는 물품이나 용역을 생산활동을 위하여 사용하거나 이용하는 자로서, 제공된 물품을 최종적으로 사용하거나 이용하는 자(동조 2호)

---

27) Ian Walden & John Angel ed., Telecommunications Law and Regulations, Oxford Univ. Press, 2005, 143면.

28) 위의 책, 144면.

와29) 제공된 물품을 축산업을 포함한 농업 및 어업활동을 위하여 사용하는 자(동조 2호)가30) 소비자에 해당한다. 이 정의에 따르면, 소비자의 범위는 원칙적으로 자연인으로서 소비생활 전반을 포괄하지만, 나아가 특수한 경우에 생산활동의 주체까지 소비자 개념은 확장된다. 이와 같은 소비자 개념의 확대는 소비생활의 주체뿐만 아니라 경제적 약자에 대한 보호까지 입법자가 고려한 결과로 이해된다.31)

이와 같이 정의된 소비자를 전제로 하여, 특히 소비자기본법에서 규정하고 있는 피해 구제절차는 소비자 이익을 보호함에 있어서 실질적인 의미가 있다. 구체적으로 소비자가 피해를 입은 경우 한국소비자원에 피해구제를 청구할 수 있으며(소비자기본법 55조), 이때 피해자의 구제 신청은 구두에 의해서도 가능하고(소비자기본법 시행령 43조 1항), 또한 소비자기본법은 소비자단체에 의한 분쟁조정의 근거도 마련함으로써(소비자기본법 31조) 사적 분쟁해결 방식도 보장하고 있다. 또한 소비자기본법 제16조 제2항에 의하여 소비자분쟁 해결기준을 마련함으로써 분쟁 해결의 합리적 기준을 제시하고 있는데, 이 역시 소비자 피해구제를 위하여, 특히 예방적 차원이나 사업자의 자율적 분쟁해결을 유도함에 있어서 의미 있는 기여를 하는 것으로 평가되고 있다.32)

그러나 이상의 소비자를 대상으로 한 피해구제절차가 소비자기본법상 마련되어 있음에도 불구하고, 통신산업의 관점에서 보면 일정한 한계가

---

29) 동호 단서에 의하여 제공된 물품을 원재료(중간재 포함) 및 자본재로 사용하는 제외된다.

30) 동호 단서에 의하여 축산법 제27조 제1항의 규정에 의하여 농림부장관의 허가를 받은 축산업자 및 수산업법 제41조 제1항의 규정에 의하여 해양수산부장관의 허가를 받은 원양업자는 제외된다.

31) 이호영, 주 8)의 책, 4면 참조.

32) 홍명수, "소비자 피해구제제도의 법체계적 이해 - 예방적 구제와 사후적 구제", 여정성·최종원·장승화 편, 소비자와 법의 지배, 서울대학교 출판부, 2008, 334-335면 참조.

드러난다. 우선 소비자기본법에서 정한 소비자 개념이 통신법 체계에 곧바로 수용되기에는 적합하지 않은 측면이 있음을 부인하기 어렵다. 특히 생산활동의 주체까지 포함하고 있는 소비자의 정의를 전기통신사업법상 이용 주체를 규정하는 방식의 하나로 원용하는 것에는 한계가 있다. 또한 소비자기본법에 규정된 소비자 피해구제절차는 통신서비스의 이용과 관련하여 제도의 이용도가 미미한 상황이다.[33] 그 원인으로서 통신서비스를 이해하는데 필요한 전문성이나 분쟁해결의 신속성이 보다 크게 요구되는 통신서비스 상품으로서의 특성 등을 지적할 수 있으며, 따라서 전기통신사업법이나 기타 통신 관련법에서 통신서비스 이용과 관련된 분쟁해결제도를 새롭게 도입하거나 보완하는 방안이 고려될 필요가 있을 것이다.


## IV. 입법적 제안

전기통신사업법은 건전한 통신사업의 운용과 궁극적으로 공공복리의 증진을 목적으로 하며, 이를 위하여 경쟁정책에 의한 시장 기능의 활성화와 아울러 통신서비스 이용에 따르는 공익적 가치의 실현을 추구하고 있다. 동법이 보호하는 이용자 이익은 이와 같은 다양한 정책 목표에 기초한다. 즉 동법이 보호 대상으로 하는 이용자 이익은, 시장 기능의 원활한 운용으로부터 얻을 수 있는 이익뿐만 아니라, 통신서비스가 시민 생활에 필수적인 의미를 갖는 것에서 기본권적으로 보호되어야 하는 이익을 종합하는 것이며, 통신서비스의 이용 주체로서 이용자 개념도 이러한 이해로부터 구성되어야 한다.

그러나 동법에서 정의하고 있는 이용자 개념은 통신서비스 제공에 관한 계약 체결을 전제함으로써, 이용자 이익 보호 체계를 뒷받침하는 개념 정

---

33) 최은실, "소비자분쟁조정의 현황 및 실효성 확보를 위한 제언", 여정성 · 최종원 · 장승화 편, 소비자와 법의 지배, 서울대학교 출판부, 2008, 361-364면 참조.

의로서는 한계를 드러내고 있다. 즉 계약 외적으로 통신서비스를 이용하는 자에 대한 보호의 흠결을 피할 수 없다. 따라서 구체적인 계약관계 여부를 전제하지 않고 통신서비스의 이용을 표지로 하여 개념을 구성하는 것이 타당하며, 이와 관련하여 EC 기본지침에 제시된 이용자 개념을 참고할 수 있을 것이다.

또한 통신서비스 이용 주체를 다양한 관점에서 파악하고 입법화 하는 방안도 적극적으로 고려할 필요가 있다. 앞에서 살펴본 것처럼, EC 기본지침과 독일 TKG는 통신서비스의 이용 주체를 이용자, 최종이용자, 가입자, 소비자의 네 가지 형태로 파악하고 있으며, 구체적인 맥락에서 보다 적합한 의의를 갖고 있는 개념을 사용하여 통신서비스의 이용 주체를 지칭하고 있다. 즉 일반적인 이용자 개념을 두고, 구체적인 계약을 전제하는 경우의 가입자, 손해배상 청구 등의 주체로서 소비자, 통신서비스 유통에 있어서 최종적인 단계에 있음으로 인하여 특별한 고려가 필요한 경우의 최종이용자가 사용되며, 이와 같은 규정 방식은 통신서비스 이용주체의 이익을 보호함에 있어서 최적의 방안이 될 수 있을 것이다.

한편 EC 기본지침과 같이 통신서비스의 소비자에 관한 정의를 통신법에 규정하는 것은, 통신서비스의 이용 주체가 소비자일 수 있음을 법적으로 확인하는 의미를 넘어서, 구조적으로 열등한 지위에 있는 소비자 관점이 구체적인 보호 규정들의 지도원리로 기능할 수 있게 한다는 점에 주목할 필요가 있다. 예를 들어 영국 통신법(Communications Act 2003) 제16조는 통신 규제기관인 Ofcom(Office of Communications)에 소비자 패널(consumer panel)을 설치할 것을 규정하고 있다. 이때 소비자 패널은 Ofcom의 업무 수행에 대하여 소비자 이익의 관점에서 감독하는 것을 주된 기능으로 하고 있는데,[34] 이는 통신법상 소비자 개념의 유용성을 시사하는 것이라 할 수 있다. 비록 소비자가본법 소비자 개념이 정의되고 있지만, 「약관의 규제에 관한 법률」이나[35] 「전자상거래 등에서의 소비자 보호

---

34) Ian Lloyd & David Mellor, 주 1)의 책, 52면 참조.

에 관한 법률」 등은 보호 대상을 개별적으로 정하는 취지에서 소비자 개
념에 수정을 가하고 있으며, 마찬가지로 전기통신사업법상 소비자 개념이
이에 구속되지는 않을 것이다. 따라서 통신산업 고유의 관점에서 소비자
개념 정의가 이루어질 필요가 있으며, 이때 EC 기본지침에서 정하고 있는
소비자 정의는 유용한 의미가 있다. 나아가 소비자 개념의 유용성이 두드
러지는 손해배상이나 불만 처리 절차와 관련하여 현행 전기통신사업법상
규정이 소비자 개념을 청구 주체로서 명시적으로 원용할 필요가 있으며,
보다 세부적인 절차를 규정하고나 다른 법률의 절차를 원용할 수 있는 근
거를 마련하는 것도 실효성 제고에 의미 있는 기여를 할 것이다. 그러나
소비자 개념을 통신법에 수용하는 것에 긍정적이지만, 소비자 개념을 위
주로 통신서비스 이용 주체를 파악하는 것에는 조심스러운 측면도 있다.
이와 관련하여 "소비자로 이행하고 있는 시대에 공적 서비스에 대한 도전
은 개별적인 필요로 개인화된 보편적 서비스를 제공하는 것이다"고[36] 한
John Clarke의 지적을 유념할 필요가 있다.

<hr />

35) 「약관의 규제에 관한 법률」의 보호 대상은 고객이며, 동법 제2조 제3항은 고객을
"계약의 일방 당사자로서 사업자로부터 약관을 계약의 내용으로 할 것을 제안받
은 자"로 정의하고 있다. 동 규정에 비추어 고객에는 사업자도 포함되는 것으로
이해되고 있다. 이은영, 약관규제법, 박영사, 1994, 111면.
36) John Clarke et al., 주 25)의 책, 40면.

# 21. 전기통신사업법상 이용자 차별 규제의 법리적 고찰

## I. 서론

통신서비스의 제공과 관련하여 거래 상대방에 따라서 상이한 거래조건으로 거래하는 행위가 빈번히 발생하고 있다. 흔히 거래상 차별로 이해되는 일련의 행위는 상품 거래 전반에 걸친 오랜 거래관행에 속하는 것이지만, 다양한 관점과 법적 근거에 의하여 규제가 이루어지고 있다. 경제적 영역에 한정하여 보면, 우선 경쟁법적 관점에서 거래 주체의 차별적 행위에 대한 규제가 가능한데, 「독점규제 및 공정거래에 관한 법률」(이하 독점규제법)은 명시적으로 불공정거래행위의 규제 대상으로서 차별적 취급을 규정하고 있고, 또한 일반적으로 시장지배적 지위남용행위로서 규제도 가능한 것으로 이해되고 있다.[1]

통신서비스와 관련하여 전기통신사업법도 거래상 차별에 대한 중요한 규제 근거가 된다. 특히 동법 제50조 제1항은 이용자 이익을 해치거나 해

---

[1] EU기능조약 제102조 c호는 시장지배적 지위남용행위의 유형으로서 "다른 거래상 대방에게 동등한 거래에 상이한 거래조건을 부과하는 것"을 명문으로 규정하고 있다.

칠 우려가 있는 행위를 금지하고 있으며, 동 규정의 적용상 통신서비스의
이용자 차별도 이에 해당한다. 물론 통신사업자에 의한 모든 이용자 차별
이 규제되는 것은 아니며, 전기통신사업법 제50조 제1항의 적용에 있어서
'부당한 이용자 차별'만이 금지 대상이 된다. 상품 거래에 있어서 당사자
는 사적 자치 내지 계약자유를 기본적 권리로 향유하는 주체이고, 거래 상
대방에 따라서 상이한 거래조건을 부과하는 것도 원칙적으로 상대방 선택
과 내용 결정의 자유를 포함하는 계약자유의 범위 안에 위치한다.[2] 따라
서 거래상 차별에 대한 규제는 기본적으로 계약자유에 대한 제한의 의미
를 갖게 되며, 법질서 전체의 관점에서 이러한 제한을 정당화할 수 있는
법적 근거가 제시되어야 한다. 전기통신사업법상 이용자 차별의 규제에
있어서 이러한 정당화의 근거는 부당성 판단의 과정에서 구체화될 것이
다. 즉 전기통신사업법상 어떠한 경우에 이용자 차별이 금지되는지는 부
당성 판단에 집약되며, 이에 의하여 허용되는 이용자 차별과 그렇지 않은
경우의 경계가 주어질 것이다.

부당성 판단과 관련하여, 경쟁법 영역에서 발전되어 온 거래상 차별 규
제 법리의 원용은 우선적으로 고려되어야 할 부분이다. 통신서비스 역시
경제적 활동에 의하여 공급과 수요가 이루어지는 하나의 상품이다. 비록
통신산업이 적어도 부분적으로 규제산업으로서의 성격을 여전히 갖고 있
다 하더라도, 통신산업의 조정 원리로서 시장 기능의 의의가 강화되고, 또
한 경쟁정책의 중요성이 점점 더 강조되고 있다는 것은 부인할 수 없다.[3]
이러한 점에서 통신서비스의 이용자 차별에 의한 경쟁제한적 효과에 초점
을 맞추어 부당성을 판단하는 것은 타당한 접근방식이라 할 수 있다. 또한

---

2) 양명조, 경제법, 신조사, 2008, 207면 참조.

3) 이와 관련하여 통신산업에서의 경쟁의 촉진을 각 회원국들의 규제기관이 수행하
여야 하는 중요한 정책목표로서 제시하고 있는 EC의 기본지침(Framework
Directive) - Directive 2002/21/EC of the European Parliament and the Council
of March 2002) 제8조 참조.

전기통신사업법상 금지 대상인 이용자 차별은 통신법의 고유한 관점에서도 살펴볼 필요가 있다. 경쟁법 일반에 의한 규율이 가능함에도 불구하고, 전기통신사업법에 별도의 규제 근거를 두고 있다는 것 자체가 이러한 필요성을 시사하는 것일 수 있으며, 경쟁정책 이외에 통신법이 추구하는 다양한 목적과 가치가 부당성 판단에 어떻게 반영될 수 있는지가 검토되어야 한다.

한편 전기통신사업법상 이용자 차별의 부당성을 논의함에 앞서, 이용자 차별의 의의에 불명확한 점이 존재한다는 점에도 주의를 요한다. 이용자 개념에 대해서는 동법 제2조 제2항 제9호에 의하여 법적 정의가 주어지고 있지만, 이로부터 한정되는 범위와 법정책적 의의에 대한 추가적인 이해를 필요로 한다. 차별도 개념적으로 자명한 것은 아니다. 일반적으로 차별은 분리된 그룹 간에 동등하지 않은 대우를 의미하며, 그룹 간의 비교 과정을 거쳐서 판단하게 되지만, 이때 비교 대상이나 기준에 따라서 차별의 존부나 정도는 달라질 수밖에 없을 것이고, 나아가 이러한 점은 차별의 부당성 판단에도 영향을 미칠 것이다.

이하에서의 논의는 통신산업에서 나타나는 차별적 행태 중에서도 특히 전기통신사업법 제50조 제1항에서 금지하는 이용자 차별을 대상으로 하여, 해당 규제의 법리적 고찰을 목적으로 한다. 전술한 것처럼 이용자 차별의 부당성 판단이 핵심이지만, 그 전제로서 통신서비스 이용자 차별의 의의가 검토되어야 하며, 이를 논의의 출발점으로 삼을 것이다. 이상의 분석에 기초하여 이용자 차별의 부당성을 경쟁법적 관점과 통신법 고유의 관점으로 대별되는 두 가지 방향에서 분석할 것이고, 이를 종합하는 것으로 결론에 갈음하고자 한다.

## II. 이용자 차별 규제의 법적 근거와 이용자 차별의 의의

### 1. 이용자 차별 규제의 법적 근거

#### (1) 전기통신사업법상 차별 행위 규제

통신사업자의 차별 행위에 대하여, 전기통신사업법은 세 항목에서 이를 명시적으로 규제하는 규정을 두고 있다. 첫 번째는 이용약관의 인가에 관련된 것이다. 동법 제28조 제1항에 따라서 기간통신사업자는 전기통신역무의 요금 및 이용조건에 관한 약관을 정하여 미래창조과학부장관에 신고하는 것으로 충분하지만, 제2항은 예외적으로 서비스별 전년도 매출액을 기준으로 국내 총매출액에 대한 시장점유율이 가장 높은 기간통신사업자가 제공하는 서비스 중 전년도 매출액이 미래창조과학부장관이 서비스별로 정하여 고시하는 금액 이상인 서비스(1호) 또는 제1호의 서비스를 제공하는 기간통신사업자가 다른 기간통신사업자와의 독점규제법 제12조 제1항 제1호 또는 제4호에 따른 기업결합을 한 경우 그 다른 기간통신사업자가 제공하는 제1호의 서비스(2호)에 해당하는 경우(동법 시행령 34조 1항) 미래창조과학부장관의 인가를 받아야 하는 것으로 규정하고 있다.[4] 동조 제3항은 인가시 적합성을 판단하는 기준을 제시하고 있는데, 특히 제4호에서 "특정인을 부당하게 차별하여 취급하지 아니할 것"을 규정하고 있다. 동 규정은 통신서비스의 이용에 관한 거래에 적용된다는 점에서 이하에서 살펴볼 이용자 이익저해 행위로서 부당한 이용자 차별과 적용상 유사한 측면이 있지만, 인가시 차별 취급의 금지는 극히 제한된 범위의 기간통신서비스에 대해서만 적용되고, 또한 행위 이전의 조건의 부과로서 사전적 규제의 성격을 갖고 있다는 점에서 구별된다.

---

4) 현재 (주)KT의 시내전화와 SK텔레콤(주)의 이동전화가 미래창조과학부장관의 인가대상 이용약관에 해당한다.

통신사업자의 차별 행위를 규제하는 또 다른 법적 근거로서 동법 제50 조 제1항 제1호는 통신사업자 간의 차별적 거래행위를 규제 대상으로 한 다. 동조 제1항은 "전기통신사업자는 공정한 경쟁 또는 이용자의 이익을 해치거나 해칠 우려가 있는 다음 각 호의 어느 하나에 해당하는 행위를 하거나 다른 전기통신사업자 또는 제3자로 하여금 금지행위를 하도록 하 여서는 아니 된다"고 규정하고 동항에 의하여 금지되는 행위의 하나로서 제1호는 "설비 등의 제공ㆍ공동활용ㆍ공동이용ㆍ상호접속ㆍ공동사용ㆍ도 매제공 또는 정보의 제공 등에 관하여 불합리하거나 차별적인 조건 또는 제한을 부당하게 부과하는 행위"를 들고 있다. 동 규정은 동법 시행령 〈별표 3〉「금지행위의 유형 및 기준」에 의하여 구체화되고 있는데, 전기 통신설비의 제공, 가입자선로의 공동활용, 무선통신시설의 공동이용, 상호 접속 또는 전기통신설비의 공동사용 등이나 정보의 제공 등의 범위와 조 건ㆍ절차ㆍ방법 및 대가의 산정 등을 동일하거나 유사한 역무를 제공하는 전기통신사업자 간에 부당하게 차별하는 행위(I. 1.) 그리고 기간통신사업 자가 전기통신역무의 제공과 관련하여 부가통신사업자에게 전기통신설비 의 임차, 접속 등을 부당하게 차별하는 행위(I. 4.) 등이 이에 해당한다. 앞에서 언급한 것처럼 동 규정은 사업자 간의 차별을 전제한 것이고, 차별 적 거래조건을 부과함으로써 거래상대방이 당해 거래에 기초하여 이루어 지는 이후의 거래에서 불리한 경쟁 상황에 놓이도록 하는 형태의 차별을 상정하고 있다. 거래 상대방이 되는 복수의 통신사업자 간에 차별적 조건 의 제시가 전형적인 예지만, 전기통신설비를 보유하고 있는 사업자가 이 를 이용하여 자신의 자회사가 제공하는 통신서비스와 동일하거나 유사한 통신서비스를 제공하고자 하는 사업자에 대하여 차별적 조건을 부과하는 것도 동 규정에 포섭될 수 있다. 경쟁법상 이러한 유형의 차별은 거래 상 대방들 간의 경쟁 관계에서 경쟁상의 침해가 발생한다는 의미에서 2선 (secondary-line) 차별로 이해되며, 차별 이후의 거래에서 나타나는 경쟁 상의 불이익에 초점을 맞추어 경쟁제한성을 판단하게 된다.5) 이러한 이해

에 따르면, 동 규정에서 차별의 부당성은 전기통신설비 등을 이용하여 제
공하는 통신서비스 단계에서의 경쟁제한적 효과에 기초하여 판단하는 것
이 타당하다. 한편 동 규정이 금지하는 차별에 대한 구체적인 이해를 전제
하지 않고, 동법 제50조 제1항의 체계적 해석을 통하여 동항 제1호에서의
차별적 행위는 동항 본문에서 규정하고 있는 공정한 경쟁의 저해와 이용
자 이익 저해 중에서 전자를 구체화한 것으로 보는 견해도 있다.[6]

　전기통신사업법상 차별 행위에 대한 규제의 세 번째 유형은, 동법 제50
조 제1항의 금지행위로서 이용자 차별에 대한 규제이다. 동항 제5호 전단
은 "전기통신이용자의 이익을 현저히 해치는 방식으로 전기통신서비스를
제공하는 행위"를 금지행위로 규정하고, 동법 시행령 〈별표 3〉 IV는 이용
자의 이익을 현저히 저해하는 방식으로 전기통신역무를 제공하는 행위에
해당하는 경우를 구체적으로 제시하고 있는데, 부당한 이용자 차별도 그
중의 하나로 규정되어 있다. 특히 IV. 제5호에 의하여 전기통신역무의 요
금, 번호 및 전기통신설비 등을 다른 이용자에 비하여 부당하게 차별적으
로 제공하거나 이를 제안하는 행위(가목), 장기이용 또는 다량이용 계약체
결자에게 부당하게 차별적인 조건으로 전기통신역무를 제공하는 행위(나
목) 그리고 다른 전기통신사업자로부터 가입을 전환한 이용자 또는 다른
전기통신사업자로 가입을 전환하지 아니하기로 한 이용자에게 부당하게
차별적인 조건으로 전기통신역무를 제공하는 행위(다목)는 부당한 이용자
차별로서 전기통신이용자의 이익을 현저히 저해하는 행위에 해당한다. 이
상의 이용자 차별 규제는 전형적으로 통신사업자와 통신서비스의 최종이
용자 사이의 관계에서 발생하는 차별을 대상으로 하는 것이지만, 전술한

5) 2선 차별과 대비되는 1선(prime-line) 차별은 차별이 이루어지고 있는 시장에서
　경쟁상의 침해가 발생하는 경우를 말한다. Herbert Hovenkamp, Antitrust, West
　Group, 2003, 253면.
6) 한기정, "전기통신사업법 제36조의3상 금지행위에 관한 법적 고찰", 이원우 편,
　정보통신법연구 III, 경인문화사, 2008, 73면.

가목의 경우 전기통신설비의 이용자에 대한 것까지 규정하고 있으므로, 이용자 차별 규제의 범위는 통신사업자 간의 거래까지 포괄하는 것으로 볼 수 있다. 따라서 동 규정에서의 이용자 차별을 획일적으로 1선 내지 2선 차별로 이해하는 것에는 한계가 있다. 한편 동 규정에서의 차별 규제는 행위에 대한 사후적 평가를 통하여 실현되는 것이므로, 첫 번째 유형의 인가약관에서 차별적 취급의 금지와 대비되는 사후적 규제로서의 성격을 갖는 것으로 볼 수 있다.

이상의 전기통신사업법과 동법 시행령에서 명시적으로 차별 행위를 규제하고 있는 것뿐만 아니라, 동법 제50조 제1항 제5호 전단의 "이용약관(미래창조과학부장관에 신고 또는 인가된 약관)과는 다르게 전기통신역무를 제공하는 것" 역시 이용자 차별 규제의 성격을 갖고 있다는 지적은[7] 주목할 만한 것이다. 이에 의하면, 이용약관과 다른 조건으로 통신서비스를 제공하는 것을 금지하여 이용자 차별의 가능성을 배제함으로써 집행의 명확성과 편의성을 도모할 수 있다는 것을 동 규정의 입법취지로 이해하고 있다. 나아가 동 견해는 이용약관과 다른 전기통신역무의 제공을 획일적으로 금지할 것이 아니라 그 실질에 있어서 이용자 차별 규제의 성격을 갖고 있으므로 부당성을 개별적으로 판단하여 금지 여부를 결정할 것이고, 다만 인가를 요하는 약관의 경우에는 이용약관의 일률적 적용을 통하여 이용자의 이익을 보호하려는 입법자의 의도를 고려하여 개별약정 자체를 금지하는 것으로 보는 입장을 취하고 있다.[8] 이용약관과 다른 통신서비스 제공의 금지가 실질에 있어서 이용자 차별을 방지하려는 것에 있다는 지적은 타당한 것이라 할 수 있지만, 또한 입법자가 형식적인 기준에 의하여 규제하려는 입법 목적도 고려할 필요가 있다. 결국 이용약관과 다른 통신

---

7) 동 규정을 개별약정금지 규정으로 이해하고, 이는 이용자차별 금지 원칙을 형식적으로 관철하기 위한 수단으로 보고 있는 견해로서, 이원우, "통신법상 개별약정의 허용과 그 한계", 행정법연구 제16호, 2006, 5면 참조.
8) 위의 글, 7면 이하 참조.

서비스 제공의 형식적 금지를 통한 집행의 명확성 내지 편의성과 이용자 차별의 관점에서 개별적 심사를 통하여 부당성을 판단하는 것에 의하여 이룰 수 있는 이익 사이의 형량의 문제로 보는 것이 타당하며, 이때 개별적 심사에 일반적인 이용자 차별에서 부당성 판단의 방식이 원용될 수 있을 것이다.

### (2) 전기통신사업법상 이용자 차별 규제의 법리적 기초

법체계상 전기통신사업법 시행령 〈별표 3〉 IV. 5.에서 규정하는 부당한 이용자 차별은 동법 제50조 제1항 제5호 후단의 전기통신 이용자의 이익을 현저히 저해하는 방식으로 전기통신역무를 제공하는 행위를 구체화한 것이다. 또한 제5호 후단은 제1항 본문의 공정한 경쟁 또는 이용자의 이익을 해치거나 해칠 우려가 있는 행위의 하나로서 규정된 것이며, 이를 종합하면 부당한 이용자 차별은 동법 제50조 제1항에 의하여 공정한 경쟁 또는 이용자 이익 저해 행위의 하나로서 금지된다.

이와 관련하여 동법 제50조 제1항 본문 규정 중에서 공정한 경쟁을 저해하는 행위는 동항 제1호 내지 제3호 등에 의하여 구체화되는 반면에, 동항 제5호 후단은 이용자 이익 저해행위에 해당하는 것으로 보고, 특히 후자에 공정한 경쟁의 저해는 관련되지 않는 것으로 보는 견해가 있다.[9] 이러한 견해는 동법 제50조 제1항 각호의 규정이 공정한 경쟁에 관한 것과 이용자 이익에 관한 것으로 분리될 수 있다는 사고에 기초한 것이다. 그러나 독점규제법상 불공정거래행위에서 경쟁제한적인 행위 유형과 공정 거래를 침해하는 유형 사이에 명확한 구분이 용이하지 않은 것처럼, 공정 경쟁 저해와 이용자 이익 저해를 분리하는 것에 한계가 있을 뿐만 아니라,[10] 이러한 분리를 뒷받침할 수 있는 법문의 근거를 찾기 어렵다는 점

---

9) '공정한 경쟁'은 부당한 이용자 차별 규제의 보호 법익으로 볼 수 없다는 것으로서, 한기정, 주 6)의 글, 81면.
10) 이호영, 독점규제법의 이론과 실무, 홍문사, 2006, 210면 이하 참조.

도 염두에 두어야 한다. 또한 거래상 차별은 원칙적으로 경쟁제한적 효과와 관련된다는 점에서, 이를 공정한 경쟁과 무관한 행태로 이해하는 것이 타당한 것인지에 의문이 있다.

따라서 부당한 이용자 차별은 공정한 경쟁과 이용자 이익 모두에 관련되는 것으로 볼 경우에, 부당성 판단도 동일한 맥락에서 이루어져야 한다.

## 2. 이용자 차별의 의의

### (1) 이용자 개념의 문제

전기통신사업법 제2조 제1항 제9호는 이용자 개념을 "전기통신역무를 제공받기 위하여 전기통신사업자와 전기통신역무의 이용에 관한 계약을 체결한 자"로 정의하고 있다. 동 규정에 의하여 정의된 이용자 개념은 계약 체결자로 제한된다는 점에서 특징적인데, 이용자의 범위를 동 규정의 문리적 해석에 따라서 기존의 계약체결자로 한정할 것인지 아니면 계약을 체결하고자 하는 잠재적 이용자까지 확대할 것인지의 문제가 제기된다. 이와 관련하여 전기통신사업법상 이용자가 규정된 각 조항의 의의에 비추어 개별적으로 이용자 범위를 판단하여야 한다는 주장이 제기되고 있다.[11]

이와 관련하여 전기통신사업법상 이용자 개념이 비교법적으로 지나치게 협소하다는 점에 주목할 필요가 있다. 예를 들어 EC의 통신산업 기본지침(Framework Directive)은 제2조 h호에서 이용자(user)는 공중이 이용할 수 있는 전자통신서비스를 이용(using) 또는 요청(requesting)하고 있는 법인 또는 자연인을 의미하는 것으로 규정하면서, 동시에 i호에서 소비자(consumer)는 공중이 이용할 수 있는 전자통신서비스를 자신의 거래, 사업 또는 직업 외의 목적으로 이용(uses) 또는 요청(requests)하는 자연

---

11) 한기정, 주 6)의 글, 68-71면 참조.

인, k호에서 가입자(subscriber)는 공중이 이용할 수 있는 전자통신서비스를 제공하는 자와 이러한 서비스의 공급을 위한 계약의 상대방인 자연인 또는 법인, n호에서 최종이용자(end-user)는 공중 통신망이나 공중이 이용할 수 있는 전자통신서비스를 제공하지 않는 이용자를 말하는 것으로 각각 규정함으로써 다양한 통신서비스 이용주체를 정의하고 있다.

이상의 EC 통신법상 통신서비스 이용 주체의 다양한 개념 정의에 비하여, 우리 전기통신사업법은 이용자라는 단일한 개념에 기초하고 있다는 점에서 다양한 규제 목적과 보호 필요성에 충분히 대응할 수 있는지에 의문이 있으며, 또한 이용자 개념 정의도 계약 체결자에 제한되고 있다는 점에 대해서도 일정한 문제제기가 가능하다.12) 이와 같은 이용자 개념에 대한 불명확성과 입법론적 문제제기는 이용자 차별에 있어서 이용자가 구체적으로 어떻게 이해될 수 있는지의 문제에도 관련된다. 이용자 차별은 전기통신사업법 제50조 제1항 제5호 후단의 이용자 이익저해 행위를 구체화한 것으로서, 동법 제2조 제1항 제9호의 정의에 의하여 '이용자 차별'에서 이용자를 단지 통신서비스의 공급계약을 체결한 자로 한정하는 것은, 통신서비스 이용자가 통신서비스 공급 계약 체결자에 국한되는 것은 아니라는 점에서 그 범위가 지나치게 제한되고 있다는 지적이 가능할 것이다.

이와 관련하여 계약체결 준비과정에 있는 자를 포함하는 의미에서 '잠재적 이용자'라는 개념을 통하여 이용자 범위의 확대를 시도하는 견해도 있다.13) 물론 이러한 시도는 이용자 범위를 계약체결자 이상으로 확대할 수 있다는 점에서 긍정적이지만, 그러나 이 역시 충분하지 않다는 지적이 가능하다. 기능적으로 보면, 통신서비스의 공급계약은 통신망과 계약체결자를 연결하는 지점(network termination point; EC 보편적역무 지침 (Universal Service Directive) 2조 e호)을 정하는 의미가 있으며, 계약체결

---

12) 이에 관한 상론은, 홍명수, "전기통신사업법상 이용자 개념의 검토", 서강법학연구 제11권 제2호, 2009, 183면 이하 참조.
13) 한기정, 주 6)의 글, 69-70면 참조.

자 외에도 이 지점에 접근가능한 자는 이용자 범위에 포함될 수 있다. 따라서 동법 제2조 제1항 제9호의 계약적 이용자 외에 실질적 이용자라는 개념을 통하여 이용자 범위를 정하는 방법도 고려할 수 있을 것이다. 물론 이러한 접근방식이 전기통신사업법의 문리적 해석 범위 안에 있는지에 관한 논의를 피할 수는 없다.

이와 관련하여 독일 통신법(Telekommunikationsgesetz) 제27조 제1항은 요금 규제 목적의 하나로 최종이용자(Endnutzer) 또는 경쟁자에 대한 차별적 요금 정책(Discriminierung)을 취하는 것을 방지하는 것에 있다고 규정하고 있는데, 차별에 관한 보호 대상의 하나로서 최종이용자를 언급하고 있는 것에 주목할 필요가 있다.

## (2) 차별의 의의

### 1) 차별의 의의

차별(discrimination)은 사전적 의미에서 개인 또는 집단 간에 불평등한 취급을 의미한다. 즉 차별은 분리될 수 있는 그룹 간의 비교 개념이며, 비교 대상과 기준을 어떻게 설정하는지에 따라서 차별의 의미는 달라질 것이다.

특히 상품 거래와 같은 경제활동에서 나타나는 차별에 대해서는, 차별적 거래에 관련된 경제 주체들의 利害를 적절히 반영할 수 있다는 점에서 경제적 관점이 유용하다. Stigler의 차별에 대한 분석이 대표적인데,[14] 이에 의하면 한계 비용에 대한 가격 비율에 차이가 있을 경우에 차별이 존재한다. 이외에도 Robinson의 단일한 관리 하에서 생산된 동일한 재화를 다른 구매자에게 다른 가격으로 판매하는 것, Philips의 다른 구매자에게 다른 순가격(net price)에 판매되는 것 등과 같은 가격차별에 대한 이해도

---

14) Edwin Mansfield & Gary Yohe, Microeconomics, W. W. Norton & Company, 2000, 346-348면 참조.

제시되고 있다.15) 그러나 Robinson의 '동일한 재화'에는 개념적으로 이미 비용구조의 동일성이 내포되어 있는 것이고, Philips의 순가격 개념도 비용에 관련된 것이므로, 경제적 관점에서의 차별에 대한 이해는 대체적으로 비용에 기초하고 있다는 점에서 동질성이 있다. 이상의 논의 중에서 Stigler의 이해에 따른다면, 가격 상의 차이(difference)가 있다 하더라도 언제나 차별이 존재하는 것은 아니며, 역으로 동일한 가격에 대해서도 차별로 파악할 수 있는 경우가 가능하다.

이처럼 한계비용에 대한 가격 비율로 차별을 이해하는 방식은 차별의 경제적 의미가 명확할 뿐만 아니라, 차별이 경쟁에 미치는 효과에 대한 분석의 적절한 기초가 될 수 있다는 점에서, 경쟁법상으로도 수용되고 있다. 예를 들어 Hovenkamp는 차별의 존재를 수익률의 차이로 파악하고 있는데,16) 수익률은 한계비용에 대한 가격비율에 상응하는 것이므로, 기본적으로 Stigler의 분석과 동일한 접근방식을 취한 것이라 할 수 있다. 한편 이러한 접근방식의 유용성에도 불구하고, 이를 판단하는 과정에 현실적인 한계가 있다는 점을 부인하기 어렵다. 즉 한계 개념은 판단 기준으로서 정확성을 담보하는 것이지만, 이를 판단할 수 있는 자료를 구하는 것이 용이하지 않을 수 있다. 이와 관련하여 부당염매 사건에서 우리 대법원이 총비용을 판단기준으로 활용하였던 것처럼,17) 단위당 평균비용과 가격의 비교가 실제적인 판단기준이 될 수도 있을 것이다.

사회적 관점과 같은 경제 외적인 관점에 의하여 차별을 이해할 수도 있다. 차별을 평등한 대우에 대한 권리를 침해하는 것으로 볼 경우에, 각자

---

15) 이상규 등, "통신서비스 가격차별", 정보통신정책연구 제13권 제2호, 2006, 113면 참조.

16) Herbert Hovenkamp, Federal Antitrust Policy - The Law of Competition and Its Practice 2. ed., West Group, 1999, 565면.

17) 대법원 2001. 6. 21. 선고 99두4686 판결 참조. 한편 동 판결에서 대법원이 총비용에 의한 판단을 독점규제법 시행령 상의 '공급에 소요되는 비용'이라는 표현의 문리적 해석에 따른 것이라고 판시하고 있다는 점은 염두에 두어야 한다.

의 능력이나 기여도에 따른 대우로서(배분적 정의, 상대적 평등) 평등에 대한 요구를 충족할 수 있는 경우도 있지만, 기본권적 권리와 같이 모두에게 동등하게 실현됨으로서(평균적 정의, 절대적 평등) 평등이 유지될 수 있는 경우도 있다. 차별을 이해함에 있어서 각자의 능력이나 기여도에 따른 취급으로서 충분한 배분적 정의의 관점은 전술한 비용기초적 분석에 의한 경제적 관점에 부합하는 측면이 있다. 반면에 평균적 정의가 요구되는 영역에서는 각자에게 귀속될 수 있는 배분의 정당성을 확정하는 것과 같은 경제적 접근방식 보다는, 오히려 하나의 법적 공동체가 그 구성원에게 보장하여야 하는 이익의 내용과 수준이 중요한 의미를 갖게 된다. Rawls의 이해를 빌린다면, 차별이 궁극적으로 사회 모든 구성원에게 유리한 것이고, 특히 가장 불리한 대우를 받는 그룹에게도 유리한 것이 될 경우에 정의로운 것이 되며,[18] 이와 같은 Rawls의 정의관은 다른 한편으로 불평등한 대우가 허용될 수 있는 기준이 어떻게 형성될 수 있는지를 시사한다.

이와 관련하여 통신서비스는 국민이 자유롭게 의견을 표명하고 교환할 수 있는 기본적 수단으로 기능한다는 점에서, 기본권적 관련성이 충분한 상품이라는 것에 주목할 필요가 있다. 통신서비스 중에서 특히 이러한 관련성이 큰 경우를 보편적 서비스(universal service, Universaldienst)라 하는데, Windthorst는 보편적이고, 적절하며 또한 충분하게(flächendeckende, angemessende und ausreichende) 제공받는 것에 대한 공동체 구성원의 요구로부터 보편적 서비스 개념이 도출된다고 보고 있다.[19] 이와 같은 보편적인 공급에 대한 요구에 통신사업자가 차별적으로 응할 경우에, 전술한 경제적 관점에서의 비용가격 분석 보다는 공동체 구성원으로 가져야

---

18) Rawls 이론의 개괄적 설명으로, 이정우, 불평등의 경제학, 후마니타스, 2011, 28-33면 참조.
19) Kay Windthorst, Der Universaldienst im Bereich der Telekommunikation, Duncker & Humblot, 2000, 115-116면.

할 기본권적 요구의 범위를 정하는 것으로부터 출발하는 것이 타당한 접근방식이 될 수 있다. 예를 들어 EC 보편적역무 지침 제3조 제1항은 "회원국이 보편적 서비스를 지리적 위치에 상관 없이 모든 최종 이용자가 특정한 수준의 품질로 그리고 고유한 국가적 조건의 관점에서 적정한 (affordable) 가격에 이용할 수 있는 것을 보장하여야 한다"고 규정하고 있다. 여기서의 적정한 가격은 공급자의 비용뿐만 아니라 최종 이용자의 부담 능력까지 고려한 것으로 볼 수 있는데, 이러한 서비스가 차별적으로 제공된 경우, 경제 외적인 관점에 기초한 차별에 대한 이해가 반영되는 것은 불가피하다.

### 2) 차별의 유형

여기서 다루게 될 차별의 유형은, 앞에서 살펴본 차별에 대한 서로 대비되는 두 가지 관점 중에서, 특히 경제적 관점에 의한 차별의 의의를 구체화하는 의미가 있다. 특히 차별의 가장 빈번히 발생하는 형태인 가격차별을 기준으로 보면, Pigou의 분류가 일반적으로 원용되고 있다. 이에 의하면, 차별의 강도에 따라서 1급 가격차별, 2급 가격차별, 3급 가격차별로 분류된다. 1급 가격차별은 수요자들이 각각 지불하고자 하는 모든 가격수준에 맞추어 가격을 책정하는 방식으로 이루어지며, 흔히 완전 가격차별로 이해된다. 3급 가격차별은 분리될 수 있는 몇 개의 그룹에 따라서 상이한 가격을 책정하는 것이고, 2급 가격차별은 그 중간적 형태를 의미한다.[20] 1급 차별의 경우는 수요자가 지불하고자 하는 보상수요곡선상의 위치를 공급자가 정확하게 알 수 있다는 것을 전제한다. 반면에 다른 형태의 가격차별은 이러한 정보가 비대칭적이며, 따라서 이러한 정보를 상대방이 현출시키도록 하는 가격전략이 가격차별과 결합하는 경우가 흔히 발생한다. 상대방의 상품 선호도나 의도하는 구매량, 거래의 계속성 등에 관한

---

20) 이준구, 미시경제학, 법문사, 1995, 362-364면 참조.

정보를 여러 종류의 요금표를 선택하게 함으로써 그룹 분리와 가격차별을 동시에 행하는 경우가 대표적인 예이다.[21] 물론 그룹 분리에 따른 상이한 가격책정이 언제나 가격차별에 해당하는 것은 아닌데, 예를 들어 대량구매자와 소량구매자 사이에 비용상의 차이에 따라서 상이한 가격책정이 이루어진 경우 전술한 경제적 관점에서의 차별로 이해할 수는 없을 것이다. 한편 가격차별은 단일가격의 책정에 비하여 생산량의 증대를 가져오고, 또한 소비자 잉여가 공급자에 귀속되는 효과도 발생하게 되는데, 이상의 가격차별의 강도에 따른 분류는 가격차별의 효과가 발생하는 정도에도 비례적으로 영향을 미칠 것이다.

차별에 대한 또 다른 분류로서 일시적(sporadic) 차별과 지속적(persistent) 차별의 분류가 가능하다. 이러한 분류는 단순히 차별의 횟수에 따른 것은 아니며, 일회적인 경우라도 지속적인 계획 하에 이루어진 것이라면 지속적 차별에 해당한다. 당연히 경제적 내지 경쟁법적으로 의미를 갖는 것은 후자인데, 현실적으로 양자를 구분하는데 어려움이 따를 것이다. 한편 Bork가 지적한 것처럼, 일시적인 가격차별은 균형가격을 찾아가는 공급자의 가격조정 과정에서 나타나는 것일 수 있으며,[22] 이러한 점은 경쟁정책상 긍정적으로 볼 수 있는 근거가 된다.

끝으로 앞에서 언급하였던 1선 차별과 2선 차별의 분류는 경쟁제한적 효과와 직접적으로 관련되는 것이다. 1선 차별은 차별적 거래가 이루어진 당해 시장에서 경쟁제한적 효과가 발생하는 것인데 반하여, 2선 차별은 차별적 거래의 거래상대방이 참여하는 다음 단계에서의 경쟁에 영향을 미치며, 시장봉쇄효과에 초점을 맞추게 된다.

### 3) 이용자 차별의 태양

차별은 동일한 비용 구조 하에서 상이한 거래조건을 부과하는 것으로

21) Edwin Mansfield & Gary Yohe, 주 14)의 책, 351-353면 참조.
22) Robert H. Bork, 신광식 역, 반트러스트의 모순, 교보문고, 1991, 468-469면.

이해할 경우에, 다양한 거래조건별로 차별의 구체적 모습이 나타나게 될 것이다. 가격에 관한 차별이 대표적이지만, 그 밖의 수량이나 품질, 부가 서비스 등에 차별적 조건을 부과하는 경우도 상정할 수 있다. 예를 들어 상품 거래에 수반하는 배달 서비스나 설치 서비스 등의 제공을 거래 상대 방에 따라서 달리 할 경우에 거래상 차별에 해당할 것이다. 독점규제법도 이러한 차별의 형태를 반영하고 있는데, 동법 시행령 〈별표 1의 2〉에 불 공정거래행위로서 차별적 취급(2호)에 가격차별(가목), 거래조건차별(나 목)의 형태를 규정하고 있고, 그 밖에 차별의 특수한 형태로서 계열회사를 위한 차별(다목)과 집단적 차별(라목)이 규정되어 있다.

전기통신사업법 시행령 〈별표 3〉 IV. 제5호에서 규정하는 이용자 이익 저해 행위로서 이용자 차별의 형태는, 전기통신역무의 제공과 관련하여 현실적으로 문제가 될 수 있는 행태를 구체적으로 반영하고 있다. 가목은 차별적 조건의 대상으로 요금, 번호 및 전기통신설비를 열거하고 있는데, 물론 이에 한정되는 것은 아니다. 한편 거래 조건을 상대방에게 동일하게 부과하는 경우라도, 조건의 변경 시에 이에 대한 정보를 차등적으로 제공 함으로써 상대방에게 영향을 미칠 수 있는데,[23] 이러한 경우도 동 규정에 포섭될 수 있는 것으로 보아야 할 것이다.

동 규정에서 나목은 장기 또는 다량이용자에 대하여 부당하게 차별적 조건으로 전기통신역무를 제공하는 행위, 다목은 가입 전환 내지 가입 유 지를 전제로 당해 이용자에게 부당한 차별적 조건으로 전기통신역무를 제 공하는 행위를 각각 규정하고 있다. 이상의 규정은 현실 거래에서 빈번하 게 발생하는 차별적 행태를 대상으로 선호되는(favored) 그룹을 명시적으 로 정하고 있다는 점에서 특징적이다.

---

23) Ian Lloyd & David Mellor, Telecommunications Law, Lexis Nexis, 2003, 122-123면.

## III. 이용자 차별의 부당성 판단

### 1. 경쟁법적 관점

#### (1) 차별의 조건 및 경제적 동기

차별이 행하여질 수 있는 조건 내지 동기에 대한 이해는, 경쟁법적 관점에서 차별적 행태에 대한 부당성 판단의 기초를 제공한다. 흔히 차별적 조건이라는 표제로 논의되지만, 차별에 의하여 경제적 목적을 달성할 수 있는 조건으로 보는 것이 보다 정확할 것이다. 우선 차별이 가능하기 위해서는 수요자들의 그룹별 분리가 전제되어야 하며, 분리 기준으로서 수요의 가격탄력성이 대표적이다. 전술한 것처럼 수요자 그룹의 분리에 대한 정보가 공급자에게 명확하지 않은 경우에, 공급자는 거래의 기회에 상대방이 갖고 있는 정보를 현출시키게 함으로써 동시적으로 그룹 분리를 행하는 전략을 채택할 수도 있다. 두 번째 조건으로서 차별 주체의 목적을 관철하기 위해서는 차별적 거래 이후 분리된 수요자 그룹 간의 거래가능성이 배제되어야 한다.[24]

또한 차별적 거래를 수행하기 위해서 공급자는 높은 수준의 가격을 부과할 수 있는 수준의 시장지배력을 갖고 있어야 한다. 이러한 지배력이 뒷받침되지 않으면, 높은 가격이 부과된 그룹의 소비자는 거래에서 이탈할 가능성이 크고, 공급자는 의도하였던 경제적 목적을 달성하기 어려울 수 있다. 따라서 현실 경제에서 사업자가 차별적 거래를 행하고 있는 것은, 시장지배력을 갖고 있음을 보여주는 것이라는 견해가 있다.[25] 한편 시장지배력을 갖고 있지 않은 사업자가 거래상 차별을 하고자 할 경우에, 낮은 가격 수준을 약탈적 가격 내지 비용 이하의 가격으로 책정하는 것에 의하

---

24) Edwin Mansfield & Gary Yohe, 주 14)의 책, 348면.
25) Herbert Hovenkamp, 주 5)의 책, 249면.

여 가능할 수 있다는 지적이 있다.[26)]

이상의 조건을 충족하여 차별을 행하는 경제적 동기는, 우선 거래량 내지 시장점유율의 확대와 높은 이윤의 확보 두 가지 측면에서 파악할 수 있다. 일반적으로 낮은 가격에 의한 상품 공급은 일정한 수요 확대를 가져올 수 있고, 차별적인 가격 책정은 수요자에게 귀속될 잉여를 공급자에게 이전시킴으로써 이윤 증가를 이룰 수 있다. 한편 전술한 것처럼, 거래 상대방의 이후 단계에서의 경쟁 조건에 영향을 미칠 목적으로 차별을 행할 수도 있다. 이와 같은 차별의 경제적 동기는 다음에 논의할 부당성 판단의 기초가 된다.

### (2) 차별 규제의 부당성 판단

#### 1) 독점규제법상 차별 규제의 법적 근거

전술한 것처럼 차별을 실효적으로 수행하기 위해서는 차별 주체가 시장지배력을 갖고 있어야 하며, 이러한 조건은 거래상 차별을 시장지배적 지위남용행위로 파악할 수 있는 근거가 될 수 있다. 또한 이상에서 살펴본 것처럼 차별적 행태는 단일가격을 책정하는 경우 이상으로 이윤이나 거래량을 확대할 목적으로 행하여질 수 있고, 따라서 가격남용이나 또는 거래량 확대에 수반하는 다른 사업자의 사업활동 방해로서 남용행위에 해당하는 것을 인정할 수도 있다.

한편 독점규제법은 명문으로 차별적 취급이 불공정거래행위에 해당하는 것으로 규정하고 있으므로, 불공정거래행위로서 규제될 법적 근거가 분명하다. 따라서 독점규제법상 시장지배적 지위남용행위와 불공정거래행위 간의 경합 문제가 발생할 수밖에 없다. 이와 관련하여 시장지배적 지위

---

26) Phillip E. Areeda & Herbert Hovenkamp, Antitrust Law - An Analysis of Antitrust Principles and Their Application vol. III, Little, Brown and Company, 1996, 216면.

남용행위 규제와 불공정거래행위 규제 간의 관계를, 수범자적 특성27) 또는 잔존경쟁만이 남아 있는 시장구조적 특성에28) 의하여 특별법적 관계로 이해하는 것이 지배적이며, 이러한 견해에 따르면, 전자에 의한 규제가 우선적으로 적용될 것이다.

2) 부당성 판단의 고려 요소

부당성 판단에 있어서 차별에 대한 경쟁정책적 관점에서의 평가가 이중적으로 이루어질 수 있다는 점은 우선적으로 고려되어야 할 부분이다. 전술한 것처럼 가격차별은 일반적으로 거래량의 증대와 소비자 잉여의 귀속을 통한 이윤 확대의 이중적 효과를 갖게 되는데, 후자의 경우 소비자 후생의 감소를 낳게 되므로, 경쟁정책상 부정적으로 평가될 수 있다. 반면 전자의 거래량 확대는 경쟁 시장에서의 균형 수준에 접근하는 것이 되므로, 자원 배분의 효율성 측면에서 긍정적인 평가가 가능할 것이며,29) 결국 이와 같은 상반된 평가를 형량하는 과정이 수반되어야 한다.

독점규제법상 구체적인 규제 근거와 관련하여 보면, 우선 불이익 (disfavored) 그룹에 대한 높은 가격의 책정은 착취적 남용의 의미를 갖는 가격남용으로 규제될 가능성이 있다(독점규제법 3조의2 1항 1호). 물론 비교시장분석 또는 비용기초분석에 의하든지 간에, 경쟁시장에서 가능하지 않은 부당하게 높은 가격 수준의 판단은 용이하지 않으며, 비교법적으로도 규제 사례가 많지 않다. 다만 전기, 수도, 통신과 같은 공공재 산업이 민영화된 영역에서 아직 시장 기능이 충분히 자리잡기 이전인 경우에, 가격 남용에 대한 규제가 실효성을 가질 수 있다는 Whish의 지적은30) 참

---

27) 권오승, 경제법, 법문사, 2009, 335면.
28) Gerhard Wiedemann hrsg., Handbuch des Kartellrechts, C. H. Beck, 1999, 766면(Georg-Klaus de Bronett 집필부분) 및 이봉의, "독점적 사업자의 끼워팔기: 마이크로소프트(MS)사의 지위남용을 중심으로", 법과 사회 제27호, 2004, 336-337면.
29) Herbert Hovemkamp, 주 5)의 책, 252면 참조.

고할 만하다. 반면에 이익(favored) 그룹에 대하여 책정된 낮은 가격을 약
탈가격의 법리로 규율할 수도 있을 것이다. 이 경우 약탈가격의 수준을 어
떻게 정할 것인지의 문제가 핵심이며, 전술한 대법원 판결(99두4686)은 총
비용 이하를 약탈적 가격의 기준으로 삼으면서, 한계비용에 따른 허용 범
위는 정당화 사유로서 검토될 수 있을 것으로 판시하고 있다. 한편 전술한
바와 같이 차별 주체의 거래량 확대는 당해 시장에서 경쟁하는 사업자의
시장점유율을 축소하는 방향으로 작용할 것이며, 이에 초점을 맞추어 사
업활동 방해에 의한 남용행위로서(독점규제법 3조의2 1항 3호) 규제하는
것도 가능할 것이다. 이와 관련하여 미국의 Utah Pie 판결은31) 시사하는
바가 크다. 동 판결은 전국적으로 냉동파이 공급을 하고 있는 세 사업자가
Utah주에 한정되어 냉동파이 영업을 하고 있는 지역사업자인 Utah Pie
Company를 상대로 가격차별을 한 사건을 대상으로 한 것으로서, 연방 대
법원은 세 사업자의 차별 행위가 경쟁을 제한하는 효과를 낳을 수 있다는
점에서 위법한 것으로 판결하였다.32) 또한 전술한 2선 차별의 경우도 사
업활동 방해의 하나로 규제될 수 있는데, 차별적 거래가 상대방 상호 간의

---

30) Richard Whish, Competition Law, Oxford Univ. Press, 2005, 195면.
31) Uhah Pie Co. v. Continental Baking, 386 U.S. 685 (1967).
32) 동 사건에서 세 사업자의 가격차별 행위에도 불구하고, Utah Pie Company의
   Utah주 냉동파이 시장에서의 점유율은 오히려 증가한 추세를 보여주었다. 이러한
   점 때문에, 동 판결은 가격 차별에 의하여 지역영세사업자의 이익을 보호하려는
   취지에 따른 것이라는 견해도 제시되었다. 미국 반독점법상 가격차별은 1936년
   Clayton법의 개정법인 Robinson-Patman법에 의하여 도입되었는데, 제안자이었던
   Patman의원은 동법에 의한 영세 사업자 보호의 의지를 분명히 피력하였는데, 특
   히 "동 법안이 선택의 기회를 파괴함으로써 독점력을 추구하는 모든 부정하고 탐
   욕스러운 사업자에 반대하는 것이다"라는 견해를 피력하였다. Ernest Gellhorn &
   William E. Kovacic, Antitrust Law and Economics, West Publishing Co., 1994,
   433, 439-440면 참조. 그러나 이러한 입법 의도가 충분히 관철되었는지에 대해서
   부정적인 견해가 유력하다. 이에 관하여 Herbert Hovenkamp, 주 16)의 책, 572
   면 참조.

경쟁조건에 미치는 영향의 측면에서 검토가 이루어져야 하며, 이때 불이익 그룹에게 발생하는 시장봉쇄효과의 정도가 핵심적인 고려 사항이 될 것이다.

차별 행위를 독점규제법상 불공정거래행위로서 규제할 경우, 경쟁제한적 측면에서의 분석은 시장지배적 지위의 부분을 제외하고 시장지배적 지위남용행위에서 다루어진 틀이 기본적으로 동일하게 적용될 수 있으며, 공정거래위원회가 제정한 「불공정거래행위 심사지침」도 차별적 취급의 부당성은 주로 경쟁제한적 측면에서 판단하는 것으로 하고 있다.[33] 한편 독점규제법 시행령 〈별표 1의 2〉가 정하고 있는 차별적 취급의 유형 중에서 '계열회사를 위한 차별'에 대해서는 대법원 판결에[34] 의하여 특별한 논의가 추가되고 있다. 동 판결은 계열회사를 위한 차별의 위법성 판단에서 경제력의 집중도 판단 기준으로서 고려되어야 한다는 입장을 취하고 있다. 이와 같은 대법원의 입장은 공정거래위원회의 실무에도 반영되고 있다.[35] 그러나 이러한 해석의 법적 근거가 명확하지 않다는 점에서 논의의 여지는 있다.

### 3) 전기통신사업법상 수용될 수 있는 판단 기준

전기통신사업법상 이용자 차별의 부당성을 경쟁정책의 관점에서 판단할 경우에, 위에서 살펴본 경쟁법상 판단 기준이 대체적으로 적용될 것이다. 즉 차별적 행태가 나타난 당해시장에서의 경쟁제한성을 판단할 경우에, 소비자 잉여의 이전을 통한 거래 상대방인 이용자의 후생 감소, 차별

---

33) 불공정거래행위의 불공정성(위법성)은 경쟁제한성을 넘어서 거래불공정성의 관점에서 파악할 수 있다는 것에 이론은 없지만(이호영, 독점규제법, 홍문사, 2013, 260면), 특히 불공정거래행위의 한 유형인 거래상 차별의 불공정성은 주로 경쟁제한성에 기초하며, 공정거래위원회의 실무도 경쟁제한성에 기초하여 불공정성을 판단하고 있다. 「불공정거래행위 심사지침」 V. 2. 참조.

34) 대법원 2004. 12. 9. 선고 2002두12076 판결.

35) 「불공정거래행위 심사지침」 V. 2. 다. (2) 참조.

주체의 거래량 확대에 따른 경쟁사업자에 대한 경쟁제한적 효과 등이 주된 분석 대상이 될 것이다.

한편 전기통신사업법상 이용자 차별 규제에 관한 규정이 독점규제법상 시장지배적 지위의 남용과 같은 형식을 취하고 있지 않다는 점은 분명하지만, 전기통신사업법상 차별의 부당성 판단에 있어서도 시장력에 대한 고려가 요구된다는 점에 주의를 요한다. 차별의 조건으로서 시장지배력이 요구된다는 점, 따라서 시장지배력이 있는 사업자와 그렇지 않은 사업자의 차별 행위가 경쟁정책상 동일하게 평가될 수 없다는 점 그리고 비교법적으로 독일 통신법상 차별적 요금 부과에 대한 규제는 상당한 시장력(beträchtliche Marktmacht; significant market power)을 전제하고 있다는 점 등이 근거가 된다.

전기통신사업법상 이용자 차별에 관한 규정에서 명시적으로 열거되어 있는 차별의 예 중에서는 전기통신설비의 이용에 관한 것이 유일하게 2선 차별적인 성격을 갖고 있다. 따라서 전기통신설비 이용자 차별의 부당성 판단에 관해서는, 전술한 것과 같이 차별 주체인 거래상대방 간에 경쟁제한적 효과의 분석이 중요하다. 즉 전기통신설비를 이용하여 통신서비스를 제공하는 시장의 분석이 부당성 판단의 기초가 되어야 한다.

### (3) 항변 사유의 검토

차별의 항변 사유로서 우선적으로 검토되는 것은 비용상의 항변이다. 경제적 관점에서의 차별을 동일한 비용 기초에서 상이한 거래조건을 부과하는 것으로 이해한다면, 상이한 거래조건의 부과가 비용상의 차이에 기인한 것이라는 주장은 유력한 항변사유가 될 수 있다. 이때 비용은 차별의 성립 요건으로 관련되며, 따라서 이에 대한 입증은 규제기관이 부담하여야 하고, 이를 피규제자의 항변사유로 할 것은 아니라는 지적이 유력하다.[36] 그러나 규제 실무는 이와 다른 경향을 보이고 있는데, 예를 들어 미국 실무 경향에서는 규제기관이 비용상의 차이를 적극적으로 고려하지 않는 것으로 보인다. 반독점법상 차별 규제의 근거가 되는 Clayton법 제2조 단서가 "비용상의 차이(difference in the cost)를 적절하게 고려한 차별을 금지하지 아니한다"고 규정되어 있고, 연방대법원도 유사한 사안에 대하여 비용관련자료를 갖고 있는 자에게 입증책임을 부담지우는 것이 타당하다는 입장을 취하고 있다는 점[37] 등이 이러한 실무 경향을 뒷받침하고 있다. 한편 비용상의 항변으로서 비용상의 차이를 입증하는 것이 용이하지는 않다는 점도 염두에 두어야 한다. 비용 측정 자체의 어려움도 있지만, 사업자가 내부적으로 비용을 분배할 경우에, 이에 대응하는 방법을 찾는 것에 한계가 있을 수밖에 없다.

또 다른 항변사유로서 경쟁대응항변이 거론된다. 경쟁사업자의 행태에 대한 수동적인 반응의 결과로서 차별이 이루어진 경우에 경쟁정책적으로 비난하기 어렵다는 점에서, 이른바 경쟁대응(meeting Competition) 항변의 가능성이 논의되고 있다.[38] 부당성을 조각하는 근거로서의 핵심은 거래상 차별이 수동적 대응의 결과라는 것에 있다. 미국 판례법상 A & P 사건에서[39] 정식화된 경쟁대응 항변의 요건을 보면, 판매자는 신뢰할 수 있는 거래상대방으로부터 정보를 얻고, 이를 조사하기 위하여 노력하여야 하며, 거래상대방의 요구에 따라서 가격을 낮추지 않을 경우에 거래 종결의 심각한 위험에 직면하고 있어야 한다. 이와 관련하여 차별 행위자가 거래상대방으로부터 얻은 정보를 절대적으로 확신할 것을 요구할 수는 없으며, 선의에 의한 신뢰로 충분하다는 견해가 있다.[40]

끝으로 경영상의 필요성에 기한 항변이 논의되고 있다. 이와 관련하여 대법원은 전술한 판결(2002두12076)에서 경영상 필요성에 의한 항변 자체는 인정하면서도 당해 사건에서 항변사유로 받아들이지는 않았다. 경영상

---

36) Robert H. Bork, 주 21)의 책, 470면.

37) Automatic Canteen Co. of America v. FTC, 346 U.S. 61 (1953).

38) Ernest Gellhorn & William E. Kovacic, 주 31)의 책, 445면 참조.

39) Great Atlantic & Pacific Tea Co., Inc. v. FTC, 440 U.S. 69 (1979).

40) Ernest Gellhorn & William E. Kovacic, 주 31)의 책, 445면.

필요성이 항변사유로서 고려되는 것은 타당한 것이라 할 수 있지만, 기업의 활동이 대부분 경영상 필요성에 따른 것인 만큼, 인정 범위에 따라서 항변사유가 지나치게 확대될 우려가 있다. 따라서 경영상 필요성에 기한 항변은 예외적이고 제한적으로 인정될 필요가 있다. 즉 차별적 행위가 회사의 존속을 위하여 불가피하고 다른 수단이 없다는 것이 명백한 예외적 상황에 한하여 항변사유를 인정하는 것이 타당하다.

## 2. 이익 보호적 관점

### (1) 개관

앞에서 살펴본 것처럼, 경제적 또는 비경제적 관점에 의한 차별에 대한 이해는 비교 대상이나 판단기준에 있어서 상이한 구조를 취하고 있으며, 특정한 목적이나 가치관에 따라서 현실에서 차별을 파악할 수 있는 별개의 분석 수단으로 기능한다. 당연히 이러한 분리는 차별의 부당성 판단에도 연결될 것이다. 즉 앞에서 논의한 경제적 차별에서의 부당성 판단이 거래상 차별의 당사자들 사이에 경제적 이해관계를 분석하고 형량하는 과정에 의한 것이었다면, 비경제적 차별의 부당성 판단에서는 평균적 정의 관념에 의하여 공동체의 구성원에게 보장되어야 하는 이익의 내용과 정도를 침해하는지 여부가 핵심적인 의미를 갖게 된다.

통신서비스와 관련하여 보면, 공동체 구성원의 삶의 영위와 가치 실현에 밀접히 관련되는 통신서비스의 특성과 기능은 이러한 이익의 내용을 결정하는 기준으로 작용한다. 물론 모든 통신서비스가 공동체 구성원에게 보장되어야 하는 것은 아니지만, 공동체 구성원으로서 기본권적 요구에 상응하는 최소한의 범위에서 절대적으로 보장되어야 하는 범위가 정하여질 경우에, 여기에 해당하는 통신서비스의 차별적 취급은 이러한 범위를 침해하는 의미를 갖게 됨으로써 부당성 판단의 근거가 될 수 있다.

## (2) 이익 보호적 관점에 의한 부당성 판단

어떠한 범위에서 공동체 구성원에게 통신서비스의 최소한의 보장이 이루어져야 하는지의 문제와 관련하여, 통신서비스가 보편적인 차원에서 적절하고 이용 가능한 수준으로 제공되어야 한다는 사고를 집약한 보편적 서비스의 개념이 유용할 것이다. 보편적 서비스는 개념적으로 국민의 기본권적 요구와 이에 대한 국가의 보장체계 그리고 통신사업자의 의무를 종합한 것이라 할 수 있으며, 그 과정에서 국민에게 최소한으로 보장되어야 하는 통신서비스의 범위가 도출된다.[41)

이와 관련하여 EC 보편적역무 지침의 입법 태도에 주목할 필요가 있다. 동 지침은 보편적 서비스의 제공에 있어서 사업자의 의무와 손실부담금의 배분 등의 원칙 등을 정하면서, 동시에 보편적 서비스의 제공을 받는 것이 이용자의 기본적 권리라는 점을 명시적으로 규정하고 있다(EC 보편적역무 지침 3조). 즉 보편적 서비스에 해당하는 통신서비스에 대하여 이용자는 적절하고 이용가능한 수준으로 제공받을 권리를 가지며,[42) 이러한 권리는 보편적 서비스에 대하여 비차별적으로 대우 받을 것에 대한 요구를 함축

---

41) 미국 통신법(Communications Act) 제254조 c항에 의하면, 보편적 서비스를 판단하기 위하여 1) 통신서비스가 교육, 공중보건 또는 공중안전에 필수적일 것, 2) 고객에 의한 시장선택의 작용에 의하여 거주자의 실질적인 다수가 가입되었을 것, 3) 통신사업자에 의한 공적 통신망에서 제공되고 있을 것, 그리고 4) 공중의 이해, 편의 및 필요성에 기초할 것 등이 고려되어야 한다. 전기통신사업법 제3조의2 제3항도 보편적 역무의 구체적 내용을 정함에 있어서 정보통신기술의 발전 정도(1호), 전기통신역무의 보급 정도(2호), 공공의 이익과 안전(3호), 사회복지 증진(4호), 정보화 촉진(5호) 등을 고려하도록 규정하고 있다. 한편 보편적 서비스 개념이 초기에는 그 실현을 위하여 산업의 독점을 인정하고 이를 규제하는 규제산업의 근거로서 기능하였다. Thomas G. Krattenmaker, Telecommunications Law and Policy, Carolina Academic Press, 1998, 350면 이하 참조.
42) 전기통신사업법 제2조 제1항 제10호는 보편적 역무를 "모든 이용자가 언제 어디서나 적정한 요금으로 제공받을 수 있는 기본적인 전기통신역무"로 정의하고 있다.

하는 것이라 할 수 있다. 이때 비차별적 원칙을 위반한 차별의 부당성 판단에 있어서, 최소한의 수준으로 보장되어야 하는 통신서비스의 내용을 침해하였는지 여부가 핵심적인 의미를 갖게 될 것이다.

비교법적으로 보편적 서비스의 규정은 통신산업의 급속한 변화 과정에 상응하여 주기적으로 심사하는 절차에 따르는 것이 일반적이다. 현행 전기통신사업법 시행령 제2조 제1항에 의하면, 보편적 서비스에 해당하는 것은 유선전화 서비스(1호), 긴급통신용 전화 서비스(2호), 장애인·저소득층 등에 대한 요금감면 전화 서비스(3호) 등이다. 현행 법령상의 보편적 서비스는 현재 적절하게 이용가능한 수준으로 제공되어야 하는 통신서비스에 대한 입법적 판단이지만, 이용자 이익의 관점에서 최소한으로 보장되어야 하는 통신서비스 전부를 의미하는 것은 아니다. 무엇보다 보편적 서비스의 지정에는 현재 통신산업의 변화에 비추어 일정한 시차가 발생할 수 있으며, 차별적 행위의 부당성 판단과 관련하여 최소한으로 보장되어야 하는 통신서비스의 내용은 행위 시점에서의 구체적인 판단에 기초하여야 한다.

즉 현행 법령에 의하여 보편적 서비스로 지정된 통신서비스는 최소한의 보장 수준에 대한 예시는 될 수 있지만, 절대적인 기준으로 볼 수는 없다. 예를 들어 이동통신 서비스의 대량구매자와 소량구매자 사이에 요금 차별이 행하여진 경우, 비용상 정당성이 입증되어 경쟁정책상 부당성이 인정되지 않는 경우라 하더라도, 이용자 이익보호적 관점에서 판단이 가능할 수 있다. 이 경우 불이익(disfavored) 그룹에 속한 소량구매자의 요금 수준이 이동통신서비스의 특성과 기능에 비추어 최소한 이용가능성을 침해하는지 여부에 의한 판단이 배제되지 않는다. 결국 불이익 그룹에게 발생한 거래상 불이익이 소통수단으로서 당해 통신서비스의 본질에 비추어 규제될 필요가 있는지 여부가 일반적 판단 기준으로 작용할 것이다.

## 3. 부당성 판단의 종합

이상의 논의에서 살펴본 것처럼, 경쟁법적 관점에서의 부당성 판단과 이용자 이익 보호적 관점에서의 부당성 판단이 독자적인 논리로서 가능하며, 따라서 양자의 적용상의 경합 문제가 제기된다. 이와 관련하여 공익적 관점에서의 부당성 판단을 선행하고, 이어서 경쟁정책적인 관점에서의 부당성 판단을 행하는 방식의 단계적 접근이 주장되고 있다.[43] 그러나 공익적 관점을 우선할 수 있는 법령상의 근거를 찾기 어렵다는 점에서, 입법론적인 제안은 별론으로 하고, 현행 이용자 차별의 부당성 판단에 적용하는 것에는 한계가 있다. 결국 경쟁정책적 관점과 이익보호적 관점이 부당성 판단에 모두 가능하다는 점에서, 적용상의 순서와 무관하게 양자의 경합적 적용을 인정하는 것이 불가피할 것이다.

한편 경합적 적용을 인정할 경우에, 두 가지 관점에 의한 부당성 판단이 상충되는 경우가 발생할 수 있다. 양 기준이 상호 배제하는 성격을 갖는 것은 아니기 때문에, 어느 일방에 부당성 판단이 이루어지면, 당해 이용자 차별의 부당성을 인정하는 것이 가능한 것으로 보아야 한다.

## IV. 결론

전기통신사업법상 이용자 차별은 동법 제50조 제1항 제5호 후단의 이용자 이익 저해행위를 구체화하는 유형으로 동법시행령 〈별표 3〉에 의하여 규정되어 있다. 이용자 차별의 부당성을 판단하기 이전에 이용자 개념과 차별의 의의가 분석의 전제가 되어야 한다.

현행 전기통신사업법상 이용자 개념은 전기통신서비스 이용 계약을 체

---

43) 이상규 등, 주 15)의 글, 145-147면 참조.

결한 자로 규정되어 있는데, 보호 필요성이 있는 범위를 충분히 포괄하고 있는지에 대한 의문이 제기되고 있으며, 적어도 이용자 차별과 관련하여 실질적 이용자까지 포함하는 해석론을 전개할 필요가 있다. 차별의 의의는 경제적 관점과 비경제적 관점으로 구성될 수 있으며, 전자는 비용 분석에 기초하여, 후자는 보호 필요가 있는 최소한의 통신서비스를 상정하여 각각 차별을 파악할 수 있다.

이와 같은 차별에 대한 두 가지 관점에 의한 이해는 이용자 차별의 부당성 판단에도 관련된다. 경쟁법적 관점에서의 부당성 판단은 1선 차별의 경우 거래상 차별이 발생한 당해 시장에서 경쟁제한적 효과에 기초하며, 2선 차별의 경우 차별적 거래 상대방의 경쟁 조건에 미치는 영향에 초점을 맞추게 된다. 이용자 이익보호적 관점에서의 부당성 판단은 최소한으로 보장되어야 하는 통신서비스의 내용이 논의의 출발점이 되며, 보편적 서비스는 최소한의 보장 수준을 파악하는데 유용한 기준이 될 수 있다.

두 가지 관점에 의한 부당성 판단은 경합적으로 적용되는 것으로 볼 수 있으며, 각각의 부당성 판단은 독자적으로 의미를 갖는다. 한편 전기통신사업법상의 이용자 차별과 독점규제법상의 차별 규제의 경합도 발생할 수 있으며, 이는 규제기관 간의 관할의 문제로도 나타난다. 통신규제당국과 연방카르텔청의 협의의무를 규정하고 있는 독일 통신법 제123조의 규정처럼, 통신위원회와 공정거래위원회의 견해를 조정하고 협의할 수 있는 제도의 도입을 검토할 필요가 있다.

# 22. 방송통신산업에서 결합판매 규제의 검토

## - 가격 규제를 중심으로 -

## I. 서론

　방송통신산업에서 결합판매(bundling)는 디지털 컨버전스의 환경 하에서 유력한 판매방식의 하나로 그 비중은 점점 증가하는 추세이다. 전자적부호에 의하여 콘텐츠의 생산, 전송, 재생을 가능하게 하는 기술적 조건이 갖추어 지면서(digitalization), 종래 이질적인 것으로 분류되던 상품들의 결합이 보다 용이하게 이루어지고 있다. 최근 IPTV 서비스가 제공되면서 유선통신 서비스나 초고속인터넷 서비스와 결합상품을 구성하고 있는 현상은, 공통의 기술적 기반 위에서 가능한 상품 결합의 적절한 예가 될 것이다.

　복수 상품의 결합판매는 생산이나 유통과정에서 효율성을 증대시킬 수도 있지만, 결합판매의 구성 상품 중 어느 하나의 시장에서 보유하고 있는 지배력이 다른 구성상품 시장으로 전이될 가능성을 현실화하며, 통신법이나 경쟁법에서 결합판매 규제는 이에 초점을 맞춘 것이다. 물론 이러한 우려가 언제나 현실화될 수 있는 것은 아니지만, 상반되는 친경쟁적 효과 이상으로 경쟁제한의 폐해가 발생할 우려가 있을 때, 지배력 전이를 억제하기 위한 규제가 요구된다.

「전기통신사업법」이나 「독점규제 및 공정거래에 관한 법률」(이하 독점규제법)에 의한 결합판매나 끼워팔기 규제는 이러한 규제의 구체적인 예가 된다. 지배력 전이 가능성(leverage theory)에 대하여 오랜 논쟁이 있었지만,[1] 입법자는 이러한 메커니즘이 현실적으로 나타날 가능성을 파악하고, 기존의 지배력이 다른 상품 시장으로 전이되는 것을 방지하기 위한 규제가 이루어지고 있다. 끼워팔기(tying)나 결합판매에 대하여 비교법적으로 가장 앞선 규제체계를 정립하였던 미국의 예를 보면, 끼워팔기는 경쟁제한의 관점에서 반독점법에 의하여 규제되며, 특히 당연위법(per se illegal) 법리가 적용되는 법위반 유형으로 다루어져 왔다.[2] 통신법상 결합판매의 규제 역시 통신사업자가 보유하고 있는 기존의 지배력이 인접 시장에 전이될 우려에 기초하였다. 미국 통신법(Telecommunications Act)상 최초의 결합판매 규제 상황을 보면, 1983년 연방대법원 판결에 의하여[3] 분리되기 이전의 AT & T가 장거리통신시장과 시내전화시장에서 차지하고 있던 독점적 지배력이 인접시장으로 확대될 우려에 근거하여 결합판매를 규제하기 시작하였다.[4] 우리 독점규제법이나 전기통신사업법에 의한 결합판매의 규제도 동일한 맥락에서 이루어지고 있다. 즉 방송통신시장에서 결합판매 규제의 목적은 원칙적으로 방송통신사업자가 이미 특정시장에서 보유하고 있는 지배력이 다른 시장으로 확장되는 것을 차단함으로써 다른 시장에서의 경쟁 메커니즘을 보호하려는 것에 있으며, 이러한 관점은 전

---

1) 이에 관한 최근의 정리로서, Jay Pil Choi, "Antitrust Analysis of Tying Arrangement", Recent Developments in Antitrust, Jay Pil Choi ed., MIT Press, 2007, 64면 이하 참조.

2) Motion Picture Patents Co. v. Universal Film Manufacturing Co., 234 U.S. 502 (1917), International Salt Co. v. U. S., 332. U.S. 392 (1947).

3) U. S. v. AT & T Corp., 552 F. Supp. 131 (D.D.C. 1982), aff'd sub nom. Maryland v. U. S., 460 U.S. 1001 (1983).

4) 구체적인 규제 근거는 Computer II Order(77 FCC 2d 384, 1980).

기통신사업법상 결합판매 규제의 기본적인 전제가 된다.

결합판매에 있어서 지배력 전이의 메커니즘은 결합상품을 대상으로 한 가격전략을 통해서 구체화된다. 끼워팔기는 판매상의 구매 강제가 기본 메커니즘으로 작용하지만, 일반적으로 결합판매는 결합판매와 구성상품 별로 개별적 판매가 선택적으로 주어지는 혼합 결합판매(mixed bundling) 의 양상으로 나타나며, 이때 지배력 전이의 가능성은 결합상품의 가격전 략에 의하여 실현될 수 있다. 따라서 결합상품의 가격책정 방식과 이에 대 한 규제 가능성의 검토는 지배력 전이를 통한 경쟁제한성을 방지하는데 있어서 핵심적인 의미가 있다. 이하에서 방송통신의 융합 환경에서 결합 판매의 의의를 살펴보고, 특히 결합판매시 가격책정을 통한 지배력 확대 메커니즘에 대응할 수 있는 적절한 규제 법리의 제시를 목적으로 논의를 전개할 것이다.

## II. 결합판매의 의의와 부당성 판단

### 1. 결합판매의 의의

#### (1) 결합판매의 개념

결합판매는 개념적으로 복수의 상품을 결합하여 판매하는 것을 의미하 며, 세부 유형으로 순수결합판매와 혼합결합판매로 나뉜다. 전자는 복수의 상품이 반드시 결합해서만 판매되는 것을 의미하며, 복수의 상품을 결합 해서 판매하지만 동시에 개별적으로도 판매가 이루어지는 경우가 후자에 해당한다.

결합판매와 끼워팔기의 엄밀한 구별을 통하여 결합판매에 대한 이해를 구하는 시도도 있다. Nalebuff에 의하면 끼워팔기는 순수결합판매와 비교하여 상품 간 결합비율이 고정되지 않는다는 점에서 구별되며, 또한 개별 판매가 이루어지지 않는다는 점에서 혼합결합판매와도 차이가 있다.[5] 이와 같은 구별은 결합판매와 끼워팔기를 행태적으로 구분함으로써 양자의 규율에 있어서 적용 법률이나 규제기관의 중복 문제를 명확하게 해결할 수 있다는 점에 의의가 있다. 그러나 끼워팔기의 경우에도 개별 판매시 부과되는 가격이 끼워파는 가격에 비하여 현저하게 불리하게 책정된 경우 실질적으로 끼워팔기가 강제되는 것으로 보기 때문에, 혼합결합판매와의 구별이 언제나 명확한 것은 아니다. 이러한 점에서 두 가지 행태가 통신법과 경쟁법의 고유한 관점에서 정책적으로 파악된 것이고, 양자의 엄격한 개념적 분리보다는 현실 거래에서 중복적으로 나타날 가능성을 인정하는 것이 보다 타당할 수 있다.

그러나 Nalebuff의 개념적 분리의 시도를 수용하지 않는다 하더라도, 양자의 행태적 특징에 대한 비교 분석은 의미 있는 시사점을 제공한다. 끼워팔기의 경우 지배력 이전의 메커니즘은 지배력이 있는 주상품의 판매에 부상품 판매를 연계시킴으로서 기능하는데, 특히 혼합결합판매에서 지배력 이전이나 경쟁제한적 효과가 발생할 가능성은 결합상품의 가격전략에 기초하며, 따라서 경쟁정책적으로 결합판매와 개별 구성상품의 가격 책정 방식이 중요성을 갖는다.

### (2) 통신법상 규정

전기통신사업법 시행령 [별표 3]「금지행위의 유형 및 기준」제6호는 동법 제50조 제1항 제5호에 의하여 금지되는 행위로서 "전기통신서비스와 다른 전기통신서비스,「방송법」제2조에 따른 방송,「인터넷 멀티미디어 방송사업법」제2조에 따른 인터넷 멀티미디어 방송을 묶어서 판매하여 이용자의 이익을 해치거나 해칠 우려가 있는 행위"를 규정하고 있다. 또한

---

5) Barry Nalebuff, Bundling, Tying, and Portfolio Effects-DTI Economics Paper No. 1, DTI, 2003. 2, 15-16면.

동 규정을 구체화한 미래창조과학부장관 고시 「결합판매의 금지행위 세부 유형 및 심사기준」 제2조 제1호 1문은 "결합판매라 함은 전기통신역무와 다른 전기통신역무를 묶어서 이용자에게 판매하거나 이용하게 하는 행위를 말한다"고 정의함으로써 동일한 규정 태도를 취하고 있다. 이와 같은 결합판매 정의에 있어서 전기통신사업법 시행령과 고시의 규정은 결합판매의 범위를 전기통신서비스와 특정한 방식의 방송서비스로 제한하고 있다는 점에서 특징적이며, 이러한 규정 태도는 전기통신사업법의 적용 대상을 넘지 않는 한도에서 결합판매의 규제 범위를 정하려는 취지로 이해할 수 있다.

그러나 비교법적으로 이와 같이 제한적으로 결합판매를 정의하는 경우는 드문데, 예를 들어 미국 통신법 체계에서 결합판매는 "단일 패키지로 상이한 상품 또는 서비스를 판매하는 것(selling different goods and/or services together in a single package)"으로 정의되고 있으며[6](77 FCC 2d 442-443), 독일 통신법(TKG: Telekommunikationsgesetz) 제28조 제2항 제3호는 상당한 시장력을 가진(mit beträchtlicher Marktmacht) 통신서비스 제공자가 부당하게 결합판매 하는 것을 남용행위로 추정하고 있지만, 규제 대상이 되는 결합판매에 제한을 두지 않고 있다. 특히 다양한 상품의 결합이 용이하게 이루어질 수 있는 융합 환경 하에서, 전기통신서비스와 방송 서비스 이외의 다른 상품을 묶어서 파는 경우에도 통신 시장에 영향을 미칠 수 있는 경우를 상정할 수 있기 때문에, 통신법상 결합판매의 범위에 제한을 가하는 규정 태도가 타당한 것인지에 의문이 있다.

## 2. 결합판매 존부의 판단

결합판매는 복수의 상품이 결합한 것이므로, 개념적으로 결합을 구성하

---

6) 77 FCC 2d 442-443.

는 다수의 상품이 존재할 필요가 있다. 그러나 대부분의 상품은 더 작은 구성 부분으로 세분하는 것이 가능하기 때문에, 상품의 단일성(single product) 심사를 통하여 어떠한 상품이 다수의 상품을 결합한 것인지 아니면 그 자체로 단일한 상품인지를 판단하여야 한다. 경쟁법상 끼워팔기에서 단일성 심사는 원칙적으로 거래주체들의 인식에 의하며, 이를 객관화하기 위하여 효율성 기준이 활용되는데,[7] 결합판매에 있어서도 유사한 판단과정이 요구된다. 즉 결합하여 판매하는 것이 분리하여 판매하는 것보다 효율적이라면, 거래주체들도 이러한 방향으로 상품거래를 행할 것이고, 결과적으로 거래주체들의 인식이 이에 기초하여 형성될 것이라는 논리는 결합판매에 있어서도 타당한 것이라 할 수 있다.

상품의 단일성 판단에 있어서 새로운 상품의 경우에는 시간적 요소가 추가적으로 고려되어야 한다는 점에 유의할 필요가 있다. 복수의 상품으로 구성된 새로운 상품이 출현하였을 경우 거래 주체들이 이에 관한 인식을 형성하기 위해서는 일정한 시간을 필요로 하기 때문에, 이러한 시간적 상황을 고려하여 상품의 단일성을 판단할 필요가 있으며,[8] 특히 산업 자체가 역동적으로 변하고 있는 방송통신산업에서 이러한 고려는 불가피할 것이다.

---

7) Herbert Hovenkamp, Federal Antitrust Policy-The Law of Competition and Its Practice, West Group, 1999, 414-415면 참조.
8) 새로운 상품의 단일성 판단에 있어서 일정한 유보가 필요한 것으로 본 선례로서 U. S. v. Jerrold Electronics Corp., 187 F.Supp. 545 (E.D.Pa. 1960), aff'd per curiam, 365 U. S. 567 (1961) 및 최근의 U. S. v. Microsoft Corp., 2001 U.S. App. 253 F3d 34(D.C. Cir 2001) 참조.

## 3. 결합판매 규제에서 부당성 판단

### (1) 부당성 판단의 기본 원칙

통신법상 결합판매 규제의 근거는 원칙적으로 결합상품의 구성 상품 중의 한 시장에서 보유하고 있는 지배력이 다른 시장으로 확대되는 것을 방지하는 것에 있다. 그러나 결합판매를 통한 경쟁제한적 효과는 구체적·개별적 심사를 통하여 확정되며, 일률적으로 결합판매의 경쟁제한성을 인정할 수 있는 것은 아니다. 예를 들어 융합(결합)을 보완형 융합(convergence in complements)과 대체형 융합(convergence in substitutes)으로 구분하고, 특히 후자의 경우에는 경쟁을 증대시킬 가능성이 있으므로 경쟁촉진적인 효과를 가질 수 있음을 지적하는 견해는[9] 융합(결합)의 성격에 따라서 경쟁정책적으로 상이한 효과를 가질 수 있음을 시사한다.

이와 관련하여 결합판매의 경쟁제한성 평가의 핵심적인 판단기준으로서 독일 통신법 규정을 참고할 만하다. 독일 통신법 제28조 제2항 제3호 2문은 부당한 결합판매를 판단함에 있어서 규제당국은 상당한 시장력을 가진 사업자의 효율적인 경쟁사업자가 유사한 조건으로 결합상품을 제공하는 것이 가능한지를 심사하여야 한다고 규정함으로써, 부당성 심사에 있어서 효율적 경쟁자 기준(efficient competitor test)을 제시하고 있다.

### (2) 전기통신사업법상 결합판매의 부당성 판단

전기통신사업법상 결합판매 규제는 제50조 제1항에 의한 금지행위로서 규제될 뿐만 아니라, 결합판매의 구성 상품이 인가역무에 해당할 경우에 제28조 제2항에 의한 인가를 통하여도 규제된다. 제50조 제1항은 공정한

---

9) Shane Greenstein & Tarun Khanna, "What Does Industry Convergence Mean?", David B. Yoffie ed., Competing in the Age of Digital Convergence, Harvard Business Press, 1997, 215-216면 참조.

경쟁 또는 이용자의 이익을 해치거나 해칠 우려가 있는 행위를 금지하며, 동항 제6호의 "전기통신이용자의 이익을 현저히 해치는 방식으로 전기통신서비스를 제공하는 행위"가 이에 해당한다. 동 규정을 구체화한 [별표 3] 「금지행위의 유형 및 기준」 IV. 제6호는 이용자 이익을 저해하는 결합판매를 금지하면서, 이용자 이익저해 여부의 판단을 위하여 결합판매로 인한 비용절감, 이용자편익 증대효과 및 시장지배력 전이 등 공정경쟁 저해효과를 고려하여야 하는 것으로 규정하고 있다.

또한 제28조 제2항은 일정한 기간통신사업자의 기간통신서비스 제공에 있어서 사전에 미래창조과학부장관의 인가를 받을 것을 요구하고 있다. 이때 미래창조과학부장관의 인가는 동조 제3항에서 제시한, 전기통신서비스의 요금이 공급비용, 수익, 비용·수익의 서비스별 분류, 서비스 제공방법에 따른 비용 절감, 공정한 경쟁환경에 미치는 영향 등을 합리적으로 고려하여 산정되었을 것(1호), 기간통신사업자와 이용자의 책임에 관한 사항 및 전기통신설비의 설치공사나 그 밖의 공사에 관한 비용 부담의 방법이 이용자에게 부당하게 불리하지 아니할 것(2호), 다른 전기통신사업자 또는 이용자의 전기통신회선설비 이용형태를 부당하게 제한하지 아니할 것(3호), 특정인을 부당하게 차별하여 취급하지 아니할 것(4호), 제85조에 따른 중요 통신의 확보에 관한 사항이 국가기능의 효율적 수행 등을 배려할 것(5호) 등의 기준에 의하는데, 특히 제1호의 공정한 경쟁환경에 미치는 영향과 제2호의 이용자 불이익 여부가 중요한 고려 요소가 된다.

이상의 전기통신사업법상 결합판매 규제는 금지행위와 인가 심사 모두에서 경쟁제한적 요소뿐만 아니라, 이용자 이익 보호 등이 부당성 판단의 기초가 되는 심사체계를 이루고 있다. 특히 결합판매 규제의 실무 지침인 「결합판매의 금지행위 세부 유형 및 심사기준」(이하 '결합판매 금지행위 심사기준')이나 「인가역무 결합판매 이용약관에 대한 인가심사기준 및 절차(지침)」(이하 '결합판매 인가심사기준')은 무엇보다 당해 결합판매가 경쟁에 미치는 효과에 초점을 맞추고 있으며, 이에 대한 심사가 부당성 판단의 가장 핵심적인 의미를 갖는다.

전술한 것처럼 결합판매는 끼워팔기와 달리 결합판매를 구성하는 상품의 개별판매가 이루어지고 결합상품의 구매 자체를 강제하지 않는 것이 일반적이므로, 결합판매가 경쟁에 미치는 효과를 판단함에 있어서 지배력 전이를 가능하게 하는 가격전략에 대한 이해가 중요하다. 이때 결합상품의 가격 책정뿐만 아니라 결합을 구성하는 상품의 판매가격, 특히 구성 상품을 도매로 제공하는 경우의 가격 책정 등이 종합적으로 고려되어야 하며, 경쟁제한적 효과를 낳을 수 있는 대표적인 가격 전략으로서 약탈적 가격(predatory pricing)이나 가격압착(price squeeze)의 문제가 검토될 필요가 있다.

## III. 약탈적 가격책정의 규제

### 1. 경쟁법상 규제

끼워팔기의 부당성 판단과 관련하여, 끼워팔기에 의한 전체 가격의 제시가 약탈적 가격책정(predatory pricing)의 은폐 수단이 될 수 있다.[10] 즉 단일상품 가격에서 약탈적인 염매가 분명하게 드러나는 것을 피하기 위한 수단으로 끼워팔기가 활용될 수 있는데, 이러한 경우 부당염매의 규제 법리가 원용될 수 있으며, 따라서 가격책정이 비용 이하에서 이루어졌는지 그리고 경쟁사업자를 배제할 우려가 있는지가 부당성 판단의 주된 기준이 될 것이다.

가격이 약탈적인 수준에서 이루어졌는지의 판단은 비용에 기초하며, 이

---

10) E. Thomas Sullivan & Jeffrey L. Harrison, Understanding Antitrust and Its Economic Implications, Matthew Bender, 1994, 185면 참조.

때 기준이 되는 비용의 성격에 관하여 Areeda & Turner의 분석이 일반적으로 받아들여지고 있다.[11] 이에 의하면 평균비용 이하에서 가격책정은 정당화될 여지고 있고, 단기한계비용(대용으로서 단기평균가변비용) 이하의 가격은 부당한 것으로 추정된다. 우리 독점규제법상 불공정거래행위로서 부당염매 규제의 근거가 되는 동법 시행령 [별표 1의2] 「일반불공정거래행위의 유형 및 기준」 제4호 가목은 '공급에 소요된 비용보다 현저히 낮은 대가'를 기준으로 하고 있다. 대법원은 동 규정에 근거하여 염매의 판단을 고정비와 변동비를 포함한 '총원가'로 이해하고, 평균비용보다 낮지만 평균가변비용 이상에서 가격이 부과된 경우에 이는 정당화 사유로서 고려할 수 있다는 입장을 취하고 있는데,[12] 이와 같은 대법원의 입장은 기본적으로 Areeda & Turner 기준에 부합하는 것이다.

상품의 가격책정이 염매에 해당하는 경우에, 이러한 행위의 부당성 판단의 핵심은 경쟁사업자를 배제할 우려가 있는지 여부이다. 약탈적 가격책정의 목적이 경쟁사업자를 관련시장에서 배제하고, 이에 의하여 당해 시장에서 지배력을 확보하려는 것에 있다면 부당성이 인정될 여지가 크다.

한편 염매를 통하여 목적을 달성한 후에 보상 가격(recoupment price)의 책정을 통하여 염매 기간 동안의 손실을 거래 상대방에게 전가하는 메커니즘이 작동할 수 있기 때문에, 낮은 가격에 의하여 단기간에 소비자에게 이익이 발생한다 하더라도 장기적으로 소비자 후생이 감소하는 결과가 나타날 수 있다는 이해도 약탈가격 부당성 판단의 중요한 근거가 된다. 그러나 보상 가격 메커니즘이 실제로 작용하는지에 관해서 의견이 일치하는 것은 아니고, 명확하게 드러나는 단기적인 소비자 이익이 경쟁사업자의 배제로부터 이론적으로 상정된 장기적인 후생감소보다 작다고 볼 수 있는

---

11) Phillip Areeda & Donald F. Turner, "Predatory Pricing and Related Practices under Section 2 of the Sherman Act", Harvard Law Review vol. 88, 1975, 700면.

12) 대법원 2001. 6. 21. 선고 99두4686 판결.

지에 관한 본질적인 의문도 제기되고 있으며,[13] 결국 개별 사례에서 구체적으로 판단하여야 할 문제라 할 것이다.

## 2. 통신법상 규제

### (1) 인가심사

'결합판매 인가심사기준'은 인가역무가 포함된 결합판매에 관한 이용약관을 심사함에 있어서 결합판매의 요금적정성 심사를 규정하고 있으며(2조 1항), 이는 전형적으로 결합판매가 약탈적 가격의 의미를 갖고 경쟁사업자를 배제할 우려에 근거한 것이다. 동 기준 제2조 제2항 본문은 결합판매요금 적정성 판단을 위하여 요금 할인 등으로 인하여 경쟁사업자의 경쟁력 저하나 방송채널사용사업자 또는 인터넷 멀티미디어 방송 콘텐츠 사업자의 수익 감소가 현저한지를 심사할 것을 규정하고 있다. 이상의 요금 적정성 판단을 위한 방송채널사용사업자 등의 수익 감소에 대한 고려는 방송콘텐츠를 적정한 수준으로 제공할 수 있도록 하는 공익적 관점이 반영된 것이므로 순수한 경쟁정책적 관점과는 상이한 측면이 있지만, 경쟁사업자의 경쟁력 저하에 대한 고려는 결합상품의 요금 책정에 의한 경쟁사업자의 배제 가능성에 초점을 맞춘 것이라 할 수 있다.

적정성 심사의 구체적 기준으로서 제2조 제2항 제1호는 "결합판매요금을 비용보다 낮게 설정하는지 여부", 제2호는 "결합판매를 구성하는 인가역무요금을 비용보다 낮게 설정하는지 여부"를 규정하고 있다. 일반적으로 거래주체에게 결합상품의 전체 가격이 중요하기 때문에, 제1호의 규정으로도 충분한 것으로 볼 수 있지만, 결합판매가 인가역무 요금 규제를 회피하는 수단으로 활용될 가능성이 있기 때문에, 제2호의 규정이 추가된

---

13) Phillip Areeda & Herbert Hovenkamp, Antitrust Law vol. III, Little, Brown and Company, 1996, 234-235면.

것으로 이해된다. 이러한 기준은 요금 적정성 판단을 위하여 타당한 것이지만, 실무상 비용 분석에 어려움이 따를 수밖에 없다. 현실적으로 이러한 분석을 수행하기 위하여 사업자의 자료 제출에 의존할 수밖에 없으므로, '결합판매 인가심사기준' 제3조 제1항에서 사업자에게 제출을 요구하는 자료에 비용에 관한 상세한 내용을 포함시킬 필요가 있을 것이다. 제3조 제1항 제2호는 요금설계내역, 예상 비용절감분 등이 포함된 결합판매 요금설계서를 제출 자료의 하나로 규정하고 있다.

경쟁사업자의 경쟁력 저하에 대한 검토와 관련하여, 동 기준 제2조 제3항은 이에 대한 고려 요소로서 결합판매로 인한 경쟁사업자의 시장점유율, 수익성 및 요금 등의 변화 추이와 전망 등을 제시하고 있는데, 이는 경쟁법상 약탈적 가격 규제에 있어서 경쟁사업자 배제 가능성에 기초한 부당성 판단에 상응하는 것이라 할 수 있다.

한편 '결합판매 인가심사기준' 제5조는 심사 간소화에 관하여 규정하고 있다. 특히 동조 제1항 제1호는 "결합판매의 요금할인율이 결합판매를 구성하는 개별 역무의 요금의 합을 기준으로 하여 30% 이하이고, 결합판매를 구성하는 인가역무의 요금할인율이 인가받은 요금을 기준으로 하여 30% 이하인 경우"를 심사 간소화에 해당하는 것으로 한다. 결합판매는 구성 상품을 개별적으로 판매하는 것에 비하여 판매비용의 절감을 예상할 수 있고, 할인율이 높지 않다면 이러한 비용절감 범위에서 요금책정이 이루어진 것으로 볼 수 있으며, 또한 경쟁에 미치는 영향도 크지 않을 것이라는 점에서 동 규정의 취지를 이해할 수 있다. 나아가 동조 제2항과 제3항은 추가적인 요금 인하로 제1항이 정한 심사간소화 기준을 벗어나는 경우에 인가심사 절차가 재개되는 것으로 규정하고 있는데, 심사간소화 규정을 규제 회피수단으로 이용하기 위하여 단계적인 가격인하를 할 수 있고, 동 규정은 이에 대한 대응이 될 것이다. 이와 같은 동 규정의 정책적 의의는 긍정적인 것이지만, 동 규정에서 제시한 간소화 기준인 할인율 30%가 어떠한 근거에서 도출된 것인지가 명확한 것은 아니다. 평균적인 비용 감소분을 토대로 주요 통신사업자의 이해를 조정하는 과정에서 결정된 것으로 보이지만, 경쟁사업자를 배제할 우려는 동 기준보다 낮은 수준에서도 가능하기 때문에 동 기준에 해당하여도 원칙적인 심사과정이 개시될 수 있는 여지를 두는 것에 관하여 논의가 이루어질 필요가 있다. 다만 현재 통신법상 사전적 규제의 범위가 축소하는 방향으로 나아가고 있다는 점도 아울러 고려되어야 할 것이다.

한편 전기통신사업법 제28조 제2항 단서는 "이미 인가받은 이용약관에 포함된 서비스별 요금을 인하하는 때에는 미래창조과학부장관에 신고하여야 한다"고 규정함으로써 가격인하에 대한 규제 범위를 축소하고 있다. 그러나 결합판매에서 요금적정성 심사는 약탈적 가격을 통한 경쟁사업자 배제 우려에 근거한 것인데, 모든 가격인하를 신고 대상으로 하는 것은 이러한 결합판매 인가 규제의 의의를 상당 부분 없애는 결과를 낳을 수 있다. 따라서 '결합판매 인가심사기준' 제5조와 같이 일정한 할인율을 설정하여 그 범위 안에서 신고로 전환할 수 있게 하는 방식을 고려할 필요가 있을 것이다.

### (2) 금지행위 규제

'결합판매 금지행위심사기준'은 제3조에서 결합판매의 금지행위 세부 유형을 정하고 있지만, 요금적정성의 관점에서 약탈적 가격을 규제할 수 있는 근거를 두고 있지는 않다. 약탈적 가격책정은 결합판매에 의하여 경쟁사업자 배제를 위한 유력한 수단으로 기능할 수 있고, 따라서 동법 제50조가 금지하는 공정한 경쟁 또는 이용자 이익침해의 관점에서 규제할 수 있는 충분한 근거가 있음에도 불구하고, 동 고시가 이에 관한 규정을 두고 있지 않은 것은 의문이다.

더욱이 사전적 규제로서 인가역무의 결합판매에 대한 규제 범위가 축소되고 있는 만큼, 사후적 규제로서 금지행위에 대한 규제의 필요성이나 중요성이 커지고 있다는 점에도 유의할 필요가 있다.

## IV. 가격압착의 문제

### 1. 경쟁법상 규제

가격압착(price squeezing)은 일반적으로 수직적 관계에서 발생하며, 경쟁법상 실질적으로 거래거절에 해당하는 것으로 평가할 수 있다. 가격압착의 전형적인 형태로서 자신과 일정한 관련이 있는 사업자에게 다른 사업자보다 저가로 상품을 공급하는 것은, 다음 단계에서의 경쟁에 직접적인 영향을 미칠 수 있으며, 이와 같은 가격부과 방식에 따른 압력에 의하여 다른 사업자는 시장에서 배제될 위험을 갖게 되는데, 이는 실질적으로 독립적 사업자에 대한 거래거절에 해당하는 것이다.[14] 그러나 자신과 수직적인 관계에 있는 사업자에 대하여 낮은 가격으로 공급하는 것이 거래비용의 절감에 따른 것이라면, 이는 경쟁법상 규제 대상이 되지 않으며, 따라서 비용절감 효과를 넘는 범위에서 이루어지는 가격 책정만이 거래거절의 관점에서 규제할 수 있는 행위가 된다.[15]

이와 같은 가격압착의 부당성 판단과 관련하여 O'Donoghue & Padilla의 지적에 주목할 필요가 있다. 이들의 견해에 의하면, 공급자가 수직적으로 결합되어 있고, 문제가 되고 있는 공급이 다음 단계에서의 경쟁에 본질적인 의미가 있고, 수직적으로 통합된 지배적 사업자의 가격부과가 효율적인 경쟁사업자의 활동을 비경제적인 것이 되게 하며, 또한 수직적으로 통합된 사업자의 가격부과에 대한 객관적인 정당화 사유가 없을 것 등의 요건이 충족되면, 가격압착은 시장지배적 지위남용으로서 규제 될 수 있다.[16]

---

14) E. Thomas Sullivan & Jeffrey L. Harrison, Understanding Antitrust and Its Economic Implications, LexisNexis, 2003, 297면.
15) Herbert Hovenkamp, Federal Antitrust Policy, Thomson/West, 2005, 304면.
16) Robert O'Donoghue & A Jorge Padilla, The Law and Economics of Article 82

이외에도 가격압착에 의하여 독점력이 전이될 수 있다는 것, 수직적 결합과 이에 의한 가격압착이 진입장벽으로 기능할 수 있다는 것, 수직적 결합은 차별된 그룹 간의 전매 가능성을 차단함으로써 가격차별이 용이하게 이루어질 수 있도록 한다는 것, 약탈적 가격책정이 될 수 있다는 것 등이 가격압착의 부당성 판단의 근거로서 제시되고 있다.17) 이에 대하여 추가적 이윤확보가 가능하지 않은 상황에서 독점력 전이가 발생하기 어렵다는 것, 이중 진입이 진입장벽으로 기능한다는 것이 명확하지 않다는 것, 수직적 결합에 따른 가격차별이 이루어지는 경우에도 이것이 경쟁자에게 배타적인 영향을 미치기 어렵다는 것 등의 유력한 반론에 대해서도 주의를 기울일 필요가 있다.18)

결국 이상의 논의를 종합하여 구체적 사건에서 개별적인 검토에 의하여 부당성을 판단하게 될 것이며, 독점규제법상 시장지배적 지위남용 또는 거래거절에 대한 명시적 규정을 두고 있는 불공정거래행위로서 규제가 가능할 것이다.

## 2. 통신법상 규제

### (1) 인가심사

결합판매에서 가격압착은 결합판매를 구성하는 상품을 다른 사업자에게 도매로 제공할 경우에 과도한 가격책정을 통하여 소매단계에서의 경쟁을 실질적으로 제한하는 행위를 말하며, '결합판매 인가심사기준'은 이를 동등결합판매의 관점에서 규제한다. 즉 동 기준 제2조 제1항은 인가역무

---

EC, Hart Publishing, 2006, 310면.

17) Phillip E. Areeda & Herbert Hovenkamp, Antitrust Law vol. IIIA, Little, Brown and Company, 1996, 129면 이하 참조.

18) Andrew I. Gavil, William E. Kovacic & Jonathan B. Baker, Antitrust Law in Perspective, Thompson/West, 2008, 861면 이하 참조.

가 포함된 결합판매에 관한 이용약관 인가 시에 동등결합판매 여부를 심
사할 것을 규정하고, 제3조 제2항은 이러한 심사 시에 동등결합판매에 필
요한 필수요소가 존재하는 경우에 필수요소의 제공방법, 대상, 대가 등의
내용을 포함한 동등접근보장 이행계획이 있는지 여부를 고려할 것을 규정
하고 있다. 또한 제4조는 동등접근보장이행계획의 세부 심사를 정하면서,
제공방법, 제공대상, 제공대가, 협정체결기한, 제공사업자의 제공기한을
고려할 것을 요구하고, 제공대가와 관련하여 "전기통신사업자간 협의에
의해 합리적으로 정할 수 있는지 여부, 특히 인가역무 제공사업자가 자신
의 결합판매에 필요한 필수요소의 비용보다 부당하게 높게 설정하거나 이
를 이용하고자 하는 기간통신사업자간에 부당하게 차별하는 요소가 있는
지 여부"를 고려 기준으로 제시하고 있다.

'결합판매 인가심사기준'에서 동등결합판매와 동등접근보장은 동등한
경쟁조건의 충족을 의미하는 것이므로, 인가 심사도 이러한 관점에서 이
루어져야 할 것이다. 즉 결합판매와 동일하거나 유사한 결합상품을 제공
하고자 하는 경쟁사업자가 구성상품의 일부를 당해 사업자로부터 공급받
아야 하는 경우, 그 대가가 결합상품 시장에서 경쟁이 가능한 수준에서 형
성되어야 한다. '결합판매 인가심사기준' 제4조 제3호는 비용보다 부당하
게 높게 설정된 대가를 판단 기준으로 제시하고 있는데, 가격압착은 본질
적으로 비용 이상에서의 가격책정을 상정하는 것이므로, 결국 비용보다
부당하게 높은 수준을 정하는 것이 핵심적이며, 이는 결국 동등한 경쟁조
건의 관점에서 파악하여야 할 문제이다.

### (2) 금지행위 규제

'결합판매 금지행위심사기준' 제3조는 결합판매 금지행위에 해당하는
세부 유형을 정하면서, 제2호에서 "인가역무 제공사업자가 인가역무가 포
함된 결합판매를 제공하거나 다른 전기통신사업자에게 인가역무를 제공하
는 경우, 동등결합판매에 필요한 필수요소를 정당한 이유 없이 제공하지

아니하거나 부당하게 그 제공대가 등을 현저히 차별하는 행위", 제3호에서 "인가역무 제공사업자가 법 제6조의 제1항 제1호에 따른 특수관계인의 지위에 있는 자로 하여금 부당하게 다른 전기통신사업자와 현저히 차별적인 조건으로 전기통신역무를 제공케 하여 결합판매를 함으로써 다른 전기통신사업자의 등등결합판매를 저해하는 행위"를 규정하고 있다.

이와 같이 규정 태도는 '결합판매 인가심사기준'에서와 마찬가지로 동등한 경쟁조건의 관점에서 이해할 수 있으며, 구체적인 행위로서 거래거절(2호)과 차별(3호)을 제시하고 있다. 가격압착은 실질적으로 거래거절의 의미가 있으므로, 제2호의 규정에 의한 포섭은 가능한 것으로 볼 수 있다. 그러나 제3호에서 상정하는 차별은 개념적으로 거래상대방을 분리하여 비용기초가 동일함에도 상이한 조건으로 거래하는 것을 의미하는데, 내부적인 수요와 외부 제공 사이의 비교에서 차별적인 성격을 파악하는 것에는 일정한 한계가 따를 것이다.


## V. 결론

방송통신산업에서 결합판매는 구성상품의 개별적 판매도 이루어지지만, 결합상품의 판매에 있어서 가격 등 거래조건의 차이가 있는 경우를 의미하는 혼합결합판매가 일반적인 모습이라 할 수 있다. 혼합결합판매에 있어서 결합상품의 구매가 거래상대방에게 강제되는 것은 아니기 때문에, 결합 구성 상품 중 일정한 상품 시장에서 차지하고 있는 지배력의 전이 등의 경쟁제한적 효과는 기본적으로 결합상품과 개별 구성상품의 가격 부과 방식에 기인한다.

따라서 결합상품과 구성상품의 가격책정 방식으로서 약탈적 가격이나 가격압착에 주의를 기울일 필요가 있으며, 이러한 행태들에 대한 경쟁법상의 규제 법리는 의미 있는 시사점을 제공한다.

약탈적 가격에서 부당성 판단은 비용을 기준으로 하여 염매로 볼 수 있는 가격책정으로 인하여 경쟁사업자가 시장에서 배제될 우려가 있는지가 중요하며, 이러한 점은 통신법상 약탈가격의 관점에서 결합판매의 부당성을 판단할 경우에도 동일하게 원용될 수 있을 것이다. 또한 가격 압착의 부당성 판단에서 경쟁사업자의 동등한 경쟁조건의 실현이 핵심적 기준이 되며, 이러한 기준은 통신법상 결합판매 규제에 있어서도 마찬가지로 적용될 것이다.

# 23. IPTV 도입에 따른 시장획정

## I. 서론

최근 방송서비스의 새로운 형태인 IPTV의 보급이 활발히 이루어지고 있다. 주요 국가에서 이미 상용화 단계에 접어든 IPTV는, 나라마다 약간의 차이는 있지만, 유력한 방송서비스의 수용 방식으로 자리 잡아 가고 있다.

일반적으로 IPTV는 방송·통신 융합의 대표적인 예로 이해된다. 즉 통신망을 기술적 기반으로 하는 전송 방식으로 프로그램 채널을 제공하는 형태는, 그 자체로서 통신과 방송의 핵심적 요소들이 융합되고 있음을 보여주는 것이다. 나아가 IPTV는 방송과 통신의 단순한 융합을 넘어서 방송·통신 산업 전반에 걸친 패러다임의 변화를 촉발하는 계기가 되고 있다. 적어도 전통적인 방식에 따른 방송과 통신의 획일적 구분이 모호해지고 있으며,[1] 이러한 변화가 산업의 발전과정에 중요한 영향을 미칠 것이

---

1) Nihoul에 따르면 전통적인 의미에서 통신과 구별되는 방송의 특성을, 이미지의 전송, 일방적인 전파로서 전송방식의 성격, 멀티캐스팅적인 전송방식(point to multipoint), 전송 외부에서 제3자에 의하여 생산되는 콘텐츠의 네 가지를 제시하고 있다. P. L. G. Nihoul, "Audio-Visual and Telecommunications services: a review of definitions under WTO law", Damien Geradin & David Luff ed.,

라는 전망이 일반적으로 받아들여지고 있다.[2]

방송은 전송에 있어서 일방성이나 한정된 자원인 주파수의 희소성 등에 의하여 공공적 성격이 강조되어 왔다. 제한된 주체만이 방송서비스를 일방적으로 제공할 수 있다는 점은, 방송의 사회적 중요성과 결합하여 공적 규제를 정당화 할 수 있는 유력한 근거였다.[3] 그러나 IPTV 형태의 방송서비스 수용에 의하여 방송의 공공성 내지 공적 규제의 중요한 요소들에 대한 재고는 불가피한 것이 되었으며, 여전히 남아 있는 그리고 새롭게 추가된 공익적 요소들을 확인하고, 이에 기초한 규제체계를 정립하는 것이 방송법의 영역에 새로운 과제로서 부과되고 있다.[4] 이러한 요구에 따라서 2008년 「인터넷 멀티미디어 방송사업법」(이하 'IPTV법'이라 한다)이 제정되었으며, 동법은 IPTV 규제의 법적 근거로서 기능하고 있다.

그러나 IPTV의 출현이 가져오는 법적 문제가 단지 방송의 공익적 영역에 제한되는 것은 아니다. 새로운 형태의 융합 서비스 산업이 건전하게 발전하기 위한 제도적 설계가 이루어져야 하며, 특히 경쟁적인 시장구조의 형성은 향후 IPTV를 매개로 한 방송과 통신산업의 발전에 긍정적인 기여를 할 것이다. 따라서 IPTV와 관련된 경쟁 상황의 분석은 경쟁법 적용에 있어서 중요함은 물론, IPTV법의 운용에 있어서도 핵심적인 고려요소가 되며, IPTV법은 '공정경쟁의 보장 및 촉진'의 장을 두어(3장), 이를 확인하고 있다.

경쟁법의 적용에 있어서 관련시장의 획정은 출발점이 되지만, 규제산업

---

The WTO and Global Convergence in Telecommunications and Audio-Visual Services, Cambridge Univ. Press, 2004, 378-379면.

2) 함창용 등, IPTV시장의 국·내외 현황 및 시사점, 정보통신정책연구원, 2008, 5면.

3) Wayne Overbeck, Major Principles of Media Law, Thomson Wadsworth, 2005, 427-428면 참조.

4) 윤석민·박아현, "방송통신 융합시대의 방송의 공익성과 내용규제정책", 방송연구 제8권 1호, 2008, 210면 이하 참조.

에서 경쟁을 촉진하는 정책을 수행하는 경우에도, 시장획정과 이에 따른 유효경쟁의 평가는 선행하는 과제가 된다.5) 이하에서 다루게 될 주제는 IPTV에 관련된 시장획정의 문제이다. 전술한 것처럼 IPTV는 방송과 통신의 융합 현상을 대표하며, 시장획정에 있어서도 이에 대한 특별한 고려가 필요할 것이다. 우선 경쟁정책의 관점에서 IPTV의 의의를 살펴보고(II), 이어서 융합 환경 하에서 관련시장 획정의 의의를 검토하며(III), 관련시장 획정과 관련하여 제시된 다양한 법리들이 여기서의 논의에 유용한지 여부를 분석한다(IV). 이상의 논의에 기초하여 결론적으로 IPTV 관련시장 획정의 기본 방향을 제시하기로 한다.

## II. IPTV의 경쟁정책상 의의

### 1. IPTV의 의의

IPTV(Internet Protocol Television)는 텔레비전을 통한 방송 서비스 수용의 새로운 형태이면서, 다른 서비스와의 결합 가능성이 높은 기술적 기반을 갖고 있다. IPTV로 분류하기 위하여, 인터넷 기반 위에서 텔레비전 서비스를 제공하는 것을 본질로 하지만, 포함되어야 하는 서비스의 내용 등에 관하여 일반적인 합의가 존재하는 것은 아니다. 즉 광대역 망에서 인터넷 프로토콜을 사용하여 디지털 방식으로 전송되는 IPTV의 기술적 기반은, VOD(주문형 비디오), 웹 브라우저의 이용, VoIP(인터넷 전화, Voice over Internet Protocol) 등의 서비스를 결합할 수 있게 함으로써 다양한 상품 구성을 가능하게 하는데, 어느 범위까지 IPTV의 기본 요소로 볼 수

---

5) 통신산업에서 경쟁정책을 수행하기 위하여 시장획정과 유효경쟁 평가가 선행되어야 한다는 논의로서, 김형찬, "통신법상 경쟁활성화 정책의 현황과 과제", 권오승·이원우 편, 독점규제법과 규제산업, 법문사, 2007, 550-552면.

있는지가 명확하지는 않다.

　이와 관련하여 OECD에 설치된 전담반(Working Party on Communi-cation Infrastructures and Services Policy) 에서 전개되었던 논의는 참고할 만하다. 동 전담반에서 2007년 제출한 보고서는, IPTV를 텔레비전 수상기로 시청할 수 있는 수준(broadcast quality)으로 인터넷 프로토콜에 의하여 전송되고, 선형 또는 비선형 방식의 프로그램 채널로서 제공되는 비디오와 부수적 서비스(audio, text, data)로 정의하고 있다.6) 이러한 정의는 상대적으로 넓은 범위에서 IPTV를 파악함으로써,7) 앞으로 전개될 시청 행태나 기술적 변화에 탄력적인 대응을 가능하게 하는 것이지만, 다른 한편으로 현재 논쟁이 되는 부분에 대한 해답을 유보하는 측면도 있다. 예를 들어 동 보고서는 실시간 방송프로그램의 시청과 단순한 VOD의 제공 모두를 명시적으로 IPTV에 포함시키고 있으며,8) 애플사의 Apple TV와 같은 발전된 형태의 set-top 박스를 언급하면서, TV 수상기가 아닌 컴퓨터 모니터를 통한 IPTV의 시청 가능성을 지적하고 있다.9)

　이와 같이 IPTV의 이해에 있어서 장래의 변화에 따른 유보적인 태도가 불가피할 수 있지만, IPTV에 대한 정책적 타당성을 위하여 현재의 시점에서 다른 형태의 텔레비전 서비스와 차별화된 이해가 요구된다. 우선 IPTV와 VOD 서비스를 비교함에 있어서, IPTV의 멀티캐스팅(multicasting)적인

---

6) OECD, IPTV: Market Developments and Regulatory Treatment, 2007, 6-7면.

7) OECD의 IPTV 정의가 가장 광범위한 반면에, ITU(International Telecommuni-cation Union)은 상대적으로 협의의 개념으로서 IPTV를 프리미엄 망 하의 일정한 서비스 품질에 한정한 멀티미디어 서비스로 정의하고 있는 것을 분석하는 것으로서, 정진한 등, IPTV 신규 방송서비스 도입과 소비자 행태에 관한 연구, 정보통신정책연구원, 2009, 6-7면. 또한 ITU의 IPTV 표준화(standardization) 과정에 대한 분석으로서, 박효진 · 최준균, "ITU-T IPTV 표준화 동향 분석", 광학과 기술 제12권 제3호, 2006, 20면 이하 참조.

8) 예를 들어 2010년 5월 기준으로 미국의 Verizon사는 IPTV로서 VOD 서비스만을 제공하였다.

9) OECD, 주 6)의 글, 6면, 11-12면.

전송방식의 특성이 의미가 있다. 양자 모두 기능적으로 양방향적이지만, IPTV는 일정한 그룹에 대하여 동시에 전송하는 방식을 취하는 반면에, VOD는 기본적으로 송·수신자의 일대일 연결(point to point)을 통해서 서비스 제공이 이루어지는 유니캐스팅(unicasting)의 성격을 가지고 있다. 한편 IPTV의 경우에도 VOD 서비스의 이용은 유니캐스팅 방식에 의하며, 따라서 전송 방식에 있어서 멀티캐스팅과 유니캐스팅의 혼용이 이루어지는 것으로 이해되기도 한다.[10] 멀티캐스팅 방식으로 스케줄화된 프로그램의 전송이 이루어져도, IPTV는 기능적으로 콘텐츠 사용의 시간 이동을 가능하게 하기 때문에, 방송 프로그램의 시청과 VoD의 이용 사이에 경계가 모호해지는 측면이 있다. 이는 전술한 것처럼 OECD가 실시간 방송 시청이 배제된 단순한 VOD의 이용까지 IPTV의 범위에 포함시킨 배경이 된다.

IPTV와 마찬가지로 인터넷 기반을 이용하는 인터넷TV 등과의 구별도 필요하다. 인터넷TV는 인터넷 상으로 video의 스트리밍 방식에 의한 TV 시청을 의미하는데, 기본적으로 유니캐스팅 방식에 의하여 전송이 이루어진다는 특징 외에도, PC를 통한 방송 서비스의 제공이 QoS(Quality of Services, 여기서는 방송용 TV 화질)를 보장하지 못한다는 것이나 전송의 안정성에 한계가 있다는 것 등이 IPTV와의 비교 기준으로 언급되고 있다. OECD는 이에 대해서도 장래의 기술 발전이 이러한 구별을 변화시킬 수 있다는 지적을 하고 있지만,[11] 현재의 시점에서 양자 간의 대체성 판단에는 유력한 의미를 가질 수 있다.

디지털 케이블방송과 IPTV 사이의 결정적인 구별은 네트워크 망의 특성에서 찾을 수 있다. IPTV가 초고속인터넷망에 기반한다면, 디지털 케이

---

10) 일정한 프로그램의 전송과 관련하여 일반적으로 브로드캐스팅(broadcasting), 멀티캐스팅, 유니캐스팅의 구분이 통용된다. 브로드캐스팅은 네트워크상의 모든 단말기에 전송이 이루어지는 방식, 멀티캐스팅은 특정 그룹을 향하여 전송이 이루어지는 방식 그리고 유니캐스팅은 일대일 통신의 방식으로 전송이 이루어지는 것을 의미한다. 정진한 등, 주 7)의 책, 14면 참조.

11) OECD, 주 6)의 글, 6면.

블방송은 기존의 케이블망을 활용한다. 현재 망 운용 상황을 보면, 초고속 인터넷망이 케이블망에 비하여 전송속도에 있어서 우위를 보여주는데, 그 차이가 결정적인 것은 아니며,12) VOD나 VoIP 등 IPTV에서 가능한 서비스를 디지털 케이블방송에서 제공하는 것에 기술적 제한은 없는 것으로 이해된다. 다만 케이블방송이 실시간 방송 프로그램의 일방적 전송에 한정하여 운영될 경우, 서비스 구성 면에서도 차이를 드러낼 것이고, 이러한 점은 기존의 공중파나 위성 방식으로 방송 서비스를 수용하는 경우에도 마찬가지라 할 수 있다.

전술한 것처럼 장래 기술 변화에 따른 방송 서비스의 수용 형태를 예측하기 어렵지만, 현재 다른 형태로 제공되는 방송 서비스와 비교하여 IPTV는 다음의 몇 가지 핵심적 요소로서 특징지을 수 있다. 우선 실시간 방송의 시청을 전제로, 쌍방향적 요소가 결합됨으로써 스케줄화된 방송 프로그램의 시간 선택적 이용을 가능하게 하며, 동일한 기술적 기초 위에서 VOD 서비스의 제공이 이루어질 수 있다. 일반적으로 TV 수상기를 통하여 video의 시청이 이루어지지만, OECD의 지적처럼 특정한 단말기 형태 자체가 IPTV 이용에 본질적 요소라기보다는, 일정 수준의 화질(QoS)의 보장이 중요하다. 이러한 점에서 현재의 기술 수준에서 PC를 단말기로 하는 인터넷 TV와 IPTV는 구별되는 것으로 볼 수 있다.

---

12) IPTV의 제공에 있어서 네트워크의 전송속도는 결정적인데, OECD는 일부 국가에서 IPTV 보급이 초기 단계에 머무르고 있는 것은 통신망의 한계에 따른 것으로 보고 있다. 케이블망과 DSL 라인의 비교는 나라마다 차이가 있다. 미국의 경우 케이블망이 DSL망보다 우월하며, IPTV를 제공하기 위하여 전국적 통신사업자인 AT&T와 Verizon의 망 개선작업(FTTN/VDSL2 망의 구축)이 진행 중이다. 우리나라는 2001년부터 VDSL1이 구축되기 시작하였으며(고층 아파트 비율이 높은 상황에서 상대적으로 구축 비용이 다른 나라에 비하여 낮았던 것이 주된 요인), 현재 다운로드의 경우 52Mbps의 전송속도를 보여주고 있다. 이는 케이블망의 전송속도가 일반적으로 30 내지 40Mbps인 것에 비하여 상대적으로 높은 편이다. OECD, 주 6)의 글, 11-12면.

한편 IPTV는 디지털 방식으로 생성되고 전송될 수 있는 다양한 서비스와의 결합을 용이하게 할 수 있다는 점도 IPTV의 특성으로서 고려되어야 한다. 일반적으로 VoIP나 초고속인터넷 서비스의 결합이 상품화되고 있으며, 유·무선 전화의 결합도 기술적으로 가능한 상태에 있는 것으로 이해되고 있다. 국내 IPTV 세 사업자(Qook TV-KT, 브로드앤 IPTV-SK브로드밴드, myLGTV-LG데이콤)의 IPTV(실시간 방송)를 중심으로 한 상품 구성은 IPTV에 초고속인터넷이 결합된 더블 패키지, 또는 여기에 유선 전화까지 결합된 트리플 패키지의 형태로 나타나고 있으며,13) 이러한 상황은 마찬가지로 트리플 패키지(voice, video and broadband) 형태로 제공되고 있는 미국 AT&T의 'U-verse service'나 Verizon의 'FiOS'의 경우도 대체로 유사하다.14)

## 2. IPTV의 융합현상으로서의 의의

이상에서 살펴본 바와 같이, IPTV는 통신의 방식으로 방송 서비스를 제공하는 것이며, 그 자체로 방송과 통신의 요소를 모두 포함하는 융합 현상을 대표한다. 즉 IPTV의 물리적 인프라는 기존의 통신망에 기초하여 구축되고, 이 기반 위에서 방송 콘텐츠의 전송과 쌍방향적 소통이 이루어지며, 단말기 기능을 수행하는 set-top 박스가 설치된 TV 수상기에 의하여 동 콘텐츠가 구현된다.

이러한 융합은 산업 간 경계를 모호하게 하는 현상으로 이해될 수 있으며(산업 차원), 사업자 간에 엄격한 업역 분리를 완화하는 의미로 작용할 수 있고(사업자 차원), 개별 상품의 결합을 통하여 실현될 수도 있다(상품 차원).15) IPTV에 의한 융합 역시 세 가지 차원에서 모두 파악될 수 있다.

---

13) 정진한 등, 주 7)의 책, 15면 참조. 현재 특정 사업자는 기존의 IPTV 패키지에 위성방송도 결합하고 있다.
14) OECD, 주 6)의 글, 10-11면.

특히 상품의 차원에서 보면, IPTV 자체가 방송과 통신의 요소를 포함하면서, 또한 디지털화가 가능한 다른 서비스와의 결합을 통하여 결합상품 구성의 범위가 확대될 것으로 예상된다.

이와 같은 융합 현상으로서 IPTV의 출현은 방송과 통신 영역에서 수행되어 온 다양한 정책들을 검토할 필요성을 낳고 있다. 우선 방송 서비스를 수용하는 새로운 방식으로서 IPTV는 방송의 공공성 나아가 공익적 규제의 타당성에 관한 논의를 새로운 차원으로 이끄는 의미가 있다. 방송의 공공성은 시민 사회에 미치는 콘텐츠의 내용과 영향력 등에 근거하지만, 다른 한편으로 전통적인 전파식 전송의 방송에서 일정한 주파수 대역을 배타적으로 방송사업자가 이용하게 되는, 이른바 희소성의 문제도 방송의 공공성을 뒷받침하는 중요한 고려 요소가 된다.16) 따라서 IPTV에 의한 전송방식의 대체는 방송의 공공성을 완화하거나 적어도 그 의의를 새롭게 재구성하여야 하는 계기를 제공한다. 앞에서 살펴본 OECD 보고서에 나타난 IPTV에 대한 이해는, 넓은 범위에서 IPTV를 파악하면서도, 방송으로서의 의의를 배제하지는 않고 있다.17) 그러나 동 보고서는 "IPTV에 대한 정의가 전통적인 방송규제가 IPTV에 적용될 필요가 있다는 것을 함축하는 것은 아니며, 오히려 관련 시장에서 점증하는 경쟁 수준에 의하여 방송 규제가 완화될 수 있다는 것을 함축할 수 있다"고18) 기술하고 있는데, 특히

---

15) 홍명수, 경제법론I, 경인문화사, 2008, 83면.

16) Wayne Overbeck, 주 3)의 책, 427-428면.

17) OECD의 IPTV 전담반 보고서는 "IPTV is television delivered over Internet Protocol"이라하고 기술하면서도, 앞에서 살펴본 것처럼 개념 요소들의 분석을 수행하면서, 단순 VOD 서비스도 포함시키는 등 보다 넓은 범위에서 IPTV를 파악하고 있다. 한편 한국에서 IPTV가 상용화되기 전 규제체계에 관한 논의로서, IPTV도 실시간 방송 시청 측면에서 기존의 케이블TV와 동일시할 수 있다고 보고, 방송으로서의 규제체계가 적용되어야 한다는 논의가 전개되었다. 이에 관하여 Soon Ju, Koh & Young Joon, Park , The Delayed Regulatory Response to Digital Convergence: the Case of Korean IPTV, ITS Europe 2007 Conference, 6-7면 참조.

경쟁 수준의 증대에 상응하여 방송 규제가 완화될 수 있다는 지적은 주목할 만한 것이다.

IPTV에 대한 경쟁정책을 수행함에 있어서도, 융합으로서의 의의는 중요한 고려 사항이 된다. 방송의 시청 측면에서 보면, 통신망에 기초한 IPTV는 전파적 방식이나 일정한 지역 단위로 구축된 케이블 망에 의하여 제공되던 방송 서비스를 대체하는 것으로 볼 수 있다. 일반적으로 융합 현상을 '보완형 융합'(convergence in complements)과 '대체형 융합'(convergence in substitutes)으로 구분할 경우에, 전자는 수직적 통합 또는 사업자 간 협력의 여지가 있고, 후자는 경쟁을 증대시킬 가능성이 크다는 분석이 유력하다.[19] 이러한 구분에 따르면, IPTV에 의한 융합은 기존의 방송 서비스 수용방식과 비교하여 대체형으로서 분류될 수 있으며, 새로운 경쟁의 기회를 창출함으로써 경쟁을 강화하는 의미를 갖게 된다. 물론 이러한 의미가 구체화되기 위해서는, 대체가 이루어질 수 있는 범위 및 정도에 대한 분석이 전제되어야 한다.

이와 관련하여 공정거래위원회는 (주)티브로드 계열의 유선방송사업자의 시장지배적 지위남용행위를 다루면서,[20] 상품별 관련시장을 종합유선방송과 위성방송으로 구성되는 유료 방송서비스 시장으로 획정하였다. 이와 같은 공정거래위원회의 시장획정은 케이블(유선) 방송과 위성 방송 사이에 경쟁관계가 있다는 것에 기초하였는데, 이러한 관점에서 보면, IPTV 역시 유료로 실시간 방송을 시청할 수 있다는 점에서 대체가능한 상품으로 볼 여지가 있다. 실제 IPTV의 보급 현황을 보면, 2008년 12월부터 상용화가 시작된 상황에서 2009년 10월 말 기준으로 실시간 방송시청이 가능한 IPTV 가입자 수는 1,222,000에 이르는데,[21] 이들 대부분은 IPTV의

18) OECD, 주 6)의 글, 6면.
19) Shane Greenstein & Tarun Khanna, "What Does Industry Convergence Mean?", David B. Yoffie ed., Competing in the Age of Digital Convergence, Harvard Business Press, 1997, 215-216면.
20) 공정위 2007. 3. 19. 의결 2006서경2373.

채널 수 확대에 따라서 기존의 케이블방송이나 위성방송에서 전환한 것으로 보여진다.[22] 물론 전술한 것처럼, 통신망을 이용하는 IPTV의 특성은 IP를 사용하여 디지털 방식으로 송수신되는 다양한 서비스와의 결합을 가능하게 하며, 이와 같이 결합상품의 구성이 확대될 가능성은 IPTV를 다른 유료 방송서비스와 구별하여 별도의 시장을 구성하는 것으로 볼 수 있는 근거가 될 수도 있다.

## 3. IPTV법상 IPTV의 정의와 경쟁정책

IPTV법 제2조 제1호는 IPTV에 해당하는 법률상 용어로서 '인터넷 멀티미디어 방송'을 정의하고 있는데, 동 규정에서 인터넷 멀티미디어 방송이란 광대역통합정보통신망 등(자가 소유 또는 임차 여부를 불문하고, 「전파법」제10조 제1항 제1호에 따라 기간통신사업을 영위하기 위하여 할당받은 주파수를 이용하는 서비스에 사용되는 전기통신회선설비는 제외한다)을 이용하여 양방향성을 가진 인터넷 프로토콜 방식으로 일정한 서비스 품질이 보장되는 가운데 텔레비전 수상기 등을 통하여 이용자에게 실시간 방송프로그램을 포함하여 데이터·영상·음성·음향 및 전자상거래 등의 콘텐츠를 복합적으로 제공하는 방송을 말한다. 또한 동 규정에서 광대역통합정보통신망 등은 동조 제2호에 의하여, 「정보화촉진기본법」제2조 제5호의2에 따른 광대역통합정보통신망과 「전기통신기본법」제2조 제3호에 따른 전기통신회선설비를 말하는 것으로 정의되고 있다.

동 정의는 광대역 통신망의 이용, 인터넷 프로토콜의 사용과 양방향성, 일정한 품질의 보장, 단말기로서 TV 수상기의 사용 등을 개념 요소로 하고 있는데, 이러한 요소는 앞에서 논의하였던 IPTV의 본질적 특성에 부합

---

21) 경제투데이, 2009. 11. 9.
22) IPTV는 결국 유료TV 시장에서 새로운 사업자의 진입을 의미한다고 보는 것으로서, 한국케이블TV방송협회, 방송통신 융합시대의 케이블TV 정책 방안, 2007, 71면.

한다는 점에서 타당성을 인정할 수 있다. 물론 전술한 OECD의 정의와 달리 실시간 방송 시청을 서비스 내용에 반드시 포함되어야 하는 것으로 규정하고 있는 것은, 단순한 VOD 서비스에 기초한 IPTV를 입법적으로 배제하는 의미를 가지며, 이는 적어도 IPTV를 방송 시청의 한 방식으로 보고자 하는 입법자의 의도가 반영된 것으로 이해된다. 또한 주목할 것은 동 정의에서 전송망으로 규정한 광대역통합정보통신망에 관한 것이다. 광대역통합정보통신망에 관하여 「국가정보화 기본법」 제2조 제14호는[23] 통신·방송·인터넷이 융합된 멀티미디어 서비스를 언제 어디서나 고속·대용량으로 이용할 수 있는 정보통신망으로서 정의하고 있다. 동 규정은 광대역통합정보통신망을 적용 기술이나 소재가 아니라 융합 서비스를 고속·대용량으로 전송할 수 있는 기능 측면에서 정의하고 있기 때문에, 그 한도에서 장래의 기술 발전에 따른 변화를 수용할 수 있는 여지를 주고 있다. 나아가 이러한 통신망의 소유뿐만 아니라 임차의 경우까지 포함시키고 있으므로, IPTV를 제공할 수 있는 사업자의 범위가 제도적으로 제한되는 것은 아니지만, 실질적으로 현재의 기술 조건과 통신망의 운용 현실에 비추어, 소수의 통신사업자만이 IPTV 사업 주체가 될 수 있다는 점에 주의할 필요가 있다.

이상의 IPTV에 대한 정의는 동법이 추구하는 정책의 기초가 된다. 동법 제1조는 "이 법은 방송과 통신이 융합되어 가는 환경에서 인터넷 멀티미디어 등을 이용한 방송사업의 운영을 적정하게 함으로써 이용자의 권익보호, 관련 기술과 산업의 발전, 방송의 공익성 보호 및 국민문화의 향상을 기하고 나아가 국가경제의 발전과 공공복리의 증진에 이바지하는 것을 목적으로 한다"고 규정하고 있다. 동 규정에서 제시하고 있는 목적으로서, 이용자 보호나 산업 발전 등은 경쟁정책과 밀접히 관련되는 것이고, 동법 제12조 제1항은 "정부는 인터넷 멀티미디어 방송 제공사업의 효율적인 경

---

23) 「정보화촉진기본법」은 2009년 5월 「국가정보화 기본법」으로 개칭되고, 광대역통합정보통신망에 대한 정의는 동법 제2조 제14호에 의한다.

쟁체제 구축과 공정한 경쟁 환경 조성을 위하여 노력하여야 하고 다른 사업에서의 지배력이 인터넷 멀티미디어 방송 제공사업으로 부당하게 전이되지 아니하도록 하여야 한다"고 규정함으로써, 정부에게 공정경쟁 촉진의 과제를 부과하고 있다. 이러한 과제는 지배력 전이의 억제(법 12조 1항 및 5항), 전기통신설비의 동등접근의 보장(법 14조), 공정한 경쟁 또는 이용자 이익 저해 행위의 금지(법 17조 1항), 수직적 통합에 따른 남용 억제(콘텐츠 동등접근 보장에 관한 법 20조 1항, 채널 사용의 운용 제한에 관한 법 21조 1항) 등의 규제로 구체화되고 있으며, 특히 동법 제13조 제1항은 인터넷 멀티미디어 방송 사업자가 종합유선방송, 위성방송을 포함한 유료방송시장에서 3분의 1을 넘지 않도록 하는 시장점유율 제한을 가하고 있다.

이와 같은 시장점유율 제한은 방송시장을 경쟁적인 구조로 유지하기 위한 인위적 재편의 시도로써 비판의 여지가 있다. 그러나 방송의 공익성 관점에서 경쟁적 구조는 언론의 다양성을 보장하는 의미도 있으며,[24] 이러한 측면에서 타당성이 인정될 수도 있을 것이다. 한편 동 규정에 의한 시장점유율 제한은 IPTV 방송, 종합유선방송, 위성방송을 하나의 시장으로 파악하는 입법자의 판단을 전제한 것으로서, 이러한 판단을 뒷받침할 수 있는 엄밀한 시장 분석이 선행되어야 하며, 또한 급격한 시장 상황의 변화가 예상되는 만큼 이러한 분석이 지속적으로 이루어질 수 있도록 하기 위한 제도적 장치가 마련될 필요가 있다.

이상의 IPTV법상의 IPTV에 대한 법적 정의가 경쟁법을 구속할 수 있는

---

24) 예를 들어 언론기관의 통합은 경쟁의 침해뿐만 아니라, 언론의 다양성에 영향을 미칠 수 있다는 지적에 대하여, Christian Kirchner, "Zur Ökonomik rechtlicher Probleme von Fusionen und Kooperationen auf dem deutschen Pressemarkt", DIW vol. 74, 2005, 34면 참조. 또한 신문법에 의한 시장지배적 추정 규정과 일간신문사의 겸영 금지를 규정한 신문법에 대한 헌법재판소의 합헌 결정에 관한 평석으로서, 조혜수, "신문의 다양성과 경쟁질서", 경제법판례연구 제5권, 2009, 390면 이하 참조.

것은 아니며, 당연히 경쟁법 고유의 목적과 관점에서 상품으로서 IPTV의 의의가 검토되고, 시장 획정이 이루어져야 한다. 다만 IPTV법상의 IPTV에 대한 정의는 그 자체로 시장 진입 제한의 의미를 가질 수 있다는 점에 주의할 필요가 있다. 예를 들어 통신망, 서비스 내용, 단말기 등에 대한 정의 그리고 위에서 언급한 시장점유율 제한과 같은 것은, 제도적으로 당해 시장의 진입을 규제하는 의미가 있으며, IPTV의 관련 시장 획정에 영향을 미칠 것이다.

## III. 융합 환경에서 시장획정의 전제적 고찰

### 1. IPTV의 결합 상품 구성

전술한 것처럼 방송·통신 영역에서 융합 현상은 산업 차원, 사업자 차원 그리고 상품 차원에서 이해될 수 있으며, IPTV의 경우에도 각각의 관점에서 경쟁정책상의 문제가 제기된다. 특히 상품 차원에서의 융합은 방송의 요소와 통신의 요소가 결합되는 형태로 나타나는데, 결합되는 서비스의 내용과 범위에 의하여 IPTV의 상품으로서의 특징이 드러날 것이다.

앞에서 논의한 IPTV의 의의에 비추어, 결합 상품으로서 IPTV의 가장 본질적인 구성은 실시간 방송 시청 서비스와 VOD 서비스의 결합이라 할 수 있다. time shifted programming 서비스는 내용적으로 VOD 서비스와 동일한 것으로 볼 수 있으므로, 결국 실시간 시청이 가능하면서 동시에 시간 선택적으로 서비스를 이용할 수 있는 것이 상품으로서 IPTV의 특징을 이룬다. 물론 국내 세 IPTV 제공 사업자의 예를 보면, 실시간 시청이 배제된 VOD 서비스 공급 형태로 IPTV 서비스 제공을 하는 경우도 있으며, OECD의 정의는 이 역시 IPTV로서 수용하고 있지만, 실시간 방송 시청이 가능한 채널 수가 확대되면서 최근에 IPTV 가입자는 대부분 실시간 방송 시청을 중심으로 이루어지고 있다. 한편 IPTV는 초고속 인터넷과 전화 서비스의 결합 형태로 제공되기도 하는데, 실제 각각 광대역 통신망을 보유하고 있는 세 사업자의 운영 상황을 보면, 초고속 인터넷 서비스에 일정한 할인율을 적용하여 IPTV를 판매하는 것이 일반적인 거래현상이 되고 있다. 세 사업자의 2009년 10월 기준 가입자 수를 보면, Qook TV 693,000명, 브로드앤 IPTV 260,000명, myLGTV 269,000명인데,25) 이러한 수치로부터 기존의 초고속 인터넷 시장이 IPTV 시장에 영향을 미치고 있음을 알 수 있다. 물론 이상의 예는 지배력 전이를 막기 위하여 각 사업자가 보유하는 통신망에 IPTV의 상호 운용이 가능하도록 하는 기술적 개방의 필요성을 시사하는 것이지만, IPTV를 중심으로 한 결합상품의 구성이 어떻게 이루어지는지를 보여주는 것이기도 하다.

　이상의 실제 결합 상황을 도식적으로 파악하면, IPTV의 결합 상품은 실시간 방송 시청 서비스, VOD 서비스, 인터넷 서비스, 전화 서비스의 네 가지로 구성되고 있음을 알 수 있다. 그러나 네 가지 구성 상품의 결합 양상이 동일한 것은 아니다. 실시간 방송 시청을 기준으로 할 경우에, 인터넷 서비스와 전화 서비스의 결합은 판매상 결합(marketing, contractual) 그리고 VOD 서비스의 결합은 기술적 결합(technical)으로 볼 수 있다. 물론 이러한 구분이 경쟁정책상 상이한 접근이 요구되는 본질적인 구분에 해당하는 것은 아니며, 어느 경우나 상품의 단일성 판단이나 경쟁제한성의 심사에 있어서 동일한 기준이 적용된다. 그러나 Microsoft 사건이 시사하듯이, 단일성 내지 경쟁제한성 심사에 결정적인 의미가 있는 효율성 분석에 있어서 기술적 결합은 경쟁정책상 보다 특별한 고려가 요구될 수도 있다. 기술적 결합은 소비자가 결합상품의 분리를 용이하게 할 수 없도록 하는 것인데, 이러한 결합이 결합 상품의 효율성을 높이기 위한 것일 수 있지만, 반면에 경쟁 사업자 상품의 호환 가능성을 차단함으로써 지배력

25) 경제투데이, 2009. 11. 9.

을 강화하는 의미를 가질 수 있고, 이와 같은 양방향에 대한 평가가 이루어질 필요가 있다.[26] 물론 실시간 방송 시청과 VOD 서비스의 기술적 결합이 경쟁사업자와의 호환 가능성을 배제할 목적으로 설계된 것으로 단정할 수 없으며, 시간 선택적 이용이라는 새로운 수요의 충족과 관련된다는 점은 충분히 고려되어야 한다.

## 2. 단일성 판단

복수의 상품이 결합된 경우에 이를 단일한 상품으로 볼 수 있는지에 관한 판단이 뒤따르며, 이는 시장획정에 대한 선결적인 의미도 갖는다. 즉 결합 상품이 새로운 상품으로 인정되는 경우라면, 이를 하나의 상품으로 전제하고, 관련시장의 획정은 신상품과 대체가능한 범위를 확정해 나가는 방식으로 전개된다. 반면에 신상품성이 부정된다면, Microsoft 사건에서 운영체제와 응용 프로그램 시장이 별개로 확정되었던 것처럼, 결합 상품을 구성하고 있는 개별 상품들의 시장획정이 이루어지게 될 것이다.

상품의 단일성 판단과 관련하여, 더 작은 구성 상품으로 세분화되지 않는 상품은 없다는 Bork의 지적은[27] 음미할 만한 것이다. 결국 어떠한 대상을 독립적인 의미에서 상품으로 볼 수 있는지 여부는, 물리적인 형상이나 기능이 아니라 거래주체들에게 통용되는 경험적 인식에 기초하며, 이를 객관화 할 수 있는 지표로서 효율성 기준이 원용되고 있다. 한편 개별 상품 판매의 총합보다 높은 효율성의 창출(비용 절감 등)이 결합 판매로부터 발생할 경우에 거래주체들의 인식을 뒷받침할 수 있다는 효율성 논리는 일정한 time-lag을 예상할 수 있는 것이며, Jerrold Electronics 판결에

26) Kai-Uwe Kühn, Robert Stillman & Christina Caffarra, Economic Theories of Bundling and their Policy Implications in Abuse Cases: An Assessment in Light of the Microsoft Case, SSRN, 2004, 5, 17-18면 참조.
27) Robert Bork, 신광식 역, 반트러스트의 모순, 교보문고, 1991, 448면.

서28) 지적된 것처럼 신상품의 경우 효율성 판단을 위한 일정한 유예기간의 설정이 필요할 수 있다.29)

　IPTV에 대한 거래주체들의 인식을 파악하기 위하여, 현재 IPTV 서비스가 제공되고 있는 거래 모습을 분석할 필요가 있다. 앞에서 살펴본 것처럼, 세 사업자의 IPTV 서비스는 실시간 방송 시청 서비스 또는 VOD 서비스를 기본으로 하고, 초고속 인터넷 또는 전화를 더블 패키지 내지 트리플 패키지 형식으로 제공되고 있다. 즉 결합판매로 제공되는 초고속 인터넷과 전화 서비스는 수요자의 선택 구매가 가능한 상황이며, 이는 거래주체들이 결합상품 전체를 하나의 상품으로 보지 않는다는 징표가 될 수 있다.30) 실시간 방송 시청과 VOD 서비스의 경우는 거래 동향을 좀 더 지켜볼 필요가 있는데, 2009년 10월 기준으로 VOD 서비스만을 이용하는 가입자는 약 87만명이며,31) 이러한 가입자는 실시간 방송 시청 서비스를 별도로 구매하고 있는 것으로 추정할 수 있다. 이와 같은 시장 현황은 실시간 방송 시청과 VOD 서비스를 별개의 상품으로 볼 수 있는 근거가 될 수 있다. 그러나 실시간 방송 서비스가 상품으로서의 구매력을 갖기 위해서는, 일정 수 이상의 채널 수가 필수적인데, 채널 수 확대는 비교적 최근에 이루어졌다는 사실도 고려되어야 한다.32) 예를 들어 2009년 9월 한달 동안

---

28) U. S. v. Jerrold Electronics Corp., 187 F.Supp. 545 (E.D.Pa. 1960), aff'd per curiam, 365 U. S. 567 (1961).
29) Herbert Hovenkamp, Federal Antitrust Policy - The Law of Competition and Its Practice, Thomson/West, 2005, 416-417면.
30) 2008년 KISDI에 의하여 조사된 바에 따르면, IPTV, 초고속 인터넷, VoIP, 유선전화, 이동전화를 각각의 조합으로 구성한 결합상품을(IPTV의 결합 비중은 20%) 대상으로 설문조사에 기초한 SSNIP 테스트를 분석하고, 결합서비스가 아직 초기 단계라는 점을 들어 별도의 시장획정이 성급할 수 있다고 분석하고 있는 것으로서, 김희수·강유리, "중장기 방송통신 융합시장구조와 법제도 개편: 방송통신 융합시장의 획정", 정보통신정책학회 하계세미나, 2009, 105-106면 참조.
31) 경제투데이, 2009. 11. 9.
32) 채널 수 확대 상황을 보면, 2008년 11월부터 제공된 Qook TV의 경우 최도 33개

실시간 방송 시청을 기본으로 하는 IPTV 가입자는 약 17만명의 순 증가를 보여주었는데, 동 기간 동안 VOD 서비스를 기본으로 하는 가입자의 증가는 거의 이루어지지 않았다. 이러한 상황은 향후 IPTV의 이용이 실시간 방송 시청과 VOD가 결합된 방식으로 이루어질 수 있다는 예측을 가능하게 하며, 이러한 전망에 기초하여 실시간 방송 시청에 VOD 서비스(내용적으로 time shifted programming 서비스)가 결합된 상품을 거래 주체들이 하나의 상품으로 인식하고 있다는 판단을 할 수도 있다.

이상의 단일성 판단에 따라서 이후 전개될 시장획정의 기본 방향이 정해질 것이다. 실시간 방송 시청 서비스와 결합 판매되는 다른 서비스를 모두 별개의 상품으로 파악하게 된다면, 각 개별 상품을 중심으로 시장이 획정되며, 이에 기초하여 각 개별 상품 시장에서 지배력 전이나 시장 봉쇄효과 등의 경쟁제한성 판단이 이루어지게 된다. 실시간 방송 시청 서비스와 특히 VOD 서비스의 결합에서 상품의 단일성이 인정된다면, 이를 하나의 상품으로 하여 대체가능한 범위를 정하는 방식으로 관련시장 획정이 이루어질 것이다. 이와 관련하여 최근 네덜란드 통신 규제기관인 OPTA (Onafhankelijke Post en Telecommunicatie Autoriteit)가 제안한 결합상품의 관련시장 획정에 관한 기준은 시사하는 바가 크다. OPTA는 결합상품의 관련시장 획정과 관련하여, 단일한 상품으로 파악된 결합상품을 구성상품과의 대체가능성 판단(SSNIP Test)을 통하여 다시 결합상품 개별 구성상품이 하나의 시장에 속하는지 여부를 판단할 수 있다고 보았으며, 결합상품의 존재가 결합을 구성하고 있는 개별 상품의 시장을 배제하지 않는다는 것을 근거로서 제시하고 있다.[33] OPTA 제안의 핵심은 다음의 두

---

채널에서 2009년 11월 기준으로 84개로 확대되었다. 브로드앤 IPTV의 경우 최초 제공 시점인 2009년 1월 23개 채널에서 2009년 11월 89개 채널로, 마찬가지로 2009년 1월부터 제공된 myLGTV의 경우 동월 21개 채널에서 2009년 11월 75개 채널로 확대되었다.

33) OPTA, The Bundle The Market?, 2007, 15-16면.

가지로 요약할 수 있는데, 결합상품의 단일성 판단과 시장 획정은 별개의 과정이며, 결합상품과 구성상품이 하나의 관련시장에 속하는지에 대한 판단이 필요하다는 것이다. 결합상품이 출현한 이후에도 적어도 일정 기간 동안 결합 구성 상품 시장이 개별적으로 존재할 수 있다는 점에서, OPTA의 제안은 IPTV의 분석에 있어서도 의미 있는 접근 방식이 될 수 있다. 즉 실시간 방송 시청과 VOD 서비스의 결합을 단일한 상품으로 볼 경우에, 당해 상품이 속한 시장의 범위를 정하기 위하여 IPTV와 다른 형태의 실시간 방송 시청 서비스(케이블방송, 위성방송 등)의 대체가능성 판단 과정을 통하여 하나의 시장으로 볼 수 있는지가 검토되어야 한다.

## 3. 시장획정의 목적

시장은 거래주체들의 경제적 활동에 의하여 형성되는 것이지만, 일정한 정책 수행의 전제로 시장의 경계를 정하는 것은 구체적인 정책 목표와 내용에 좌우될 것이다. 예를 들어 경쟁법상 관련시장의 획정은 특정 사업자의 일정한 행위를 기점으로 하여, 공급과 수요 측면에서 대체가능한 범위를 확정해 나가는 방식으로 진행되는 반면에, 산업 규제법에서의 시장 획정은 동일한 정책이 유효하게 실현될 수 있는 범위 내지 정책의 타당성을 뒷받침하는 범위로서 이루어진다. 물론 산업법에서 경쟁정책의 실현이 중요한 과제가 되고 있는 상황에서 양자의 접근이 이루어질 수 있지만, 기본적인 관점의 차이에 따른 상이는 여전히 존재한다. 예를 들어 IPTV법 제13조 제1항은 IPTV 방송, 종합유선방송, 위성방송을 포함한 유료방송 시장에서 3분의1을 초과하는 IPTV 방송사업자의 시장점유율을 제한하고 있는데, 이와 같이 유료방송 전체를 하나의 시장으로 파악하고 있는 것은, 경쟁관계가 존재하는 범위를 정하는 의미뿐만 아니라, 상대적으로 영세하고 기술적 기반이 취약한 유선방송사업자에 대한 배려의 관점이 반영된 측면도 있다.

한편 경쟁법에서의 관련시장 획정도 구체적인 규제 유형과 관련하여 관련시장 획정에 있어서 의미 있는 차이가 존재할 수 있다는 지적도 유력하다. 이에 관하여 EC의 관련시장 고시는 "동일한 방법이 적용되는 경우에도, 문제가 되고 있는 경쟁제한의 성격에 따라서 다른 결과를 낳을 수 있다. 예를 들어 필연적으로 전망적으로 행해지는 기업결합의 분석과 과거 행위에 대한 분석에서 시장 범위는 달라질 수 있다"고34) 언급하고 있다. 즉 장래에 발생할 수 있는 효과에 초점을 맞추는 기업결합 규제와 과거의 행위에 대한 사후적 평가를 하는 시장지배적 지위남용의 규제에 있어서 관련시장의 획정은 의미 있는 차이를 낳을 수 있다.35) 이러한 지적을 수용하면, IPTV의 관련시장 획정에 있어서도 문제가 되는 경쟁제한적 행위가 무엇인지에 따라서 그 범위가 달라질 수 있으며, 구체적인 조사도 차별화된 방식에 따르게 될 것이다. 예를 들어 기업결합에서 IPTV의 관련시장 획정이 다루어질 경우에, 장래에 대한 예측을 위하여 거래 주체들의 예상되는 반응을 객관적으로 분석하고 구체화 할 필요가 있으며, 따라서 설문조사 등이 유력한 방식이 될 수 있다.

## IV. 관련시장 획정에 있어서 고려되어야 할 요소들

### 1. 관련시장 획정의 원칙적 기준과 법제도적 요인의 고려

경쟁법상 관련시장의 획정은 경쟁이 이루어질 수 있는 범위, 즉 사업자들 사이에 경쟁의 경계를 획정하는 방식이며(독점규제법 2조 8호는 경쟁관계에 있거나 경쟁관계가 성립될 수 있는 분야로 정의), 또한 경쟁정책이

---

34) Commission notice on the definition of relevant market for the purposes of Community competition law (97/C 372/03) para. 12.

35) D. G. Goyder, EC Competition Law 3. ed., Clarendon Press, 1998, 330면.

적용되는 범위를 확정하는 것에 기여한다.36) 구체적으로 경쟁관계는 대체
재 간에 대체 가능성이나 교차탄력성의 정도에 의하여 평가되며, 보다 엄
밀한 분석 방식으로서 SSNIP 테스트가 활용되고 있다.

 한편 관련시장 확정에 있어서 법제도의 내용도 고려되어야 할 요소이
다. 예를 들어 유럽에서 다루어졌던 United Brands 사건에서 바나나 시장
획정과 관련하여 영연방 국가와 프랑스 공동체 회원국에 대하여 각각 특
별한 수입정책을 취하고 있었던 영국과 프랑스는 관련시장의 지리적 범위
에서 배제되었으며, 관련 법제도가 동등한 경쟁 조건을 방해하고 있다는
것이 결정적인 이유가 되었다.37) 앞에서 살펴본 것처럼 IPTV법 제13조 제
1항은 종합유선방송, 위성방송, IPTV 방송을 합하여 하나의 유료방송 시
장으로 설정하고 있는데, 이러한 시장 획정이 실제 경쟁상황을 반영한 것
인지는 별론으로 하고, 동 규정이 역으로 경쟁관계와 나아가 시장 획정에
영향을 미칠 가능성이 고려되어야 한다. 즉 세 가지 전송방식에 따른 방송
서비스를 유료 제공의 특징으로 묶어 하나의 시장으로 획정하는 것은, 실
질적으로 유료 방송 서비스 시장에 진입을 제한함으로써 동 시장으로 관
련시장을 획정하게 되는 실제적 힘으로 작용할 수 있다. 또한 IPTV법 제2
조 제1호에 의한 IPTV의 정의도, 통신망, 전송방식, 품질, 단말기 등을 한
정하고 있는데, 이러한 정의가 실제 상품으로서 IPTV의 핵심적 징표에 부
합하는지 여부를 떠나서, 인터넷 TV가 개념적으로 배제되는 등의 방식으
로 IPTV 시장의 범위를 획정하는데 영향을 미칠 수 있다.


## 2. 하부시장(submarket) 개념의 검토

 법제도적으로 IPTV 방송 서비스가 유료 방송 시장 전체에 속하는 것으

---

36) Commission notice(97/C 372/03), para. 2.
37) Case 27/76, United Brands Co. and United Brands Continentaal BV v.
   Commission of European Communities (1978).

로 되어 있는 상황에서, IPTV 방송 서비스만으로 구성된 독자적인 시장이 획정될 수 있는지가 논의될 수 있으며, 이때 미국 반독점법 판례로 형성된 하부시장(submarket) 개념이 유용할 수 있다.

하부시장 개념은 클레이튼법 제7조 사건인 Brown Shoe Co. v. U. S. 사건에서[38] 연방대법원에 의하여 정립되었는데, 동 판결은 "상품시장의 외부경계는 사용의 합리적 교환가능성 또는 당해 상품과 대체재 사이에 수요의 교차탄력성에 의하여 정의된다. 그러나 이렇게 넓은 시장 안에 스스로 반독점법 목적을 위하여 상품시장을 구성하는 적절하게 정의된 하부시장이 존재할 수 있다. 이러한 하부시장의 경계는 분리된 경제적 단위로서의 산업 또는 공중의 인식, 상품 고유의 특성과 사용, 특수한 생산 설비, 뚜렷이 구별되는 고객, 뚜렷이 구별되는 가격, 가격변화에 대한 반응의 정도, 특수한 판매방식 등과 같은 실제적 표지의 검토에 의하여 결정될 수 있다"고[39] 판시하였으며, 이후 U. S. v. Grinnell Corp. 사건에서[40] 법원은 클레이튼법 제7조 사건에서처럼 셔먼법 제2조 사건에서도 분리된 경제적 단위로서 하부시장이 존재할 수 있음을 확인하였다.[41]

연방대법원이 인정한 하부시장 개념에 대해서는 많은 비판이 제기되었고, 이에 의문을 제기하는 판례도 나타났다. 유력하였던 것은 Olin Corp. v. FTC 사건이었는데,[42] 동 사건에서 피심인인 Olin사는 1992년 제정된 Horizontal Merger Guidelines 하에서[43] FTC가 일반적인 dry pool sanitizer 시장과 특별한 종류의 dry pool sanitizer 시장을 모두 인정하는

---

38) 370 U.S. 294(1962).

39) 370 U.S. 294, 325(1962).

40) 384 U.S. 563(1966).

41) ABA(Section of Antitrust Law), Antitrust Law Developments vol. 1. 6. ed., ABA Publishing, 2007, 578면.

42) 986 F.2d 1295(9th Cir. 1993).

43) 미국 Horizontal Merger Guidelines 1.은 관련시장 획정의 기준을 대체가능성으로 제시하고 있으며, 하부시장 개념을 별도로 제시하고 있지 않다.

것은 타당하지 않다고 다투었다. 피심인 주장의 핵심은, 넓은 시장에 위치
한 어떤 상품이 내부의 작은 시장에 있는 상품과 함유물의 장점을 가지고
충분히 경쟁하는 것이 아니라면, 두 그룹의 상품은 동일한 넓은 시장에서
도 함유물의 장점을 가지고 충분히 경쟁하는 관계에 있지 않다는 것이었
다. 제9 순회법원은 이러한 주장이 동 가이드라인 하에서는 타당할 수도
있지만, 연방 반독점법의 적용과 관련하여 그렇지는 않다고 보면서, 피심
인의 주장을 받아들이지 않았다. 그러나 동 법원의 판시 내용은 규제기관
인 FTC조차도 하부시장 개념에 있어서 혼선이 있음을 시사하는 것이다.

특히 하부시장 개념의 적용에 있어서, 이것이 일반적인 관련시장 획정
과 본질적으로 구별되는 것인지에 관한 문제제기가 유력하다.[44] 오히려
대부분의 최근 판례들은 관련시장과 명확히 구별되는 방식으로 하부시장
을 사용하지는 않고 있는데, 예를 들어 FTC v. Staples, Inc. 사건에서[45]
지방법원은 사무용품 대형매장으로 구성된 관련시장을 정의하기 위하여
전통적인 Brown Shoe 기준을 사용하였지만, 사무용품 매장으로서 대형매
장(superstores)의 특성이나 대형 매장 간에 이루어지는 경쟁에 대한 산업
내에서의 일반적인 인식 등의 기준은 관련시장의 일반적 획정기준과 다른
것은 아니었으며, 따라서 하부시장이 다른 시장 내에 위치하는 시장인지
아니면 단지 매우 좁게 정의된 시장인지는 여전히 불명확하였다. 이러한
점에서 Satellite Television & Associated Res. v. Continental Cablevision
사건에서[46] "하부시장이라는 용어는 피해야 한다. 이미 부정확하고 복잡
한 문제에 혼란만을 더할 뿐이다"고 판시한 것이나, PepsiCo, Inc. v.
Coca-Cola Co. 사건에서[47] "하부시장의 획정은 시장 획정과 같은 의미로

44) E. Thomas Sullivan & Jeffrey L. Harrison, Understanding Antitrust and Its
    Economic Implications 4. ed., Matthew Bender, 2003, 41면.
45) 970 F. Supp. 1066(D.D.C. 1997).
46) Satellite Television & Associated Res. v. Continental Cablevision, 714 F.2d 351,
    355 n.5(4th Cir. 1983).
47) 1998-2 Trade Cas. (CCH) ¶ 72,257(S.D.N.Y. 1998).

전환한다"고 한 하급심 판결은 주목할 만한 것이다.

IPTV 방송 서비스와 관련하여 하부시장 개념을 적용할 경우에, 기존의 방송 서비스 내지 유료 방송 서비스 내에 고유한 의미를 갖는 하부시장으로서 IPTV 방송 시장이 존재할 수 있는지를 다루게 될 것이다. 그러나 하부시장 개념의 적용과 관련하여 두 가지 이해가 전제되어야 한다. 우선 미국에서의 논의 전개과정에서 알 수 있듯이, 하부시장 개념이 기존의 관련시장 획정의 틀 안에서 고유하고 유용한 적용 영역을 갖는지에 대해서는 여전히 의문이 있다는 점이 전제되어야 하며, 또한 하부시장 개념의 적용에 있어서, 위에서 언급한 'Brown Shoe 기준'에 의할 경우 실제 IPTV 시장을 하부시장으로 인정할 여지는 크지 않다는 점도 지적할 수 있다.

## 3. 집합시장(cluster market) 개념의 적용 가능성

집합시장(cluster market) 개념 역시 미국 법원의 반독점법 판례상 형성되어 온 것으로서, 그룹으로 상품을 구매하는 것에 대한 소비자의 선호 또는 상품의 결합 판매로 인한 비용절감 내지 편의에 기초하여, 대체재가 아닌 구성 요소임이 분명한 상품 또는 서비스들의 집합을 하나의 단일한 관련시장으로 파악할 수 있다는 것을 기본 내용으로 한다.[48]

예를 들어 U. S. v. Grinnell Corp. 사건에서 연방대법원은 관련시장이 중앙 관리소에 의하여 통제되는 보안회사의 화재방지 서비스와 치안 서비스로 구성된다고 판시하였다. 법원은 화재방지와 치안 서비스가 서로 간에 경쟁하는 관계에 있지 않지만, 이러한 서비스의 집합이 사실상 중앙관리소를 통한 재산의 보호라는 단일한 기본 서비스에 기초한다는 것을 인정하였다. 특히 고객들이 전형적으로 서비스의 개별 구매가 아니라 집합적 구매를 하였다는 사실과 결과적으로 중앙관리 회사들이 효과적으로 경

---

48) ABA, 주 41)의 책, 581면.

쟁하기 위해서는 거의 모든 유형의 서비스를 제공하여야 한다는 것이, 법
원 판단의 결정적인 근거가 되었다.[49] 대표적으로 Philadelphia National Bank 사건에
서[50] 연방대법원은 상업은행 서비스의 집합이 관련 상품시장이 될 수 있
다고 판시하였는데, 상업 은행들은 고유한 상품(다양한 종류의 신용)과 서
비스(당좌예금계좌와 신탁업무)를 제공하고 있으며, 비용상 이점과 소비자
가 선호하는 안정성 때문에 이러한 상품 및 서비스 중의 일부를 제공하는
다른 금융사와 경쟁하는 관계에 있지 않다고 보았다. 이 외에도 밀접히 관
련성 있는 그룹으로 제공되는 상품 및 서비스에 대한 고객의 요구가 있는
유사한 상황에서 집합시장이 인정되었으며, Image Technical Service v.
Eastman Kodak Co. 사건은[51] 이에 관한 대표적인 예에 해당한다. 법원
은 Kodak 사진 복사기의 모든 부품들로 구성되는 관련 집합 시장을 인정
하고, Kodak사가 셔먼법 제2조를 침해하였다고 본 배심원 평결을 지지하
였다. 특히 법원은 수많은 부품들이 개별적으로 관련시장을 구성한다는
피고의 주장을 받아들이지 않았는데, 모든 Kodak 부품의 공급이 서비스
계약의 이행을 위하여 요구되고, 독립 서비스제공자들은 일반적으로 모든
Kodak 부품들을 보유하고 있으며, 또한 Brown Shoe 판결에서 제시되었
던 판단 기준, 특히 개별 부품시장에 대한 소비자의 인식 결여, 장비의 독
특하고 특화된 성격, 모든 부품이 Kodak 부품으로서 단일하게 사용되는
상황 등에 중점을 두었다. 나아가 동 판결에서 법원은 Grinnell 사건에서,
모든 경쟁자들이 관련 상품시장을 형성하기 위하여 똑같은 상품 및 서비
스를 제공할 필요가 없다는 전제도 받아들였다.

또한 JBL Enterprises v. Jhirmack Enterprises 사건에서[52] 제9 순회법원

---

49) U. S. v. Connecticut National Bank, 418 U.S. 656(1974); U. S. v. Phillipsburg
   National Bank, 399 U.S. 350(1970).
50) U. S. v. Philadelphia National Bank, 374 U.S. 321(1963).
51) 125 F.3d 1195(9th Cir. 1997).
52) 698 F.2d 1011(9th Cir. 1983).

은 집합시장적 접근이 상품 패키지가 개별 상품과 상당히 다른 기초 위에
서 구매자들에게 제공되는 경우에 적합하다고 본 판결도 주목할 만한 것
이다. 동 법원은 도매상들이 개별 상품 보다는 상품 일체를 구매하는 경향
이 있기 때문에, 도매상들에게 판매되는 샴푸와 린스 일체가 관련시장이
된다고 보았다. 그 밖에 다수의 판례와 FTC 규제 실무는 병원 합병 사건
에서 관련 상품시장을 모든 환자의 치료 서비스의 제공으로 획정하였으며,
또한 교육서비스, 사무용품 대형매장, 스포츠장비, 음식 소매, 백화점, 공
구, 신문들이 관련된 사건에서도 집합시장 개념을 원용하였다.53)

　법원에 의하여 집합시장 개념이 부정된 사례도 살펴볼 필요가 있다. 예
를 들어 Thurman Industries v. Pay 'N Park Stores 사건에서54) 제9 순회
법원은 집합시장적 접근을 통하여 관련시장으로서 풀서비스 리모델링 매
장(홈센터)을 다루는 것이 타당하지 않다고 판결하였는데, 이러한 매장에
서 판매되는 개별 상품들이 일반적으로 철물점, 전문점, 백화점 그리고 기
타 개별 판매를 하는 다른 상점에서 판매되고 있고, 여러 기록에 비추어
고객들이 홈센터에 유인되고 전문매장이나 백화점으로부터 멀어지게 되는
것을 입증하기에 충분하지 않다는 것을 판단의 근거로서 제시하였다.

　이상의 미국 판례에서 전개된 집합시장의 개념은 집합적 구매에 대한
소비자의 선호와 공급 측면에서 비용절감 등의 효과 등에 기초한다.55) 또
한 Grinnell 판결이 시사하듯이, 집합적으로 이루어지는 거래가 경쟁 관계
를 적절하게 반영하는 경우에 개념의 유용성이 드러난다.56) 이러한 점에

53) ABA, 주 41)의 책, 583-584면.
54) 875 F.2d 1369(9th Cir. 1989).
55) 공급 측면에서의 범위의 경제가 실현될 수 있고, 동시에 공동의 소비(joint
　consumption)가 이루어질 경우에만 집합시장 개념이 유효할 수 있다는 것에,
　OPTA, 주 33)의 글, 13면 참조. 또한 집합시장 개념은 공급자가 수요자에게
　'one-stop shopping'으로 인한 비용절감의 이익을 제공할 수 있을 때에 적합할 수
　있다는 것에 관하여, Andrew I. Gavil, William E. Kovacic & Jonathan B. Baker,
　Antitrust Law in Perspective 2. ed., Thomson/West, 2008, 499면 참조.

서 IPTV 사업자가 거의 동일한 상품들을 구성상품으로 하여 결합 판매하는 방식으로 경쟁하고 있는 상황은 집합시장 개념의 적용에 적합한 특성을 보여주는 것이라 할 수 있다. 다만 집합시장 개념의 원용에 의하여 IPTV의 관련시장을 획정하는 것은, 특히 IPTV 제공 사업자 간의 경쟁관계를 파악하는 경우에, 그리고 다른 형태의 방송 서비스 제공 사업자는 IPTV 결합 상품에 대응할 수 있는 서비스를 제공하는 경우에, 유효한 접근 방식이 될 수 있다는 것에 주의할 필요가 있다. 이와 관련하여 유럽에 interactive TV 서비스를 제공하는 합작회사 Open의 설립을 허용하였던 EC 위원회의 결정은 참고할 만한 것이다.[57] Open의 설립에는 BSkyB Ltd., BT Holdings Limited, Midland Bank plc., Matsushita Electric Ltd., 등이 참여하였는데, EC 위원회는 interactive TV 시장을 관련시장으로 획정하면서도, BT와 BSkyB가 유료 TV 시장, 유료 TV 프로그램 도매시장, 그리고 유료 TV와 interactive TV를 위한 기술적 서비스 시장에서 지배력을 갖고 있는 것에 주목하면서, 관련시장 보다 넓은 범위를 의미하는 'relevant market cluster'(관련 집합시장)에서의 경쟁제한적 효과를 방지하기 위하여 일정한 행위 제한을 부과하였다. 물론 여기서 사용된 관련 집합시장의 개념이 미국 반독점법상 집합시장 개념에 정확히 일치하는 것은 아니다. 그러나 동 개념이 적어도 개별 상품에 기초한 관련시장 보다는 넓은 범위를 의미하는 것은 분명하며, 또한 방송 시장에서의 기업결합에 대한 경쟁정책적 평가를 위하여 사용되었다는 점에서, 집합시장 개념의 적용과 관련하여 의미 있는 사례라 할 수 있다.

---

56) 집합시장 개념의 유용성을 무엇보다 분석의 편의에서 찾는 것에 관하여, Andrew I. Gavil, William E. Kovacic & Jonathan B. Baker, 위의 책, 499면 참조.

57) O. J. (1999) L312/1.

## V. 결론

IPTV는 고도화된 광대역 통신망을 기반으로 하는 새로운 형태의 방송 서비스를 의미하며, 방송과 통신의 융합 현상을 대표한다. IPTV 상품의 특성을 보면, 실시간 방송 시청 서비스를 기본으로 양방향성을 내포하는 VOD 서비스가 결합되며, 그 외에도 초고속 인터넷이나 전화 등 디지털 방식으로 전송될 수 있는 다양한 서비스와 결합이 가능하다.

2008년에 제정된 IPTV법 제2조 제1호는 IPTV에 대한 정의 규정을 두고 있다. 그러나 IPTV에 대한 법적 정의가 경쟁정책의 출발점으로 시장획정을 위해서 충분하지 않으며, 경쟁정책의 고유한 관점에서 IPTV 관련시장 획정이 이루어져야 한다. IPTV 관련시장 획정을 위해서는, 무엇보다 융합 현상으로 IPTV에 대한 이해를 바탕으로, 결합상품으로서 제공되고 있는 상황을 고려하고, IPTV를 기본으로 하는 결합상품 자체를 단일한 상품으로 볼 수 있는지에 대한 분석이 선행되어야 한다.

관련시장 획정에 있어서 진입 제한과 관련되는 법제도적 요소들에 대한 검토를 할 필요가 있다. 관련시장 획정과 관련하여 하부시장 개념이나 집합시장 개념이 유효할 수 있는지도 살펴볼 필요가 있다. 하부시장 개념은 개념 자체의 타당성이나 실효성에 의문이 제기되고 있는 상황이며, 하부시장 판단 기준으로서 Brown Shoe 기준에 의할 경우에, IPTV를 유료 방송 시장 내에 하부시장으로 볼 가능성도 크지 않다. 집합시장 개념은 집합적 구매에 대한 소비자의 선호나 공급 측면에서 효율성에 기초하여 경쟁관계의 실질을 반영할 수 있다는 점에서 긍정적인 측면이 있으며, IPTV 관련시장 획정에 있어서도 유용한 접근방식이 될 수 있다.

# 24. 스마트폰의 확대에 따른 통신법상 경쟁정책 문제

## I. 서론

그 동안 통신단말기(terminal equipments)의 의의는 통신서비스의 이용을 위한 보조재로서의 기능에 한정되었다. 즉 주된 상품인 통신서비스에 종된 상품의 지위에서 단말기 시장을 이해하는 것이 일반적이었으며, 경쟁정책의 문제도 주로 이러한 관점에서 다루어졌다. 예를 들어 미국 법원은 통신서비스 제공에 있어서 AT & T의 독점적 지위를 인정하면서도,[1] 이러한 지위가 새로운 통신기기의 개발을 제한할 수 없다는 취지의 판결을 하였는데,[2] 동 판결은 통신서비스 시장에서의 지배력이 통신기기 시장으로 확대되는 것을 제한하는 의미가 있었다. 또한 최종적으로 AT & T의 해체를 확정했던 미국 법원의 판결과정을 보면,[3] 미국 법무부는 장거리

---

[1] 통신산업에 대한 반독점법 적용과 관련하여, 미국 법무부는 1913년 'kingsbury committment'를 통하여 통신산업이 자연독점적 성격을 갖고 있으며, 경쟁구조가 적합하지 않은 규제산업에 해당하므로, 따라서 반독점법의 적용이 제한된다는 것을 밝혔다. Dick W. Olufs Ⅲ., The Making of Telecommunications Policy, Lynne Rienner Publishers, 1999, 30-32면.

[2] Hush - A - Phone Corp. v. U.S. 238 F.2d. 266(D.C. Cir. 1956).

통신시장의 자연독점적 성격을 전제하고, 지역통신시장과 통신기기 시장
에 장거리 통신시장의 지배력이 이전되는 것을 방지할 목적으로 AT & T
의 해체를 주도하였으며, 또한 판결 내용에서 AT & T 해체 이후 새롭게
출연한 지역전화 사업자들에게 통신장비의 생산을 여전히 금지시킨 것도
동일한 맥락에서 이해할 수 있다.

　이와 같이 전통적으로 통신산업에서 통신서비스와 통신기기의 관계는
전자의 시장에서의 지배력이 후자의 시장으로 이전되는 것을 방지하는 관
점에서 고려되었으며, 이러한 상황은 우리나라에서도 유사하게 전개되었
다. 예를 들어 이동통신 서비스를 제공하는 SKT(주)와 신세기통신(주)의
기업결합에 대하여 공정거래위원회는 일정한 제한을 부과하면서 이를 승
인하였는데,4) 부과된 제한에는 SKT(주)의 계열사인 SK텔레텍(주)으로부
터 공급받는 단말기의 대수를 5년간 120만대 이하로 제한하는 것이 포함
되었다. 이러한 제한은 이동통신 서비스 시장에서 가입자 수가 기업결합
후에 50% 이상이 될 것으로 예상된 SKT의 지배력이 단말기 시장으로 전
이되는 것에 대한 우려를 반영한 것이었다.

　그러나 최근 통신서비스 시장과 통신단말기 시장의 관계에 주목할 만한
변화가 나타나고 있으며, 이에 따라서 기존 통신서비스 시장에서의 지배
력이 다른 시장으로 확대되는 것을 제한하는 것에 초점을 맞추었던 통신
산업 경쟁정책의 기조에도 일정한 변경이 불가피하게 되었다. 즉 최근 스
마트폰으로 대표되는 새로운 형태의 이동통신 단말기의 등장은 통신서비
스에 종된 지위에서 단말기 시장을 보던 전통적인 시각의 수정을 요구하
고 있다. 단말기 운용체계(operating system)가 고도화됨에 따라서 통신
네트워크는 단지 이러한 단말기 사용을 현실화하는 수단으로서의 의미를
갖는 것으로 변화하고 있으며, 이러한 변화는 지배력의 원천이 되고 이로

---

3) U. S. v. AT & T, 552 F. Supp. 131 (D.D.C. 1982); aff'd sub nom U. S. v.
　　Maryland, 460 U.S. 1001 (1983).
4) 공정위 2000. 5. 16. 의결 제2000-76호.

부터 지배력 전이의 출발점이 되는 시장의 이동을 함축하는 것이다.

이와 같이 과거와는 반대되는 현상으로 통신 단말기 시장이 통신서비스 시장에 영향을 미치는 관계가 두드러지게 되면서, 통신산업 경쟁정책을 실현함에 있어서도 통신단말기 시장의 중요성이 증대하고 있다. 그러나 통신법 고유의 관점에서 이를 규제할 수 있는 근거를 통신법 내에서 찾을 수 있는지가 명확한 것은 아니다. 구체적으로 우리나라 통신법 규제체계의 핵심인 「전기통신사업법」은 동법의 수범자를 통신사업자로 한정하고 있고, 여기에 단말기 시장에 중요한 영향을 미치는 단말기 제조업자나 단말기의 소매상 역할을 하는 이동통신 대리점이 포함되는 것으로 보기에 어려움이 있다. 이러한 상황에서 통신단말기 시장에서의 경쟁제한적 행태가 통신서비스 시장에 영향을 미칠 경우에, 이에 대한 규제 가능성을 통신법 체계 내에서 검토하고, 그리고 「독점규제 및 공정거래에 관한 법률」(이하 독점규제법)과 같은 일반 경쟁법에 의한 규제가 적절하게 이루어질 있는 지 나아가 이들 규제기관의 관할을 새로운 융합 환경에 대응하여 조정할 필요가 있는지를 포함한 대안적 검토를 수행할 필요가 있다.

## II. 통신단말기 시장의 변화와 경쟁정책적 의의

### 1. 스마트폰의 의의와 통신산업의 변화

스마트폰(smart phone)은 기존의 피처폰(feature phone)에 비하여 다양한 응용 프로그램(application program)이 결합됨으로써 향상된 기능을 수행할 수 있는 이동통신 단말기를 통칭하는 용어로서 사용되며, 피처폰과 개인휴대단말기(PDA; personal digital assistant)의 기능상 결합으로 이해되기도 한다. 기술적 측면에서 보면, 피처폰은 Java ME와 같은 단말기에 내장된 플랫폼에서 고정된 application을 운영하는 방식으로 사용되는데 반하여, 스마트폰은 특정한 플랫폼에 기초하여 사용자 스스로 발전된 application을 설치하고 운용할 수 있는 기능을 갖추고 있다는 점에서도 구별이 가능하다. 특히 단말기의 운영체계가 application 개발자들에게 오픈되고, 이로부터 사용자에게 제공되는 다양한 application이 지속적으로 개발될 가능성이 주어지고 있다는 점은 스마트폰의 중요한 특징이라 할 수 있으며,[5] 단순한 통화 기능을 넘어서 이른바 PPC(personal pocket computer)로서 단말기 이용의 영역이 확대되고 있다.[6]

이와 같은 스마트폰의 기능상 특성은 소비자들의 정보이용과 통신 방식에 커다란 영향을 미치고 있다. 즉 다양한 정보의 교환과 통신이 하나의 단말기에 통합되는 방향으로 나아가고 있으며, 이러한 변화가 가속화되면서 전체 이동통신 단말기 시장에서 스마트폰의 비중은 급속하게 확대되는 과정에 있다.[7] 전 세계 시장에서 스마트폰이 단말기시장에서 차지하는 비중은 2009년 15%에서 2010년 20.1%로 증가하였고, 한국 시장에서도 2009년 3.2%에서 2010년 약 17%로 급격한 증가세를 보여주고 있다. 향후 스마트폰 확대 전망에 대해서 약간의 차이는 있지만, 2013년 세계 시장에서 전체 단말기 중 스마트폰이 약 40%의 점유율을 차지할 것이라는 예측이 유력하다.[8]

스마트폰의 등장에 따라서 단말기 제조사 간의 경쟁도 기존의 피처폰이 단말기의 대부분을 차지하던 시기와는 다른 양상으로 전개되고 있다. 스마트폰은 통화기능 외에 다양한 application이 단말기에 집약적으로 운영

5) 정현우, "스마트폰과 미래의 변화", 한국콘텐츠학회 제8권 제2호, 2010, 28-29면 참조.
6) Silicon.com, Analysis: What is a smart phone?, 2006. 2. 13.
7) 소비자의 스마트폰 이용 특성뿐만 아니라, 스마트폰이 새로운 사업모델을 창출하는 측면에서도 스마트폰 확대의 이유를 찾는 것으로서, 양희조, 스마트폰 이용자의 이용과 충족에 관한 연구, 성균관대학교 석사학위논문, 2010, 16-17면 참조.
8) 삼성경제연구소, 스마트폰이 열어가는 미래, 2010, 4-5면 참조.

되는 것을 특징으로 하므로, 단말기 운영체계가 상품의 품질과 이용 측면
에서 핵심적인 의미가 있다. 특히 단말기의 고유한 통신수단의 기능을 넘
어서 다양한 application 플랫폼으로서의 기능이 강조되면서, 다수의 소프
트프로그램 사업자들이 제공하는 application 운용의 편의성과 안정성을
구현할 수 있는 운영체계(operating system)의 개발에 경쟁의 초점이 모아
지고 있다. 현재 이동통신 단말기 운영체계는 기존의 단말기 제조업자나
이동통신 사업자뿐만 아니라 PC 운영체계를 제공하는 사업자들도 적극적
으로 참여하여 제공하고 있는 상황이다. 전 세계시장에서 단말기 운영체
제의 시장점유율은 다음의 〈표 24-1〉과 같다.

〈표 24-1〉 스마트폰 운영체계 시장점유율[9]

|  | 2009 | 2010 |
| --- | --- | --- |
| Symbian | 46.9% | 37.6% |
| Blackberry | 19.9% | 16.0% |
| iOS | 14.4% | 15.7% |
| Windows Mobile | 8.7% | 4.2% |
| Android | 3.9% | 22.7% |
| 기타 | 6.1% | 3.8% |

이와 같은 시장점유율 분포도는, Symbian, Android, iOS 등과 같은 유력
한 다수의 사업자가 존재하지만, 개인용 컴퓨터(PC) OS 시장의 Windows
경우처럼 독점적 지위에 있는 운영체계가 아직 형성되어 있지는 않다는
점도 아울러 보여주고 있다.

---

9) Gartner.com, 2011. 2. 9. 한편 각 운영체계의 제공자를 보면, Symbian은
Symbian Foundation, Blackberry는 RIM, iOS는 Apple, Windows Mobile은
Microsoft, Android는 Google에 의하여 제공되고 있으며, Symbian Foundation은
BenQ, Fujitsu, LG, Mitsubishi, Motorola, Nokia, Samsung, Sharp, and Sony
Ericsson 등 주요 단말기 제조업체가 공동 출자한 운영체제 연구 및 제공자이다.

한편 단말기 운영체계 제공자와 단말기 제조자의 관계에 대해서도 주의
할 필요가 있다. Symbian, Android, Windows Mobile 등의 경우처럼 복
수의 단말기 제조업자에게 운영체계가 오픈된 경우도 있으나, Apple의
iOS(iPhone)나 RIM의 Blackberry의 경우처럼 단말기 운영체계의 제공과
단말기 제조 과정을 수직적으로 통합하고 있는 예도 있다. 다음의 〈표
24-2〉는 단말기 제조업자의 전세계 시장점유율에 관한 것이다.

### 〈표 24-2〉 이동통신 단말기 시장점유율[10]

|  | 2009 | 2010 |
|---|---|---|
| Nokia | 36.4% | 28.9% |
| Samsung | 19.5% | 17.6% |
| LG | 10.1% | 7.1% |
| RIM | 2.8% | 3.0% |
| Apple | 2.1% | 2.9% |
| Sony Ericsson | 4.5% | 2.6% |
| Motorola | 4.8% | 2.4% |
| ZTE | 1.3% | 1.8% |
| HTC | 0.9% | 1.5% |
| Huawei | 1.1% | 1.5% |
| 기타 | 16.5% | 30.6% |

〈표 24-2〉가 보여주는 것처럼, 현재 수직적 통합을 이루고 있는 단말기
제조사의 시장점유율이 높은 것은 아니다. 그러나 단말기 중에서 스마트
폰 단말기에 한정하여 보면, 〈표 3〉이 보여주는 바와 같이 이동통신 단말
기 전체 시장과는 다른 양상으로 전개되고 있으며, 이러한 변화를 포함하
여 향후 추세를 지켜볼 필요가 있다. 예를 들어 단말기 운영체계의 선호도
가 차별화되고, 쏠림 현상 등에 의하여 특정한 운영체계의 점유율이 확대

---

10) Gartner.com, 2011. 2. 9.

될 경우에, 이러한 운영체계가 수직적으로 통합되거나 배타적인 계약관계에 있는 단말기 제조업자에 한정되어 제공된다면, 이동통신 단말기 시장이 집중화된 구조로 변화할 가능성도 있다.

〈표 24-3〉 스마트폰 단말기 시장점유율(2010년 4사분기)[11]

|  | Nokia | Apple | RIM | Samsung | HTC | 기타 |
|---|---|---|---|---|---|---|
| 시장점유율 | 28.0% | 16.1% | 14.5% | 9.6% | 8.5% | 23.3% |

## 2. 스마트폰 및 이동통신 시장 경쟁 분석의 기초

이상에서 살펴본 것처럼 스마트폰의 출현은 이동통신 단말기 시장의 변화를 촉발하는 계기가 되고 있다. 특히 단말기 운영체계는 스마트폰의 이용과 선택에 있어서 중요한 고려 요소로 작용하며, 나아가 스마트폰과 수직적 구조 하에 있는 이동통신 시장에도 영향을 미칠 것이다. 따라서 단말기 운영체계가 스마트폰 시장 및 이동통신 서비스 시장에 미치는 효과를 종합적으로 분석하는 것이 요구된다.

또한 특정한 운영체계를 기반으로 하는 스마트폰(단말기)은 다양한 application을 수용하는 측면과 이를 사용자들이 이용하는 측면이 교차하는 플랫폼(platform)으로서 기능하며, 이러한 기능에서 연유하는 양면시장적(two-sided market) 특성을 보이고 있다는 점에도 주목할 필요가 있다. 양면시장은 공급과 수요의 두 측면에서 상이한 두 그룹의 분리가 이루어지고, 두 그룹 간에 간접적 네트워크 효과가 존재하는 것을 특징으로 하는데, 이때의 네트워크 효과는 한 그룹이 다른 측면에서의 그룹의 규모가 커질수록 더 높은 효용을 얻게 되는 교차 네트워크 외부효과(cross network externalities)로 이해할 수 있다.[12] 이러한 효과의 메커니즘을 스마트폰에

---

11) IDC Worldwide Quarterly PC Tracker, 2011. 1. 12.

적용하면, 다양한 application을 제공하는 프로그램 개발자들이 한 그룹을 형성하고, 다른 측면에서 이를 이용하는 사용자 그룹이 존재하며, 이들 상호간에 교차적 외부효과가 발생하는 것으로 나타난다. 이와 같은 구조에서 스마트폰은 application 제공 그룹과 이를 이용하는 사용자 그룹을 연결하는 플랫폼으로서 기능하게 되는데, 이때 양 그룹을 매개하는 역할이 지배력의 원천으로 작용할 가능성이 있다. 즉 스마트폰의 플랫폼 기능에 따른 양면시장적 특성을 전제할 경우에, 운용 가능한 application의 수가 증대할수록 이를 수요하는 위치에 있는 사용자 그룹의 확대를 낳을 수 있으며, 또한 그 역의 경우도 가능하다. 결국 양 방향에서의 그룹 규모 확대는 플랫폼 사업자(스마트폰 제조업자)의 지배력 강화로 이어질 것이다. 현재 제공되고 있는 다양한 단말기 운용체계 간에 application의 운용 범위에 있어서는 상당한 차이가 존재하고 있다.[13] 특히 가장 많은 application의 운용을 제공하고 있는 운영체계의 경우, 이러한 운용상의 장점이 스마트폰 사용자 증가에 영향을 미치고, 나아가 동 시장에서의 지배력 확대를 낳을 것이라는 예상이 유력하다.

스마트폰 운영체계가 궁극적으로 이동통신 시장 구조에 미칠 가능성은 application 운용의 기능적 특성에서 비롯된다. 스마트폰에서 운용되는 application은 무선 인터넷에 기반하며, 무선 네트워크가 잘 구축되어 있는 통신사업자와의 결합은 스마트폰이 플랫폼으로서 기능하는데 중요한

---

12) Andrew I. Gavil, William E. Kovacic & Jonathan B. Baker, Antitrust Law in Perspective, Thomson/West, 2008, 786-788면 참조. 한편 공정거래위원회가 시장 지배적 지위의 판단에 있어서 양면시장 이론을 수용한 사례로서, 공정위 2008. 8. 28. 의결 제 2008-251호.

13) 2010년 8월 기준으로 각 운영체계에 등록된 application의 대체적인 수는 iOS, 225,000, Android 70,000, Symbian 27,000, Blackberry 9,800 순으로서, 특히 Apple의 운영체계인 iOS의 application이 가장 많은 가장 appllication을 보유하고 있는 것으로 나타나고 있다. 이동훈 외 7인, 스마트폰 어플리케이션 마켓중심의 정보보호 대응방안 연구, 한국인터넷진흥원, 2010, 1-4면 참조.

고려 요소이다. 물론 이러한 결합은 이용자의 선택에 따른 결과로 나타날 수 있는데, 우월한 운용체계를 갖추고 있는 스마트폰 사용자는 고효율의 안정적인 통신 기반을 필요로 할 수 있으며, 또한 통신사업자도 다수의 사용자가 선호하는 스마트폰에 통신서비스를 제공하는데 따른 이익을 추구할 수 있다. 그러나 프랑스 경쟁당국(Autorité de la concurrence)이 다루었던 iPhone 제공사업자인 Apple과 이동통신 사업자인 Orange의 배타적 거래의 경우처럼, 스마트폰 사업자와 통신사업자가 배타적인 거래를 택함으로써 양자의 결합을 공고하게 하는 방식으로 나아갈 가능성도 있다. 이와 같이 인위적으로 이루어지는 스마트폰 사업자와 통신사업자의 배타적 거래는, 특히 해당 스마트폰이 시장에서 선호되는 운영체계를 갖고 있는 상황에서 통신시장의 구조에도 일정한 영향을 미칠 수 있으며, 이는 경쟁정책적 문제의 출발점이 된다.

## III. 배타적 거래의 경쟁제한성 평가

### 1. 배타적 거래의 경쟁정책적 의의

배타적 거래는 일반적으로 거래의 배타성을 통한 지배력의 유지 또는 확대를 목적으로 하며, 계약에 의한 수직적 통합의 유력한 수단으로서의 의미를 갖는다.[14] 배타적 거래는 거래의 배타성을 계약 조건으로 함으로써 성립하는데, 지배력 강화의 의도가 어느 측면에서 구체화되는지에 따라서 배타적 인수계약(수요측면), 배타적 공급계약(공급측면) 그리고 양측면에서 모두 배타성이 인정되는 상호적 배타적 거래로 구분된다. 물론

14) E. Thomas Sullivan & Jeffrey L. Harrison, Understanding Antitrust and Its Economic Implications 4. ed., LexisNexis, 2003, 243면.

배타적 거래가 언제나 경쟁제한적 효과를 낳는 것은 아니며, 배타적 거래로 인하여 경쟁사업자가 시장에서 배제되는 정도 등을 분석하고, 또한 배타적 거래로 인한 효율성 제고 등의 친경쟁적(pro-competition) 효과를 종합적으로 고려하여 배타적 거래의 경쟁제한성에 대한 평가가 이루어진다.15)

일반적으로 배타적 거래로 인한 경쟁제한성은 경쟁사업자의 시장 배제의 정도가 중요한 기준이 되며, 이를 판단하기 위하여 시장봉쇄 효과를 고려한다. 이러한 효과를 평가하는 방법으로 정량적 평가(quantitative test)와 함께, 경쟁 사업자의 대응 가능성이나 행태, 장래 시장 구조의 변화 가능성에 대한 정성적 평가(qualitative test)가 아울러 행해지고 있다. 미국 연방대법원 판례를 보면, 시장봉쇄 효과가 인정되기 위하여 배제되는 시장점유율의 크기를 30%로 상정한 경우도 있으나,16) 이것이 절대적인 기준은 아니며, 정성적 평가가 결합되어 30% 이상의 시장점유율이 배제된 경우에도 시장봉쇄 효과가 부정될 수 있는 것으로 이해되고 있다.17) 한편 배타적 거래의 경쟁제한적 효과를 분석함에 있어서 계약 기간도 중요한 의미가 있다. 모든 거래는 실질적으로 경쟁자를 배제하는 의미가 있기 때문에, 경쟁사업자가 시장에서 배제되는 의미를 가지려면, 일정한 기간 동안 경쟁사업자가 당해 거래에 참여할 수 있는 기회가 차단되어야 한다. 독일의 실무에서 3개월 정도를 배타적 거래의 경쟁제한성이 부인될 수 있는 기간으로 보고 있는데,18) 이 역시 일률적으로 적용될 수 있는 것은 아니며, 기간에 대한 고려는 거래의 특성이나 시장의 상황에 따라서 상이하게 이루어질 수밖에 없을 것이다.

한편 배타적 거래의 경쟁제한성을 상쇄할 수 있는 효율성 제고 효과 등

---

15) 위의 책, 243-244면.
16) Jefferson Parish Hospital District No. 2 v. Hyde, 466 U.S. 2 (1984).
17) American Bar Association, Antitrust Law Developments 6th ed., 2007, 248-250면.
18) Ulrich Gassner, Grundzüge des Kartellrechts, Verlag Vahlen, 1999. 114면.

에 대한 분석도 필요하다. 일반적으로 배타적 거래는 안정적 거래관계를 형성함으로써 생산이나 유통 과정에서의 효율성을 제고할 수 있고, 특정한 유통사업자의 판촉활동에 무임승차하는 경우를 방지할 수 있다는 점 등이 친경쟁적 효과로서 거론되고 있다.[19] 그러나 이러한 효과가 인정되는 경우에도, 경쟁제한적 효과를 상쇄할 경우에만 당해 배타적 거래의 경쟁제한성이 부인될 수 있을 것이다.

## 2. 스마트폰의 배타적 거래로 인한 경쟁제한성

스마트폰 사업자가 자신의 스마트폰을 특정한 통신사업자의 이동통신 서비스만을 사용할 수 있도록 할 경우에, 단말기와 이동통신 간의 배타적 거래관계가 형성될 수 있다. 전술한 프랑스의 Orange와 Apple의 iPhone 을 통한 배타적 거래가 전형적인데, 특정한 스마트폰과 통신서비스의 계약상 배타적인 거래는 특정한 스마트폰의 사용이 자신의 통신서비스에 제한되도록 하는 것이므로, 수요측면에서 파악한 배타적 인수계약의 성격을 가진다.[20]

이러한 거래행위의 목적을 보면, 통신사업자는 이용자의 선호도가 높은 단말기를 배타적으로 공급받을 수 있고, 한편 스마트폰 사업자는 안정적인 통신망을 운영하는 통신사업자와의 결합을 통하여 자신이 제공하는 스마트폰의 운영체계가 효율적으로 기능할 수 있도록 함으로써, 양 당사자가 각 시장에서 지배력을 강화하는 의도가 상호의존적으로 발현된 것이라 할 수 있다.

이와 관련하여 Orange와 Apple의 배타적 거래에 대하여 프랑스 경쟁당국이 내린 당해 거래 중지에 관한 잠정적 조치(interim measures)는,[21] 특

---

19) E. Thomas Sullivan & Jeffrey L. Harrison, 주 14)의 책, 244-245면.
20) 사안에서 iPhone 이외의 다른 단말기나 스마트폰 사용자도 Orange 통신서비스 이용이 가능하였다.

히 그 판단 과정의 측면에서 주목할 필요가 있다. 프랑스 경쟁당국의 심사
과정에서 Orange와 Apple이 제시한 주요 항변 중의 하나는 프랑스 스마
트폰 시장에서 Apple의 iPhone 시장점유율이 15% 미만이라는 점이었다.
iPhone의 배타적 거래로 인하여 이동통신 서비스 시장에서 발생할 수 있
는 시장봉쇄 효과는 스마트폰 시장에서 iPhone이 차지하는 지배력에 연동
되는 것인데, iPhone의 시장점유율이 15% 미만이라는 것은 이동통신 서
비스 시장에서 가능한 시장봉쇄 효과가 크지 않을 수 있음을 의미하는 것
이라는 주장이 제기되었다. 그러나 프랑스 경쟁당국은 봉쇄되는 시장점유
율의 크기뿐만 아니라, iPhone의 기능상 특성에 비추어 이러한 배타적 거
래가 향후 미칠 효과 그리고 최대 5년에 이르는 배타적 거래계약의 특성
등을 종합적으로 분석하고, 또한 당해 배타적 거래에 의한 효율성의 제고
효과 등이 크지 않다는 점 등을 고려하여 당해 행위의 경쟁제한성을 인정
하였다. 이상의 판단과정은 스마트폰을 대상으로 하는 유사한 형태의 배
타적 거래가 나타날 경우에, 경쟁제한성을 판단함에 있어서 의미 있는 시
사점을 제공한다.

---

21) 동 잠정 조치는 2008. 12. 17. 내려졌으며, Apple과 Orange는 다른 통신사업자인
   SFR과 Bouygues Télécom에게 iPhone을 제공하는 등의 동 조치를 수용하는 의
   사를 표하였고, 프랑스 경쟁당국인 Autorité de la concurrence는 2010. 1. 12. 이
   를 최종적으로 확인하였다. 동 사건의 경과에 대한 간략한 설명으로서, Willkie
   Farr & Gallagher LLP., French Competitioon Council Provisional Suspends
   Orange's Exclusivity For iPhone, 2008 참조.

# Ⅳ. 통신법상 규제 가능성 검토

## 1. 통신법의 관할 문제

이와 같이 스마트폰 제조업자와 통신서비스 사업자 간의 배타적 거래가 언제나 경쟁제한적인 것으로 평가될 수 있는 것은 아니지만, 종합적인 분석을 통하여 경쟁제한성이 인정될 여지가 있다. 이때 배타적 거래가 이동통신 서비스 시장에서 야기하는 경쟁제한적 효과에 초점을 맞추어 문제가 되는 배타적 거래의 일방 당사자인 통신서비스 사업자를 규제할 수 있으며, 특히 스마트폰의 배타적 거래가 통신산업을 규율하는 통신법상의 규제 대상이 될 수 있다는 점에 의문은 없다. 그러나 이러한 배타적 거래의 한 쪽 당사자인 스마트폰 제조업자 나아가 지배력의 원천이 되는 스마트폰 운영체계 제공자 또는 이동통신 서비스와 단말기를 구체적으로 매개하는 위치에 있는 대리점 등에 대한 규제가 통신법상 가능한지에 대해서는 논의의 여지가 있으며, 각 나라의 통신법 규정에 따라서 구체적인 규제 가능성에 차이가 있을 것이다.

예를 들어 영국의 경우 통신산업에 대한 규제기관인 통신청(Ofcom; Office of Communications)은 통신법(Communications Act 2003) 제371조에 근거하여 경쟁제한적 행위에 대하여 일반 규제기관인 공정거래청(OFT; Office of Fair Trading)과 함께 공동으로 관할권을 갖는다. 공동 관할의 대상이 되는 행위는 통신산업상의 문제와 관련되는(activities connected with communications matters) 카르텔이나 시장지배적 지위의 남용행위이다(371조 2항). 동법 제정 이후 OFT와 Ofcom이 체결한 "Liaison on competition matters"(2003. 12. 18.)에서 통신산업상 문제의 구체적 의미를 정하고 있는데, 이에 의하면 통신산업상 문제는 전기통신망과 전기통신서비스, 방송 그리고 이에 관련되는 문제를 포함하는 것으로(Communications matters include the provision of electronic communications network and services and broadcasting and related matters) 기술하고 있다. 결국 관련되는 문제(related matters)에 해당하는지를 정하는 것은 공동 관할의 대상 범위를 정하는 의미를 가지며, 장래에 발생할 사례를 대상으로 한 논의를 통하여 적용 범위가 구체적으로 확정될 것이다.22)

따라서 공동 관할의 문제를 다루게 될 세부적인 절차가 마련될 필요가 있으며, 이에 관한 것은 경쟁법 제54조에 근거하여 제정된 "경쟁법 공동 관할 규칙(Competition Act Concurrency Regulations 2004)" 및 OFT가 통신청을 포함한 전문규제기관과 협력하여 제정한 "규제산업의 공동관할에 관한 가이드라인(Guideline on Concurrent Application to Regulated Industries)"에 의한다. 또한 동 규정들에 의하여 공동 관할권이 존재하는 경우에, 구체적인 경쟁제한적 행위의 조사와 규제에 관한 담당기관을 선정하게 된다. 선정 기준으로서 규제기관의 전문성과 지식, 당해 사안에서 경쟁제한적 효과가 미치는 범위, 과거의 규제 경험 등이 종합적으로 고려되는데, 일반적으로 실무는 방송통신분야의 경쟁관련 사안은 통신청에 우선적 관할권이 있는 것으로 운영되고 있다. 2006년 영국의 통상산업부(DTI; Department of Trade and Industry)의 "규제부문의 경쟁법 공동 관할(Concurrent Competition Powers in Sectoral Regulation)"에 관한 보고서에 의하면, 공동 관할 자체는 문제가 없는 것으로 보고 있으나, 공정거래청과 통신청을 포함한 전문규제기관 간의 협력체계를 강화할 필요가 있음을 지적하고 있다.23) 이와 같은 영국 통신법상의 관할에 관한 규정에 의하면, 스마트폰을 대상으로 한 제조업자와 통신사업자 간의 배타적 거래가 발생한 경우에, 통신청과 공정거래청은 당해 사안에 대한 공동 관할권을 갖게 되며, 이때 양 기관 간의 논의 과정을 거친 후에 통신청이 통신사업자뿐만 아니라 스마트폰 제조업자의 행위를 대상으로 우선적 관할권

---

22) OFT & Ofcom, Liaison on competition matters, 2003, 1-2면.
23) DTI, Concurrent Competition Powers in Sectoral Regulation, 2006, 31-32면.

을 행사할 수 있을 것이다.

그러나 통신법의 적용 범위에 관하여 상이한 입법을 취하고 있는 우리 전기통신사업법에서 미래창조과학부장관이 이와 같은 규제 권한을 갖는 것으로 보기는 어렵다. 전기통신사업법 제34조 제1항이 "미래창조과학부 장관은 전기통신사업의 효율적인 경쟁체제를 구축하고 공정한 경쟁환경을 조성하기 위하여 노력하여야 한다"고 규정하고 있는 것에서 알 수 있듯이, 통신산업의 규제기관으로서 미래창조과학부장관은 경쟁정책의 추진을 주된 과제로 하고 있다. 그러나 전기통신사업법은 영국 통신법과 같이 통신 산업에 경쟁제한적 효과를 미치는 행위에 대한 일반적 관할권을 갖고 있지 않기 때문에, 경쟁제한적 행위에 대한 일반적 규제기관으로서의 권한을 행사할 수는 없으며, 원칙적으로 전기통신사업법상 규제 대상인 사업 자에 대하여 동법에 법정되어 있는 사전적·사후적 규제 권한을 행사하는 것에 의할 수밖에 없다.

## 2. 전기통신사업법상 스마트폰 배타적 거래의 규제 가능성

전기통신사업법은 동법에서 정하는 전기통신사업자를(2조 8호) 수범자로 하고 있다. 따라서 스마트폰을 특정한 통신서비스의 이용에 한정하는 방식으로 배타적 거래를 할 경우에, 이러한 계약의 일방 당사자인 통신서비스 사업자에 대한 전기통신사업법상의 규제 가능성에 의문은 없으며, 동법에 근거한 사전적·사후적 규제의 적용 대상이 될 것이다.

우선 사전적 규제로서 동법 제28조 제2항에 의한 이용약관의 인가제도를 통한 규제가 가능하다. 동 규정은 대통령령이 정하는 일정한 기준에 해당하는 기간통신사업자의 기간통신서비스를 대상으로 하는데, 현재 적용 대상인 SKT의 이동통신 서비스가 특정한 스마트폰과 배타적 거래관계를 형성한다면, 동 규정에 의한 규제가 이루어질 수 있다. 특히 동법 제28조 제3항에서 정한 인가기준에는 공정한 경쟁환경에 미치는 영향(1호)이나 특정인을 부당하게 차별하여 취급하지 아니할 것(4호) 등이 포함되어 있으며, 이러한 기준에 의하여 배타적 거래에 관한 계약 내용이 들어 있는 약관의 인가 심사를 통하여 규제가 가능하다.

한편 통신서비스 사업자와 스마트폰 제조자의 배타적 거래는 사후적 규제로서 전기통신사업법 제50조 제1항에서 규제하는 금지행위의 관점에서도 다룰 수 있다. 동법 제50조 제1항 본문은 "전기통신사업자는 공정한 경쟁 또는 이용자의 이익을 해치거나 해칠 우려가 있는 다음 각 호의 어느 하나에 해당하는 행위를 하거나 다른 전기통신사업자 또는 제3자로 하여금 금지행위를 하도록 하여서는 아니 된다"고 규정하고 있고, 동항 제5호는 "이용약관(제28조 제1항 및 제2항에 따라 신고하거나 인가받은 이용약관만을 말한다)과 다르게 전기통신서비스를 제공하거나 전기통신이용자의 이익을 현저히 해치는 방식으로 전기통신서비스를 제공하는 행위"를 금지행위로서 규정하고 있다. 동 규정을 구체화한 동법 시행령 [별표 3] 「금지행위의 유형 및 기준」 V.는 이용자의 이익을 해치는 전기통신서비스의 제공 행위를 상세히 규정하고 있는데, 구체적인 행위에 관한 1호부터 7호까지의 규정 외에 제8호는 일반조항의 형태로서 "제1호부터 제7호까지에서 규정한 사항 외에 전기통신이용자의 이익을 현저히 해치거나 해칠 우려가 있는 행위로서 미래창조과학부장관이 정하여 고시하는 행위"라는 내용으로 되어 있다.

통신서비스 사업자와 스마트폰 제조자의 배타적 거래가 [별표 3] V.에서 규정한 제1호 내지 제7호의 구체적인 금지행위에 해당하는 것으로 보는 것에는 한계가 있을 수 있다. 예를 들어 제2호 라목의 "전기통신서비스의 이용에 중요한 사항을 고지하지 아니하거나 거짓으로 고지하는 행위"는 배타적 거래에서 계약 기간이나 전환 가능 여부에 대한 고지와 관련하여 규제가 이루어질 수 있으나, 배타적 거래의 규제로서는 간접적인 의미를 갖는 것이다. 또한 배타적 거래가 제5호의 부당한 이용자 차별에 관한 행위나 제7호의 다른 전기통신서비스의 선택 또는 이용의 방해에 관한 행위에 관련됨으로써, 이들 규정에 의한 규제 가능성도 상정할 수 있지만, 이 역시 경쟁사업자를 시장에서 봉쇄하는 것을 경쟁제한성의 핵심적 징표로 하는 배타적 거래의 본질에 부합하는 규제 근거로 보기는 어렵다.

그러나 제8호는 제1호 내지 제7호에 해당하지 않지만 이용자 이익을 해할 우려가 있는 행위의 규제 근거를 제공하고 있으므로, 동 규정에 따라서 미래창조과학부장관이 고시를 제정하여 문제가 되는 배타적 거래를 규제할 가능성은 있다. 앞에서 살펴본 것처럼 이용자의 선호도가 높은 단말기가 특정 사업자가 제공하는 통신서비스에서만 배타적으로 사용될 수 있도록 하는 것은, 당해 통신서비스 사업자의 지배력을 확대, 유지하고 경쟁사업자를 동 시장에서 배제하는 효과를 낳을 수 있으며, 이는 궁극적으로 이용자의 이익침해로 이어질 수 있기 때문에, 규제 가능성은 충분한 것으로 볼 수 있을 것이다.

## 3. 스마트폰 제조업자 또는 대리점의 규제 가능성

전기통신사업법은 전기통신사업자를 규제 대상으로 한다. 동법에 의한 전기통신사업자가 되기 위하여, 즉 전기통신사업을 영위하기 위해서는 동법에 의한 일정한 요건을 필요로 하는 진입규제가 행하여지고 있으며, 기간통신사업자는 미래창조과학부장관의 허가(법 6조 1항), 별정통신사업자와 부가통신사업자는 미래창조과학부장관에 등록(법 21조)과 신고(법 22조)를 하여야 한다. 이상의 진입요건을 충족한 전기통신사업자는 동법이 규정하는 사전적 · 사후적 규제의 대상이 된다. 이와 같은 전기통신사업법의 규제 체계에 비추어 볼 때, 기존의 통신사업자로 분류될 수 없는 통신단말기 제조업자나 대리점에 대한 전기통신사업법의 규제 가능성을 상정하기 어렵다.

물론 이러한 규제체계에 대하여 일정한 비판이 가능할 것이다. 구체적인 통신서비스 제공을 사전적으로 규제하는 경우에는 규제 대상을 엄격하게 법정할 필요가 있으므로, 수범자의 예외적인 확대에 한계가 있다. 그러나 사후적 규제로서 전기통신사업법 제50조에 의한 금지행위 규제는 통신산업이나 통신서비스 시장의 공정한 경쟁에 영향을 미치거나 당해 시장에 참여하는 이용자들의 이익을 침해하는 행위에 대한 규제이므로, 규제 대상인 사업자의 의미를 전기통신사업자 개념에 엄격하게 구속하는 것이 절대적으로 요구되는 것은 아니다. 특히 콘텐츠의 형성이나 송수신이 전자적 부호로 이루어지면서 가속화되고 있는 융합 환경에서, 전통적인 의미에서의 전기통신사업자에 한정하여 통신산업 내지 통신시장에서 발생하는 금지행위를 규제하는 것에는 의문이 있으며, 이러한 점에서 영국 통신법이 통신청이 관할 대상이 되는 행위를 '통신산업상의 문제와 관련되는 행위'와 같이 포괄적으로 규정하고 있는 것은 시사하는 바가 크다.

이러한 관점에서 통신단말기 제조업자나 통신 대리점의 행위를 전기통신사업법 제50조의 규제 대상으로 할 수 있는지를 전향적으로 검토할 필요성은 충분한 것으로 볼 수 있다. 구체적으로 동법 제50조 제1항 본문은 전기통신사업자가 금지행위를 하거나 다른 전기통신사업자 또는 제3자로 하여금 금지행위를 하도록 하여서는 안 되는 것으로 규정하고 있는데, 동 규정에서 제3자의 해석과 관련하여 제조업자나 통신 대리점을 이에 포섭시킬 수 있는지 여부가 쟁점이 된다. 우선 제3자를 다른 전기통신사업자와 병렬적으로 규정한 것에 비추어, 제3자는 전기통신사업자에 해당하지 않는 자를 의미하는 것으로 볼 수 있으며, 이러한 해석에 따르면, 이동통신 단말기 제조업자나 통신 대리점도 동 규정에서의 제3자에 해당하는 것으로 볼 여지가 있다. 특히 전기통신사업자가 추구하는 일정한 목적 달성을 위해 단말기 제조업자나 통신 대리점에게 금지행위를 하도록 강제하거나 부당하게 유인하는 경우는 전형적으로 제3자를 통한 금지행위에 해당할 것이다.

그러나 동 규정은 직접 또는 제3자 등을 매개로 하여 행하는 전기통신사업자의 금지행위를 규제하는 것이며, 제3자를 매개로 하는 경우에도 문제가 되는 행위를 하게 하였던 전기통신사업자만이 규제 대상이 된다. 즉 이동통신 단말기 제조업자나 통신 대리점 등이 제3자에 해당하는 경우라 할지라도, 규제 대상이 되는 것은 궁극적으로 이러한 행위를 하도록 한 전기통신사업자이며, 직접적으로 금지행위를 수행한 제조업자나 통신 대리점은 동 규정에 의한 규제 대상이 되지는 않는다. 따라서 전기통신사업법 제50조 제1항에서 제3자라는 표현에 근거하여 단말기 제조업자나 통신 대리점을 직접 규제하는데 한계가 있으며, 결국 문제가 되는 행위를 하도록 한 전기통신사업자의 규제를 통하여 간접적인 규제가 이루어질 수밖에 없을 것이다.

그러나 최근 스마트폰을 중심으로 이루어지는 통신서비스 수요의 특정적 양상에 비추어, 이러한 방식의 규제가 갖는 한계가 드러난다. 즉 스마트폰 제조업자가 배타적 거래를 주도한 경우나, 통신 대리점이 독자적으로 동법 제50조 제1항의 금지행위에 해당하는 행위를 한 경우에 전기통신사업법에 의한 규제가 가능하지 않을 것이며, 이러한 행위가 통신산업이나 통신시장에 중요한 영향을 미침에도 불구하고 이에 대한 규제 근거를 전기통신사업법에 찾기 어렵다는 점에서 규제체계의 실효성에 대한 의문이 있다.


## V. 결론: 규제체계의 개선과 종합

### 1. 전기통신사업법의 개정 논의

이러한 문제점을 해결하기 위하여 전기통신사업법상 금지행위 규제체계의 개선을 포함한 입법적 변화가 요구되며, 특히 전기통신사업자 이외의 사업자의 행위에 대하여 통신산업이나 통신시장에 미치는 영향을 고려하여 이를 전기통신사업법에서 규제할 수 있는 근거를 마련하는 것에 관한 논의가 이루어질 필요가 있다.

이러한 논의 과정에서 통신산업과 같은 규제산업을 대상으로 경쟁정책 일반을 담당하는 기관과 특정한 산업정책을 담당하는 규제기관 사이에 권한을 어떻게 배분하고 역할을 조정할 것인지가 중요한 과제가 될 것이다. 이에 관하여 비교법적으로 크게 세 가지 입법례가 나타나고 있다. 1) 우선 전문적인 규제기관을 별도로 두지 않고 경쟁정책을 담당하는 기관이 해당 산업의 특수성을 고려한 산업정책상의 규제까지도 포괄하는 체계가 있다.[24] 2) 또한 특정한 산업의 운영과 감독을 담당하는 기관이 일반적인 경쟁정책 문제까지도 규제하는 권한을 갖는 체계도 가능하며, 앞에서 살펴본 영국의 예가 비교적 이에 유사한 형태라 할 수 있다. 3) 끝으로 양자의 중간 형태로서 가장 일반적인 형태로 나타나는 경합적인 규제체계도 상정할 수 있는데, 특정 산업의 규제를 전문적으로 수행하는 규제기관과 경쟁정책 일반을 담당하는 경쟁기관이 모두 특정 산업에 대한 규제권한을 가지면서 산업 규제기관이 경쟁정책의 관점에서 관할하는 범위를 한정하는 방식으로 구성되며, 대표적으로 독일이 이에 해당한다.

특히 세 번째 유형에서는 필연적으로 일반 경쟁정책을 담당하는 기관과 특정 산업에 대한 규제기관 사이의 권한 충돌과 이에 관한 조정 문제가 발생한다. 이와 관련하여 독일의 통신법(Telecommunikationsgesetz) 제2조 제3항은 "경쟁제한방지법의 규정은 (통신법상의 규정에도 불구하고) 영향을 받지 않는다(bleiben unberührt)"와 같은 규정을 둠으로써,[25] 경

---

24) 2004년 이전 뉴질랜드의 규제체계가 이에 해당하는 것으로 이해된다. 뉴질랜드는 경쟁당국이 규제산업 분야도 일반적으로 관할하였으나, 2004년 통신규제위원회와 전기위원회를 설립하고, 해당 분야의 규제 기관을 별도로 두는 것으로 변경되었다.

25) 동 조항에 대하여 경쟁제한방지법의 보충적인 적용으로 설명하는 것으로서, Klaus-Dieter Scheurle & Thomas Mayen hrsg., Telekommunikationsgesetz Kommentar, C. H. Beck, 2002, 84면.

쟁법과 통신법의 경합적 적용의 문제를 입법적으로 명확히 하고 있다. 나아가 독일 통신법은 양 기관의 협력관계를 제도적으로 보장하고 있는데, 독일 통신법 제82조는 통신산업의 규제기관이 사업의 인가나 제한을 할 경우에 또는 시장을 획정하거나 지배력을 평가할 경우에 연방카르텔청과 협력할 것을 요구하고, 통신법과 경쟁제한방지법에 의한 규제를 할 경우에 상대 관청의 절차에의 참여와 의견진술의 기회를 제공할 것을 의무화하며, 또한 통신법의 해석에 있어서 경쟁제한방지법과의 관련성에 따른 통일적인 해석을 요구하는 내용의 규정을 두고 있다.

전기통신사업법은 위의 유형 중에서 독일과 유사한 세 번째 유형에 해당한다. 그러나 전술한 것처럼 전기통신사업법상 규제는 전기통신사업자를 대상으로 하며, 특히 사후적 규제는 법에 명시된 특정한 행위만을 규제 대상으로 함으로써, 규제 대상인 행위를 일반적인 방식으로 규정하고 있는 독일 통신법과 비교할 경우에 규제 범위를 제한적으로 인정하는 태도를 취하고 있다.[26] 또한 독점규제법과의 관계에 관해서도 동법 제18조 제6항에서 양수나 합병 등에 대한 미래창조과학부장관의 인가 시에 공정거래위원회와의 협의의무를 부과하고 있는 것 외에 특별한 규정을 두고 있지 않다.

이상의 검토에서 알 수 있듯이, 전기통신사업법상 금지행위 규제는 제한된 범위를 대상으로 하며, 특히 통신서비스를 중심으로 융합 현상이 가속화되고 있는 상황에서 실효성 있는 규제를 기대하기 어려운 측면이 있다. 따라서 전기통신사업법의 규제 대상, 즉 미래창조과학부장관의 관할 범위를 확대하는 방향으로의 개정의 필요성이 있으며, 이와 관련하여 통신산업상의 문제와 관련되는 행위에 대한 일반적 관할권을 공정거래청과

---

26) 독일 통신법 제42조 제1항은 전기통신서비스를 제공하는 상당한 시장력(beträchtliche Marktmacht)을 갖고 있는 사업자가 부당하게 직접적 또는 간접적으로 다른 사업자를 방해하거나 정당한 이유 없이 다른 사업자의 경쟁가능성을 침해하는 행위를 남용행위로 규제하고 있다.

함께 통신 규제기관인 통신청에 동시에 부여하고, 구체적인 사안에서 협의 과정을 거쳐 양 기관 중에 담당 기관을 정하고 있는 영국 통신법의 규제체계도 참고할 수 있을 것이다.

한편 전기통신사업법의 규제체계를 기본적으로 유지하는 경우에도, 현실의 필요성에 상응하여 동법 제50조가 규정하는 금지행위 규제를 개선하는 방향으로의 개정을 모색할 수 있다. 가능한 방안으로 동법 제50조의 수범자인 전기통신사업자의 개념을 확대하는 것을 고려할 수 있다. 즉 통신서비스를 제공하는 사업자뿐만 아니라 이와 관련되는 사업자, 즉 통신단말기 제조업자나 소매단계에서의 통신서비스 판매를 행하는 자 등을 포괄할 수 있도록 광의의 전기통신사업자 개념을 정하는 것을 상정할 수 있다. 동법 제2조 제8호는 전기통신사업자란 이 법에 따른 허가를 받거나 등록 또는 신고(신고가 면제된 경우를 포함한다)를 하고 전기통신역무를 제공하는 자를 말하는 것으로 규정하고 있는데, "전기통신서비스를 제공하거나 이에 관련된 사업자"와 같은 방식으로 개정하는 것을 고려할 수 있을 것이다. 그러나 전기통신사업자 개념은 금지행위에서 규제 대상이 될 뿐만 아니라, 전기통신사업법이 규정하는 사전적 규제의 대상이 되고, 또한 다양한 공익적 목적이 반영된 전기통신산업 진입 규제의 기초가 되는 것이기 때문에, 이와 같은 개념 확대에 신중을 기할 필요성이 있다는 점에도 주의를 요한다.

따라서 전기통신사업자 개념의 확대 대신에, 동법 제50조 제1항의 금지행위의 규정 방식을 변경하는 것도 대안으로 검토할 수 있다. 사전적 규제와 달리 사후적 규제는 수범자가 엄격히 제한될 필요성이 크지 않을 뿐만 아니라, 통신산업의 급격한 변화를 고려할 때, 포괄적인 규제 방식을 취하는 것이 보다 타당한 규제가 될 수 있다. 즉 금지행위의 주체를 전기통신사업자로 제한하는 규정 대신에, 통신산업이나 통신시장에서 공정한 경쟁을 침해하거나 이용자의 이익을 침해하는 행위를 금지하는 것과 같이, 행위 측면에서 금지행위의 대상을 특정하고 이를 규제하는 방식의 입법적 변화의 필요성이 있다.. 이와 같은 개정은, 문제가 되는 스마트폰의 배타적 거래와 관련하여, 현실적 규제 필요성이 있는 통신단말기 제조업자나 대리점과 같은 통신 판매업자를 대상으로 한 전기통신사업법상 규제의 적절한 근거를 제공할 수 있다는 점에서도 의의를 찾을 수 있을 것이다.

## 2. 독점규제법에 의한 규제의 중요성

이상에서 새로운 이동통신 단말기로 등장한 스마트폰이 배타적인 방식으로 이동통신 서비스와 결합할 경우에, 현행 전기통신사업법에 의한 실효성 있는 규제에 한계가 있다는 점에서, 동법의 개선에 관한 논의를 살펴보았다. 그러나 전기통신사업법 개정이 단기간에 이루어지기 어려운 현실적인 한계를 고려할 때, 일반 경쟁법으로서 독점규제법에 의한 규제가 중요한 의미를 갖는다.

과거 Microsoft는 개인용 컴퓨터 운영체계(windows)를 독점하고, 이에 근거하여 다양한 응용 프로그램에 지배력을 확대함으로써 경쟁정책상의 문제를 야기하여 왔다. 현재 정보통신산업에 운영체계의 핵심은 과거 PC 운영체계에서 이동통신 단말기 운영체계로 이전될 것이라는 전망이 유력하며,27) 스마트폰 운영체계는 이미 단말기 시장과 나아가 배타적 거래방식 등을 통하여 통신서비스 시장에 의미 있는 영향을 미치고 있는 상황이다. 앞에서 살펴본 시장 현황을 보면, 운영체계와 스마트폰 단말기 시장은 경쟁적인 구조를 유지하고 있다. 그러나 application의 운용에서 드러나는 차이를 보면, 독과점적 구조로 변화될 가능성도 상존하고 있으며, 이러한 과정이 상품에 대한 소비자의 선택이 아니라 인위적인 방식으로 이루어지는 경우에 경쟁법의 집행기관으로서 공정거래위원회도 이를 주시할 필요가 있다.

27) 삼성경제연구소, 주 8)의 글, 11면 이하 참조.

특히 Apple-Orange 사례처럼 운영체계를 특정 통신서비스와 배타적으로 결합하거나, 과거 끼워팔기로 규제되었던 Microsoft 사례처럼 운영체계에 주요 응용프로그램을 탑재하는 방식으로[28] 지배력의 확대를 의도할 수 있으며, 이러한 행위가 독점규제법상 시장지배적 지위남용이나 불공정거래행위에 해당하는지에 관하여 지속적으로 주의를 기울여야 한다. 이러한 점에서 앞에서 언급한 DTI 보고서가 규제산업의 영역에 경쟁법을 적용하는 것에 관하여 일반 경쟁기관이 종합적인 관점을 취하여야 한다고[29] 언급한 것은 의미 있는 지적이라 할 것이다.

---

28) 공정위 2006. 2. 24. 의결 2002경촉0453. 한편 최근 공정거래위원회에 Google이 제공하는 운영체계에서 자사의 검색엔진 외에 다른 검색엔진을 탑재하지 못하도록 한 행위에 대한 신고가 있었다. 이데일리, 2011. 4. 15.
29) DTI, 주 23)의 글, 32면.

# 25. 통신산업에서 개인정보의 보호와 영업적 이용의 한계

## I. 서론

최근 통신산업은 산업구조 전반에 걸친 구조적 변화를 경험하고 있으며, 그 과정에서 개인정보 보호는 중요한 법적 과제의 하나로 대두하고 있다. 특히 디지털 혁명으로 불리는 정보통신산업에서 급격한 기술 변화는 새로운 관점에서 개인정보(privacy)의 문제를 바라 볼 필요성을 낳고 있다. 중요한 통신 수단들이 전자적 부호로 송·수신될 수 있는 기술적 기반을 갖추어 가고 있고, 산업기술 환경의 근본적 변화는 방송, 통신과 같은 다양한 영역들의 전통적인 경계가 무너지고 융합(convergence)하는 현상으로 구체화되고 있다. 정보 자체의 관점에서 보면, 전자적 방식에 의한 정보의 형성, 전송, 저장 등이 가능해지면서, 과거에 비하여 보다 용이하게 정보를 형성하고 이에 접근할 수 있는 상황이 전개되고 있다.

전통적으로 통신산업을 규제하는 법제도는 개인정보의 보호를 중요한 규제 근거의 하나로 인식하고, 이에 따른 규제체계를 형성하고 있었다. 그러나 통신산업에서 전개되고 있는 급속한 구조 변화는 개인정보의 보호도 이러한 변화에 대응하는 내용을 갖출 것을 요구하고 있으며, 이러한 점에서 2003년 EU에서 제정한 프라이버시 지침(Directive on privacy and electronic communications)은1) 시사하는 바가 크다. 동 지침은 변화된 통신산업의 환경 하에서 개인정보 보호의 원칙을 제시하면서, 전통적인 보호 범위를 확장하고, 새로운 기술 환경에 대응하는 방식으로 개인정보 보호의 내용을 구체화하고 있다. 우리나라 통신법 체계도 이러한 필요를 반영하여 2001년 기존의 「정보통신망 이용촉진 등에 관한 법률」의2) 법명을 「정보통신망 이용촉진 및 정보보호 등에 관한 법률」(이하 정보통신망법)로 바꾸고 정보보호에 관한 규정을 도입하면서, 개인정보 보호를 위한 규제의 법적 근거를 명확히 하였다. 2005년에는 EU 「프라이버시 지침」에서 중요한 개인정보 보호 대상의 하나로 규정한 위치정보에 관한 특별 규율로서 「위치정보의 보호 및 이용 등에 관한 법률」(이하 위치정보보호법)을 제정하였다. 또한 2011년 3월 통신 영역에서 개인정보 보호의 기초가 되는 개인정보 보호에 관한 일반법으로서 「개인정보보호법」을 제정함으로써 통신산업에서 개인정보 보호를 위한 규제의 전체적인 틀이 완성되었다.

구체적으로 개인정보보호법 제2조 제1호에서 정의하는 개인정보는 살아 있는 개인에 관한 정보로서 성명, 주민등록정보 및 영상 등을 통하여 개인을 알아볼 수 있는 정보를 말하며, 정보처리의 주체인 '개인정보처리자'는 동법에서 정하고 있는 개인정보 보호의 기본원칙과 구체적 제한에 따라야 할 의무를 부담한다. 여기서 개인정보처리자는 사적 주체를 포함하며,3) 통신망에 연결된 단말기를 통하여 음성, 자료 등의 전송을 주된 업

---

1) EU directive 2002/58, concerning the processing of personal data and the protection of privacy in the electronic communications sector.

2) 동 법률은 1986년 「전산망 보급확장과 이용촉진에 관한 법률」로 제정되어, 1999년 「정보통신망 이용촉진 등에 관한 법률」로 법명이 변경되었다.

3) 개인정보보호법 제2조 제5호는 개인정보처리자를 업무를 목적으로 개인정보파일을 운용하기 위하여 스스로 또는 다른 사람을 통하여 개인정보를 처리하는 공공기관, 법인, 단체 및 개인 등을 말하는 것으로 규정하고 있다. 동 규정에서 개인

무로 하는 통신서비스 사업자의 경우, 통신 이용자의 개인정보 수집과 분류가 필수적이라는 점에서 당연히 개인정보처리자에 해당할 것이다. 또한 정보통신망법은 정보통신서비스 제공자에게 이용자의 개인정보 보호를 주된 책무로 규정하고 있으며(정보통신망법 3조 1항), 동법의 규율은 개인정보 보호와 관련하여 정보통신서비스 제공자에 대한 특별 규율로서, 개인정보보호법에 대한 특별법으로서의 지위에 있다.[4]

이와 같은 통신산업에서 개인정보 보호를 위한 규제체계는 긍정적인 것이지만, 다른 한편으로 통신산업에서 형성된 개인정보가 다양한 산업 영역에서 활용될 가치는 여전히 존재하는 것이다. 예를 들어 전자상거래와 같은 비대면거래가 지속적으로 확대되고 있는 상황에서[5] 산업의 지속적인 발전과 관련하여 전자적인 방식 등으로 축적된 개인정보의 최소한의 활용은 불가피한 측면이 있으며, 통신사업자에 대한 개인정보 보호 규제는 이러한 관점에서의 접근과 조화를 이룰 필요가 있다.

이하에서의 논의는 우선 통신산업에서 개인정보 보호와 관련하여 우리나라 규제체계에 많은 영향을 미친 EU와 미국의 규제체계를 검토하고(II), 비교법적인 관점에서 우리 통신법에서 개인정보 보호를 위한 규제의 의의

---

정보처리의 주체는 공공기관뿐만 아니라 사적주체도 포함하는데, 이와 같은 확대는 종래 공공기관법을 폐지하고 개인정보보호법을 새롭게 제정하면서 이루어진 것으로, 공공부문과 민간부문에서 개인정보 보호의 문제를 통일적으로 규정하여야 할 필요성에 따른 것이다. 이에 관한 개인정보보호법 제정 전의 논의로서, 황인호, "공공기관 개인정보보호법의 개정방향 고찰", 중앙법학 제5집 제3호, 2003, 86면 참조.

4) 정보통신망법 제6조는 "개인정보 보호에 관하여는 「정보통신망 이용촉진 및 정보보호 등에 관한 법률」, 「신용정보의 이용 및 보호에 관한 법률」 등 다른 법률에 특별한 규정이 있는 경우를 제외하고는 이 법에서 정하는 바에 따른다"고 규정하고 있다.

5) 21세기 이후 전자적 거래가 사회 전반에 걸쳐 급격한 변화를 가져올 것이라는 전망에 관하여, Michael Chissick & Alistair Kelman, Electronic Commerce: Law and Practice, Sweet & Maxwell, 1999, 1-2면 참조.

와 내용, 특히 개인정보의 영업적 이용 가능성과 한계를 살펴보기로 한다. 논의는 앞에서 언급한 개인정보보호법, 정보통신망법 등을 주된 대상으로 하지만, 「방문판매 등에 관한 법률」(이하 방문판매법), 「전자상거래 등에서의 소비자 보호에 관한 법률」(이하 전자상거래 소비자법) 등과6) 같이 거래 공정화에 관한 법률에 있는 개인정보 보호와 관련되는 규제도 포함할 것이다(III). 이상의 논의에 기초하여 정보통신망법을 중심으로 한 개인정보 보호체계의 개선을 제안할 것이며(IV), 이로써 결론에 대신할 것이다.

## II. EU 프라이버시지침과 미국 통신법상 개인정보 보호

### 1. EU 프라이버시 지침

#### (1) 프라이버시 지침 제정의 의의

EU 프라이버시 지침은 2002년 EU에서 통신산업의 급속한 변화를 반영하여 공통된 새로운 제도적 기초를 마련하는 과정에서 형성되었다. 즉 통신산업 규제의 기본 원칙을 제시한 기본지침(Framework Directive),7) 규

---

6) 소비자와 사업자가 직접적인 교섭기회를 갖게 되는 일반적인 대면거래와 비교하여 거래에 이르는 과정이나 급부의 실현 과정에서 거래상대방인 소비자의 선택이 왜곡되거나 정당하게 기대할 수 있는 이익이 침해될 가능성에 초점을 맞추어, 「방문판매 등에 관한 법률」이나 「전자상거래 등에서의 소비자 보호에 관한 법률」 등에 의한 규제가 이루어지고 있으며, 특히 이 법에는 부분적으로 개인정보 보호도 반영되어 있다. 권오승, 소비자보호법, 법문사, 2005, 273-274면 참조.

7) Directive 2002/21/EC of the European Parliament and of the Council of 7 March 2002 on a common regulatory framework for electronic communications networks and services. 동 지침은 이동통신의 로밍(roaming) 서비스의 규율을 추가한 Regulation (EC) No 717/2007 of the European Parliament and of the

제 당국의 인가에 관한 통일된 원칙을 제시한 인가지침(Authorisation Directive),8) 접속 및 상호접속 문제를 다룬 상호접속 지침(Access and Interconnection Directive),9) 보편적 역무 제공의 기본 원칙을 밝힌 보편적 역무 지침(Universal Service Directive)10) 등이 비슷한 시기에 도입되었으며, 프라이버시의 문제도 통신산업 규제의 중요한 현안의 하나로 인식되어, 이를 반영한 프라이버시 지침이 EU 차원에서 통신산업 주요 지침의 하나로 제정되었다.11)

이상의 지침들은 통신산업의 구조적 변화에 상응하여, 기존의 규제체계와 규제 현실 간의 괴리를 해소할 필요성에 따른 것이었다. 특히 정부의 규제를 대신한 시장 메커니즘 중심의 산업운영 원리와(자유화) 산업 주체로서 민간 부문이 주도하는(민영화) 방향으로의 구조 개편을 이루고, 이를 뒷받침할 수 있는 새로운 규제 원리의 제시를 목적으로 하였으며, 프라이버시 지침도 이러한 맥락에서 이해될 필요가 있다. 전술한 것처럼 정보통신에 관련된 개인정보의 보호는 오랫동안 통신산업 규제의 중요한 근거가 되어 왔지만, 새로운 통신 환경 하에서 전통적인 규제의 한계가 드러났으며, 이를 보완할 필요성이 대두하였다. 즉 종래 통신영역에서 개인정보의 보호는 통신의 비밀을 유지하는 것에 초점이 맞추어진 것이라면, 디지털

Council of 27 June 2007에 의하여 수정되었다.
8) Directive 2002/20/EC of the European Parliament and of the Council of 7 March 2002 on the authorisation of electronic communications networks and services.
9) Directive 2002/19/EC of the European Parliament and of the Council of 7 March 2002 on access to, and interconnection of, electronic communications networks and associated facilities.
10) Directive 2002/22/EC of the European Parliament and of the Council of 7 March 2002 on universal service and users' rights relating to electronic communications networks and services.
11) 이후 동 지침은 Directive 2006/24/EC와 Directive 2009/136/EC에 의하여 두 차례 개정되었다.

화된 새로운 통신 환경 하에서는 개인정보의 형성과 저장 그리고 전송에 관한 모든 것이 보호 대상으로 확장될 필요성이 있고, 또한 이러한 정보가 상업적으로 이용될 가능성에 대한 고려가 불가피한 과제로서 주어지고 있는 상황이다. 이러한 변화를 적절히 반영한 입법례로서 개인자료(personal data)의 전송과 통신에 있어서의 프라이버시의 보호를 주된 규제 대상으로 삼고 있는 EU의 프라이버시 지침은 유력한 의미가 있다.12)

### (2) 개인정보 보호의 기본 원칙의 내용

프라이버시 지침은 통신에 있어서의 전통적인 프라이버시권이라 할 수 있는 통신의 비밀을 보호하는 것을 여전히 강조하고 있으며(프라이버시 지침 5조), 이러한 보호가 인권(human rights)적 차원에서 요구되는 것임을 분명히 하고 있지만(지침 recital 3), 나아가 새로운 통신 환경 하에서 요구되는 개인정보 보호의 주요 원칙을 제시하고 있다.

구체적으로 통신서비스 제공자가 자신의 서비스 안전성을 보장하기 위하여 충분한 기술적 그리고 조직적인 조치를 취하여야 하는 것(지침 4조), 서비스 제공의 방식과 비용을 고려하여 존재하는 위험에 대한 충분한 안전 수준을 보장하는 것(지침 3조), 통신사업자에 의하여 전송되고 저장된 가입자나 이용자에 관한 정보(traffic data)는 전송의 목적이 더 이상 존재하지 않는 경우에 삭제되거나 익명화 되어야 하는 것(지침 6조),13) 통신서비스 이용자가 세부 내역이 드러나지 않는(non-itemised) 계산서(세부 내역서)를 받을 권리를 보장하는 것(지침 7조), 발신자나 수신자가 원할 경우에 발신번호 표시 등의 제공을 제한할 가능성을 유보하는 것(지침 8조),

---

12) Ernst Röder-Messel & Christian Koenig, "Data Protection and Privacy", Christian Koenig, Andreas Bartosch & Jens-Daniel Braun, EC Competition and Telecommunications Law, Kluwer Law International, 2002, 473-475면 참조.

13) 동 지침 제2조 b항은 동 규정에서의 'traffic data'를 전자 통신망에서 통신의 전송이나 과금을 목적으로 경과된 자료를 의미하는 것으로 규정하고 있다.

전기통신서비스의 가입자나 이용자에 관한 위치 정보(location data)는 익명으로 처리되거나 또는 부가 서비스의 제공이 이루어지는 범위나 기간을 한정하고 이 범위 안에서 가입자나 이용자의 동의 하에 처리되어야 하는 것(지침 9조),[14] 악의적이거나 평온을 침해하는 전화의 추적을 가입자가 요청한 경우에 행해지는 발신자 정보의 처리 등과 같은 예외적 조치가 투명한 절차에 따라서 이루어질 것을 보장하는 것(지침 10조), 통신서비스 가입자가 제3자에 의한 자동 착신 전환(automatic call forwarding)을 중단시킬 가능성을 보장하는 것(지침 11조) 등이 프라이버시권의 실현으로서 개인정보 보호를 위한 주요 원칙으로 제시되었다.

이상의 원칙과 관련하여, 특히 통신사업자 등은 통신서비스 이용자 등에 관한 정보를 통신서비스 마케팅이나 다른 부가가치 서비스를 제공할 목적으로 이용할 여지가 있고, 따라서 이에 관한 추가적인 규율이 이루어지고 있다. 즉 프라이버시 지침 제6조 제3항은 이용자 정보의 이용 가능성을 인정하면서, 동시에 이용자 등의 동의를 전제하고, 이러한 서비스 제공이나 마케팅에 필요한 기간에 한정하여 이용할 수 있음을 밝히고 있다는 점도 주목할 만한 부분이다.[15] 또한 계산서에 관하여 이중적인 관점의 조정 필요성에 대한 언급도 의미 있는 것이다. 즉 통신요금의 부과와 관련하여 이용자에게 세부적인 항목이 일목요연하게 드러나는 고지가 이루어질 필요도 있으며, 따라서 EU 프라이버시 지침 제7조 제2항은 회원국이 항목화 되지 않은 계산서를 받을 권리와 이용자의 프라이버시 권리와 관련된 항목화된 계산서를 받을 권리를 조화시켜야 한다는 규정을 두고 있다. 동 규정은 통신과금에 관한 이용자의 이익을 다양한 측면에서 포착하

---

14) 위치정보는 통신망 안에서 통신서비스 이용자의 단말기의 지리적 위치를 특정하는 형태의 자료를 의미한다. Christopher Millard, Communications Privacy, Ian Walden ed., Telecommunications and Regulation, Oxford Univ. Press, 2009, 392면 참조.
15) 여기서의 이용은 자료 등의 전송에 한정되는 것은 아니고, 다른 형태의 이용도 포함하는 것으로 이해된다. 위의 책, 391면 참조.

고 이를 조정하는 예가 될 것이다.

### (3) 전화번호부와 비요청(unsolicited) 통신에서 개인정보 보호

특히 개인정보의 보호와 관련하여 전화번호부에 관한 규제(지침 12조)와 요청하지 않은 통신(unsolicited communication)에 관한 규정(지침 13조)은 통신사업자에 불가피하게 귀속되는 이용자 정보가 상업적으로 활용될 가능성에 대한 기본적 한계를 설정하고 있다는 점에서 의미 있는 시사점을 제공한다.

구체적으로 프라이버시 지침 제12조는 제1항에서 "회원국들은 무료로 그리고 전화번호부에 등재되기 이전에, 공중에 이용될 수 있거나 전화안내서비스를 통하여 획득될 수 있으며, 그들의 개인정보가 포함되어 있고 또한 전자적인 장치에 의하여 또 다른 사용가능성이 주어지고 있는 인쇄되거나 또는 전자적인 방식으로 기록된 전화번호부의 목적에 대하여 가입자가 공지 받을 수 있도록 보장해 주어야 한다", 제2항에서 "회원국들은 가입자가 그들의 개인정보가 전화번호부에 등재될지, 등재될 경우에 그 데이터가 전화번호부의 제공자가 결정한 대로의 목적달성에 관계되는지, 그리고 이 데이터를 검증, 수정 혹은 철회할 수 있는 기회를 부여받는 것을 보장하여야 한다", 제3항에서 "회원국들은 가입자의 이름과 필요하다면 최소한의 인적사항으로 사람을 검색하는 이외의 목적을 가진 공공 전화번호부의 경우, 가입자의 추가적인 동의를 요구하게 할 수 있다" 그리고 제4항에서 "제1항과 제2항은 자연인인 가입자에게만 적용되어야 한다. 회원국들은 공동체법과 적용 가능한 국가 입법의 범위 내에서 자연인이 공공 전화번호부에 등재되는 것에 관한 자연인 이외의 가입자의 적법한 이익이 충분히 보호될 수 있도록 보장하여야 한다"고 규정하고 있다. 일반적으로 전화번호부는 검색을 위하여 개인정보를 포함할 수밖에 없지만, 정보 제공에 있어서 동의를 요구하고, 특정한 가입자의 식별에 필요한 것 이상으로 가입자 개인의 정보를 제공하지 않도록 하는 것이 특히 중요하

며, 동 지침의 규정은 이러한 관점을 반영한 것이라 할 수 있다.16)

또한 프라이버시 지침 제13조는 자동화된 통화 시스템에 의한 마케팅의 규제를 주된 내용으로 하고 있다. 전기통신은 기능적으로 전송된 음성·자료 등의 내용을 수신자가 사전에 통제할 수 있는 여지가 크지 않고, 따라서 시민 생활을 침해하는 수단으로서의 중요성이 부각되고 있는 상황이다.17) 특히 자동화된 통화 시스템은 개인의 사생활에 대한 직접적인 침해를 낳을 수 있기 때문에, 이에 대한 규제의 필요성이 크다.18)

구체적으로 동조 제1항에서 "직접적인 판매권유를 목적으로 한 교환원의 중계가 없는 자동교환 전화의 사용, 팩스, 혹은 전자메일은, 이에 대한 사전 동의를 한 가입자에 대해서만 허용될 수 있다", 제2항에서 "1항에도 불구하고, 자연인이나 법인이 EC지침 95/46에19) 따라서 서비스나 상품의 판매와 관련하여 전자메일을 위한 연락정보를 고객으로부터 얻게 된 경우에, 동일한 자연인 또는 법인은 자신이 얻게 된 연락정보를 판매 목적으로 사용하는 것에 관하여 고객이 별도의 요금 부과 없이 간편한 방법으로 그러한 사용을 거부할 수 있는 기회가 명확하고 분명하게 주어진 경우에 그리고 고객이 처음부터 그러한 사용을 거부하지 않은 경우에, 이러한 연락정보를 자신의 유사한 상품 또는 서비스의 직접적 판매를 위하여 사용할 수 있다", 제3항에서 "회원국들은 제1항과 제2항에 언급된 이외의 경우 직접적인 판매의 목적을 위한 요청하지 않은(unsolicited) 통신은, 회원국의 입법에 의한 선택에 따라서 관련 가입자의 동의 없이 또는 통신을 수신하기를 원치 않는 가입자에 대하여 허용되지 않는 것을 보장하기 위하여 충분한 조치를 취하여야 한다", 제4항에서 "어떠한 경우라도, 직접적

---

16) Ernst Röder-Messel & Christian Koenig, 주 12)의 글, 493-494면 참조.

17) Daniel L. Brenner, Law and Regulation of Common Carriers in the Communications Industry, Westview Press, 1996, 298면 참조.

18) Ernst Röder-Messel & Christian Koenig, 주 12)의 글, 495면 참조.

19) on the protection of individuals with regard to the processing of personal data and on the free movement of such data.

판매 목적으로 통신을 위하여 만들어진 메일 발신자의 ID를 위장하거나 숨기면서, 또는 수신자가 이러한 통신을 종료하고자 하는 요청을 보낼 수 있는 유효한 메일 주소 없이 전자 메일을 발송하는 행위는 금지된다", 그리고 제5항에서 "제1항과 제3항은 자연인인 가입자에만 적용된다. 또한 회원국들은 공동체 법과 적용 가능한 국내 입법의 범위 내에서 요청하지 않은 통신에 관련된 자연인 이외의 가입자의 적법한 이익이 충분히 보호되는 것을 보장하여야 한다"고 규정하고 있다. 동 규정에서 요청하지 않은 통신의 의미가 중요한데, 전자메일, 사전 동의 시스템, 텔레마케팅이나 직접적 광고메일을 포함한 직접적 마케팅(direct marketing), 수신 허용 시스템(opt-in) 등을 포함하는 것으로 이해되며,[20] 따라서 동 규정은 이러한 행위에 대한 허용 요건으로 볼 수 있을 것이다.

## 2. 미국 통신법상 개인정보 보호

### (1) 미국 통신법상 개인정보 보호체계

1934년 제정된 미국 통신법(Communications Act)에서 개인정보의 보호는 외부로부터 개인정보의 침해를 방지하는 것에 있었다. 즉 1934년 통신법 제605조는 전화 내용의 감청(interception)이나 공개를 금지하는 규정을 두었다. 이와 같은 감청 등에 대한 제한은 1968년 제정된 종합범죄방지법(Omnibus Crime Control and Safe Streets Act) 제3편에 의한 규제로 대체되었는데, 여전히 규제의 핵심은 국가 권력기관에 의한 통신 도청 등에 초점이 모아졌다. 이러한 법체계는 1986년 제정된 전자통신프라이버시법(Electronic Communication Privacy Act)에 의하여 종합되었는데, 동법의 제정에는 컴퓨터의 연결망에 의한 자료 전송이 이루어지고 이동통신과 같은 통신수단이 출현함에 따라서 새로운 통신 환경에 부합하는 제도 개

---

20) Christopher Millard, 주 14)의 책, 601면.

선의 필요가 반영된 것으로 볼 수 있다.

그러나 전통적인 의미에서 개인정보의 누출을 방지할 필요성은 여전히 중요한 것이지만, 전자통신프라이버시법에 의한 새로운 기술과 결합한 개인정보의 보호가 충분한 것인지에 의문이 있었다.[21] 더욱이 권력기관이 아닌 통신사업자와 같은 사적 주체로부터의 보호 체계가 형성될 필요성이 커짐에 따라서, 1996년 개정된 통신법(Telecommunications Act)에 프라이버시 보호에 관한 규정이 도입되었다. 즉 동법 제702조는 통신사업자(telecommunications carrier)에 대하여 고객 정보의 보호에 관한 일반적 의무를 부과하는 규정을 둠으로써, 프라이버시 보호의 원칙을 기본 통신법에 수용하였다.

## (2) 통신법(Telecommunications Act) 제702조의 프라이버시 보호 내용

동 조항에서 규정하고 있는 프라이버시 보호의 내용은 앞에서 살펴본 EU 프라이버시 지침과 대체로 유사한 내용으로 구성되어 있으며, 특히 이용자의 동의를 개인정보 활용의 기초로 하고 있다는 점에서 EU 프라이버시 지침과 동일한 태도를 취한 것으로 볼 수 있다. 그러나 EU 지침에 비하여 규제체계는 상대적으로 간략하게 구성되어 있다.

구체적으로 통신법 제702조 a항에 의하여 일반 원칙으로서 모든 통신사업자는 개인 정보(proprietary information)의 비밀을 보호할 의무를 부담하며, 이는 통신서비스 재판매의 경우에도 동일하게 적용된다. 또한 b항은 통신서비스 제공을 목적으로 하여 다른 통신사업자로부터 개인정보를 획득한 통신사업자는 그 정보를 당해 목적을 위해서만 사용하여야 하며, 자신의 마케팅 수단으로 활용할 수 없다고 규정하고 있다.

---

21) 이에 관하여, Robert Pikowsky, "The Need for Revisions to the Law of Wiretapping and Interception of E-mail", Michigan T & T Law Review vol. 10 no. 1, 2003, 39-40면 참조.

한편 프라이버시 보호에 관한 통신법상 규정 중 고객의 네트워크 정보 (customer proprietary network information)의 보호에 관한 제702조 c항 은 EU 프라이버시 지침에서 통화정보(traffic data) 보호에 상응하는 것으 로서, 보호되는 정보의 의의나 보호 방식에 있어서 많은 시사점을 제공하 고 있다. 이때 네트워크 정보는 고객과 사업자의 관계에 의해서만 고객별 로 사업자가 얻을 수 있는 것으로서, 통신사업자의 어떤 고객에 의하여 가 입된 통신서비스의 분량, 기술적 조건, 유형, 통신 상대방, 이용량 등에 관 한 정보를 의미하며, 또한 고객별로 전화교환 서비스 등에 관한 명세서에 포함된 정보가 이에 해당한다(f항 1호). 통신서비스의 제공에 의하여 이러 한 의미에서의 고객 네트워크 정보를 획득한 통신사업자는 법률 규정이나 고객이 승인한 경우를 제외하고, 단지 그러한 정보가 통신서비스로부터 얻게 되었거나 전화번호부의 발행을 포함하여 그러한 서비스의 제공에 필 수적이거나 제공과정에서 사용되고 있는 경우에 한해서만, 개별적으로 특 정된 고객의 네트워크 정보를 사용, 공개하거나 접근을 허용할 수 있다(c 항 1호). 또한 통신사업자는 고객의 서면 요청에 의하여 고객이 지정한 자 에 대하여 고객 네트워크 정보를 공개할 수 있다(c항 2호). 한편 개별 고 객의 동일성이나 특성을 배제하고, 서비스나 고객의 그룹 또는 유형별로 취합된 자료를 의미하는 집약 정보(Aggregate customer information)의 경우 정보 이용의 제한은 완화되는데, 이러한 집약 정보가 다른 사업자나 고객의 정당한 요청에 따라서 정당하고 비차별적인 조건에 의하여 제공될 경우에 전술한 네트워크 정보의 이용 목적 외의 다른 용도로 사용하는 것 이 제한되지 않는다(c항 3호).[22]

---

22) 한편 EU 프라이버시 지침에서 traffic data 보호와 관련하여 권한 있는 규제 당국 이 통신망 또는 통신서비스 사업자에게 자신의 책무를 행사하거나 분쟁을 해결할 목적에 따른 자료 요청은 예외적으로 가능한 것으로 이해하고 있는, Nikod Th. Nikolinakos, EU Competition Law and Regulation in the Converging Telecom- munications, Media and IT Sectors, Kluwer Law, 2006, 342-343면 참조.

제702조 d항은 이상의 규제 외에 통신사업자에 대한 다른 제한은 원칙적으로 부과되지 않는다는 것을 명시적으로 규정하고 있다. 즉 통신사업자가 통신서비스를 개시, 제공, 과금·취합하는 것, 통신서비스의 기망적, 남용적, 불법적 이용으로부터 통신사업자의 권리 또는 이용자나 다른 사업자를 보호하는 것, 고객에 의하여 요청되고, 또한 서비스 제공을 위한 정보의 사용을 고객이 승인한 경우라면, 요청에 따른 기간 동안 고객에 대한 텔레마케팅, 소개서비스, 행정적 서비스를 제공하는 것 등을 위하여, 통신사업자가 고객으로부터 또는 그의 대리인을 통한 직·간접적으로 획득한 고객의 네트워크 정보를 사용, 공개 또는 접근 허용하는 것이 금지되지 않는다.

끝으로 이상의 규정에도 불구하고, 전화교환 서비스를 제공하는 통신사업자는 적절한 시기에 비구속적인(unbundled) 기초 위에서 비차별적이고 합리적인 요율, 조건에 따라서 어떠한 형태로든 전화번호부를 발행할 목적으로 가입자 정보(subscriber list information)를 요청한 자에게, 그러한 정보의 제공자로서 가능한 한 범위에서 취합한 가입자 정보를 제공할 수 있다. 이때 가입자 정보는 가입자의 성명, 전화번호, 주소 또는 기본적인 광고상의 분류(primary advertising classifications)를 의미한다(f항 3호).


## III. 통신산업에서 개인정보의 보호

### 1. 통신법상 개인정보 보호 체계

#### (1) 개인정보 보호체계의 개괄

전술한 것처럼 2011년 제정된 개인정보보호법은 공공기관뿐만 아니라 사적 주체로부터의 개인정보 보호를 목적으로 하는 개인정보 보호에 관한 일반법으로서의 의미를 갖는다. 동법은 업무를 목적으로 개인정보파일을 운용하기 위하여 스스로 또는 다른 사람을 통하여 개인정보를 처리하는 자를 개인정보처리자로 법정하고(법 2조 5호), 이에 대하여 개인정보 보호를 위한 일정한 제한을 부과하고 있으며, 정보주체에 대해서는 정보보호에 관한 일정한 권리를 부여하는 것을 기본 내용으로 하고 있다.

또한 개인정보 보호에 관한 특별한 규율로서 정보통신망법과 위치정보보호법이 제정되어 있다. 이 법들은 개인정보보호법에 대한 특별법적 성격을 가지며, 각각 정보통신망에서의 개인정보와 위치정보에 관한 특별한 규율로서 개인정보보호법에 우선적으로 적용된다.

### (2) 개인정보보호법의 주요 내용

개인정보의 수집과 이용에 관하여 개인정보처리자에게 부과되는 제한은 동법 제15조 제1항에 의하여 부과되고 있다. 개인정보의 수집·이용이 가능한 경우는, 정보주체의 동의를 받은 경우(1호), 법률에 특별한 규정이 있거나 법령상 의무를 준수하기 위하여 불가피한 경우(2호), 공공기관이 법령 등에서 정하는 소관 업무의 수행을 위하여 불가피한 경우(3호), 정보주체와의 계약의 체결 및 이행을 위하여 불가피하게 필요한 경우(4호), 정보주체 또는 그 법정대리인이 의사표시를 할 수 없는 상태에 있거나 주소불명 등으로 사전 동의를 받을 수 없는 경우로서 명백히 정보주체 또는 제3자의 급박한 생명, 신체, 재산의 이익을 위하여 필요하다고 인정되는 경우(5호), 개인정보처리자의 정당한 이익을 달성하기 위하여 필요한 경우로서 명백하게 정보주체의 권리보다 우선하는 경우(6호) 등이며, 특히 6호의 경우 개인정보처리자의 정당한 이익과 상당한 관련이 있고 합리적인 범위를 초과하지 아니하는 경우에 한하여 수집·이용이 가능하다.

한편 개인정보처리자가 정보주체에게 동의를 받을 경우에 일정한 사항을 반드시 고지하여야 하는데(법 15조 2항), 개인정보의 수집·이용 목적(1호), 수집하려는 개인정보의 항목(2호), 개인정보의 보유 및 이용 기간(3

호), 동의를 거부할 권리가 있다는 사실 및 동의 거부에 따른 불이익이 있는 경우에는 그 불이익의 내용(4호) 등이 이에 해당한다. 동의를 받는 경우에 그 방법상의 제한이 따르고 있는데, 법 제22조 제1항은 각각의 동의사항을 구분하여 정보주체가 이를 명확하게 인지할 수 있도록 알리고 각각 동의를 받아야 한다는 것을 명확히 하고 있다. 또한 개인정보의 수집이 가능한 경우에도 개인정보처리자는 목적에 필요한 최소한의 개인정보를 수집하여야 하는 의무를 부담한다(법 16조 1항 1문).

한편 정보의 성격에 따라서 정보의 수집·이용 등에 차별적인 접근을 하고 있는 점도 주목할 부분이다. 즉 제23조는 개인정보처리자가 사상·신념, 노동조합·정당의 가입·탈퇴, 정치적 견해, 건강, 성생활 등에 관한 정보, 그 밖에 정보주체의 사생활을 현저히 침해할 우려가 있는 개인정보로서 대통령령으로 정하는 정보(민감정보)를 처리하는 것을 금지하고 있으며, 이러한 행위가 허용되기 위해서는 전술한 동의와 별도의 동의가 필요한 것으로 규정하고 있다. 또한 제24조 제1항은 법령에 따라 개인을 고유하게 구별하기 위하여 부여된 식별정보로서 대통령령으로 정하는 정보(고유식별정보)를 개인정보처리자가 처리하는 것을 금지하고 있으며, 이 역시 별도의 동의가 주어지는 경우에 한하여 예외가 가능하다.

한편 개인정보보호법은 개인정보 보호에 있어서 실질적인 의미를 갖는 정보주체의 일정한 권리를 규정하고 있는데, 즉 정보주체는 개인정보처리자가 처리하는 자신의 개인정보를 열람할 수 있고(35조), 개인정보의 정정·삭제와(36조) 개인정보 처리의 중지를(37조) 요구할 수 있는 권리를 갖는다.

## 2. 정보통신망법상 이용자 보호

### (1) 규제 체계

정보통신망법은 정보통신과 관련한 정보의 보호, 이용자 보호, 안전성 확보 등에 관한 종합적인 규제를 주된 내용으로 하며, 나아가 정보통신망의 이용촉진 등의 산업정책적 목적까지 포괄하고 있다. 구체적으로 동법 제2장은 정보통신망의 이용촉진, 제3장은 전자문서중계자를 통한 전자문서의 활용, 제4장은 개인정보의 보호, 제5장은 정보통신망에서의 이용자 보호, 제6장은 정보통신망에서의 안정성 확보, 제7장은 통신과금서비스, 제8장은 국제협력, 제9장은 자료제출과 제출된 자료의 폐기 등에 관한 규정을 두고 있는 보칙, 제10장은 형벌과 과태료 부과 등에 관한 벌칙 규정으로 구성되어 있다.

### (2) 개인정보의 보호

개인정보 보호에 관한 제4장의 규정은 정보통신서비스제공자에 의한 개인정보의 수집, 이용 등에 관한 규제와 정보통신서비스 이용자의 권리 등에 대한 원칙적인 내용을 담고 있다. 우선 동법에서 사용하는 기본 개념으로서, 동법 제2조 제3호에 의하여 '정보통신서비스제공자'는 "전기통신사업법 제2조 제1항 제1호의 규정에 따른 전기통신사업자와[23] 영리를 목적으로 전기통신사업자의 전기통신역무를 이용하여 정보를 제공하거나 정보의 제공을 매개하는 자를 말한다." 전기통신사업법상 전기통신사업자는 통신산업의 원칙적인 규제 대상을 정하는 의미가 있으며, 따라서 동 규정에 의하여 규제 대상은 전기통신사업자 이상으로 확대된다.[24] 또한 동법

---

23) 전기통신사업법에 의한 허가를 받거나 등록 또는 신고를 하고 전기통신역무를 제공하는 자를 말한다(전기통신사업법 2조 1항 2호).

24) 전기통신사업법상 전기통신사업자 개념에 의하여 이동통신 단말기 제조업자나 통

제2조 제6호의 규정에 의하면, '개인정보'는 "생존하는 개인에 관한 정보
로서 성명·주민등록번호 등에 의하여 당해 개인을 알아볼 수 있는 부
호·문자·음성·음향 및 영상 등의 정보를 말하며, 당해 정보만으로는
특정 개인을 알아볼 수 없는 경우에도 다른 정보와 용이하게 결합하여 알
아 볼 수 있는 경우에는 그 정보를 포함한다."

　이상의 개념적 전제 하에서, 정보통신서비스제공자가 이용자의 개인정
보를 이용하려고 수집하는 때에는, 개인정보의 수집·이용·목적, 수집하
는 개인정보의 항목, 개인정보의 보유 및 이용 기간에 대하여 이용자에게
알리고 동의를 얻어야 하며,[25] 이상의 사항을 변경하려는 때에도 동일하
다(법 22조 1항). 한편 정보통신서비스의 제공에 관한 계약의 이행을 위하
여 필요한 개인정보로서 경제적·기술적인 사유로 통상의 동의를 받는 것
이 뚜렷하게 곤란한 경우, 정보통신서비스의 제공에 따른 요금정산을 위

신서비스 대리점에 대한 규제가 가능하지 않고, 이에 따른 법정책상 문제점을 지
적한 것으로서, 홍명수, "스마트폰의 확대에 따른 통신법상 경쟁정책 문제의 검
토", 법과 사회 제40호, 2011, 219면 이하 참조.

[25] 정보통신망법에서 요구되는 이용자 동의의 방식은 동법 제26조의2와 이를 구체화
한 동법 시행령 12조에서 규정하고 있는데, 시행령 12조의 내용은 다음과 같다.
① 정보통신서비스 제공자 등이 법 제26조의2에 따라 동의를 얻는 방법은 다음
각 호의 어느 하나와 같다. 이 경우 정보통신서비스 제공자 등은 동의를 얻어야
할 사항(이하 "동의 내용"이라 한다)을 이용자가 명확하게 인지하고 확인할 수
있도록 표시하여야 한다. 인터넷 사이트에 동의 내용을 게재하고 이용자가 동의
여부를 표시하도록 하는 방법(1호). 동의 내용이 기재된 서면을 이용자에게 직접
교부하거나, 우편 또는 모사전송을 통하여 전달하고 이용자가 동의 내용에 대하
여 서명날인 후 제출하도록 하는 방법(2호). 동의 내용이 적힌 전자우편을 발송하
여 이용자로부터 동의의 의사표시가 적힌 전자우편을 전송받는 방법(3호). 전화
를 통하여 동의 내용을 이용자에게 알리고 동의를 얻거나 인터넷주소 등 동의 내
용을 확인할 수 있는 방법을 안내하고 재차 전화 통화를 통하여 동의를 얻는 방
법(4호). ② 정보통신서비스 제공자 등은 개인정보 수집 매체의 특성상 동의 내용
을 전부 표시하기 어려운 경우 이용자에게 동의 내용을 확인할 수 있는 방법(인
터넷주소·사업장 전화번호 등)을 안내하고 동의를 얻을 수 있다.

하여 필요한 경우, 이 법 또는 다른 법률에 특별한 규정이 있는 경우에, 정보통신서비스제공자는 앞에서의 동의 없이 이용자의 개인정보를 수집· 이용할 수 있다(법 22조 2항). 또한 정보통신서비스제공자는 이용자의 동의를 얻거나 다른 법률에 따라 특별히 수집대상 개인정보로 허용된 경우를 제외하고, 사상·신념·과거의 병력 등 개인의 권리·이익이나 사생활을 뚜렷하게 침해할 우려가 있는 개인정보를 수집하여서는 안 되며(법 23조 1항), 수집을 하는 경우에도 필요최소한의 정보를 수집하여야 하고, 필요최소한의 정보 외의 정보를 제공하지 않는다는 이유로 그 서비스의 제공을 거부할 수 없다(법 23조 2항). 이상의 규정에 의하여 수집된 정보는 동의 받은 목적 또는 법에서 허용한 목적과 다른 목적으로 이용하여서는 안 된다(법 24조).

한편 2008년 법개정에 의하여 주민등록번호 이외의 회원가입 방법의 제공에 관한 규정이 신설된 것에 주목할 필요가 있다. 즉 동법 제23조의2는 정보통신서비스 제공자로서 제공하는 정보통신서비스의 유형별 일일 평균 이용자 수가 대통령령으로 정하는 기준에 해당하는 자는 이용자가 정보통신망을 통하여 회원으로 가입할 경우에 주민등록번호를 사용하지 아니하고도 회원으로 가입할 수 있는 방법을 제공하여야 하고(1항), 제1항에 해당하는 정보통신서비스 제공자는 주민등록번호를 사용하는 회원가입 방법을 따로 제공하여 이용자가 회원가입 방법을 선택하게 할 수 있도록 규정하고 있다(2항). 주민등록법에 근거한 주민등록번호는 중복되지 않는 일련번호로서 국민 모두에게 강제적으로 국가에 의하여 부과되는 개인식별번호(personal identification number)이며, 특히 상이한 데이터베이스와 연결되어 각 개인의 신상정보 검색이 가능한 '표준통일식별번호'로서 기능하고 있다. 주민등록번호는 거주관계를 파악하는 기본 목적을 넘어서 국가안전보장이나 질서유지 또는 공공복리 등에도 기능적으로 기여하고 있는 상황이다. 그러나 전산망에 의하여 통합된 식별번호로서 주민등록번호는 개인의 정체성을 통일적으로 드러내는 의미가 있으며, 국가나 사회에 개인의 정보가 용이하게 노출되는 문제를 갖고 있다.[26] 외국의 경우 각 부문에 사용하는 일련번호가 제한적으로 사용되고 있는 상황도 참고할 필요가 있으며,[27] 개인의 동일성 여부를 확인하기 위하여 주민등록번호를 선택적으로 사용하도록 한 제23조의2의 규정은 이러한 문제인식을 반영한 것이라 할 수 있다.

정보통신서비스 제공자는 이용자의 개인정보를 제3자에게 제공하려는 경우 제22조 제2항 제2호 및 제3호의 규정에 해당하는 경우를 제외하고, 개인정보를 제공받는 자, 개인정보를 제공받는 자의 개인정보 이용 목적, 제공하는 개인정보의 항목, 개인정보를 제공받는 자의 개인정보 보유 및 이용 기간에 대하여 이용자에게 알리고 동의를 얻어야 하며, 이상의 사항이 변경된 경우에도 같다(법 24조의2 1항). 한편 정보통신서비스제공자로부터 이용자의 개인정보를 제공받은 자는 그 이용자의 동의가 있거나 다른 법률에 특별한 규정이 있는 경우를 제외하고는 개인정보를 제3자에게 제공하거나 제공받은 목적 외의 용도로 이용하여서는 안 된다(법 24조의2 2항).

한편 정보통신서비스를 제공받는 이용자의 권리 측면에서의 보호 규정도 마련되어 있다. 즉 이용자는 정보통신서비스제공자 등에[28] 대하여 언제든지 개인정보수집·이용·제공 등의 동의를 철회할 수 있으며(법 30조 1항), 정보통신서비스제공자 등은 이용자가 동의를 철회한 경우에 지체 없

---

26) 권건보, 개인정보보호와 자기정보통제권, 경인문화사, 2005, 250-251, 270-272면 참조.
27) 독일의 경우 2009년 개정된 신분증명법(Personalausweisgesetz: Gesetz über Personalausweise und den elektronischen Identitätsnachweis)은 신분을 증명함에 있어서 일련번호(Seriennummer)가 사용되지만, 원칙적으로 10년의 기간 동안 유효하며(6조 1항), 또한 일련번호는 개인관련 정보의 자동화된 인출이나 정보에의 연결을 가능하게 하는 당사자 특정을 위하여 사용될 수 없다(16조).
28) 정보통신서비스제공자 이외에 정보통신서비스제공자로부터 이용자의 개인정보를 제공받은 자를 포함한다(법 25조 1항 본문).

이 수집된 개인정보를 파기하는 등 필요한 조치를 취하여야 한다(법 30조 3항). 또한 이용자는 정보통신서비스제공자 등에 대하여 본인에 관한 정보통신서비스제공자 등이 보유하고 있는 이용자의 개인정보, 정보통신서비스제공자 등이 이용자의 개인정보를 이용하거나 제3자에게 제공한 현황, 정보통신서비스제공자 등에게 개인정보수집·이용·제공 등의 동의를 한 현황에 대한 열람 또는 제공을 요구할 수 있고, 오류가 있는 경우에는 그 정정을 요구할 수 있다(법 30조 2항).

또한 동법 제32조는 정보통신서비스 제공자에게 입증책임을 전환하는 손해배상에 관한 특별 규정을 두고 있으며, 제33조 이하에서 '개인정보분쟁조정위원회'에 의한 개인정보에 관한 분쟁 조정을 규정함으로써, 절차적 편의를 제공하고 있다. 이때 동 조정의 효력은 민사적 화해로서의 효력을 갖는다(38조 4항).

### (3) 정보통신망에서의 이용자 보호

정보통신망법은 제41조 이하에서 정보통신망에서의 이용자 보호에 관하여 규정하고 있다. 내용적으로 보면, 음란·폭력정보 등으로부터 청소년을 보호하기 위한 규정도 포함되어 있으며(법 41조 내지 43조), 제44조 이하에서는 개인정보 보호의 관점에서 주로 개인정보의 사적인 침해를 규제하고 있다. 즉 제44조 제1항은 정보통신서비스 이용자에게 사생활 침해 또는 명예훼손 등 타인의 권리를 침해하는 정보를 정보통신망에 유통시키는 것을 금지하고 있으며, 제44조의7 제1항은 수범자에 제한을 두지 않고 불법정보를 정보통신망에서 유통하는 행위를 금지하고 있다.

또한 정보통신서비스 제공자에게도 사적 정보침해와 관련하여 일정한 의무를 부과하고 있다. 즉 제44조 제2항은 정보통신서비스 제공자에게 자신이 운영·관리하는 정보통신망에 사적 침해정보가 유통되지 않도록 노력하여야 할 의무를 부과하고 있고, 제44조의2 제2항은 사적 정보의 침해를 받은 이용자가 정보통신서비스 제공자에게 당해 정보의 삭제 또는 반

박게재를 요청할 경우에 이에 필요한 조치를 취할 의무를 규정하고 있으
며, 제44조의5 제1항은 일정한 게시판 설치 · 운영자에게 게시판 이용자의
본인 확인 등과 같은 구체적인 조치를 취하여야 한다는 규정을 두고 있다.

## (4) 정보통신망의 안정성 확보

공중이 이용하고 있는 정보통신망에서의 안정성 확보는 개인정보 보호
의 관점에서도 중요하다. 예를 들어 특정한 정보통신망에서 처리되고 있
거나 저장 중인 정보가 정보통신망 자체의 장애로 인하여 누출될 경우에,
이는 개인정보에 대한 중요한 침해일 수 있으며, 나아가 자유로운 정보통
신서비스의 이용을 저해함으로써 정보통신산업 발달에 근본적인 한계로
작용할 수 있다. 전술한 것처럼 EU 프라이버시 지침도 제3조에서 정보통
신서비스의 안정성을 확보하기 위하여 정보통신서비스 제공자가 기술적 ·
조직적 조치를 취하여야 한다는 것을 명시적으로 규정하고 있는 것도, 이
러한 이유에 따른 것이다.[29]

정보통신망법도 정보통신망의 안정성을 확보하기 위한 규정을 두고 있
는데, 제45조 제1항은 정보통신서비스 제공자에게 정보통신망의 안정성
및 정보의 신뢰성을 확보하기 위한 보호조치를 취할 의무를 부과하고 있
으며, 제48조 제1항은 누구든지 정당한 접근권한 없이 또는 허용된 접근
권한을 넘어 정보통신망에 침입하는 행위를 금지하고 있다. 이 외에 집적
된 정보통신시설의 보호(46조), 정보보호의 안전진단(46조의3), 정보보호
관리체계의 인증 및 인증기관 지정취소(47조 및 47조의2), 침해사고의 신
고 및 원인 분석(48조의3 및 48조의4) 등의 규정도 정보통신망의 안정성
을 확보하기 위한 제도에 해당한다.

나아가 정보통신망법은 정보통신망의 안정성 확보와 관련하여 속이는
행위에 의한 개인정보의 수집금지, 영리목적의 광고성 정보 전송 제한, 전

---

29) Nikod Th. Nikolinakos, 주 22)의 책, 338면 참조.

자우편주소의 무단 수집행위 금지 등에 관하여 규정하고 있다. 구체적으로 제49조의2 제1항에 의하여 정보통신망을 통하여 속이는 행위로 다른 사람의 정보를 수집하거나 다른 사람이 정보를 제공하도록 유인하는 행위가 금지된다. 제50조 제1항은 전자우편 그 밖에 대통령령이 정하는 매체를 이용하여[30] 수신자의 명시적인 수신거부 의사에 반하는 영리목적의 광고성 정보를 전송하는 것을 금지하고 있고, 제2항은 수신자의 전화·모사전송기기에 영리목적의 광고성 정보를 전송하고자 하는 자는 당해 수신자의 사전 동의를 얻어야 한다고 규정하고 있다. 다만 동항 단서에 의하여 재화 및 용역의 거래관계를 통하여 수신자로부터 직접 연락처를 수집한 자가 그가 취급하는 재화 및 용역에 대한 영리목적의 광고성 정보를 전송하고자 하는 경우와 전자상거래 소비자법 제13조 제1항의 규정에 의한 광고 및 방문판매법 제6조 제3항의 규정에 의한 전화권유의 경우에는 사전 동의에 대한 예외가 허용된다.[31] 이러한 예외 사유는 EU 프라이버시 지침이 정하고 있는 범위와 유사하지만, 방문판매법과 같은 예외 규정은 사업자의 자신에 관한 정보 제공의 이행을 동의에 갈음하는 의미가 있어서 예외 사유로 타당한지에 의문이 있다. 끝으로 제50조의2 제1항은 인터넷 홈페이지 운영자 또는 관리자의 사전 동의 없이 인터넷 홈페이지에서 자동적으로 전자우편주소를 수집하는 프로그램이나 그 밖의 기술적 장치를 이용하여 전자우편주소를 수집하는 것을 금지하고 있다.

### (5) 통신과금서비스

EU 프라이버시 지침 제7조가 규정하고 있듯이, 통신과금서비스의 제공은 정보통신서비스 이용에 있어서 적절한 정보제공의 관점에서 의미가 있

---

30) 동법 시행령 제61조는 이에 해당하는 매체로서 수신자의 연락처로 부호·문자·화상 또는 영상을 전자문서 등 전자적 형태로 전송하는 매체를 규정하고 있다.
31) 전자상거래소비자법과 방문판매법의 규정은 사업자의 소비자에 대한 사전적 정보제공을 의무화한 규정들이다.

다. 이에 대한 규제와 관련하여 정보통신망법은 산업적인 관점을 우선적으로 반영하고 있는 것으로 보인다. 즉 동법 제53조 제1항은 통신과금서비스 제공자의 등록에 관하여 규제하면서, 제공자의 재무건전성, 이용자보호계획, 업무를 수행할 수 있는 인력과 물적 설비 등을 요건으로 규정하고 있으며, 제57조 제1항은 통신과금서비스 제공자에게 통신과금서비스가 안전하게 제공될 수 있도록 선량한 관리자로서의 주의를 다할 의무를 부과하고 있다.

한편 정보통신망법은 이용자의 권리측면에서도 규정하고 있는데, 제58조 제1항은 통신과금서비스제공자는 재화 등의 판매·제공의 대가를 청구할 때에 통신과금서비스이용자에게 구매·이용 내역, 이의신청의 방법 등 대통령령으로 정하는 사항을 고지하여야 한다고 규정하고 있고, 이는 EU 프라이버시 지침 제7조에 의한 과금 부과에 있어서 'non-itemised' 원칙에 부합하는 것이라 할 수 있다.

## 3. 위치정보보호법의 주요 내용

### (1) 의의

위치정보보호법 제1조는 동법의 목적에 관하여 위치정보의 유출·오용 및 남용으로부터 사생활의 비밀 등을 보호하고 위치정보의 안전한 이용환경을 조성하여 위치정보의 이용을 활성화함으로써 국민생활의 향상과 공공복리의 증진에 이바지함을 목적으로 한다고 규정하고 있다. 동 규정이 시사하듯이, 위치정보보호법은 위치 정보를 보호하는 목적뿐만 아니라, 상업적 활용의 의미도 포함된 위치정보 이용의 활성화도 의도하고 있으며, 두 관점이 종합하여 전체 법체계를 이루고 있다.

이러한 법 특성은 동법이 대상으로 하는 위치정보의 정의에도 드러나는데, 법 제2조 제1호는 위치정보를 "이동성이 있는 물건 또는 개인이 특정한 시간에 존재하거나 존재하였던 장소에 관한 정보로서「전기통신사업법」제2조 제2호 및 제3호에 따른 전기통신설비 및 전기통신회선설비를 이용하여 수집된 것을 말한다", 제2호는 개인위치정보를 "특정 개인의 위치정보(위치정보만으로는 특정 개인의 위치를 알 수 없는 경우에도 다른 정보와 용이하게 결합하여 특정 개인의 위치를 알 수 있는 것을 포함한다)를 말한다"고 규정하고 있다. 이와 같은 정의는 EU 프라이버시 지침 제9조에서 위치정보가 통신망 안에서의 단말기의 위치로부터 자료화된 정보를 의미하는 것에 비하여 의미상 확대되고 있으며, 이는 위치정보서비스 자체의 상업적 활용 가능성을 반영한 것으로 볼 수 있다.

한편 법 제5조 내지 제8조에서는 위치정보사업에 관한 방송통신위원회의 허가 등, 그리고 제9조 내지 제14조에서는 위치기반서비스사업의 신고 등에 관하여 규정하고 있는데, 이러한 규정은 위치정보사업을 규제 산업의 영역에서 다루고자 하는 입법적 태도의 결과로 이해된다.

### (2) 위치정보 보호의 주요 내용

위치정보보호법은 위치정보의 보호와 관련하여 위치정보 수집 등에 대한 제한을 부과하고 있는데, 기본적으로 위치정보 주체의 사전동의를 요구하는 방식으로 이루어지고 있다. 즉 제15조는 개인 또는 소유자의 동의를 얻지 아니하고 당해 개인 또는 이동성이 있는 물건의 위치정보를 수집·이용 또는 제공하는 행위를 원칙적으로 금지하며, 제18조 제1항과 제19조 제1항은 위치정보사업자가 개인위치정보를 수집하고자 하는 경우 또는 위치기반서비스사업자가 개인위치정보를 이용하여 서비스를 제공하고자 하는 경우에 일정한 내용을 이용약관에 명시한 후 개인위치정보주체의 동의를 얻어야 하는 것으로 규정하고 있다.

한편 개인위치정보주체는 위치정보사업자에 대한 동의의 철회(24조 1항), 개인위치정보의 수집, 이용 또는 제공의 일시적인 중지(2항), 위치정보사업자 등에 대한 일정한 자료의 열람 또는 고지의 요구(3항) 등의 권리를 가지며, 이로써 개인정보보호의 실질을 기하고 있다.

## 4. 거래 공정화 법률에 의한 개인정보 보호

### (1) 소비자 보호 차원에서의 규제

통신산업에서 개인정보 보호는 통신서비스의 거래나 통신사업자에 의하여 제공된 개인정보를 통한 거래의 공정화를 규율하는 법률에 의해서도 이루어질 수 있다. 특히 거래의 공정화 법률은 거래상 구조적으로 열등한 지위에 있는 소비자 보호의 목적이 반영된 것으로서, 개인정보에 관한 이익도 소비자의 이익으로 이해될 수 있기 때문에, 이러한 규제체계가 갖는 중요성을 간과할 수 없다.

예를 들어 전자상거래소비자법 제11조 제1항은 "사업자는 전자상거래 또는 통신판매를 위하여 소비자에 관한 정보를 수집 또는 이용하고자 하는 경우에는 정보통신망법 등 관련 규정에 따라 이를 공정하게 수집 또는 이용하여야 한다"고 규정하고 있는데, 이 규정에 의하여 정보통신망법상 개인정보처리자가 부담하는 의무는 전자상거래의 사업자 등으로 확장된다. 또한 동조 제2항은 "사업자는 재화 등을 거래함에 있어서 소비자에 관한 정보가 도용되어 당해 소비자가 재산상의 손해가 발생하였거나 발생할 우려가 있는 특별한 사유가 있는 경우에는 본인 확인이나 피해의 회복 등 대통령령이 정하는 필요한 조치를 취하여야 한다"고 규정하고 있는데, 이때 도용의 의미와 관련하여 법원은 타인 정보의 불법적 사용뿐만 아니라, 정보주체의 동의를 받지 아니하거나 동의를 받은 범위를 넘는 사용도 포함된다고 보고 있으며,[32] 이러한 판례에 비추어 개인정보의 침해 범위도 동 규정에 의하여 확대되는 것으로 이해할 수 있다.[33] 이 밖에 동법

---

32) 서울고법 2009. 7. 1. 선고 2008누26918 판결 및 대법원 2009. 11. 12. 선고 2009두12549 판결.

제21조 제1항 제6호에 의하여 "본인의 허락을 받지 아니하거나 허락 받은 범위를 넘어 소비자에 관한 정보를 이용하는 행위"가 금지행위로 규정되어 있는 것도, 거래의 공정화 차원에서 개인정보의 보호를 수용하고 있는 적절한 예가 될 것이다.

한편 거래 유형과 관련하여 개인정보의 보호가 문제되는 것으로서, 통신이 마케팅 수단으로서 직접적으로 활용되는 텔레마케팅의 규제에 주목할 필요가 있다. 텔레마케팅은 텔레커뮤니케이션(telecommunication)과 마케팅(marketing)의 합성어로 구성된 용어이며, 통신수단의 활용에 의한 마케팅을 의미한다. 또한 구체적인 행태 측면에서 보면, 새로운 고객을 끌어들이기 위하여, 기존고객들과 접촉하여 만족수준을 확인하기 위하여, 또는 주문을 받기 위하여 텔레마케터(telemarketer)를 사용하는 것을 의미한다.[34] 마케팅은 과거 상품의 판매 촉진수단으로서 인식되었지만, 최근에는 고객의 욕구를 충족하는 수단으로서 그 의미가 변화되고 있다. 1985년 미국마케팅협회(american marketing association)의 정의에 의하면, 마케팅은 개인과 조직의 목표를 만족시키는 교환을 창출하기 위하여 아이디어, 상품, 서비스의 개념 형성, 가격, 프로모션, 유통을 계획하고 실시하는 과정을 의미한다.[35] 마케팅의 수단으로 통신을 활용하는 텔레마케팅 역시 이러한 변화에 상응하여 그 외연이 확대되고 있다.

이상의 특징을 갖고 있는 텔레마케팅은 비대면 또는 원격지 판매(distant selling)의 대표적 유형으로서 소비자 이익 보호를 위한 규제 대상이 되고 있으며,[36] 특히 방문판매법은 이에 관한 명시적인 근거가 된다. 동법 제2조 제3호는 전화권유판매를 "전화를 이용하여 소비자에게 권유하여 계약의 청약을 받거나 계약을 체결하는 등 총리령이 정하는 방법으

---

33) 이호영, 소비자보호법, 홍문사, 2010, 242-243면 참조.

34) Philip Kolter, 윤훈현 역, Marketing Management, 석정, 2000, 928면.

35) 김준호 · 이동진, 텔레마케팅, 무역경영사, 2007, 133-134면 참조.

36) Geraint G. Howells & Stephen Weatherill, Consumer Protection Law, Dartmouth, 1995, 295-296면 참조.

로37) 재화 등을 판매하는 것"으로 정의하고 있으며, 이는 앞에서 살펴본 텔레마케팅의 정의에 부합하는 판매유형에 해당한다. 이러한 판매유형에 대하여, 동법 제5조에 의한 사업신고 의무의 부과, 제6조에 의한 전화권유판매원의 명부 비치 의무의 부과, 제7조에 의한 계약체결 전의 정보제공 및 계약체결에 따른 계약서 교부의무의 부과, 제8조에 의하여 거래상대방인 고객에 대한 청약철회권의 부과 그리고 제11조에 의하여 계약체결 강요 등의 행위를 금지하는 것에 의하여 규제가 이루어지고 있다.

이와 같은 규제의 근거로서, 판매원의 일방적인 정보의 제공에 의하여 소비자 선택의 왜곡이 나타날 수 있다는 점, 판매원의 신분이 명확하지 않고 또한 수금원과 판매원이 다른 경우에 소비자에게 거래상의 불이익이 발생하여도 이를 조정할 수 있는 기회가 제한될 수밖에 없다는 점 등이 제시되고 있다.38)

### (2) 정보통신망법 등에 의한 개인정보 보호와의 관계

이상의 전화권유판매에 대한 방문판매법에 의한 규제는 전화권유판매 자체를 금지하는 것이 아니라, 거래의 공정성을 보장하여 소비자의 이익이 보호될 수 있도록 동 판매방식을 제한하는 것이다. 이러한 점에서 앞에서 살펴 본 정보통신망법상 개인정보의 보호를 위한 규제, 특히 정보통신서비스제공자에 의한 개인정보의 수집, 이용 그리고 제3자 제공의 경우에 이용자의 동의를 요구하는 것은, 전화권유판매, 즉 텔레마케팅에 대한 보다 근본적인 규제가 된다.

텔레마케팅은 시간, 공간, 거리의 장벽을 극복하며, 기업을 정보창조조직으로 변모시키고, 통신에 기초하여 형성된 관계에 기초하여 영업활동이

---

37) 동법 시행규칙 제4조에 의하면, 전화를 사용하여 소비자의 응답을 유도하고 대화를 함으로써 청약을 받거나 계약을 체결하는 방법을 말한다.
38) 권오승, 경제법, 법문사, 2005, 589-590면 및 신현윤, 경제법, 법문사, 2010, 670-671면 참조.

전개된다는 점 등의 특성을 갖고 있으며, 또한 무엇보다 고객의 데이터베이스를 중심으로 수행된다는 점이 기본적인 특징이 된다.[39] 즉 텔레마케팅에 의한 영업을 수행함에 있어서 고객의 데이터베이스는 일차적인 중요성을 갖는 것이고, 많은 경우에 텔레마케팅의 출발점이 된다.[40] 따라서 정보통신서비스제공자가 이러한 데이터를 구축하는 것을 제한하는 것은 텔레마케팅에 대한 근본적인 제한을 의미한다.

이와 관련하여 EU의 프라이버시 지침이 개인정보 보호와 관련하여 전화번호부에 의한 규제와 이른바 스팸과 같은 자동교환 전화를 포함한 요청하지 않은(unsolicited) 통신에 관한 규제를 구분하고 있다는 점에 주목할 필요가 있다. 일반적으로 전화번호부는 하나의 네트워크에 가입하고 있는 모든 이용자를 포함하여 인쇄방식으로 또는 전자적으로 만들어진 것을 의미하며, 이에 대한 접근가능성의 보장은 EU의 보편적 역무 지침이 규정하고 있듯이, 보편적 역무로서의 성격을 갖는다.[41] 이러한 점에서 앞에서 살펴 본 EU 프라이버시 지침도, 검색 이외의 목적을 추구하는 경우 이외에는, 이용자들에게 전화번호부 등재 이전에 전화번호부의 목적에 대하여 공지가 이루어질 것과 이용자들에게 전화번호부상의 정보에 대한 검증, 수정, 철회권을 보장하고 있을 뿐이다. 반면에 EU 프라이버시 지침 13조는 자동화된 전화 등에 의한 직접적 판매에 대하여 원칙적으로 사전적 동의를 요하는 것으로 하고 있으며, 이는 자신의 정보가 이용되는 것에 대한 구체적인 통제를 의미하는 것이다.

이러한 규제상의 구별은 정보통신망법에도 반영되고 있지만, 개인정보의 보호에 있어서 전화번호가 갖고 있는 공공적 특성에 대한 고려나 영업적 이용에 대한 사전 동의와 같은 특별한 규제 근거에 대한 명확한 인식

---

39) 김준호 · 이동진, 주 35)의 책, 138면 참조.

40) Ernst Röder-Messel & Christian Koenig, 주 12)의 글, 493면.

41) Directive 2002/22/EC on universal service and users' rights relating to electronic communications networks and services 제5조는 전화번호 안내와 전화번호부의 이용을 보편적 역무의 내용으로 규정하고 있다.

이 뒷받침되고 있는지는 의문이다. 구체적으로 정보통신망법 제50조의 규제에서 자동화된 전화여부를 구분하지 않고 전화에 의한 광고성 정보 전송에 사전적 동의를 요하는 것이나 사전적 동의를 요하지 않는 예외 사유의 확대 등에서 타당성을 결하고 있다는 지적이 가능하다. 또한 자동전화에 의한 경우와 그 이외의 경우에 프라이버시 침해 측면뿐만 아니라 공적으로 이용되는 전화번호의 의의에 대해서도 고려할 점이 있다.

나아가 전자상거래소비자법이나 방문판매법이 특수한 거래로서 텔레마케팅을 규제 대상으로 하고 있다는 점에서, 개인정보 보호 규제체계를 종합적인 관점에서 검토할 필요성이 있다. 예를 들어 미국 통신법상 프라이버시 보호의 관점에서 Telemarketing의 규제가 엄격한 것은 아니지만, 연방거래위원회(FTC)에 의한 Telemarketing and Consumer Fraud and Abuse Prevention Act 제6102조에 근거한 규제는 기만적이거나 남용적인 Telemarketing을 금지하는 것을 내용으로 하는 강화된 규제 태도를 보여주고 있으며,[42] 이러한 상황이 종합적으로 이해될 필요가 있다. 비록 거래의 공정성 보장과 개인정보의 보호라는 뚜렷이 구별되는 입법 목적을 갖고 있지만, 판매 방식 자체에 대한 규제가 이루어지고 있는 상황은 개인정보(프라이버시)의 침해 가능성을 줄이는 방향으로 작용할 수 있으며, 이러한 점은 규제의 수준과 범위를 정하는데 있어서 고려되어야 한다.


## IV. 규제체계의 개선


### 1. 개인정보의 영업적 이용에 관한 규제체계의 종합

통신산업에서 개인정보 보호는 여전히 중요한 과제이며, 개인정보보호

---

42) http://business.ftc.gov/advertising-and-marketing/telemarketing 참조.

법을 기초로 하여 정보통신망법과 위치정보보호법으로 구성된 법체계는 개인정보의 수집과 이용 등을 규제하고, 또한 거래 공정화를 위한 법률에 의해서도 개인정보의 이용에 관한 일정한 제한이 따르고 있다. 개인정보의 이용 등과 관련된 사업자의 영업적 활동은 이 법률들에 의한 규제 범위 안에서 이루어지며, 결국 이러한 규제체계는 개인정보의 영업적 이용의 한계로 작용할 것이다.

통신산업에서 개인정보의 영업적 이용을 단계적으로 파악하면, 통신사업자가 통신서비스를 제공하는 과정에서 불가피하게 개인정보의 수집과 이용이 필요한 경우와 통신사업자가 수집한 개인정보를 이용하여 다른 상품을 제공하는 경우로 나눌 수 있으며, 또한 후자의 경우에 제공되는 상품이 다른 통신서비스인 경우와 비통신 상품인 경우로 구분할 수 있다.

이상의 개인정보가 형성, 유통되는 각각의 단계에서 개인정보 보호의 필요성은 모두 인정되지만, 보호의 초점에는 다소 차이가 있다. 예를 들어 전자의 경우 전통적인 의미에서의 개인정보 보호가 여전히 핵심적인 규제 사항이 된다면, 후자의 경우에는 영업적 이용의 구체적인 내용이나 방식에 대한 통제가 보다 의미 있을 것이다. 이러한 점에서 개인정보보호법상 개인정보처리자나 정보통신망법상 정보통신서비스 제공자의 단일한 개념에 의존하여 규제체계를 형성하고 있는 것에 대하여,[43] 개인정보의 수집이나 이용 측면에서 상이한 측면을 고려하지 않고 획일적 규제를 행하고 있다는 점에서 일정한 문제제기가 가능할 것이다.

또한 상품의 판매를 위하여 개인정보를 이용하는 경우, 전자상거래 소비자법이나 방문판매법에 의한 거래 공정화 차원에서의 규제가 이루어지고 있다는 점도 전체 규제체계를 합리적으로 구성할 경우에 고려하여야 할 부분이다. 즉 통신판매나 전화권유판매에 의한 거래에 있어서 개인정보도 거래상대방의 중요한 이익의 하나로 볼 수 있다는 점에서 개인정보

---

43) 위치정보보호법에서는 규제 대상을 위치정보사업자와 위치기반서비스사업자로 개념상 분리하지만, 규제 내용은 거의 동일하게 구성되어 있다.

보호를 위한 규제가 행해지고 있는데, 이와 같은 구체적인 거래 과정에서의 규제가 개인정보의 일반적 규제보다 실효성 측면에서 보다 유력한지에 대한 검토가 필요할 것이다. 이와 관련하여 앞에서 살펴본 것처럼 미국 법체계에서 마케팅 과정에서의 개인정보(privacy) 문제는 FTC에 의한 공정거래 관점에서 주로 다루어지고 있다는 점을 참고할 수 있을 것이다.

## 2. 구체적 문제점과 개선 제안

정보통신망법 제1조는 동법의 목적에 관하여 "이 법은 정보통신망의 이용을 촉진하고 정보통신서비스를 이용하는 자의 개인정보를 보호함과 아울러 정보통신망을 건전하고 안전하게 이용할 수 있는 환경을 조성하여 국민생활의 향상과 공공복리의 증진에 이바지함을 목적으로 한다"고 규정하고 있으며, 위치정보보호법 또한 유사한 규정을 두고 있다. 이러한 규정은 동법이 산업적인 관점에서 정보통신망의 이용촉진과 정보의 보호를 동시에 추구하고 있음을 의미한다. 그러나 산업정책적인 관점에서 정보통신망에 대한 규율과 개인 정보 보호의 규제는, 가치 측면에서 충돌할 여지가 있다는 점에서 하나의 법체계에 수용되어 있는 것이 타당한 입법 방식인지에 대해서 근본적인 의문이 있다. 이러한 문제점은 개별 조항에서 정보보호를 위한 충분한 규제를 정립하는 것에 한계로 작용할 수 있다.

또한 각각의 규제의 의의를 명확히 하며, 개인정보의 관점에서 흠결될 부분에 대한 검토가 이루어져야 한다. 예를 들어 개인정보의 관점에서 발신자 정보는 그 자체로 정보의 중요한 내용으로서 프라이버시 보호의 대상이 되며, EU 프라이버시 지침도 이에 관한 보호 규정을 두고 있는데(지침 8조, 9조) 반하여, 정보통신망법상 이에 대한 규제가 이루어지고 있지 않은 점은 문제점으로 지적할 만하다. 또한 통신산업에서 보호 대상이 되는 개인정보는 개인정보보호법에 의하여 일반적으로 정의되고 있는데, 구체적인 정보의 내용에 따른 정책적 대응이 상이할 수 있기 때문에 유형화된 이해가 필요할 수 있다. 예를 들어 미국 통신법상 네트워크 정보나 EU 프라이버시 지침에서 통화정보(traffic data) 등과 개인정보의 유형을 구체화하고, 각각의 유형에 적합한 보호수준과 예외 허용 범위를 정하는 방식은 통신산업에서 개인정보 보호의 실효성을 높이는 방안으로 고려될 수 있다.

개인정보의 보호나 그 밖의 규율에 있어서 차별화된 접근이 필요하다. EU 프라이버시 지침 제12조는 최소한의 인적사항으로 검색에 필요한 수준 이상의 정보에 대한 추가적 동의에 관하여 규정하고 있는데, 이와 같이 개인의 정체성에 관련된 정도에 따라서 규제 수준의 차이를 두는 방안을 고려할 수 있을 것이다. 현행 개인정보보호법은 이러한 문제의식을 민감정보 등의 개념을 통하여 반영하고 있지만, 공중에 의하여 이용되는 인쇄 또는 전자적 형태의 전화번호부에 등재되는 정보에 대해서도 차별적인 접근이 필요할 것이다. 텔레마케팅의 영업 방식의 구체적 유형에 따라서 개인정보 보호를 위한 규제를 차별화하는 것도 고려할 수 있다. EU 프라이버시 지침 제13조 제1항이 시사하는 것처럼, 텔레마케팅이 교환원의 중계가 없는 자동교환 전화의 사용을 통하여 이루어질 경우에[44] 이에 대한 규제는 강화될 필요가 있다. 또한 개인정보 보호에 있어서 원칙적인 방식이 되고 있는 동의 또는 추가적 동의가 형식적이지 않은 실질적인 요건으로 기능할 수 있도록 지속적으로 주의를 기울여야 하고, 특히 기본 동의와 추가적 동의가 실질적으로 분리될 수 있도록 하는 것에 정책의 초점이 모아질 필요가 있다.

끝으로 이용자의 개인정보를 수집한 정보통신서비스 제공자는 수집된 개인정보를 영업적으로 이용하려는 자에 대하여 우월한 지위에 있게 된다는 점도 규제의 관점에서 고려할 필요가 있다. 이와 관련하여 독일의 Sparberaterin 판결은 시사하는 바가 크다.[45] 동 판결에서 독일 연방대법

---

44) 완전히 자동화된 시스템에 의하는 텔레마케팅의 의의에 관하여, Philip Kolter, 주 34)의 책, 929면 참조.

원은 DT(Deutsche Telekom)의 자회사로서 독일 전역의 전화번호부 'Das
Telefonbuch' 그리고 지역 전화번호부 'Das Oerterliche'와 'Gelben Seiten'
을 발행하는 자에 대하여 전화번호부에 광고를 게재하는 사업자는 종속적
인 지위에 있으며, 전화번호부 사업자가 광고를 게재함에 있어서 독립적
광고대행사를 자신의 대리인에 비하여 불이익하게 취급한 것은 GWB 제
20조 제2항의 차별행위에 해당한다고 판시하였다. 동 판결은 종속적인 관
계에 초점을 맞추어 남용행위를 인정한 판례로서,[46] 정보통신망법상 이에
관한 규제 근거가 주어지지 않는 경우에도, 개인정보를 수집하고 있는 정
보통신서비스 제공자가 수집된 정보를 영업적으로 활용할 경우에 경쟁법
에 의한 규제 가능성을 보여주고 있다. 즉 개인정보를 이용하는 경우에 보
호의 관점뿐만 아니라, 개인정보를 축적하고 있는 사업자의 지배력 관점
에서도 규제가 필요할 수 있다. 나아가 미국의 공정거래 규제기관인 FTC
의 규제 실무가 시사하듯이, 이와 같은 지배력 문제뿐만 아니라 개인정보
의 상업적 이용의 전반에 걸쳐 독점규제법이나 소비자 보호법과 같은 공
정거래 관련 법률이 실질적인 역할을 수행할 수 있다는 점도 고려되어야
한다.

---

45) BGH 2004. 7. 13. 또한 독점적 지위에 있는 방송사업자가 텔레마케팅 사업자에
대하여 TV방송 광고에서 수신 번호를 자신의 계열사의 번호로 할 것을 요구한 것
을 유럽법원(ECJ)이 시장지배적 지위남용행위로 판단한 Télémarketing 사건
(Centre Belge d'Etudes de Marché-Télémarketing SA v. Compagnie
Luxembourgeiose de Télédiffusion SA case 311/84 [1986] 2 CMLR 558)도 참고
할 만하다. Télémarketing 사건에 대한 평석으로서, Mark Furse, Competition
Law, Oxford Univ. Press, 2009, 311면 참조.
46) Michael Kling, Stefan Thomas, Kartellrecht, Verlag Vahlen, 2007, 635면 참조.

# 제4편
# 소비자보호법

# 26. 경쟁정책과 소비자정책의 관련성 고찰
## -독점규제법과 소비자법의 관계를 중심으로-

## I. 서론

1980년 제정된 「독점규제 및 공정거래에 관한 법률」(이하 독점규제법)은 시장경제에 기초한 우리 경제질서의 핵심을 이룬다. 동법은 경쟁 메커니즘을 보호함으로써 경제주체들의 이해를 조정하는 시장의 본질적 기능이 올바르게 발휘될 수 있도록 하는 것을 목적으로 입법되었다. 물론 동법의 제정 이전에 우리 경제운영이 시장경제에서 본질적으로 벗어나 있었던 것은 아니지만,[1] 독점규제법의 제정은 시장경제질서에 기초한 경제운영방식을 규범적으로 확립하였다는 점에서 의의가 있다. 특히 1980년대 이후 경제 성장보다 경제 안정을 정책상 우위에 두고 경제의 주도적 역할을 정부 대신에 민간 부문이 담당하는 방향으로 경제운영방식의 근본적인 전환이 이루어졌으며,[2] 이와 같은 정책기조의 변화는 시장경제원리를 법제도

---

1) Edward S. Mason, 김만제, Dwight H. Perkins, 김광석, David C. Cole, 한국 경제·사회의 근대화, 한국개발연구원, 1981, 41-42면에서는 한국의 경제발전 시기에 정부 역할의 비중이 컸지만, 정부의 계획수립과 집행이 시장에 기초하여 이루어졌다는 점에서 '자유기업경제체제'였다고 분석하고 있다.
2) 이제민, 한국의 산업화와 산업화정책, 안병직 편, 한국경제성장사, 서울대학교출

적으로 구체화한 독점규제법의 제정으로 이어졌다.

비슷한 시기에 우리 법체계에서 최초로 소비자 보호를 위한 법규범을 정립하였다는 점에서 의의가 있는 「소비자보호법」이[3] 제정되었다는 사실에도 주목을 요한다. 독점규제법이 시장질서에 관한 법이라면, 소비자보호법은 시장참가자들 중 상대적으로 열등한 지위에 있는 소비자를 규율하는 법이며, 특정한 산업 목적에 따라서 공급 주체들을 규율하는 규제산업법과 함께 전체적으로 경제법체계를 구성한다.[4] 즉 소비자보호법의 제정은 시장경제질서를 규범적으로 확립하는 일환으로 이루어진 것이며, 그 과정에서 소비자들의 구조적 지위에 연원하는 보호 필요성이 규범적으로 승인된 결과라 할 수 있다.

따라서 독점규제법과 소비자법의 관계는 입법 연혁에서 알 수 있듯이 시장경제질서의 규범적 형성의 관점에서 이해할 수 있으며, 이러한 관점은 두 법의 전개 과정과 현재 양자의 관계를 이해함에 있어서도 여전히 유효할 것이다. 이하에서의 논의는 우선 독점규제법과 소비자법 관계의 일반적 의의를 살펴보는 것에서 출발한다. 특히 두 법은 시장경제질서의 형성과 유지에 기여하면서 동시에 각각의 한계를 상호 보완하는 것을 통하여 양자의 관계를 통일적으로 파악할 수 있는 기초를 제공하고 있다는 점에 초점을 맞출 것이다(II). 이어서 두 법의 관계를 구체화하는 계기를 각각의 법 영역에서 확인하고자 한다. 즉 독점규제법에서 소비자 보호와 소비자법에서 공정거래의 규범적 의의와 연혁적 전개 과정의 구체적인 내용을 살펴 볼 것이다(III, IV). 이상의 논의에 기초하여 시장경제질서 형성

---

판부, 2001, 502면 이하.

3) 소비자보호법은 2006년 법 개정에 의하여 소비자기본법으로 법명이 변경되었다. 또한 이하에서 소비자기본법과 개별 소비자 보호에 관한 법률을 총칭하는 의미로 '소비자법'을 사용한다.

4) 소비자보호 정책이 경제법 안에서, 특히 경쟁법 및 특별 경제법의 개별 분야에서 일정한 역할을 수행하고 있다고 보는 견해로서, Fritz Rittner & Meinrad Dreher, Europäisches und deutsches Wirtschaftsrecht, C. F. Müller, 2008, 25면 참조.

이라는 공통의 과제를 수행하고 있는 양자의 관계가 실질적인 것이 될 수 있도록 하기 위한 개선을 제안하는 것으로 결론에 대신할 것이다(V).

## II. 독점규제법과 소비자법의 관계

### 1. 소비자의 의의

#### (1) 시장경제에서 소비자의 의의

독점규제법과 소비자법은 시장경제질서와 관련하여 형성되어 온 법체계이며, 양자의 관계는 이러한 공통의 과제를 수행하는 과정에서, 특히 시장참가자들 중 한 축을 대표하는 소비자 개념을 중심으로 구체화된다. Adam Smith의 '자유로운 공동생활의 질서'에 사상적 연원을 두고 있는 시장경제는 기능적으로 균형가격이론을 핵심적 내용으로 한다. 경제주체들의 자유로운 경제활동으로부터 형성되는 균형가격의 신호기능은 효율적인 자원배분을 이끌며 국민경제 차원에서 최고 수준의 후생을 달성할 수 있게 한다. 이러한 논리적 연결의 출발점에 위치한 균형가격은 균형의 성립과정을 지배하는 경제주체의 자율성, 균형가격이 경제에서 차지하는 정보제공의 기능과 그것이 인도하는 개별참가자의 사익을 능가하는 공익의 극대화 등을 개념 자체에 함축함으로써, 시장경제의 이론적 구성에서 핵심을 이룬다.[5]

그러나 균형가격의 성립 조건은 매우 취약하며, 특히 법제도적인 뒷받

---

5) G. R. Morrow, Adam Smith: Moralist and Philosopher, John C. Wood ed., Adam Smith-Critical Assessments- vol. I, Croom Helm, 1984, 177-178면 및 K. R. Ranadive, The Wealth of Nations-The Vision and the Conceptualization, John C. Wood ed., Adam Smith-Critical Assessments- vol. II, Croom Helm, 1983, 246-247면 참조.

침이 주어지지 않을 경우에 현실적으로 실현되기 어려운 한계를 드러낸다. 따라서 사적자치에 기초한 私法制度와 시장경제의 결합은 불가피한 것이라 할 수 있으며,[6] 나아가 시장에서의 경제활동을 자유롭고 공정하게 이루어지도록 함으로써 경쟁 메커니즘을 형성·유지하기 위한 경쟁법의 중요성도 커질 것이다. Fritz Rittner의 "가능한 한 유리한 거래를 성사시키려고 하는 각 시장참가자들의 노력"으로서 경쟁의 정의를 따르면,[7] 이러한 시장참가자들의 행위를 침해하거나 왜곡하는 것은 결국 시장의 본질적 기능, 즉 균형가격에 이르는 경쟁 과정의 제한을 의미하며, 이를 당사자의 대등성을 전제한 사적자치 또는 계약자유의 형식적 보장에 의하여 통제하는데 한계가 있다.[8] 이러한 점에서 시장질서적 관점에서 형성된 경쟁법에 의한 규제 필요성을 인정할 수 있으며, 시장참가자의 하나로서 소비자는, 비록 일반적인 규제 대상은 아니지만, 경쟁법의 전체적인 규율 범위 안에 위치하게 된다.

이와 같이 경쟁법상 소비자가 시장참가자의 관점에서 이해된다면, 소비자법상 소비자는 연혁상 구체적인 보호 필요가 규범적으로 승인되는 과정에서 형성된 개념이라 할 수 있다.[9] 물론 소비자법체계가 발전하는 과정에서 소비자는 단지 보호 대상이 아니라 권리의 주체라는 인식의 전환이

---

6) 시장경제질서와 사적자치에 따른 법질서 간의 이념적 정합성에 관하여, Helmut Leipold, 권오승 역, 경제체제의 사회이론적 기초, 경희법학 제24권 1호, 1989, 113면 이하 참조.

7) Fritz Rittner, Wettbewerbs- und Kartellrecht 6 Auf., C. F. Müller, 1999, 160면.

8) Walter Eucken은 시장은 경쟁에 의하여 조정되지만, 독점을 지양하지는 못하며, 따라서 질서유지적 관점에서 국가 개입의 필요성이 있다고 보고 있다. Walter Eucken, A Policy for Establishing a System of Free Enterprise, Horst Friedrich Wünsche supervised ed., Standard Texts on the Social Market Economy, Gustav Fischer, 1982, 121-123면 참조.

9) Dieter Medicus, Wer ist ein Verbraucher?, Festschrift für Zentaro Kitagawa, Duncker & Humblot, 1992, 472면 및 Peter Bülow und Markus Artz, Verbraucherprivatrecht, C. F. Müller, 2003, 17-19면 참조.

이루어지고, 이러한 변화는 2006년 소비자보호법의 법명이 소비자기본법으로 변경된 근본적인 법개정에 의하여 입법적으로 반영되었다.10) 그러나 부분적으로 소비자 보호의 관점은 여전히 개별 법률에서 입법 지침으로 작용하고 있는데, 즉 동등한 법인격으로서 인 개념(Personenbegriff) 대신에 소비자 개념(Verbraucherbegriff)은 개별적인 보호 법률에서 착안점으로 기능하며,11) 여기서의 소비자는 당사자 대등성을 전제한 형식적인 법적 주체가 아니라 실제적인 행위자로서 나타난다. 따라서 소비자법체계에서 소비자는 거래에서 전형적으로 드러나는 피해 양상을 실증적으로 분석하고, 이에 대한 규범적 보호 필요성을 구체화하는 과정에서 우선적인 의미를 갖게 될 것이다.12)

## (2) 소비자 개념의 규범적 수용

소비자 개념의 등장은 근대 이후 대량생산, 대량소비 체제가 일반화되면서 부터이며, 이 시기부터 소비자는 소비생활을 영위하는 주체로서 사업자에 대립되는 개념으로 인식되기 시작하였다.13) 그러나 소비자 개념의 규범적 수용에는 시차가 뒤따랐으며, 또한 수용 정도에 있어서 일정한 단계를 거치며 전개되어 왔다는 점도 유념할 필요가 있다.

이와 관련하여 Medicus의 소비자가 법제도화 되는 과정에 대한 단계적

10) 공정거래위원회는 소비자보호법에서 소비자기본법으로의 법명 변경이 소비자를 자주적으로 권리를 실현하는 주체로서의 지위를 강조하기 위한 것으로 설명하고 있다. 공정거래위원회, 공정거래위원회 30년사, 2011, 485면 참조.
11) Fritz Rittner & Meinrad Dreher, 주 4)의 책, 81면.
12) 한편 개별 보호법률에서 소비자는 구체적인 보호 필요성에 따라서 구성될 수 있는 개념이며, 통일적인 소비자 개념 정의가 유용하지도, 타당하지도 않다는 견해로서, Meinrad Dreher, Der Verbraucher - Das Phantom in den opera des europäischen und deutschen Rechts?, JZ, 1997, 170면 참조.
13) Robert N. Mayer, 이기춘 등 역, 소비자주의: 시장을 지키는 파수꾼, 도서출판 하우, 1996, 18면 이하 참조.

설명은 적절한 이해를 돕는다. 이에 의하면 소비자의 입법화는 3단계의 과정을 거치는데, 소비자 보호에 해당하는 사고가 입법에 영향을 미친 것은 분명하지만 소비자 개념이 단지 주변적으로만 다루어졌던 1단계, 소비자 보호의 사고가 의식적인 입법 동기로서 작용하였지만 소비자 개념이 직접적인 구성요건적 출발점으로서 채택되지는 않았던 2단계, 그리고 소비자라는 용어가 법문에 직접적으로 등장하는 3단계로 구분된다.[14] 또한 Medicus는 3단계에 이르러서도 소비자 의의에 관한 내용적 보충 없이 소비자 개념이 제대로 기능하는데 한계가 있었음을 지적하였는데,[15] 2000년 독일 민법 개정에서 소비자 개념의 정의는(독일 민법 13조) 이러한 한계를 극복하는 시도의 하나로 볼 수 있을 것이다.

우리나라에서의 상황도 대체로 비슷하게 전개되었는데, 1980년 소비자보호법이 제정됨으로써 소비자 보호에 관한 법체계가 형성되기 시작하였지만, 제정 당시의 소비자보호법은 소비자에 관한 정의 규정을 두고 있지 않았다. 현행법과 같은 내용의 소비자 개념이 입법화 된 것은 1986년 동법의 1차 개정 시이며, Medicus가 언급한 것처럼 이 시기부터 소비자 개념의 내용적 확충을 통하여 실질적인 보호 규범으로서의 역할이 가능해진 것으로 볼 수 있다.

소비자법체계에서 이루어진 소비자 개념 정의의 몇 가지 특징에도 주목할 필요가 있다. 우선 소비자보호법(기본법)상 소비자 개념은 1986년 개정 이후 대체로 유사한 내용으로 유지되고 있는 동법 제2조 제1호에 의하는데, 동 규정에서 "소비자라 함은 사업자가 제공하는 물품 또는 용역을 소비생활을 위하여 사용하는 자 또는 생산활동을 위하여 사용하는 자로서 대통령령이 정하는 자를 말한다"고 규정하고 있으며, 후단에는 동법 시행령 제2조에 의하여 제공된 물품 또는 용역을 최종적으로 사용하는 자(1호)와 제공된 물품 또는 용역을 농업 및 어업활동을 위하여 사용하는 자(2호)

14) Dieter Medicus, 주 9)의 글, 472-473면.
15) 위의 글, 478-479면.

가 포함되고 있다. 이러한 정의에 따르면, 소비자의 범위는 소비생활의 영위 주체를 넘어서 예외적으로 생산활동의 주체까지 확장된다. 이와 같은 개념 확대는 거래의 최종적 단계에 위치하지 않은 자에 대해서도 거래상 피해에 관한 보호 필요성이 인정되는 경우에 이를 보호 대상으로 하기 위한 것으로 볼 수 있다. 그러나 입법자가 고려한 보호 필요성을 긍정하더라도, 생산주체를 소비자로 파악하는 것은 개념적으로 타당하기 어려우며, 또한 개별 보호 법률에서 입법자가 전제한 보호 필요성이 언제나 인정될 수 있는 것은 아니기 때문에, 이러한 입법태도는 소비자기본법상 소비자 개념의 일반적 적용에 한계로 작용할 것이다.16) 예를 들어「약관의 규제에 관한 법률」(이하 약관규제법) 제2조 제3호는 동법에 의한 보호 대상으로서 고객을 고유한 관점에서 정의하고 있는데,17) 이와 같이 소비자기본법상 소비자의 일반적 정의에도 불구하고 구체적인 보호 법률에서 보호 대상을 개별적으로 정의하는 병행적인 입법은, 소비자법체계에서 소비자 개념의 수용에 관한 특징적인 양상으로 이해할 수 있다.

## 2. 독점규제법과 소비자법의 충돌과 상호보완

독점규제법은 시장 참가자의 하나로서 소비자를 이미 전제하고 있으며, 따라서 소비자 개념의 규범적 수용에 의한 소비자법체계의 형성은, 두 법체계의 관계가 정립될 필요성을 낳는다.

이러한 관계를 논의함에 있어서 양 법체계가 적용되는 출발점으로서 소

---

16) 이러한 입법 태도에 대하여 비판적인 견해로서, 권오승, 소비자보호법, 법문사, 2005, 5면 참조.
17) 약관규제법 제2조 제3호는 "고객이란 계약의 한쪽 당사자로서 사업자로부터 약관을 계약의 내용으로 할 것을 제안받은 자를 말한다"고 정의하고 있는데, 여기서의 고객은 소비자에 한정되지 않으며, 수동적 당사자일 경우에 사업자도 포함되는 것으로 이해된다. 이은영, 약관규제법, 박영사, 1994, 111면 참조.

비자가 어떻게 이해되는지를 살펴볼 필요가 있다. 우선 소비자기본법상 정의된 소비자 개념이 독점규제법에 곧바로 수용될 수 있는 것은 아니다. 이는 부분적으로 사업자적 요소까지 포함하고 있는 소비자기본법상 소비자 개념의 특징과도 관련되는 것이지만, 독점규제법이 추구하는 경쟁정책의 고유한 관점에서 소비자를 이해할 필요가 있다는 점이 주된 근거가 될 것이다.18) 즉 앞에서 살펴본 것처럼 독점규제법상 소비자는 기본적으로 시장참가자의 지위에 있으며, 시장에서의 경쟁이 원활하게 기능할 수 있도록 하는 것에 규제의 초점을 맞추고, 그 과정에서 소비자의 지위가 고려된다. 이러한 이해는 구체적인 상황에서 권리의 주체 또는 보호 필요성의 대상으로 상정되는 소비자법상 소비자의 의의와는 구별되는 것이다.

독점규제법과 소비자법에 나타나는 소비자 개념에 대한 이해의 차이는 양 법체계가 추구하는 경쟁정책과 소비자정책이 충돌할 가능성을 보여준다. 즉 독점규제법은 원칙적으로 경쟁자의 보호가 아니라 경쟁의 보호에 초점을 맞추며, 경쟁이 제대로 기능하고 있다면 그 결과에 대해서는 일차적인 관심을 기울이지 않는다.19) 반면에 소비자법은 시장에서 구조적으로

---

18) 소비자의 대비 개념인 사업자는 소비자기본법과 독점규제법에 명시적인 정의 규정을 두고 있는데, 소비자기본법 제2조 제2호에서 사업자는 "물품을 제조·수입·판매하거나 용역을 제공하는 자"를 의미하며, 독점규제법 제2조 제1호는 "사업자라 함은 제조업, 서비스업, 기타 사업을 행하는 자를 말한다"고 규정하고 있다는 점에서, 규정상의 차이가 드러나고 있다. 특히 독점규제법상 사업자 개념은 불문의 표지로서 독립성이 요구된다는 점에서도(차성민, 독점규제법의 인적 적용 범위, 권오승 편, 독점규제법강의II, 법문사, 2000, 79면 참조) 소비자기본법상 사업자 개념과 구별된다. 대법원이 독점규제법상 사업자를 "자기의 계산으로 재화나 용역을 공급하는 경제활동을 하면서 그 활동과 관련된 각종 결정을 독자적으로 할 수 있는 자"로 판시하여 독립성을 사업자 개념 요소의 하나로 이해하고 있음을 보여주는 판례로서, 대법원 2005. 12. 9. 선고 2003두6283 판결 참조.
19) 예를 들어 대법원은 포스코의 거래거절 사건에서 "시장지배적지위 남용의 부당성은 독과점적 시장에서의 경쟁촉진이라는 입법목적에 맞추어 해석하여야 할 것이고, 그렇지 않으면 경쟁의 보호가 아닌 경쟁자의 보호를 위한 규제로서 시장경제

열등한 지위에 있는 소비자를 전제하며, 이러한 지위에 있는 소비자 보호
로서 시장의 자율적 조정 기능이 충분하지 않다는 인식에 기초하여 개별
적인 권리 부여와 보호 체계를 구성하고 있다.20)

그러나 다른 한편으로 독점규제법과 소비자법은 소비자 이익 실현의 공
통의 과제를 수행하며,21) 기능적으로 상호 보완이 필요한 관계에 있다는
점에도 주목할 필요가 있다.22) 즉 독점규제법상 소비자 이익은 본질적으
로 경쟁 메커니즘의 원활한 작용으로부터 얻게 되는 구조적인 측면에서
파악되지만, 개별 거래에서 전형적으로 발생하는 소비자 이익 침해에 의
하여 구체화되어야 하며, 또한 경쟁이 제대로 기능하는 경우에도 이것이
소비자에게 이익이 되기 위해서는 적절한 소비자 정책이 결합할 필요가
있음을 인식하여야 한다.23) 반면 소비자법체계에서는 소비자에게 구체적
으로 발생하는 피해를 예상하고 이에 대한 적절한 구제 수단을 확보하는
것이 중요하지만, 또한 공정한 거래질서가 소비자에게 가져다 줄 수 있는
궁극적인 이익에도 주의를 기울일 필요가 있을 것이다.24) 이와 같은 독점

___

의 본래적 효율성을 저해하게 될 위험성이 있다"고 판시하였다. 대법원 2007. 11.
22. 선고 2002두8626 판결.
20) 권오승, 주 16)의 책, 9-10면 참조.
21) 예를 들어 von Hippel은 소비자 보호와 관련하여, 경제의 자기조정 기능 강화,
경쟁의 촉진 등의 경쟁법적 접근 외에도, 개별 보호 법률에 의한 법적 조치, 사법
적 통제와 행정적 통제, 소비자에 대한 정보제공과 교육, 소비자의 조직화, 소비
자의 공익기구에 대한 참가 확대 등이 종합적으로 소비자 보호에 기여한다고 보
고 있다. Eike von Hippel, Verbraucherschutz, J. C. B. Mohr, 1986, 25면 참조.
22) OECD, The Interface between Competition and Consumer Policies,
DAF/COMP/GF(2008), 2008, 18-19면.
23) 경쟁이 소비자에게 이익이 되는 것은, 소비자 정책의 스탠스와 실효성에 달려 있
으며, 이러한 점에서 경쟁정책과 소비자정책은 보완적이라고 보는 것으로서,
John Vickers, Economics for consumer policy, Office of Fair Trading, British
Academy Keynes Lecture, 2003, 5면 참조.
24) 소비자 보호를 위하여 경쟁법상의 제도가 보다 중요해지고 있다고 보는 것으로
서, Fritz Rittner & Meinrad Dreher, 주 4)의 책, 25면 참조.

규제법과 소비자법의 상호 기능적 보완의 관점은, 소비자 문제와 관련하여 두 법이 전개되어 온 과정을 이해하는데 있어서 유의미할 뿐만 아니라, 나아가 두 법이 종합적으로 소비자 이익에 기여할 수 있도록 하기 위한 바람직한 관계 설정의 기초를 제공한다. 이러한 관점은 특히 새롭게 경쟁질서를 형성하는 과정에 있는 시장에서 특별한 의미를 갖는데, 과거 국가에 의하여 통제되던 시장의 자유화는 경쟁 메커니즘의 이익을 충분히 향유하기 이전에 개별 소비자에게 보편적 서비스의 축소와 같은 불이익한 영향을 미칠 수 있으며, 이때 소비자법은 소비자 이익실현 측면에서 뿐만 아니라 이러한 시장이 제대로 기능할 수 있도록 하는데 의미 있는 기여를 할 수 있을 것이다.[25]

## III. 독점규제법상 소비자의 이익 실현

### 1. 소비자주권과 독점규제법의 목적으로서 소비자 후생

소비자주권(consumer sovereignty)은 시장경제를 전제로 주어진 생산자원으로 무엇을 얼마만큼 생산할 것인가 하는 문제, 즉 사회전체의 자원배분이 소비자들의 자유로운 선택에 의하여 결정되는 것을 의미한다. 이는 구체적인 거래에서 소비자가 갖는 이익을 표상하는 소비자권리(consumer rights)와 개념적으로 구별되는데, 소비자의 권리로 인식되는 것 중에서, 예를 들어 소비자기본법상 소비자의 권리로 규정되어 있는 알 권리나(4조 2호) 선택할 권리(4조 3호) 등과 같이 소비자주권의 실현과 밀접히 관련을 가지고 있는 경우도 있으며, 따라서 개념적 준별과는 별개로 실제 양자의 구분이 언제나 명확한 것은 아니다. 그러나 소비자주권은 시장경제의 의

25) OECD, 주 22)의 글, 19-20, 28-30면 참조.

의와 직접적으로 관련되고, 또한 시장경제의 정당성을 제시하는 근거가
된다는 점에서, 소비자 문제에 대한 보다 근본적인 이해를 가능하게 한
다.26)

소비자주권의 궁극적 실현은 시장에서의 경쟁을 통하여 이루어진다. 즉
경쟁질서의 확보는 소비자주권을 실현하기 위한 조건이며, 소비자주권을
헌법상 경제질서로서 시장경제를 정당화하는 근거로 이해한다면, 경쟁질
서 확보를 위한 법규범의 형성은 필수적인 요구가 될 것이다. 나아가 민주
사회에서는 국민들이 정치적 주권을 가지고 있는 것처럼 시장경제에서는
소비자들이 경제적인 주권을 가지고 있다고 하는 William Hutt의 비유적
표현이 시사하듯이,27) 소비자주권은 경쟁질서에 관한 독점규제법의 헌법
적 기초가 될 뿐만 아니라,28) 구체적인 법운영에서 궁극적인 지침으로 작
용할 것이다.

독점규제법의 목적을 규정한 제1조는 1980년 입법시부터 변화 없이 유
지되고 있는데, 동 조항은 경쟁 촉진의 궁극적 목적의 하나로 소비자 보호
를 규정하고 있다. 동 규정에서 소비자 보호의 의의와 관련하여, 구체적인
소비자 피해의 구제가 아니라 경쟁이 제대로 기능하는 경우에 얻게 되는
소비자 이익의 의미로서 이해하는 것이 유력하다.29)

이와 관련하여 이론적 측면에서 경쟁법의 목적으로 거론되는 소비자 후
생(consumer welfare) 개념에 대해서도 검토할 필요가 있다. 미국 반독점
법상 시카고 학파의 이론이 연방대법원 판결을 통하여 수용되기 시작한
이후30) 효율성 제고 그리고 이로부터 논리적으로 귀결되는 소비자 후생

---

26) 서정희, 소비자주권론, 울산대출판부, 1993, 17-20면.
27) 위의 책, 15면.
28) 허전, 소비자보호법의 재검토, 법제 제207호, 1987, 21-22면.
29) 권오승, 경제법, 법문사, 2009, 76-77면; 신현윤, 경제법, 법문사, 2012, 131-132면;
    이호영, 독점규제법, 홍문사, 2-3면.
30) 계기가 된 판결은 Continental T.V., Inc. v. G.T.E. Sylvania Inc., 433 U.S. 36
    (1977)이다. 동 판결에서 연방대법원은 수직적 비가격 제한에 대하여 당연위법의

증대가 가장 중요한 정책 목표로 제시되었으며, 이에 대한 이론이 없는 것
은 아니지만, 여전히 유력한 반독점법의 목적으로 이해되고 있다.[31]

　소비자 후생을 소비자 주권과 비교하여 보면, 소비자 주권이 시장경제
의 이념적인 차원에서 형성되고 시장경제질서의 유지를 위한 입법적 지침
으로 기능하는 반면에, 소비자 후생은 구체적인 경쟁법의 목적으로서 개
별 위반행위에 대한 평가와 관련하여 궁극적인 판단기준으로 작용한다는
점에서 구별된다. 특히 소비자 후생은 반경쟁적인 행위의 평가와 관련하
여 소비자 이익 침해에 대한 고려가 필요하다는 사고의 근거가 된다. 즉
경쟁법의 목적으로서 소비자 후생을 전제할 경우에, 개별 행위의 위법성
판단도 궁극적으로 이러한 목적의 관점에서 평가되어야 하며, 이를 위하
여 행위가 구체적으로 소비자 이익에 미치는 영향에 관한 분석이 독점규
제법의 중요한 과제가 되고 있다.[32] 한편 이와 관련하여 절차법 및 조직
법적으로 소비자 이익이 구체적으로 반영될 수 있는 제도가 강화될 필요
가 있으며, 이러한 방향으로 입법적 개선이 이루어져 오고 있다는 점에도

---

　원칙을 적용하던 종래의 태도를 바꾸어 합리성의 원칙을 적용하였는데, 이러한
판례의 변경은 수직적 비가격 제한 영역에서 뿐만 아니라 법위반 유형 일반에서
효율성을 결정적인 판단기준으로 하는 시카고 학파의 모델이 적극적으로 채택되
는 계기가 되었다. 이에 관한 분석으로서 Herbert Hovenkamp, Antitrust Policy
after Chicago, Michigan L. R. vol. 84, 1985, 215-218면 참조.

31) 효율성과는 상이하게 반독점법의 목적을 이해하는 것으로서, 독점의 폐해를 무엇
보다 부가 소비자나 영세사업자로부터 독점적인 사업자에게로 이전하는데 있으
며, 반독점법은 이러한 부의 편중을 억제하는데 일차적인 의의가 있다고 보는 견
해도 있다. Herbert Hovenkamp, Federal Antitrust Policy 3. ed., Thomson/West,
2005, 49-50면 참조.

32) 예를 들어 유럽의 경우 2005년 EC Commission이 "Discussion Paper on the
Application of Article 82 to Exclusionary Abuses"을 발행한 이후 남용 판단에
있어서 구체적으로 소비자에 미친 효과를 포함하는 경제적 분석이 강조되는 경향
이 나타나고 있다. Ariel Ezrachi, EU Competition Law, Oxford Univ. Press,
2010, 155-156면 참조.

주목할 필요가 있다.

## 2. 독점규제법상 소비자 이익의 구체적 고려

### (1) 실체법적 측면

독점규제법 위반행위와 관련하여 소비자 후생이 궁극적 기준으로서 고려된다는 점에 일반적인 동의가 주어지고 있지만, 독점규제법상 명문으로 소비자 이익 침해에 대한 고려가 요구되고 있는 것은 동법 제3조의2 제1항 제5호에서 시장지배적 지위남용행위의 하나로 '소비자의 이익을 현저히 저해할 우려가 있는 행위'가 규정되어 있는 것이 유일하다.[33] 그러나 명문의 근거가 없는 경우에도 모든 법위반행위의 위법성 판단에서 소비자 이익에 미치는 효과에 대한 분석이 이루어져야 한다.

시장지배적 지위남용행위로서 소비자 이익의 현저한 저해행위에 해당하는 것으로 규제된 예를 살펴보면, 마이크로소프트 사건에서[34] 마이크로소프트사가 운영체제에 메신저 서비스나 동영상 재생 서비스 등을 끼워팔기한 행위에 대하여, 공정거래위원회는 이러한 행위가 독점규제법 제3조의2 제1항 제3호의 사업활동 방해행위 및 제5호의 소비자 이익을 현저히 저해하는 행위에 해당하는 것으로 판단하였다. 이러한 판단은 마이크로소프트사의 끼워팔기가 경쟁사업자를 시장에서 배제하는 효과뿐만 아니라, 상품을 구매하는 소비자의 선택을 제한하는 것에 의하여 소비자의 구체적

---

33) 이 외에 동법 제29조 제2항 제2호에서 재판매가격유지행위 금지가 적용 제외되는 지정상품의 요건의 하나로 '당해상품이 일반소비자에 의하여 일상 사용되는 것일 것'이 규정되어 있는데, 지정상품 제도는 활용되고 있지 않다는 점에서 동 규정의 실효성은 없는 것으로 평가된다. 또한 동법 60조에 의한 일정한 조합 행위에 대한 적용 제외와 관련하여 소비자의 상호부조를 목적으로 한 조합행위가 이에 해당하는 것으로 규정하고 있다.

34) 공정위 2006. 2. 24. 의결, 2002경촉0453.

인 이익을 침해함으로써 경쟁상의 피해가 이중적으로 발생한다는 점에 근거한 것이었다.[35] 그러나 일반적으로 소비자 이익 저해행위는 시장지배적 지위남용행위의 유형으로서 일반조항적이고, 따라서 다른 규제 유형에 포섭되지 않는 경우에 최종적으로 검토되는 보충적인 성격의 것으로 이해되며,[36] 이러한 성격을 보여주는 예로 서울특별시태권도협회 사건을[37] 들 수 있다. 동 사건에서 서울특별시태권도협회가 승품·단 심사업을 영위하면서 응심인들로부터 승품·단 심사비에 체육관 관장들이 부담하여야 하는 보험료와 경조사비를 포함시켜 징수한 행위가 문제가 되었는데, 공정거래위원회는 이러한 행위가 독점규제법 제3조의2 제1항 제1호 내지 제4호에 규정된 행위에 전형적으로 포섭되는 것은 아니지만, 응심인(소비자)들에게 피해가 발생하고 있다는 사실에 주목하고 피심인의 행위가 소비자 이익을 현저히 저해하는 행위에 해당하는 것으로 판단하였다. 앞에서 살펴본 것처럼 독점규제법상 규제의 궁극적인 목적의 하나로 소비자 후생의 제고를 들 수 있다는 점을 고려할 때, 남용행위 판단의 최종적인 기준으로서 소비자 이익의 현저한 침해를 고려하는 것은 법리적 타당성이 있는 것으로 이해된다.

법문에 명시적으로 규정되어 있지 않은 경우에도, 시장지배적 지위남용행위 외의 다른 독점규제법 위반행위에 있어서 소비자 이익의 침해여부는 중요한 위법성 판단기준의 하나가 되고 있다. 예를 들어 기업결합의 경우 동법 제7조 제2항에 의하여 효율성 제고 효과는 경쟁제한성을 상쇄시킬 수 있는 항변사유로 고려되는데, 이때 효율성 상승 부분을 소비자에게 이전시킬 계획이 구체적으로 제시된 경우에 위법성 판단에서 긍정적으로 평가될 수 있는 여지가 있다.[38] 또한 부당공동행위의 경우 공정거래위원회

---

35) Herbert Hovenkamp, 주 30)의 책, 82-83면 참조.

36) 홍명수, 경제법론 II, 경인문화사, 2010, 43-44면 참조.

37) 공정위 2003. 8. 13. 의결, 2003단체0070.

38) Herbert Hovenkamp, 주 30)의 책, 502-503면 참조. 한편 미국의 기업결합 가이드라인(Horizontal Merger Guideline) 제4조는 효율성 판단에 있어서 "인식가능

가 제정한 「공동행위심사기준」은 가격담합이나 시장분할 공동행위를 경쟁
제한성이 명백한 경성 공동행위로 분류하는 근거로 소비자 피해의 직접성
이나 선택제한 가능성을 언급하고 있으며(심사기준 IV. 1.), 효율성 증대
효과의 분석에서 소비자 편익의 증가 부분이 고려되어야 한다고 규정하고
있다(심사기준 IV. 3.). 불공정거래행위의 위법성 평가에서도 소비자 이익
의 고려는 당연히 이루어지며, 특히 불공정거래행위의 직접적인 대상으로
서 소비자를 파악하는 것에 의하여 구체화될 수 있다. 예를 들어 상대적으
로 우월한 지위의 남용이 문제가 되는 불공정거래행위 유형인 거래상 지
위남용에서 전형적인 행위는 대규모 제조업자와 유통업자, 대규모 유통업
자와 납품업자 등의 관계에서 나타나지만,[39] 독점규제법 제23조 제1항 제
4호 및 동법 시행령 〈별표 1의2〉 제6호의 규정이 거래 상대방을 한정하고
있지 않은 점에서, 이때 거래 상대방에 소비자도 포함될 수 있다.[40]

## (2) 조직 및 절차법적 측면

우선 규제기관의 인적 구성과 관련하여 소비자 분야에 대한 고려가 법
률상 요구되고 있다. 즉 1990년 독점규제법 개정에서 공정거래위원회의
위원 자격에 소비자 분야의 전문가도 가능한 것으로 규정하였다(법 37조
2항). 이러한 기조는 2007년 법개정으로 도입된 공정거래분쟁조정협의회
에도 유지되고 있으며, 동법 제48조의3 제4항은 협의회 위원의 자격 요건
으로 소비자 분야의 전문가를 규정하고 있다.

비록 동 규정들에 의한 위원 임명이 적극적으로 이루어지지 않고 있지
만, 이와 같은 기관 구성의 제도화는 경쟁 정책과 소비자 정책의 통일적

---

한 효율성이 관련시장에서의 결합으로 인한 소비자에 대한 잠재적 폐해를 상쇄하
기에 충분한 것인지"를 고려하여야 하는 것으로 규정하고 있다.

[39] 독점공급관계, 하도급관계, 대리점관계 등이 우월적 지위를 쉽게 인정할 수 있는
예에 해당한다는 것에, 양명조, 경제법강의, 신조사, 2010, 262면.

[40] 金井貴嗣・川濱 昇・泉水文雄, 獨占禁止法, 弘文堂, 2010, 333면(金井貴嗣 집필부
분) 참조.

수행을 지향한다는 점에서 긍정적인 측면이 있다. 특히 주요 소비자보호 관련 법률의 소관부서로서 공정거래위원회가 업무를 수행하고 있는 상황에서 두 정책이 통일적으로 이루어질 필요가 있음을 부인하기 어렵다. 나아가 OECD는 경쟁 정책과 소비자 정책이 단일한 기관에 의하여 실행됨으로써 통일적 업무 수행에 따른 실효성 제고와 정책적 교류(cross fertilization)를 통한 종합적인 이해의 향상을 가져올 수 있다는 점을 지적하고 있는데,[41] 두 정책을 모두 수행하는 단일 규제기관으로서 공정거래위원회의 기능상 장점이 발휘될 수 있도록 하기 위한 구체적인 정책 협력의 절차를 보완할 필요가 있을 것이다.

절차적 측면에서 독점규제법 제49조는 "누구든지 이 법의 규정에 위반되는 사실이 있다고 인정할 때에는 그 사실을 공정거래위원회에 신고할 수 있다"고 규정하고 있으며, 따라서 법위반행위에 이익이 침해된 소비자에 의하여 공정거래위원회에서 행정적인 절차가 개시될 수 있다. 그러나 동 조항에서 신고자에게 실체적인 청구권이 부여되는 것으로 해석되지는 않으며,[42] 따라서 피해를 입은 소비자가 공정거래위원회에서 진행되는 규제절차에 주도적으로 참가하는 것이 제도적으로 보장되지는 않는다. 한편 사적 구제방식으로서 독점규제법 제56조에 따라서 피해를 입은 소비자에 의한 손해배상청구가 가능하다. 1990년 법 개정으로 도입되었던 당시에는 무과실손해배상 원칙과 시정조치 전치주의를 취하였으나, 2004년 법 개정에서 무과실손해배상 원칙 대신에 입증책임의 전환을 요구하는 것으로 변경되었다. 또한 동 개정에서 시정조치 전치주의도 폐지되었고, 손해액 산정에 있어서 민법의 특칙에 해당하는 규정이 도입되었다. 이와 같은 제도

---

41) OECD, 주 22)의 글, 30-31면. 한편 이 글 35면에서는 단일 기관에 의한 경쟁 정책과 소비자 정책의 수행에 대한 우려로서, 소비자 정책이 정책순위에서 상대적으로 부차적인 위치에 있을 가능성을 지적하고 있다.
42) 「하도급거래의 공정화에 관한 법률」상 신고에 의미에 관하여 동일하게 해석한 판결로서, 대법원 1989. 5. 9. 선고 88누4515 판결 참조.

변화가 사적 분쟁해결방식으로 독점규제법 위반행위에 의한 소비자 피해를 구제하는데 기여할 수 있을 것으로 보이지만, 여전히 사적 소송에 의한 해결 방식의 비중은 미미하며,43) 간이한 분쟁해결절차로 도입된 공정거래 분쟁조정제도는 사업자만이 조정신청의 주체가 될 수 있기 때문에, 이 역시 소비자의 제도 이용은 제한된다. 따라서 특히 소액다수적 성격을 갖는 소비자 피해의 특성을 고려하여 집단소송제와 같은 절차적 보완에 대한 논의가 필요할 것이다. 한편 2012년 법 개정에 의하여 도입된 동의의결제도는 신청 요건의 하나로 소비자피해 구제를 요구하고 있는데(법 51조의2 1항), 동의의결 제도는 간이하고 신속한 규제절차로서 의미가 있는 것이므로, 내용상 포함되어 있는 소비자피해 구제에 대해서도 일정한 기여를 할 것으로 기대된다.

## IV. 소비자법체계에서 공정거래 실현

### 1. 의의

소비자기본법은 제4조에서 소비자의 기본적 권리로 안전의 권리(1호), 정보 제공의 권리(2호), 선택의 권리(3호), 의견을 반영할 권리(4호), 적절한 피해 보상의 권리(5호), 교육의 권리(6호), 단체 조직·활동의 권리(7호), 환경의 권리(8호)를 규정하고 있으며, 이를 실현하기 위하여 국가(지자체) 및 사업자에 대한 일정한 책무를 부과하고, 이를 제도화하는 근거 규정을 마련하고 있다.

소비자 보호 제도를 유형화 하면, 소비자 안전의 권리를 보장하기 위한

---

43) 2010년 대법원에서 사전소송 방식으로 다루어진 불공정거래행위 사건(동양전자상사 사건)은 사업자 간의 분쟁에 관한 것이었다. 대법원 2010. 8. 26. 선고 2010다 28185 판결 참조.

위해방지 시스템이나 결함상품의 수거·파기 명령 등과 같은 사전적 규제 형식으로 제도화 된 유형도 있으며, 또한 공정한 거래를 위반하는 행위를 제재함으로써 사후적으로 소비자 권리를 실현하는 방식도 적극적으로 활용되고 있다. 후자의 경우 앞에서 언급한 것처럼 경쟁법상의 제도가 중요한 의미를 갖는다. 예를 들어 독점규제법상 불공정거래행위로서 부당한 고객유인이나 거래강제 등의 규제는(독점규제법 23조 1항 3호, 4호 및 동법 시행령 별표 1의2 4호, 5호) 구체적인 거래에서 개별 소비자의 피해를 구제하는 근거가 된다.44) 이와 같이 독점규제법에 의하여 일반적 규제가 가능함에도 불구하고, 소비자법체계에 속한 개별 법률에서 특수한 유형의 거래를 대상으로45) 거래 공정화에 관련된 별도의 규제가 이루어지고 있다. 물론 이들 법률들은 소비자 보호를 목적으로 입법된 것이지만, 거래의 공정화 관점에서 의미 있는 규제를 포함하고 있다. 예를 들어 이들 법률은 대체로 거래 과정에서 사업자의 특정한 행위를 금지하는 규정을 두고 있는데, 이러한 금지 규정은 위계나 위력에 의한 계약체결을 금지하는 등 상당 부분 공정한 거래를 침해하는 사업자의 행위를 규제하는 내용으로 구성되어 있으며, 따라서 독점규제법상 불공정거래행위 규제와 중복되는 측면이 있다. 이와 같은 입법 태도는 다음의 두 가지 의미를 갖는 것으로 이해된다.

우선 독점규제법상 공정거래를 위한 규제는 일반적인 성격을 갖는 것인데 반하여, 소비자법은 행동경제학적인 분석을 수용하여 소비자의 행태를

---

44) 권오승, 주 16)의 책, 103면 이하에서는 소비자 보호를 위하여 거래의 공정화를 별도의 장으로 다루고, 특히 독점규제법상 불공정거래행위 규제를 우선적으로 검토하고 있다.

45) 위의 책, 178면 이하에서는 특수거래를 「할부거래에 관한 법률」과 「방문판매 등에 관한 법률」에서 정하고 있는 거래 유형으로 이해하고 있으며, 이호영, 소비자보호법, 홍문사, 2012, 233면 이하에서는 「방문판매 등에 관한 법률」의 규제 대상으로 하는 거래 유형을 특수거래로 파악하고, 할부거래는 신용 거래의 전체적인 틀 안에서 논의하고 있다.

구체적으로 인식하고 특수한 상황에서 전형적으로 발생하는 소비자 피해에 초점을 맞추어 공정거래 실현에 기여하는 제도라는 점에서 구별된다.[46] 또한 규제 내용 측면에서 소비자법상 공정거래제도는 피해를 입은 소비자의 이익에 구체적으로 부합하는 내용으로 구성되고, 또한 일정한 정보제공의 의무화 같은 다양한 유형의 사전적 규제와 결합함으로써 공정거래 실현에 실질적인 기여를 할 수 있다는 점에서도 의미를 부여할 수 있다. 그러나 소비자법체계에서 공정거래에 관한 법 제정의 필요성이 처음부터 인식되었던 것은 아니며, 특수한 거래 영역이나 방식에 대한 보호 필요성에 대한 이해가 점차 확대되면서 1986년 약관규제법 제정부터 순차적으로 입법이 이루어졌다. 그 과정에서 법제도 내용에도 주목할 만한 변화가 이어졌는데, 대체로 규제체계를 정비하고 규제 실효성을 제고하는 방향으로 전개되었으며, 아울러 경쟁정책의 관점에서 개별 시장에서 거래의 공정성 실현을 목적으로 하는 공정거래위원회를 규제기관으로 하는 규제체계가 형성되었다.

또한 소비자에 대한 정보제공의 중요성이 강조되고 있는 것도 최근의 경향이라 할 수 있다. 상품이나 거래 조건 등에 관한 정보 제공은 소비자의 합리적인 선택을 제고하는데 유력한 수단이 될 수 있다는 점에 근거하여, 중요사항에 관한 정보제공을 의무화 하는 제도의 도입이 확대되고 있다. 특히 소비자에 대한 정보 제공은 시장의 자율적 조정 기능에 대한 신뢰를 전제하고 있다는 점에서 정책적 타당성이 인정되며,[47] 이 한도에서 간접적으로 거래의 공정화에 관련된다.

---

46) 소비자법 영역에서 행동 경제학(behavioral economics) 논의의 수용이 적극적으로 이루어질 필요성을 지적하는 것으로서, OECD, 주 22)의 글, 21-25면 참조.
47) 이러한 정책은 개별 소비자의 보호뿐만 아니라 시장경제질서에 의하여 요구되는 것이라는 견해로서, Eike von Hippel, 주 21)의 책, 37면 참조.

## 2. 공정거래 실현을 위한 소비자법 전개과정

### (1) 개별 법률의 제정 과정

약관규제법은 약관거래에서 전형적으로 나타나고 있는 불공정성을 시정할 목적으로 1986년 입법되었다. 동법은 계약 체결 과정에서 약관에 관한 명시설명의무의 불이행을 이유로 계약 내용에서 당해 약관 조항을 배제하거나, 불공정한 약관의 효력을 무효로 하는 규정을 두는 한편, 동법에 의하여 설치된 약관심사위원회가 불공정한 약관에 대하여 삭제 또는 수정하도록 시정권고를 할 수 있는 추상적 심사 근거도 마련하였다. 특히 시정권고를 원칙적인 규제 수단으로 한 것은, 약관에 의한 거래도 기본적으로 사인 간의 사적자치에 따르는 것이며, 이에 대한 고권적인 개입은 자제하는 것이 타당하다는 사고가 반영된 것으로 볼 수 있다.

할부거래 방식이 널리 활용되기 시작한 것은 산업화에 따른 대량생산체제가 본격화되었던 1960년대 이후이며, 이후 할부거래의 문제점도 점차 드러나기 시작하였다. 이에 대하여 1986년 제정된 「도소매업진흥법」 등이 간접적인 규제 역할을 하였으나, 동법은 기본적으로 산업법적인 성격의 것으로 할부거래 당사자의 보호를 위한 적절한 규제 근거로서는 미흡한 점이 있었고, 이후 할부거래에 대한 종합적인 대책의 필요성이 커지면서, 할부매매를 이용하는 소비자를 보호하기 위하여 1991년 「할부거래에 관한 법률」(이하 '할부거래법')이 제정되었다.[48]

1980년대 이후 비점포 판매 등의 특성을 공유하는 다양한 형태의 특수판매가 본격적으로 나타나기 시작하였으며, 이로 인한 소비자 피해도 점증하였다. 즉 이러한 판매 방식은 소비자가 전형적이지 않은 상황에서 거래에 임하게 됨으로써 합리적 선택이 왜곡될 수 있다는 문제점 등이 부각되었다.[49] 이에 대한 입법적 대응으로 「방문판매 등에 관한 법률」(이하

---

48) 이경현·김영원, 할부매매법의 제정방향, 한국소비자보호원, 1988, 3면 이하 참조.

방문판매법)이 1991년 제정되었다.

1990년대 후반 이후 전자상거래와 같은 과거에 예상하지 못한 새로운 형태의 거래가 점증하고, 이에 따른 소비자 피해도 확산되었다. 따라서 새로운 형태의 거래를 규제하기 위하여, 2002년 「전자상거래 등에서의 소비자보호에 관한 법률」(이하 전자상거래 소비자보호법)이 제정되었는데, 동법은 종래 방문판매법에서 규제되었던 통신판매도 전자상거래와 구조적으로 유사하다는 점에 근거하여 동법에 의한 규제 대상으로 수용하였다. 이와 같이 기존의 통신판매도 동법에 의한 규제 범위에 포함되었지만, 인터넷 등을 이용한 전자적 방식에 의한 새로운 유형의 거래를 소비자보호의 관점에서 규제하는 근거를 마련하였다는 점에서 입법적 의의를 찾을 수 있다. 한편 전자적 방식으로 체결되는 계약의 효력에 관한 법률인 「전자거래기본법」과 「전자서명법」, 그리고 개인정보 보호에 관한 「개인정보보호법」 등과 종합하여 규제체계를 이루고 있다는 점에도 주의할 필요가 있다.

표시광고는 독점규제법에서 불공정거래행위의 한 유형인 부당한 고객유인행위로서 규제되었으나, 표시광고 사건의 비중이 높아지고 고유한 규제 필요성이 인식되면서, 1999년 별도의 규제 법률인 「표시광고의 공정화에 관한 법률」(이하 표시광고법)이 제정되었다. 동법에서 부당한 표시광고의 핵심적 표지는 '오인가능성'인데,[50] 동법 제3조는 오인가능한 행위가 공정한 거래질서를 저해할 우려가 있는 경우에 금지되는 것으로 규정함으로써, 공정거래의 관점이 여전히 부당성 판단에 반영되는 것임을 분명히 하고 있다. 한편 구제수단의 하나로 우리 법체계에서는 드문 제도인 임시중지명령제도가 도입되었는데, 규제에 있어서 시간적 급박성을 요하는 표

---

49) Geraint G. Howells & Stephen Weatherill, Consumer Protection Law, Dartmouth, 1995, 290-291면에서는 이러한 거래의 전형적인 위험으로 소비자 선택의 제한, 공급자에 대한 정보의 부족, 프라이버시의 침해 등을 지적하고 있다.

50) 이호영, 주 44)의 책, 71-73면 참조.

시・광고의 특성을 반영한 것으로 이해된다.

대량생산・대량소비를 위주로 하는 현대 산업사회에서 결함상품의 발생은 불가피한 측면이 있으며, 또한 점차 증가하는 추세이다. 이러한 상황에서 소비자가 피해를 보다 용이하게 구제받을 수 있도록 하기 위한 법이론으로 제조물책임론이 형성되었는데, 단지 법리 구성만으로 이러한 문제에 대응하는데 한계가 있다는 인식이 커지면서,[51] 2000년 「제조물책임법」이 입법되었다. 동법은 비교법적으로 주요 국가의 제조물책임법과 유사한 내용으로 제정되었다. 즉 제조물의 결함을 하자담보책임에서의 하자와는 구별되는 것으로서 제조물의 안전성의 결여로 파악하고, 불법행위책임에 기초하여 책임구성을 하였으며, 또한 무과실책임 원칙을 수용하였다.[52]

### (2) 규제체계의 정비 및 실효성 제고

약관규제법상 규제 실효성의 강화 문제는 1992년 대폭적인 법개정의 원인이 되었는데, 규제의 실효성을 제고하기 위하여 시정명령제도를 도입한 것은 가장 주목할 만한 변화이다. 2001년 법 개정에서는 불공정약관의 사용 금지 원칙이 명시적으로 규정되고, 시정명령의 대상 범위를 명확히 하였으며, 실효성 강화 차원에서 정당한 사유 없이 시정권고를 불이행하는 사업자에 대한 시정명령이 추가되었다. 2004년에는 표준약관의 사용을 더욱 활성화하기 위한 법 개정이 이루어졌다. 일반적으로 표준약관은 특정한 산업분야의 경제적 조건과 구성원의 다양한 이해관계를 반영하여 그 거래분야에서 표준이 될 약관으로서의 의미가 있는데, 건전한 거래질서를 확립하고 불공정한 내용의 약관이 통용되는 것을 막기 위하여 표준약관의 제정 과정에 공정거래위원회가 직접적으로 개입할 수 있는 근거가 주어졌

---

51) 우리나라에서 제조물책임이 인정된 최초의 사건으로서 장난감 주사기 사건에 관한 대법원 판결을 들 수 있다. 대법원 1979. 12. 26. 선고 79다1772 판결 참조.
52) 제조물책임법의 입법 과정에 대한 설명으로, 권오승・신은주・홍명수・차성민・이현종, 제조물책임법, 법문사, 2003, 17-28면 참조.

다. 법 개정 이후 약관규제법상 표준약관의 형성은 다음과 같은 세 가지 방식으로 가능하게 되었다. 특히 동법 제19조의2 제4항에 의하여 공정거래위원회는 직접 관련분야의 거래당사자 및 소비자단체등의 의견을 듣고 관계부처의 협의를 거쳐 표준이 될 약관을 마련할 수 있게 되었는데, 비록 이와 같은 표준약관 제정이 보충적인 것이긴 하지만, 국가기관인 공정거래위원회가 사인 간의 계약 내용으로 편입되는 표준약관의 제정을 주도할 수 있는 길을 열어 놓고 또한 사업자의 표준약관 사용에 대한 간접적인 강제수단을 결합하고 있다는 점에서 특별한 의의가 있었다.[53]

할부거래법의 2008년 개정에서 할부거래 매수인의 철회권 기산점을 계약서 교부시에서 목적물 인도시로 변경한 것은, 할부거래 보호에 있어서 가장 중요한 것으로 이해되는 철회권 보장이 실질적인 것이 되도록 하는 변경이었다는 점에서 의의가 크다. 또한 2010년 법 개정을 통하여 불공정거래행위가 빈발하였던 상조업 분야에서 소비자 피해를 방지하기 위한 선불식 할부거래 규제를 입법한 것이 주목할 만하다. 동법 제2조 제2호는 선불식 할부거래를 장례·혼례 등을 위한 재화·용역 대금의 일부를 선불하고 나머지 부분은 나누어 지급하는 거래형태로 정의하고, 주요 규제 내용으로서 선불식 할부거래업자의 등록이나 소비자피해보상보험계약 등의 제도를 도입하였다. 상조 서비스 등에 관한 소비자 피해의 빈발이 동 규제 도입의 근거가 된 것은 분명하지만, 선불식 할부거래는 할부거래로서의 특성뿐만 아니라 장래에 제공될 서비스에 관한 보험적인 성격도 갖고 있으며,[54] 이러한 복합적인 특성이 규제 내용에 반영될 필요성이 있을 것이다. 한편 할부거래는 소비자신용의 일부이며, 소비자신용 자체에 대한 규

---

53) 공정거래위원회가 표준약관 제정을 주도할 수 있는 근거가 마련된 것에 특별한 의미가 있다고 보는 것으로서, 권오승, 주 16)의 책, 168면.
54) 선불식 할부거래 규제가 대상으로 하는 상조 서비스 등의 제공이 문화적, 보험단체적 성격을 갖고 있으며, 이러한 특성이 규제 내용에 반영되지 못한 문제점을 지적하는 것으로서, 김대규, "상례문화의 변천·발달과 선불식 할부거래 규제의 문제점", 경제법과 경제력집중 억제 시책의 최근 쟁점, 2012, 12면 참조.

제는 이루어지고 있지 않다는 점에도 주목할 필요가 있다. 소비자 신용에 대해서 「이자제한법」, 「여신전문금융업법」, 「대부업 등의 등록 및 금융이 용자 보호에 관한 법률」 등에 의하여 단편적으로 규제가 행해지고 있지만, 종합적으로 소비자 신용에 있어서 소비자의 이익을 보호하기 위한 직접적 인 입법은 이루어지고 있지 않은 상황이다. 소비자 신용은 소비자 거래의 물적 기초를 제공하는 의미가 있으며, 소비자 신용에 있어서 불공정한 거래는 거래 자체에 피해가 한정되지 않고 소비자의 삶 자체에 결정적인 영향을 미칠 수 있기 때문에, 소비자 신용 자체를 소비자 보호의 관점에서 규제할 필요성을 부인하기 어려울 것이다.[55]

방문판매법에 의한 규제와 관련하여 2002년 법 개정에서 규제 대상인 특수판매 유형의 확대 및 조정이 이루어졌는데, 방문판매, 전화권유판매, 다단계판매, 계속거래 및 사업권유거래 등에 의한 상품이나 용역의 거래가 동법에 의한 규제 대상이 되고, 전자상거래나 통신판매는 새로 제정된 전자상거래 소비자보호법에 의하여 규제되는 것으로 변경되었다. 또한 사후적인 소비자피해 구제제도를 보완하는 차원에서 소비자피해보상 보험 및 공제사업의 근거가 마련된 것도 피해구제의 실질을 기할 수 있다는 점에서 의의가 있으며, 2005년 12월 법개정에서 공제조합관련 업무상황에 관하여 공정거래위원회가 조사할 수 있는 근거 규정을 둠으로써 제도의 실효성이 강화되었다. 한편 2005년 전자상거래 소비자보호법 개정에서 통신판매의 안전성 강화를 위하여 결제대금예치제도가 도입되었는데, 이 역시 소비자 보호 관점에서 의미 있는 제도라 할 수 있다.

표시광고법에서는 2005년 법개정에 의하여 표시광고실증제도의 실효성을 강화하는 방향으로 개선이 이루어졌고, 사업자 등의 표시·광고가 부당한 것인지 또는 자율규약에 위반되는지의 여부 등을 심의하는 등의 권한을 갖는 자율심의기구 등의 설치 근거가 마련되었다. 또한 2010년 법개정에서는 각 부처가 표시·광고 규제 관련 제·개정 사항을 공정위에

---

55) 권오승, 주 16)의 책, 228면 참조.

원활히 통보할 수 있도록 통합공고와 관련하여 통보할 사항, 세부절차 및 방법 등을 마련하였다. 또한 부당 표시 · 광고와 관련한 소비자 피해구제의 활성화를 위하여 손해배상청구권의 재판상 주장을 제한하는 조항을 삭제하고, 입증책임 전환 및 손해액 입증책임을 완화하는 내용의 개정이 이루어졌다.

### (3) 거래 공정화 측면에서 독점규제법과 소비자법의 조화

이상의 공정거래 실현을 위한 소비자법의 전개과정은 거래 당사자인 개별 소비자의 입장에서 구체적인 문제점을 파악하고, 이에 대한 대응 방안을 사전적, 사후적 규제를 종합하여 마련하고 있다는 점에서 긍정적으로 평가할 수 있을 것이다. 그러나 이러한 소비자법의 내용은 거래의 공정화를 위한 일반적 규제를 수행하고 있는 독점규제법과 충돌할 수 있다는 점에도 주의를 요한다. 예를 들어 할부거래법 제34조 제2호, 방문판매법 제11조 제2호 등에서 금지하고 있는 "거짓 또는 과장된 사실을 알리거나 기만적 방법을 사용하여 소비자를 유인 또는 거래하는 행위"는 독점규제법 제23조 제1항에 의하여 규제되는 부당한 고객유인행위에도 해당할 수 있으며, 동일한 행위가 양 규정에 모두 해당할 경우에 법 적용의 문제가 발생하게 된다. 이에 대하여 할부거래법이나 방문판매법은 명시적인 규정을 두고 있지 않은데, 소비자법과 독점규제법의 입법 목적상의 차이를 고려할 때,56) 결국 양자의 경합 적용이 불가피할 것이다. 그러나 사업자 입장에서 독점규제법과 소비자법의 중복적인 적용은 이중 규제(과잉 규제)로

---

56) 이호영, 주 28)의 책, 2면은 독점규제법 제1조가 동법의 목적으로서 소비자 보호를 규정하고 있으며, 이는 동법과 소비자보호법령이 어떠한 관계를 가지는지의 문제를 낳고 있다고 보고 있으며, 독점규제법은 자유롭고 공정한 경쟁의 촉진을 통한 소비자 후생의 제고에 의하여 간접적인 의미로서 소비자 보호에 기여하는데 반하여, 소비자보호법령에서 소비자 보호는 구체적인 피해 구제에 초점이 맞추어지는 것으로 양자의 차이를 이해하고 있다.

서의 의미를 가질 수 있으며, 이에 관한 입법적인 해결 방안을 고려할 필요가 있다.

그러나 거래 공정화에 관련된 소비자법상의 제도는 독점규제법의 한계를 보완하는 의미를 가지며, 개별 소비자의 피해 구제 측면에서 뿐만 아니라 거래 공정화를 실현함에 있어서도 의미 있는 기여를 할 수 있다는 점을 염두에 두어야 한다. 독점규제법은 시장과 경쟁 메커니즘의 전체적 관점에서 거래를 파악하는 반면에, 소비자법은 열등한 지위에 있는 소비자의 시장 참가자적 관점에서 거래상의 문제점을 볼 수 있다는 점에서, 거래 공정화에 관한 보다 구체적인 인식이 가능할 수 있다. 이러한 점은 향후 지속적으로 공정화에 관련된 소비자법상 제도 개선의 필요성을 뒷받침한다.

## 3. 정보 제공의 확대

전술한 것처럼 소비자 관련 법들의 개정 과정에서 지속적으로 정보 제공의 의무가 강화되어 온 것은 뚜렷한 특징을 이룬다. 이러한 변화는 시장의 불완전성의 가장 중요한 요인으로 거래 당사자 간에 정보의 불균등이 지적되고, 정보 제공 의무를 강화함으로써 정보의 편재가 해소된다면 거래의 불공정이 시장 기능에 의하여 자율적으로 시정될 수 있다는 정책적 판단에 따른 것이라 할 수 있다. 즉 정보 제공의 확대는 시장 기능에 대한 신뢰에 기초하며, 정부의 직접적 개입을 전체적으로 또는 부분적으로 대체하는 의미가 있었다.[57] 할부거래법 등의 제정 시부터 사업자의 정보제공 의무가 법정되었으며, 정보 제공의 내용은 지속적으로 확대되었다.

구체적으로 약관규제법 제정 시부터 존재하였던 제3조의 사업자의 명시

---

57) Tilman Repgen, Kein Abschied von der Privatautonomie, Ferdinand Schöningh, 2001, 32면 참조.

설명의무는 기본적으로 약관을 계약 내용으로 편입하는 것에 대한 통제로서 규정된 것이지만, 소비자에 대한 정보제공의 의미도 있다. 한편 2011년 동법 개정에 의하여 새롭게 약관을 소비자가 알아보기 쉽게 작성하도록 하는 의무가 사업자에게 부과되었는데(3조 1항), 동 규정의 위반 효과에 대하여 명문의 규정이 없기 때문에 동 규정을 편입통제의 내용으로 보는 것에 한계가 있지만, 적어도 정보제공을 강화하는 정책이 반영된 것으로 이해할 수 있을 것이다. 할부거래법 제5조는 할부거래업자가 계약 체결 전에 제공하여야 할 정보의 내용을 법정하고 있고, 동법 제6조에 의한 서면계약주의의 요구도 계약서에 기재되어야 할 사항을 명시적으로 규정하고 있다는 점에서 부분적으로 정보제공 정책과 관련된다. 예를 들어 2005년 1월 법개정에서 소비자의 항변권과 행사방법 그리고 2005년 12월 법개정에서 지연손해금에 관한 사항 등이 계약서에 기재되어야 할 사항에 포함되었는데, 이와 같은 개정은 소비자 이익에 실질적으로 기여할 수 있는 정보제공 범위의 확대라는 점에서 의의를 찾을 수 있다. 방문판매법의 경우 2002년 법개정에서 소비자의 합리적 구매결정에 필요한 정보제공의무를 강화하기 위하여 의하여 계약체결시 계약내용 및 거래조건에 대한 정보제공의무가 세부적으로 규정되었는데, 현행 방문판매법 제7조는 방문판매자 등이 판매계약 체결 전에 소비자에게 설명하여야 할 내용을 법정하고(1항), 이를 계약서에 반영하여야 할 의무를 부과하고 있으며(2항), 동 규정은 다단계판매자와(16조) 계속거래업자 등에(30조) 준용되고 있다. 전자상거래 소비자보호법 제5조가 전자상거래에서 사업자가 소비자에게 미리 약정한 주소로 전자문서를 송신할 것을 권리 주장의 요건으로 하고 있는 것, 제6조에서 사업자에게 상당한 기간 동안 거래기록의 보관을 요구하고 있는 것 그리고 제10조에서 사이버몰 운영자의 신원 등에 관하여 표시하도록 하는 규정 등은 소비자에 대한 정보제공으로서의 의미를 갖는다. 또한 표시광고법 제4조는 표시·광고를 하지 아니하여 소비자 피해가 자주 발생하는 사항 등을 의무적으로 표시·광고에 포함시키도록 하는 규정을 두고 있는데, 이는 표시·광고의 본래의 기능인 상품에 관한 정보제공 기능이 제대로 발휘될 수 있도록 함으로써 표시·광고에 대한 사후적 규제의 한계를 보완하는 의미가 있다.[58]

이와 같은 소비자법에 의한 정보제공의 확대는 시장의 자율적 조정 기능을 저해하는 당사자 간 정보의 편재와 불완전성을 시정하는 목적을 가지며, 이는 결과적으로 거래의 공정화에 기여할 수 있다는 점에서도 의의가 크다.[59] 한편 소비자법체계에서 사업자의 정보제공의무를 강화하는 일련의 법규정이 소비자 보호 측면에서 일정한 기여를 할 수 있다는 점에 의문은 없지만, 정보제공의 확대로 인하여 소비자 거래에서의 불공정성 문제가 완전히 해결될 것으로 기대할 수는 없다는 점에도 주의를 요한다.[60] 정보 격차가 해소되더라도 소비자의 열등한 지위가 지속되는 한에서 사업자와 소비자 간에 불공정성은 여전히 존재할 수 있으며, 사업자의 정보제공의무를 강화하는 외에도 다양한 정책이 결합될 필요성이 있다.

## V. 결론

독점규제법과 소비자법은 추구하는 목적에서 기본적인 차이가 있다. 즉 전자는 시장에서 경쟁 메커니즘을 보호하여 시장의 본질적 기능이 제대로 발휘될 수 있도록 하는 것을 목적으로 하는 반면에, 소비자법은 시장참가자들 중 상대적으로 열등한 지위에 있는 소비자를 보호함으로써 시장 구

---

58) 공정거래위원회, 주 10)의 책, 488면은 표시·광고에 있어서 중요정보 제공 의무를 소비자주권 실현을 위한 핵심 수단으로 이해하고 있다.

59) 소비자의 선택 이전에 합리적으로 소비자에게 정보가 제공되지 않는다면, 경쟁은 실효성 있게 작동할 수 없다는 지적으로, John Vickers, 주 23)의 책, 5면.

60) Sandra Kind, Die Grenzen des Verbraucherschutzes durch Information - aufgezeigt am Teilzeitwohnrechtgesetz, Duncker & Humblot, 1997, 546-547면 참조.

조가 당사자들의 대등성에 의하여 뒷받침될 수 있도록 하는 것을 궁극적인 목적으로 한다. 그러나 양자가 궁극적으로 시장 기능이 제대로 발휘됨으로써 시장참가자 모두에게 이익이 되도록 하는 것을 지향한다는 점에서는 공통되는 측면이 있으며, 이러한 맥락에서 독점규제법과 소비자법의 밀접한 관련성을 확인할 수 있다. 특히 우리나라 경쟁당국인 공정거래위원회는 호주의 ACCC(Australian Competition & Consumer Commission)처럼 경쟁정책뿐만 아니라 소비자정책도 아울러 담당하는 구조를 취하고 있으며, 이와 같이 양 정책이 상호 보완적으로 추진될 수 있는 조직적 환경이 갖추어져 있다는 점은 긍정적으로 평가할 수 있는 부분이다.

그러나 구체적인 제도의 내용과 운영 측면에서 보면, 여전히 양자의 관점이 종합적으로 이루어지고 반영되어야 할 필요성이 나타나고 있다. 예를 들어 거래의 불공정성 문제와 관련하여 독점규제법에서 불공정한 거래에 관한 일반적인 규제 근거가 마련되어 있지만, 소비자법체계에서도 다양한 형태의 공정거래 관련 법률이 제정되고 내용상의 확충이 있어 왔다. 물론 독점규제법 운영에 있어서도 중요한 시장 참가자인 소비자의 관점에서 경쟁상의 문제나 거래의 불공정성을 파악할 필요성이 있지만, 소비자법 체계 내에서 소비자 거래와 관련하여 전형적으로 발생하는 불공정성 문제에 초점을 맞추는 것은 소비자 문제에 대한 구체적인 문제 인식과 실효성 있는 규제를 가능하게 할 수 있다는 점에서 유력한 의미가 있다. 따라서 소비자 피해 문제가 전형적으로 드러나는 거래 행태나 유형을 주시하고 입법적으로 반영하여야 할 필요성을 부인하기 어려울 것이다. 또한 소비자 신용 부분과 같이 여전히 입법적 공백이 있는 부분에 대해서도 지속적인 보완 노력이 경주되어야 할 것이다.

한편 기존의 소비자법체계는 소비자 보호가 문제 되는 특수한 거래 방식이나 내용 등에 초점을 맞추어 제도화 된 것이라 할 수 있다. 물론 이러한 입법적 대응은 의미 있는 것이지만, 최근에 나타나는 소비자 문제는 시장이 급격히 자유화 되고 있는 영역, 즉 과거 기본권적인 성격을 갖는 보편적 서비스로서 공공적 방식으로 제공되던 상품이 시장 기능으로 대체되고 있는 방송 서비스, 정보통신 서비스, 에너지 등의 산업영역에서 집중되고 있는 현상에도 주의를 요한다.[61] 이러한 현상은 특정한 거래 방식이 아니라 특정한 시장에 초점을 맞춘 규제도 상정할 필요성이 있음을 시사하는 것이다.

소비자 보호를 위한 공정거래의 실현을 위하여 절차법적인 측면에서 법제도의 보완도 요구된다. 특히 공정거래 관련 소비자 피해도 소액다수적 성격을 갖는 피해가 일반적인데, 이에 대한 절차법적 대응 방안이 여전히 갖추어지지 않고 있는 상황이다. 소비자기본법상 소비자단체소송제도는 기본적으로 공익소송 형태로 입안된 것으로서, 소비자 피해의 직접적 구제와는 거리가 있으며, 2006년 소비자기본법 개정에 의하여 도입된 집단분쟁조정제도 역시 당사자의 자율적 수용을 전제한 조정제도로서의 한계가 있다. 따라서 소액다수 피해를 전형적으로 반영하는 집단적 분쟁해결제도를 강구할 필요성이 여전히 존재한다.

---

61) OECD, 주 22)의 글, 28-30면 참조.

# 27. 일본 소비자계약법상 소비자단체소송 검토

## I. 서론

소비자피해의 특징으로서 소액다수적 피해 양상은 산업구조가 고도화된 대부분의 나라에서 공통적으로 나타나는 현상이다.[1] 각 나라는 이러한 현상에 대처하기 위하여 절차법적 대응 방안을 마련하고 있다. 각 나라의 현황을 비교법적으로 살펴보면, 사업자가 야기한 소비자 피해구제의 실효성을 제고하기 위하여 개별 소송의 한계를 보완하는 의미에서 집단적으로 분쟁을 해결할 수 있는 제도를 도입하는 방향으로 나아가고 있으며,[2] 우리나라도 대표적으로 소비자기본법상 소비자단체소송제도와 집단분쟁조정제도 등을 도입하여 유사한 입법정책을 추진하고 있는 상황이다. 그러나 각 나라에서 소비자분쟁 해결을 위한 제도의 구체적인 내용에는 상당

1) 소비자피해의 유형을 소액다수피해, 소액소수피해, 고액다수피해, 고액소수피해로 나누고, 소액다수피해를 소비자피해의 전형으로 보는 것으로서, 권오승, 소비자보호법, 법문사, 2005, 16-17면 참조. 한편 소비자피해를 소비자가 물품이나 용역을 구입하여 소비하는 과정에서 입게 된 생명, 신체, 재산상의 손해로 이해하는 것으로서, 신현윤, 경제법, 법문사, 2010, 500면 참조.
2) 독일의 단체소송제도(Verbandsklage)나 미국의 집단소송제도(class action)의 의의와 도입 필요성에 관한 초기 논의로서, 권대우, 소비자집단소송 및 단체소송에 관한 연구, 한국소비자원, 1988, 3면 이하 참조.

한 차이가 존재하며, 제도 연혁을 달리하는 각 나라의 절차법 그리고 절차법에 근본적인 영향을 미칠 수 있는 실체법 구조가 상이할 수밖에 없다는 점에서 이러한 차이는 당연한 결과라 할 수 있을 것이다.

이러한 점에서 우리와 법제도적 유사성이 큰 일본의 소비자피해구제 제도의 분석은 의미 있는 시사점을 줄 수 있을 것으로 생각된다. 일본 역시 집단적 분쟁 해결을 위한 제도적 개선에 관한 논의가 오랫동안 계속되어 왔고, 그 결과로서 소액다수 피해의 전형이라 할 수 있는 소비자 거래와 관련하여 집단적 분쟁해결을 위한 제도가 입법화되었다. 대표적으로 「消費者契約法」상 단체소송의 도입이 이루어졌는데, 소비자계약법의 범위를 넘어서 소액다수적인 피해 양상이 나타나는 다른 영역에서도 집단적 분쟁해결의 제도적 방안이 추구되고 있으며, 소비자단체소송은 이와 같은 입법 방안을 논의하는 과정에서 선행하는 모델로서 다루어지고 있는 상황이다.

이하에서는 우선 소비자단체소송이 규정된 소비자계약법의 입법취지와 주용 내용을 살펴보고(II), 이어서 소비자계약법상 소비자단체소송의 의의와 구체적인 내용을 검토할 것이다(III). 결론에서 동 제도의 한계와 우리나라 소비자기본법상 소비자단체소송의 운영과 관련한 시사점을 제시할 것이다(IV).


## II. 소비자계약법의 입법취지와 내용

### 1. 소비자계약법 제정의 의의

2000년 5월 전통적인 법체제로 새롭게 부각하는 소비자 문제에 적절하게 대응하기 어렵다는 판단에 따라서 소비자계약법이 제정되었다. 즉 전통적인 민사법은 대등한 당사자를 전제로 구성되어 있으므로, 구조적으로 열등한 지위에서 거래에 임하는 소비자의 이해를 적절히 반영하기 어려우며, 한편 소비자 보호의 관점이 반영된 개별 사업법은 사업자 중심의 입법 체계로서 소비자 보호의 특성을 고려하는데 한계가 있을 뿐만 아니라, 규제 완화의 관점에서도 재고의 여지가 있다는 점이 문제로 인식되었다.[3]

이러한 상황에서 계약에 임하는 소비자의 이해를 충분히 반영하고, 이를 계약의 효력에 결부시키는 계약법 재구성의 필요성이 제기되었으며, 이러한 필요성을 반영하여 소비자계약법이 제정되었다.[4] 한편 입법 논의 과정에서 주된 목적은 당시 개별법으로 존재하였던 독일의 약관규제법 (AGB-Gesetz)을 모델로 한 약관법의 제정에 있었으나, 소비자계약 일반을 대상으로 하는 보다 넓은 범위를 포괄하는 방식으로 입법이 이루어진 점도 동법 제정 과정의 두드러진 특징의 하나이며, 특히 소비자가 사업자와 맺은 부당한 계약관계로부터 벗어날 수 있는 법적 근거를 마련하는 것에 초점을 맞추고 있다.

## 2. 소비자계약법의 주요 내용

소비자계약법상 소비자 보호에 관련된 대표적인 제도는 동법 제4조에 규정된 소비자계약의 청약 및 그 승낙의 의사표시의 취소에 관한 것과 동법 제8조 내지 제10조에서 규정한 소비자 계약 중 소비자에게 불리한 계약 내용의 무효화에 관한 것이다.

동법 제4조는 소비자의 취소가 가능한 사유로서 세 가지 유형을 적시하

---

3) 河上正二, 消費者契約法 -立法への課題-, 商事法務研究會, 2000, 9-12면 참조.

4) 법제정 이후 소비자계약법 등 소비자 보호에 관한 법 등을 민사특별법으로서가 아니라 독일의 예를 따라서 채권법 개정을 통하여 민법전에 편입시키는 논의가 있다. 內田貴, "いまなぜ『債權法改正』か？(下)" NBL no. 872, 2008, 72면 이하 참조.

고 있다. 구체적으로 동조 제1항에 의하여 소비자는 사업자가 소비자계약
의 체결에 대해 권유를 하는 때에 그 소비자에 대하여 일정한 행위로서
誤認하게 하고, 이로 인하여 해당 소비자계약의 청약 또는 그 승낙의 의사
표시를 한 때에는 이를 취소할 수 있다. 이때 사업자가 오인을 유발하는
행위에는, 중요사항에 대하여 사실과 다르다는 것을 알리고, 소비자가 알
려진 내용이 사실이라고 오인하는 것(1호), 물품, 권리, 용역 그 밖에 해당
소비자계약의 목적이 되는 것에 관하여 장래의 그 가액, 장래에 그 소비자
가 수취하여야 하는 금액 그 밖에 장래에 변동이 불확실한 사항에 대해
단정적 판단을 제공하고, 소비자가 그 제공된 단정적 판단의 내용이 확실
하다고 오인하는 것(2호)이 이에 해당한다. 또한 제2항에 의하여 소비자는
사업자가 소비자계약의 체결에 대하여 권유하는데 있어서 그 소비자에 대
하여 어떤 중요사항 또는 그 중요사항에 관련된 사항에 대하여 소비자에
게 이익이 된다고 알리고, 그 중요사항에 대하여 그 소비자에게 불이익이
되는 사실(고지에 의해 그 사실이 존재하지 않는다고 소비자가 통상 생각
하는 것에 한한다)을 고의로 알리지 않음으로써 그 사실이 존재하지 않는
다고 誤認하고, 그로 인해 해당 소비자계약의 청약 또는 그 승낙의 의사표
시를 한 때에는 이를 취소할 수 있으며, 다만 그 사업자가 소비자에 대하
여 그 사실을 알리고자 하였음에도 불구하고 그 소비자가 이를 거부한 때
에는 동 규정이 적용되지 않는다. 끝으로 제3항에 의하여 소비자는 사업
자가 소비자계약의 체결에 대하여 권유하는데 있어서 그 소비자에 대하여
다음의 행위를 함으로 인해 困惑스럽게 되고, 그로 인해서 해당 소비자계
약의 청약 또는 그 승낙의 의사표시를 한 때에는 이를 취소할 수 있는데,
그 사업자에 대하여 소비자가 자신의 주거 또는 그 사업을 하고 있는 장
소에서 퇴거하여야 한다는 의사를 표시하였음에도 불구하고 그 장소에서
퇴거하지 아니한 경우(1호)와 그 사업자가 해당 소비자계약의 체결에 대
하여 권유를 하고 있는 장소에서 그 소비자가 퇴거한다는 의사를 표시하
였음에도 불구하고 그 장소에서 소비자를 퇴거시키지 아니하는 경우(2호)

가 이에 해당한다. 이상의 취소 사유는 소비자의 오인이나 곤혹을 이유로
한 것으로서, 일본 민법 제96조에서 법률행위의 취소 사유로 규정하는 사
기·강박에 의한 것에 비하여 요건의 완화를 의미한다.[5] 그러나 다른 한
편으로 이에 해당하는 경우를 제한적으로 열거하는 방식을 취하고 있는데,
위에서 살펴본 것처럼 동 규정에서 오인에 해당하는 경우는, 부실고지, 단
정적 판단의 제공, 불이익사실의 불제공의 세 가지로 한정된다.

소비자계약의 무효와 관련하여 동법 제8조는 사업자의 손해배상책임을
면제하는 조항을 무효로 규정하고 있다. 사업자의 채무불이행으로 인해
소비자에게 발생한 손해를 배상할 책임의 전부를 면제하는 조항(1호), 사
업자의 채무불이행(해당 사업자, 그 대표자 또는 그가 사용하는 자의 고의
또는 중대한 과실로 인한 것에 한한다)으로 인해 소비자에게 발생한 손해
를 배상할 책임의 일부를 면제하는 조항(2호), 소비자계약에서 사업자의
채무이행에 있어서 이루어진 해당 사업자의 불법행위로 인해 소비자에게
발생한 손해를 배상하는 「민법」규정에 따른 책임의 전부를 면제하는 조항
(3호), 소비자계약에서 사업자의 채무이행에 있어서 이루어진 해당 사업자
의 불법행위(해당 사업자, 그 대표자 또는 그가 사용하는 자의 고의 또는
중대한 과실로 인한 것에 한한다)로 인해 소비자에게 발생한 손해를 배상
하는 민법 규정에 따른 책임의 일부를 면제하는 조항(4호), 소비자계약이
유상계약인 경우에, 그 소비자계약의 목적물에 숨겨진 하자가 있는 때(그
소비자계약이 청부계약인 경우에는 그 소비자계약의 작업 목적물에 하자
가 있는 때)에 그 하자로 인해 소비자에게 발생한 손해를 배상하는 사업
자 책임의 전부를 면제하는 조항(5호)이 이에 해당한다. 특히 하자로 인한
손해배상책임의 면제에 관한 제5호의 경우 그 소비자계약에서 계약목적물
에 숨겨진 하자가 있는 때에 그 사업자가 하자가 없는 물건으로 이를 대
신할 책임 또는 그 하자를 보수할 책임을 지도록 되어 있는 경우나(2항 1

5) 日本辯護士聯合會 編,「消費者法講義」, 日本評論社, 2007, 89-90면(野々山宏 집필
부분) 참조.

호) 해당 소비자와 사업자의 위탁을 받은 다른 사업자 사이의 계약 또는 해당 사업자와 다른 사업자 사이에 해당 소비자를 위해 하는 계약으로 그 소비자계약의 체결에 앞서서 또는 이와 동시에 체결된 것에서 그 소비자계약의 목적물에 숨겨진 하자가 있는 때에 그 다른 사업자가 하자로 인해 해당 소비자에게 발생한 손해를 배상할 책임의 전부 또는 일부를 지고, 하자 없는 물건으로 이를 대신할 책임을 지거나 하자를 보수할 책임을 지도록 되어 있는 경우(2항 2호)에는 제1항에 의한 무효 규정이 적용되지 않는다.

또한 제9조는 손해배상액의 예정 등에 관한 무효를 규정하고 있다. 구체적으로 그 소비자계약의 해제에 따른 손해배상액을 예정하거나 위약금을 정하는 내용에 관하여 이를 합산한 금액이 해당 조항에서 설정된 해제의 사유, 시기 등의 구분에 따라 그 소비자계약과 같은 종류의 소비자계약의 해제에 따라 그 사업자에게 발생하는 평균적인 손해액을 초과하는 경우에 그 초과하는 부분(1호), 그 소비자계약에 따라 지불하여야 하는 금전의 전부 또는 일부를 소비자가 지불기일(지불회수가 2이상인 경우에는 각각의 지불기일)까지 지불하지 아니한 경우에 손해배상액을 예정하거나 위약금을 정하는 조항으로서, 이를 합산한 금액이 지불기일의 다음 날부터 이를 지불하는 날까지의 기간에 대하여 그 일수에 따라서 그 지불 기일에 지불하여야 하는 금액에서 그 지불 기일에 지불하여야 하는 금액 중 이미 지불된 금액을 공제한 금액에 연 14.6%의 비율을 곱하여 계산한 금액을 초과하는 경우에 그 초과하는 부분(2호)이 이에 해당한다.

끝으로 제10조는 민법, 상법 그 밖의 법률의 공공질서에 관계하지 아니하는 규정의 적용에 따른 경우와 비교하여 소비자의 권리를 제한하거나 소비자의 의무를 가중하는 소비자계약의 조항으로서, 민법 제1조 제2항에서 규정하는 기본원칙에 반하여 소비자의 이익을 일방적으로 해하는 것은 무효로 하는 규정을 두고 있다. 민법 제1조 제2항은 "권리의 행사 및 의무의 이행은 신의에 따라서 성실하게 행하여야 한다"고 규정하며, 결국 소비자계약법 제10조는 신의칙에 기초하여 임의법규에 의한 것보다 소비자에게 불리한 계약조항을 무효로 하는 원칙을 밝히고 있다. 이상의 부당조항의 무효에 관한 규정은, 특히 사업자가 일방적으로 작성한 약관에 의한 거래에서 나타나는 것과 같이 사업자와 소비자 간의 정보나 교섭력의 불균형 등으로 인하여 소비자가 부당한 계약 내용에 구속되는 경우에, 이러한 계약의 구속력으로부터 벗어날 수 있는 근거를 마련하는 의미가 있다.6)

## III. 소비자계약법상 단체소송제도의 검토

### 1. 단체소송제도의 입법 배경

소비자계약법에 의하여 취소 또는 무효가 되는 계약 조항이 있을 경우에, 소비자는 이상의 취소 또는 무효를 주장하여 해당 조항의 구속력으로부터 벗어날 수 있다. 또한 동법 제11조는 소비자계약법상의 취소와 무효에 관하여 일반 민법이나 상법 또는 민사특별법의 규정을 준용할 수 있음을 명시적으로 규정함으로써, 동법상 취소 또는 무효에 해당하는 계약 조항에 대한 실질적인 구제 근거를 마련하고 있다.

그러나 이와 같은 효력 부인에 의한 구제방식은 개별 소비자에 의한 문제 해결을 의미하는 것으로서, 사업자에 의하여 광범위하게 행하여지는 부당한 계약조항의 구제 방식으로서 충분한 것인지에 의문이 있다. 즉 개별 소비자에게 부당한 계약조항에 따른 손해가 발생하더라도 그 손해가 크지 않은 경우에, 실제 피해 소비자가 당해 계약조항의 취소나 무효를 주장하여 손해를 구할 가능성이 크지 않다는 점에서, 개별 소비자에 의한 구

---

6) 위의 책, 102면(野々山宏 집필부분) 참조.

제방식으로서의 한계가 지적되었다.[7]

이러한 문제를 해결하기 위한 방안으로서 2006년 소비자계약법의 개정을 통하여 단체소송제도가 도입되었다. 동 제도는 일정한 요건을 갖춘 소비자단체에게 동법 제4조 제1항 내지 제3항에 해당하는 계약이나 제8조 내지 제10조에 해당하는 계약에 대하여 당해 사업자를 상대로 문제가 되는 계약의 적용 금지를 청구할 수 있는 권한을 부여한 것이다. 이에 의하여 개별 소비자에게 발생할 손해를 일괄적으로 구제할 수 있게 됨으로써, 개별 소비자가 적극적으로 취소를 구하지 않는 경우에도 취소사유에 해당하는 방식으로 또는 무효에 해당하는 내용의 계약 체결을 억제하는데 긍정적인 영향을 미칠 수 있을 것이다.

## 2. 소비자단체소송제도의 내용

### (1) 개괄

소비자계약법상 소비자단체소송은 일정한 요건을 충족하는 소비자단체가 앞에서 살펴본 오인 또는 곤혹 등의 사유로 계약을 권유하는 경우에 이러한 계약 또는 권유의 금지나 무효에 해당하는 부당한 계약조항의 적용 금지를 청구할 수 있는 것을 주된 내용으로 한다. 동 제도는 개별 소비자에 의한 구제에 한계가 있는 소비자 피해를 공익적 차원에서 단체소송으로 보완하려는 것이지만, 청구의 주체나 범위에서 일정한 제한이 따른다. 결국 모든 소비자단체가 청구의 주체가 될 수 있는 것은 아니며, 일정한 사업자의 행위를 대상으로 한 금지 청구 외에, 예를 들어 손해배상 청구는 동법에서 규정하는 소비자단체소송의 대상이 되지 않는다.

---

7) 위의 책, 108면(野々山宏 집필부분) 참조. 한편 소비자계약법 입법 이후 일본 소비자 사법의 전개와 관련하여, 서희석, "일본 소비자계약법 5년의 성과와 평가", 민사법학 제39권 제1호, 2007, 130면 이하 참조.

동 제도는 2006년 소비자계약법 개정에 의하여 도입되고, 2007년 6월 7일부터 시행되었다. 2009년 4월 23일 京都地裁에서 大津市의 消費者金融会社가 정한 '早期完済違約金条項'이 소비자계약법에 위반한 것이라는 판결은 소비자단체소송제도에 기초한 최초의 판결이다.[8]

### (2) 청구의 주체 – 적격소비자단체

소비자단체소송을 수행할 수 있는 단체는 일정한 요건을 갖춘 소비자단체에 한하며, 소비자계약법 제2조 제4항은 단체소송을 수행할 수 있는 소비자단체를 適格消費者團體로 칭하고, 불특정다수의 소비자의 이익을 위해 이 법률의 규정에 따른 금지청구권을 행사하는데 필요한 적격성을 가진 법인인 소비자단체로서[9] 제13조가 정하는 바에 따라 내각총리대신의 인정을 받은 자를 말하는 것으로 규정하고 있다. 이와 같이 적격소비자단체로 제한한 것은, 청구의 주체를 소비자 및 사업자 쌍방에게 명확히 함으로써 제도의 안정과 신뢰성을 제고하려는 취지로 이해된다. 또한 적격소비자단체의 인정이 법원이 아니라 행정청인 내각총리대신에 의한다는 점에도 주의를 요한다.[10]

내각총리대신의 인정을 받기 위하여 소비자단체는 제14조에 따른 신청을 하여야 한다. 이때 신청서에는 동조 제1항에 의하여 명칭 및 주소와 대표자의 성명, 금지청구관계업무를 하고자 하는 사무소의 소재지 등을 기재하고, 동조 제2항에서 요구하는 서류를 첨부하여야 한다.

소비자단체가 내각총리대신에게 제14조에 따라서 신청을 할 경우에, 다

---

8) 毎日新聞 2009年 4月 24日 참조.
9) 이때 소비자단체는 消費者基本法 제8조에 의한 단체를 의미하는데, 동 규정에서 소비자단체는 소비생활에 관한 정보의 수집 및 제공 등에 있어서 의견의 표명, 소비자에 대한 계몽 및 교육, 소비자의 피해의 방지 및 구제를 위한 활동 기타 소비생활의 안정 및 향상을 위한 건전하고 자주적인 활동에 노력하는 단체를 말한다.
10) 消費者廳企劃課, 消費者契約法, 商事法務, 2010, 277면 참조.

음의 요건을 모두 충족하면 금지청구업무를 수행할 수 있는 소비자단체로
서 인정하여야 한다(13조 3항). 이때「特定非營利活動促進法」제2조 제2항
에서 규정하는 특정비영리활동법인 또는 일반사단법인이거나 일반재단법
인일 것(1호), 소비생활에 관한 정보의 수집 및 제공과 소비자의 피해방지
및 구제를 위한 활동 그 밖에 불특정다수의 소비자의 이익보호를 위한 활
동을 하는 것을 주된 목적으로 하고, 실제로 그 활동을 상당기간에 걸쳐
계속하여 적정하게 실시하고 있다고 인정될 것(2호), 금지청구관계업무의
실시에 관한 조직, 금지청구관계업무의 실시방법, 금지청구관계업무에 관
하여 알게 된 정보의 관리 및 비밀의 유지방법 그 밖에 금지청구관계업무
를 적정하게 수행하기 위한 체제 및 업무규정이 적절하게 정비되어 있을
것(3호), 이사회가 설치되고 또한 이사회의 의사 결정방식이나 이사의 구
성이 적합할 것(4호),[11] 금지청구의 要否 및 그 내용에 대한 검토를 하는
부문에서 소비생활에 관한 소비자와 사업자 사이에 발생한 민원에 관한
상담(제40조 제1항에서「소비생활상담」이라 한다) 그 밖에 소비생활에 관
한 사항에 대하여 전문적인 지식경험이 있는 자로서 내각부령에서 정하는

---

11) 동호 イ목은 금지청구관계업무의 집행을 결정하는 기관으로서 이사로 구성되는
이사회가 설치되어 있고, 정관에서 정하는 그 결정방법이 (1) 그 이사회의 결의가
이사의 과반수 또는 이를 상회하는 비율 이상의 다수결에 의해 이루어지도록 되
어 있을 것과 (2) 제41조제1항에 따른 금지청구, 금지청구에 관한 소제기 그 밖에
금지청구관계업무의 집행에 관한 중요한 사항의 결정이 이사 그 밖의 자에게 위
임되어 있지 아니할 것을 요건으로 하며, ㅁ목은 이사의 구성이 (1) 이사의 수에
서 차지하는 특정사업자(그 사업자와의 사이에 발행주식총수의 2분의 1 이상의
주식을 보유하는 관계 그 밖에 내각부령에서 정하는 특별한 관계가 있는 자를 포
함한다)의 관계자(그 사업자 및 그 임원 또는 직원인 자 그 밖에 내각부령에서 정
하는 자를 말한다. (2)에서 같다)수의 비율이 3분의 1을 넘을 것과 (2) 이사의 수
에서 차지하는 동일한 업종(내각부령에서 정하는 사업의 구분을 말한다)에 속하
는 사업을 하는 사업자의 관계자 수의 비율이 2분의 1을 넘을 것을 요구하고 있
다. 한편 ㅁ목에서 제2호의 요건에 적합한 자는 ㅁ목 (1) 또는 (2)에서 규정하는
사업자에 해당하지 아니하는 것으로 간주한다.

조건에 적합한 자 및 변호사, 사법서사 그 밖에 법률에 관한 전문적인 지시경험이 있는 자로서 내각부령에서 정하는 조건에 적합한 자(이에 해당하는 자를 전문위원으로 총칭)가 함께 그 전문적인 지식경험에 근거하여 필요한 조언을 하거나 의견을 진술하는 체제가 정비되고 있을 것 및 그 밖에 금지청구관계업무를 수행하기 위한 인적체제에 비추어 금지청구관계업무를 적정하게 수행할 수 있는 전문적인 지식경험이 있다고 인정될 것 (5호), 금지청구관계업무를 적정하게 수행하기에 충분한 재정적[經理的] 기초를 가지고 있을 것(6호), 금지청구관계업무 이외의 업무를 하는 경우에는 그 업무를 하는 것에 의해 금지청구관계업무의 적정한 수행에 지장을 줄 우려가 없을 것(7호)이 동 규정상의 요건에 해당한다.

또한 제13조 제5항은 소비자단체 인정의 소극적 요건을 규정하고 있다. 즉 이 법률 그 밖에 소비자의 이익보호에 관한 법률로 시행령에서 정하는 것 또는 이러한 법률에 근거한 명령의 규정 또는 이들 규정에 근거한 처분에 위반하여 벌금형에 처해져, 그 형의 집행이 끝나거나 형 집행을 받지 않게 된 날부터 3년이 경과하지 아니한 법인(1호), 제34조 제1항 각 호의 사유에 의해 제1항의 인정이 취소되거나 제34조 제3항에 따라서 제34조 제1항 제4호의 사유가 있었던 사실의 인정이 이루어지고, 그 취소 또는 인정일로부터 3년이 경과하지 아니한 법인(2호),「폭력단원에 의한 부당한 행위의 방지 등에 관한 법률」(暴力団員による不当な行爲の防止等に関する法律) 제2조 제6호에서 규정하는 폭력단원 또는 폭력단원이 아니게 된 날부터 5년이 경과하지 아니한 자가 그 사업활동을 지배하는 법인(3호), 폭력단원 등을 그 업무에 종사하게 하거나 그 업무의 보조자로서 사용할 우려가 있는 법인(4호),「政治資金規定法」제3조 제1항에서 규정하는 정치단체(5호), 임원중에 금고 이상의 형에 처해지거나 이 법률 그 밖에 소비자의 이익옹호에 관한 법률로 시행령에서 정하는 것 또는 이들 법률에 근거한 명령규정 또는 이들 규정에 근거한 처분에 위반하여 벌금형에 처해져, 그 형의 집행이 끝나거나 형 집행을 받지 않게 된 날로부터 3년이 경

과하지 아니한 자, 적격소비자단체가 제34조 제1항 각 호의 사유로 인해 제1항의 인정이 취소되거나 같은 조 제3항에 따라 같은 조 제1항 제4호의 사유가 있었다는 인정이 이루어진 경우에 그 취소 또는 인정일 전 6개월 이내에 해당 적격소비자단체의 임원이었던 자로 그 취소 또는 인정일로부터 3년이 경과하지 아니한 자, 폭력단원 등의 어느 하나에 해당하는 자가 있는 법인(6호) 등은 적격소비자단체로서 인정되지 않는다.

한편 소비자단체가 내각총리대신에게 적격 인정을 신청한 경우에, 내각총리대신은 이를 공고하고 관련 서류를 공중의 열람에 제공하여야 하고 (제15조), 인정이 이루어지면 당해 인정을 공시하여야 한다(16조). 적격소비자단체 인정의 유효기간은 인정일로부터 3년이며, 기간이 종료된 이후에도 당해 소비자단체가 금지청구관련업무를 계속해서 하고자 하는 경우 유효기간의 갱신을 받아야 한다(17조).

### (3) 청구의 대상 및 제한

적격소비자단체가 금지청구를 행할 수 있는 유형은 크게 전술한 취소사유와 무효에 해당하는 부당한 계약조항에 관한 것으로 나뉜다. 우선 취소사유와 관련하여 제12조 제1항에 의하여, 적격소비자단체는 사업자, 수탁자 등 또는 사업자의 대리인 또는 수탁자 등의 대리인이 소비자계약의 체결에 대한 권유를 하는데 있어서 불특정 다수의 소비자에 대하여 제4조 제1항 내지 제3항에서 규정하는 행위를 실제로 하거나 할 우려가 있는 경우에 그 사업자 등에 대하여 그 행위의 중지·예방 또는 그 행위에 제공한 물건의 폐기 또는 제거 그 밖에 그 행위의 중지·예방에 필요한 조치를 취할 것을 청구할 수 있다. 또한 동조 제2항에 의하여, 수탁자나 대리인 등이 소비자계약 체결의 권유를 함에 있어서 불특정다수의 소비자에 대하여 제4조 제1항 내지 제3항에서 규정하는 행위를 실제로 하거나 할 우려가 있는 경우에, 적격소비자단체는 그 수탁자나 대리인 등을 두고 있는 사업자 등에게 시정지시 또는 교사의 중지 그 밖에 그 행위의 중지 또는 예방에 필요한 조치를 취할 것을 청구할 수 있다.

　부당한 계약조항과 관련하여 동조 제3항에 의하여, 적격소비자단체는 사업자 또는 그 대리인이 소비자계약을 체결하는데 있어서 불특정다수의 소비자 사이에서 제8조 내지 제10조에서 규정하는 소비자계약의 조항을 포함하는 소비자계약의 청약 또는 그 승낙의 의사표시를 실제로 하거나 할 우려가 있는 때에는 그 사업자 또는 대리인에 대하여 그 행위의 중지 · 예방 또는 그 행위에 제공한 물건의 폐기 또는 제거 그 밖에 그 행위의 중지 또는 예방에 필요한 조치를 취할 것을 청구할 수 있다. 또한 동조 제4항에 의하여 적격소비자단체는 사업자의 대리인이 소비자계약을 체결하는데 있어서 불특정다수의 소비자와의 사이에서 제8조 내지 제10조에서 규정하는 소비자계약의 조항을 포함하는 소비자계약의 청약 또는 그 승낙의 의사표시를 실제로 하거나 할 우려가 있는 때에는 해당 대리인을 자기의 대리인으로 하는 사업자 또는 다른 대리인에 대하여 해당 대리인에 대한 시정지시 또는 교사의 중지 그 밖에 그 행위의 중지 또는 예방에 필요한 조치를 취할 것을 청구할 수 있다. 이상의 금지청구의 대상에서 공통되는 것은 불특정 다수의 소비자에 대한 것과 문제가 되는 행위가 행하여지거나 행할 우려가 있는 것인데, 이를 종합적으로 파악하여 피해가 확대될 개연성이 있는 경우에 불특정 다수의 요건을 충족하는 것으로 해석하여야 한다는 견해가 있다.[12]

　한편 이상의 적격소비자단체에 의한 금지청구는 다른 법률에 의하여 준용됨으로써 그 범위가 확대되었다는 점에도 주의를 요한다. 즉「부당경품류 및 부당표시방지법」(不当景品類及び不当表示防止法) 제10조는 적격소비자단체에 의한 금지청구에 관하여 규정하고 있는데, 동조에 의하여 적격소비자단체는 사업자가 불특정 다수의 일반소비자에 대하여 상품 또는 용역의 품질, 규격 기타 내용에 관하여 당해 사업자와 동종 또는 유사한 상품 또는 용역을 공급하는 다른 사업자에 비하여 현저하게 우량한 것으

---

12) 日本辯護士聯合會 編, 주 5)의 책, 109면(野々山宏 집필부분) 참조.

로 오인할 수 있는 표시나(1호), 상품 또는 용역의 가격 기타 거래조건에 관하여 당해 사업자와 동종 또는 유사한 상품 또는 용역을 공급하는 다른 사업자의 거래상대방보다 현저히 유리한 것으로 오인할 수 있는 표시를(2호) 하거나 할 우려가 있는 경우에, 당해 사업자에 대하여 당해 행위의 중지 또는 예방에 필요한 조치를 취할 것을 청구할 수 있다. 또한「특정상거래에 관한 법률」(特定商取引に関する法律) 제58조의4 내지 제58조의9에서도 방문판매, 통신판매, 전화권유판매, 연쇄판매, 특정계속적역무제공(特定継続的役務提供), 업무제공유인판매에 관하여 적격소비자단체가 해당하는 행위의 금지를 당해 사업자에게 청구할 수 있는 규정을 두고 있다.

이와 같이 소비자계약법과 다른 법률에서 규정하고 있는 소비자단체소송은 사업자 등의 일정한 행위를 금지하는 것을 주된 내용으로 하지만, 일정한 제한도 부과되고 있다. 이에 관하여 소비자계약법 제12조의2가 규정하고 있는데, 동조 제1항은 해당 적격소비자단체 또는 제3자의 부정한 이익을 위해 또는 그 금지청구에 관한 상대방에게 손해를 가하는 것을 목적으로 하는 경우(1호) 그리고 다른 적격소비자단체를 당사자로 하는 금지청구에 관한 소송 등(소송과 화해신청에 관한 절차, 조정 및 중재를 말한다)에 대해 이미 확정판결 등(확정판결 및 이와 동일한 효력을 갖는 것을 말한다)이[13] 존재하는 경우에 청구의 내용 및 상대방이 동일한 경우에(2호) 적격소비자단체에 의한 금지청구를 허용하지 않고 있다. 다만 제2호 단서에 의하여 다른 적격소비자단체에 대하여 이루어진 확정판결 등에 관한 소송 등의 절차와 관련하여 적격소비자단체의 인정이 제34조 제1항 제4호의 사유로 취소되거나 동조 제3항에 따라 동조 제1항 제4호의 사유가 있었다는 내용이 인정된 때에는 금지청구가 허용된다.

---

13) 소를 각하한 확정판결(イ목), 제1호에 해당한다는 것만을 이유로 하여 금지청구를 기각한 확정판결 및 중재판단(ロ목), 금지청구를 할 권리의 부존재 또는 금지청구권에 관련된 채무부존재확인청구를 기각한 확정판결 및 이와 동일한 효력을 갖는 것(ハ목)의 경우는 제2호에서의 확정판결 등에 해당하지 않는다.

## (4) 금지청구의 행사 및 절차

소비자단체소송은 공익적 특성을 갖고 있으며, 이러한 점은 적격소비자단체의 업무 수행에 있어서 일정한 의무 부과로 구체화된다. 대표적으로 제23조 제1항은 적격소비자단체가 불특정다수의 소비자의 이익을 위해 금지청구권을 적절하게 행사하여야 할 것을 규정하고 있으며, 제2항에 의하여 적격소비자단체는 금지청구권을 남용하여서는 안 되는 의무를 부담한다.

적격소비자단체의 금지청구에 의하여 곧바로 소송절차가 개시되는 것은 아니며, 금지청구로부터 일정한 기간을 두어서 사업자가 적격소비자단체의 청구를 수용할 지를 결정할 여지는 두고 있다. 즉 제41조 제1항에 의하여, 적격소비자단체가 금지청구에 관한 소를 제기하고자 하는 경우에, 소의 피고가 되는 자에 대하여 사전에 청구의 요지 및 분쟁의 요점 그 밖에 내각부령에서 정하는 사항을 기재한 서면으로 금지청구를 하고, 서면이 도달한 때부터 1주일이 경과한 후가 아니면 그 소를 제기할 수 없다. 한편 이때의 청구는 통상 도달하여야 하는 때에 도달한 것으로 간주한다 (2항).

## IV. 소비자단체소송제도의 한계와 시사점

소비자단체소송제도는 소비자에게 피해가 발생한 경우에 소비자가 개별적으로 구제하는 방식의 실효성에 한계가 있다는 문제의식에서 도입된 것이며, 적격소비자단체에 의한 금지청구는 개별 소비자 구제의 실효성을 제고하는데 일정한 기여를 할 것으로 예상된다. 그러나 현행 제도에 대해서도 일정한 문제제기가 있다. 예를 들어 사업자 등을 청구의 상대방으로 하고 있기 때문에, 사업자단체의 표준계약서나 모델계약서 등을 대상으로 한 금지청구가 가능하지 않다는 점이 지적되고 있다. 또한 다른 적격소비자단체에 의한 확정판결 등이 있는 경우에 금지청구가 부정되는데, 이러한 제한의 취지가 사업자의 응소 부담을 완화하려는 것에 있지만 각각의 소비자단체에 의한 금지청구가 기본적으로 소송물이 달라질 수 있다는 점에서 이러한 제한이 타당한 것인지에 의문도 있다.[14]

보다 근본적으로 동 제도는 계약 체결과정에서 일정한 행위나 계약 조항의 적용 금지를 청구 대상으로 하고, 소비자 피해에 따른 손해배상청구는 그 범위에서 배제되는데, 실질적인 소비자 피해 구제의 관점에서 이러한 제한은 한계로 작용할 것이다.

그러나 우리나라 소비자기본법상 소비자단체소송과 비교하여 보면, 청구의 범위가 넓게 구성됨으로써 제도 활용의 폭이 보다 크다는 점은 주목할 만한 부분이다. 소비자기본법 제70조 이하에 규정된 소비자단체소송은 청구적격을 가진 소비자단체 등이 공익적 측면에서 사업자의 일정한 법위반행위의 중지를 청구할 수 있는 제도로 도입되었는데, 제도 내용상 피해자의 직접적인 이익 보호를 위한 제도로 기능하지 못하는 한계가 있으며,[15] 실제 제도 활용도 거의 이루어지지 않고 있다.[16]

이러한 점에서 향후 제도 개선의 필요성을 부인하기 어려우며, 이와 관

---

14) 日本辯護士聯合會 編, 주 5)의 책, 109-110면(野々山宏 집필부분) 참조.
15) 홍명수, "독점규제법상 집단분쟁해결제도의 도입 검토", 경쟁저널 제164호, 2012, 20-21면 참조. 한편 소비자단체소송의 모델이 되었던 독일의 단체소송의 경우 사업자 행위의 유지청구를 중심으로 하고 있으며, 이때 소비자의 이익은 사전적인 문제해결을 통하여 집단적인 혜택을 받게 되는 것을 통하여 발생하는데, 우리나라 소비자단체소송도 이러한 제도의 의의를 수용한 것으로 볼 수 있다. 권대우, 주 2)의 책, 43면 이하 참조.
16) 제도 시행 이후 소비자단체소송은 1건 이용된 것으로 파악되는데, 2008년 경제정의실천시민연합 등 4개 단체가 하나로텔레콤의 정보제공 수집 및 제공 행위의 금지를 구하는 단체소송을 제기하였는데, 피고가 문제가 된 약관 내용을 수정함에 따라서 원고의 소취하로 사건이 종결되었다. 동 사건의 전개과정에 대하여, 박희주·강창경, 소비자단체소송제도의 운용평가 및 개선에 관한 연구, 한국소비자원, 2011, 48면 이하 참조.

련하여 일본 소비자계약법상 소비자단체소송제도의 운용 상황도 지속적으로 검토할 필요가 있을 것이다.

# 제5편
# 국제경쟁법

# 28. 한·미 FTA 체결이 경쟁정책에 미칠 영향

## I. 서론

오랜 협상 과정과 필요 절차를 거친 끝에 한국과 미국의 자유무역협정
(Korea-U.S. Free Trade Agreement, 이하 한·미 FTA)이 양국의 국회 비
준절차를 마무리하고 발효되었다. 한·미 FTA는 2006. 2. 3. 공식적인 양
국 간 협상이 시작된 이후,[1] 2007. 4. 2. 협상 타결, 2007. 6. 29. 추가협
상 타결, 2010. 12. 3. 재협상 타결, 2011. 10. 12. 미국 상원과 하원에서
한·미 FTA 이행법안 통과, 2011. 11. 22. 한국 국회에서 한·미 FTA 비
준안 통과 등의 과정을 거치면서, 2012. 3. 15. 양국에서 공식적으로 효력
을 갖게 되었다.

한·미 FTA의 체결은 공동의 이익을 증진하기 위하여 양국 간 무역의

---

[1] 미국 측에서 한국과의 FTA 체결 필요성에 관한 논의는 1989년 미국 국제무역위
원회(USITC)가 동아시아 국가 중 FTA 체결이 바람직한 국가의 하나로 한국을 거
론한 것으로부터 출발한다. 1999년 주한 미국상공회의소(AMCHAM Korea)는 미
국 클린턴 대통령에게 한·미 FTA 체결 추진을 요청하였으며, 1999년 미국 상원
금융위원회 의장인 Max Baucus가 한국과의 FTA 추진 법안을 의회에 상정함으로
써, 미국 내에서 한·미 FTA 체결에 대한 논의가 공식화되었다. 김민수, "한·미
FTA의 추진현황과 대응방안", 국제통상학 고찰(박희종박사 회갑기념논문집),
2010, 537-538면 참조.

제도적 기초를 규범적으로 형성하는 것을 목적으로 하지만, 양국 경제 구조의 차이로 인한 이해의 충돌이 불가피하였고, 이를 조정하는 과정이 힘겹게 진행되었다. 국내외에서 이에 관한 수많은 논의가 이어졌고, 때로는 자유무역을 바라보는 가치관과 정책적 중요성에 대한 인식의 차이로 내부적인 의견의 통일도 용이하지 않았다. 이제 한·미 FTA의 최종적인 성립은 그 동안의 논의를 일단 종결하는 의미를 갖지만, 향후 한·미 FTA의 적용과 이에 대한 국내적 대응 방안에 관한 논의는 여전히 현재적인 의미를 갖는다. 특히 한·미 FTA의 주요 내용 중 하나인 경쟁 관련 사항은 우리나라의 경쟁질서 그리고 구체적인 시장참가자들의 이해에 직접적인 영향을 미칠 수 있다는 점에서 지속적으로 주의를 기울일 필요가 있을 것이다.

우리나라의 경쟁정책은 1980년 「독점규제 및 공정거래에 관한 법률」(이하 독점규제법)의 제정 이후 본격적으로 전개되기 시작하였으며, 이후 30년이 넘는 제도 운영 과정에서 시장 경제를 뒷받침하는 경쟁법리를 형성하여 왔다. 경쟁법은 시장 메커니즘을 대상으로 한다는 점에서 보편적인 성격을 띠게 되지만, 각 나라의 고유한 시장 환경에 따라서 내용상의 차이도 발생하게 된다. 특히 입법과정에서 유럽의 영향을 받은 법제도를 수용한 독점규제법은 미국의 반독점법(anti-trust law)과 비교하여 주목할 만한 차이가 존재하며,[2] 우리나라 특유의 재벌 문제를 반영한 경제력집중 억제를 위한 제도가 도입된 것도 독점규제법의 중요한 특징을 이루는 것이다. 이와 같이 한미 양국 경쟁법의 차이는 경쟁정책에 관한 중요 조항을 포함하고 있는 한·미 FTA가 체결된 이후 보다 구체적인 문제로서 부각될 것이다. 또한 경쟁정책의 변화는 모든 시장참가자들에게 공통적으로 영향을 미치지만, 특히 중소기업과 같은 시장에서 열등한 지위에 있는 주체에게 현실적인 문제가 될 수 있다는 점에도 주의를 기울일 필요가 있다.

이하에서는 경쟁정책 부문에서 한·미 FTA의 의의와 내용을 검토하고,

---

2) 공정거래위원회, 공정거래 30년사, 2011, 123면.

향후 우리나라 경쟁정책에 미칠 영향에 대하여 분석할 것이다. 우선 자유무역협정에서 경쟁정책이 갖는 의미와 경쟁정책적 관점에서 한·미 FTA의 의의를 살펴볼 것이다(II). 이어서 한·미 FTA에서 경쟁 관련 사항을 구체적으로 다루고(III), 특히 쟁점이 되는 사항에 관하여 상세히 검토할 것이다(IV). 끝으로 향후 원칙적인 대응 방향을 제시하는 것으로 결론에 대신하고자 한다(V).

## II. 자유무역협정과 경쟁정책

### 1. 통상정책과 경쟁정책의 조화

경제통합의 초기단계에 해당하는 자유무역협정은 협정국 간의 무역장벽을 제거함으로써 상품거래의 확대를 통한 경제적 이익의 향상을 목적으로 한다. 따라서 수출입 관세의 철폐 등이 주된 내용을 이루지만, 자유로운 상품 거래의 실현을 위한 법제도의 형성, 특히 자유롭고 공정한 경쟁질서 구축의 문제 역시 중요한 의제에 해당한다. 무엇보다 국내 시장에서 실질적인 경쟁의 부재는 자유로운 국제무역을 방해하는 근본적인 원인이 될 수 있다. 즉 사적 기업의 경쟁제한적 행태뿐만 아니라 국가에 의하여 반경쟁적인 관행이 조장 또는 묵인되거나 사기업과 국가 행위가 복합적으로 작용하여 경쟁질서가 침해되는 상황 등은, 개별 국가의 경쟁정책 측면에서 뿐만 아니라 자유무역의 관점에서도 문제가 될 것이다.[3]

따라서 경쟁정책에 관한 내용이 자유무역협정의 세부 내용에 포함되고, 통상정책의 전체적인 틀 안에서 논의가 이루어지게 되는 것이 일반적이

---

3) Maher M. Dabbah, The Internationalisation of Antitrust Policy, Cambridge Univ. Press, 2002, 208-209면 참조.

다. 이러한 맥락에서 통상정책과 경쟁정책은 구체적인 목적에 있어서 다소간의 차이가 드러난다는 점에도 주목할 필요가 있다.

우선 경쟁정책은 효율성 제고나 소비자 후생 증대 등 다양한 목적을 실현하기 위하여 시장에서의 경쟁이 제대로 기능할 수 있도록 하는 것을 기본 내용으로 한다.4) 반면 통상정책은 국가 간의 통상을 증대함으로써 양국 소비자의 후생 증대에 기여하고자 한다는 점에서 경쟁정책과 기본적인 목적을 같이하는 부분이 있지만, 구체적인 정책은 자유주의적 사고와 보호주의적 사고가 시기적으로 교차하는 과정에서 상이하게 나타날 수 있으며, 특히 GATT/WTO 체제하에서 국제무역의 자유화를 기본원칙으로서 지향함에도 불구하고 저발전국가와 선진국가의 비교에서 전형적으로 드러나듯이 여전히 각 국가의 통상정책은 상충되는 모습을 보여주고 있다는 점도 유념할 필요가 있다.5) 또한 경쟁정책이 개별 시장의 구조나 기업 행태에 대한 규제 측면에서 구체화되고 따라서 비교법적으로 유사한 법리적 접근이 이루어지는데 반하여, 통상정책은 자유로운 기업 활동을 억제하는 관세 등의 제도적 제한에 초점을 맞추게 되고, 나아가 정치적 관계를 고려한 판단이 중요한 영향을 미치게 된다는 점도 지적할 수 있다.6)

이러한 점에서 경쟁정책과 통상정책이 충돌하는 부분에서 양자를 조화시키는 과정이 불가피할 것이다. 즉 국제무역에서 발생하는 경쟁제한의

---

4) Antitrust Law의 목적을 효율성이나 소비자 후생의 증대 외에 분배 문제 등이 중요하게 취급될 수 있다는 점에서 여전히 논쟁적인 것으로 이해하는 것에, E. Thomas Sullivan & Jeffrey L. Harrison, Understanding Antitrust and Its Economic Implications, LexisNexis, 2003, 3-6면 참조. 또한 각 나라의 경쟁법의 목적을 비교 분석하여, 소비자 후생 외에 경제력 분산, 생산성 향상, 사회정책적 목적, 역내 단일 시장의 형성 등 다양한 목적이 경쟁법에 의하여 추구되고 있다는 것으로서, Alison Jones & Brenda Sufrin, EU Competition Law, Oxford Univ. Press, 2011, 16-18면 참조.

5) Matthias Herdegen, Internationales Wirtschaftsrecht, C. H. Beck, 2003, 154-155면 및 서헌제, 국제거래법, 법문사, 2002, 38-42면 참조.

6) Maher M. Dabbah, 주 3)의 책, 215-216면.

문제를 해결함에 있어서 두 정책을 상호보완적으로 결합할 필요가 있으며,[7] 통상정책을 통하여 실현하고자 하는 구체적인 목적을 고려하지 않고 경쟁정책만을 강조하는 식의 접근, 또는 그 역의 접근은 타당성을 기하기 어렵다.

## 2. 경쟁정책 간의 조정

경쟁정책을 자유무역협정에 반영할 경우, 특히 협정 당사국이 공정 경쟁에 관한 충분한 국내 법제도를 갖고 있지 않다면, 자유무역협정은 새로운 법제도 형성과 미비한 부분의 보완을 촉진할 수 있다는 점에서 긍정적인 기여를 할 수 있다.[8] 그러나 경쟁법처럼 협정 당사국이 이미 법제도를 갖추어 집행을 하고 있는 분야에서는 각 당사국의 국내 제도를 상호 조화하는 문제가 현안이 될 수밖에 없다.

주요 선진국에서 운영되는 경쟁법은 기본적으로 시장에서 경쟁을 보호하는 목적을 같이 하지만, 구체적인 규율 방식이나 근본적으로 경쟁 보호를 통하여 달성하고자 하는 목적에 있어서 일정한 차이도 존재한다. 예를 들어 독점에 대한 기본적인 태도에 있어서 입법정책상 원인금지주의와 폐해규제주의의 구분이 가능하며,[9] 규제에 있어서도 EU와 미국의 반독점법

---

7) Frederic Jenny, "Globalization, Competition and Trade Policy: Convergence, Divergence and Cooperation", Clifford A. Jones & Mitsuo Matsushita ed., Competition Policy in the Global Trading System, Kluwer Law International, 2002, 305면.

8) 김동훈 · 김봉철 · 박찬호, 한-EU FTA의 법적 문제점에 관한 연구, 한국법제연구원, 2007, 51면 참조.

9) 미국의 Sherman법 제2조는 'monopolize' 또는 'attempt to monopolize'를 금지하는 방식의 규정을 두고 있는데 반하여, EU 기능조약(Treaty on the Functioning of the European Union) 제102조나 독일의 경쟁제한방지법(GWB) 제19조는 시장지배적 지위 자체를 문제 삼지 않고 동 지위를 남용(abuse)하는 행위만을 규제

집행의 특징을 대표하는 것으로서 법위반행위의 성립 여부에 초점을 맞추는 경우(form-based)와 구체적인 행위 효과에 중점을 두는 경우(effect-based)로 대표되는 상이한 접근 방식이 활용되고 있다.10) 따라서 동일하거나 유사한 행위에 대한 양 법제에서의 평가가 달라질 수 있는데, 예를 들어 항공운송 사업자인 British Airways가 여행사들에게 행한 리베이트 제공에 관하여, 유럽법원에서는 EC조약 제82조 제1항의 위법 여부를 판단하기 위하여 시장지배적 지위에 있는 사업자의 남용행위가 경쟁을 제한하는 경향이 있음을 증명하는 것으로 충분하다고 본 반면에,11) 유사한 사건에서 미국 연방 항소심은 문제가 된 행위가 소비자 후생에 부정적으로 미치는 효과에 대한 분석이 이루어지지 않았다는 점을 주된 근거로 하여 Sherman법 위반을 부정하였다.12)

　이와 같이 각 국의 경쟁법에서 형성된 법리가 통일되어 있지 않은 상황은, 연혁적으로 독일이나 EU의 경쟁법체계로부터 상당한 영향을 받은 독점규제법과13) 미국 반독점법의 적용 사이에도 의미 있는 차이가 존재할

---

대상으로 한다. 이와 같은 입법 내용은 독점에 대한 기본적인 대응 방식의 차이를 반영한 것으로서, 각각 원인금지주의와 폐해규제주의로 이해되고 있다.
10) 1990년대 후반 이후 EU에서 시장지배력 남용에 대한 규제는 경제적 분석을 중시하고 'effect-based'적인 접근이 강화되는 방향으로 변화하고 있다는 지적으로, Luc Peeperkorn & Katja Viertio, "Implementing an effects-based approach to Article 82", Competition Policy Newsletter, 2009, 20면 참조.
11) British Airways plc v. Commission (C-95/04) [2007] 4 CMLR 22. 한편 동 판결에서 유럽법원(ECJ)은 소비자에게도 이익이 되는 효율성 측면에서의 이득을 고려하고 있으며(para. 86), 이러한 점에서 경제적 정당화의 가능성을 확대한 것으로 동 판결을 평가하는 것으로서, Joanna Goyder & Albertina Albors-Llorens, EC Competition Law, Oxford univ. Press, 2009, 332면 참조.
12) Virgin Atlantic Airways Limited v. British Airways PLC. Docket No. 99-9402. Argued 9. 22, 2000. decided July 24, 2001(U. S. 2nd Cir.).
13) 예를 들어 최초의 독점규제법 제3조는 시장지배적 지위남용행위를 금지하는 규정을 두었는데, 이는 독일 경쟁제한방지법의 규정 태도를 수용한 것으로 이해된다. 홍명수, "한국 독점규제법의 현재와 미래", 경쟁법연구 제12권, 2005, 167면 참조.

수 있음을 시사하는 것이다. 따라서 한·미 FTA 체결 과정에서 양 당사국의 경쟁법상 충돌되는 부분을 해소하기 위한 조정은 불가피한 것으로 볼 수 있다.[14)]

## 3. 경쟁정책적 관점에서 한·미 FTA의 의의

각 나라의 경쟁법의 차이를 해소하고 통일적인 경쟁규범을 형성할 필요성에 대해서는 국제적으로 상당한 동의가 이루어지고 있는 상황이며, 이러한 문제를 해결하는 방안으로 다자간 방식과 양자간 방식이 병행적으로 활용되고 있다. 물론 국제 관계에서 나타나는 경쟁법 충돌의 문제를 일괄적으로 해결할 수 있다는 점에서 다자간 방식의 장점을 부인할 수 없으며, WTO에 의해 2001년 11월 새로운 무역협상 라운드로 출범한 Doha Round가 경쟁 부문을 주요 의제로 포함시킨 것은 당연한 결과라 할 수 있을 것이다.[15)] 그러나 현재까지 진행된 협상에서 경쟁과 관련하여 의미 있는 합의가 도출되지 않고 있는 상황이다. 이와 관련하여 Doha Round 출범 이후 경쟁 의제의 합의 기준을 마련하는 차원에서 OECD에 속한 경쟁위원회(Competition Committee)가 제안한 경쟁에 관한 기본원칙은 주목할 만하다. 동 위원회는 국제 무역에 있어서 경쟁에 관한 기본 원칙으로 투명성, 무차별주의, 절차적 투명성을 제시하고, 또한 경성 카르텔에 대한 엄격한 규제를 강조하였다.[16)] 이러한 내용은 경쟁 의제에 관한 최소한의 합의를 의미하는 것이지만, 다른 한편으로 각국 경쟁법을 전체적으로 통

---

14) 공정거래위원회는 미국 연방거래위원회(FTC)와 1996년부터 현재까지 11차례의 한·미 경쟁정책협의회를 개최하여 양국 간 경쟁정책의 의견을 교환하고 협력 증진을 모색해 왔으며, 특히 한·미 FTA에 포함된 경쟁 조항에서 이견을 조정하는 데 일정한 기여를 한 것으로 볼 수 있다. 공정거래위원회, 주 2)의 책, 394-395, 571면 참조.

15) Matthias Herdegen, 주 5)의 책, 155면 참조.

16) OECD, Trade and Competition: From Doha to Cancun, 2003, 8-29면 참조.

일화 하는 과제가 결코 용이하지 않음을 시사하는 것이기도 하다.

이러한 점에서 양자간 협정 방식은 상충되는 경쟁규범을 조화시키는 관점에서 현실적이고 실질적인 방안이 될 수 있을 것이다. 특히 세계 경제에서 가장 중요한 위치에 있는 미국과의 FTA에 경쟁 관련 조항이 포함된 것은 경쟁규범의 국제적 통일을 지향하는 관점에서 의미 있는 진전이라 할 수 있다. 물론 이하에서 살펴볼 한·미 FTA의 경쟁 조항이 양국의 경쟁법상 비교법적 쟁점을 모두 포괄하는 것은 아니지만, 양국의 경쟁정책에 영향을 미칠 수 있는 의미 있는 조정이 이루어진 부분도 있다.

## III. 한·미 FTA 경쟁 조항의 내용

### 1. 목적과 절차적 보장

한·미 FTA의 경쟁 관련 사항은 제16장에 편재되고, 제16.1조에서 제16.9조까지 경쟁에 관한 사항을 규정하고 있다.

우선 경쟁법 적용의 기본원칙을 제시하고 있는 제16.1조에서는 반경쟁적 영업행위(anticompetitive business conduct)을 금지하고, 규제 목적으로서 경제적 효율성 및 소비자 후생의 증진을 제시하고 있다(1호). 또한 각 당사국의 경쟁법 집행 당국은 존속하며, 구체적인 경쟁법 적용에 있어서 내외국인 간 비차별 원칙을 선언하고 있다(2호). 제3호 내지 제6호에서는 행정 심리와 법원에 의한 재심에서 피규제자에 대하여 공정한 절차적 기회를 보장할 것과 절차 규칙의 사전 공표와 평등한 적용 등을 기술하고 있으며, 제7호에서는 규제당국 간의 협력에 관한 규정을 두고 있다.

특히 절차적 관점에서 보면, 양국이 이미 운영하고 있는 경쟁법을 전제로 하면서, 기존 법제도 운영에 있어서 절차적 기회의 균등과 투명성을 보장하는 것을 주요 내용으로 기술하고 있다는 점에 주목할 필요가 있다. 비록 경쟁법의 내용이 타당하게 구성되어 있는 경우에도 구체적인 집행 과정에서 내외국인 간의 차별이 나타날 수 있으며, 따라서 한·미 FTA 경쟁 관련 조항에서 제시하고 있는 절차적 보장에 관한 규정은 단지 원칙의 선언 이상의 실질적 의미를 갖는 것으로 볼 수 있다.

예를 들어 산업보호적 관점에서 국내기업의 반경쟁적 행위에 대한 집행을 제한하는 경우나 또는 그 역의 경우를 상정할 수 있으며,[17] 이러한 행위에 대한 실효성 있는 규제는 법제도의 존재뿐만 아니라, 규제 당국의 실질적인 의지 그리고 이를 뒷받침하는 절차적 보장이 이루어질 때 가능할 것이다. 이러한 점에서 한·미 FTA가 경쟁법 집행에 관한 절차 규정에 상당 부분을 할애하고 있는 것은 충분한 근거를 갖고 있는 것이라 할 수 있다.

## 2. 주요 내용

제16.2조에서는 지정 독점(designated monopolies)에[18] 관하여 규정하고 있다. 이때 지정 독점은 민간 독점과 정부 독점을 모두 포함하며, 핵심적인 사항에 대한 준수가 요구된다(1호). 준수하여야 할 내용을 구체적으로 보면, 그러한 독점이 당사국이 독점 상품 또는 서비스와 관련하여 자신에게 위임한 것으로서 수입 또는 수출 면허의 부여, 상업적 거래의 승인이나 쿼터·수수료 또는 그 밖의 부과금의 부과와 같이 규제적, 행정적 또는

---

17) Maher M. Dabbah, 주 3)의 책, 211-212면.
18) 제16.9조에서 독점의 지정을 "공식적으로 또는 사실상인지에 관계 없이, 독점을 설립·지정 또는 승인하거나 추가적인 상품 또는 서비스를 포함하도록 독점의 범위를 확대하는 것"으로 정의하고 있다. 따라서 동 규정에 의하면 지정 독점은 직·간접적인 것을 불문하고 법제도적으로 독점적 지위가 부여되고 있는 것을 포괄하는 것으로 이해된다.

그 밖의 정부권한을 행사하는 경우에는 항상 이 협정상의 당사국의 의무에 불합치하지 아니하는 방식으로 행동할 것(가목), 관련 시장에서 원칙적으로 독점 상품 또는 서비스의 구매나 판매에 있어 가격, 품질, 이용가능성, 시장성(marketability), 운송과 그 밖의 구매 또는 판매 조건에 대한 것을 포함하여 상업적 고려(commercial considerations)에 따라서만19) 행동할 것(나목), 관련 시장에서 독점 상품 또는 서비스의 구매나 판매에 있어, 적용 대상투자, 다른 쪽 당사국의 상품, 그리고 다른 쪽 당사국의 서비스 공급자에게 비차별적 대우를 제공할 것(다목), 모회사, 자회사 또는 공동 소유의 그 밖의 기업과의 거래를 통하는 것을 포함하여 자국 영역의 비독점적 시장에서 반경쟁적 관행에 직·간접으로 관여하는데 자신의 독점적 지위를 이용하지 아니할 것(라목) 등이 이에 해당한다. 동 규정의 내용은, 미국 반독점법 입장에서 독점 자체를 금지하는 원인금지주의적 규제 방식의 부분적인 수정을 의미하며, 그 한도에서 우리 독점규제법이 취하고 있는 폐해규제주의적 태도를 수용한 것으로 이해할 수 있다.

제16.3조 제1호에서는 공기업의 준수 사항을 규정하고 있는데, 그러한 공기업이 당사국이 자신에게 위임한 것으로서 수용, 면허부여, 상업적 거래의 승인이나 쿼터·수수료 또는 그 밖의 부과금의 부과와 같이 규제적·행정적 또는 그 밖의 정부권한을 행사하는 경우에는 항상, 이 협정상의 당사국의 의무에 불합치하지 아니하는 방식으로 행동할 것(가목), 자신의 상품 또는 서비스를 판매함에 있어 적용대상투자에 대하여 비차별적 대우를 부여할 것(나목) 등이 준수 사항이다.

제16.4조에서는 가격차별이 수요 및 공급 조건의 고려와 같이 통상적인 상업적 고려에 기초하여 이루어지는 경우에는 독점 또는 공기업이 다른 시장에서 다른 가격을 매기는 것 또는 동일한 시장 안에서 다른 가격을 매기는 것을 금지하는 것으로 해석되지 아니한다고 규정하고 있다.

---

19) 제16.9조에서 상업적 고려에 따르는 것을 "관련 영업 또는 산업에서 민간소유 기업의 통상적인 영업 관행에 합치하는 것"으로 정의하고 있다.

이 외에 제16.5조에서 경쟁법 집행 등에 있어서 투명성의 원칙을 밝히고 있으며(1호), 각 당사국의 요청에 따라서 경쟁법 집행활동 등에 관한 공공 정보의 이용을 가능하도록 하고(2호), 최종적인 행정 결정이 서면으로 이루어지고 결정의 기초가 되는 논거와 법률적 분석이 기술될 것을 보장하는 등의(3호) 구체적인 투명성 원칙의 내용을 제시하고 있다.

제16.6조에서는 소비자 보호(cross-border consumer protection)에 있어서 양국 간 협력 등에 관하여 규정하고 있으며, 제16.7조에서는 경쟁 관련 사안에 관한 양국 간 협력과 상호 협의 요청에 대한 충분하고 호의적인 고려 그리고 정보 제공의 노력 등에 관한 원칙을 제시하고 있다.


## IV. 한·미 FTA 경쟁 조항의 쟁점 검토


### 1. 목적 조항의 문제


#### (1) 경쟁법 목적에 관한 양국의 태도와 동 규정의 의의

한·미 FTA가 실체법적 측면에서 당사국의 국내 경쟁법의 내용에 직접적인 변경을 초래하는 조항을 두고 있지 않지만, 법적용 과정에서 실질적인 영향을 미칠 가능성이 있는 조항은 존재하며, 이에 대한 논의의 필요성이 있다.

우선 제16.1조의 제1호는 "각 당사국은 반경쟁적 영업행위를 금지함으로써 자국 시장에서의 경쟁 과정을 증진하고 보호하는 경쟁법을 유지하거나 채택한다. 각 당사국은 경제적 효율성 및 소비자 후생을 증진시킬 목적으로 반경쟁적 영업행위에 대하여 적절한 조치를 취한다"고 규정하고 있는데, 특히 동 규정에서 2문의 내용에 주목을 요한다.

미국에서 반독점법 목적에 관한 논쟁의 역사적 전개 과정을 보면,

chicago 학파의 등장 이후 효율성 또는 소비자 후생이 가장 중요한 목적으로 고려되고 있지만, 이에 대하여 미국 내에서조차 이론이 없는 것은 아니다.[20] 또한 우리 독점규제법 제1조는 경쟁 보호의 궁극적 목적으로 창의적 기업활동의 조장, 소비자 보호, 국민경제의 균형 발전을 제시하고 있고, 이는 법원의 구체적인 위법 판단에서 최종적인 기준으로 활용되고 있다.[21] 물론 국내 논의에서도 효율성이나 소비자 후생을 경쟁법의 중요한 정책 지표로 보는 것이 유력하지만, 국민경제의 균형 발전과 같은 목적에 대한 고려가 구체적인 법적용에서 행해지고 있다는 점을 부인할 수 없다.[22] 소비자 후생과 국민경제의 균형 발전 간에는 정책의 의의를 구체화하고 실현하는 과정에서 드러날 수밖에 없는 간격이 존재하며, 두 목적을 어떻게 고려하는지에 따라서 법적용의 결과에 일정한 차이가 발생할 수 있다. 이러한 점에서 동 조항이 경제적 효율성 및 소비자 후생을 경쟁법의 목적으로 규정하고, 독점규제법 제1조에서 명문으로 규정되어 있는 국민경제의 균형 발전과 같은 다른 목적에 대하여 언급하지 않고 있는 부분은

---

20) 효율성이 반독점법의 중요한 정책지표로서 기능하고, 이를 반영한 경제학적 모델이 널리 활용되고 있지만, 분배적 또는 다른 정치적 고려가 여전히 반독점법 정책에 반영되고 있으며, 이와 같은 대립하는 관점이 완벽히 분리되기 어렵다는 지적에 관하여, Herbert Hovenkamp, Federal Antitrust Policy, Thomson/West, 2005, 59-61면 참조.

21) 대법원 2005. 8. 19. 선고 2003두5709 판결 및 대법원 2005. 9. 9. 선고 2003두11841 판결에서는 법의 궁극적 목적을 사업자단체 행위의 부당성 판단에서 최종적인 고려 사항으로 판시하고 있다. 이러한 판례 경향에 대하여 비판적인 입장으로 이봉의, "독점규제법의 목적과 경쟁제한행위의 위법성", 경제법판례연구 제1권, 2004, 6면 이하 참조.

22) 독점규제법에서 국민경제의 균형 발전을 중요한 정책 목적의 하나로 하고 있는 것을 한국 경쟁법의 중요한 특징으로 지적하고 있는 것으로서, Alison Jones & Brenda Sufrin, 주 4)의 책, 18면 참조. 또한 경제적 효율성과 사회정의를 독점규제법의 두 가지 지도 이념으로 이해하고 있는 것으로서, 신현윤, 경제법, 법문사, 2012, 128-129면 참조.

구체적인 독점규제법 집행에 일정한 영향을 미칠 가능성을 배제하기 어렵다.

특히 이와 같은 한·미 FTA의 규정 태도는 다른 국가와의 FTA 경쟁 관련 조항에서는 나타나지 않는다는 점에서 이례적이라 할 수 있다. 예를 들어 한·EU FTA의 경쟁 관련 조항 중 경쟁법 목적에 관한 제11.1조는 "양 당사자는 자신들의 무역관계에서 자유롭고 왜곡되지 아니한 경쟁의 중요성을 인정한다"고 기술하고 있을 뿐, 경쟁법이 지향하는 목적에 관하여 구체적으로 언급하지 않고 있으며, 결국 이에 관하여 각 당사국의 경쟁법에 유보하는 태도를 취하였다. 이러한 규정 방식은 한·미 FTA 제16.1조의 목적 관련 규정과 대비되는 것이다.

### (2) 독점규제법상 경제력집중 규제와 중소기업 보호의 문제

한·미 FTA의 목적 조항이 독점규제법에 미칠 영향과 관련하여, 독점규제법 특유의 제도로서 존재하는 경제력집중 억제를 위한 규제에 주의를 기울일 필요가 있다. 1986년 제1차 개정에서 도입된 경제력집중 규제는 재벌에 의한 경제력집중 심화를 억제하기 위한 목적으로 입안된 것으로서, 독점규제법상 다른 규제가 개별 시장의 구조나 행태를 규제 대상으로 하고 있다는 점에서 뚜렷이 구별되는 특징을 보여준다.[23] 규제의 내용은 상호출자 금지나 채무보증 제한의 경우처럼 대부분 사전 규제 방식을 취하

---

23) 경제력집중은 시장집중, 일반집중, 소유집중의 개념으로 구분할 수 있는데, 시장집중은 개별 시장에서의 집중을 의미하고, 일반집중은 산업이나 제조업 일반 또는 국민경제와 같은 광범위한 경제영역에서 특정한 기업 또는 기업집단이 상당한 비중을 차지하는 것을 의미하며, 소유집중은 기업 또는 기업집단의 발행주식 또는 잔여청구권이 소수의 자연인이나 가족에게 집중되는 것을 의미한다. 독점규제법상 다른 유형의 규제는 시장집중과 관련되는 것으로서, 독점규제법에서 사용되는 경제력집중은 일반집중 또는 소유집중의 개념으로 이해된다. 황인학, 경제력집중-한국적 인식의 문제점, 한국경제연구원, 1997, 26-27면 및 이기수·유진희, 경제법, 세창출판사, 2012, 110-111면 참조.

고 있지만, 불공정거래행위 유형의 하나로 규정된 부당지원행위처럼 경제
력집중의 관점이 위법성 판단에 반영되고 있는 형태의 규제도 있다. 즉 대
법원은 부당지원행위는 개별 시장에서의 경쟁제한성뿐만 아니라 경제력집
중을 기준으로 하여 위법성을 판단하여야 한다고 판시하고 있다.[24] 이러
한 판단 구조의 정당성은 재벌에 의한 경제력집중이 국민 경제 전체에 부
정적인 영향을 미칠 수 있고 궁극적으로 개별 시장에서의 경쟁 메커니즘
을 유지하기 위하여 독점규제법은 이에 대한 실효성 있는 규제로 대응하
여야 한다는 우리 고유의 정책적 판단을 반영한 것에서 찾을 수 있는
데,[25] 독점규제법의 목적을 효율성 및 소비자 후생으로 한정할 경우에는
수용하기 어려운 측면이 있다.

또한 독점규제법상 중소기업보호 관련 규정에도 주목을 요한다. Rittner
& Dreher가 적절히 지적한 것처럼, 중소기업의 열등한 지위로 인하여 중
소기업과 대기업의 실질적인 경쟁을 기대하기 어려운 상황에서 경쟁법의
획일적인 적용은 오히려 중소기업이 시장에서 배제되는 결과를 초래할 수
있다. 이는 다수 시장참가자들의 경쟁에 의하여 소비자 후생을 제고하려
는 경쟁법의 목적에 반하는 결과를 낳을 수 있다는 점에서,[26] 다수의 경
쟁법은 중소기업 보호의 관점에서 경쟁법의 적용에 대한 일정한 수정을
가하고 있다.[27] 독점규제법도 이러한 입장을 취하고 있지만, 전술한 것처

---

24) 대법원 2004. 3. 12. 선고 2001두7220 판결.
25) 홍명수, "현저한 규모에 의한 지원행위(물량몰아주기)의 규제법리 고찰", 법과 사
  회 제42호, 2012, 228-229면 참조.
26) Fritz Rittner & Meinrad Dreher, Europäisches und deutsches Wirtschaftsrecht,
  C. F. Müller, 2008, 477면.
27) 예를 들어 EU의 경우 Commission Recommendation 2003/361/EC concerning
  the definition of micro, small and medium-sized enterprises에서 중기업
  (Medium; 종사자 50-249인, 매출액 5,000만 유로 이하), 소기업(Small; 종사자
  10-49인, 매출액 1,000만 유로 이하), 영세기업(Micro 종사자 10인 미만, 매출액
  200만 유로 이하)의 기준을 정하고, 수직적 제한 등에 대한 규제에서 적용 제외되
  는 기준으로 삼고 있다. 또한 독일의 경쟁제한방지법(Gesetz gegem Wettbewerb-

럼 국민경제의 균형 발전과 같은 특유의 목적 조항을 두고 있는 독점규제법은 중소기업 보호에 관한 규정도 보다 폭넓게 도입하고 있는 상황이다. 구체적으로 독점규제법 제60조 본문은 일정한 요건을 갖춘 조합에 대하여 불공정거래행위나 부당하게 경쟁을 제한하는 가격인상 이외의 독점규제법의 적용을 제외하는 규정을 두고 있으며, 이때 조합에는 소규모 사업자의 상호부조 목적의 조합(1호)도 해당한다. 동 규정은 경제적으로 열위에 있는 소규모 사업자들이 단결에 의하여 보다 유효한 경쟁단위로 나타나는 경우에, 이에 대한 독점규제법 적용을 제외하는 것이 궁극적으로 소비자 후생 증대로 이어짐으로써 경쟁정책상 바람직할 수 있다는 입법적 판단에 따른 것이며,[28] 따라서 소규모 사업자로 볼 수 없는 사업자가 일부라도 조합에 참여하고 있는 경우에 동 규정의 적용은 배제되지 않을 것이다.[29] 독점규제법 제19조 제2항은 공정거래위원회의 사전 인가에 의하여 부당 공동행위의 규제 대상에서 제외되는 경우로서 중소기업의 경쟁력 향상(6호)을 규정하고, 이를 보충하는 동법 시행령 제28조는, '중소기업의 경쟁력 향상'에 해당하기 위하여, 공동행위에 의한 중소기업의 품질·기술향상 등 생산성 향상이나 거래조건에 관한 교섭력 강화 효과가 명백한 경우(1호), 참가사업자 모두가 중소기업자인 경우(2호), 공동행위 외의 방법으로는 대기업과의 효율적인 경쟁이나 대기업에 대항하기 어려운 경우(3호)의 요건을 모두 충족할 것을 요구하고 있다. 이상의 중소기업 경쟁력 강화 사유에 따른 인가에 의하여 부당 공동행위 규제의 적용을 제외하는 규정은, 중소기업의 상호 협력을 통하여 대기업과의 경쟁에서 불리를 극복하도록 하는 취지에서 입법된 것으로 이해된다.[30] 또한 독점규제법 제7조 제4항

---

sbeschränkungen) 제3조는 중소기업(kleine und mittlere Unternehmen)에 대한 카르텔의 적용제외를 규정하고 있다.
28) 권오승, 경제법, 법문사, 2009, 141면 및 김두진, 독점규제법의 적용제외 영역 연구, 한국법제연구원, 2002, 176면 참조.
29) 대법원 2009. 7. 9. 선고 2007두22078 판결.
30) 신현윤, 주 22)의 책, 252면.

제2호는 기업결합의 경쟁제한성을 추정하는 요건으로서, 대규모회사가 직접 또는 특수관계인을 통하여 행한 기업결합이 중소기업기본법에 의한 중소기업의 시장점유율이 3분의 2이상인 거래분야에서의 기업결합일 것(가목) 그리고 당해 기업결합으로 100분의 5이상의 시장점유율을 가지게 될 것(나목)을 규정하고 있는데, 동 규정은 중소기업의 업역 보호적 측면도 반영된 것으로 이해된다.[31] 이상의 중소기업 관련 규정은 시장에서 열등한 지위에 있는 중소기업 보호를 경쟁정책에 반영한 결과로 볼 수 있다. 그러나 이와 같은 독점규제법상 중소기업 보호 관련 규정은 한·미 FTA에서 경쟁법의 목적으로 제시하고 있는 효율성 및 소비자 후생의 관점과 충돌하는 부분이 있음을 부인하기 어려우며, 이를 조화하는 문제가 향후 과제로 남게 될 것이다.

## 2. 경쟁 조항 적용상의 문제

### (1) 지정 독점 규정

지정 독점에 대한 규율과 관련해서도 유사한 맥락에서 검토할 필요성이 있다. 특히 제16.2조는 지정 독점의 존재를 인정하면서 행위에 대한 일정한 제한을 부과하고 있는데, 구체적으로 제16.2조 제1호 나목은 오직 상업

---

31) 권오승, 주 28)의 책, 195면 참조. 이 밖에 명시적으로 중소기업을 언급하지 않지만 중소기업기본법상 중소기업의 정의에 비추어, 독점규제법 제4조에서 관련시장에서 연간 매출액 또는 구매액이 40억원 미만인 사업자를 시장점유율에 의한 시장지배적 지위 추정에서 제외한 것, 독점규제법 제2조 제1호의2 및 동법 시행령 제2조에 의하여 지주회사를 자산총액이 1천억원 이상인 회사인 경우로 한정한 것, 독점규제법 제12조 제1항 및 동법 시행령 제18조 제1항 내지 제2항에서 기업결합 신고 대상 회사를 결합주체인 회사가 자산총액 또는 매출액이 2천억원 이상이고, 결합 대상 회사가 자산총액 또는 매출액이 2백억원 이상일 것을 요구한 것 등은 실질적으로 중소기업에 대한 적용 제외를 의미하는 것으로 이해된다.

적 고려에 따라서 영업적 활동을 할 것을 요구하고 있는 부분에 주목을 요한다. 물론 동 규정의 단서에 의하여 비차별적 원칙과 독점적 지위의 부당 이용 금지 원칙을 지키는 한도에서 지정 조건을 준수하기 위한 예외가 인정되지만, 이러한 예외의 내용과 범위가 불명확하다는 점에서 상업적 고려에 따라서만 행위할 것을 요구하는 동 규정은 지정 독점을 승인하는 국내 법제도 그리고 이에 기초한 경쟁정책에 상당한 제한이 될 수 있다.

정부에 의하여 독점이 승인되는 경우는 보편적 서비스의 제공과 같은 일정한 공익적 고려가 전제되어 있는 경우가 일반적이다.[32] 예를 들어 케이블 TV 서비스를 제공하는 종합유선방송사업자는 방송법 제9조 제1항에 따라서 미래창조과학부장관의 허가를 받아야 하며, 동법 제12조에 의하여 일정한 방송사업구역에서 실질적으로 독점적 지위를 갖게 된다. 이와 같은 독점적 지위의 부여는 동법 제1조에서 정하고 있는 시청자의 권익보호, 민주적 여론형성, 국민문화의 향상 등과 같은 목적에서 정당성을 찾을 수 있는 것으로서, 상업적 고려와의 가치 충돌이 불가피할 것이다. 나아가 종합유선방송사업자의 예에서 드러나듯이, 지정 독점의 지위에 있는 사업자에 대한 한·미 FTA상의 행위 제한에 따른 정책적 충돌 가능성은 당해 사업자가 상품을 제공하는 시장을 넘어서 전후방으로 관련되는 산업 전반에 걸쳐 확대될 수도 있다.

### (2) 가격차별 규정

또한 한·미 FTA 제16.4조의 지정 독점과 공기업에 대한 가격차별 규정, 즉 수요 및 공급 조건의 고려와 같이 통상적인 상업적 고려에 따라 행하여진 가격차별은 금지되지 않는다는 규정에 주목할 필요가 있다. 동 규

---

32) 보편적 서비스는 삶의 영위에 필수적인 의미를 갖는 서비스를 적절한 질이 보장되는 수준에서 균등하게 제공받을 수 있는 국민의 요구로부터 도출되는 개념으로 이해된다. Kay Windthorst, Der Universaldienst im Bereich der Telekommunikation, Duncker & Humblot, 2000, 115-117면.

정은 시장에서 가격을 결정하는 요인인 수요 및 공급 조건의 차이에 따라서 동일 상품에 대하여 상이하게 가격을 부과하는 행위는 가격차별로서 규제되지 않는다는 취지로 이해된다. 물론 사업자의 가격 전략(price policy)은 시장 상황을 고려하여 결정되는 것이고, 이 과정에서 상이한 가격 책정은 경쟁정책적으로 허용되는 것이라 할 수 있다. 그러나 유럽법원(ECJ)의 United Brands 판결에서33) 알 수 있듯이, 구체적인 사건에서 상이한 가격책정이 시장의 영향에 의한 것인지 아니면 사업자의 시장지배력에 연유한 것인지의 판단이 용이하지는 않다.34) 결국 시장 조건에 따른 가격차별의 정당성을 폭넓게 인정할 경우, 수요와 공급 조건이 동일한 시장을 상정하기는 어렵다는 점에서, 가격차별 규제의 가능성은 실질적으로 배제되는 결과에 이를 수 있다.

또한 이와 같은 규정 태도는 우리나라뿐만 아니라 미국의 국내법상 가격차별 규제 법리와 상충되는 측면이 있다는 점에도 유의하여야 한다. 미국의 경우 가격차별 규제의 정책적 타당성에 대한 의문이 유력하게 제기되고 있는 상황이지만, 그러나 규제 실무에서 반독점법상 가격차별은 여전히 규제 대상이 되고 있는데, 이때 규제 법리는 원칙적으로 경쟁제한성에 기초한다. 구체적인 규제 근거인 Clayton법 제2조 제a항 본문은 "거래에 참가하는 자가 그 거래의 과정에서 직간접으로 동일한 등급과 품질의 상품(commodities)을 구매하는 자들 사이에 가격을 차별하는 것은 그 차별의 효과가 실질적으로 일정한 거래분야에서 경쟁을 감소시키거나 독점을 형성할 우려가 있는 경우에, 또는 차별의 이익을 받거나 의식적으로 취득한 자와의 경쟁 내지 그러한 자의 고객과의 경쟁을 제한, 파괴, 방해하는 경우에 불법하다"고 규정하고 있으며, 동 규정에서 제시하고 있는 1선차별 또는 2선차별의 유형적 분류에 따라서 구체적인 경쟁제한성 판단이

---

33) United Brands Co. and United Brands Continental BV v. Commission of European Communities, Case 27/76 ECJ (1978) ECR 207.
34) Joanna Goyder & Albertina Albors-Llorens, 주 11)의 책, 324-325면.

이루어진다.[35] 또한 이에 대한 항변 사유로서, 가격 차이가 비용상의 차이에 연유한다는 것에 근거한 비용상 항변과 경쟁사업자의 가격 전략에 대응하는 과정에서 차별적 가격 책정이 불가피하였다는 경쟁대응(meeting competition) 항변이 판례법상 인정되고 있다.[36]

이러한 규제 법리는 우리나라 독점규제법 적용에 있어서도 유사하게 나타난다. 동법 제23조 제1항 제1호는 명시적으로 불공정거래행위의 하나로서 거래상 차별을 규제하는 근거를 제시하고 있으며, 또한 명문의 규정은 없지만 시장지배적 지위남용행위로서 가격차별의 규제 가능성도 이론적으로 인정할 여지가 있다.[37] 이러한 법적 근거에서 이루어지고 있는 가격차별에 대한 규제도 원칙적으로 경쟁제한성에 기초하고 있으며, 정당화 사유도 미국 반독점법상 제시되고 있는 항변 사유와 유사한 내용으로 구성되고 있다. 이와 같이 양 국의 경쟁법상 가격차별에 대한 규제 법리에 비추어, 한·미 FTA 제16.4조에 의한 가격차별의 정당화 사유는 이례적인 것이며, 독점규제법 적용에 있어서도 일정한 영향을 미칠 것으로 예상된다.


## V. 결론

자유무역의 제도적 기반을 마련한다는 관점에서 경쟁정책의 중요성은 의문의 여지가 없다. 실질적인 자유 무역의 확대를 목적으로 하는 통상정책과 시장에서 자유로운 기업 활동을 보장하기 위한 경쟁정책은 상호 밀

---

35) Herbert Hovenkamp, 주 20)의 책, 573면.

36) Ernest Gellhorn & William E. Kovacic, Antitrust Law and Economics, West Publishing Co., 1994, 445-447면.

37) EU 경쟁법에서는 EU기능조약(TFEU) 제102조에 의한 시장지배적 지위남용행위에 차별적 행태가 포함되는 것으로 보고 있다. Joanna Goyder & Albertina Albors-Llorens, 주 11)의 책, 324-326면 참조.

접히 관련되며, 따라서 양 정책은 상호보완적으로 결합될 필요가 있다. 한·미 FTA 협정도 주요 내용으로 경쟁에 관한 규정을 포함하고 있으며, 특히 경쟁규범에 관한 국제적 통일화를 이루기 위한 다자간 협상이 지체되고 있는 상황에서 중요한 무역 상대국인 미국과의 경쟁규범 협정이 이루어진 것에 대해서는 긍정적인 평가가 가능할 것이다.

그러나 한미 두 나라는 이미 자국의 경쟁법을 제정·실행하고 있는 상황에서 양 경쟁법상 서로 충돌되는 법제도를 두고 있으며, 이러한 부분에 대한 조정 과정이 불가피한 것으로 볼 수 있다. 한·미 FTA 경쟁 조항은 이러한 조정 과정을 거치며 최종적으로 성립되었는데, 동 규정이 명시적으로 국내 경쟁법의 변경을 가하고 있지 않지만, 실질적으로 독점규제법의 내용에 의미 있는 영향을 미칠 수 있는 조항을 포함하고 있다는 점에 주의를 기울일 필요가 있다.

특히 효율성 및 소비자 후생의 증진을 경쟁법의 목적으로 규정하고 있는 부분은, 우리 독점규제법이 창의적 기업활동 조장, 소비자 보호, 국민경제의 균형 발전 등 다양한 정책을 경쟁 보호의 궁극적 목적으로 규정하고 있다는 점에서 일정한 충돌이 예상된다. 무엇보다 독점규제법은 개별 시장 중심의 규제에서 벗어나 있는 경제력집중에 대한 규제를 두고 있는데, 이는 우리 경제 특유의 문제인 재벌에 의한 경제력집중 확대를 억제하기 위한 규제로서 효율성 또는 소비자 후생의 관점에서 경쟁법을 이해할 경우에 조화하기 어려운 측면이 있다. 또한 중소기업 보호는 독점규제법 목적의 관점에서 국민경제의 균형 발전과 밀접히 관련되는데, 효율성 및 소비자 후생이 우선적으로 고려된다면, 중소기업 보호와 관련된 독점규제법상 다양한 규정을 적용함에 있어서 일정한 한계로 작용할 수 있다. 특히 중소기업의 보호를 위하여 경쟁법의 적용이 제한되는 일련의 중소기업의 보호 규정이 경쟁법에 포함되어 있을 경우에, 이러한 규정에 해당하는 것은 외국기업보다는 국내기업일 가능성이 보다 클 것이며,[38] 한·미 FTA

38) OECD, 주 16)의 책, 9면 및 Maher M. Dabbah, 주 3)의 책, 210면 참조.

제16.1조 제1호는 중소기업의 관점에서 경쟁법상 보호의 축소를 결과할 수도 있다.

또한 지정 독점 또는 공기업에 대한 규율을 하고 있는 제16.2조나 제16.3조의 규정도 중소기업의 관점에서 주목할 만한 것이다. 일반적으로 정부에 의한 직접적 독점이나 정부에 의하여 승인된 사적 기업에 의한 독점은 공익적 목적과 관련되는 경우가 많은데, 동 규정에서 요구하는 상업적 고려의 준수는 공익적 목적 자체의 실현에 지장을 초래할 수 있다. 나아가 국내법에 의하여 승인된 이들 기업이 사업활동을 영위하는 산업 전반에 걸쳐 경쟁적인 상황이 강조됨으로써 정책적으로 보호 필요성이 있는 관련 사업자들이 열악한 위치에 처하게 될 가능성이 있다. 물론 이러한 상황이 경제적(상업적) 관점에서 긍정적으로 평가될 수 있는 부분도 있지만, 공익적 목적이나 국내 산업 전체의 관점에서의 이해도 필요할 것이다.

따라서 이상의 문제에 대한 대응 방안의 모색이 향후 과제로 남는다. 무엇보다 한·미 FTA가 경쟁법의 목적으로 제시한 효율성 제고 또는 소비자 후생 증대를 우리 독점규제법이 목적으로 하고 있는 다양한 가치와 조화롭게 해석하고, 이를 구체화하는 과정이 요구된다.

## 본문 출처

1. 「서울대학교 법학」 제54권 제1호, 2013
2. 「법학연구(부산대)」 제53권 제1호, 2012
3. 「경쟁저널」 제156호, 2011
4. 「법학연구(부산대)」 제51권 제1호, 2010
5. 「법학논총(조선대)」 제20권 제1호, 2010
6. 「독점규제법 30년(권오승 편)」, 2011
7. 「경제법연구」 제11권 제1호, 2012
8. 「경제법판례연구」 제6권, 2010
9. 「법학연구(부산대)」 제54권 제1호, 2013
10. 「경쟁법연구」 제21권, 2010
11. 「경쟁법연구」 제23권, 2011
12. 「행정법연구」 제31권, 2011
13. 「공정거래법 판례선집(기업법연구회 편)」, 2011
14. 「공정거래법 판례선집(기업법연구회 편)」, 2011
15. 「법과 사회」 제42호, 2012
16. 「경제법판례연구」 제8권, 2013
17. 「법학논총(단국대)」 제36권 제2호, 2012
18. 「경쟁법연구」 제26권, 2012
19. 「명지법학」 제10호, 2011
21. 「명지법학」 제9호, 2010
22. 「경제규제와 법」 제3권 제2호, 2010
23. 「법과 사회」 제38호, 2010
24. 「법과 사회」 제40호, 2011
25. 「법제연구」 제41권, 2011
26. 「소비자문제연구」 제44권 제1호, 2013
27. 「명지법학」 제11호, 2012
28. 「법학연구(충남대)」 제23권 제2호, 2012

**홍 명 수**

서울대학교 법과대학 졸업
서울대학교 대학원 법학과 졸업(법학석사 · 법학박사)
현 명지대학교 법과대학 교수

**주요 저서**

『제조물책임법』(공저), 2003
『통신산업과 경쟁법』(공저), 2004
『정보통신과 공정거래』(공저), 2006
『재벌의 경제력집중 규제』, 2006
『경제법론I』, 2008
『경제법론II』, 2010
『독점규제법』(공저), 2012

# 경제법론 III

초판 인쇄 : 2013년 10월 14일
초판 발행 : 2013년 10월 24일

지은이 : 홍명수
펴낸이 : 한정희
펴낸곳 : 경인문화사
주 소 : 서울특별시 마포구 마포동 324-3
전 화 : 02-718-4831~2
팩 스 : 02-703-9711
이메일 : kyunginp@chol.com
홈페이지 : http://kyungin.mkstudy.com

값 48,000원
ISBN 978-89-499-0964-6   93360
ⓒ 2013, Kyung-in Publishing Co, Printed in Korea
* 파본 및 훼손된 책은 교환해 드립니다